WESER

Von Hann. Münden bis nach Bremerhaven

Mit Bad Pyrmont und Steinhuder Meer, Wurster Nordseeküste und Cuxhaven

Hinnerk Dreppenstedt

TRESCHER VERLAG

1. Auflage 2022

Trescher Verlag
Reinhardtstr. 9
10117 Berlin
www.trescher-verlag.de

ISBN 978-3-89794-564-7

Herausgegeben von Bernd Schwenkros und
Detlev von Oppeln

Reihenentwurf und Gesamtgestaltung:
Bernd Chill
Gestaltung, Satz, Bildbearbeitung: Ulla Nickl
Lektorat: Katja Tegler
Stadtpläne und Karten: Dorit Hahnewald,
Martin Kapp, OpenStreetMap-Mitwirkende/
www.openstreetmap.org

Gedruckt auf chlorfrei gebleichtem Papier

Printed in Germany

Alle Angaben in diesem Reiseführer wurden sorgfältig recherchiert und überprüft. Dennoch können Entwicklungen vor Ort dazu führen, dass einzelne Informationen nicht mehr aktuell sind. Gerne nehmen wir dazu Ihre Hinweise und Anregungen entgegen. Bitte schreiben Sie an **post@trescher-verlag.de**.

Titelbild: Porta Westfalica
Vordere Umschlagklappe: Achim, Windmühle
Hintere Umschlagklappe: Schloss Schwöbber

Kloster Lippoldsberg, im Kern romanisch

ANNO
DOM

ANHANG

EXTRAS

Am kleinen Hafen in Dorum-Neufeld

Vorwort

»Wo Werra sich und Fulda küssen« – wohl kein anderer Fluss entsteht auf so romantische Art wie die Weser, und in ihrem ganzen Verlauf zeigt sie sich als Strom der Märchen, Sagen und Legenden. Eine Reise flussabwärts beginnt mit einer Visite bei Doktor Eisenbart, führt unter anderem zu Dornröschen, Schneewittchen und Rapunzel, dem tapferen Schneiderlein und einem geheimnisvollen Rattenfänger und endet oft mit einer Berührung der Bremer Stadtmusikanten. Besonders heitere Stunden erleben Gäste, die auf ihrer Erkundungsreise dem Baron Münchhausen und Wilhelm Busch einen Besuch abstatten.

Wohl nicht zufällig bevölkern all diese Figuren den Weserraum. Ruhig schlängelt sich die Weser in ihrem Oberlauf dahin, gesäumt von bewaldeten, undurchdringlich scheinenden Hügelketten. Und fast hinter jeder Kurve taucht wie aus dem Nichts ein Schloss, eine Klosterkirche oder eine Burgruine auf, wenden immer wieder kleine Fachwerkorte ihre Schauseite dem Fluss zu, bahnt sich ab und an eine motorlose Fähre geräuschlos ihren Weg ans andere Ufer. Spektakulär ist der Übergang in die Tiefebene am 200 Meter tiefen Durchbruchstal der Porta Westfalica, den das bekannte Kaiser-Wilhelm-Denkmal bekrönt. Nun bestimmen Weite und Großzügigkeit das Bild, Windmühlen und historische Scheunenviertel. Kurze Abstecher können ins Moor führen oder zum größten nordwestdeutschen Binnensee, zu Störchen, Wölfen und Dinosauriern. Hinter Bremen dann ist das Meer zum Greifen nahe, die Ortsbilder künden von der stolzen Vergangenheit der Städte als Überseehäfen, gleichzeitig scheint in den stillen Marschendörfern hinter Deichen und Flussinseln die Zeit langsamer zu vergehen als anderswo.

Ihre tiefgreifende äußerliche Prägung erfuhren große Teile des Weserraums vor dem Dreißigjährigen Krieg. Wohlstand und Stolz von Bürgern und Adligen ließen einen eigenwilligen Architekturstil entstehen, der bis heute in Form von Schlössern und Adelshöfen, Handels-, Wohn- und Rathäusern den Charakter der Kulturlandschaft ganz wesentlich mitbestimmt und nur hier anzutreffen ist: die Weserrenaissance. Viele Kleinstädte sehen aus, als hätten sie sich seit Jahrhunderten nicht verändert, und zeigen sich als Renaissancedenkmal wie aus dem Musterbuch. Aber eigentlich wirkt die ganze Landschaft wie ein Freilichtmuseum der Architektur, angefüllt mit märchenhaften Adelssitzen, Klöstern und Wehrkirchen aus dem Spätmittelalter, Kurorten aus der Blütezeit der Grandhotels, Dörfern aus Fachwerk oder Backstein wie im Dornröschenschlaf. Viele Orte entfalten gerade abends ihren besonderen Zauber, wenn sich geschlossene historische Ensembles im Kopfsteinpflaster spiegeln und Besucher sich in frühere Zeiten zurückversetzt fühlen.

Die baulichen Schätze reihen sich dicht an dicht, große Teile der Uferlandschaften stehen unter Naturschutz. Die Weser ist ohne Zweifel attraktiv und touristisch hervorragend erschlossen und dennoch zu keiner Jahreszeit überlaufen – fast noch ein Geheimtipp, trotz dreier UNESCO-Welterbestätten. Womöglich aus diesem Grund gab es viele Jahre keinen Reiseführer zur ganzen Weser. Der vorliegende Band möchte diese Lücke füllen und dazu einladen, den schönen ruhigen Fluss vom Weserstein in Hann. Münden bis zum Nationalpark Niedersächsisches Wattenmeer in seiner ganzen Vielschichtigkeit kennenzulernen.

Zu diesem Reiseführer

An der Weser liegen Naturschönheiten, Baudenkmäler und viele weitere Sehenswürdigkeiten dicht an dicht, so dass auch ein eintägiger Besuch bei nur wenig Fahrstrecke zu vielen interessanten Punkten führen kann. Und gleichzeitig gibt es so viele Attraktionen ganz unterschiedlicher Art, dass auch bei einem mehrwöchigen Besuch keine Langeweile aufkommt. Viele davon wie beispielsweise Erlebnisparks oder Zoos sind ganz auf die Bedürfnisse von Familien ausgerichtet; Burgruinen, Märchenschlösser oder Höhlen begeistern jüngere Besucher meist ohnehin. Daher bietet die Weser gerade für einen Ausflug oder Urlaub mit Kindern beste Voraussetzungen.

Der vorliegende Reiseführer richtet sich an Architekturinteressierte, Flaneure, Museumsliebhaber und Aktivurlauber gleichermaßen. Besucher, die Naturerlebnisse suchen, finden im Buch ebenso Anregungen wie Reisende, die die Abwechslung schätzen und etwa sportliche Betätigung mit Besichtigungen verknüpfen möchten - unabhängig davon, ob sie allein reisen, zu zweit oder in einer Gruppe, ob mit Kindern oder ohne.

Die reisepraktischen Informationen sind so ausgewählt, dass sich Fahrradfahrer wie Wanderer, Automobilisten wie Nutzer von öffentlichen Verkehrsmitteln die Weser als Urlaubsziel erschließen können und für die Organisation ihrer Reise kein weiteres Informationsmaterial benötigen. Das Buch möchte allen Interessierten Vorschläge unterbreiten, sei es für eine Tagesreise oder für einen längeren Urlaub in diesem Teil Deutschlands.

Bei der Auswahl der Unterkünfte wurde vor allem die zentral gelegene oder gut erreichbare Mittelklasse berücksichtigt und dabei die Unterkünfte, die besonders gut für Rad- und Motorradfahrer geeignet sind. Bei den Restauranthinweisen sind nach Möglichkeit die Häuser aufgeführt, die Landestypisches mit saisonal-regionaler Orientierung oder Originelles bieten, in jedem Fall aber beständige verlässliche Qualität. In größeren Orten stellen die Hinweise natürlich eine Auswahl aus einem deutlich größeren Angebot dar. Wo immer sinnvoll, sind Buchungsportale angegeben. Museen fanden dann Aufnahme, wenn ihr Besuch einen echten Gewinn darstellt.

Die Darstellung folgt dem Fluss von seinem Beginn in Hann. Münden bis zur Nordsee, die Gliederung der üblichen Unterteilung in Ober-, Mittel-, Unter- und Außenweser. Dabei werden die Orte nicht immer genauso abgehandelt, wie sie aufeinander folgen. Kleinere Dörfer oder Solitäre sind mitunter, an klassischen Reiserouten orientiert, den nächstgelegenen größeren Orten zugeordnet, die Möglichkeiten zur Einkehr, Übernachtung und Orientierung/Information bieten.

Die Außenweser wird zuweilen nicht mehr als »echter« Bestandteil der Weser angesehen. Wir folgen in diesem Fall dem Weser-Radweg, dessen offizielles Ende an der Kugelbake in Cuxhaven liegt. Auf der langen Strecke von Hann. Münden bis zur Nordsee beschränken wir uns angesichts des übergroßen Reichtums an Sehenswürdigkeiten auf die Orte, die direkt am Fluss oder in seiner unmittelbaren Umgebung liegen. Nur wenn etwas weiter entfernte Sehenswürdigkeiten als herausragend gelten dürfen, wurden sie hier aufgenommen. Diese lohnenden Umwege sind an der Überschrift »Abstecher nach ...« erkennbar.

Bei der Fülle an Klöstern, Kirchen, Schlössern, Mühlen und historischen Ortskernen können wir hier nicht deren Baugeschichte und alle baulichen Einzelheiten umfassend darstellen. Wir können nur die wichtigsten Eckdaten nennen und Besonderheiten würdigen. Auch viele Naturschönheiten können nur kurz vorgestellt, Möglichkeiten für Wanderungen nur summarisch angerissen werden. Wer sich etwa mit der Weserrenaissance oder Mühlen vertieft auseinandersetzen möchte, findet in den Literaturhinweisen (→ S. 420) Angaben zu Standardwerken und aktuellen Publikationen.

Entfernungstabelle

Angegeben sind die Entfernungen zwischen den größten Städten im Weserraum und den nahegelegenen Großstädten. Sie gelten stets für die kürzeste, nicht die schnellste Strecke.

	Bad Oeynhausen	Bad Pyrmont	Bielefeld	Bremen	Bremerhaven	Cuxhaven	Hamburg	Hameln	Hann. Münden	Hannover	Höxter	Holzminden	Kassel	Minden	Nienburg	Rinteln	Verden
Verden	103	146	131	40	98	133	102	125	225	87	176	167	244	84	34	98	
Rinteln	24	37	52	123	186	221	199	25	133	57	70	71	131	23	68		98
Nienburg	68	104	96	64	127	162	139	91	195	49	135	125	214	50		68	34
Minden	18	60	48	100	164	199	190	42	151	67	96	88	172		50	23	84
Kassel	148	102	125	279	338	373	308	125	23	164	69	79		172	214	131	244
Holzminden	89	34	84	188	261	296	232	47	64	79	10		79	88	125	71	167
Höxter	87	33	81	196	270	305	241	54	63	88		10	69	96	135	70	176
Hannover	80	69	108	122	181	216	151	46	146		88	79	164	67	49	57	87
Hann. Münden	149	95	133	260	319	354	289	109		146	63	64	23	151	195	133	225
Hameln	48	22	76	142	205	240	197		109	46	54	47	125	42	91	25	125
Hamburg	219	220	247	116	134	128		197	289	151	241	232	308	190	139	199	102
Cuxhaven	218	260	248	99	41		128	240	354	216	305	296	373	199	162	221	133
Bremerhaven	183	225	214	65		41	134	205	319	181	270	261	338	164	127	186	98
Bremen	118	160	148		65	99	116	142	260	122	196	188	279	100	64	123	40
Bielefeld	30	59		148	214	248	247	76	133	108	81	84	125	48	96	52	131
Bad Pyrmont	57		59	160	225	260	220	22	95	69	33	34	102	60	104	37	146
Bad Oeynhausen		57	30	118	183	218	219	48	149	80	87	89	148	18	68	24	103

Herausragende Sehenswürdigkeiten

1 Hann. Münden ▼

Am Zusammenfluss von Werra und Fulda formen sich mehr als 700 Fachwerkbauten aus mehreren Jahrhunderten zu einem einzigartigen geschlossenen Gesamtbild, umgeben ist es von bewaldeten Hügeln - eines der schönsten Ortsbilder in Deutschland und eine wunderbare Einstimmung für eine Weserreise. → S. 67

2 Kloster Corvey ▼

Das Westwerk ist eines der wenigen weitgehend erhaltenen karolingischen Bauwerke und zeugt gleichzeitig von der einstigen Bedeutung des Klosters als religiöses und kulturelles Zentrum. Westwerk und Civitas Corvey sind seit 2014 als UNESCO-Welterbe ausgewiesen. → S. 119

3 Rühler Schweiz

Steile Hänge und liebliche Hügel bestimmen die Kulturlandschaft gleichermaßen. Zwei nur über Wanderwege erreichbare Aussichtstürme und ein Aussichtspunkt an einem Löwendenkmal erlauben einen Blick über das hier besonders malerische Wesertal. Am schönsten ist ein Besuch im April/Mai, wenn die blühenden Kirschbäume die Streuobstwiesen in eine hellrosa-weiße Pracht verwandeln. → S. 142

4 Schloss Hämelschenburg

Weitgehend original ist Schloss Hämelschenburg mitsamt Kirche, Wassermühle und Wirtschaftsgebäuden erhalten. Es gilt als eines der herausragenden Zeugnisse für die Baukunst der Weserrenaissance und beeindruckt zudem mit einer märchenhaften Lage am Rand des Emmertals. → S. 160

5 Bad Pyrmont und Bad Oeynhausen ▲

Gesundheitsfördernde Quellen führten zur Ausbildung von zwei Orten, deren Herz zwei ausgedehnte Kurparks im Stil englischer Landschaftsgärten bilden. Der eine atmet nach wie vor die Noblesse vergangener Jahrhunderte und zieht mit Wasserschloss und Palmengarten die Besucher an, der andere überrascht mit Badehäusern und Wandelhalle im Rang von Architekturdenkmälern. → S. 163, 214

6 Hameln ►

Bekannt ist die größte Stadt an der Oberweser natürlich wegen der Rattenfänger-Sage. Einen Besuch wert ist sie aber vor allem als Weserrenaissance-Gesamtkunstwerk aus Fachwerk und Sandstein, das in seinem Nebeneinander von stillen Gässchen und belebten Plätzen wie eine Filmkulisse wirkt. → S. 173

7 Süntel

Schroffe Felsformationen und ausgedehnte Wälder, dazu ein Wasserfall und ein Museum in einer Höhle – der Süntel zeigt sich als herrliches Kletter- und Wandergebiet sowie Ziel für Entdecker. Und von den Hügeln eröffnen sich phantastische Blicke ins Wesertal. → S. 188

8 Porta Westfalica und Wasserstraßenkreuz Minden

Den spektakulären Übergang von Weserbergland zu Norddeutscher Tiefebene bekrönt das ebenso spektakuläre Kaiser-Wilhelm-Denkmal. Nur wenige Kilometer weiter, in Minden, kann man dabei zuschauen, wie große Frachtschiffe die Weser auf einer hunderte Meter langen Kanalbrücke überqueren und wie sie zwischen Fluss und Mittellandkanal mittels riesiger Schleusen wechseln – staunenswert. → S. 221, 236

9 Petershäger Weseraue

Dank großer Umweltschutz- und Renaturierungsmaßnahmen hat sich entlang zahlreicher Flussschleifen wieder eine naturnahe Auenlandschaft mit einer vielfältigen Flora und Fauna entwickeln können. Perfekt ausgeschilderte Rad- und Wanderwege sowie eine Solarfähre erschließen diese Welt, ein Renaissanceschloss, mehrere Museen und Mühlen gleich im Dutzend gibt es auch noch zu sehen. → S. 244

10 Rund um das Steinhuder Meer ▲

Der größte See Nordwestdeutschlands bildet das Zentrum eines Naturparks, dessen Vielfalt sich am eindrücklichsten auf einer Fahrradtour erschließt. Ganz in der Nähe liegen Kloster Loccum, eine der am besten erhaltenen Klosteranlagen Deutschlands, und ein riesiger Dino-Park mit zahlreichen Spiel- und Mitmachmöglichkeiten. → S. 259, 262

11 Bremen ▲

Rund um den Marktplatz mit Rathaus und Roland, dem als UNESCO-Welterbe ausgewiesenen Herz der Stadt, gruppieren sich einzigartige Baudenkmäler und sehr unterschiedliche interessante Viertel. Die größte Stadt an der Weser punktet darüber hinaus mit einer überraschend reichen Museumslandschaft und einer lebendigen Kunstszene sowie einer lässig-weltoffenen Atmosphäre. → S. 300

Die vorangestellten Nummern beziehen sich auf die Verweise in der vorderen Umschlagkarte.

Das Wichtigste in Kürze

Informationen vor Reisebeginn

Es gibt keinen touristischen Dachverband, der für die gesamte Weser zuständig ist. Je nach Reiseziel und Fortbewegungsart wende man sich für ortsübergreifende Informationen an diese Einrichtungen:

Weserbergland Tourismus e.V., Deisterallee 1, 31785 Hameln, Tel. 05151/93000, www.weserbergland-tourismus.de. Zuständig für das Weserbergland allgemein und den Weserbergland-Weg.

Touristikzentrum Westliches Weserbergland, Marktplatz 7, 31737 Rinteln, Tel. 05751/403980, www.westliches-weserbergland.de. Zuständig für Porta Westfalica, Bad Oeynhausen, Bückeburg/Bad Eilsen, Rinteln, Hessisch Oldendorf, Emmerthal, Aerzen, Bad Pyrmont.

Mittelweser-Touristik GmbH, Lange Str. 18, 31582 Nienburg/Weser, Tel. 05021/917630, www.mittelweser-touristik.de. Zuständig für den Abschnitt zwischen Petershagen und Achim.

WFB Wirtschaftsförderung Bremen GmbH, GB Marketing und Tourismus, Abteilung Touristik, Findorffstr. 105, 28215 Bremen, Tel. 0421/3080030, www.bremen-tourismus.de.

Cuxland-Tourismus, Kapitän-Alexander-Str. 1, 27472 Cuxhaven, Tel. 04721/599666, www.cuxland.de. Zuständig für die Gemeinde Hagen i. Br., Loxstedt, Wurster Nordseeküste, Cuxhaven.

Weser-Radweg Infozentrale, Deisterallee 1, 31785 Hameln, Tel. 05151/930039, www.weserradweg-info.de.

Haus kirchlicher Dienste der Ev.-luth. Landeskirche Hannovers, Archivstr. 3, 30169 Hannover, Tel. 0511/1241592, www.loccum-volkenroda.de. Infos zum Pilgerweg.

Anreise/Abreise

Die großen Verkehrsadern – Autobahnen und ICE-/IC-Strecken – verlaufen zumeist in einigem Abstand zur Weser, viele Orte sind daher nur mit Umsteigen oder über kleinere Straßen erreichbar. Andererseits liegt die Weserregion in der Mitte (Nord-) Deutschlands und ist von vielen Bundesländern nur eine kurze Fahrtzeit entfernt. Hann. Münden und das südliche Weserbergland liegen nicht sehr weit von der A 7 entfernt, die A 2 Dortmund–Hannover kreuzt die Weser an der Porta Westfalica, die A 27 erschließt den Raum zwischen Bremen und Cuxhaven.

Klima und Reisezeit

Die höchsten Erhebungen im Weserbergland kommen auf gerade einmal gute 500 Meter, dort ist es nur wenig kühler als direkt am Fluss. Das Klima spielt für die Reiseplanung praktisch keine Rolle. An Mittel-, Unter- und vor allem Außenweser muss man mit häufigem Wind, oft aus Westen, rechnen.

In den zumeist kleineren Orten haben Tourismusämter, Museen, teilweise auch gastronomische Einrichtungen zwischen Oktober und März/April oft nur eingeschränkte Öffnungszeiten. Manche Fähren und Ausflugsschiffe verkehren dann weniger häufig oder gar nicht. Beste Reisezeit sind die Monate von Mai bis September.

Die Mühle in Eystrup, voll funktionsfähig

Nebenstraße in Hameln

Öffnungszeiten

In den kleineren Orten ist noch oft die Mittagspause üblich, schließen manche Läden vor 20 Uhr, Lokale um 22 Uhr. Gerade Landgasthöfe haben nicht an allen Tagen geöffnet und mitunter auch nur abends. Die Museen sind, wie in vielen Regionen Deutschlands und Europas, montags oft generell geschlossen.

Unterkünfte

Es gibt fast überall eine große Auswahl an Unterkünften aller Art – Ferienwohnungen und -apartments, Pensionen und Hotels. Immer mehr haben sich auf die Bedürfnisse von Radfahrern eingestellt; auch die Anzahl der explizit bikerfreundlichen Unterkünfte hat zugenommen. Abgesehen von Bremen sind die Preise durchweg moderat. Von Cuxhaven, der Wurster Nordseeküste und wenigen anderen Orten abgesehen, hat man auch ohne Reservierung fast nie Mühe, spontan eine Unterkunft zu finden.

Unterwegs in der Region

Die Weser lässt sich bestens zu Fuß, mit dem Rad, dem Kanu oder dem eigenen Auto, Wohnmobil oder Motorrad erkunden. Verlässt man sich nur auf Bus und Bahn, muss man mit häufigem Umsteigen, längeren Anschlüssen und auch Umwegen rechnen.

Themenwege

Erschließen lassen sich die Eigenheiten vieler Regionen auch über einige Themenstraßen, die den Weserraum schwerpunktmäßig oder punktuell berühren, hier zahlreiche Orte miteinander verknüpfen und hier teils parallel zueinander verlaufen:

Straße der Weserrenaissance: Es gibt keine eigenständige Webseite, erste Informationen bieten www.weserbergland-tourismus.de und www.museum-schloss-brake.de.

Deutsche Märchenstraße: www.deutsche-maerchenstrasse.com

Deutsche Fachwerkstraße: www.deutsche-fachwerkstrasse.de

Niedersächsische Mühlenstraße: www.muehlenland-niedersachsen.de

Westfälische Mühlenstraße: www.muehlenkreis.de

Niedersächsische Spargelstraße: www.niedersaechsische-spargelstrasse.de

Notrufe

Polizei: 110

Feuerwehr/Notfall-Rettungsdienst: 112

Sperrung von EC- und Kreditkarten: 116116

ADAC Pannenhilfe: 089/20204000

Ausführliche Informationen bieten die Reisetipps von A bis Z (→ S. 416).

Unterwegs mit Kindern

Gerade für Familien bietet sich ein Ausflug oder ein Urlaub an der Weser an: Fast alle Orte lassen sich auf leichten Fahrradtouren erreichen, ganz unterschiedliche Attraktionen liegen dicht an dicht. Und allein die vielerorts mögliche Anreise per Fähre (→ S. 62) verspricht Abenteuer und verhindert Langeweile. Alltägliche Einrichtungen wie Minigolfanlagen oder Hallenbäder führen wir hier nicht auf, die Aussichtspunkte und -türme führt die Tabelle auf S. 46 auf.

Neugieriger Bewohner des Papageienhofs Herstelle

Erlebnisparks

Die **Sommer-Rodelbahn** in Bodenwerder bietet außer der namensgebenden Rennstrecke eine Fülle an Fahrerlebnissen, Spielplätzen und Möglichkeiten zur sportlichen Betätigung (→ S. 150). Der deutlich größere **Potts Park** bei Minden ist eine Mischung aus Freizeit- und Entdeckerpark mit einem Schwerpunkt auf der Vermittlung von naturwissenschaftlichen Zusammenhängen (→ S. 237). Der **Dino-Park** in Loccum-Münchehagen bietet neben Dutzenden von Sauriern in Originalgröße auch eine Schauwerkstatt, Sonderausstellungen und eine Steinzeitwelt (→ S. 262). Im **Ritter Rost Magic Park** in Verden dreht sich viel um Märchenhaftes, der reine Fahr- und Mitmachspaß kommt aber auch hier nicht zu kurz (→ S. 290).

Hoch hinaus im Magic Park Verden

Tierparks

Im ungemein weitläufigen **Tierpark Sababurg** kann man zwischen Greifvogelschau, Wolfsgehege, Streichelzoo und Mini-Eisenbahn ganze Tage verbringen (→ S. 87), die farbenfroh-fröhlich-neugierigen Bewohner des **Papageienhofs** in Herstelle zaubern garantiert auch missgelaunten Besuchern ein Lächeln ins Gesicht (→ S. 106). Im **Wildpark Neuhaus** kommt man einheimischen und doch selten zu sehenden Tierarten sehr nahe (→ S. 97, im nicht weit entfernten **Hutewald** halbzahmen Haustieren (→ S. 100). Exotische Falter umschwirren Besucher im **Haus der Schmetterling** in Uslar (→ S. 99), in der **Schmetterlingsfarm** in Steinhude gibt es Giftspinnen gleich noch dazu (→ S. 264). In eine leicht unheimliche und mythenbehaftete Welt führt das **Wolfcenter** in Dörverden ein, mit etwas Glück stehen Besucher Auge in Auge mit den wilden Tieren (→ S. 284).

Industrie, Technik, Geschichte

Das **Museum für Landtechnik und Landarbeit** in Börry führt mit Haupthaus, Nebengebäuden und nicht zuletzt einer beeindruckenden Sammlung historischer Traktoren in das Landleben vergangener Zeiten ein (→ S. 155), das **Industriemuseum Glashütte** in Petershagen-Gernheim (→ S. 252) in den Alltag in einer Glasfabrik, von denen es früher an der Weser viele gab. Im **Universum** in **Bremen** kann man stundenlang kurbeln, drehen, ziehen, drücken oder einfach auch nur zuschauen und so viel über die Welt der Naturwissenschaften lernen (→ S. 330). Das **Schiffahrtsmuseum Unterweser** ist auf drei Einrichtungen in Elsfleth und Brake verteilt. Es beleuchtet neben dem oft beschwerlichen Dasein der Seefahrer einst und heute auch Geschichte und Gegenwart der regionalen Schifffahrt, von Holzkahn bis Fahrsimulator (→ S. 348, 353). In der funktionstüchtigen **Moorseer Mühle,** der Ausstellung im Nebengebäude und der erhaltenen Müllerwohnung erfährt man viel über das Leben und Arbeiten einer Müllerfamilie (→ S. 358).

Diejenigen, die sich für die Traumautos aus der Zeit ihrer Großeltern und Urgroßeltern interessieren, sind im **Hefehof** in Hameln oder im **Schuppen Eins** in der Bremer Überseestadt gut aufgehoben (→ S. 181, 321).

Im einmaligen **Deutschen Auswandererhaus Bremerhaven** unternehmen Besucher eine Reise vom Kai des Auswandererhafens bis zur Central Station in New York, lernen dabei das Treiben an Bord eines Auswandererschiffes kennen und erfahren viel über frühere und aktuelle Migrationsbewegungen sowie deren Hintergründe (→ S. 379). Auf dem Bremerhavener **Museumsschiff Gera,** dem einzigen schwimmenden Hochseefischereimuseum Deutschands, wird der frühere Alltag auf den Hochseeschiffen lebendig (→ S. 383). Ebenfalls in Bremerhaven kann man im thematisch verwandten Museum **Windstärke 10** viel selbst ausprobieren und zwischendurch noch mit einer Riesenkrake kuscheln (→ S. 404).

Umwelt, Natur, Klima

Das **Wassarium** in Drakenburg führt uns vor Augen, was alles getan werden muss, damit das Wasser aus dem Hahn fließen kann, und bringt uns nicht zuletzt dazu, unseren allzu oft gedankenlosen Umgang mit diesem Element zu hinterfragen (→ S. 277). Noch deutlicher führt das **Klimahaus Bremerhaven 8° Ost** die Folgen des Klimawandels vor Augen (→ S. 377). Gleichzeitig zeigt es den staunenswerten Naturreichtum entlang des achten Längengrades. Im **Wattenmeer-Besucherzentrum** in Cux-

Für Forscher und Entdecker: das Universum Bremen

haven-Sahlenburg erfahren Besucher alles über die Bewohner und die Eigenheiten des Wattenmeeres und können an Exkursionen in diese einzigartige Welt, zu den Salzwiesen und in die Heide teilnehmen (→ S. 410).

Im **Informationszentrum Tor zum Moor** bei Uchte gibt es nicht nur eine Moorleiche zu sehen, sondern auch eine Ausstellung über die Moore in früheren Zeiten und heute. Wissensvertiefung und Spaß zugleich bietet eine Fahrt mit der Minibahn von hier durch das Große Moor (→ S. 257).

Museumsdörfer

Das **Bronzezeithaus Hartwarderwurp** in Stadthagen, ein Nachbau eines Hauses aus dem 10./9. Jahrhundert v. Chr., führt in die Lebenswelt der Menschen zu jener Zeit ein. Regelmäßig können sich Besucher im Flechten, Bogenschießen und anderen ungewohnten Tätigkeiten ausprobieren (→ S. 356). Das **Volkskundliche Freilichtmuseum Speckenbüttel** beleuchtet mit elf Gebäuden und einer Vielzahl von Exponaten die bäuerlich-dörfliche Sphäre früherer Jahrhunderte (→ S. 385).

Höhlen

Das **Besucher-Bergwerk Kleinenbremen** zeigt mit Museum und Gesteinsgarten die 100-jährige Bergbaugeschichte des Ortes, Höhepunkt ist der Besuch des ehemaligen Stollens mit seiner geheimnisvollen Blauen Lagune (→ S. 208). Ein gläserner Fahrstuhl führt in die **Schillat-Höhle** bei Hessisch Oldendorf. In dieser Glitzerwelt erfährt man Spannendes über die Erdgeschichte (→ S. 189).

Schlösser

An der Weser reihen sich die Renaissanceschlösser. Besonders eindrucksvoll: **Schloss Bevern** mit seiner Ausstellung zu früheren adligen und bürgerlichen Wohnverhältnissen (→ S. 132), **Schloss Hämelschenburg** mit seiner Originaleinrichtung aus mehreren Jahrhunderten (→ S. 160) und **Schloss Bückeburg** mit seiner Abfolge von prächtigen Räumen von Kapelle bis Goldener Saal (→ S. 203).

Burgen und Burgruinen

Um viele Burgen und Burgruinen ranken sich Sagen und Märchen, jedes ist für sich selbst ein echter Hingucker, fast alle sind stets frei zugänglich und eignen sich prima für Picknick oder Kindergeburtstage in ungewöhnlicher Kulisse. Dazu zählen vor allem **Sababurg** (→ S. 85), **Krukenburg** (→ S. 94), **Burg Polle** (→ S. 137) und die **Burg Schaumburg** (→ S. 190).

Die Blaue Lagune im Besucher-Bergwerk

Schaukasten im Deutschen Märchen- und Wesersagenmuseum

Literarisches und Märchenhaftes

Den augenzwinkernden Flunkereien des **Barons Münchhausen** ist in Bodenwerder ein eigenes Museum gewidmet, hier werden auch Lesestunden angeboten. Im Ort greifen einige Skulpturen und ein Brunnen in der Nähe mehrerer Eisdielen auf liebevolle Weise Motive aus diesen Geschichten auf (→ S. 147). Im **Deutschen Märchen- und Wesersagenmuseum** in Bad Oeynhausen spazieren Besucher auf mehreren Etagen durch den Grimmschen Märchenkosmos und stoßen auf überreichen Lesestoff (→ S. 218), im Dorf Wiedensahl dreht sich nicht nur in zwei Museen alles um **Wilhelm Busch** und seine Schöpfungen (→ S. 240).

Nostalgiebahnen, Draisinen, Kutschfahrten

Schnaufende Dampflokomotiven gibt es an der Weser nicht mehr, dafür aber Fahrten in **historischen Triebwagen** ab Rinteln (→ S.200). Zwischen Eystrup und Syke verkehrt der **Kaffkieker** in sehr gemächlichem Tempo (→ S. 280), zwischen Thedinghausen und Bremen-Stuhr der nicht schnellere **Pingelheini** (→ S. 294), und ab Minden werden gleich mehrere Linien von **Museumseisenbahnen** befahren (→ S. 238).

Eher etwas für Aktivurlauber ist eine **Draisinenfahrt**, die man ab Bodenwerder (→ S.152) und ab Rinteln (→ S. 200) unternehmen kann. Eine **Kutschfahrt nach Neuwerk** gehört bei einem Besuch in Cuxhaven einfach dazu (→ S. 410).

Schiffsfahrten

In **Bremen** und **Bremerhaven** kann man auf Hafenrundfahrten große Pötte anschauen und dabei zu Fanta oder Sprite Pommes Frites oder Süßigkeiten verputzen (→ S. 332, 386). In **Minden** beeindruckt die Schleusung am Wasserstraßenkreuz große wie kleine Passagiere gleichermaßen (→ S. 236). Auch in **Cuxhaven** gibt es Hafenrundfahrten oder Fahrten nach Neuwerk und Brunsbüttel, manche Schiffe (Katamarane) brausen in hohem Tempo sogar bis nach Sylt und Helgoland – auch hier stets mit Kombüse an Bord (→ S. 413).

Spaßbäder

An der Küste regnet es häufiger mal als im Inland, vielleicht kein Zufall, dass hier zwei besondere Bäder zu finden sind, in denen man diese Phasen gut überbrücken kann: das Wellenbad **Watt'n Bad** in Dorum-Neufeld (→ S. 398) und das **Thalassozentrum ahoi!** in Cuxhaven, ein Wellenbad unter anderem mit Whirlpool, Strömungskanal und der Möglichkeit, in Salz oder Schlick zu baden (→ S. 415).

Auf ihrem Weg von Hann. Münden durch das Weserbergland, die Porta Westfalica und die Norddeutsche Tiefebene bis zum Nationalpark Niedersächsisches Wattenmeer berührt die Weser vier Bundesländer. Die Kleinstaaterei früherer Jahrhunderte hat ein vielfältiges kulturelles Erbe hinterlassen und an den Ufern wechseln sich Berge und Ebenen, Wälder, Auen, Moore und Felder ab – ein großer Reichtum auf kleinem Raum, der Besucher oft zu überraschenden Entdeckungen führt.

STADT, LAND, FLUSS

Hameln, Osterstraße

Weser-Steckbrief

Länge: 452 km.

Schiffbar: 430 km (verkürzt durch die Schleusenkanäle an der Mittelweser). Nennenswerter Frachtverkehr flussabwärts ab Minden.

Beginn: In Hann. Münden als Zusammenfluss von Werra und Fulda.

Mündung: Bei Bremerhaven in die Außenweser/Nordsee.

Gliederung: Oberweser (Hann. Münden bis Wasserstraßenkreuz Minden), Mittelweser (Wasserstraßenkreuz Minden bis Wehr in Bremen-Hastedt), Unterweser (Wehr in Bremen-Hastedt bis Bremerhaven), Außenweser (ab Bremerhaven).

Quellhöhe: 116 m ü. NN (Hann. Münden).

Mündungshöhe: 0 m (Bremerhaven).

Mittleres Gefälle: 0,26 %.

Mittlere Geschwindigkeit: 4,5 km/h bei normalem Wasserstand.

Kilometrierung und Längenangaben: Die offizielle Kilometrierung beginnt in Hann. Münden mit dem Weserkilometer 0,0 und endet beim Teerhof in Bremen mit Flusskilometer 366,7. Dort beginnt die Unterweserkilometrierung. Bei Unterweserkilometer 1,375 (Eisenbahnbrücke) beginnt die Seeschifffahrtsstraße Unterweser, die bis Unterweserkilometer 85,2 reicht. Hier endet die Weser als Fluss.

Ein nachdenklicher Eisenbart am Werraufer in Hann. Münden

Staustufen: Hameln, Petershagen, Schlüsselburg, Landesbergen, Drakenburg, Dörverden, Langwedel, Hemelingen. An allen Staustufen Wasserkraftwerke.

Schleusen: An allen Staustufen, zusätzlich in Minden (Übergang zum Mittellandkanal).

Wärmekraftwerke direkt am Fluss: Veltheim (Steinkohle, Erdgas), Heyden/Petershagen-Lahde (Steinkohle), Landesbergen (Erdgas, Biomasse), Bremen-Hastedt (Erdgas, Steinkohle), Bremen-Hafen (Steinkohle), Bremen-Mittelsbüren (Erdgas, Leichtöl), Bremen-Farge (Steinkohle).

Kernkraftwerke: Würgassen, Grohnde, Unterweser (mittlerweile alle abgeschaltet, zum Teil bereits rückgebaut).

Fähren/Tunnel: Insgesamt 17, davon 9 Personen- und Fahrradfähren und 8 Autofähren. Der einzige Wesertunnel verbindet die Gemeinde Stadland mit der Gemeinde Loxstedt.

Flussranking: Unter den in Deutschland verlaufenden Flüssen nach dem Rhein Platz 2 hinsichtlich der Länge und Platz 6 hinsichtlich der Wassermenge.

Einzugsgebiet: 46 000 km² (mit Nebenflüssen), davon Werra und Fulda ca. 12 000 km²

Größte Städte: Bremen (566 000 Einwohner), Bremerhaven (113 000), Minden (82 000), Hameln (57 000).

Berührte Bundesländer: Hessen, Niedersachsen, Nordrhein-Westfalen, Bremen.

Wichtigste Nebenflüsse: Aller, Hunte, Lesum, Diemel, Werre, Große Aue.

Nationalpark: Niedersächsisches Wattenmeer.

Naturparks: Münden, Reinhardswald, Solling-Vogler, Weserbergland, TERRA.vita – Nördlicher Teutoburger Wald, Wiehengebirge, Osnabrücker Land.

UNESCO-Welterbestätten: Karolingisches Westwerk und Civitas Corvey; Rathaus und Roland in Bremen; Wattenmeer.

Die Weser – Verlauf und Charakter

Vom Weserkilometer Null beim Tanzwerder in Hann. Münden bis zum Übergang in die offene See nach 452 Kilometern durchfließt die Weser ganz unterschiedliche, dabei sehr reizvolle Landschaften, die traditionell in Ober-, Mittel- und Unterweser unterschieden werden; die Außenweser stellt den Übergang in die Nordsee dar. Den Charakter der Oberweser prägt das Weserbergland, durch das sie sich schlängelt, eine typische Mitelgebirgslandschaft, Mittel- und Unterweser gehören zweifellos dem norddeutschen Kulturraum an, wovon nicht zuletzt die Anmutung der großzügig angelegten Dörfer und die Küche zeugen. Neben der Ems ist die Weser der einzige Strom, der in ganzer Länge auf deutschem Gebiet fließt.

Allen Abschnitten gemein ist, dass Großstädte weitgehend fehlen. Dörfer und Mittelstädte prägen das Bild, lediglich Bremen und Bremerhaven liegen über der 100 000-Einwohner-Marke. Zwar spielen für einige Städte Industrie und Häfen eine Rolle, doch es fällt auf, wie wenig diese Bereiche den Charakter der Weser prägen, selbst in Orten, die weitgehend von der Industrie leben wie etwa Holzminden oder Minden. Das kommt nicht zuletzt daher, dass die modernen Fernverbindungen – Straße wie Schiene – etwas abseits verlaufen und den Fluss nur an einigen wenigen Stellen berühren oder queren. Das parallel zum Wesertal verlaufende Leinetal etwa nimmt mit der A 7 und der ICE-Strecke Hannover–Kassel einige der wichtigsten Nord-Süd-Verbindungen im mitteldeutschen Raum auf.

Reisende bewegen sich entlang der Weser zwischen den oft überraschend malerischen Orten daher großteils auf ruhigen Strecken. Fast automatisch passt sich das Tempo dem Charakter des Flusses an, wird verhaltener, ruhiger, bestens geeignet, seinen vielen Attraktionen und kleinen Geheimnissen auf die Spur zu kommen.

Die Weser zwischen Bodenfelde und Bad Karlshafen

Oberweser

Im Hann. Mündener Stadtgebiet, auf etwa 166 Meter ü. NN, vereinigen sich Werra und die etwas wasserreichere Fulda zur Weser. Hier befindet sich auch der Nullpunkt der Bundeswasserstraßenkilometrierung. Ab Hann. Münden fließt die Weser ungefähr in nördlicher bis nordwestlicher Richtung, vollzieht zahlreiche, teils enge, teils weite Kehren, schlägt hinter Hameln allmählich eine West-Nordwest-Richtung ein, bis sie bei Vlotho scharf nach Norden abknickt. Von Hann Münden bis Bad Karlshafen markiert sie das hessisch-niedersächsische Grenzgebiet, von da bis hinter Holzminden ungefähr die Grenze zwischen Nordrhein-Westfalen und Niedersachsen. Dahinter befindet sich niedersächsisches Gebiet zu beiden Seiten; etwa von Rinteln bis zur Porta Westfalica liegt Nordrhein-Westfalen beidseits der Ufer.

Das Gebiet von Hann. Münden bis zur Porta Westfalica wird allgemein Weserbergland genannt. Buntsandsteinflächen formen seinen südlichen Abschnitt, die Hügelketten mit den bis zu 300 Meter tiefen Tälern dazwischen sind zumeist bewaldet, wobei Buche und Eiche dominieren. Teilwiese schieben sich die Hänge bis unmittelbar an das Ufer heran, teilweise weitet sich das Wesertal auf mehrere Kilometer Breite. Nach Norden nimmt der Anteil der Ackerflächen zu. Größte Städte auf diesem Abschnitt sind Hann. Münden, Hameln und Rinteln. Den spektakulären Abschluss des Weserberglandes bildet die Porta Westfalica ungefähr bei Flusskilometer 199, hier liegt der Flusspegel auf rund 40 Meter ü. NN.

Mittelweser

Als Grenze zwischen Oberweser und Mittelweser sieht das Wasserstraßen- und Schifffahrtsamt das Wasserstraßenkreuz in Minden, Geographen hingegen eher die Porta Westfalica. Bis Schlüsselburg durchmisst die Weser Nordrhein-Westfalen, dann verläuft sie auf niedersächsischem Gebiet. Die Landschaft trägt nun den Charakter einer Niederung, nicht mehr den eines Tals. Die Marschenlandschaft wird vor allem landwirtschaftlich genutzt. Dazwischen haben sich neben Wäldern einige Moore erhalten, manche Flächen wurden in jüngerer Zeit renaturiert und wurden oder werden wieder zu Auenlandschaften. Größte Städte auf diesem Abschnitt sind Nienburg, Verden und Achim.

Bis in die 1960er Jahre hinein entstanden an der Mittelweser insgesamt sieben Staustufen, dazu Wehre und Kanäle. Sie führten zu Begradigungen und Abtrennung einiger Windungen und Arme vom Hauptstrom, wodurch fünf Flussinseln entstanden, bei Petershagen, Schlüsselburg, Drakenburg, Dörverden und Langwedel. Diese erheblichen Eingriffe geschahen im Zusammenhang mit dem Bau des Mittellandkanals (→ S. 239) und schufen für die Güterschifffahrt die Verbindung zwischen Minden und dem Seehafen Bremen. Durch die Kappungen verkürzte sich der Weg für die Schiffe um gut 22 auf nun 160 Kilometer. Die Fallhöhe auf dieser Strecke von rund 32,5 Metern wird seitdem durch Schleusen überwunden und gleichzeitig von den Wasserkraftwerken genutzt. Die Wehre halten den Pegel konstant, weshalb es an der Mittelweser auch in sehr trockenen Sommern praktisch nicht mehr zu Einschränkungen der Schifffahrt durch Niedrigwasser kommt.

Frachtschifffahrt wie Tourismus sind für die Unterweser von Bedeutung

Unterweser

Das Weserwehr in Bremen-Hastedt (4,5 m ü. NN) markiert die Grenze zwischen Mittelweser und Unterweser. Ab hier ist der Tidenhub deutlich spürbar. Etwa 50 Meter hinter der Wilhelm-Kaisen-Brücke liegt eine Stelle, die lange als Übergang von Binnenschifffahrt zu Seeschifffahrt angesehen wurde. Heute befindet sich dieser Punkt ein Stück weserabwärts, an der Eisenbahnbrücke der Strecke Bremen–Oldenburg.

Die Unterweser hat sich durch die Eingriffe des Menschen wohl am stärksten verändert (→ S. 35). Gerade und eingedeicht zieht sich der Fluss dahin, flaches, seit dem Spätmittelalter fast waldloses Marsch- und Geestland säumt ihn. Erwähnenswert sind die großen Flussinseln: Harriersand, die mit rund elf Kilometern Länge größte Insel, erstreckt sich, Brake gegenüber, östlich des Hauptstroms und bestand bis zur zweiten Weserkorrektion (→ S. 35) der Jahre 1924 bis 1932 aus sieben kleinen Inseln. Die rund sechs Kilometer lange Strohauser Plate vor Stadland-Rodenkirchen darf nur im Rahmen von geführten Wanderungen betreten werden und zeigt den Wert, den die Landschaft trotz ihrer vermeintlichen Gleichförmigkeit als Lebensraum vieler Tierarten, insbesondere Vogelarten, besitzt. Der vier Kilometer lange Elsflether Sand ist seit den 1979 abgeschlossenen Hochwasserschutzmaßnahmen an Hunte und Weser nur noch eine Halbinsel.

Die größeren Orte an der Unterweser – Brake, Elsfleth, Nordenham – liegen sämtlich linksseitig.

Außenweser

Im Bremerhavener Stadtgebiet, an der Einmündung der Geeste in die Weser, endet die Unterweser. Ab hier spricht man von Außenweser. Sie ist am besten als trichterförmiger Ästuar beschrieben, der in Südost-Nordwest-Richtung verläuft und dabei den Nationalpark Niedersächsisches Wattenmeer durchschneidet. Sandbänke teilen ihn in einen östlichen und in einen westlichen Arm, nur der

Die Außenweser wirkt wie ein offenes Meer

westliche wird als Schifffahrtsweg genutzt. Etwa auf Höhe der Gemeinde Misselwarden, bei Flusskilometer 452, kann man den Übergang von innerer Außenweser zu äußerer Außenweser und damit zur Seewasserstraße Nordsee verorten. Allgemein sieht man die Stelle vor der nordwestlichen Spitze der Wurster Küste als den Punkt an, wo die Außenweser zusammen mit der Außenelbe in die Deutsche Bucht der Nordsee übergeht.

Nebenflüsse

Abgesehen von den zwei Quellflüssen gibt es 27 Nebenflüsse. Bis auf die Aller, die unmittelbar westlich von Verden in die Weser mündet, sind sie, was ihre Wasserzufuhr betrifft, von geringer Bedeutung. Große Aue (Zufluss südlich von Nienburg/Weser), Diemel (bei Bad Karlshafen), Hunte (bei Elsfleth), Werre (bei Bad Oeynhausen) und Lesum (Bremen-Vegesack) mag man als Flüsse bezeichnen, die anderen Zuflüsse sind eher Flüsschen und Bäche. Für die Schifffahrt spielen sie daher auch keine Rolle mehr, allenfalls für die Sportschifffahrt.

Hochwasser und Eisgang

Vor allem für die Oberweser sind deutliche Schwankungen in Wasserführung – Pegel und Wassermengen – zu verzeichnen. Im Winter/Frühjahr führt der Fluss deutlich mehr Wasser als in den anderen Jahreszeiten, im Sommer liegt der Pegel an manchen Stellen unter einem halben Meter. Je nach Wasserstand variiert auch die Fließgeschwindigkeit zwischen 3 km/h und bis zu mehr als 5 km/h. Es gab und gibt vor allem an der Oberweser immer wieder Hochwasser, zuletzt 2011 und 2012, die durch die typische Mittelgebirgssituation bedingt sind.

Die über Staustufen regulierte Mittelweser kennt kaum noch Hochwasser, an der Unterweser wirken sich Sturmfluten gegen die Nordseeküste zuweilen bis hinein in das Bremer Stadtgebiet aus.

Bis in die 1930er Jahre hinein fror die Weser regelmäßig zu, seitdem kaum noch. Dafür sind die Kraftwerke verantwortlich, die Kühlwasser entnehmen und es mit höherer Temperatur wieder zurückgeben. Jahrzehntelang spielten auch die massiven Kali-Einleitungen aus Thüringen eine Rolle, die über die Werra kamen, seit einiger Zeit macht sich der Klimawandel bemerkbar.

Die Bremer Eiswette ist daher und wegen der Weserkorrektion (→ S. 35) zu einer recht unspannenden Angelegenheit geworden. Sie bekam jüngst nur wieder verstärkte Aufmerksamkeit durch den Beschluss, ab 2020 Frauen zur Zeremonie zuzulassen. Nach dem Vorbild englischer Herrenclubs wetteten 18 Bremer Herren im Jahr 1828 erstmals, »of de Werser geiht or steiht« (ob die Weser geht oder steht, also zugefroren ist). Die Verlierer waren verpflichtet, für die Gewinner ein Grünkohl-mit-Pinkel-Essen auszurichten. So ist es bis heute geblieben, wenngleich sich die Teilnehmerzahl auf zuletzt etwa 800 erhöht hat und die Zeremonie zu einem bedeutenden gesellschaftlichen Ereignis geworden ist. Heute dient das Essen vor allem dem Zweck, Spenden für die Deutsche Gesellschaft zur Rettung Schiffbrüchiger zu sammeln. Geprüft wird, unter den Augen zahlreicher Schaulustiger, weiterhin um 12 Uhr am 6. Januar, dem Dreikönigstag, am Osterdeich – mit einem heißen Bügeleisen.

Wasserqualität

Seit mehr als 100 Jahren wird an Fulda und Werra Salz zur Herstellung von Pflanzendüngestoffen abgebaut. Zwar ist die Einleitung von salzhaltigen Abfällen kurz nach der Wende erheblich zurückgegangen, aber noch immer entledigt sich der Branchenreise K + S seiner Salzabwässer vorrangig über die Flüsse. Die Wasserqualität ist nicht mehr so dramatisch schlecht wie noch Ende der 1980er Jahre, aber nach wie vor bei leichter Tendenz zum Besseren nur mäßig. In der offiziellen Kategorisierung bedeutet dies: Güteklasse II (mäßig belastet), teils Güteklasse II–III (kritisch belastet). Das Baden in der Weser gilt aber als unbedenklich.

Die Verschmutzung des Flusses mit Salzabwässern ist auch der Hauptgrund für die Artenarmut und die geringe Anzahl an Fischen und anderen Lebewesen im Fluss. Bis in das 20. Jahrhundert hinein war der Fischfang von Hann. Münden bis Bremerhaven von großer Bedeutung, heute gibt es nur noch zwei Berufsfischer: einen in Drakenburg bei Nienburg, einen in Dörverden.

Man hat sich in den vergangenen Jahren bemüht, durch die Einrichtung von Fischtreppen bei Wehren und Staustufen und durch den Aussatz von Jungfischen den Artenreichtum im Fluss wieder günstiger zu gestalten. Es bleibt abzuwarten, ob die Versuche nachhaltigen Erfolg haben.

Die Aller bei Verden

Naturräume

Höhenzüge

Die Höhenzüge links und rechts der Weser werden zusammenfassend allgemein als Weserbergland bezeichnet. Die nördliche Begrenzung kann mit Wiehen- und Wesergebirge beidseits der Porta Westfalica, die das Mittelgebirge wie einen Riegel nach Norden abschirmen, eindeutig lokalisiert werden, die anderen Grenzen sind weniger eindeutig. Das Weserbergland geht im Westen in das Lippische Bergland über, im Osten in das Leinebergland und im Süden in das Hessische Bergland. Sein höchster Punkt liegt mit der Großen Blöße (528 m) im Solling. Das Bergland besteht aus mehreren, voneinander unterscheidbaren Höhenzügen und einzelnen Bergen, zwischen denen sich Täler strecken. Geologische und touristische Namen für die einzelnen Abschnitte unterscheiden sich durchaus, die Naturparks tragen wiederum teils andere Namen.

Naturparks

Unter dem Leitgedanken »Schutz durch Nutzung« sind mehr als 25 Prozent der deutschen Landesfläche als Naturparks ausgewiesen. Ziel ist es, hier die Nutzung durch den Menschen mit Umweltschutzgedanken in Einklang zu bringen und einen nachhaltigen Tourismus zuzulassen.

Auch entlang der Weser reihen sich mehrere Naturparks. Den Anfang macht der Naturpark Münden, der sich rund um Hann. Münden erstreckt und unter anderem Teile des kaum besiedelten Bramwalds umfasst. Ihm schließt sich nach Westen der 2017 ausgewiesene Naturpark Reinhardswald an, der sich ausschließlich auf hessischem Gebiet befindet. Ihm gehören neben anderen Regionen der Reinhardswald, eines der größten zusammenhängenden Waldgebiete Deutschlands, und der hessische Teil des Wesertals an, kleinere Teile stehen unter Naturschutz. Ungewöhnlich schöne Naturerlebnisse bietet etwa der »Urwald« bei der Sababurg.

Auf der anderen Weserseite erstreckt sich der Naturpark Solling-Vogler, der den wald- und wildreichen Solling und den nördlich davon gelegenen Höhenzug

Wunderbare Wandermöglichkeiten bietet der Naturpark Reinhardswald

des Vogler umfasst. Ausgedehnte Flächen stehen unter Naturschutz, darunter die selten gewordenen Hochmoore. Einen besonders guten Eindruck vom Charakter der dicht bewaldeten Hochplateaus gewinnt man von einem der Aussichtstürme.

Nach Norden schließt sich fast nahtlos der 1975 gegründete Naturpark Weserbergland Schaumburg-Hameln an, dessen etwas sperriger Name schon seine Ausdehnung andeutet. Er zieht sich etwa zwischen Hameln, Bückeburg und Bad Pyrmont beidseits der Weser entlang. Als auffälligste Naturräume können der Hohenstein nördlich von Hessisch Oldendorf und einige Tropfsteinhöhlen, darunter die Schillat-Höhle, angesehen werden. Eine Besonderheit stellen die Süntelbuchen dar, Buchen mit verdrehten und miteinander verwachsenen Ästen und kurzen, drehwüchsigen Stämmen.

Die linke Seite der Weser wird um Höxter und Corvey herum vom Naturpark Teutoburger Wald/Eggegebirge berührt; mit den Externsteinen liegen dessen bekannteste Sehenswürdigkeiten jedoch um einiges vom Fluss entfernt.

Mit dem Wiehengebirge, der Porta Westfalica und dem sich östlich anschließenden Bückeberg berührt der Natur- und Geopark TERRA.vita die Weser dort, wo sie vom Weserbergland in die Tiefebene übergeht – dies ist sicherlich auch unter touristischen Gesichtspunkten der spektakulärste Teil des Naturparks.

Die Naturparks Wildeshauser Geest westlich von Bremen und Steinhuder Meer liegen zwar in relativer Nähe zur Weser, berühren aber nicht ihre Ufer.

Nationalpark Wattenmeer

Die Gezeiten und das Aufeinandertreffen von Süß- und Salzwasser haben entlang der Nordseeküste eine einzigartige Landschaft hervorgebracht, das Wattenmeer. Dieses Ökosystem besteht unter anderem aus Sandbänken, Dünen, Salzwiesen und eben dem Watt und bietet Lebensräume für eine Vielzahl nur hier vorkommender Tier- und Pflanzenarten. Daher steht das Wattenmeer entlang der deutschen Küste als Nationalpark unter besonderem Schutz, zusammen mit dem niederländischen und dem dänischen Wattenmeer ist es seit 2014 als UNESCO-Welterbe ausgewiesen.

In Deutschland gliedert sich das Wattenmeer in drei Schutzzonen mit unterschiedlichem Schutzstatus. Welche Flächen nur zu bestimmten Zeiten oder auf ausgewiesenen Wegen oder gar nicht betreten werden dürfen, erfahren Besucher vor Ort.

Moore

Bis weit in das 18. Jahrhundert hinein war der Norden des heutigen Niedersachsens in weiten Teilen von ausgedehnten Moorlandschaften geprägt. Durch Melioration und Umwandlung in landwirtschaftliche Nutzflächen verschwanden sie fast vollständig, heute sind nur noch wenige Flächen erhalten. Kleinere Moore finden sich am Steinhuder Meer und westlich von Berne. Am eindrucksvollsten kommt man den Eigenheiten dieser immer etwas geheimnisvoll wirkenden Landschaft bei einem Besuch im Informationszentrum Tor zum Moor bei Uchte auf die Spur. Und der Moorlehrpfad im Großen Moor bei Worpswede führt in Stille und Einsamkeit.

Schifffahrt

Die Weser stellte vor dem Bahnzeitalter zwischen Rhein und Elbe lange die einzige wirklich leistungsfähige Nord-Süd-Verbindung für den Warentransport dar, zumal es, anders als in Teilen West- und Süddeutschlands, keine von den Römern angelegten Straßen gab. Andererseits machten die vielen Kehren und Windungen, Stromschnellen wie etwa bei Porta, Engstellen bei Vlotho und Latferde und Felsen im Fluss bei Liebenau den Schiffern das Leben schwer. Hinzu kamen die stark schwankenden Pegel – im Sommer herrschte oft Niedrigwasser –, die stetig auftretenden Versandungen und die an Engstellen mitunter starke Strömung. Im Winter waren die Treidelpfade durchnässt und schwer passierbar.

Möglicherweise gab es schon in römischer Zeit Handel entlang der Weser, sicherlich aber seit dem 8. Jahrhundert. Bremische Urkunden aus der Mitte des 12. Jahrhunderts bezeugen Schiffsverbindungen zu Werra und Fulda; Hameln gehörte 1426 bis 1572 der Hanse an, Minden bereits seit 1295.

Flussaufwärts kamen vor allem Käse, Torf, Tuche und Seefische, insbesondere der Hering, flussabwärts vorrangig Holzkohle und Holz, Töpferwaren und Steine (Obernkirchen) sowie seit dem frühen 14. Jahrhundert auch Getreide. Als Umschlagplatz dafür wurde Celle zu einem großen Hafen, von wo das Getreide über die Aller Richtung Unterweser ging. Münden bildete sich als wichtiger Umschlagplatz nach Thüringen und Hessen aus, Hameln erlangte Bedeutung als Handelsstadt am Hellweg.

Treidler und Flößer

Seit der zweiten Hälfte des 17. Jahrhunderts sorgten die neu gegründeten Schiffergilden dafür, dass der hindernisreiche Fluss einigermaßen schiffbar blieb. So entfernten sie bei Niedrigwasser Sandbänke, die sich in der Zwischenzeit gebildet hatten. Die Instandhaltung der Treidelpfade blieb aber über lange Zeit eine Frage, bei der sich Schiffer und Territorialherren die Verantwortung hin und her schoben. Die Kleinstaaterei erschwerte die Schifffahrt überhaupt ungemein. Zwischen Münden (heute Hann. Münden) und Elsfleth gab es vor dem Napoleonischen Zeitalter allein 22 Zollstellen, dazu kamen die Stapelrechte in einigen Orten, der Treidelpfad wechselte etwa zwanzigmal die Seite – die Angaben dazu sind uneinheitlich.

Das Flößerdenkmal in Bad Oeynhausen

Dennoch war es jahrhundertelang einfacher, Waren auf dem Wasserweg zu transportieren als auf dem Landweg. Flussabwärts kamen die Schiffe mit Strömung und Wind voran, wurde auch geflößt, flussaufwärts musste getreidelt werden. Das war eine überaus mühsame und langwierige Angelegenheit. Ein von Menschen geschleppter Treidelzug benötigte von Minden bis nach Münden 10 bis 12 Tage, von Bremen sogar um die 30 Tage. Mit der Strömung waren die Schiffe dagegen nur 4 beziehungsweise 10 bis 12 Tage unterwegs. Angesichts einer durchschnittlichen Geschwindigkeit von nur 700 bis 1000 Metern pro Stunde bei der Bergfahrt ist es kein Wunder, dass sich das Verb »trödeln« von »treideln« ableitet.

In der zweiten Hälfte des 18. Jahrhunderts bildete sich ein Schleppzugsystem heraus, das aus Bock, Hinterhang und Bulle bestand. Der Bock (34–36 Meter lang) war das Zugschiff mit der Treidelanlage, der Hinterhang (31–34 Meter) ein reines Lastschiff. Der Bulle (22–25 Meter) trug kaum Ladung, fungierte bei Untiefen als Leichter und als Übersetzschiff, wenn die Treidler mal wieder die Seite wechseln mussten. Rund 40 Leinenzieher waren für ein solches System nötig. Die Treidler besaßen wegen ihrer groben Manieren und ihrer Trunksucht übrigens in allen Weserorten einen üblen Ruf.

Seit Ende des 18. Jahrhunderts kamen auch Pferdezüge zum Einsatz. Diese brachten es auf etwa die doppelte Geschwindigkeit, und ein Pferd ersetzte sechs Menschen. Da der Umstieg auf Pferde jedoch mit dem Verlust ihres Einkommens einherging, führten die Treidler einen jahrzehntelangen Kampf gegen die Abschaffung des Treidelns per Menschenmuskelkraft. Sie wurde erst in der in Minden unterzeichneten »Weserschiffahrtsakte« (1823) verbindlich festgeschrieben. Darin verpflichteten sich die zu dieser Zeit noch sieben Uferstaaten zu weiteren wichtigen Grundsätzen: Freiheit der Schifffahrt, Abschaffung der Zoll-, Stapel-, Umlade- und Gilderechte, Freihaltung der Treidelpfade, Umsetzung von Strombaumaßnahmen, die für jederzeit ausreichend tiefes Fahrwasser sorgen sollten. Zu dieser Zeit deutete sich jedoch bereits das Ende des Treidelns an.

Raddampfer und Motorschiffe

Als Beginn der motorisierten Schifffahrt auf der Weser kann das Jahr 1817 gelten, als der Raddampfer »Weser« vom Stapel gelassen wurde, gut 23 Meter lang und 4 Meter breit und mit einer Dampfmaschine ausgerüstet, die 14 PS leistete. Das erste Dampfschiff, das die ganze Strecke von Bremen bis Münden zurücklegte, war »Der Herzog von Cambridge«. Er startete am 8. März 1819 und erreichte sein Ziel elf Tage später, die Rückfahrt dauerte sogar nur vier Tage. Ab 1843 fand ein planmäßiger Fracht- und Personenverkehr auf der ganzen Weser statt, und um 1870 hatte sich die motorisierte Schifffahrt durchgesetzt, wurde kaum noch getreidelt.

Wegen der geringen Wassertiefe erreichte die Frachtschifffahrt allerdings nie die Bedeutung wie auf Rhein oder Elbe. Und als sich Hessen und das Königreich Hannover über Bahnstrecken an die Seehäfen anbanden, verlagerte sich die Fracht zu großen Teilen auf die Schiene.

Der Mittellandkanal mit dem 1915 in Betrieb genommenen Wasserstraßenkreuz und ein System von Staustufen zwischen Minden und Bremen-Hastedt, das zwischen 1911 und den 1960er Jahren fertiggestellt wurde, sorgt bis heute dafür, dass auf der Mittelweser Frachtschifffahrt in nennenswertem Umfang stattfinden kann. Seit den 1970er Jahren ist sie von der Oberweser, Werra und Fulda jedoch gänzlich verschwunden, der Güterhafen in Hann. Münden wurde in dieser Zeit endgültig stillgelegt. Die Unterweser darf tidenunabhängig sogar von großen Hochseefrachtern befahren werden: bis 7,5 Meter Tiefgang ab Bremen, bis 9 Meter ab Brake, bis 13,40 Meter ab Nordenham.

Personenschifffahrt

Die Beförderung von Personen auf der Weser begann erst mit den Dampfschiffen, die teils als Schraubendampfer, teils als Schaufelraddampfer konstruiert waren. Zwar konnten die Schiffe bis in das 20. Jahrhundert hinein preislich mit der Bahn konkurrieren, aber nicht in puncto Schnelligkeit und Komfort. Und auch die Personenschifffahrt hatte mit dem Problem immer wieder auftretenden Niedrigwassers zu kämpfen.

Den Anfang machte die Weser-Dampfschiffahrt-Aktiengesellschaft, die 1841 gegründet wurde und 1843 ihr erstes Schiff in Dienst stellte, die »Eduard«. Ihr folgten weitere Dampfschiffe. Dem Linienverkehr war kein dauerhafter wirtschaftlicher Erfolg bescheiden, der Norddeutsche Lloyd übernahm 1858 die fünf verbliebenen Schiffe, stellte aber 1873 ebenfalls den Personenverkehr ein: nicht konkurrenzfähig. Auch die Oberweser-Dampfschiffahrt (1883–1964) und die Personenschiffahrt Oberweser GmbH (1965–2003), die weitgehend von öffentlichen Anteilseignern getragen war, versuchten sich daran, einen Passagierbetrieb auf der Oberweser zu unterhalten – letztlich vergeblich.

Bei dem Personenschiffsverkehr, der heute zwischen April und Oktober stattfindet, kann man nicht von einem Linienbetrieb sprechen, es handelt sich um touristische Angebote für Tagesgäste. Dabei ist auf der Oberweser mehr los als auf der Mittelweser. Neben der Ausflugsschifffahrt nach Fahrplan werden zahlreiche Sonderfahrten angeboten, Charterfahrten sind möglich, in Bremen und Bremerhaven bereichern Hafenrundfahrten das Angebot.

An der Schleuse Langwedel

Paddler vor Ausflugsschiff bei Hameln

Weserkorrektion

Bis in das 13. Jahrhundert hinein war die Nordseeküste stetem Wandel unterworfen, die Küstenlinie veränderte sich ebenso wie im Bereich der heutigen Unterweser das System von Zuflüssen, Neben- und Mündungsarmen. Entlang der Ufer erstreckten sich ausgedehnte Waldflächen. Zugunsten des wichtiger werdenden Ackerbaus wurden die Wälder großteils gerodet, der nun nicht mehr gehaltene Sand wurde in den Fluss gespült. Diese Erosion bewirkte schon um 1400 eine spürbare Versandung der Weser. Gerade bei Niedrigwasser hatten die hochseetüchtigen großen Schiffe immer öfter Schwierigkeiten, gefahrlos die Schlachte zu erreichen, den wichtigen, zentral gelegenen Seehafen Bremens. Wegen der Versandungstendenzen entschloss sich die Stadt Ende des 16. Jahrhunderts zum Bau eines neuen, künstlichen Hafens in Vegesack. Das Problem konnte dadurch jedoch nicht dauerhaft behoben werden, auch Vegesack war von der Versandung betroffen. Und immer mehr wurde Brake zu dem Ort, an dem die Güter von Hochseeschiffen auf kleinere Schiffe umgeschlagen werden mussten.

Um weiterhin den lukrativen Handel kontrollieren zu können, errichtete sich Bremen 1827 mit dem an der Wesermündung gelegenen Bremer Haven einen neuen Zugang zur Hochsee. Weil aber das Umladen der Waren von den großen Schiffen auf kleinere Binnenschiffe umständlich, zeitraubend und kostspielig war, entstanden bereits im frühen 19. Jahrhundert erste Überlegungen zur Schaffung einer dauerhaften Fahrrine bis Bremen. Im Jahr 1847 ließ sich die Stadt Bremen einen ersten Dampfbagger bauen und ging daran, eine fünf Meter tiefe Fahrrinne einzurichten und dauerhaft zu halten – mit geringem Erfolg.

Unter Leitung des Wasserbauingenieurs Ludwig Franzius erarbeitete eine Kommission schließlich Pläne, die als Große Weserkorrektion von 1883 bis 1895 umgesetzt wurden. Diese Arbeiten veränderten die Unterweser erheblich. Der Fluss, dessen Charakter bis dahin zahlreiche Sandbänke, Nebenarme, Auen

Dieses Stauwehr markiert die Grenze von Mittel- zu Unterweser

und Überflutungsflächen bestimmt hatten, wurde zu einem gerade verlaufenden Kanal mit durchweg befestigten Ufern. Man schnitt Schleifen, Alt- und Nebenarme ab, legte Buhnen an und verband Inseln mit dem Festland. Die Tiefe der Fahrrine betrug nun durchgängig fünf Meter, und das System von Leuchtfeuern auf den neu aufgeschütteten Deichen ermöglichte den Schiffern eine sichere Orientierung. Die Ingenieure gaben der Unterweser bewusst eine trichterförmige Struktur: der Flusslauf verengt sich von Bremerhaven bis Bremen kontinuierlich.

Diese tiefgreifende Umgestaltung bewirkt bis heute, dass das Wasser bei Flut durch den seiner Schleifen und Überschwemmungsflächen beraubten Fluss geradezu ungebremst durchrauschen kann und bei Ebbe ebenso schnell wieder abfließt. Spür- und sichtbar ist das am Tidenhub. Der betrug vor der Weserkorrektion an der Schlachte etwa 50 Zentimeter, derzeit aber zwischen vier und fünf Metern. So sind auch die Deiche im Bremer Stadtgebiet zu erklären: Sie schützen vor Hochwasser, das durch Sturmfluten gegen die Nordseeküste ausgelöst werden kann. Der größere Tidenhub ist auch an den Nebenflüssen wie Hunte und Lesum messbar und bedroht die noch erhaltenen Auwälder an ihren Ufern.

Die verstärkte Strömung bewirkte gleichzeitig eine Tiefenerosion – Fachleute sprechen hier von Sohlenerosion – bis in die Mittelweser hinein. Um dem zu begegnen und um für die Schifffahrt auf der Mittelweser einen konstanten Pegel gewährleisten zu können, entstand von 1906 bis 1911 das Weserwehr in Bremen-Hemelingen.

Der Weserkorrektion folgten weitere Ausbaumaßnahmen, die stets auf die Vertiefung der Fahrrinnen zielten. Wie auch entlang von Oder und Elbe gibt es immer wieder Diskussionen um einen weiteren Ausbau von Mittel- und Unterweser und eine weitere Vertiefung der Fahrrinnen. Die Argumente der Wirtschaftsförderer und der Naturschützer scheinen sich dabei unvereinbar gegenüberzustehen. Und die Überlagerung von lokalen und nationalen Interessen sowie seit einigen Jahrzehnten auch Richtlinien und Konzepten seitens der EU bewirken eine komplexe Gemengelage – Ausgang ungewiss.

Kulturlandschaft Weser

Der Begriff »Weserrenaissance« (→ S. 38) ist weithin geläufig, einer der herausragenden Vertreter dieses Stils, das Bremer Rathaus, dürfte zu den bekanntesten Bauwerken in Deutschland gehören. Neben den zahlreichen Schlössern, Rat- und Bürgerhäusern aus dieser Epoche finden sich an der Weser erstaunlich viele Klosteranlagen, die teils zu den bedeutendsten ihrer Art im deutschsprachigen Raum zählen – ein wenig bekannter Reichtum.

Am auffälligsten dürfte aber sein, wie dicht die gut erhaltenen Kleinstädte und Dörfer, Schlösser und Klöster, Mühlen, Kurbäder und Landschaftsgärten zueinander liegen, wie abwechslungsreich sich die Kulturlandschaft auf nur wenigen Kilometern präsentiert.

Schlösser

Als Heerführer im Dienst von Landesherren und/oder mit dem Getreidehandel kamen niedere Adlige vor allem an der Oberweser zu Reichtum. Die meisten Schlösser entlang der Weser entstanden als Ausdruck dieses Wohlstands, dazu kamen Bauten, die als Residenzen auch den Charakter von Verwaltungszentren trugen. Nur weniges ist im Laufe der Jahrhunderte ganz verloren gegangen, und so stoßen Besucher zwischen Hann. Münden und Thedinghausen kurz vor Bremen heute auf eine staunenswerte Dichte an Schlössern. Sie befinden sich teils in Privatbesitz, wurden zu Luxushotels umgebaut oder auch in Mietwohnungen aufgeteilt, viele dienen gleichzeitig oder ausschließlich musealen Zwecken. Daher kann man alle von außen bewundern, aber nur einen Teil von ihnen auch im Innern besichtigen.

Auch kleinere Schlösser (hier Petershagen) überraschen mit eindrücklichen Details

Eine kurze Orientierung zu den wichtigsten Bauwerken: Das Schloss in Hann. Münden gilt in seiner Strenge als gutes Beispiel für die Frührenaissance, Bevern und Schwöbber wurden im Innern stark verändert, Bückeburg vereint Trakte aus verschiedenen Bauphasen, Hehlen stellt mit seiner unverputzten Fassade eine gewisse Ausnahme dar, Bodenwerder und Hessisch Oldendorf sind beide mit dem Namen Münchhausen verbunden, die Bauten in Bad Pyrmont und Petershagen zeigen noch ihre frühere Funktion als Wasserschlösser, als architektonisch aufwändigstes Bauwerk gilt Schloss Hämelschenburg.

EXTRA

Die Weserrenaissance

In keiner anderen europäischen Region außerhalb Italiens wurden mehr Bauten im Renaissancestil errichtet als entlang der Weser, ihren Neben- und Quellflüssen. Dieser Stil vereint Elemente der italienischen und westeuropäischen Renaissance in einer spezifischen Weise, für die der Kunsthistoriker Richard Klapheck 1912 den Begriff »Weserrenaissance« prägte. Die rege Bautätigkeit etwa zwischen 1520 und 1618 war ebenso Ausdruck und Ergebnis der politischen und wirtschaftlichen Verhältnisse in diesem Teil Deutschlands wie der geistig-kulturellen Strömung des Humanismus.

Mitteleuropa war im frühen 16. Jahrhundert von einem Bevölkerungswachstum, der Mittelmeerraum gleichzeitig von Missernten geprägt. Die Preise für Getreide stiegen enorm an, wovon die Regionen an Ober- und Mittelweser, »Kornkammer des Deutschen Reiches«, sehr profitierten. Das Getreide gelangte über die Häfen der Handelsstädte entlang der Weser zu ihren Abnehmern in Deutschland und vielen europäischen Ländern, aber auch über zwei zu dieser Zeit bedeutende Handelswege: Der Frankfurter Weg, auch Bremer Straße genannt, verlief von Frankfurt am Main über Minden nach Bremen, der Hellweg auf mehreren Zweigen und Nebenstrecken von den Niederlanden über unter anderem Lemgo und Hameln bis in das Braunschweiger Land. Daneben waren Wolle, Holz und vor allem Sandstein, der hauptsächlich bei Bückeburg (Obernkirchner Sandstein) und am Jakobsberg (Portasandstein) abgebaut wurde, als Exportgut wichtig. In dieser Zeit standen auch manche niedere Adlige – darunter mehrere Vertreter der weitverzweigten Familie Münchhausen – als Söldnerführer im Dienst von Landesherren und wurden dafür sehr gut entlohnt.

So kamen Adlige wie Bürgerliche, über Steuern und Zölle auch einzelne Städte, zu Reichtum. Diese Gewinne flossen nun in Repräsentationsbauten – Schlösser, Adelssitze, Rathäuser –, aber gerade auch in Wohn- und Handelshäuser. In den Bauten drückte sich nicht allein der Wohlstand der Auftraggeber aus, sondern auch ein Selbstbewusstsein, das sich aus der Unabhängigkeit gegenüber Territorialherren, Kaiser und Amtskirche speiste.

Es kam zu einer Ausbildung von Bauhütten und Baustilen, die sich gegenseitig beeinflussten und architektonische Ideen aufnahmen, die über die Handelswege in den Weserraum gelangten. Daher kann man die Weserrenaissance auch als Verschmelzung verschiedener europäischer Einflüsse und Vorbilder betrachten, die nicht zuletzt dank der Erfindung von Kupferstich und Buchdruck mittels Blättersammlungen und Musterbüchern den Weg zu den Baumeistern fanden.

Typisches Stilelement der Weserrenaissance: der oktogonale Treppenturm, hier an Schloss Hämelschenburg

Als ältestes Schloss der Weserrenaissance gilt das 1525 vollendete Schloss Neuhaus bei Paderborn. In der Folge erwuchs zwischen Kassel und Bremen, Bielefeld und Helmstedt eine einzigartige Dichte an Wohngebäuden, Schlössern und Burgen – teils als Neubauten, teils als Überformung und Erweiterung bestehender Gebäude, denen eine Fassade vorgehängt oder ein Stockwerk aufgesetzt wurde oder die um einen oder mehrere Flügel erweitert wurden. In vielen Städten sind ganze Straßenzüge im Renaissancestil ausgeführt, Lemgo etwa kann geradezu als Renaissance-Flächendenkmal gelten.

Immer wieder ist unter Fachleuten die Frage diskutiert worden, ob es sich bei der Weserrenaissance überhaupt um eine eigene Stilrichtung handelt oder – nur – um das gehäufte Auftreten von Schloss- und Bürgerbauten, die in einem recht engen Zeitraum errichtet wurden und stilistisch eng miteinander verwandt sind. Die Formensprache wird durch eine Reihe von wiederkehrenden Elementen bestimmt, die sich sowohl an Fachwerk- wie an Sandsteinbauten finden, an Rat- und Bürgerhäusern ebenso wie an Schlössern und städtischen Adelssitzen.

Viele Bauten besitzen zumeist asymmetrisch angeordnete Erker, die, wenn sie ebenerdig angeordnet sind, Utluchten genannt werden. Die Zwerchhäuser, über dem Dachgesims aufragende geschwungene Giebel, sind häufig mehrachsig und mehrgeschossig. Vorgelagerte, aufwendig gestaltete Türme verbinden die Flügel einer Schlossanlage. Sie sind zumeist oktogonal, dabei das Treppenhaus gegen den Uhrzeigersinn ausgeführt und gehen oft auf französische Vorbilder zurück. In den reichen Verzierungen an Fassaden und Giebeln werden die italienischen Einflüsse besonders deutlich, fällt die Vorliebe für schneckenförmige Verzierungen und Schmuckleisten auf. An Fachwerkbauten finden sich zahlreiche rosettenförmige Schnitzereien. Oft sind Sandsteinquader mit Kerben oder geometrisch-abstrakten Ornamenten geschmückt, weisen Putzfassaden eine rautenförmige Schraffur auf. Im vereinzelt anzutreffenden Beschlagwerk wird der niederländische Einfluss besonders deutlich. Diese Ornamente an Giebelkanten und Portalen wirken durch die imitierten Nagelköpfe wie angehaftet.

Manche Häuser tragen einen Figurenschmuck, auch Figurenzyklen. Zu sehen sind Vorbilder aus der Heiligen Schrift, Personifizierungen der fünf Sinne, Planeten-Götter, aber auch Darstellungen der Tugenden. Diese lassen sich als Verarbeitung humanistischen Bildungsgutes verstehen, das entlang der Handelswege seine Verbreitung in Mittel- und Nordeuropa fand. Einige Verzierungen sind natürlich symbolisch: So steht der Löwe für Stärke, Neidköpfe sollen das Böse abwehren, Muscheln symbolisieren die Barmherzigkeit.

Der Dreißigjährig Krieg brachte die Bautätigkeit zu einem abrupten Ende und führte auch zu einigen Verlusten. Erstaunlich viel aber ist nur wenig verändert erhalten, nicht zuletzt, weil im ausgezehrten und verarmten Land, anders als in Teilen Süddeutschlands, nach Kriegsende die Mittel für barocke Umgestaltungen fehlten. Es ist ein Vergnügen, in den vielen Orten auf Entdeckungsreise zu gehen, sich in die kleinen, dabei so kunstvollen und aussagekräftigen Details zu vertiefen, sich deren Gemeinsamkeiten und Unterschiede gewahr zu werden.

Die »Straße der Weserrenaissance« verbindet die vielen Orte; das wichtigste Museum zum Thema, das Weserrenaissance-Museum, hat 1989 seinen angemessenen Sitz in Schloss Brake in Lemgo gefunden.

Burgen

Zwar war die Weser über die Jahrhunderte immer wieder auch Grenze zwischen – verfeindeten – Territorien, und es entstand eine Reihe von Festungsanlagen. Eine Burgendichte wie etwa am Mittelrhein, an der Mosel oder auch an manchen Abschnitten der oberen Donau findet sich hier allerdings nicht. Zudem waren die Anlagen durchweg recht klein dimensioniert, und viele von ihnen sind – durch kriegerische Handlungen oder nachdem sie aufgegeben worden waren – zu Ruinen verfallen. Romantisch wirken sie heute aber alle noch, und viele bieten sich nicht zuletzt als Ausflugsziel an, weil sich von den erhaltenen oder rekonstruierten Türmen eine hervorragende Aussicht in die Umgebung eröffnet.

Klöster und Kirchen

Nicht wenige Klöster wurden im norddeutschen Raum gegründet, nachdem die Karolinger und ihre Nachfolger das »heidnische« Sachsenland erobert hatten. Die Klöster mit ihren romanischen oder gotischen Kirchen entstanden als Ausdruck weltlichen Herrschaftsanspruchs, gleichzeitig sollte von ihnen die Christianisierung der unterworfenen Völker erfolgen, und sie sollten als geistig-kulturelle Zentren fungieren. An der Weser stellt Corvey sicherlich das berühmteste Beispiel für diese Aufgabe dar, die zumeist Zisterzienser und Benediktiner übernahmen.

Seit dem 13. Jahrhundert bildeten sich, teils in bewusst scharfer Abgrenzung gegen die Kirche in Rom, neue Orden heraus, unter ihnen sind die Franziskaner und die Dominikaner am bekanntesten. Auch sie errichteten Abteien mit Kirchen. Dazu kommen Stifte oder Klöster als Gründungen regionaler Herrscher. Im Spätmittelalter existierten in nicht wenigen Städten gleich zwei oder drei Klosteranlagen.

Der Bergfried der Schaumburg

Die vielen Klöster – ehemalige und aktive – entlang der Weser unterscheiden sich daher äußerlich sehr voneinander und auch, was ihre Gründung, Geschichte und derzeitige Nutzung betrifft. Nur in wenigen Orten sind die Anlagen vollständig oder fast vollständig über die Jahrhunderte gekommen. Meistens sind die Kirchen erhalten, die Nebengebäude teils oder sogar ganz verschwunden. Beispiele dafür finden sich in Bodenwerder-Kemnade, Hameln, Bremen und vor allem Minden. Einen Blick aber lohnen alle erhaltenen Klosterkirchen, nicht nur, weil sie sehr oft die ältesten erhaltenen Baudenkmäler darstellen, sondern auch wegen der

In Moorriem befindet sich eine der seltenen Fachwerkkirchen

staunenswerten Leistungen der Baumeister, Maler, Bildhauer und Holzschnitzer. Eine Vorstellung vom Klosterleben früherer Jahrhunderte und gerade auch von der wirtschaftlichen Bedeutung der Abteien vermittelt wohl am eindrücklichsten das weitgehend erhaltene Ensemble des Klosters Loccum.

Wer sich vor allem für Kirchen interessiert, kann entlang der Weser auf eine Reise durch die Jahrhunderte gehen, die ihren Anfang beim Westwerk aus karolingischer Zeit in Corvey nimmt und über Romanik, Gotik und Barock, Fachwerk, Bruch- oder Feldstein und Ziegelmauerwerk erst im 20. Jahrhundert endet. Für Überraschungen bei all denjenigen, die in ihrem Leben schon viele Kirchen gesehen haben, dürften eher die Sakralbauten an Unter- und Außenweser sorgen: An der Unterweser sind sie erstaunlich oft als Wehrkirchen ausgeführt, und einige besitzen nach wie vor eine klangstarke Orgel von Arp Schnitger oder eines der eigenwilligen Werke des Bildhauers Ludwig Münstermann (→ S. 351). An der Außenweser wurden sie wegen der ständig drohenden Sturmfluten fast immer auf Wurten errichtet, künstlich aufgeschütteten Hügeln.

Städte und Dörfer

Klein- und Mittelstädte sowie Dörfer prägen große Teile der Weserregion. In vielen dieser kleineren Orte sind die historischen Zentren weitgehend oder vollständig erhalten. In den größten Städten entlang der Weser dagegen wurden sie im Zweiten Weltkrieg teils (Minden), zu großen Teilen (Bremen) oder nahezu vollständig zerstört (Bremerhaven).

Besonders harmonische, in sich geschlossene Ortsbilder besitzen Hann. Münden, Hameln und Nienburg. Auch das gut 40 Autokilometer östlich von Holzminden gelegene Einbeck lohnt wegen seiner einheitlichen Bebauung aus dem 16. Jahrhundert rund um das eigenwillige Alte Rathaus mit seinen charakteristischen drei Türmen für Fachwerkfans einen Abstecher.

Die Mühle in Blender

Generell dominiert das Fachwerk, das mancherorts bis auf das 13. Jahrhundert zurückgeht. Fachleute erkennen im Oberweserraum das Nebeneinander und die gegenseitige Beeinflussung von hessischer, westfälischer und niedersächsischer Fachwerkkunst. Besonders gute Beispiele für einen einheitlichen Baustil stellen das ostwestfälische Lügde und Meyenburg nördlich von Bremen dar. In manchen Orten findet sich ein Mix von Fachwerk und Sandstein, der oft aus der Renaissance stammt. Bei genauer Betrachtung ist zu sehen, welch große Zäsur die Katastrophe des Dreißigjährigen Krieges darstellte: Verhältnismäßig selten stößt man auf Bauten aus der Zeit des Barock oder des Klassizismus. Erst mit Industrialisierung und Eisenbahnbau im 19. Jahrhundert dehnten sich einige Orte wieder beträchtlich aus. Eine der wenigen Ausnahmen ist Bad Karlshafen, das nach strengem Plan ab 1699 aus dem sumpfigen Boden gestampft wurde und sich heute als barocke Musterstadt zeigt.

Prägend für viele Dörfer an Mittel- und Unterweser ist das sogenannte Niederdeutsche Hallenhaus, das Wohnen und Wirtschaften unter einem Dach vereinte: An der einen Seite der langen Diele lagen die Wohnräume, an der anderen Seite die Ställe, am Kopfende der Küchenbereich.

Die größeren Orte an der Oberweser wurden in besonderem Maße und werden teils auch heute von der Schifffahrt nach Übersee geprägt. Neben den langgezogenen Kais und den früheren Speichergebäuden drücken etwa in Bremen-Vegesack und Brake die erhaltenen Kapitänsvillen den Orten ihren Stempel auf.

Wasser- und Windmühlen

Noch vor Schmidt und Meier ist Müller der häufigste Nachname in Deutschland. Daran lässt sich die Bedeutung dieses Berufes und die Anzahl der Mühlen in früheren Zeiten ermessen. Wassermühlen waren etwa seit der Zeit Karls des Großen in Betrieb, vermutlich um 1150 die ersten Windmühlen, seit dem 13. Jahrhundert auch Schiffsmühlen. Aus den Niederlanden kam im 18. Jahrhundert die Holländermühle mit drehbarer Kappe in den Weserraum – ein erheblicher Fortschritt, der das Mahlen bei allen Windrichtungen erlaubte. An der Mittel- und Unterweser waren hunderte dieser Mühlen in Betrieb. Die Dampfmaschine und vor allem die Erfindung des Elektromotors beförderten den Siegeszug von Großmühlen, die kleinen Mühlen waren nun oft nicht mehr konkurrenzfähig. Interessanterweise hatte auch der von vielen Landesherren seit dem 18. Jahrhundert geförderte Kartoffelanbau am Mühlensterben seinen Anteil – Getreide verlor als Grundnahrungsmittel an Bedeutung.

Nach einer offiziellen Zählung gab es 1895 im Deutschen Reich mehr als 18 000 Windmühlen und gut 54 000 Wassermühlen, 97 Prozent davon waren Getreidemühlen. 1947 wurden noch 19 000 arbeitende Mühlen in der Bundesrepublik verzeichnet, 1968 noch 5500, heute sind es rund 250. Das »Mühlengesetz« von 1957 sollte die Versorgung der Bevölkerung mit Brot und Mehl auch in Krisenzeiten sicherstellen. Es führte zur Schließung fast aller kleineren Mühlen, von denen viele in der Folgezeit verfielen. Erst Jahrzehnte später erkannte man den kulturhistorischen Wert dieser Anlagen, heute werden sie von den touristischen Einrichtungen durchweg als Attraktionen herausgestellt.

Im Kurpark Bad Pyrmont

Bis auf die in Minden sind alle früheren Schiffsmühlen an der Weser verschwunden – sie waren der Schifffahrt schlichtweg ein Hindernis. Dagegen haben sich im Landkreis Minden-Lübbecke auffällig viele Windmühlen erhalten, weiter nördlich sind sie noch vereinzelt anzutreffen. Sie werden heute als Ort der Kultur oder Nebenstelle von Standesämtern genutzt, vereinzelt auch als Café oder Bistro, sie stehen hie und da an Schaubacktagen oder bei Dorffesten offen. Die Öffnungszeiten sind sehr unterschiedlich und meist nicht üppig, da die Anlagen von Vereinen getragen werden, deren Mitglieder ehrenamtlich tätig sind. Am Deutschen Mühlentag (Pfingstmontag) stehen alle Mühlen interessierten Besuchern offen.

Die Moorseer Mühle bei Nordenham ist in der Saison täglich geöffnet. Hier erfährt man viel über die Mühlentechnik, das Leben und Arbeiten einer Müllerfamilie. Die letzte an diesem Ort hieß übrigens gar nicht Müller, sondern Reinken.

Kurorte

Als »Heilgarten Deutschlands« ist die Oberweserregion im 19. Jahrhundert mitunter schwärmerisch beschrieben worden. In der Tat fällt auf, dass sich hier die Kurorte ballen, deren Gründung ausnahmslos auf gesundheitsfördernde Quellen zurückgeht: Bad Pyrmont, Bad Oeynhausen, Bad Eilsen, Bad Nenndorf, Bad Münder, Bad Karlshafen, Bad Rehburg. Die Bedeutung des Kur- und Bäderwesens für all diese Orte ist in den vergangenen Jahrzehnten generell deutlich zurückgegangen, aber sie besitzen durchweg eine eigene, leicht weltentrückte Atmosphäre, das Leben scheint hier langsamer, ruhiger zu verlaufen. Sehenswert sind die Badehäuser, Wandelhallen und früheren Grandhotels allemal. Sie befinden sich an und in den weitläufigen und kunstvoll gestalteten Kurparks, die teils von berühmten Gartenarchitekten gestaltet wurden.

Gärten und Parks

Neben den Kurparks sind insbesondere die Landschaftsgärten hervorzuheben, die ab dem 18. Jahrhundert aus privater Initiative entstanden. Sie folgten meist dem Vorbild englischer Landschaftsparks. Frei zugänglich und weitgehend in ihrer originalen Konzeption erhalten präsentieren sich der Ohrbergpark am Rand des Dorfes Ohr sowie Knoops Park und Wätjens Park in Bremen.

Andere Parks entstanden rund um Schlösser. Herausragendes Beispiel eines Parks um ein Renaissanceschloss ist der Schlosspark Schwöbber. Die Parks in Thedinghausen, Etelsen und gerade auch Bückeburg laden ebenso zum stundenlangen Spazieren und, wer will, auch Vergleichen ein. Am Schloss Ritzebüttel in Cuxhaven treffen wir auf einen Amtsgarten mit Anklängen an englische Landschaftsgärten, dessen Konzeption die alten Wassergräben der vormals wehrhaften Anlage einbezog.

Erst seit dem 19. Jahrhundert entstanden große Parkanlagen für die allgemeine Bevölkerung, auch hier orientierte man sich am Vorbild England. Nun stand die Erholungsqualität breiter Schichten im Vordergrund, nicht so sehr ein gärtnerisches Ideal. Bei genauem Hinschauen erkennt man den »gemischten Stil«, der Anleihen bei mehreren Epochen nimmt. Schöne Beispiele für diesen Gedanken sind die Wallanlagen und der Bürgerpark in Bremen wie auch der, verglichen mit seinem Bremer Pendant, etwas unscheinbarere Grüngürtel in Minden.

Kunstvoll: Schlosspark Schwöbber

Zu einer Klosteranlage gehörte stets mindestens auch ein Kräutergarten. Fast alle von ihnen sind im Laufe der Zeit verschwunden, allein der Klostergarten in Fischbeck lässt die frühere Anlage erahnen.

Mehr oder minder auf eine Pflanzenart ausgerichtet sind der Rhododendrongarten in Bremen und der Rosengarten in Verden. Der Barkenhoff in Worpswede gehört zu den raren Beispielen eines Jugendstilgartens im Weserraum. Ein in seinen Ausmaßen bescheidenes, sich der Kategorisierung entziehendes Kunstwerk stellt der italienisch inspirierte Garten des Allmers-Anwesens in Rechtenfleth dar.

Aussichtspunkte und -türme

Hann. Münden	Weserliedanlage	→ S. 73
Hann. Münden	Tillyturm	→ S. 73
Bad Karlshafen	Hugenottenturm	→ S. 93
Bad Karlshafen	Skywalk	→ S. 93
Solling	Klimaturm	→ S. 97
Solling	Hochsollingturm	→ S.97
Höxter	Rodeneckturm	→ S. 118
Rühler Schweiz	Ebersnackenturm	→ S. 135
Bei Niese	Köterberg	→ S. 139
Rühle	Weinberg	→ S. 142
Rühle	Bodoturm	→ S. 143
Bodenwerder	Bismarckturm	→ S. 150
Hameln	Klütturm	→ S. 182
Hess. Oldendorf	Klippen von Hohenstein	→ S. 188
Schaumburg	Bergfried	→ S. 190
Rinteln	Jahrtausendblick	→ S. 198
Rinteln	Luhdener Klippenturm	→ S. 198
Rinteln	Ludwigsturm	→ S. 200
Bückeburg	Idaturm	→ S. 207
Porta Westfalica	Fernsehturm	→ S. 224
Porta Westfalica	Porta-Kanzel/Fernsehturm	→ S. 225
Seelenfeld	Holländerwindmühle	→ S. 249
Bremen	Dom St. Petri	→ S.308
Lemwerder	Aussichtsturm Weitblick	→ S. 345
Bremerhaven	Besucherplattform auf dem Atlantic Hotel Sail City	→ S. 376
Dorum-Neufeld	Leuchtturmdenkmal Obereversand	→ S. 393
Cuxhaven-Sahlenburg	Besucherplattform Duhner Heide	→ S. 410

Die Brüder Grimm und ihre Märchen

Seit nahezu 200 Jahren gehören Grimms Märchen zum festen Inventar der deutschen Literatur, sind zum Inbegriff für Volksmärchen schlechthin geworden. Sie werden bis heute mehr gelesen und vorgelesen als die vergleichbaren Sammlungen von Ludwig Bechstein und Johann Wilhelm Wolf, mehr auch als Hauffs Märchen, eine Sammlung von Kunstmärchen. Begonnen wurde die Grimm-Edition interessanterweise nicht mit dem Ziel, Kinder und Jugendliche mit Lesefutter zu versorgen, sondern aus ethnologischem Interesse.

Jacob Grimm (1785–1863) und Wilhelm Grimm (1786–1859), beide Sprach- und Literaturwissenschaftler aus Hanau, erhielten von Clemens Brentano und Achim von Arnim 1806 die Einladung, an der Volksliedsammlung *Des Knaben Wunderhorn* mitzuwirken. Dadurch angeregt, begannen die Brüder mit der Märchen- und Sagensammlung. Teils übernahmen sie dabei Märchen aus ihnen vorliegenden schriftlichen Quellen, nicht selten aus dem Französischen, teils ließen sie sich auch Märchen von Menschen erzählen, die ihnen zumeist empfohlen worden waren. 1810 schickten die Grimms 48 Texte an Brentano; die eine Hälfte beruhte auf schriftlichen Quellen, die andere Hälfte auf den gehörten und aufgeschriebenen Geschichten. Brentano nahm diese Texte jedoch nicht in seine Sammlung auf. Die Grimms aber machten weiter und hielten dabei auch immer fest, woher sie die Stoffe hatten und wann sie sie aufzeichneten; sie arbeiteten also philologisch. Ihre Sammlung erschien 1812/13 und 1814/15 in zwei Teilbänden, die Auflage betrug lediglich 900 Exemplare. Diese »Große Ausgabe« enthielt den Hinweis der Herausgeber, die Texte seien für Wissenschaftler verfasst.

Für den zweiten Teilband standen den Grimms mehrere bemerkenswerte Quellen zur Verfügung. Zum einen waren dies die Familie Hasenpflug sowie die westfälischen Adelsfamilien von Haxthausen und von Droste-Hülshoff, die ihre Stoffe zum Teil von ihren Knechten, Mägden und anderen Bediensteten hatten. Die andere wichtige Quelle war die Schneiderin Dorothea Viehmann. Sie war 1755 als Tochter eines Gastwirts in eine Familie hugenottischer Abstammung hineingeboren worden, seit 1787 lebte sie in Niederzwehren bei Kassel. 1813 lernte sie die Brüder Grimm kennen und erzählte ihnen Geschichten, die entweder in ihrer Familie überliefert oder in der Gaststube von durchreisenden Kaufleuten, Handwerkern und anderen Besuchern erzählt worden waren. Die Grimms waren beeindruckt von Dorothea Viehmann: von ihrem Gedächtnis, davon, dass sie die Märchen immer wieder und dabei wortgleich zu erzählen wusste, und von ihrem Gespür für Dramaturgie und Spannungsaufbau. Man geht davon aus, dass mindestens 36 Märchen in der Grimmschen Sammlung direkt auf sie zurückgehen.

Im Jahr 1819 erschien die zweite Auflage der Märchensammlung. Die schon in der ersten Auflage vorhandenen Texte wurden von den Grimms zum Teil erheblich verändert. Sie erweiterten und schrieben einiges selbst, wodurch die Volksmärchen auch den Charakter von Kunstmärchen bekamen. Die Texte wurden dabei deutlich entsinnlicht, enterotisiert und entbrutalisiert, Figuren verniedlicht und die Handlungsabläufe gleichzeitig moralisiert. Die Grimms flochten Sprichwörter und Redewendungen aus anderen Texten ein, auffällig ist die Hinwendung zu

EXTRA

prägnanten Äußerungen und - scheinbar - volkstümlichen Wendungen, die gut im Gedächtnis bleiben und nicht selten Mahnungen und Anweisungen zur Lebensgestaltung enthalten. Manche Literaturhistoriker führen diese Veränderungen auf die konservativen Wertvorstellungen der Biedermeierzeit zurück. Durch die starke Bearbeitung der Stoffe erreichten die Grimms auch eine weitgehende Vereinheitlichung im Duktus, einen »Sound«, der bis heute unsere Vorstellung vom idealtypischen Stil märchenhafter Erzählweise prägt.

Im Jahr 1825 erschien eine »Kleine Auflage« mit rund 50 Texten (von insgesamt fast 200), die sich explizit an Kinder und Jugendliche wandte und auf Quellenangaben verzichtete. Sie wurde zu einem Publikumserfolg und erlebte eine Reihe von Nachauflagen: 1837, 1840, 1843, 1850 und 1857 die letzter Hand. Seitdem sind zahllose Ausgaben im deutschsprachigen Gebiet und Übersetzungen in über 100 Ländern erschienen, davon viele illustrierte Kinder- und Jugendausgaben. Die Märchensammlung kann lange schon als Literaturklassiker gelten und hat das Bild von den Deutschen im Ausland mitgeprägt. Die bis heute ungebrochene Popularität der Stoffe zeigt sich in den vielen Romanadaptionen von Ludwig Tieck über Hugo von Hofmannsthal, Bertolt Brecht, Robert Walser bis zu Tankred Dorst und Dea Loher, den zwei Musicals, mehreren Verfilmungen für Kino und Fernsehen sowie neueren Parodien, etwa von Otto Waalkes (*7 Zwerge - der Wald ist nie genug* und *7 Zwerge - Männer allein im Wald*).

Aschenputtel bei ihrer berühmten Tätigkeit

Vielen Gestalten aus dem Grimmschen Kosmos begegnen Reisende entlang der Deutschen Märchenstraße. Sie verbindet zwischen Hanau und Bremen, auf insgesamt 600 Kilometer Länge, die Lebensstationen der Brüder Grimm mit Orten und Landschaften, in denen die Märchen - tatsächlich oder vermeintlich - beheimatet sind.

Ausführlich, mit Infos zu allen Orten: www.deutsche-maerchenstrasse.com

Literaturtipp: Eberhard Michael Iba, *Deutsche Märchenstraße. Ein Reise- und Lesebuch mit Märchen, Sagen und Legenden*, 2., erweiterte Auflage Hameln 2018. 536 bebilderte Seiten, die keine Frage unbeantwortet lassen, mit Registern und Karte. Unverzichtbar für alle, die sich intensiv mit dem Thema auseinandersetzen möchten.

Kunst und Kultur

Die Weser als Thema spielt in Literatur, Musik und Malerei keine große Rolle. Es gibt kein Pendant zum unsterblichen *Donauwalzer* oder zur Epoche der Rheinromantik, als eine Reihe von teils bekannten Schriftstellern, Malern und Grafikern ihre Eindrücke vom Rhein verarbeitete, künstlerisch verklärte und dabei bis heute ungemein populäre Werke schuf. Für die Kulturgeschichte am bedeutsamsten ist sicherlich die Weserrenaissance (→ S. 38) als eigenständiger Baustil.

Auch an flussorientierten Festen und Veranstaltungen ist die Weserregion nicht überreich, doch finden in der Sommersaison vielerorts Freiluftaufführungen des reichen Märchen- und Sagenschatzes statt. Und ein besonderes Spektakel lässt sich mit dem Osterräderlauf in Lügde erleben.

Ebenfalls etwas blass bleibt die Weser in eigenständig-kulinarischer Hinsicht, was unter anderem daran liegen könnte, dass am ganzen Flusslauf lediglich zwei Fischer ihr Gewerbe noch berufsmäßig betreiben. Wer allerdings sorgsam gebraute Biere mag, kann sich vom Weserursprung bis zur Nordsee einer ausgiebigen vergleichenden Verkostung widmen.

Literatur

Der zu Lebzeiten bekannte und viel gelesene Schriftsteller Wilhelm Raabe (1831–1910) ließ sich in der Wahl einzelner Personen und Handlungsorte ein wenig von der Gegend rund um Eschershausen inspirieren, wo er die ersten 14 Lebensjahre verbracht hatte. Diese Einflüsse sind aber, wenn überhaupt vorhanden, recht vage.

Wilhelm Busch verbrachte den Großteil seines Lebens in seinem Geburtsort Wiedensahl. Seine bekannten Geschichten entstanden jedoch vor allem während seiner Jahren in München und Frankfurt am Main, auch sind sie inhaltlich nicht an einen Ort gebunden.

In vielen Orten an der Weser stößt man jedoch auf sagenumwobene, legendäre Gestalten oder solche aus dem Bereich der Phantasie, die weithin Bekanntheit genießen, ja Weltruhm. Neben dem »Lügenbaron wider Willen« (→ S. 144) sind hier natürlich vor allem die Märchen der Brüder Grimm zu nennen (→ S. 47). Eine Reise gerade entlang der Oberweser ist daher auch eine Begegnung mit vielen Figuren, die fest im kollektiven Gedächtnis der Deutschen verankert sind, vom Doktor Eisenbart (→ S. 71) bis zu den Bremer Stadtmusikanten.

Weserlied

Das auf manchen Volksfesten in Ostwestfalen gesungene *Weserbogenlied* oder *Weserlied* stellt eine Variante des in Norddeutschland sehr bekannten *Da is mine Heimat, da ben ik to hus!* dar – sein Text würdigt, je nach Aufführungsort und Anlass, vor allem das Kaiser-Wilhelm-Denkmal oder Minden, Holzminden oder das Barre-Bräu.

Als »echtes« Weserlied kann der Text gelten, den Franz von Dingelstedt (1814–1881) 1835 verfasste und Gustav Pressel später vertonte. Geboren in Halsdorf bei Marburg, verbrachte Dingelstedt seine Jugend in Rinteln. Ab 1834 war er als Lehrer tätig, später als Journalist, Bibliothekar sowie Theaterintendant in München, Weimar und Wien. Es handelt sich um das einzige Volkslied, das explizit die Weser erwähnt, ist jedoch ebenso eine melancholische Reflexion über eine vergangene Liebe wie Beschreibung eines Naturerlebnisses.

Hier hab' ich so manches liebe Mal
mit meiner Laute gesessen,
hinunterblickend ins weite Tal,
mein selbst und der Welt vergessen.

Und um mich klang es so froh und hehr,
und über mir tagt' es so helle,
und unten rauschte das ferne Wehr
und der Weser blitzende Welle.

Wie liebender Sang aus geliebtem Mund,
so flüstert' es rings durch die Bäume,
und aus des Tales offenem Grund
begrüßten mich lockende Träume.

Und um mich klang es so froh und hehr,
und über mir tagt' es so helle,
und unten rauschte das ferne Wehr
und der Weser blitzende Welle.

Da sitz' ich auf's Neue und spähe umher
und lausche hinauf und hernieder,
die holden Weisen rauschen nicht mehr,
die Träume kehren nicht wieder.

Die süßen Bilder, wie weit, wie weit,
wie schwer der Himmel, wie trübe –
fahr' wohl, fahr' wohl, du selige Zeit!
Fahrt wohl, ihr Träume der Liebe!

Malerei

Der schon erwähnte Wilhelm Busch beschäftigte sich in Wiedensahl vorrangig mit der Malerei. In seinen Arbeiten – soweit erhalten – überwiegen die Skizzen aus dem Landleben, die Weser als Thema kommt praktisch nicht vor. Ähnliches kann man auch für die Mitglieder der Worpsweder Künstlerkolonie feststellen. Sie fanden ihre Sujets praktisch vor der Haustür. Wenn das Wasser als Element eine Rolle spielt, dann meist als Großes Moor, das ganz in der Nähe ihrer Wohnungen und Ateliers lag.

Das Urteil des Kunsthistorikers Bernd Küster – »eher beiläufig erscheint der Fluß als Kulisse einer Staffage, einer topographischen Beschreibung« – ist das Ergebnis seiner langen Beschäftigung mit den Malern, die sich von der Weser und den angrenzenden Landschaften inspirieren ließen. Küster hält vor allem die folgenden Künstler für erwähnenswert, auch sie dürften nur Spezialisten und in ihrer Region geläufig sein:

Der Bückebuger Hofmaler Anton Wilhelm Strack (1758–1829) schuf hauptsächlich Kupferstiche und handkolorierte Veduten und war dabei sehr von der Romantik beeinflusst. Vor allem die Porta Westfalica hatte es ihm angetan.

Carl Büttger (1838–1919) wurde an der Kunstakademie in Düsseldorf ausgebildet und arbeitete anschließend als Lehrer an der Baugewerkschule in Holzminden. Von seinen Arbeiten sind nur einige Gemälde erhalten geblieben.

Franz Hoffmann-Fallersleben (1855–1927), Sohn des bekannten Dichters, kam nach seinen Studienjahren an der Weimarer Kunstschule an die Weser zurück. In seinen Gemälden interpretiert er die Landschaft rund um Corvey vor allem mythengeschwängert und mystisch-dunkel.

Der Grafiker und Maler Paul Stölting (1878–1917) schuf Kreidezeichnungen ganz im Geist des Naturalismus, vor allem von der Gegend rund um Polle und Brevörde.

Der Maler und Grafiker Otto Ubbelohe (1867–1922) wurde zu Lebzeiten vor allem als Illustrator (Federzeichnungen) der Grimmschen Märchen bekannt. Seine Federzeichnungen zeigen vor allem von Hameln und dessen Umgebung.

Carl Sauermilch (1883–1957) studierte an der Dresdner Kunstakademie und ließ sich 1905 in Holzminden nieder. Seine Bilder sind nicht nur Abbildungen, sondern vor allem Stimmungslandschaften. Er konzentrierte sich auf Holzminden und Umgebung.

Der Neuen Sachlichkeit sind Hans-Ludwig Fischer (1891–1990) und Ernst Thomas (1896–1983) zuzuordnen. Beide hatten zeitweise ihren Lebensmittelpunkt in Nienburg und malten vorrangig kleinformatige Aquarelle.

Der seit 1920 in Holzminden ansässige Maler Rudolf Jahns (1896–1983) fand vor allem in seiner Heimat die Motive für seine abstrakten Ölgemälde.

Felix Meseck (1883–1955) kam Anfang der 1930er Jahre in das Weserbergland, seine Arbeiten sind kaum einer Schule zuzuordnen, wenngleich er als Expressionist begann. Seinen Landschaftsbildern haftet oft etwas Melancholisches an.

Roland Franke (1960–2015) verbrachte den Großteil seines Lebens in Köln, prägend aber wurden seine Jahre in Bremerhaven. Seine großformatigen Aquarelle muten einerseits skizzenhaft an, andererseits geht von den dominierenden dunklen Tönen etwas Unheimliches aus.

Feste und Aufführungen

Stets am Ostersonntag lässt man in Lüge brennende Räder vom Osterberg ins Tal der Emmer hinabrollen. Dieser Osterräderlauf ist Mittelpunkt eines Stadtfestes, das viel Publikum anzieht, und mittlerweile Teil des »Bundesweiten Verzeichnisses des Immateriellen Kulturerbes« ist.

Beim Osterräderlauf in Lügde

Abgesehen von dieser Tradition und einigen Events in Bremen (→ S. 335) besitzt kaum ein Fest überregionale Bedeutung. Bemerkenswert sind jedoch die regelmäßig in den Sommermonaten gezeigten Stücke unter freiem Himmel, die legenden- oder märchenbehaftete historische Figuren in den Mittelpunkt stellen. Diese Aufführungen sind meist kurz, kurzweilig und heiter angelegt. In diesem Zusammenhang sind in erster Linie Hann. Münden (Eisenbart), Polle (Aschenputtel), Bodenwerder (Münchhausen) und Hameln (Rattenfänger) zu nennen.

Essen und Trinken

Es gibt zwar keine spezifische »Weserküche«, aber einige regionale Besonderheiten. Generell kocht man hier gern deftig und bodenständig, was oft »gutbürgerlich« genannt wird: viel Fleisch, wobei Schwein dominiert. Süßwasserfische spielen wegen der relativen Arten- und Mengenarmut in der Weser kaum eine Rolle, auch die Nebenflüsse tragen nur sehr wenig zur Abwechslung bei. Nach Norden wird das Angebot an Meerfisch naturgemäß immer größer. Vor allem im Solling kommt im Herbst in einigen Lokalen Wild auf die Karte.

In Westfalen ist man stolz auf den Westfälischen Schinken, der deutlich milder geräuchert wird als etwa der bekannte Schwarzwälder Schinken. Hier wird auch noch oft der Potthast gekocht, ein Eintopfgericht. Spätestens ab Schaumburg ist aus der niedersächsischen Küche die Hochzeitssuppe nicht mehr wegzudenken, eine klare Suppe auf Basis einer Fleischbrühe, die mindestens kleine Klößchen aus Schweinehack, Spargel und Eierstich enthalten muss. Sie leitet, anders als der Name suggeriert, nicht nur bei Hochzeiten das Festessen ein.

Nienburg ist eine der Spargelhauptstädte Deutschlands und auch Mittelpunkt der niedersächsischen Spargelstraße. Von April bis zum Johannistag kann man an der Mittelweser überall auf den Märkten und in den Lokalen dieses Gemüse bekommen. Das heimliche Nationalgericht an der Mittel- und Unterweser aber ist der Grünkohl, obwohl das gut 20 Kilometer von der Weser entfernte Olden-

Der Klassiker: Grünkohl mit Pinkel

burg als die Grünkohl-Hochburg schlechthin angesehen wird. Je nach Region unterschieden sich vor allem die Wurstbeigaben. Der Klassiker schlechthin ist natürlich Grünkohl mit Pinkel, wie die geräucherte grobkörnige Grützwurst genannt wird. Traditionell wird Grünkohl nach dem ersten Frost geerntet, die Saison beginnt daher nicht vor Oktober. Ab etwa Bremen bereichern Labskaus und Knipp den Speiseplan (→ S. 301), ab Bremerhaven sind Speisen auf Krabbenbasis populär. Das Salzwiesenlamm, eine Küstenspezialität, ist in Butjadingen und an der westlichen Nordseeküste öfter zu finden als im Weserraum. Als norddeutscher Dessertklassiker darf die rote Grütze gelten. Dazu gehört eigentlich Vanillesoße, manche bevorzugen aber Vanilleeis.

Der Übergang vom Kaffee- zu Teetrinkerland, wenigstens was den Nachmittag und Abend angeht, vollzieht sich nördlich von Minden eher allmählich und uneinheitlich. Der nördliche Weserraum ist keine so ausgeprägte Teeregion wie etwa Ostfriesland, wo die Teekultur regelrecht zelebriert wird, aber in vielen Orten finden sich Cafés mit einem guten Angebot an frisch zubereiteten Tees.

Bier und Korn

Norddeutschland war und ist eine Bier-und-Korn-Gegend, und die lange Tradition des Getreideanbaus gerade in Westfalen hat dabei sicherlich eine große Rolle gespielt. In den vergangenen Jahren hat der Konsum von Korn jedoch deutlich abgenommen. Entlang der Weser treffen Bierfreunde auf eine Reihe von Sorten, die in kleineren Brauereien produziert und daher außerhalb ihres Heimatgebietes kaum oder gar nicht zu finden sind. Es lohnt in allen Fällen, nach ihnen Ausschau zu halten, besitzen sie doch allesamt mehr Charakter als die deutschlandweit bekannten Massenbiere. Bevorzugt von den Einheimischen wird in der Regel das Pils, meist in der klassischen herb-feinen Variante.

Den Auftakt macht das Dr. Eisenbart-Bier in Hann. Münden, das in seinen drei Varianten hell, schwarz oder Weizen ausschließlich im Ratsbrauhaus ausgeschenkt wird, wo es auch gebraut wird.

Die kleine Privatbrauerei Bergbräu ist seit über 150 Jahren in Uslar beheimatet und hat vor Kurzem expandiert. Klassiker in der Produktpalette sind das Bergbräu Pils und das Bergbräu Hell, jüngst ist das Sollinger Landbier hell hinzugekommen.

Die hübsche Fachwerkstadt Einbeck ist in der Region wegen des Einbecker Brauhauses bekannt. Beliebter Klassiker ist das fein-herbe Brauherren Pils, legendär das süffige Mai-Ur-Bock mit 6,5 Prozent, das nur im Frühjahr erhältlich ist. Vielleicht war Martin Luther davon inspiriert, als er 1521 begeistert notierte: »Der beste Trank, den einer kennt, der wird Einbecker Bier genennt.«

Etwas weiter nördlich dominieren die Produkte aus Holzminden-Allersheim in vielen Lokalen. Beliebtestes Erzeugnis der 1854 gegründeten Brauerei ist das Urpils, Traditionalisten auf der anderen Weserseite greifen gern zu Corveyer hell oder Corveyer dunkel.

Die seit ihrer Gründung 1842 in Lübbecke ansässige Privatbrauerei Ernst Barre gilt als Marktführer in Ostwestfalen, ihre Biere sind schon auf niedersächsischer Seite deutlich seltener zu finden. Auch hier steht das klassische Pilsener in der Käufergunst an erster Stelle. Herforder Pilsener ist in Ostwestfalen ebenfalls recht verbreitet, kommt aber nach allgemeiner Meinung geschmacklich an die schwer zu toppende Barre-Konkurrenz nicht ganz heran.

Schon in Bad Pyrmont, zwar niedersächsisch, aber nur wenige Kilometer von der Grenze zu NRW entfernt, greifen Lokalpatrioten neuerdings zu den unfiltrierten Sorten Pyrmonter Pils, Pyrmonter Landbier und Pyrmonter Weizen aus der erst 2015 gegründeten Bad Pyrmonter Hofbrauerei – sofern möglich: Bislang gab es die Sorten nur in Fässern und vor allem bei größeren Festen, erst ab Sommer 2022 sind sie in Flaschen und damit auch in den lokalen Supermärkten erhältlich.

Lange Zeit produzierte die Wolters-Brauerei in Braunschweig die Sorte Weser-Pils, seit einigen Jahren aber kommt das Bier mit diesem Namen aus einer kleineren Privatbrauerei in Minden. Kenner urteilen, diese feine Sorte habe mit dem bestenfalls mittelmäßigen Massenprodukt früherer Tage nur noch den Namen gemein. Erhältlich ist es ausschließlich in Minden, Porta Westfalica, Petershagen, Bad Oeynhausen und Uchte.

Noch jünger ist die Verdener Brau Manufaktur, sie wurde erst 2019 gegründet. Ihre Craft-Biere gibt es im der Brauerei angeschlossenen Shop in der Oberen Straße und auch schon in einigen Lokalen im Ort.

Beck's aus Bremen kennt vermutlich jeder, in Bremen selbst ist die Sympathie für diese Firma und alle ihre Marken jedoch deutlich gesunken, seitdem die Brauerei 2004 zu Interbrew kam. Jüngere Leute bevorzugen heute Hemelinger, das allerdings bei Wolters in Braunschweig gebraut wird. Die Union Brauerei, Ende 2015 als Craft-Brauerei mit angeschlossenem Biergarten zurück auf dem Markt, hat mittlerweile ein respektables Sortiment, das in Bremen und der näheren Umgebung in vielen Supermärkten und auch einigen Kneipen erhältlich ist.

Die Biere des Butjenter Brauhauses, der nördlichsten Brauerei entlang der Weser, werden fast ausschließlich im angeschlossenen Restaurant in Nordenham-Abbehausen ausgeschenkt.

Melkhüser

In den vergangenen Jahren sind an Fernradwegen und regionalen Radwegen in Norddeutschland immer mehr kleine dunkelgrüne Holzhäuser mit roten Dachziegeln entstanden. Es handelt sich dabei um die »Melkhüser«. Sie gehen auf eine Privatinitiative zurück und werden heute entlang der Weser als Kooperation von einzelnen Bauernhöfen mit der Landesvereinigung der Milchwirtschaft Niedersachsen e.V. betrieben. Zum Standardangebot gehören selbstgemachte Milchspezialitäten – Milchmixgetränke, Quarkspeisen, oft Eis –, daneben gibt es oft alkoholische und nichtalkoholische Kaltgetränke, Kaffee, Tee und Kuchen sowie Snacks. Die Melkhüser sind meist von April bis Ende September täglich geöffnet, auf manchen Bauernhöfen aber nicht ständig besetzt, so dass man hier klingeln und dann etwas warten muss. Fast immer sind die Melkhüser auch motorisiert gut zu erreichen, immer lohnt es sich, hier eine Rast einzulegen und die frischen regionalen Produkte zu probieren. Eine aktuelle Übersicht und eine Broschüre zum Runterladen gibt es hier: www.milchland.de/gesichter/melkhus.

Entlang der Weser existieren derzeit in den folgenden Orten Melkhüser: Ritterhude, Hagen i. Br./OT Heine, Schwanewede-Meyenburg, Elsfleth-Fuchsberg, Ovelgönne, Berne, Wremen und Cuxhaven.

Unterwegs

Dem Charakter der Weser angemessen ist das langsame Reisen, die Fortbewegung abseits der Hauptstrecken. Wir empfehlen angesichts der vielen verborgenen Schönheiten, als Weg zwischen zwei gewählten Orten nicht unbedingt immer die kürzeste Route, sondern bewusst auch Nebenstrecken zu wählen und sich überhaupt viel Zeit zu nehmen. Zahlreiche Radreiseveranstalter teilen beispielsweise den Weser-Radweg in sieben Tagesetappen ein. Schon diese durchschnittlich 75 Kilometer pro Tag erachten wir als zu hektisch, bleibt doch zu wenig Zeit für Besichtigungen, kleine Abstecher, Kontemplation.

Entlang der Weser ist jede Einteilung möglich, denn an Unterkünften herrscht wahrlich kein Mangel. Und da sich allerorten gleichermaßen Hotels, Pensionen und Ferienwohnungen wie Camping- und Wohnmobilstellplätze finden, kann man sich eine Tour nach Belieben zusammenstellen und hat auch freie Wahl bei der Fortbewegungsart.

Die Weser lässt sich bestens zu Fuß, mit dem Rad, dem Kanu oder dem eigenen Auto, Wohnmobil oder Motorrad erkunden. Verlässt man sich nur auf Bus und Bahn, muss man mit häufigem Umsteigen, längeren Anschlüssen und auch Umwegen rechnen. Oft verlaufen die Autostraßen in einiger Entfernung zum Fluss, der Radweg aber unmittelbar um Ufer. Wer eher Naturerlebnisse sucht, fährt daher im Wortsinn mit dem Fahrrad besser; wer vorrangig die baulichen Schätze aufsuchen möchte, kann dies ebenso gut motorisiert tun.

Es folgen einige Hinweise, die bei der Wahl des Verkehrsmittels helfen mögen.

Die Autofähre Brake–Sandstedt

Die Kurven des Weserberglands begeistern Motorradfahrer

Mit Bus und Bahn

An der Oberweser folgt keine Bahnlinie dem Fluss durchgängig, von Minden bis Bremen verläuft die Strecke in relativer Nähe. Die Strecke zwischen Bremen und Nordenham berührt außer Lemwerder alle größeren Orte. Die Strecke zwischen Bremen und Bremerhaven verläuft in respektvollem Abstand (bis zu zehn Kilometer) zur Weser, die drei Bahnhöfe zwischen Bremerhaven und Cuxhaven liegen bis zu fünf Kilometer vom Deich entfernt.

Man hat es als Benutzer von öffentlichen Verkehrsmitteln mit mehreren Bundesländern, einer größeren Anzahl von Landkreisen sowie mehreren Verkehrsverbünden zu tun, die Überschreitung dieser Grenzen kostet fast immer zu viel Zeit. Das macht eine Reise entlang der Weser mit Bus und Bahn zu einer komplizierten und unkomfortablen Angelegenheit. Möchte man nicht nur ein oder zwei Orte besuchen, sondern mehrere und auch etwas mehr von den Landschaften sehen, sollte man eine andere Fortbewegungsart wählen oder wenigstens das Fahrrad mit den Öffentlichen kombinieren.

Mit dem Auto

Mit dem eigenen Auto an- und dann damit umherzureisen, stellt sicherlich für viele die bequemste Reiseform dar. Man bewegt sich entlang der Weser fast durchweg nicht auf Autobahnen, so dass die Durchschnittsgeschwindigkeit trotz zahlreicher Ortsumgehungen meist nicht mehr als 60 km/h beträgt. Ein wenig Augenmerk sollte man auf die Fähren (→ S. 62) richten: Es gibt derzeit 17 Fähren, davon 9 Personenfähren, aber nur 8 Autofähren, so dass man, möchte man die Weser queren, mitunter Umwege in Kauf nehmen muss. Überall dort, wo Parkplätze in den Ortszentren kaum oder gar nicht vorhanden sind, leiten gut ausgebaute Systeme zu Parkhäusern und Parkplätzen.

Mit dem Wohnmobil

Zwischen Hann. Münden und Cuxhaven sind derzeit rund 70 offizielle Wohnmobilstellplätze ausgewiesen, dazu kommen zahlreiche inoffizielle Möglichkeiten. Viele offizielle Plätze liegen in fußläufiger Nähe zu den Stadtzentren, viele weitere Sehenswürdigkeiten in Fahrraddistanz. Die Kombination von Wohnmobil und Fahrrad – mitgebracht oder vor Ort geliehen – bietet sich daher gerade für einen Urlaub an der Weser an.

Für dieses Buch wurde eine Auswahl an Stellplätzen getroffen, so müssen Sanitäranlagen und Wasseranschluss stets vorhanden sein. Umfassende aktuelle Informationen beispielsweise unter www.stellplatz.info und www.weserradweg-info.de.

Mit dem Motorrad

Zwar sind auch an der Mittelweser in jüngerer Zeit immer mehr Biker anzutreffen, aber gerade die kurvigen und hügeligen und dabei teils wenig befahrenen Nebenstrecken des Weserberglandes sind wie geschaffen für Motorradfahrten. Nicht zufällig vermarktet sich der Landkreis Höxter als Bikerregion (www.kulturland.org). Viele Unterkünfte haben sich mittlerweile an den Bedürfnissen von Motorradfahrern orientiert, einige von ihnen definieren sich explizit als »bikerfreundlich« und werden auch im vorliegenden Reiseführer so bezeichnet. Diese Häuser bieten durchweg Unterstellmöglichkeiten für die Maschinen, einen Trockenraum für nasse Kleidung sowie Werkzeug/Schrauberecke für kleinere Reparaturen und Wartungsarbeiten, manchmal auch Lunchpakete als Verpflegung für eine Tagestour. Die Wirtsleute sind oft selbst Biker und können mit technischem Wissen, Werkzeug und mit vielen erprobten Tourenvorschlägen helfen, die den Gästen auf Papier oder als GPS-Tracks zur Verfügung gestellt werden.

Wir stellen sechs besonders reizvolle Motorradtouren durch das Weserbergland vor (→ S. 109 und 125). Sie alle vermeiden vielbefahrene Strecken und führen nach Möglichkeit über Nebenstraßen, bevorzugen Kurven vor Geraden und enthalten daher auch kleinere Umwege. Die angegebenen Fahrtzeiten sind die reinen Fahrtzeiten ohne Pausen. Wer auf dem Weg nicht nur Pausen einlegen, sondern auch einen Stadtrundgang oder die Besichtigung eines Schlosses oder eines Klosters unternehmen möchte, kann aus einer Tour leicht ein Tagesprogramm machen.

Mit dem Fahrrad

Die Mitglieder des ADFC wählten den Weser-Radweg 2021 zum beliebtesten Radfernweg – nicht zum ersten Mal, und überhaupt gehört dieser Radweg seit Jahren zu den populärsten in Deutschland; rund 200 000 Radler nutzen ihn jährlich. Das ist kein Wunder: Der Weg – zumeist auf Asphalt, dazwischen auch Betonplatten oder Klinkersteine – ist durchgängig in hervorragendem Zustand und perfekt ausgeschildert, die touristische Infrastruktur lässt kaum Wünsche offen.

Verirren unmöglich: Wegweiser am Weser-Radweg

Zwischen Hann. Münden und dem 460 bis 475 Kilometer entfernten Bremerhaven liegen nur 116 Höhenmeter, größere und längere Steigungen gibt es fast gar nicht, und so ist auch eine Fahrt flussaufwärts nicht anstrengend. Ausführliche Informationen zum Streckenverlauf, zu Unterkünften, Sehenswürdigkeiten, aktuellen Sperrungen, Umleitungen u.v.m. bietet die Webseite www.weserradweg-info.de.

An der Oberweser verläuft der Radweg oft sehr nah am Wasser, dabei abschnittsweise auf den früheren Treidelpfaden, an der Mittelweser teils nah am Wasser, teils etwas vom Fluss zurückversetzt, an der Unterweser manchmal auf dem Deich, manchmal dahinter, an der Außenweser oft auf dem Deich.

Der 520 Kilometer lange Weser-Radweg kreuzt bei Höxter den Europaradweg R 1, hat bei Verden Anschluss an den Aller-Radweg und stößt an seinem Ende, an der Kugelbake in Cuxhaven, an das eine Ende des Elbe-Radwegs. Daneben gibt es zahllose Anschlüsse an lokale Radwege und damit eine schier unübersehbare Fülle an Möglichkeiten. In diesem Buch stellen wir daher nur einige besonders reizvolle Touren ausführlich vor. Einstieg in den Weser-Radweg findet man von vielen Orten mit Bahnanschluss, genauere Hinweise dazu in den blauen Info-Kästen.

Die Hotellerie hat sich schon seit Langem auf die Ansprüche der Radfahrer eingestellt, bilden diese doch oft die Mehrheit der Besucher. Der ADFC zertifiziert Unterkünfte als »radlerfreundlich«, wenn sie alle folgenden Kriterien erfüllen: Aufnahme von radfahrenden Gästen auch für nur eine Nacht; abschließbarer Raum zur unentgeltlichen Aufbewahrung von Rädern über Nacht (möglichst ebenerdig); Trockenmöglichkeit für Kleidung und Ausrüstung; Angebot eines reichhaltigen Frühstücks; Aushang, Verleih oder Verkauf von regionalen Informationsmaterialien für Radler und zur Region allgemein; Bereitstellung von Werkzeug für die wichtigsten Reparatur- und Wartungsarbeiten; Information über nahegelegene Reparaturwerkstätten. Dazu von uns der Hinweis, dass auch viele der nicht offiziell zertifizierten Unterkünfte sich für Radler sehr gut eignen. Aktuelle Infos dazu finden sich unter anderem unter www.bettandbike.de.

Das offizielle Logo der Radwegekirchen

Oft verläuft der Weser-Radweg unmittelbar am Ufer

Radwegekirchen

Die Radwegekirchen, der Name deutet es an, richten sich vor allem an Radtouristen. Sie bieten eine Kombination aus geistlicher Besinnung, Rastmöglichkeit, Informationen über das Bauwerk und auch die Sehenswürdigkeiten des jeweiligen Ortes und der Region. Dieses Angebot wurde 2001 ins Leben gerufen, derzeit gibt es in Deutschland rund 280 Radwegekirchen. Sie sind am offiziellen Logo – Radfahrer vor Kirche auf grünem Grund – zu erkennen.

Als Radwegekirche darf nur ein Sakralbau gelten, der in unmittelbarer Nähe zu einem Radwanderweg liegt, in der Zeit von Ostern bis zum Reformationstag (oder Allerheiligen) tagsüber frei zugänglich ist, durch Hinweisschilder (Logo) auf dem Radweg und an der Kirche als Radwegekirche gekennzeichnet ist und dessen Inneres als geistlicher Raum gestaltet ist. Meist sind die Kirchen auch im Winterhalbjahr zugänglich, dann aber in der Regel mit eingeschränkten Öffnungszeiten.

Weiterhin weisen die Radwegekirchen fast immer die folgenden Charakteristika auf: Der Kirchenraum lädt zu Besinnung und Gebet ein und es gibt Angebote von geistlicher Begleitung; das Außengelände ist für Radler gastfreundlich gestaltet (Abstellmöglichkeiten, Tische und Bänke, sanitäre Anlagen); es gibt Informationen zu nahegelegenen Fahrradwerkstätten, Übernachtungsmöglichkeiten (Bett + Bike) und zum Verlauf des Radweges sowie Ladestationen für E-Bikes.

Ausführliche und aktuelle Informationen gibt es unter www.radwegekirchen.de.

Entlang der Weser liegen von Süd nach Nord in diesen Orten Radwegekirchen: Gimte (St. Marien), Bursfelde (Klosterkirche), Oberweser-Oedelsheim (St. Martin), Bodenfelde (Christuskirche), Höxter (St. Kiliani, St. Marien), Holzminden (Lutherkirche), Hameln (St. Bonifatius), Hessisch Oldendorf/OT Fuhlen (Johannes-der-Täufer-Kirche), Rinteln (St. Nikolai), Bad Oeynhausen (Auferstehungskirche), Petershagen-Buchholz (St. Johannes Baptist), Rehburg-Loccum (Klosterkirche), Binnen (Kirche zu Bühren), Bücken (St. Materniani et St. Nicolai), Wersabe (St. Marien), Sandstedt (St. Johannis), Blexen (St. Hippolyt).

Im Reinhardswald, einem reizvollen Wandergebiet

Zu Fuß

Nicht ganz so bekannt und beliebt wie der Weser-Radweg, aber bei Kennern ebenso geschätzt ist der Weserbergland-Weg. Er verläuft zwischen Hann. Münden und Porta Westfalica auf 225 Kilometer Länge und dabei manchmal direkt am Fluss entlang, zumeist aber über Höhenrücken und durch dichte Wälder. Er berührt neben historischen Ortskernen die schönsten Landschaften, viele Aussichtspunkte liegen am Weg. Eine jährlich aktualisierte, kostenlose Broschüre enthält alle Informationen inklusive Karten und ermöglicht eine genaue Planung (www.weserbergland-tourismus.de).

Große Teile des Weserberglandes erschließt auch der Pilgerweg Loccum–Volkenroda, der zudem auf Hauptweg und Verzweigungen zu zahlreichen architektonischen Schätzen führt und dabei naturgemäß einen Schwerpunkt auf sakrale Bauten legt (→ S. 258).

Neben diesen beiden Wegen sind in jeder Region, in nahezu jedem Ort Wanderwege aller Längen und Schwierigkeitsgrade angelegt, die sich kreuzen, überlagern und ergänzen. Diese Fülle ist hier nicht darstellbar, Informationen mit gutem Kartenmaterial halten durchweg die Touristenbüros bereit.

Mit dem Kanu

Dank ihrer geringen Strömung und dem weitgehenden Fehlen von Frachtverkehr ist gerade die Oberweser bei Sportbootfahrern beliebt. Bei schönem Wetter dauert es nicht lange, bis man Kanuten – oft in Gruppen – vorbeiziehen sieht. In vielen Orten an der Ober- und Mittelweser gibt es Kanuvereine, in nicht ganz so vielen Kanuverleiher, die auch die Möglichkeit des Rücktransports anbieten. Dank der vielfältigen Übernachtungsmöglichkeiten bieten sich auch Mehrtagestouren an. Aktuelle, umfassende Informationen halten die Tourismusbüros bereit.

Mit dem Schiff

Der Personenschiffsverkehr ist ausschließlich touristisch orientiert, Linienschiffe im Sinn öffentlicher Verkehrsmittel gibt es nicht. Der Ausflugsverkehr findet hauptsächlich zwischen Mai und September statt, außerhalb dieser Monate werden einige Themenfahrten angeboten (Übersicht: → S. 422). In Bremen und Bremerhaven werden Hafenrundfahrten angeboten, in Minden Fahrten auf dem Mittellandkanal mit Schleusung zur Weser, in Cuxhaven gibt es ein breites Angebot an Ausflugsfahrten.

Themenstraßen

Erschließen lassen sich die Eigenheiten vieler Orte und Regionen auch über einige Themenstraßen, die den Weserraum schwerpunktmäßig oder punktuell berühren, hier zahlreiche Orte miteinander verknüpfen und teils parallel zueinander verlaufen. Bei den verantwortlichen Stellen sind mehr oder minder ausführliche Informationen abrufbar oder können als Broschüre angefordert werden:
Straße der Weserrenaissance: Es gibt keine eigenständige Seite, erste Informationen bieten www.weserbergland-tourismus.de und www.museum-schloss-brake.de.
Deutsche Märchenstraße: www.deutsche-maerchenstrasse.com
Deutsche Fachwerkstraße: www.deutsche-fachwerkstrasse.de
Niedersächsische Mühlenstraße: www.muehlenland-niedersachsen.de
Westfälische Mühlenstraße: www.muehlenkreis.de
Niedersächsische Spargelstraße: www.niedersaechsische-spargelstrasse.de

Die Oberweser ist ein beliebtes Kanurevier

Fähren zwischen Hann. Münden und Bremerhaven

Orte/Name	Kontakt	Betriebszeiten	Erlaubte Fahrzeuge
Veckerhagen–Hemeln	Tel. 05544/414, www.fähre-veckerhagen.de	Sommerzeit Mo–Fr 6.30–19, Sa 7–19, So 9–19 Uhr, Winterzeit Mo–Fr 6.30–18, Sa 7–18, So 9–18 Uhr	Pkw, Fahrräder
Lippoldsberg–Gewissenruh	Tel. 0151/21607768, www.wahlsburg-gemeinde-wesertal.de	10. März–Okt. Mo–Fr 7–18, Sa 8–18, So 9–18 Uhr, Mittagspause tgl. 12–12.30 Uhr	Pkw, Fahrräder
Wahmbeck–B 80	Tel. 0151/15524930	Mitte März–Okt. Mo–Sa 8–18, So 9–19 Uhr, Mittagspause tgl. 12.30–13.30 Uhr	Pkw, Fahrräder
Würgassen–Herstelle		Mai–Sept. tgl. 8–18 Uhr	Fahrräder
Wehrden–Fürstenberg		22. April–3. Okt. tgl. 10–18 Uhr	Fahrräder
Heinsen	Tel. 05535/9519491	April–Juni Do, Fr 14–18, Sa, So 10–18, Juli, Aug. Mi–Fr 14–18, Sa, So 10–18, Sept. Fr 14–18, Sa, So 10–18 Uhr	Fahrräder
Polle	www.polle-weser.de	April–Dez. Mo–Fr 6.30–19, Sa 8–19, So 10–18 Uhr	Pkw, Fahrräder
Grave	www.kulturverein-grave.de	Mai–Mitte Sept. Mo–Fr 14–20, April, Sept., Okt. Mo–Fr 14–18, Sa, So 10–18 Uhr	Fahrräder
Grohnde	Tel. 01577/4377196, www.grohnder-faehre.jimdo.com	April–Okt. Di–Fr 9–18, Sa, So 10–18, Nov., März Di–Fr 9–17, Sa 10–17 Uhr, Mittagspause tgl. 12–13 Uhr	Pkw, Fahrräder
Großenwieden–Rumbeck	Tel. 05152/2856, www.hameln-pyrmont.de	Mitte Feb.–März, Nov.–Mitte Dez. tgl. 10–16, April–Okt. tgl. 9–12 u. 13–19 Uhr	Pkw, Fahrräder
Varenholz–Veltheim	Tel. 05264/6440	April–Okt. Sa, So 10–18 Uhr	Fahrräder

Orte/Name	Kontakt	Betriebszeiten	Erlaubte Fahrzeuge
Bad Oeynhausen, »Amanda«	www.faehre-amanda.de	April–Okt. Di–Sa 11–18, So 10–19 Uhr	Fahrräder
Petershagen-Windheim, »PetraSolara«	Tel. 05705/7520, 0170/5630344, www.petrasolara.de	April–Juni, Sept., Okt. Sa, So 10–18, Juli, Aug. Mo–Fr 10–18, Sa, So 10–19 Uhr	Fahrräder
Schweringen–Gandesbergen	Tel. 04257/216 bzw. 307, www.faehre-schweringen.news	März Mo–Fr 11–12 u. 13–14, April–Juni Mo–Fr 9–12 u. 13–17, Juli–Sept. Mo–Fr 8–12 u. 13–18, Okt. Mo–Fr 8–9, 11–12, 13–14 u. 17–18 Uhr	Pkw, Fahrräder
Ginden–Ahsen, »Gentsiet«	Tel. 04235/2447, www.faehrverein.de	Mai–Sept. Sa, So 10–18 Uhr	Fahrräder
Bremen, Sielwallfähre	www.hal-oever.de	tgl. vom frühen Morgen bis zum Anbruch der Dunkelheit, im Winter nur Sa, So	Fahrräder
Lemwerder–Vegesack	Tel. 0421/690369, www.faehren-bremen.de	24-Std.-Betrieb, 5–18 Uhr alle 20 Min., 1 9–21 Uhr alle 20 Min., sonst alle 30 Min.	Pkw, Fahrräder
Blumenthal–Motzen	Tel. 0421/690369, www.faehren-bremen.de	24-Std.-Betrieb, Mo–Fr 5–21 Uhr alle 15/20 Min., Sa 7–21 Uhr alle 20 Min., So 9–21 Uhr alle 20 Min., sonst alle 30 Min.	Pkw, Fahrräder
Berne–Farge	Tel. 0421/690369, www.faehren-bremen.de	Mo–Fr 5–19 Uhr alle 10/15 Min., 19–22.30 Uhr alle 20/30 Min., Sa, So 5–6 Uhr alle 30 Min., 7–21 Uhr alle 20 Min.	Pkw, Fahrräder
Brake–Harriersand, »Guntsiet«	Tel. 04401/19433, www.guntsiet.de	April–Mitte Okt. Mo–So 9 x tgl., Mitte–Ende Okt. Fr–So 4 x tgl.	Fahrräder
Sandstedt–Brake	Tel. 04401/700424, www.weser-faehre.de	Mo–Fr 5–20, Sa, So 8–19.30 Uhr alle 20 Min.	Pkw, Fahrräder
Blexen–Bremerhaven	Tel. 0471/3003600, www.weserfaehre.de	tgl. 5–22 Uhr alle 20 Min., Sa 6–20, So 9–20 Uhr alle 40 Min.	Pkw, Fahrräder

»Märchenstube Deutschlands« wird das Weserbergland oft und zutreffend genannt. Eine Fülle von pittoresken Fachwerkorten, Burgen, Schlössern und Klöstern schmiegt sich an die bewaldeten Hügelketten, der Fluss bahnt sich durch Engtäler und weite Ebenen, in Kehren und Kurven seinen Weg. »Hauptstadt« dieses romantischen Abschnitts ist die Rattenfängerstadt Hameln, ein herausragendes Flächendenkmal der Weserrenaissance.

Die Weser bei Wahmbeck

OBERWESER

Zwischen Hann. Münden und Höxter

Von Hann. Münden nach Bodenwerder

Charakteristisch für den Abschnitt der Oberweser zwischen Hann. Münden und Bodenwerder sind die zahlreichen Schleifen und Kurven sowie das Wechselspiel von durchbruchsartigen Verengungen und kleineren beckenartigen Erweiterungen. Dadurch ergeben sich zahlreiche pittoreske Landschaftsbilder, manche Orte, Burgen und Schlösser darin wirken noch heute wie Kulissen aus Märchen. Mit Lippoldsberg, Bursfelde und natürlich dem berühmten Corvey säumen gleich mehrere herausragende Klosteranlagen den Weg.

Hann. Münden

Mehrere hundert Fachwerkhäuser sowie Schloss und Renaissancerathaus in Halbinsellage, umschlungen von zwei Flüssen und gerahmt von dicht bewaldeten Hügeln – Hann. Münden ist nichts weniger als ein architektonisches Juwel in traumhafter Umgebung.

Hier nimmt die Weser mit dem Zusammenfluss von Werra und Fulda ihren Anfang, und die einzigartige Verschmelzung von Stadt, Land und Fluss bildet einen wunderbaren Auftakt für eine Reise entlang der Weser. Hann. Münden vermarktet sich selbst als »Drei-Flüsse-Stadt«.

Heute ist sie Kreuzungs- und Ausgangspunkt mehrerer Fahrrad- und Wanderwege – teils Fernwege –, ihren Aufschwung nahm sie aber als Handelsstadt. Wegen des hügeligen Gebietes in der näheren und weiteren Region mussten die Händler lange die Wege entlang von Werra, Fulda und Weser nutzen und durch Münden ziehen, das früh erworbene Stapelrecht brachte der Stadt Wohlstand. Es fand seinen Ausdruck in den vielen repräsentativen Fachwerkhäusern, die sich allmählich zu einem geschlossenen Ensemble ausbildeten. Die Stadt musste niemals verheerende Feuersbrünste oder Kriegsschäden erleiden, wenngleich es immer wieder zu einzelnen Verlusten kam. So wurden im Januar 2021 drei Häuser am Aegidiiplatz ein Raub der Flammen.

Zwar ist für das Alexander von Humboldt zugeschriebene Urteil – »eine der sieben schönstgelegenen Städte der Welt« – keine schriftliche Quelle vorhanden, aber nicht nur Lokalpatrioten halten diese Aussage für unbedingt wahr, sondern auch viele Gäste, wenn sie einmal den Weg hierher gefunden und einen Bummel durch die Gassen unternommen haben.

Geschichte

Als »Gimundin« ist in karolingischer Zeit, im Jahr 786, erstmals ein Ort an der Stelle des heutigen Hann. Münden erwähnt. 1019 kam das Gebiet an das Bistum Paderborn, im 12. Jahrhundert an die Thüringer Landgrafen, die wohl den Ort offiziell begründeten. Er wurde 1183 erstmals urkundlich als Stadt erwähnt, besaß ab 1247 das lukrative Stapelrecht und war ungefähr ab dieser Zeit von einer ersten Befestigung umgeben. Die 1329 vollendete steinerne Werrabrücke erleichterte den Handel erheblich. Münden fiel nach dem Aussterben der Thüringer an das Herzogtum Braunschweig-Lüneburg. Die Grafen von Calenberg-Göttingen, eine Nebenlinie der Welfen, wählten den Ort von 1498 bis 1584 zu ihrer Residenz.

Als Blütezeit Mündens gilt das 16. und 17. Jahrhundert, wovon die zahlreichen repräsentativen Bürgerhäuser aus dieser Zeit Zeugnis ablegen. Die schlimmste Zäsur erlitt der Ort während des Dreißigjährigen Krieges: Am 30. Mai 1626 eroberten die Truppen Tillys nach kurzer Belagerung die Stadt, plünderten sie

und töteten etwa 2000 der 3500 Einwohner. Dieses Datum heißt heute noch »Blutpfingsten«.

Dem Dreißigjährigen Krieg folgte eine längere Phase der Stagnation. Ein vorsichtiger wirtschaftlicher Aufschwung setzte ein, als 1753 die Hansteinische Fayence-Manufaktur ihre Produktion aufnahm und bald in viele Regionen exportierte. Das zu dieser Zeit bedeutungslos gewordene Stapelrecht verlor Münden 1823.

Heute ist Hann. Münden mit seinen rund 24 000 Einwohnern eine überaus charmante Kleinstadt. Zwar heißt sie bereits seit 1991 offiziell Hann. Münden, oft hört und liest man aber noch die alte Bezeichnung »Hannoversch Münden«, die aus der früheren Zugehörigkeit des Ortes zum Königreich Hannover herrührt.

Altstadt

Mehr als 700 **Fachwerkhäuser** aus sechs Jahrhunderten formen ein geschlossenes Stadtbild, wie man es in Europa nur selten findet. Viele Häuser besitzen Portale und Erker, Inschriften sowie Verzierungen, die teils die Themen Wasser und Leben am Fluss aufgreifen. Als Flächendenkmal steht die Altstadt komplett unter Denkmalschutz, und wer sich in die Fassadendetails und Unterschiede zwischen den Häusern vertieft, kann ganze Tage mit Schauen und Staunen verbringen. Ein informatives Faltblatt mitsamt Stadtplan zum Thema ist in der Tourist-Information erhältlich. Damit kommt man den verschiedenen Epochen und ihren architektonischen Eigenheiten am besten auf die Spur.

Es fällt schwer, in all dieser Pracht einzelne Bauten herauszuheben. Einige der schönsten Häuser finden sich entlang der Langen Straße, wohl die älteste Straße der Stadt, sicherlich seit jeher die Hauptachse, etwa die Nummern 71 und 82. Die Nummer 29 von 1554 wird als eines der wertvollsten Bürgerhäuser der Stadt angesehen.

Als älteste Häuser in Hann. Münden gelten: Burgstraße 19 (1381), Lange Straße 17 (1383), Sydekumstraße 8 (das sogenannte Ochsenkopf-Haus, 1404), Kirchplatz 4 (1457), Mühlenstraße 10 (1458), Kirchstraße 1 (1477). Zumeist sind die Häuser umgestaltet worden, mitunter mehrmals, also nicht mehr in ihrer ursprünglichen Form vorhanden.

Ein beliebtes Fotomotiv ist der Herr an der Fassade des Hauses **Lange Straße 79.** Ein rotbefrackter Mann mit Allongeperücke, eine übergroße Klistierspritze in der Hand, schaut herausfordernd auf

Die Schauseite des Rathauses

Auch am Kirchplatz: Fachwerk dicht an dicht

die Passanten. Die Inschrift verrät: »Er war anders als sein Ruf«. Es handelt sich um das Sterbehaus Doktor Eisenbarts (→ S. 71).

Das rasterartige Straßennetz, das ungefähr ein Rechteck abdeckt, verrät den Ausbau nach Plan. Die Stadtbefestigung wurde bis auf elf Türme geschleift, die heute teils museal genutzt werden. In der Mitte des Areals, das durch Wallanlagen, Werra und Fulda begrenzt wird, liegen Rathaus und Stadtkirche. Noch heute wird der Wochenmarkt auf dem Platz vor dem Rathaus abgehalten – eine stimmungsvollere Kulisse lässt sich kaum denken. Im Rathaus ist auch die Tourist-Information beheimatet, und so bietet es sich an, einen Rundgang an dieser Stelle zu beginnen.

Das **Rathaus** zeigt seine Schauseite mit drei Giebeln und prächtigem, farbenfrohem Portal, Utlucht und Freitreppe zum Markt hin. An dieser, der nördlichen Fassade, erklingt jeden Tag um 12, 15 und 17 Uhr ein Glockenspiel und zeigt in seinem Figurenumlauf Szenen aus dem Leben des Doktor Eisenbart. In seiner Harmonie und den sorgfältig gearbeiteten Details ist das Rathaus ein wunderbares Beispiel für die Weserrenaissance. Es entstand zwischen 1603 und 1618, wobei der gotische Vorgängerbau weitgehend abgerissen, zum kleinen Teil umgebaut und integriert wurde. Architekt des Umbaus und der Erweiterung war Georg Crossmann aus Lemgo, dem Interessierte im Weserraum noch einige Male begegnen werden. In der Halle im Erdgeschoss (frei zugänglich) thematisieren große Wandbilder die Stadtgeschichte. Sie wurden zwischen 1927 und 1929 geschaffen, sind aber stilistisch eher den Kolossalgemälden verwandt, die man in der Wilhelminischen Zeit bevorzugte.

Seine nüchternste Seite wendet das Rathaus der **Pfarrkirche St. Blasius** zu. Die dreischiffige gotische Hallenkirche auf Fundamenten eines spätromanischen Vorgängerbaus war 1509 vollendet, der barocke Dachreiter kam 1584 dazu. Die Hochwassermarken von 1342 und 1522 an einigen Pfeilern im Innern zeigen, wie sehr Münden immer wieder von Hochwassern bedroht war. Ein mittelalterlicher Hochaltar mit barockem Aufsatz, ein Taufbecken aus Bronze von 1392 und eine Sandsteinkanzel von 1493 sind erhalten, eine der ältesten dieser Art in Niedersachsen. In der Mitte befinden sich das Hochgrab für Herzog Wilhelm von Braunschweig-Lüneburg (ca. 1425–1503) und das Epitaph für Herzog Ernst I. (1497–1540). Die Kirche steht Besuchern offen (Mai–Erntedank tgl. 11–17 Uhr).

Die gotische Kirche **St. Ägidien** wurde 1626 fast vollständig zerstört, als in der Nähe ein Pulvermagazin explodierte. Der Nachfolger war bis 1684 fertiggestellt, der Turm erst 1729. Die Kirche wurde 2006 entwidmet, das Interieur aber weitgehend belassen. Allein deswegen lohnt ein Besuch des Cafés, das seitdem im Innern eingerichtet ist. An der nördlichen Außenmauer findet sich der Grabstein für Doktor Eisenbart. Auf ihm ist zu lesen: »Alhir ruhet in Gott / der weiland hochedle hocherfahrene / weltberühmte Herr / Joh. Andreas Eisenbart / königl großbritannischer und / churfürstl braunschw lüneb / brivilegirte Landarzt wie auch / königl breussischer Raht / und Hofoculiste von Magdeborg / gebohrn anno 1661 Gestorben 1727 / d. 11. Novemb. Aetatis 66 Jahr«

Die **Rotunde** inmitten der Wallanlagen ist heute als Gedenkstätte für die Opfer der beiden Weltkriege und für die Opfer von Gewalt der Jahre 1933 bis 1945 gestaltet. Es handelt sich bei dem Bau um den Rest des 1579 fertiggestellten Oberen Tors, ein Teil der früheren Befestigung.

Auch der **Hagelturm** ist ein Rest der früheren Stadtmauer. Er wurde 1848 um gut 10 auf insgesamt 40 Meter aufgestockt, was das Gießen von Bleischrot ermöglichte. Heute ist es Sitz des kleinen Museums der Arbeit.

Nach Norden läuft die Lange Straße auf die **Alte Werrabrücke** zu. Sie sieht nicht nur sehr alt aus, sondern ist es auch: Spätestens 1329 war der Bau fertiggestellt, womit sie zu den ältesten erhaltenen Steinbrücken Deutschlands zählt. Fünf der sieben Brückenbögen sind noch original. Die **Figur des Eisenbart** steht seit 2013 neben der Brücke.

An der Wanfrieder Schlagd machten früher die Handelsschiffe fest, hier wurden die Güter umschlagen, dahinter erstreckten sich die Lagerhäuser. Eines dieser früheren Lagerhäuser, der zweiflügelige klassizistische **Packhof** (1839/49), beherbergt heute auf seinen drei Geschossen verschiedene kulturelle Einrichtungen.

An der **Kasseler Schlagd** entlang des Fuldaufers ist eine etwa 200 Meter lange Front mit Fachwerkgebäuden erhalten. Den besten Blick darauf hat man vom Tanzwerder (→ S. 72).

▸ Karte S. 68

Johann Andreas Eisenbart

»Ich bin der Doktor Eisenbart, / kurier' die Leut' nach meiner Art: / mach', daß die Lahmen wieder seh'n / und daß die Blinden wieder geh'n.«

Fast jeder hat wohl schon einmal diese Zeilen gehört, und fast jeder hat eine vage Idee davon, wer dieser Doktor Eisenbart gewesen ist. Das Spottlied mit insgesamt 13 Strophen entstand um 1800, lange nach Eisenbarts Tod, und war sicher eine Reaktion auf die vielen Kurpfuscher und das betrügerische Vorgehen von Wanderärzten. Eisenbart wird darin namentlich erwähnt, weil er auch postum der berühmteste seiner Art war. Das Lied tut ihm jedoch unrecht.

Johann Andreas Eisenbart wurde im März 1663 in Oberviechtach/Oberpfalz als Sohn eines Augenarztes und Chirurgen für Leistenbrüche geboren. Er lernte das Handwerk des Okulisten, Stein- und Bruchschneiders und die Wundarzneikunde bei seinem Schwager, mit seiner Wanderzeit dauerte seine Ausbildung zehn Jahre. Eisenbart war ab 1686 in Sachsen-Gotha-Altenburg fest tätig, 1688 in Weimar. Danach erhielt er in rascher Folge zehn Privilegien verschiedener Landesherren, die es ihm ermöglichten, weite Teile des damaligen Deutschen Reiches zollfrei zu bereisen – für diese Zeit ungewöhnlich und wohl schon als Anerkennung seiner ärztlichen Fähigkeiten. Nicht ungewöhnlich in dieser Zeit war der Beruf des Wanderarztes, Eisenbart war einer von ihnen. Er zog von Wochen- und Jahrmarkt zu Wochen- und Jahrmarkt mitsamt einem kleinen Wanderzirkus, der die Leute anziehen sollte: indischer Feuerfresser, Degenschlucker, Schlangenbeschwörer, Seiltänzer, Musiker, Artisten, hübsche Frauen als Dekoration. Bis zu 120 Personen sollen in seinem Tross gereist sein. Das Rahmenprogramm diente dazu, die Menschen anzulocken, aber auch, um den Kranken die Hemmungen zu nehmen, sich Eisenbart anzuvertrauen. Die leichteren Eingriffe wurden auf offener Bühne durchgeführt, die komplizierteren dagegen in den Privathäusern der Patienten oder in den Hinterzimmern der Wirtshäuser – stets mit Vorkasse. Die Entfernung von Blasen- und Nierensteinen gehörte wohl zu seinen Spezialitäten, er behandelte aber auch Augenleiden, insbesondere den Grauen Star, Hasenscharten, Zahnschmerzen, Leisten- und Hodenbrüche. Dabei erwies er sich als sehr geschäftstüchtig. Eisenbart verkaufte selbsthergestellte Tinkturen und andere Arzneimittel, die in seiner Magdeburger Manufaktur hergestellt wurden, so etwas wie die erste pharmazeutische Fabrik in Deutschland. Etwa 20 verschiedene Präparate soll er im Angebot gehabt haben. Er fertigte zudem Nadeln zum Starstechen, künstliche Gebisse und künstliche Augen. Und er nutzte Flugblätter und ab 1705 Inserate in Zeitungen als Werbemittel, um neue Kunden zu gewinnen. Um 1700 galt er als der berühmteste Chirurg seiner Zeit, als Koryphäe, die ihre Popularität der einzigartigen Mischung aus Entertainment und ärztlichem Können verdankte. Auch in Fachkreisen genoss er höchste Anerkennung, wurde mit Auszeichnungen und Dotationen überhäuft. Man geht heute davon aus, dass Eisenbart im Sinne der Heilung ungewöhnlich erfolgreich war und hunderte von Operationen geschickt und mit teils innovativen Methoden durchgeführt hat.

Eisenbart erlitt 1725 einen ersten Schlaganfall, an einem zweiten starb er am 6. November 1727 in Münden (heute Hann. Münden). Er ist an der dortigen Aegidienkirche beigesetzt.

Schloss

Das Schloss im Stil der Frührenaissance dominiert die Stadt zur Werra hin. Verglichen mit den anderen Renaissanceschlössern, die sich entlang der Weser reihen, wirkt es überaus nüchtern, geradezu streng. Kunsthistoriker führen den weitgehenden Verzicht auf Dekor auf niederländische Vorbilder zurück.

Die ursprünglich dreiflügelige Anlage – der Südflügel brannte 1849 ab und wurde nicht ersetzt – entstand von 1560 bis 1574 im Auftrag der Grafen von Calenberg-Göttingen, die Hann. Münden 1488 zu einer ihrer Residenzen gewählt hatten. Ein 1501 fertiggestellter Vorgängerbau war abgebrannt. Nach seiner Funktion als repräsentativer Amtssitz wurde das »Welfenschloss Münden«, so der heutige offizielle Name, unter anderem als Kaserne und Magazin genutzt, 1899 hat hier das **Städtische Museum** seine Heimat gefunden. Es thematisiert in Dauerausstellungen unter anderem den Fernhandel vor allem entlang der drei Flüsse und die Passagierschifffahrt auf der Weser. Besonders sehenswert sind die Produkte der Mündener Fayence-Manufaktur der Familie Hanstein (1733–1854), die zu ihrer Zeit berühmt war.

Strenge Eleganz: das Schloss

Blick über den Weserstein nach Norden

Tanzwerder

Die von Bäumen gesäumte Insel in der Fulda war lange Zeit der Ort für Vergnügungen und Veranstaltungen, daher der Name. Heute dient sie vor allem als Wohnmobilstellplatz und Parkplatz, daneben finden Besucher einen Fischlehrpfad und die Anlegestelle der Ausflugsdampfer.

Berühmt aber ist der **Weserstein,** den der örtliche Industrielle Carl Natermann in Auftrag gab und der 1899 aufgestellt wurde, ganz bewusst am 2. September, der im ganzen Reich als »Sedantag« gefeiert wurde. Der Weserstein steht unter einer knorrigen Kastanie mit umlaufender Sitzbank. Nach wie vor gut lesbar sind die bekannten, leicht ungelenken Verse: »Wo Werra und Fulda sich küssen / Sie ihren Namen büssen müssen. / Und hier entsteht durch diesen Kuss / Deutsch bis zum Meer der Weserfluss.« Seit dem Jahr 2000 steht wenige Meter neben dem alten ein **neuer Weserstein,**

▲ Karte S. 68

dessen Inschrift leicht ironisch das Verhältnis der drei Flüsse umspielt.
Welchem Text man auch den Vorzug geben mag: Der Blick unter den Bäumen hindurch nach Norden, der davoneilenden Weser nach, weckt die Neugier auf all jene Schätze, die sich an ihren Ufern finden lassen mögen.

Tillyturm

Zu Fuß in gut 20 Minuten, nicht aber mit dem Auto ist der Tillyturm erreichbar, mitunter auch als Tillyschanze bezeichnet. Er ist 27 Meter hoch (129 Stufen), wodurch sich ein schöner Blick auf den Reinhardswald, die Altstadt und den Zusammenfluss von Werra und Fulda ergibt. Der Turm wurde bis 1885 aus Spenden Mündener Bürger errichtet und nach dem Feldherrn benannt, der 1626 die Stadt belagerte. Er hatte stets nur eine touristische Funktion, keine wehrhafte. Der Turm steht tagsüber durchgängig offen. Direkt nebenan befindet sich die Waldgaststätte (im Sommer Di–So, www.tillyschanze.de).

Weserliedanlage

Die beste Sicht auf den Zusammenfluss von Werra und Fulda sowie die Stadtstruktur bietet die Weserliedanlage nördlich der Werra. Eine Gedenktafel erinnert an den Dichter des Weserliedes (→ S. 49), ab Werrabrücke sind etwa 15 Minuten Fußweg einzuplanen.

Gimte

Das frühere Fischer-, Flößer- und Leinweberdorf Gimte ist ein Ortsteil der Stadt Hann. Münden. Die hiesige **Marienkirche** besteht aus zwei Teilen: der kurz nach 1000 entstandenen Marienkapelle und dem bis 1612 fertiggestellten, größeren Anbau an der westlichen Seite. Sie ist heute Radwegekirche.

Hilwartshausen

Linksseitig, in einer Weserschlinge liegt Hilwartshausen. Im Wesentlichen handelt es sich um ein **Gut** im Besitz der Klosterkammer Hannover.
Sämtliche Gebäude eines um 960 gegründeten Klosters wurden im Dreißigjährigen Krieg stark beschädigt. Die Anlage war seitdem unbewohnt und verfiel, die Gebäude wurden in den folgenden Jahrzehnten abgetragen, um 1780 auch die Kirche. Wenige Reste dieser Klosterkirche sind im Gutspark noch auszumachen. Dass der am Ortsrand gelegene Friedhof 1955 aufgegeben wurde und seither Stück für Stück überwuchert wird, verstärkt den Eindruck des Verlassenseins an diesem fast mythisch wirkenden Ort.
Der aus Bruchstein errichteten gotischen **Petruskirche** außerhalb des Klosterguts wurde um 1880 ein Staffelgiebel vorgesetzt. Interessierte können sich den Schlüssel bei der Gutsverwaltung ausleihen.

Hann. Münden

Tourist-Information, Lotzestr. 2 (Rathaus), 34346 Hann. Münden, Tel. 05541/75313; Mo–Sa. Infos und Buchung von Stadtführungen, Sa Nachmittag stets die kostenfreien »Sprechstunden mit Doktor Eisenbart«.
www.hann-muenden-erlebnisregion.de
Hann. Münden liegt an der **Bahnstrecke** Kassel-Göttingen.

Weserstein Touristik, Schedener Weg 29. 34346 Hann. Münden, Tel. 0171/2218505; Mai–Okt. mehrmals wöchentlich Fahrten auf Fulda und Weser ab Tanzwerder. www.weserstein-touristik.de

Flux – Biohotel im Werratal, Buschweg 40, 34346 Hann. Münden, Tel. 05541/9980; DZ ab 110 Euro. 5 km außerhalb

des Stadtzentrums, ruhig, fast schon ländlich gelegen. Alles bio, öko, klimaneutral. Qualitätsvolle Küche (vegetarisch, vegan, Fleischgerichte; So/Mo geschl.), gepflegter Gastgarten.
www.flux-biohotel.de

Fachwerkhotel Eisenbart, Lange Str. 6–8, 34346 Hann. Münden, Tel. 05541/9562050; DZ 90 Euro. Gebäudekomplex aus fünf historischen Fachwerkhäusern mitten im Zentrum, 2015 mit dem Deutschen Fachwerkpreis ausgezeichnet. Gutes ital. Restaurant Antico & Abruzzo, Parkplätze begrenzt.
www.fachwerk-hotel.de

Erstaunliche Gastro-Dichte im historischen Zentrum. Auswahl:

Ratsbrauhaus, Markt 3, Tel. 05541/957107; Di–So. Eigene Brauerei, deftige Speisen. Im Gewölbekeller des Rathauses.
www.ratsbrauhaus.de

Die Reblaus, Ziegelstr. 32, Tel. 05541/954610; Mi–Mo. Deutsch-mediterran, leichte saisonale Orientierung, schnörkellose Qualität.
www.die-reblaus.de

Fleischerei Ritter der Rotwurst, Lange Str. 29, Tel. 05541/5151; Fr–Mi. Traditionsfleischerei mit angeschlossenem Restaurant »Marktstube« und Bistro »Café au lait«. Seit Generationen an diesem Ort, aus dem Stadtbild nicht wegzudenken.
www.feinkost-schumann.de

Camping Hann. Münden, Tanzwerder 1, 34346 Hann. Münden, Tel. 05554/112257. www.busch-freizeit.de

Café Aegidius, Aegidiiplatz 1, Tel. 05541/3476688; Mi–Mo 9–18 Uhr.
www.cafe-aegidius.de

In der Langen Str. gibt es gleich drei empfehlenswerte Cafés mit gutem Kuchenangebot: **Stadtcafé** (Nr. 61, mit Mittagskarte); **Café am Sandmarkt** (Nr. 4, auch Salate, Suppen und kleine Tagesgerichte); **Café Zimt und Zucker** (Nr. 1, mit Blick auf die Werrabrücke, auch Suppen und Flammkuchen).

Städtisches Museum Hann. Münden, Schloßplatz 5, Tel. 05541/75202; Mai–Okt. Mi–So 11–16, Nov.–April Mi–So 13–16 Uhr.
www.hann-muenden-erlebnisregion.de

Gemeinde Reinhardshagen

Im Stadtgebiet von Hann. Münden, mit der Vereinigung von Werra und Fulda zur Weser, beginnt ein etwa 40 Kilometer langes und bis zu 300 Meter tiefes Tal. Dessen Ränder bilden die teils steil abfallenden Kanten der Buntsandsteinformationen von Reinhardswald, Bramwald und Solling. Sie reichen ab und an bis unmittelbar an die Ufer und sind zumeist von Laubwäldern bedeckt. Bei Karlshafen findet die Weser aus diesem Durchbruchstal hinaus.

Aus zwei Orten besteht die 1970 gebildete Gemeinde Reinhardshagen: Vaake und Veckerhagen. Unmittelbar westlich schließt sich der Reinhardswald (→ S 84) an. Der Tourismus spielte bis in die 1980er Jahre hinein eine große wirtschaftliche Rolle, heute konzentriert er sich auf die Wochenenden und die Flächen rund um die Fähre.

Vaake

Am vorteilhaftesten sieht Vaake vom rechten, dem niedersächsischen Weserufer aus: Die Fachwerkhäuser bilden hinter der Promenade eine schmucke Reihe. Dazwischen findet sich auch die **Wehrkirche** aus der Mitte des 13. Jahrhunderts, die Reste gotischer Wandmalereien (um 1400) besitzt. Beim Durchfahren dagegen wirkt das kleine Dorf recht unscheinbar.

▲ Karte S. 66

Von Vaake lässt sich über ausgeschilderte Wanderwege der **Gahrenberg** (472,1 m) erreichen, die zweithöchste Erhebung im Reinhardswald (einfache Strecke gut 5 km).

Veckerhagen

Im ebenfalls recht unspektakulären Veckerhagen würde man ein Schloss wohl nicht erwarten. Es gibt aber tatsächlich eins, die Landgrafen von Hessen-Kassel ließen es sich erbauen. **Schloss Veckerhagen** (Lange Straße/Untere Kasseler Straße) aus dem späten 17. Jahrhundert, eine Dreiflügelanlage im Barockstil, befindet sich heute in Privatbesitz und ist daher nicht zugänglich. Die Burg, die sich seit 1430 gleich daneben befand, zerstörten zwei Brände im 20. Jahrhundert vollständig.

Veckerhagen besitzt wie Vaake eine größere Anzahl gut erhaltener und teils reich geschmückter **Fachwerkbauten.** Auch die 1780 geweihte evangelische Kirche im barock-klassizistischen Mischstil wurde in Fachwerkbauweise errichtet, wenngleich mit Sandstein verblendet.

Große Bedeutung besitzt die **Autofähre Hemeln–Veckerhagen,** die jährlich mehr als 100 000 Menschen mit ihren Vehikeln benutzen. An der Weserpromenade, gleich beim Fähranleger, erinnert eine **Holzstele** des Trendelburger Bildhauers Rolf Steiner an Brama, eine der drei Schwestern aus der bekannten Sage (→ S. 86). An der Promenade konzentrieren sich auch die gastronomischen Betriebe, teils mit Gartenbewirtschaftung. Die etwa 13 Kilometer lange **Allee** ab Ortsmitte stellt sicherlich die schönste Annäherung an die Sababurg (→ S. 85) dar.

Oberweser

Hemeln und Umgebung

In den drei Orten Hemeln, Glashütte und Bursfelde, die das Dorf Hemeln bilden, leben zusammen nicht einmal 1000 Menschen. Dennoch ist es weithin bekannt: Hemeln dank Fähre und Traditionslokal, Bursfelde als beeindruckende Klosteranlage.

Hemeln

Hemeln besitzt einige schöne **Fachwerkhöfe,** oft tragen die Wohnhäuser Inschriften über dem Haupteingang. **Die Kirche** von 1691 besitzt noch ihren Turm aus der Zeit um 1200, der seine Funktion als Wehrturm deutlich zur Schau stellt. Seit Jahrzehnten aber ist das **Restaurant**

Die Fähre vom Hemelner Ufer aus gesehen

Blick von der Bramburg über Bramwald und Weserschleife

Zur Fähre mit seinem Biergarten Hauptanziehungspunkt des Ortes. Es liegt direkt an Weser-Radweg und **Gierseilfähre Hemeln–Veckerhagen** (→ S. 75), seine große Terrasse unmittelbar an der Weser ist nachmittags und abends sonnenverwöhnt und gleichzeitig baumbeschattet. Das Lokal gilt als einer der beliebtesten Bikertreffs in Südniedersachsen. Diese Gäste schätzen auch die im leichten Auf und Ab und durch teils enge Kurven führenden Straßen, die von Hemeln in alle Richtungen führen. Wer das Lokal nicht gleich findet: bei den Einheimischen nach »Onkel Wilhelm« fragen.

Bramwald

Der Bramwald erstreckt sich zwischen Hann. Münden und dem Südrand des Solling etwa parallel der Weser, seine höchste Ergebung bildet der **Totenberg** (408 m). Er steht komplett unter Naturschutz, ist sogar als Urwald in Teilen sich selbst überlassen und darf nur auf wenigen Wegen betreten werden. Früher nutzten viele wandernde Köhler- und Glashütten seinen Waldreichtum, heute ist er unbewohnt. Bekanntestes Objekt ist sicherlich der Rest der Bramburg.

▸ Karte S. 66

Bramburg

Mit der Bramburg ist die Legende der drei Schwestern Saba, Brama und Trendula verbunden (→ S. 86). Von der Anlage ist außer dem Burgfried fast nichts erhalten, ihn darf man auch nicht erklimmen. Vom Parkplatz an der L 561 Hemeln–Glashütte muss man noch etwa zehn Minuten über einen Forstweg gehen. Am Parkplatz ist ein sogenannter **Kreuzstein** aufgestellt, der 1938 wenige hundert Meter südlich gefunden und zum heutigen Standort transportiert wurde. Die Bedeutung der eingeritzten Kreuzzeichen ist immer noch unklar.

Die Anlage der Bramburg in ihrem heutigen Zustand ist wahrlich nicht beeindruckend, ihre Geschichte aber interessant. Historiker vermuten, dass die Burg im 11. Jahrhundert errichtet wurde. Ob zum Schutz von Hemeln, Bursfelde oder Kloster Corvey, ist unbekannt; sicherlich aber war der Ort auf einem Bergsporn innerhalb eines großen Weserbogens, Veckerhagen gegenüber, gut gewählt. Das Burgareal umfasste etwa 30 mal 80 Meter und war durch eine Mauer geschützt. Mitte des 13. Jahrhunderts wurde die Familie von Stockhausen von den Welfen mit dieser Burg belehnt; der erhaltene,

Reste der Wandmalereien

Wunderbare Lage: Bursfelde

24 Meter hohe Burgfried ist noch heute im Besitz der Nachfahren. Offenbar betätigten sich die von Stockhausens vor allem als Raubritter, die auch Schiffe auf der Weser überfielen. Berichten zufolge spannten sie eine Eisenkette mit einer Glocke über den Fluss: Den Schiffen war die Kette unüberwindliches Hindernis, und die Glocke signalisierte den Burgherren, dass wieder Beute in ihre Falle gegangen war.

Um dem Raubritterunwesen ein Ende zu setzen, wurde die Burg in einer gemeinsamen Strafaktion des Landgrafen von Thüringen und des Herzogs von Sachsen 1458 belagert, erobert, geplündert und dabei großteils zerstört. Die Gefangenen mussten versprechen, zukünftig keine Überfälle mehr zu begehen und keine Rache zu üben, und wurden freigelassen. Man nimmt an, dass die Familie von Stockhausen die Burg mindestens teilweise wieder instand setzte und weiter bewohnte. Aber um die Mitte des 16. Jahrhunderts wurde sie wohl aufgegeben und verfiel seitdem.

Der **Burgfried** wurde in den 1920er Jahren und auch jüngst wieder restauriert; mit Mühe sind um ihn herum noch einige **Mauerreste** zu erkennen. Er ist heute in einen Wald mit dicht stehenden hohen Buchen gebettet und von der Straße kaum und der Weser auch nur schwer auszumachen.

Glashütte

Glashütte mit seinen unter 100 Einwohnern ist schnell durchfahren. Der Name verweist auf die Glashütte, deren Einrichtung der hannoversche König Georg III. 1767 initiierte, die aber gut 100 Jahre später wieder aufgegeben wurde. Vom Betrieb ist nichts erhalten.

Bursfelde

Die Klosterkirche Bursfelde gilt als eine der ideell bedeutsamsten und gleichzeitig als eine der schönsten romanischen Kirchen im norddeutschen Raum. Ihre Lage an den Ausläufern des hügeligen Bramwalds und der Mündung der Nieme in die Weser ist zudem bezaubernd. Die Grafen von Northeim gründeten 1093 die Abtei, wohl um ihren Herrschaftsbereich nach Westen abzusichern. Mönche aus Corvey kamen. Der Benediktinermönch Johannes Dederoth aus Münden (heute Hann. Münden) initiierte um 1440 eine Reformbewegung, die Bursfelder Kongregation, der sich bald rund 100 Benediktinerklöster anschlossen. Die Reformen forderten Strenge und Frömmigkeit statt weltlicher Genüsse. Ein junger Mönch aus dem Stift Melk (Österreich) beschrieb 1457 nach einem Besuch seinen Eindruck so: »Bursfelde ist arm an Gütern und einfach gebaut. In ganz Österreich wüsste ich nicht ein Stift, das hierin Bursfelde nicht merklich überträfe.«

Mit der Reformation erlosch das Klosterleben allmählich, 1818 übernahm die Klosterkammer die Verwaltung. So ist es bis heute geblieben. Ab 1978 bewirkte private Initiative die Revitalisierung geistlichen Lebens. Heute wird Kloster Bursfelde als evangelisches Tagungs- und Einkehrhaus geführt, versteht sich als Zentrum für spirituelles Leben. Es liegt am Pilgerweg Loccum-Volkenroda (→ S. 258) und bietet Reisenden eine Unterkunftsmöglichkeit, ab und an finden Sommerkonzerte statt.

Vom Kloster sind seit Abrissen Mitte des 19. Jahrhunderts nur noch **Teile des Kreuzgangs** und die **Kirche** erhalten. Die doppeltürmige, dreischiffige Klosterkirche ist weitgehend unverfälschte Spätromanik aus dem 12. Jahrhundert, die Turmhelme und Glockentürme wurden von 1900 bis 1904 nach dem Vorbild des Bad Gandersheimer Münsters rekonstruiert. Die schlichte Kirche im Stil einer flachgedeckten Basilika besteht aus zwei Teilen, die durch einen erst 1903 eingebauten dazwischen liegenden Gang noch stärker hervortreten. Im Innern beeindrucken die blassen Reste von Wandmalereien, die erst 1957 wiederentdeckt und freigelegt wurden. Die Kirchenglocke ist die Stundenglocke aus dem Königsberger Dom, die über verschlungene Wege hierherkam und hier 1952 neu geweiht wurde.

Die Klosterkirche ist das ganze Jahr über für Besucher zugänglich, die anderen Gebäude sind den Seminarbewohnern und ihren Gästen vorbehalten. Die nahegelegene Klostermühle kombiniert gute Küche mit toller Lage.

▸ Karte S. 66

■ Niemetal

Die Nieme bildet sich beim Dorf **Varlosen** durch den Zusammenfluss dreier kleiner Bäche und mündet nach knapp 17 Kilometern in Bursfelde in die Weser. Einst befand sich am Ufer eine Reihe von Mühlen, die das Wasser zum Antrieb der Mahlwerke nutzten. Nicht zuletzt deswegen wurde die Nieme im Lauf der Zeit vielfach begradigt und verändert. Zwischen Bursfelde und dem sieben Kilometer entfernten Löwenhagen hat man die Nieme renaturiert, die ursprüngliche Mündung wiederhergestellt, das Gebiet entlang des Bächleins ist als **Naturschutzgebiet Totenwald** ausgezeichnet.

Vom Kloster Bursfelde kann man eine reizvolle **Wanderung** auf gut begehbaren Wegen entlang der Nieme unternehmen, in Löwenhagen bietet die Taverne Thessaloniki Stärkung (Do–So).

Gemeinde Wesertal

Seit Januar 2020 existiert die Gemeinde Wesertal, die einen hübschen Namen besitzt, aber nichts anderes als ein verwaltungstechnisches Kunstprodukt darstellt. Zu ihr gehören die Orte Gieselwerder, Gottstreu, Oedelsheim, Arenborn, Heisebeck und Gewissenruh sowie Lippoldsberg und Vernawahlhausen. Damit erstreckt sich die Gemeinde über beide Ufer. Ihre herausragende Sehenswürdigkeit stellt zweifellos Kloster Lippoldsberg dar.

Landgraf Carl von Hessen-Kassel (1654–1730) nahm bewusst Glaubensflüchtlinge aus Frankreich auf, um sein auch noch Jahrzehnte nach dem Ende des Dreißigjährigen Krieges verheertes Land wiederzubeleben. Die Hugenotten kamen unter anderem an die Weser und bauten sich eine neue Stadt, das heutige Bad Karlshafen (→ S. 91). Mehrere tausend Waldenser ließen sich um 1720 in zahlreichen Orten Nordhessens nieder oder gründeten neue, darunter Gewissenruh und Gottstreu – es heißt, der Landgraf selbst habe die Ortsnamen bestimmt. Bis ins 19. Jahrhundert wurde hier auf Französisch gelehrt und der Gottesdienst abgehalten. Heute wird die ungewöhnliche Geschichte der Orte für Besucher in einigen Bauwerken und im Museum deutlich. Bad Karlshafen, Gottstreu und Gewissenruh verbindet der nördlichste Teil des Fernwanderwegs »Waldenser- und Hugenottenpfad«, der von Bad Karlshafen über Marburg, Calw und Zürich bis in das nördlich von Nîmes gelegene Mialet führt.

Auf Wanderschaft: der gestiefelte Kater

Gottstreu

Das 1991 eröffnete **Waldensermuseum** in der früheren Schule widmet sich dem Leben der Glaubensflüchtlinge, die aus Frankreich an die Oberweser kamen, und der Geschichte der 1722 gegründeten Franzosendörfer Gewissenruh und Gottstreu. Schwerpunkte der Dauerausstellung sind: Vom Piemont ins Wesertal, Baugeschichte, 800 Jahre Waldenserbewegung. Die 1730 fertiggestellte **Waldenserkirche** im Ort wirkt bescheiden. Sie wurde aus Wesersandstein errichtet.

Oedelsheim

In den 1980er und 1990er Jahren erhielt Oedelsheim mehrmals Auszeichnungen für das hübsche, renovierte, gepflegte Ortsbild. Es wird vor allem von den Fachwerkhäusern in der Ortsmitte bestimmt. Bis 2011 war das Dorf staatlich anerkannter Luftkurort, nach wie vor ist der Tourismus der wichtigste Wirtschaftsfaktor; es gibt mehrere Hotels, Pensionen und Ferienwohnungen. Neben den gut erhaltenen Fachwerkhäusern und -höfen ist vor allem die 1830 geweihte **Martinskirche** von Interesse. Man nimmt an, dass bereits seit etwa dem Jahr 800 an dieser Stelle ein Vorgängerbau bestanden hatte. Dessen Taufstein wurde in die neue Kirche übernommen.

Das **Museum** in einem Mitte des 17. Jahrhunderts erbauten Fachwerkhaus thematisiert die Ortsgeschichte, das Handwerk der Region, Flößerei und Schifffahrt. In der Scheune dahinter ist historische Agrartechnik ausgestellt.

Die Figur wenige Meter daneben (Göttinger Straße, Ecke Goldene Aue) ist aus jenem Holz geschnitzt, dem Wind und Wetter nichts anhaben können. Mannshoch, ist sie mit Wanderstock, Hut und Rucksack unterwegs: **Der gestiefelte Kater** blickt leicht undurchschaubar in die Ferne und scheint auf dem Sprung zu sein.

Heisebeck

Heisebeck besitzt mehrere unter Denkmalschutz stehende Fachwerkhäuser und -höfe, interessant aber ist vor allem die neogotische **Kirche** in der Ortsmitte. Sie liegt am Pilgerweg Loccum–Volkenroda (→ S. 258); Pilger und andere Gäste finden im Ort mehrere Pensionen und Ferienwohnungen.

Die wenigen, wenngleich hübschen **Fachwerkhäuser,** die evangelische **Kirche** von 1912 und auch die kleine, nur am Sonntagnachmittag geöffnete **Heimatstube** (Am Graben 3), in der historische Handwerkstechniken der Region vermittelt werden, lohnen im Grunde keinen Umweg zum benachbarten Arenborn.

Gieselwerder

Mit dem **Mühlenplatz** erwartet Besucher ein ganz ungewöhnliches Freilichtmuseum am westlichen Ortsrand von Gieselwerder. In dieser liebevoll gestalteten und harmonisch in die leichte Hanglage eingepassten Anlage stehen 60 kleine Gebäude: Wassermühlen, Burgen und Schlösser, Kirchen und Rathäuser. Es sind Miniaturen von Bauwerken aus alter Zeit, originalgetreu nachgebildet im Maßstab 1:25 und 1:40. Der kleine Lumbach, der hier aus dem Reinhardswald tritt, fließt über zierliche Rinnen und setzt die zahlreichen Mühlräder in Bewegung. Der größere Teil der en miniature errichteten Gebäude stammt aus dem Weserraum und der Renaissancezeit, andere wie die Wartburg können als nationale Symbole gelten. Die Anlage entstand 1969 aus einem privaten Hobby des Ortsansässigen Richard Wittlich heraus, wurde Jahr für Jahr ergänzt und rasch zu einem beliebten Ausflugsziel.

Der Ort selbst mit seinen vielen gut erhaltenen Fachwerkhäusern liegt auf der anderen Seite der Bundesstraße, sein Zentrum bildet der Tanzplatz. Das **Rathaus** aus dem frühen 18. Jahrhundert steht an der Stelle einer Wasserburg, die man als Modell vor dem Bau studieren kann. Seine drei Stockwerke zwischen dem spitzen, hohen Dach und dem Erdgeschoss sind in Fachwerkbauweise ausgeführt, ebenso wie die klassizistische **Christuskirche** von 1813 ein Stück weiter. Eine Skulptur des Hofgeismarer Bildhauers Wienhold Gernemann, mitunter auch **Schneewittchenstein** genannt, in der Nähe des Rathauses zeigt

Das Freilichtmuseum Mühlenplatz in Gieselwerder

▲ Karte S. 66

die Prinzessin, die sieben Zwerge und die bekanntermaßen böse Stiefmutter. Zwei Museen machen mit der Geschichte dieser Region bekannt: Das **Schiffermuseum** beschäftigt sich mit den Bootstypen und den Menschen, die auf der Weser unterwegs waren, und thematisiert vornehmlich die Frachtschifffahrt. Das **Weberei-Museum** ist in einem Fachwerkhaus mit großer Diele beheimatet, in dem früher viele Schneider lebten und arbeiteten und das daher auch »Kleiner Schneider« genannt wurde.

Lippoldsberg, Nebengebäude

Gewissenruh

Die Bundesstraße berührt nur leicht den Rand von Gewissenruh, und so merkt man meist gar nicht, diesen Ort passiert zu haben. Seine rund 100 Bewohner leben in schmucken Fachwerkhäusern, den Mittelpunkt des Dorfs bildet die sehr bescheidene **Waldenserkirche.** Sie wurde bis 1779 aus Wesersandstein errichtet und wirkt eher wie ein Wohnhaus. Bis 1825 wurden die Gottesdienste hier in französischer Sprache abgehalten. Carl von Hessen-Kassel hatte 1722 Gewissenruh und Gottstreu als Neusiedlungen für Waldenser gegründet, die in ihrem Heimatland Verfolgungen ausgesetzt waren.

Lippoldsberg

Architekturhistoriker beurteilen die dreischiffige **Klosterkirche St. Georg und Maria** als ebenso wertvoll wie die Bauten in Fischbeck (→ S. 185), Corvey (→ S. 119) und Minden (→ S. 232). Sie gilt sie als eines der herausragenden romanischen Bauwerke an der Weser und Norddeutschlands überhaupt.

Um 1050 veranlasste der Mainzer Erzbischof an diesem Ort den Bau einer ersten hölzernen Kapelle für die Reisenden, die etwa 30 Jahre später einem Steinbau wich. 1093 gründete der Mainzer Erzbischofs Luitpold schließlich ein Benediktinerinnenkloster, dem er in leichter Abwandlung seinen eigenen Namen gab. Der Kirchenneubau entstand auf einem hochwassergeschützten Schotterkegel ganz in der Nähe der Einmündung der Schwülme in die Weser; er wurde 1151 geweiht. Beide Türme gingen im Dreißigjährigen Krieg verloren, nur der eine wurde im 18. Jahrhundert wieder aufgebaut und erhielt eine barocke Haube. Das Kloster wurde im Zuge der Reformation 1526 aufgehoben und später in eine Domäne umgewandelt. Heute nutzt die evangelische Gemeinde die Kirche.

Außen zeigt sich die Kirche als schlichter, rötlich-hellgrauer Buntsandsteinbau. Der Haupteingang liegt an der Westseite des Westwerks, durch den man in eine niedrige Vorhalle gelangt. Dahinter schließt sich das staunenswerte, unverfälschte Gewölbe einer kreuzförmigen Basilika an. Im Chorraum ist ein Taufstein vom Ende des 12. Jahrhunderts erhalten. In der Kirche finden regelmäßig Konzerte statt, die traditionell auch Besucher aus weiter entfernten Orten anziehen.

Zweigeschossige **Fachwerkbauten** begrenzen das Areal nördlich der Kirche und formen einen malerischen Innenhof. Die niedrigen Gebäude beherbergen mehrere Läden und andere Einrichtungen. Besonders stimmungsvoll geht es hier während des Weihnachtsmarkts am ersten Adventswochenende zu. In der Herberge finden Teilnehmer an Seminaren und Wanderer Unterkunft – Lippoldsberg liegt am Pilgerweg Loccum-Volkenroda (→ S. 258).

Auch der Ort selbst schmückt sich mit einigen schönen Fachwerkgebäuden und dem tapferen Schneiderlein. Als Abschluss einer Besichtigung bietet sich der Besuch des Landhotels Zum Anker an, von dessen Terrasse sich ein schöner Blick auf die Weser und den wenigen Verkehr an der Fähre bietet. Sie wird auch **Lippoldsberger Märchenfähre** genannt und pendelt dort, wo früher eine Furt am Handelsweg Münster-Thüringen bestand. Furt und Handelsweg waren übrigens der Hauptgrund, warum die Erzbischöfe hier Initiative zeigten.

Eco-Pfad

Der ausgeschilderte »Eco-Pfad« führt als Rundkurs ab Lippoldsberg über Wahlsburg mit fast vollständig abgetragener Burgruine und Vernawahlshausen mit romanischer Kirche und zurück durch das malerische **Schwülmetal**. Dabei geht es durch Wald und offenere Flächen, und immer wieder ergeben sich auf den rund 15 Kilometern weite Blick in den Solling. Keine Einkehrmöglichkeit unterwegs!

Reinhardshagen bis Lippoldsberg

Kein Touristenbüro in Reinhardshagen. Aktuelle, auch touristische Infos zur Gemeinde: www.reinhardshagen.de

Geistliches Zentrum Kloster Bursfelde, Klosterhof 5, 34346 Bursfelde. 20 Übernachtungsplätze, Verfügbarkeit bitte vorher über Tel. 0151/12040759 erfragen. Auskünfte zum Seminarprogramm und Anmeldung: www.kloster-bursfelde.de

Tourist-Information, Brückenstr. 1, 34399 Wesertal-Gieselwerder, Tel. 05572/937310. www.gemeinde-wesertal.de

Besucherzentrum Klosterpforte, Schäferhof 19, 37194 Wesertal-Lippoldsberg, Tel. 05572/335; Mo–Sa 10–12 u. 15–17 Uhr; Kirche tgl. 9 Uhr–Anbruch der Dunkelheit.

Fähre Veckerhagen–Hemeln, Tel. 05544/414; Sommerzeit Mo–Fr 6.30–19, Sa 7–19, So 9–19 Uhr, Winterzeit Mo–Fr 6.30–18, Sa 7–18, So 9–18 Uhr. Auch Pkw. www.fähre-veckerhagen.de

Fähre Lippoldsberg–Gewissenruh, Tel. 0151/21607768 (Fährmann Hubertus Schrick); 10. März–Okt. Mo–Fr 7–18, Sa 8–18, So 9–18 Uhr, Mittagspause immer 12–12.30 Uhr. Auch Pkw. www.wahlsburg-gemeinde-wesertal.de

Hotel Kronenhof, Bremer Str. 11, 34399 Wesertal-Oedelsheim, Tel. 05574/95830; DZ 90 Euro. Auf der Karte Wild, Forelle und Weseraal; Saunalandschaft im OG mit weitem Blick ins Tal. www.kronenhof-oedelsheim.de

Landhotel zum Anker, Weserstr. 14, 37194 Wahlsburg-Lippoldsberg, Tel. 05572/1873; ab 31 Euro p. P. im DZ. An Weser-Radweg und Fähranleger, schöner Blick. Restaurant, Garage, Biergarten, WoMo-Stellplätze. Bikerfreundlich. www.landhotel-zum-anker.de

Klostermühle, Klosterhof 24, 34346 Hann. Münden-Bursfelde, Tel. 05544/8989998; DZ ab 65 Euro. Hotel, Restaurant, Café; die wenigen DZ teils mit Blick auf die Weser. Variantenreiche Küche mit regionalem oder leicht asiatischem Einschlag. www.klostermuehle-bursfelde.de

Gasthaus Zur Fähre, Fährstr. 5, Hemeln, Tel. 05544/579; Di–So 10–23 Uhr. In dritter Generation; einfache Küche, aber solide Qualität. Flinke, freundliche Bedienung.

Fährhaus Oedelsheim, Fährstr. 13, 34399 Wesertal-Oedelsheim, Tel. 05574/944735; Di–Fr 17.30–21, Sa, So 11–14 u. 17.30–21 Uhr. Bodenständige Küche,

▲ Karte S. 66

Kaffee und Kuchen. Schöne Lage direkt an Weser und Weser-Radweg. www.faehrhaus-oedelsheim.de

Wesercamping Hemeln, Unterdorf 34, 34346 Hemeln, Tel. 05544/1414. www.wesercamping.de

Camping Oberweser-Gieselwerder, In der Klappe 21, 34399 Wesertal-Gieselwerder, Tel. 05572/7611. www.camping-gieselwerder.de

Campen am Fluss, Am Hallenbad, 34399 Wesertal-Oedelsheim, Tel. 05574/945780. www.campen-am-fluss.de

Waldensermuseum, Waldenserstr. 1, 34399 Wesertal-Gottstreu, Tel. 05544/912159; Mai–Sept. 1. und 2. So im Monat 15–17 Uhr, Gruppen nach Vereinbarung. www.waldenser-oberweser.de

Museum Oedelsheim, Göttinger Str. 6, Tel. 05574/5163, 34399 Wesertal-Oedelsheim; Öffnungszeiten auf Anfrage. www.verkehrsverein-oedelsheim.de

Freilichtmuseum Mühlenplatz, Mühlenplatz 10, 34399 Wesertal-Gieselwerder, Tel. 05572/1510; April–Sept. tgl. 10–18 Uhr.

Schiffermuseum, In der Klappe 11, 34399 Wesertal-Gieselwerder, Tel. 05572/500. In der ehem. Grundschule. Schifffahrt an der Oberweser, Leben der Schiffer, Lotsen und Hafenarbeiter. Raddampfermodell, Schiffsschraube, Anker. www.schiffermuseum.de

Weberei-Museum, Steinweg 2, 34399 Wesertal-Gieselwerder; aktuelle Öffnungszeiten siehe Website. www.weberei-museum-kircher.de

Klosterkirche Bursfelde, tgl. 8–18 Uhr, Spende erbeten. Ostern–Okt. einfache Übernachtungsmöglichkeiten für Pilger. www.kloster-bursfelde.de

Klosterkirche Lippoldsberg, tgl. 9 Uhr–Anbruch der Dunkelheit.

Radwegekirche St. Martin, Wesertal-Oedelsheim, Ostern–31. Okt. frei zugänglich.

Bodenfelde

Im Städtchen Bodenfelde (rund 3000 Einwohner) ist die Firma proFagus ansässig, Marktführer in Deutschland für Grillholzkohle, und wir treffen auf den ersten Bahnhof seit Hann. Münden. Hier verkehren Züge auf den Linien Göttingen–Ottbergen (Oberweserbahn) und Northeim–Ottbergen (Sollingbahn). Die Anbindung an die Bahn Northeim 1878 beförderte die Ansiedlung von Industriebetrieben. Zweiggleise verliefen direkt am Hafen entlang, so dass das Umladen von Gütern einfach war. Vom Hafen wurden vorrangig Holz und Holzkohle sowie Kali aus dem Bergwerk Volpriehausen weserabwärts verschickt. Daneben legten hier eine Zeitlang Schiffe ab, die Auswanderer nach Bremerhaven brachten, wo sie in die großen Überseedampfer umstiegen. Heute geht es alles andere als geschäftig am **Hafen** zu, nur gelegentlich legt hier ein Ausflugsdampfer an. Der Ort kann zwar auf eine lange Geschichte zurückblicken – 833 erstmals urkundlich erwähnt, bekam er 1430 Stadtrechte –, er liegt schön zwischen bewaldeten Hügeln und Weser und bietet sich wegen seiner guten Erreichbarkeit als Ausgangspunkt für Touren entlang der Weser an. Nur besonders hübsch ist er nicht, und auch Sehenswürdigkeiten hat er kaum. Zu nennen ist eigentlich nur die neoromanische **Christuskirche** (1853–1855), die von ihrem Vorgängerbau den Turm aus dem Spätmittelalter übernommen hat. Als Radwegekirche steht sie im Sommer tagsüber offen.

Zwischen Bodenfelde und Wahmbeck windet sich die Weser um den **Kahlberg** und vollzieht dabei auf wenigen Kilometern eine Richtungsänderung um 180 Grad. Dieses wunderschöne Panorama sollte man sich vom »Gipfel« des

Die Wahmbecker Fähre im Abendlicht

Berges aus anschauen - immerhin erhebt er sich um 120 Meter über das Niveau des Flusses.

Der **jüdische Friedhof** am südöstlichen Fuß des Kahlbergs (Am Kahlberg 4) wurde 1825 angelegt, der jüngste Grabstein stammt von 1936, insgesamt gibt es rund 80 Grabstellen. Die Begräbnisstätte wurde 1939 verwüstet und um 1990 restauriert; 1998 zerstörten Unbekannte rund 25 Grabsteine vollständig. Der Friedhof ist als geschütztes Kulturdenkmal ausgewiesen.

Wahmbeck

Bis in die 1970er Jahre hinein bestimmte der Tourismus den Takt und auch das Ortsbild von Wahmbeck; so gab es in dem Dorf eine Reihe von Beherbergungsbetrieben und Lokalen. Heute herrscht hier Beschaulichkeit, Bewegung kommt vor allem hinein, wenn die **Gierseilfähre** anlegt. Sie bringt Fußgänger, Radfahrer und maximal vier Autos von der hessischen Seite. Diese Transitreisenden zieht es womöglich in den Solling, dessen Attraktionen, etwa mit dem Hutewald-Projekt, nur wenige Kilometer entfernt liegen (→ S. 96). Wahmbeck liegt abseits der Durchgangsstraßen und zwischen grünen Hügeln, wirkt fast etwas weltenfern. Gerade abends sitzt es sich am Grillplatz unmittelbar am Weserufer ganz wunderbar romantisch.

Bodenfelde, Wahmbeck

Tourist-Information, Bleekstr. 23, 37194 Bodenfelde, Tel. 05572/936925. www.bodenfelde.de

Bodenfelde liegt an den **Bahnstrecken** Northeim-Bodenfelde und Paderborn-Göttingen.

Gierseilfähre Wahmbeck-B80, Tel. 0151/15524930; Mitte März-Okt. Mo-Sa 8-18, So 9-19 Uhr, Mittagspause 12.30-13.30 Uhr. Auch Pkw.

Café Ambiente, Bleekstr. 23, 37194 Bodenfelde, Tel. 05572/515; Di-So 14-18 Uhr. Herzhaftes und hausgemachtes Süßes, schöner Gastgarten mit Bäumen und Blick auf die Weser. www.cafe-ambiente2010.de

Krug zum Grünen Kranz, Lange Dorfstr. 8a, 37194 Bodenfelde/OT Wahmbeck, Tel. 01522/6675019; Do-So (Winter nur Sa/So). Biergarten-Café-Gasthaus mit Bar neben der Fähre, Crossover-Küche und hausgemachte Kuchen. www.krugzumgruenenkranz.com

Strautmanns Scheunenbrennerei, Schlichtelke 4, 37194 Bodenfelde, Tel. 05572/999774; Werksverkauf Do, Fr 15.30-17.30, Sa 10-17.30 Uhr sowie nach Vereinbarung. Edelbrände, Liköre, Korn und Gin von hoher Qualität. www.scheunenbrennerei.de

Reinhardswald und Sababurg

Der Reinhardswald gilt als der deutsche Märchenwald schlechthin. Das mag daran liegen, dass er kaum besiedelt und teils undurchdringlich ist. Er bildet den nördlichsten Zipfel Hessens und stellt

▲ Karte S. 66

mit seinen rund 200 Quadratkilometern gleichzeitig das größte zusammenhängende Waldgebiet des Bundeslandes dar. Es ist – je nach persönlichen Vorlieben – weit über die Region hinaus für seinen Wildreichtum und die schönen Wanderwege bekannt. Buchen und Eichen sind hier die vorherrschenden Baumarten.

Der Wald erstreckt sich links der Weser zwischen Hann. Münden und Bad Karlshafen auf einer Buntsandsteinhochfläche. Diese liegt bis zu 300 Meter über dem Flussniveau, fällt zum Ufer teils dramatisch steil ab und entblößt dabei vereinzelt ihre Sandsteinstruktur. Aus der insgesamt welligen Struktur ragen die Berge – die höchsten Erhebungen bilden Staufenberg (472,2 m) und Gahrenberg (472,1 m) – nur mäßig heraus.

Zwar lebte die Quelle vieler Grimmscher Märchen, Dorothea Viehmann, in Niederzwehren bei Kassel, also ein ganzes Stück entfernt (→ S. 47). Man nimmt aber an, dass der dunkel-geheimnisvolle Reinhardswald für viele Geschichten als Vorbild diente. Viele Orte an seinem Rand schmücken sich mit den bekannten Märchenfiguren, die Sababurg mit einer der beliebtesten, dem Dornröschen.

Sababurg

Obwohl eine Ruine, gehört die Sababurg zu den beliebtesten Ausflugszielen Nordhessens – offenbar besitzt der Name Dornröschen auch heute noch eine gewisse Anziehungskraft. Tatsächlich war die Burg wohl Vorbild für das Dornröschenschloss im Märchen der Gebrüder Grimm. Seit 2018 befindet sich die Anlage im Besitz des Landes Hessen, das kurz danach mit der umfassenden Sanierung begonnen hat. Das Areal wird bis voraussichtlich 2026 immer mal nur eingeschränkt zugänglich sein, womöglich öffnet nach Abschluss der Arbeiten wieder ein Hotel-Restaurant.

Wie aus dem Märchen: die Sababurg

Eine Burg entstand auf Anweisung des Mainzer Erzbischofs ab 1334 auf dem höchsten Punkt der Gegend als Schutz für das kurz zuvor zum Wallfahrtsort aufgestiegene Gottsbüren (→ S. 88). Sie kam 1429 an Hessen und war wohl schon um 1460 wüst gefallen. Auch das um 1490 errichtete Jagdschloss der hessischen Landgrafen verfiel wohl schon ab dem frühen 17. Jahrhundert.

Heute machen gerade das fehlende Dach und die sich gen Himmel reckenden Giebel den Charme der Ruine aus. Umrankt ist das zauberhafte Ensemble von wildem Efeu und vor allem von Rosen, die die Burg als dichte Hecke umschließen. Schlendert man durch diese Pracht, kann man leicht nachvollziehen, warum die Burg zum Ort des Dornröschenmärchens wurde. Neben den Rosen finden sich vereinzelt auch Stauden sowie traditionelle Heil- und Gewürzkräuter – ein wundervoller **Garten**! Die Mauer um die Ruine mitsamt Park und Garten ist etwa 4,5 Kilometer lang.

Die meisten Besucher achten bei ihrem Burgbesuch nur wenig auf die hölzerne **Statue** des Bildhauers Rolf Steiner unterhalb der Burg, beim Parkplatz. Sie stellt die namensgebende Saba dar (→ S. 86).

EXTRA

Brama, Saba, Trendula – Krukos ungleiche Töchter

Einst bewohnte ein Geschlecht mächtiger Riesen die Schlösser und Burgen an der Diemel und der oberen Weser. Der mächtigste der Riesen im Reinhardswald war Kruko. Dieser hatte drei Töchter: Brama, Saba und Trendula.

Nach dem Tode des Vaters hatten Brama und Saba den Christenglauben angenommen, Trendula aber war dem alten heidnischen Glauben treu geblieben. Sie hatte kein gutes Herz und verfolgte die Schwestern, wo immer sie konnte. Brama litt so darunter, dass sie Tag und Nacht weinte. Vom vielen Weinen erblindete sie schließlich. Als sie es nicht mehr aushielt, verließ sie die Burg ihres Vaters und baute sich auf dem anderen Ufer der Weser die Bramburg. Nun richtete sich der ganze Hass der heidnischen Schwester gegen Saba, so dass diese ebenfalls die Krukenburg verließ und im Reinhardswald die Sababurg errichtete. Wenn sich am Abend dichter Nebel in die Täler der Diemel und der Weser legte, verließ sie die Sababurg und eilte mit mächtigen Schritten zu ihrer armen und blinden Schwester Brama auf die Bramburg. Hier blieb sie, bis die ersten Sonnenstrahlen über den Höhen des Reinhardswaldes erschienen, und machte sich erst dann auf den Heimweg. Als Trendula dies gewahr wurde, fühlte sie sich zu Unrecht ausgeschlossen. Sie wurde zornig und stellte Saba eines Nachts in der Nähe der Krukenburg zur Rede, als diese sich gerade auf dem Weg nach Hause befand. Die beiden stritten sich heftig und in ihrem unbändigen Zorn erschlug Trendula ihre Schwester. Deshalb wird die Gegend zwischen Helmarshausen und Wülmersen noch heute »die Mordkammer« genannt.

Nach diesem schrecklichen Ereignis wollte auch Trendula nicht mehr auf der Krukenburg bleiben. Sie erbaute sich flussaufwärts der Diemel die Trendelburg und lebte dort mit ihren vielen Kindern. Man erzählte sich, dass sie dort mit den Gaben Gottes lästerliche Dinge triebe und ihren Kindern aus Brot und Semmelrinde Schuhe und allerlei Spielzeug fertigte.

Als eines Tages ein furchtbares Unwetter über Trendelburg aufzog und nach sieben Tagen und sieben Nächten noch immer nicht weichen wollte, beschloss man in der Burg, den Zorn des Himmels durch ein Opfer zu besänftigen. Man kam überein, dass das Los entscheiden sollte, wer hinaus auf das offene Feld gehen und sich den Blitzen preisgeben solle. Das Los fiel auf Trendula. Kaum stand sie allein auf dem offenen Feld, als eine Wetterwolke sich zusammenzog und ein furchtbarer Blitz auf sie herabfuhr und sie tötete. Sofort verzog sich das Gewitter und die Not hatte ein Ende. An der Stelle, wo der Blitz eingeschlagen hatte, blieben zwei tiefe Löcher zurück, die heute noch unter dem Namen »Nasser Wolkenbruch« und »Trockener Wolkenbruch« bekannt sind. Trendula aber steigt alle sieben Jahre aus der Tiefe des Nassen Wolkenbruchs auf und fleht, sie von ihrem Fluch zu erlösen.

Weitgehend zitiert nach: Heinrich Rohde, Weserwellen und Diemelgrand. Geschichten und Sagen aus dem Gebiete der oberen Weser, der Diemel und der Esse, 5. Auflage aus Anlaß seines 50. Todestages, herausgegeben und mit Anmerkungen versehen von Micha Röhring, Hofgeismar 1995.

Tierpark Sababurg

Wer in Ruhe wenigstens die meisten Tierarten im Tierpark Sababurg in Augenschein nehmen möchte, sollte mindestens einen halben Tag einplanen: Die Anlage erstreckt sich über 130 Hektar, kilometerlange Eichenalleen ziehen sich hindurch, von Freigehege zu Freigehege, von Attraktion zu Attraktion.

Der heutige Tierpark steht in langer Tradition. 1571 richtete Landgraf Wilhelm IV. am Fuße seines Jagdschlosses einen Zoo für Forschungs- und Jagdzwecke ein. Damit gilt er als älteste zoologische Anlage Deutschlands. Er erfuhr ab 1770 eine barocke Umgestaltung, die heute noch an den Eichenalleen und der rund fünf Kilometer langen Umfassungsmauer sichtbar ist. Das Areal wurde später erst zum landgräflichen Jagdrevier und mit dem Verfall der Sababurg zur Weide. 1973 eröffnete der bis heute bestehende Tierpark seine Pforten.

Er gliedert sich in drei große Bereiche: Urwildpark, Haustiergarten, Kinderzoo. Im **Urwildpark** kommt man heimischen und exotischen Arten nahe, darunter Rot- und Damwild, Rentieren, Wisenten, Pferden und Rindern, aber auch den scheuen Luchsen und Wölfen. Im **Haustiergarten** sind vor allem alte und vom Aussterben bedrohte Nutztierrassen versammelt, etwa Schweine, Ziegen, Esel und Schafe. Auf einigen dieser Wege sind sie zum Anfassen nah und lassen sich, da an Besuchergruppen gewöhnt, auch bereitwillig streicheln. Der **Kinderzoo** bietet viele exotische, traditionell bei Kindern beliebte Arten, darunter Pinguine, Erdmännchen, Affen und Sittiche.

Dazu gibt es unter anderem ein **Jagd- und Fortmuseum** in einem 370 Jahre alten Bauernhaus gleich am Eingang, eine **Mini-Parkeisenbahn** beim Kinderzoo, eine **Greifvogelstation** (Falken, Bussarde, Adler und Eulen) mit täglichen Flugshows, eine **Wassergeflügelanlage,** ein **Tierparkmuseum** sowie die **BienenWelt,** einen rund 900 Quadratmeter großen Garten mit Pflanzen, die Bienen besonders anziehen.

Manche Tierparkbewohner wurden nicht gezielt angesiedelt, sondern haben sich hier von allein niedergelassen oder kommen ab und an aus den umliegenden Wäldern zu Besuch: Wildkatzen, Wildkaninchen, Kolkraben, Rotmilane, Buntspechte, Fledermäuse, Amphibien.

Es gibt ein halbes Dutzend **Einkehrmöglichkeiten,** Selbstversorger können aus

Mit den Tieren auf Augenhöhe im Tierpark Sababurg

einer ebenso großen Anzahl von mietbaren **Grillplätzen** wählen. So wird aus einem Halbtages- leicht ein Tagesausflug.

Urwald Sababurg

Auf knapp 100 Hektar Fläche erstreckt sich westlich der Sababurg ein »richtiger« mitteleuropäischer Urwald, in dem die bis zu 1000 Jahre alten Eichen und bis zu 400 Jahre alten Buchen dominieren. Besonders beeindrucken in diesem immer etwas dunkel wirkenden Wald aber die zahllosen bis zu zwei Meter hohen Farne. Das Totholz bietet wertvollen Lebensraum vor allem für viele Insektenarten. Der Urwald ist ganzjährig frei zugänglich; man ist angehalten, die Wege nicht zu verlassen.

Gottsbüren

Im Jahr 1330 fanden Bauern in der Feldmark bei Hundsbüren einen männlichen Leichnam, der offenbar die Wundmale Christi trug. Schnell wurde daraus die Kunde, man habe den unverwesten Leichnam Jesus gefunden und begraben. Das »Wunder von Gottsbüren« verbreitete sich rasch, bereits ein Jahr später

Im romantischen Innenhof der Trendelburg

Die frühere Wallfahrtskirche dominiert Gottsbüren

wurde die kirchliche Erlaubnis zur Wallfahrt gegeben, und eine erste Kapelle entstand. Aus ihr erwuchs die dreischiffige Hallenkirche, wie wir sie heute noch vorfinden – unübersehbar und für den heutigen Ort überdimensioniert.
Die Benediktinerinnen des nahegelegenen Klosters Lippoldsberg errichteten bereits 1332 ein Tochterkloster in Gottsbüren und konnten so von dem schnell anwachsenden Pilgerstrom aus ganz Deutschland profitieren. Auch die Lippoldsberger Fähre, die die Pilger aus dem Osten nehmen mussten, sorgte für beträchtliche Einnahmen; ein Drittel davon beanspruchte der Erzbischof in Mainz. Die spendierfreudigen Pilgermassen bescherten der Region ein jahrzehntelanges Sonderkonjukturprogramm. Zum Schutz des Ortes ließ der Mainzer Bischof die Sababurg (→ S. 85) errichten.
Besucher treffen in der **Kirche** auf einen steinernen Jesus mit Wundmalen, der auf die Legende verweist, dazu noch einige erhaltene Fresken aus gotischer Zeit, die in den 1960er Jahren freigelegt und restauriert wurden. Die Orgel stammt aus dem 18. Jahrhundert.

▲ Karte S. 66

Trendelburg

Respekteinflößend und märchenhaft zugleich wirkt die **Trendelburg**. Die von einer Mauer umgebene Höhenburg entstand Ende des 13., Anfang des 14. Jahrhunderts auf einem 50 Meter hohen, steil abfallenden Sandsteinfelsen. Sie sollte die Furt – später Brücke – über die Diemel schützen, in deren Nähe sich zwei Handelswege kreuzten. Um die Burg, die einerseits mehrmals erweitert, andererseits in kriegerischen Auseinandersetzungen immer wieder beschädigt und dann rekonstruiert wurde, bildete sich im Lauf der Zeit der gleichnamige Ort aus.

Noch bevor man die Anlage betritt, fällt der Blick auf den meterlangen blonden Zopf, der aus einem der oberen Fenster am 40 Meter hohen Turm herunterhängt. Baugeschichtlich ist es der Bergfried, sein heutiger Name aber lautet Rapunzelturm. Man kann hinaufsteigen (kleine Gebühr), sich oben die rührende Geschichte von Rapunzel und ihrem Prinzen vergegenwärtigen oder einfach den hinreißenden Ausblick genießen.

Eine kleine Brücke führt in den frei zugänglichen, efeugeschmückten kleinen Burghof. In der Burg ist heute ein stilvolles Hotel-Restaurant untergebracht, auf den Plätzen im Innenhof sitzt es sich ausgesprochen romantisch. Als Klassiker auf der Karte gilt die Rapunzeltorte, ein Biskuitboden mit Kirschen, Buttercreme und Zuckerguss.

Im **Ort Trendelburg** sind Reste der Stadtmauer erhalten, die Fachwerkhäuser innerhalb dieser Begrenzung stammen zumeist aus der Zeit nach dem Stadtbrand 1458. Der kleine Ort weist einige Sehenswürdigkeiten auf. Zu nennen ist die **Marienkirche,** die im späten 15. Jahrhundert als Ersatz für einen abgebrannten Vorgängerbau errichtet wurde. Sie besitzt eine schöne Kanzel und ein geschnitztes Chorgestühl, Fresken sowie farbige Chorfenster. Das **Rathaus** neben der Kirche entstand im 15. Jahrhundert in Fachwerkbauweise, ins Auge fallen die Sonnenuhr (1582) und die angekettete Trendelburger Elle, ein altes Handelsmaß. Das **Heimatmuseum** hat seinen Platz in der früheren Wassermühle gefunden. Daneben ist eine **Schleuse** erhalten, die Teil des Landgraf-Carl-Kanals von Bad Karlshafen nach Kassel werden sollte, der aber nie vollendet wurde (→ S. 91).

An der **Brücke** über die Diemel erinnert eine hölzerne Statue der Trendula an die Sage von den drei Schwestern (→ S. 86). Ganz in der Nähe sind auf einer Tafel mit großer Karte **Wandervorschläge** angegeben. Die Wege sind durchweg markiert und narrensicher zu gehen. Von den Hügeln, über die sie führen, lässt sich die wunderbare Lage von Ort und darin aufragender Burg am besten erkennen.

Nasser Wolkenbruch

Zwischen Trendelburg und Friedrichsfeld existiert ein mit knapp 50 Meter Tiefe und rund 470 Meter Umfang ungewöhnlich großer seeartiger Krater. Die

Der Rapunzelturm mit dem Zopf

Wassertiefe schwankt zwischen 10 und 16 Meter. Der Krater entstand nach Meinung der Geologen durch den Einsturz unterirdischer Hohlräume, einer Legende zufolge jedoch durch den Blitztod der Trendula (→ S. 86). Sie soll hier alle sieben Jahre aus der Tiefe des Nassen Wolkenbruchs aufsteigen und darum flehen, von ihrem Fluch erlöst zu werden. Vom Parkplatz an der L 763, ca. 1,5 Kilometer östlich von Trendelburg, läuft man noch circa 200 Meter durch den Wald (ausgeschildert).

Wülmersen

Im kleiner Weiler Wülmersen zwischen Trendelburg und Bad Karlshafen lohnt das **Gut Wülmersen,** von Einheimischen meist Wasserschloss genannt, einen Stopp. Das Schloss mit seinen Neben- und Wirtschaftsgebäuden (14.–18. Jh.) sowie auffallendem sechseckigen Glockenturm war nach jahrzehntelangem Leerstand eine abbruchreife Ruine. 1987 übernahm ein Verein die Anlage mit dem Ziel, einerseits arbeitslosen Jugendlichen eine Qualifizierung zu ermöglichen, andererseits dadurch die Gebäude zu retten oder sogar zu rekonstruieren. Dieses Ziel wurde in einem 20 Jahre währenden Prozess erreicht, das Projekt mehrfach ausgezeichnet. Es gibt hier nach wie vor Lernwerkstätten, daneben aber auch Gruppenhäuser und eine Zeltwiese für auswärtige Gäste – etwa Kanuten oder Radfahrer, die auf oder an der Diemel unterwegs sind –, ein kleines LandMuseum mit Café sowie eine Obstwiese mit Sorten aus aller Welt. Das Café Mehlschwalbe ist nicht täglich geöffnet, aber allein der Blick auf die markanten grauen Fassaden lohnt den kleinen Umweg (Ausschilderung an der B 83 beachten!).

Reinhardswald und Sababurg

Tourist-Information, Marktplatz 1, 34388 Trendelburg, Tel. 05675/74990; nur vormittags. www.trendelburg.de

Hotel Burg Trendelburg, Steinweg 1, 34388 Trendelburg, Tel. 05675/9090; DZ ab 155 Euro. Hotel mit Wellnessangeboten (22 geschmackvolle, individuelle Zimmer und Suiten), Restaurant auch für Nicht-Hotelgäste.
www.burg-hotel-trendelburg.com.

Hotel-Restaurant-Landgasthof Textor, Friedrichsfelder Str. 1, 34388 Trendelburg, Tel. 05675/302; DZ ab 43 Euro p. P. In der Ortsmitte, fußläufig zur Burg. Restaurant mit deftiger Küche. Bikerfreundlich.
www.landgasthaus-textor.de

Heimatmuseum Trendelburg, Zur Alten Mühle 10, 34388 Trendelburg, Tel. 05675/720510; Mai–Okt. Do 14.30–18, Sa, So 14–18 Uhr.

Sababurg, Sababurg 12, 34369 Hofgeismar; Außengelände tagsüber frei zugänglich. Evtl. auch 2022 Märchentheater, Garten- und Pflanzenführungen.
www.grimmheimat.de

Hofgut Stammen, Schloßstr. 29, 34388 Trendelburg/OT Stammen, Tel. 05675/725094. Rustikale Übernachtung, rustikales Lokal. Dazu Landmuseum, Möbel- und Bildhauerwerkstätten, geführte Kanu- und Fahrradtouren. Ca. 3 km südlich von Trendelburg. www.hofgut.de

Wasserschloss Wülmersen, 34388 Trendelburg, Tel. 05675/7210818. Neueröffnung des Museums Mai 2022.
www.wasserschloss-wuelmersen.de

Tierpark Sababurg, Sababurg 1, 34369 Hofgeismar, Tel. 05671/7664990; Jan./Feb. und Nov./Dez. tgl. 10–16 Uhr, März 9–17 Uhr, Okt. 9–18 Uhr, April–Sept. 8–19 Uhr. Erw. 9 Euro, Gruppen- und Familienkarten.
www.tierpark-sababurg.de

▶ Karte S. 66

Vom Hugenottenturm ist der Weserdurchbruch kurz vor Bad Karlshafen gut zu erkennen

Bad Karlshafen und Umgebung

Als barocke Gründung nach Plan lässt sich Bad Karlshafen am ehesten mit der Musterstadt Karlsruhe vergleichen, wenngleich es in seinen Dimensionen von vornherein weitaus bescheidener als die Stadt in Nordbaden angelegt war. Es besitzt eine lange Tradition als Kurort, die bedeutende Rolle als Handelsstadt, die ihm bei der Gründung zugeschrieben wurde, hat es dagegen nie ausfüllen können.
Die erhaltenen barocken Gebäude mitsamt Hugenottenmuseum, die malerische Lage am Ausgang des Weserdurchbruchstals und der Skywalk am anderen Ufer lohnen einen Besuch.

Geschichte

Hessen-Kassel erholte sich wie viele andere Landstriche lange nicht von den Verheerungen des Dreißigjähriges Krieges. Zudem behinderte das Stapelrecht der Mündener den Warenverkehr. Landgraf Carl von Hessen-Kassel plante daher einen Kanal von Kassel über Hofgeismar bis zum heutigen Bad Karlshafen, um nicht-hessisches Territorium zu umgehen. An der Mündung des Kanals in die Weser sollte eine neue Stadt entstehen, in der Glaubensflüchtlinge ihr Können zum Wohle seines Landes einbringen sollten. Die zu gründende Stadt sollte auch ein neues Zentrum der Textilproduktion werden. Und so ließ Carl französische und niederländische Architekten gezielt anheuern und in Frankreich für sein Projekt werben. Dort war die Religionsfreiheit 1685 aufgehoben worden, wodurch eine Auswanderungswelle von Nicht-Katholiken einsetzte. Knapp 4000 Hugenotten kamen 1699 in die Landgrafschaft Hessen-Kassel, viele von ihnen als Pioniere für den Stadtneubau.
An der Mündung der Diemel in die Weser erstreckten sich ausgedehnte Sumpfgebiete, und so musste, bevor überhaupt das erste Fundament gelegt werden konnte, der Morast mit Holz, Steinen und Erde aufgefüllt werden. Die Stadt entstand unterhalb der Sieburg-Ruine am rechten Diemelufer und trug daher bis 1717 auch den Namen Sieburg, erst danach wurde sie nach ihrem Gründer umbenannt. Sie erhielt 1710 die Stadtrechte.
Die überaus mühseligen Arbeiten begannen 1699. Bis 1763 entstanden die wesentlichen öffentlichen Gebäude sowie 63 Reihenhäuser im einheitlichen, schlichten Barockstil. In den Jahren von

Der Hafen mit dem zentralen Rathaus

1763 bis 1800 kamen Ergänzungsbauten hinzu, wurden Baulücken geschlossen. Die Gebäude aus dieser Zeit sind etwas höher und breiter und besitzen reichere Fassadenformen als jene der ersten Phase. Danach passierte kaum noch etwas. Im Jahr 1730 wurde die erste Solequelle entdeckt, aber erst nach dem Siebenjährigen Krieg zur Salzgewinnung genutzt. 1828 eröffnete das erste Badehaus, 1973 das neue Kurzentrum, 2004 die Weser-Therme. Seit 1977 darf sich die Stadt offiziell »Bad Karlshafen« nennen.

Sehenswürdigkeiten

Gerade Linien und rechte Winkel prägen das Straßenraster im historischen Zentrum. Es wird von zwei Blocks gebildet, einer schnurgeraden Hauptstraße als nördlichem Abschluss und kurioserweise einem **Hafenbecken** als Mittelpunkt. Als Verbindung von Weser und Diemel war es als Umschlagplatz für die Handelsstadt geplant, einlaufende Schiffe sollten wie in einer Cour d'Honneur empfangen werden. Allerdings legte hier nie ein Kahn von Süden her an, denn der Kanal wurde zwar angefangen, aber bald wieder aufgegeben: Man hatte herausgefunden, dass das Wasser der Diemel nicht ausreichte. Der Hafen mit Schleuse wurde von 1722 bis 1930 genutzt. Seit 2018 ist er wieder in Betrieb, allerdings ausschließlich für die Sportschifffahrt.

Um das Hafenbecken gruppieren sich einige der bedeutendsten Bauten, in ihrem symmetrischen, schlichten Barock und mit den durchweg weißen Fassaden bilden sie eine harmonische Einheit.

Das **Rathaus** (1715–1718), ursprünglich als Packhof und gräfliche Residenz errichtet, zeigt sich als dreiachsiger Mittelbau mit zwei Außenflügeln. Die Inschrift »CLZH« – Carl, Landgraf zu Hessen – ist nach wie vor lesbar. Der Festsaal im Inneren besitzt qualitätsvolle Stuckaturen, ein Idealmodell der Stadtanlage ist im Erdgeschoss ausgestellt, hinter dem Rathaus befindet sich ein gepflegter Rosengarten.

Das Eckgebäude daneben wurde als erstes Haus fertiggestellt. Heute befindet sich ein Restaurant darin, **Gasthaus Landgraf Carl.** Auf der anderen Ecke der Zeile steht das ehemalige **Zollhaus,** über der Eingangstür hängt das Wappen des Erbauers, Landgraf Carl.

Das **Invalidenhaus** (1704–1718) war einst Altersruhesitz für kriegsversehrte Soldaten der hessischen Armee, ihm war eine Kapelle angeschlossen. Der vierflügelige Bau – ihn nutzt heute die neuapostolische Gemeinde – umschließt einen rechteckigen Innenhof.

Das **Deutsche Hugenotten-Museum** gegenüber ist in einer früheren Zigarrenfabrik untergebracht. Zur Einrichtung gehören auch eine Forschungsstelle und ein Bildarchiv, hier befindet sich zudem der Sitz der Deutschen Hugenotten-Gesellschaft. Das Museum besitzt die in Deutschland umfassendste Sammlung zur Geschichte der Hugenotten in Frankreich. Der zweite ausgestellte Themenbereich heißt »Hugenotten im deutschen Refuge«. Die Glaubensflüchtlinge ließen sich nicht nur in Hessen nieder, sondern

▸ Karte S. 66

beispielsweise auch in Brandenburg-Preußen und Hamburg. Nur wenige Schritte vom Museum entfernt gibt es ein weitere Erinnerung an den Stadtgründer Carl Landgraf zu Hessen-Kassel, nun in Form eines **obeslikähnlichen Denkmals.**

An der **Promenade** lässt es sich entspannt schlendern, einkehren kann man hier auch. Neben der Schleuse mit Pegelhäuschen befindet sich der Schiffsanleger. Nach Osten kommt man zum Kurzentrum und Gradierwerk – 1763 begründet, das aktuelle stammt von 1986 – und etwas weiter zur modernen **Weser-Therme.** Sie stellt heute einen der größten Anziehungspunkte der Stadt dar. Es handelt sich um eine rund 6000 Quadratmeter große Bade- und Saunalandschaft. Es gibt Innen- und Außenbecken mit unterschiedlich hohem Solegehalt, mehrere Saunen sowie diverse Wellness- und Massageangebote. Die Sole kommt hier aus rund 1100 Meter Tiefe, soll bei Rheuma und Ischiasbeschwerden, Asthma und Bronchitis helfen.

Hugenottenturm

Den besten Blick auf Bad Karlshafen und den Weserdurchbruch zwischen Solling und Reinhardswald eröffnet der Hugenottenturm. Von hier lässt sich die Symmetrie der Stadt sehr genau erkennen. Der Turm wurde 1913 erbaut, gestiftet hat ihn der Karlshafener Bürger Johann Josef Davin, Nachfahre hugenottischer Einwanderer. Der Weg dorthin ist nicht weit, aber steinig und uneben.

Hannoversche Klippen/Skywalk

Vor Herstelle (→ S. 105) zwingen die **Hannoverschen Klippen** die Weser zu einem Richtungswechsel nach Westen. Die Schichten dieser bis zu 100 Meter hohen Sandsteinformationen ragen deutlich aus dem Eichen-Buchen-Wald heraus. Die Felsen gehören zu den Flussabschnitten, die von Deck eines Ausflugsschiffes aus am eindrücklichsten zu erleben sind. Im Laubwald finden sich neben viel Totholz Farne, Ginster und andere Sträucher, das besonders warme Mikroklima kommt den zahlreichen Eidechsen entgegen. Seit 1983 sind die Klippen als Naturschutzgebiet ausgewiesen, seit 1971 gehören sie zu Nordrhein-Westfalen. Ihr Name verweist auf die frühere Zugehörigkeit dieses Gebiets zum Königreich Hannover. Gegenüber, auf der anderen Flussseite, liegen die **Hessischen Klippen,** ebenso aus Sandstein, aber weit weniger spektakulär. Es lassen sich sieben Felstürme ausmachen, von denen zwei als Aussichtspunkte zugänglich sind. Der stählerne **Skywalk** ist an den östlichsten Punkt dieser Klippen gebaut, er schwebt über dem Abgrund (keine Eintrittsgebühr). Von hier bietet sich eine spektakuläre Sicht auf die Weser und in drei Bundesländer: Flussabwärts und am gegenüberliegenden Ufer liegt NRW, nach Osten schaut man nach Bad Karlshafen und damit nach Hessen hinein, im Rücken liegt Niedersachsen – der etwa 500 Meter entfernte Parkplatz gehört schon dazu. In der Nähe des Parkplatzes markiert der **Dreiländerstein** den Ort, an dem die drei Länder aufeinandertreffen.

Blick vom Skywalk weseraufwärts

Oberweser

Helmarshausen

Dem ruhigen Helmarshausen, südlich von Bad Karlshafen an der Diemel gelegen, ist nicht mehr anzusehen, welch große Rolle es im Spätmittelalter spielte. Zahlreiche Fachwerkhäuser aus dem 16. bis 18. Jahrhundert sowie die Lage am Flüsschen bilden zusammen ein hübsches Ortsbild; besonders die Häuser an der Steinstraße lohnen einen Blick. Das Kloster aber, Symbol der früheren Bedeutung, ist bis auf wenige Reste verschwunden. Um 970 initiierte Otto III. die Gründung eines Benediktinerklosters, die Weihe der Klosterkirche erfolgte 1011. Die **Abtei** erlangte durch ihre Mal- und Schreibstube, die für weltliche wie geistliche Auftraggeber arbeitete, schnell Berühmtheit. Die Werke des Skriptoriums sowie der Gold- und Silberschmiede finden sich heute in zahlreichen deutschen und europäischen Museen. In der Nähe der Abtei und im Schutz der Burg entwickelte sich ein Dorf.

Im Skriptorium entstand bis 1173 das *Evangeliar Heinrichs des Löwen*, das Experten als ein Hauptwerk der romanischen Buchmalerei des 12. Jahrhunderts ansehen. Die Handschrift hatte sich jahrhundertelang, bis 1945, im Besitz der Welfen befunden; was danach mit ihr

Ein Rest der Krukenburg

▲ Karte S. 66

Im Klosterhof

geschah, ist unbekannt. Man weiß auch nicht, in wessen Auftrag das Londoner Auktionshaus Sotheby's 1983 tätig wurde, als es das Werk zur Versteigerung anbot. Für umgerechnet 35 Millionen Mark kam es in den Besitz der Bundesrepublik Deutschland und wird heute in der Herzog-August-Bibliothek in Wolfenbüttel aufbewahrt. Das Evangeliar gilt damit als teuerste Handschrift der Welt. Helmarshausen erhielt 1254 Markt-, Münz- und Zollrecht. Nachdem im Zuge der Reformation das Kloster aufgehoben worden war, Grundstücke und Gebäude an den hessischen Landgrafen gegangen waren, begann der Zerfall. Der frühere Grundriss der Kirche ist mit Sandsteinplatten markiert, lediglich das sogenannte **Klosterhaus** neben der früheren Klosterkirche und Teile der **Mauern** rings um das Areal sind erhalten. Ein Schwerpunkt der Dauerausstellung im **Museum im Alten Rathaus** heißt »Buchmalerei im Mittelalter«, hier ist ein Faksimile des berühmten Evangeliars ausgestellt.

Die **Krukenburg** oberhalb des Ortes entstand in der ersten Hälfte des 13. Jahrhunderts zum Schutz der Abtei. Sie wurde auf dem beherrschenden Hügel um die bereits bestehende Heilig-Grab-Kirche von 1107 herum gebaut. Nachdem sie aufgegeben worden war, verfiel die ganze Anlage ohne Fremdeinwirkung seit dem 16. Jahrhundert allmählich. Erst in den 1930er begann man mit der Beseitigung der Schuttmassen, seit den 1980er Jahren wurden die Reste gesichert. Die Ruinen wirken sehr pittoresk, vor allem die Relikte der Johanneskapelle. Nur der Bergfried ist restauriert; von ihm bietet sich eine schöne Sicht auf Helmarshausen und das Diemeltal. Einer Legende zufolge geht der Name der Burg auf den Riesen Kruko zurück (→ S. 86).

Das **Café zur Krukenburg,** direkt am Parkplatz vor der Krukenburg, kann als erste Wahl im Ort angesehen werden.

■ Wanderwege in Helmarshausen

Ein ausgeschilderter **Rundgang** führt an allen interessanten Bauwerken und an der Diemel entlang, Infotafeln geben ausführliche Erläuterungen, der Startpunkt befindet sich an der evangelischen Kirche.

Der **Eco-Pfad Archäologie** führt als Rundwanderweg zu mehreren historischen Stätten, Start ist ebenfalls die Ortsmitte. Vom Parkplatz am Kloster über die Krukenburg bis zur Stephanuskirche in Bad Karlshafen führt der rund zwei Kilometer lange **Weg Vom Mittelalter zum Barock,** der auf 18 Infotafeln viel zu 1000 Jahren Kultur- und Glaubensgeschichte der berührten Orte vermittelt.

Oberweser

Bad Karlshafen

Tourist-Information, Weserstr. 19, 34385 Bad Karlshafen, Tel. 05672/9226140. Auch Infos zur Fahrgastschifffahrt (Dreiländereckfahrt).
www.bad-karlshafen-tourismus.de

Bad Karlshafen liegt an der **Bahnstrecke** Paderborn–Göttingen.

Anlegepunkt der Flotte Weser: Kurpromenade. www.flotte-weser.de

Hotel-Restaurant Hessischer Hof, Carlstr. 13–15, Tel. 05672/1059; DZ ab 90 Euro. Im historischen Barockbau, mit gutem Restaurant und Bar. www.hess-hof.de

Hotel Zum Schwan, Conradistr. 3, 34385 Bad Karlshafen, Tel. 05672/1044; DZ ab 90 Euro. Ursprünglich ein Jagdschloss Carls. Von manchen Zimmern Blick auf den Hafen.
www.hotel-zum-schwan-badkarlshafen.de

Haus Weserblick, Unter den Eichen 4, 34385 Bad Karlshafen, Tel. 05672/2890; DZ um 70 Euro. Sehr ruhig, nördlich der Weser, fußläufig zum Skywalk, kein Restaurant. www.haus-weserblick.de

Weser Garten, Weserstr. 35, 34385 Bad Karlshafen, Tel. 05672/922324. Bürgerliche Küche, auch Kaffee und Kuchen, man sitzt wunderbar auf der Terrasse zur Weser. http://weser-garten-bad.9gg.de

Café zur Krukenburg, Am Krukenberg 1, Bad Karlshafen-Helmarshausen, Tel. 05672/755; Sa, So 11–18 Uhr. Kaffee und leckere Kuchen, auch Antiquitätenverkauf. Direkt neben der Burg, wunderbarer Blick ins Diemeltal.
www.cafe-zur-krukenburg.de

Camping Bad Karlshafen, Am rechten Weserufer 2, 34385 Bad Karlshafen, Tel. 05672/710. www.camper-karli-event.de

Deutsches Hugenotten-Museum, Hafenplatz 9a, 34385 Bad Karlshafen, Tel. 05672/1410; Di–So mindestens 11–17, Nov.–Mitte März Mo–Fr 9–12 Uhr.

Museum im Alten Rathaus, Poststr. 40, 34385 Bad Karlshafen-Helmarshausen; April–Okt. Mi 10–12, Sa, So 15–17 Uhr.
www.heimatverein-helmarshausen.de

Weser-Therme, Kurpromenade 1, 34385 Bad Karlshafen, Tel. 05672/92110. Großzügige Sauna- und Wellnesslandschaften.
www.wesertherme.de

Ausflug in den Solling

Der Solling bildet das größte und höchste Gebirge im Weserbergland. Er ist rund 50 Kilometer lang und 30 breit und liegt zwischen Bad Karlshafen und Bodenwerder rechts der Weser. Seine östliche Grenze bildet etwa die Linie Eschershausen-Stadtoldendorf-Dassel-Hardegsen. Der Solling stellt eines der größten zusammenhängenden Waldgebiete Norddeutschlands dar und erhebt sich über einem Buntsandsteinhügel, der zur Weser insbesondere nach Süden dramatisch steil abfällt. Das Gebirge weist ein plateauartiges Relief auf, die höchsten Hügel – bis zu 528 Meter – stechen nur wenig heraus. Neben den verschiedenartigen Wäldern prägen mehrere Moore, kleinere Bäche und Teiche, teils tief eingeschnittene Täler, verbuschte Wiesenlandschaften und auch einige Streuobstwiesen die Hügel – Ursprungs- und Kulturlandschaften auf engem Raum.

Zusammen mit dem nördlich angrenzenden Höhenzug Vogler bildet der Solling den **Naturpark Solling-Vogler.** Die Entwicklung dieser Region steht im Zeichen vielfältiger Schutz- und einiger Renaturierungsmaßnahmen, Tourismus findet nur behutsam statt. Wer hierherkommt, sucht Ruhe und Naturerlebnisse. Die Eigenheiten des Solling lassen sich auch schon bei einem Tagesausflug kennenlernen, die Wege von Bodenfelde, Bad Karlshafen, Lauenförde und Holzminden sind denkbar kurz. Wir beschränken uns hier auf einige wenige Orte, die in besonderer Weise einen Einblick in die Geschichte und die Besonderheiten des Solling erlauben. An den meisten dieser Orte wird man in der Regel wenige oder keine anderen Besucher antreffen – gerade das macht einen Ausflug dorthin so reizvoll. Abschließend sei erwähnt, dass ein Besuch während der »Ochsenwochen« im Herbst besonders lohnt. Dann ist das Fleisch der halbwild lebenden Tiere auf den Speisekarten mancher Gasthöfe zu finden.

■ Neuhaus im Solling

Das auf knapp 400 Meter Höhe gelegene Neuhaus entstand rund um ein von den braunschweigischen Herzögen eingerichtetes Gestüt. Dessen Hauptgebäude wird seit einem Umbau 1791 allgemein »Schloss« genannt. Im Ort leben nur rund 1300 Einwohner. Weil er aber zentral liegt und hier die Verwaltung des Naturparks Solling-Vogler untergebracht ist, wird er mitunter als »Herz des Sollings« bezeichnet.

Besucher des Wildparks werden genau beobachtet

▲ Karte S. 66

Der Hochsollingturm

Im 2013 eröffneten **WildparkHaus** am südlichen Ortsrand informiert eine kostenfreie Dauerausstellung über den Solling und seine Lebensräume allgemein und im Detail über das Hutewald-Projekt (→ S. 100). Gleich daneben befindet sich der Eingang zum etwa 60 Hektar großen **Wildpark.** Zwischen den alten Bäumen leben in großzügigen Freigehegen und einigen kleineren Schaugehegen rund 350 Tiere. Ein gut 2,5 Kilometer langer Rundweg mit Aussichtspunkten führt an 40 teils scheuen und nachtaktiven Tierarten vorbei, die man sonst kaum einmal zu Gesicht bekommt. Unter ihnen finden sich Muffel-, Reh-, Dam- und Rotwild, Otter, Wildkatzen, Großeulen, Wildschweine, Wölfe und Luchse. Daneben gibt es eine Streichelwiese sowie einen Abenteuerspielplatz. Von April bis Oktober finden immer dienstags und sonntags **Flugvorführungen** mit verschiedenen Greifvögeln statt.

■ Aussichtstürme

Von oben ist besonders eindrucksvoll zu erkennen, dass der Solling zu großen Teilen aus ausgedehnten Wäldern besteht. Von den Aussichtstürmen wirken sie schier undurchdringlich und auch ein wenig düster. Der **Aussichtsturm Hochsolling,** ein 33 Meter hoher Holzturm, steht auf dem Moosberg. Man hält auf dem Parkplatz an der L 549 zwischen Silberborn und Neuhaus und hat dann noch etwa zehn Fußminuten vor sich. Ebenso weit schweift der Blick vom **Klimaturm,** der sich mit seinen 40 Metern noch ein Stück weiter über die Baumwipfel erhebt. Ihn erreicht man vom Parkplatz ErlebnisWald Schönhagen an der Straße Schönhagen–Neuhaus. Der Weg führt von dort durch das Expo-Projekt »ErlebnisWald« mit vielen und dabei recht aktuellen Info-Stationen zum Thema Wald, unter anderem werden die Aspekte Waldökologie, Waldschäden, Auswirkungen des Klimawandels, frühere und heutige Waldnutzung behandelt.

■ Hochmoor Mecklenbruch

Nördlich von Silberborn erstreckt sich das gut 60 Hektar große Hochmoor Mecklenbruch, das größte Hochmoor

Unterwegs im Hochmoor

Am stillen Lakenteich

im Solling. Es steht seit 1939 unter Naturschutz. Besucher dürfen das Moor auf einem gekennzeichneten Holzsteg betreten, Führungen können über das WildparkHaus in Neuhaus organisiert werden. Es dominieren die Bewohner, die sich auf nährstoffarme Standorte spezialisiert haben, wie etwa der fleischfressende Sonnentau, Torfmoose und Wollgras. In bemerkenswert großer Anzahl leben hier Libellen und Eidechsen. Bevor der Mensch den Solling zu nutzen begann, gab es hier viele Hochmoore. Sie schrumpften durch Trockenlegung und Torfabbau immer weiter und verschwanden schließlich zu großen Teilen. Seit einigen Jahren werden das Mecklenbruch und andere kleinere Flächen renaturiert, um wieder Lebensraum für die moortypischen und ansonsten seltenen Tier- und Pflanzenarten zu schaffen – ein jahrzehntelanger Prozess.

Vom Wanderparkplatz Mecklenbruch an der Straße Silberborn–Dassel erreicht man in wenigen Fußminuten das Moor.

Haus der Schmetterlinge

Wer sich keine einheimischen, sondern lieber exotische Tierarten anschauen möchte, ist in **Uslar** richtig: Im dortigen Alaris Schmetterlingspark leben etwa 120 Schmetterlingsarten. Sie kommen ausschließlich aus tropischen Gegenden und sind daher besonders farbenfroh; auch die Vegetation in der elf Meter hohen Halle stammt aus den Tropen – ein lichter und heiterer Ort.

Neuer Teich und Lakenteich

Jahrhundertelang war das Holz aus dem Solling vor allem als Baustoff begehrt und wurde über Leine und Weser bis weit nach Norddeutschland geflößt. Um die Stämme abtransportieren zu können, schuf man künstliche Teiche und mit ihnen verbundene Kanäle. Knapp acht Kilometer nördlich von Uslar wurde 1737 der Neue Teich angelegt, 1680 der von dort rund 1,5 Kilometer entfernte Lakenteich. Heute sind die beiden Teiche von hohen, bis unmittelbar an die Ufer reichenden Bäumen gesäumt. Tier- und Pflanzenarten, die Stillgewässer lieben, vor allem Libellen und Amphibien, sind hier heimisch, ebenso wie viele Fledermausarten. In der Nähe des Neuen Teiches wird ein Moor renaturiert, der ausgeschilderte **Rundweg** ist etwa sechs Kilometer lang.

In der **Waldglashütte** am Lakenteich wurden von 1655 bis 1681 vornehmlich grüne Gläser und Fensterglas produziert. In jüngerer Zeit wurde bei Ausgrabungsarbeiten der frühere zentrale Werkplatz mit großem Glasschmelzofen und Nebenöfen wiederentdeckt, untersucht und gesichert. Die frei zugängliche, teilrekonstruierte Anlage vermittelt einen Eindruck von der Größe der vielen Glashütten, die früher im Solling bestanden. Diese beschäftigte bis zu 30 Arbeiter.

Beide Teiche sind von Parkplätzen aus leicht zu Fuß zu erreichen, man achte an der Straße Uslar–Dassel auf die Ausschilderung.

Nienover

Fast unmittelbar an der L 551 liegt das **Schloss Nienover** (Privatbesitz). Der Bau entstand zwischen 1640 und 1653 auf den mittelalterlichen Fundamenten, die zum Teil noch sichtbar sind. Sie gehören zu einer Burg, die aus der ersten Hälfte des 12. Jahrhunderts stammte. Die Herzöge von Braunschweig nutzen sie über Jahrhunderte als Jagdschloss. Die Burg wurde im Dreißigjährigen Krieg zerstört. Um die Burg der Grafen von Dassel und Nienover entstand ab 1190 eine Stadt, die nach mehreren Zerstörungen aber bereits um 1270 wieder aufgegeben wurde. Von ihr ist nichts geblieben. Am

Leider meist verschlossen: das Stadthaus in Nienover

authentischen Ort wurde ein **Stadthaus** aus dem frühen 13. Jahrhundert nachgebaut, das an manchen Tagen im Rahmen von Führungen betreten werden kann.

■ Hutewald

Ein Besuch des Mittelalterhauses Nienover lässt sich wunderbar mit einem Spaziergang durch das etwas südlich und westlich gelegene Reiherbachtal verbinden, an dem sich der Hutewald erstreckt. Mit diesem Begriff sind lichte Eichenwälder mit offenen und halboffenen Flächen gemeint, die durch die gezielte Ansiedlung von Weidetieren geschaffen und erhalten werden: Etwa 30 Heckrinder und genauso viele Exmoorponys sorgen mit ihrem Verbiss dafür, dass sich im Wechselspiel von Licht und Schatten, im Nebeneinander von Wäldern, krautreichen Wiesen, Gebüschen, Magerrasen und Kleingewässern eine bunte Vielfalt an Pflanzen und Tieren entwickelt. Die beiden Rassen wurden bewusst gewählt: Die Heckrinder kommen den Anfang des 17. Jahrhunderts ausgestorbenen Auerochsen noch am nächsten, die Exmoorponys sind Wildpferden ähnlich. Diese robusten Tiere verbringen das ganze Jahr im Freien, Fettschicht und dickes Fell schützen sie. Im Jahr 2000 wurde das Projekt begonnen, heute umfasst der Hutewald rund 180 Hektar.

Ursprünglich war der Solling fast vollständig von Wald bedeckt, zumeist von Eichenwäldern. Mit dem Bevölkerungswachstum und der Zunahme an Nutztieren wurde es üblich, Schweine, Schafe, Rinder zur Mast in die Wälder zu treiben – Weideflächen gab es kaum. Weil die Tiere auch junge Triebe fraßen, bildeten sich an einigen Stellen Lichtungen mit einzelnen Bäumen. Die jahrhundertelange intensive Nutzung – auch Laub und Holz wurde verwertet – erschöpfte die Böden. Daher fand diese Form der Nutzung Ende des 19. Jahrhunderts ein Ende, der Name Hutewald – abgeleitet von »hüten« – aber überdauerte. Heute tragen die Weidetiere dazu bei, dass nicht alle Flächen verdunkeln und für vielerlei Pflanzen- und Tierarten gute Bedingungen entstehen und bewahrt werden. So gibt es hier zahlreiche Libellen- und Schmetterlingsarten, sonst sehr selten gewordene Fledermaus- und auch Käferarten. Die grobborkige Eiche zieht nicht zuletzt Spechte, Moose und Flechten an.

Drei **Rundwege** – 3, 5,5 und 8 Kilometer – mit Infotafeln und Aussichtstürmen führen durch den Hutewald (Ausschilderung ab Parkplatz Nienover). Schon der kürzeste eröffnet schöne Einblicke in diese besondere Landschaftsform und lohnt unbedingt.

■ Winnefeld und Schmeessen

Zwei Wüstungen westlich von Amelith, nur etwa drei Kilometer voneinander entfernt, führen weit ins Mittelalter zurück: Winnefeld liegt nördlich der B 241, Schmeessen südlich davon.

Archäologische Untersuchungen, die Anfang der 2000er Jahre durchgeführt

▸ Karte S. 66

wurden, brachten in **Winnefeld** die Fundamente einer spätromanischen Kirche (vermutlich zwischen 1150 und 1200 errichtet) mit erstaunlichen Ausmaßen zum Vorschein: 30 Meter lang und 10 Meter breit, dazu ein wohl 15 bis 20 Meter hoher Turm. Man geht davon aus, dass sich der Ort Winnefeld zu seiner Blütezeit um etwa 1250 auf einer Länge von etwa 1,5 Kilometern durch das enge obere Reiherbachtal zog. Die Bewohner der rund 50 Hofstellen lebten von Getreideanbau und Viehzucht. Zuvor hatten die Grafen von Dassel hier großflächige Rodungen vornehmen lassen, um Menschen anzusiedeln und ihren Herrschaftsbereich zu sichern. Man fand mehr als 100 Skelette, die Rückschlüsse auf das Leben der Dorfbewohner zuließen, daneben Münzen und Gebrauchsgegenstände. Die einzig erhaltenen Spuren des Dorfes sind die Grundfläche der Kirche und karge Reste ihrer Außenmauern.

Die **Wüstung Schmeessen** war wohl schon ab dem 8. Jahrhundert besiedelt. Funde von Scherben legen die Vermutung nahe, dass sich hier Menschen niederließen, die aus dem Hamburger Raum vor den Überfällen der Wikinger geflüchtet waren – rötliche Keramik dieser Art gab es nur dort. Um 1200 entstand auch hier eine neue Kirche.

Man nimmt an, dass nicht Epidemien oder kriegerische Auseinandersetzungen die Menschen veranlasst haben, um 1450 die Orte aufzugeben. Vielmehr hat ein verheerender Starkregen 1342 eine Spalte in das Tal und einen Teil der Gehöfte mit sich gerissen. Überhaupt verschlechterten sich die Lebensbedingungen in dieser Epoche, Forscher sprechen von einer »kleinen Eiszeit«.

Anfahrt: nach Winnefeld von der B 241 nach Derental abbiegen, dann noch rund 300 Meter. Nach Schmeessen von der B 241 dem Abzweig Richtung »Solling-Forellenhof« folgen, nach etwa 1000 Metern liegt der Ort links im Wald.

Oberweser

Solling

WildparkHaus, Wildpark 1, 37603 Neuhaus, Tel. 05536/9609980; Mai–Okt. tgl. 9–19, Nov.–April 9–17 Uhr. Ausstellung zum Lebensraum Solling und zum Hutewald-Projekt sowie Sitz des Naturparks Solling-Vogler. Mit **Café-Bistro Rotwild** (ganzjährig Di–So 10–18 Uhr).
www.wildparkhaus.de
www.cafe-rotwild.de
Viele Infos zur Region, v. a. zu den Naturschutzprojekten:
www.naturpark-solling-vogler.de

Gasthaus zur Harburg, Mittelstr. 2, 37170 Uslar-Schönhagen, Tel. 05571/92390; DZ 96 Euro inkl. Frühstück, Sonderarrangements für mehrtägige Aufenthalte. Restaurant Mi–Fr 17.30–20.30, Sa, So 12.–13.30 u. 17.30–20.30 Uhr. Rustikale Küche, Biergarten.
www.gasthauszurharburg.de

Landhotel Lönskrug, Lönsstr. 2, 37627 Heinade-Hellental, Tel. 05564/20030; DZ ab 89 Euro. Restaurant Mi–Mo ab 17.30 Uhr, Sa, So ab 12 Uhr. In einem Fachwerkhaus am Rand des Solling. Deftige Küche mit leicht saisonalem Einschlag, Biergarten. Bikerfreundlich, familiär, sehr ruhig gelegen.

Mittelalterhaus Nienover, unterhalb von Schloss Nienover; an wenigen Tagen im Jahr für Besucher geöffnet, Außengelände frei zugänglich.
www.mittelalterhaus-nienover.de

Haus der Schmetterlinge, Zur Schwarzen Erde 7, 37170 Uslar, Tel. 05571/92038; Ende März–Okt. tgl. 10–17 Uhr.
www.schmetterlingspark.org

Lauenförde und Umgebung

Trotz Kirche von 1669 und einigen Fachwerkbauten ist Lauenförde äußerlich uninteressant. Am meisten fallen noch die zahlreichen Plakate ins Auge, die sich gegen das geplante Brennstäbeendlager im nahen Würgassen richten.

Der Ortsname leitet sich von »Vörde« ab, was so viel wie »Furt« bedeutet. Wohl seit dem Mittelalter existierte an der Furt eine Siedlung, aber trotz Bahnanschluss seit 1878 besaß der Ort nie besondere Bedeutung. Heute leben in dem äußersten südwestlichen Zipfel Niedersachsens rund 2300 Menschen, eine 1950 fertiggestellte Brücke verbindet ihn mit dem ostwestfälischen Beverungen (→ S. 103).

Im Kragstuhlmuseum

Tecta Kragstuhlmuseum

Seit Jahrzehnten ist die Firma Tecta in Lauenförde ansässig. Sie produziert Möbel, unter anderem Freischwinger, und sieht sich dabei explizit den Ideen des Bauhauses verpflichtet. Das Kragstuhlmuseum, das die Geschichte des hinterbeinlosen Stuhls erzählt, geht auf die Initiative eines Mitarbeiters dieser Firma zurück und entstand in unmittelbarer Nähe der Tecta-Produktionshallen.

Als Museum, das sich allein diesem Gebrauchsdesign widmet, ist es im deutschsprachigen Raum einzigartig. Man kann auf den rund 500 Stühlen zwar nicht probesitzen, aber ihnen sehr nahe kommen. Sie stehen für die Geschichte der Freischwinger seit Walter Gropius bis heute. Ein besonderer Schwerpunkt liegt auf den Arbeiten des Designers Jean Prouvé, mit Archiv, zahlreichen Skizzen, Designstudien und Konstruktionszeichnungen. Auch das Museum selbst ist ungewöhnlich. Die Ausstellungshallen sind in Stahlfachwerk ausgeführt und besitzen eine allseitige bodentiefe Verglasung, so dass sie mit dem Park eins zu werden scheinen. Die transparent-gläsernen Kuben sind über ein Lorengleis miteinander verbunden und nehmen die Ideen und Formensprache der Bauhausarchitektur auf. Das Werk der britischen Architekten Alison und Peter Smithson gilt als bedeutender Museumsbau der Nachkriegsmoderne.

Villa Löwenherz

Unter Motorradfahrern ist die Villa Löwenherz eine überregional bekannte Institution und seit ihrer Eröffnung 1978 auch ein Aushängeschild des Ortes. Mit der Umwandlung zum Hotel konnte die Fabrikantenvilla von 1905, die zuvor lange leer gestanden hatte, vor dem endgültigen Verfall gerettet werden. Die Pioniere haben sich übrigens mit der Rettung der Tonenburg (→ S. 118) ein weiteres Mal denkmalpflegerisch verdient gemacht.

Die Villa bietet Unterkunft und im großen Garten mit seinen hohen Bäumen lange Bänke, Grillmöglichkeit und viel Platz für die Maschinen. Die Betreiber geben gern Tipps für Ausflüge und haben eine Reihe von erprobten Touren im Angebot (auf Papier und als GPS-Daten).

▲ Karte S. 66

Auch die Lage am Rand des Ortes ist perfekt: Von hier erreicht man auf der kurvigen B 241 schnell den Solling, und die Ausläufer des Teutoburger Waldes auf der anderen Seite sind fast ebenso nah.

Meinbrexen

Mit dem barocken **Freimaurerpark** besitzt Meinbrexen eine kleine Besonderheit. Zwischen 1756 und 1762 ließen ihn die Brüder Johann Friedrich und Adam Christoph von Mansberg gestalten. Sie hatten sich einige Jahre in England aufgehalten und waren dort mit der Freimaurerei in Berührung gekommen. Da sich deren Grundsätze und Zahlensymbolik im Park nicht ohne Weiteres erschließen, müsste man eine Führung mitmachen, um die Besonderheiten zu erkennen. Den Park kann man jedoch leider nicht – mehr – besichtigen. Aktuelle Pläne, ihn wieder öffentlich zugänglich zu machen, liegen nicht vor. Auch das Hofcafé ist seit 2017 geschlossen, den **Hofladen** aber gibt es noch. Das Gut ist nach wie vor im Besitz der Familie von Mansberg und heute ein ganz normaler großer landwirtschaftlicher Betrieb. Der Gutshof liegt in der Rechtskurve mitten im Ort (www.rittergut-meinbrexen.de).

Fachwerk dominiert auch im Zentrum von Beverungen

Schloss Meinbrexen

Beverungen und Umgebung

Früher bestimmte die Lage an Furt und Hafen die Geschicke Beverungens, heute dominiert der Autoverkehr. Das alte Beverungen findet sich im Schatten zweier Bundesstraßen, die sich nahe der Ortsmitte kreuzen. Die Stadt an der Mündung der Bever in die Weser wurde 860 erstmals urkundlich erwähnt und erhielt 1417 Stadtrechte. Sie fungierte lange als Hafen des Fürstbistums Paderborns. Zur Sicherung der Schifffahrt wurde um 1330 eine Wasserburg angelegt, von der Reste erhalten sind. Die Stadt erlitt im Dreißigjährigen Krieg schwere Zerstörungen und musste danach zu großen Teilen wiederaufgebaut werden. Heute leben hier rund 13 000 Menschen.

Sehenswürdigkeiten

Sowohl die evangelische als auch die katholische Kirche zeigen sicher eher schlicht. Sehenswerter sind die **Niederdeutschen Hallenhäuser** im Zentrum. Hier liegen – im Gegensatz zur üblichen Bauweise – die früheren Wohnräume an der Straße, die Stallungen nach hinten. Fast alle Häuser wurden baulich mehr oder weniger stark verändert.

Sehenswerteste Straße ist sicherlich die **Weserstraße.** Das **Rathaus** in ihrer Mitte entstand 1873 durch die Zusammenfügung zweier Fachwerkbauten. Auf der gleichen Straßenseite (Nr. 10) befindet sich das **Cord-Holstein-Haus,** ein reich ornamentiertes zweigeschossiges Fachwerkhaus mit Utlucht, vorkragendem Giebel und Sandsteindach von 1662. Es trägt seinen Namen nach einem früheren Bürgermeister, der es für sich errichten ließ. Das **Christoph-Sieker-Haus** von 1693 (Nr. 6) erinnert mit seinem Namen ebenso an einen früheren Bürgermeister. Hinter der historischen Fassade steht allerdings ein Neubau, auffällig ist die große Toreinfahrt. Am zweieinhalbgeschossigen **Fachwerkhaus** von 1611 am Ende der Straße (Nr. 4) fällt zunächst die übergiebelte Utlucht auf, dann die auch hier große Toreinfahrt. Über den Wohnräumen befindet sich der frühere Speicher. Dieses Gebäude gilt als ältestes erhaltenes Haus der Stadt. Bis 1975 war hier ein Gasthaus beheimatet, heute ist es ein Wohnhaus.

Das einstöckige Backsteingebäude am anderen Ende der Weserstraße (Nr. 24) wurde 1853 als **Fährhaus** errichtet. Zu erkennen ist noch die große hölzerne Seilwinde, die zum Spannen des Fährseils diente. Die Inbetriebnahme der Weserbrücke 1902 machte den Fährbetrieb überflüssig. Noch etwas dichter zum Weserufer steht das frühere **Zollhaus** von 1831/32. Diese Einrichtung war nötig, weil Lauenförde am anderen Weserufer bereits zu Hannover gehörte.

Am Rathaus nimmt die **Burgstraße** ihren Anfang. Auch hier verdienen einige Fachwerkgebäude Beachtung, so der **Stadtkrug,** der seit Mitte des 19. Jahrhunderts in diesem Haus aus dem 18. Jahrhundert beheimatet ist, und das **Haus Schäfers** daneben, ein Ackerbürgerhaus von 1740 mit hohem, spitzem Giebel. Der dreigeschossige Steinbau am Ende der Straße wurde 1892 als Gerichtsgebäude errichtet, bis 1969 war in dem Neorenaissancegebäude das **Amtsgericht** untergebracht. Auf diesem Areal befand sich einst die Burg, die zur Sicherung der Furt gebaut worden war.

Von dieser sind nur Reste vorhanden: das **Rentmeisterhaus** aus Fachwerk links der Brücke und der frühere **Wohnturm** auf der anderen Seite. Die Burg entstand von 1330 bis 1332 zur Sicherung von Furt und Grenze auf Veranlassung des Fürstbischofs von Paderborn und Abts von Corvey. Bis auf die beiden Reste wurden um 1860 alle anderen Teile abgetragen – man hatte schlichtweg keine Verwendung mehr für sie.

Wer nicht am Weserufer stehen, sondern lieber ins Wesertal gucken möchte, hat es von hier nicht weit: Vom Zentrum führt die Straße Am Kapellenberg zu einer Panoramasicht. Man sieht zwar die Weser selbst nicht, aber die baumbestandenen Hügel hinter Lauenförde, das frühere Kernkraftwerk Würgassen und bis nach Herstelle. Die kleine, unscheinbare **Kreuzbergkapelle** wenige Schritte weiter wurde 2009 grundlegend renoviert.

Würgassen

Jahrzehntelang ragte der Kühlwasserturm des Kernkraftwerks Würgassen markant – manche sagen: völlig deplaziert – aus dem Wesertal auf, heute ist nicht mehr viel zu sehen. Die Anlage wurde bereits 1994 stillgelegt und später bis auf nicht abtragbare Reste zurückgebaut. Über ein Zwischenlager für radioaktiven Müll wird seit Jahren heftig gestritten. Die Niedersachsen argwöhnen, den Ort – letzte Ecke von NRW, unmittelbar an der Landesgrenze – habe die Landesregierung in Düsseldorf ganz bewusst gewählt, da der vorherrschende Ostwind die radioaktive Strahlung ins Nachbarland brin-

▲ Karte S. 65

Blick auf Herstelle mit Ortskern, Abtei und Burg

gen würde. Geplant ist eine oberirdische Stahlbetonhalle, in der radioaktive Abfälle gesammelt, sortiert und zwischengelagert werden sollen, bevor sie in den Schacht Konrad bei Salzgitter kommen. Der Ort selbst ist klein und seit 1432 (!) über eine **Personenfähre** mit Herstelle verbunden.

■ Herstelle

Die landschaftsprägende **Burg** über der Weser sieht auf den ersten Blick alt aus, wurde jedoch erst um 1830 errichtet. Allerdings befindet sie sich auf historischem Boden. Bereits im Jahr 797 nutzte Karl der Große diesen Ort während der Sachsenkriege als Winterlager. Er wurde nach dem Namen einer seiner Hauptresidenzen im heutigen Belgien benannt, Heristal. Der **Karlstein** am Steilhang des Burgberges erinnert daran.

Erstmals urkundlich erwähnt wurde eine Burg 1292 als Burg der Bischöfe von Paderborn. Nach wechselvoller Geschichte kam sie 1823 in den Besitz der Familie von Heereman-Zuydtwyck, die in großem Stil renovieren und anbauen ließ. Seitdem ist die äußere Form nahezu unverändert geblieben. Viele Jahrzehnte diente dann die Burg Gelehrten, Dichtern und Künstlern als Zentrum für literarische Zirkel und Zusammenkünfte, so waren unter anderem die Grimm-Brüder und Annette von Droste-Hülshoff hier häufig zu Gast. Diese Ära endete mit dem Verkauf 1927. Nach vielen Nutzungen und langem Leerstand erwarb 2006 die heutige Eigentümerfamilie das Denkmal. Sie hat die Burg Schritt für Schritt saniert und will an die Tradition des einstigen Zentrums für Kunst und Kultur anknüpfen. In direkter Nachbarschaft zur Burg befindet sich die **Benediktinerinnenabtei vom Heiligen Kreuz** mit kleinem Klosterladen und großem Gästehaus.

Eine **Personenfähre** verbindet Herstelle mit Würgassen; von dort wirkt die Burg am eindrucksvollsten.

■ Bauernhofmuseum Herstelle

Auf einer Ausstellungsfläche von 550 Quadratmetern dokumentieren im Bauernhofmuseum Herstelle rund 500 originale Exponate das bäuerliche Leben vergangener Zeiten. Viele Gäste kommen aber nicht wegen der ausgestellten Stücke hierher, sondern wegen des leckeren selbstgebackenen Kuchens, den es im angeschlossenen Bauernhofcafé gibt; es bietet aber auch belegte Brote, Wurst-

Begegnung im Papageienhof

und Käseplatten und ein Frühstücksbüffet. Im Sommer sitzt man wunderbar auf der Terrasse. Es gibt zudem einen Minigolfplatz, einen Kinderspielplatz und ein Bauernlädchen, in dem selbsterzeugte Produkte angeboten werden.

Papageienhof

Seit 2006 wurde ein alter Hof am südöstlichen Rand von Herstelle in Privatinitiative zu einem Gnadenhof für abgegebene und beschlagnahmte Papageien aller Art ausgebaut. Heute leben hier rund 100 Papageienartige friedlich zusammen: Wellen-, Nymphen- und andere Sittiche, Kakadus, Groß-Aras und, selten bei uns, Keas. Sie wurden aus dem Tierheim oder nicht artgerechter Haltung gerettet, vorübergehend in Pflege genommen oder bewusst angekauft. Die Besucher wandern durch einen alten Obstgarten, in den die großzügigen Volieren eingepasst wurden, und erfahren auf den Tafeln viel über das Schicksal der einzelnen Tiere. Es stimmt sogleich heiter, inmitten dieser vielen farbenfrohen, verspielten und neugierigen Tiere umherzuschlendern. Aber der Hof ist nicht nur ein Zoo. Es gibt einen Papageientierarzt mit regelmäßiger Sprechstunde, eine Papageienpension für den Fall, dass man mal ohne Haustier in den Urlaub fahren möchte, eine Papageienresidenz (Kurzzeit oder dauerhaft) und auch eine Papageienschule, in der Tier und Mensch das richtige Miteinander erlernen oder festigen können. Und der Shop schließlich bietet alles für das geliebte Haustier: Futter, Spielzeug und Bastelutensilien sowie Einrichtungsgegenstände zur Verschönerung der heimischen Voliere.

▸ Karte S. 66

Dalhausen

Das Korbmacher-Handwerk geht in Dalhausen bis auf das 12. Jahrhundert zurück und wird nach wie vor betrieben, wenngleich durch die Entwicklungen der Neuzeit (Plastik) in deutlich eingeschränkter Form. Auf rund 380 Quadratmeter Ausstellungsfläche wird im **Korbmacher-Museum** anhand liebevoll zusammengestellter Exponate die vielseitige Produktpalette des Handwerks dokumentiert, von klassischen Einkaufskörben bis zu Möbeln und Kinderwagen. In den zwölf Räumen erfährt man selbstverständlich auch etwas über den

Nah am Wasser gebaut: Blankenau

Weg des Rohstoffs Weide bis zum Endprodukt, über die Arbeitsgeräte und Werkzeuge des Korbflechters.
Die Hänge um Dalhausen dienen teilweise auch heute noch als Ziegenweiden. Zu einem kleinen Volksfest hat sich inzwischen der **Almabtrieb** der Ziegen im September entwickelt, bei dem Kinder die festlich geschmückten Ziegen am Seil ins Dorf hinabführen können.

■ Blankenau

Den schönsten Blick auf den alten Guts- und Burgort Blankenau hat man vom gegenüberliegenden Ufer. Von dort ist gut zu erkennen, dass der Ort etwas erhöht auf einem Hügelrücken liegt, der schroff zur Weser abfällt. Ideeller Mittelpunkt des kleinen Dorfes mit seinen gut 300 Einwohnern ist der alte **Gutshof** aus dem frühen 17. Jahrhundert, neben dem sich noch die Reste einer Burg aus dem Spätmittelalter finden. Die katholische Pfarrkirche **St. Joseph** von 1714 passt sich bescheiden in das Ortsbild ein, das die sorgsam gepflegten Fachwerkhäuser prägen. Sie sind zumeist als sogenannte Vierständerbauten ausgeführt.

■ Wehrden

Mit dem Herrenhaus in Wehrden stoßen wir auf eine schlossähnliche Anlage, die ausnahmsweise nicht der Weserrenaissance zugeordnet werden kann. Das zweigeschossige Gebäude, allgemein als **Schloss** bezeichnet, und die **Dorfkirche** ließ der Paderborner Fürstbischof Werner Freiherr von Wolff-Metternich zu Gracht von 1696 bis 1698 errichten. Zuvor hatte sich an dieser Stelle die Ruine einer Wasserburg befunden. Der Bau wurde mehrmals umgestaltet und erlitt in den langen Jahren, in denen er als Internat und Heim genutzt wurde, erhebliche Schäden. In den vergangenen drei Jahrzehnten wurde aufwendig saniert; heute kann man hier heiraten oder in einer der exklusiven Mietwohnungen leben; Führungen werden nach Absprache angeboten.
Oft zu Besuch auf dem Schloss war die Schriftstellerin Annette von Droste-Hülshoff (1797–1848). Am liebsten hielt sie sich im **Parkturm** auf, der heute nach ihr benannt ist. Überhaupt lohnt der schöne **Schlosspark** mit seinen alten, teils exotischen Bäumen einen Besuch. Er wurde nach langer Vernachlässigung um 2003 als Landschaftspark wiederhergestellt und ist von der Weserseite her zugänglich.
Flussabwärts von Wehrden eröffnet sich der eindrucksvollste Blick auf das weiß strahlende Schloss Fürstenberg (→ S. 112), das über dem Tal zu schweben scheint.

■ Amelunxen

Allen, die noch nicht genug von Schlössern haben, sei ein Abstecher nach Amelunxen empfohlen. Das hiesige **Schloss** ist eigentlich ein Doppelhaus mit zwei Eingängen, das 1554 von zwei Brüdern errichtet und mit einem Wassergraben geschützt wurde. Die beiden Hälften sind spiegelbildlich zueinander angeordnet. Über den beiden Türen sind noch die Wappen der Erbauer zu sehen: rechts das von Ludolf von Amelunxen, links das von Gerd von Amelunxen. Ab 1696 kam der Bau in den Besitz der Familie von Wolff-Metternich aus Paderborn, deren Nachfahren, Verwandte der Wolff-Metternichs in Wehrden, noch heute die Hausherren sind. Mitte des 19. Jahrhunderts wurden die beiden Hälften zu einem Wohnhaus baulich vereinigt. Bei einem etwas genaueren Blick erkennt man die ursprüngliche Konzeption.
Besucher dürfen den Hof (Privatgelände) betreten, wenn sie ihr Auto außerhalb der Mauer parken.

Lauenförde und Beverungen

Tourist-Information, Weserstr. 16, 37688 Beverungen, Tel. 05273/392221. www.beverungen.de

Beverungen-Wehrden und Lauenförde-Beverungen liegen an der **Bahnstrecke** Paderborn-Göttingen.

Fähre Würgassen-Herstelle, Mai-Sept. tgl. 8-18 Uhr. Nur Fußgänger/Radfahrer.
Fähre Wehrden-Fürstenberg, 22. April-3. Okt. tgl. 10-18 Uhr. Nur Fußgänger.
Anlegepunkte der Flotte Weser: Beverungen und Wehrden. www.flotte-weser.de

Villa Löwenherz, Würgasser Str. 5, 37697 Lauenförde, Tel. 05273/7567; Mai-Sept, April und Okt. nur an Wochenenden. EZ, DZ, Mehrbettzimmer und Matratzenlager. In der Region die Bikerinstitution schlechthin. www.villa-loewenherz.de
Hotel Stadt Bremen, Lange Str. 13, 37688 Beverungen; Tel. 05273/9030; DZ um 100 Euro. Zentral, in einem historischen Fachwerkhaus, mit Biergarten, Restaurant und Bierkeller. www.hotel-stadt-bremen.de
Landgasthof Alte Linde, Würrigser Str. 4, 37688 Beverungen/OT Würgassen, Tel. 05273/375140; DZ 80 Euro. Ruhig, Sommerterrasse und WoMo-Stellplätze. www.alte-linde-com
Gasthaus Kirchhoff, Drenker Str. 1, 37688 Beverungen (Amelunxen), Tel. 05275/631; DZ ab 38 Euro p. P. Restaurant leicht saisonal-regional orientiert, Biergarten. Bikerfreundlich. www.gasthaus-kirchhoff.de
Landhotel Weserblick, Kasseler Str. 2, 37688 Beverungen-Blankenau, Tel. 05273/36220; DZ ab 110 Euro. Gepflegt, freundlich, ruhig. Mit Restaurant und Wellnessbereich, Biergarten in der Tat mit schönem Weserblick. Biker- und radlerfreundlich. www.landhotel-weserblick.de
Gasthaus Eulenkrug, Eulenkrug 1, 37691 Derental, Tel. 05273/7100, Di-Sa 11.30-22.30, So 10-22 Uhr. Direkt an Fähre und Weser-Radweg. Rustikale Karte, Eisvariationen und gute Kuchen. Von der Terrasse wunderbarer Blick auf die Weser und das gegenüberliegende Wehrden. Manchmal kommen die freundlich-neugierigen Esel von der Nachbarwiese an den Zaun. www.eulenkrug.de

Camping Axelsee, Axelsee 1, 37688 Würgassen, Tel. 05273/88818. www.axel-see.de
Yachthafen Dreiländereck, Würgasser Str. 100, 37697 Lauenförde, Tel. 0172/8486890. www.yachthafen-dreilaendereck.de

Tecta Kragstuhlmuseum, Sohnreystr. 8, 37697 Lauenförde, Tel. 0151/65477492; März-Dez. Fr 10-12 u. 14-17, Sa 10-14 Uhr, sonst Sa 10-14 Uhr. www.kragstuhlmuseum.de
Korbmacher-Museum Dalhausen, Lange Reihe 23, 37688 Beverungen, Tel. 05645/1823; April-Okt. Di-Fr 14-17, Sa, So 10-12.30 u. 14-17 Uhr, Führungen und Gruppen auch außerhalb der Öffnungszeiten nach Vereinbarung. www.korbmacher-museum.de
Schloss Wehrden, Am Gut 1, 37688 Beverungen, Tel. 05275/8667. www.schloss-wehrden.de
Burg Herstelle, Carolus-Magnus-Str. 10, 37688 Beverungen-Herstelle, Tel. 05273/3677680. www.burg-herstelle.de
Bauernhofmuseum Herstelle, Erlenhof, 37688 Beverungen-Herstelle, Tel. 05273/7461; Mi-Sa 14-18, So 13-18 Uhr. Eintritt für Besucher des Bauernhofcafés kostenlos, Führungen auf Anfrage. www.erlenhof-cafe.de

Papageienhof, Eschenbruch 4, Beverungen-Herstelle, Tel. 05273/224102; Mitte März-Okt. tgl. 10-18 Uhr. www.papageienland.de

▶ Karte S. 66

Motorradtouren ab Beverungen/Lauenförde

Die GPS-Daten zu allen Touren stehen zum Download unter www.trescher-verlag.de/gps-daten bereit.

Märchentour

Start: Beverungen/Lauenförde
Ziel: Beverungen/Lauenförde
Länge/reine Fahrtzeit: ca. 120 km/ca. 2:30 Std. (inkl. Fähre)
Strecke: Beverungen/Lauenförde–Herstelle–Bad Karlshafen–Helmarshausen–Trendelburg–Sababurg–Gieselwerder–Veckerhagen–Hemeln–Oedelsheim–Lippoldsberg–Bodenfelde–Nienover–Lauenförde/Beverungen
Einkehr: z. B. Trendelburg, Hemeln, Lippoldsberg

Die bekannten Figuren aus den Grimmschen Märchen und weitere sagenumwobene Gestalten bevölkern das südliche Weserbergland (→ S. 47). Sie finden sich an reizenden Orten am Fluss, im Wald und natürlich auf Burgen, auch die Strecken zwischen ihnen tragen teils romantische Züge.

Von unserem Startpunkt Beverungen/Lauenförde würde uns der direkte Weg hinter der Weserbrücke in Beverungen über die B 83 führen, Richtung Bad Karlshafen. Viel schöner aber ist die kurvenreiche und leicht bergige Strecke über Jakobsberg, Haarbrück und Langenthal nach Herstelle. Vorsicht: Der Fahrbahnbelag ist nicht in bestem Zustand! Kurz vor Herstelle biegen wir rechts ab und kommen nach Helmershausen mit der **Ruine Krukenburg** (→ S. 94), wo einst Kruko und seine Töchter Brama, Saba und Trendula gewohnt haben sollen.

Von hier fahren wir das ruhige Diemeltal aufwärts und erreichen **Trendelburg** (→ S. 89) mit der gleichnamigen, auf einem Bergsporn hoch aufragenden Burg: frühere Heimat sowohl der Trendula als auch Rapunzels und heute eines guten Hotel-Restaurants. Nur wenige Kilometer weiter – am kürzesten über Friedrichsfeld – liegt die von einem Rosengarten umspielte **Sababurg** (→ S. 85), gerade an Wochenenden ein vielbesuchtes Ausflugsziel. Mit ihr ist das Dornröschen-Märchen verbunden. Über Gottstreu und dann rechts bergab führt unser Weg nach **Gieselwerder** (→ S. 80), wo Schneewittchen gelebt haben soll. Besonders sehenswert im Ort ist das Miniatur-Freilichtmuseum Mühlenplatz gleich am Ortseingang links. Nun folgt der am stärksten befahrene Abschnitt unserer Tour. Immer an der Weser entlang und immer wieder mit schönen Blicken auf den Fluss erreichen wir über Gottstreu schließlich Veckerhagen. Am Fähranleger können wir noch einen Blick auf die hölzerne Brama werfen, bevor uns die **Fähre** auf die andere Seite bringt, nach **Hemeln** (→ S. 75). Gleich neben dem Anlager befindet sich das Gasthaus Zur Fähre mit seinem riesigen Biergarten, die Bikerinstitution schlechthin in der Gegend und von allen nur »Onkel Wilhelm« genannt.

Von dort folgen wir der wenig befahrenen Nebenstrecke nach Norden. Immer am Ufer entlang geht es durch leichte Kurven und nur wenig Steigung und Gefälle via Glashütte und Bursfelde nach **Oedelsheim** (→ S. 79), wo uns in der Ortsmitte ein gestiefelter Kater begegnet. Über Lippoldsberg (hier eine schöne Einkehrmöglichkeit beim Fähranleger) kommen wir nach Bodenfelde. Kurz hinter dem Ort taucht die leicht ansteigende Straße in den dichten Sollingwald ein. Hinter Nienover biegen wir nach links auf die B 241 ein und erreichen nach wenigen Minuten unseren Ausgangspunkt.

Klostertour

Start: Beverungen/Lauenförde
Ziel: Beverungen/Lauenförde
Länge/reine Fahrtzeit: ca. 142 km/ca. 3 Std. (inkl. Fähre)
Strecke: Beverungen/Lauenförde–Corvey–Amelungsborn–Lippoldsberg–Bursfelde–Helmarshausen–Beverungen/Lauenförde

Einkehr: z. B. Corvey, Lippoldsberg, Hemeln
Sicherlich überstrahlt Kloster Corvey wegen seiner historischen Bedeutung, aber auch dank seines architektonischen Wertes die anderen Klosterbauten an der Oberweser. Aber jedes von ihnen lohnt ebenso einen Besuch, nicht zuletzt, weil sie sich äußerlich, in ihrer Geschichte und jetzigen Nutzung und auch in ihrem Charakter so sehr voneinander unterscheiden.

Ab Lauenförde folgen wir der ruhigen Strecke auf der rechten Weserseite. Bis kurz vor Fürstenberg eröffnen sich immer wieder schöne Blicke auf den Fluss, danach wird es etwas hügeliger. Wir überqueren in Höxter die Weser und folgen der Ausschilderung bis zum wenige Kilometer entfernten **Kloster Corvey** (→ S. 119). Zu Recht steht es auf der Welterbeliste der UNESCO, ein Besuch von Westwerk, Kirche und Kloster beeindruckt ungemein, man kann es auch bei einer Besichtigung der Kirche belassen - und die Erlebnisse im schönen Biergarten sacken lassen.

Unsere Route quert bei Lüchtringen die Weser und führt über Holzminden und Negenborn leicht berauf zum **Kloster Amelungsborn** (→ S. 135). Eine Mauer scheint es etwas vor der weltlichen Sphäre zu schützen, dahinter ist nicht zuletzt der Kräutergarten einen Blick wert.

Wir fahren nun durch Stadtoldendorf, dahinter liegt eine wunderbare Strecke. Sie führt über eine leicht ansteigende, dabei recht kurvige, aber leicht zu befahrende Straße via Dassel und dann durch Wald und über weitere Kurven nach Uslar. Von dort geht es nach Wiensen und dann im lieblichen Tal der Schwülme, abermals mit leichten Kurven, hinab nach **Lippoldsberg** (→ S.81). Das hiesige Kloster zeigt sich als reizende Anlage um einen Innenhof, ihre Kirche gilt als architektonische Kostbarkeit. Von der Terrasse des Restaurants ganz in der Nähe des Fähranlegers hat man einen schönen Blick auf die Weser. Wer hier genug Klöster gesehen hat, nimmt diese **Fähre** und findet über Bad Karlshafen problemlos nach Hause.

Wer noch nicht genug hat vom Schauen oder vom Fahren oder von beidem, folgt ab Lippoldsberg der Landesstraße Richtung Hann. Münden und gelangt bald nach **Bursfelde** (→ S. 77). Die Klosteranlage liegt herrlich am Weserufer und vor bewaldeten Hügeln, im Innern sind einige interessante Wandmalereien erhalten. Unser Weg führt auf der Landesstraße noch einige Kilometer weiter, bis nach Hemeln, zu **Fähre** und Gasthaus mit großem Biergarten, das als Bikertreff weithin bekannt ist. Auf der anderen Seite, in Veckerhagen, beginnt der vielleicht schönste Abschnitt der Tour. Er führt durch den dichten Reinhardswald, über eine kurvige und dabei zunächst deutlich ansteigende Straße via Sababurg und Gottsbüren, dann über die kaum befahrene K 75 nach **Helmarshausen** (→ S. 94). Von dem einst so bedeutenden Kloster sind nur wenige kleinere Teile erhalten, die Dauerausstellung im Rathaus verrät mehr.

Über Herstelle und Würgassen sind es von hier nur noch wenige Kilometer bis zum Ausgangspunkt.

Kurventour

Start: Lauenförde/Beverungen
Ziel: Lauenförde/Beverungen
Länge/reine Fahrtzeit: ca. 215 km/ 4:10 Std. (inkl. Fähren)
Strecke: Lauenförde/Beverungen-Köterberg-Ottenstein-Polle-Rühle-Golmbach-Dransfeld-Hemeln-Veckerhagen-Haarbrück- Lauenförde/Beverungen
Einkehr: z. B. Köterberg, Golmbach, Hemeln, Trendelburg

Im Unterschied zu allen anderen in diesem Reiseführer vorgestellten Touren geht es bei dieser »Kurventour« in erster Linie um den Fahrspaß. Legt man sie jedoch als Tagestour an, so bleibt neben den üblichen Pausen genug Zeit für Besichtigungen. Zwar verläuft auch diese Tour weitgehend über wenig befahrene Nebenstrecken, aber gerade im Solling sollte man an Wochenenden mit langsam fahrenden Ausflüglern rechnen, die gern auch mal unvermittelt abbiegen.

Von Beverungen geht es auf der K 48 durch Drenke und wenige Kilometer weiter nach rechts, über Bruchhausen nach Ottbergen. Die kurvenreiche Straße von Ottbergen hoch nach Bosseborn wurde früher oft als Rennstrecke genutzt, sicherlich nicht zufällig. Kurvenreich geht es über Ovenhausen, Bremerberg, Hohehaus, Löwendorf und Niese bis zum **Köterberg** (→ S. 139), unserem ersten Etappenziel. Phänomenale Aussicht und Restaurant bieten sich für eine Pause an. Um die besten Kurven und Kehren von der Ottensteiner Hochfläche zu erwischen, fahren wir nun über Falkenhagen und Vahlbruch nach Ottenstein und von dort die 13 Serpentinen abwärts nach Brevörde. Obacht: Hier sind oft Rennradgruppen unterwegs. Nun geht es noch einige Kilometer entlang der Weser bis nach **Polle** (→ S. 137), wo wir mit der **Fähre** übersetzen. Auf der anderen Seite erreichen wir über Reileifzen und Dölme das Dorf **Rühle** (→ S. 141). Hier biegt die Straße in die Rühler Schweiz rechts ab. Sie vollzieht auf den folgenden Kilometern enge und lange Kehren und weist Steigungen von bis zu 15 Prozent auf, Obstbäume säumen sie. In Golmbach sind wir auf der Hochebene angekommen. Nun geht es weniger kurvig über Negenborn, Stadtoldendorf und Dassel in den Sollingwald hinein, nach **Uslar** hinauf – recht gleichmäßige, einfach zu fahrende 35 Kilometer. Von hier verläuft unsere Route erst in weiten, dann in etwas engeren Kurven bis nach Dransfeld herab. Wir biegen rechts ab und nach einem kurzen Stück wieder nach rechts, in die L 560. Es geht durch Varlosen und Ellershausen, dahinter windet sich die Straße teils in schlecht einsehbaren Spitzkehren bis nach **Hemeln** (→ S. 75) herab. In Hemeln bietet sich das Gasthaus Zur Fähre für eine Pause an. Mit der **Fähre** gelangen wir nach Veckerhagen und von dort aufwärts Richtung Sababurg, in den Reinhardswald hinein. Dieser Teil der Strecke ist relativ geradlinig. Wir passieren Burg, Tierpark und Urwald und biegen danach rechts in die K 58 ab und an ihrem Ende nach links Richtung **Trendelburg** (→ S. 89). Dort folgen wir zunächst der B 83, verlassen sie aber in Deisel wieder und fahren über Langenthal nach Jakobsberg. Die von hier nach links, nach Dalhausen, steil abfallenden Kurven stellen den würdigen Abschluss unserer Tour dar. Von Dalhausen haben wir nur noch wenige Kilometer zu unserem Ausgangspunkt vor uns.

Weithin bekannt: die Villa Löwenherz

Fürstenberg

Seit rund 270 Jahren denkt man beim Namen Fürstenberg fast automatisch an das »weiße Gold der Weser«. Und ein passenderer Ort für eine **Porzellanmanufaktur** als das vormalige Jagdschloss lässt sich kaum vorstellen. Die Weser vollzieht hier eine scharfe Linkskurve, dahinter ragen rechts grüne Berge steil auf, darüber, am Scheitelpunkt der Kurve, thront das schneeweiße Schloss wie eine Fata Morgana. Wieder einmal ist der Blick vom Weser-Radweg - hier am linken Ufer - am eindrücklichsten.

Die Welfenherzöge errichteten sich um 1350 eine Burg, die etwa 200 Jahre später, bei einer Auseinandersetzung mit den Hessen, zerstört wurde. Ende des 16. Jahrhunderts ließ der Braunschweiger Herzog Heinrich Julius dann hier ein Jagdschloss bauen. Herzog Karl I. - nach anderen Angaben: Carl - von Braunschweig-Wolfenbüttel (1713-1780) gab den Auftrag, im Jagdschloss Fürstenberg eine Porzellanmanufaktur einzurichten. Der Herzog wollte den teuren Import von Porzellan beenden und gleichzeitig die heimische Wirtschaft fördern. 1747 durch den Hofjägermeister Johann Georg von Langen (1699-1776) gegründet, gehört die Manufaktur zu den ältesten in Europa. Nach einigen Versuchen und Fehlschlägen begann ab 1753 die erfolgreiche Produktion. Im gleichen Jahr verfügte der Herzog, die Porzellanstücke mit einem blauen »F« zu versehen - bis heute das Markenzeichen der Manufaktur. Mit ihr erlebte auch der angrenzende Ort seinen Aufschwung.

Die Wahl war wegen des Holzreichtums der umliegenden Wälder auf Fürstenberg gefallen und weil sich die Weser als Transportweg für die kostbaren Produkte anbot. Möglicherweise glaubte Karl auch, in dieser Abgeschiedenheit seine »Alchemisten« besser unter Kontrolle halten zu können und vor Spionage sicher zu sein.

Seit 1972 wird nicht mehr im Schloss, sondern in der Nähe produziert; das Schloss wurde zum **Museum.** In dessen umfangreicher Ausstellung wird eine große Sammlung unterschiedlichster Stücke aus allen Epochen präsentiert, vom einfachen Gebrauchsgeschirr bis zu höchst filigranen Figuren und anderen Einrichtungsgegenständen. Dabei wird auch die Entwicklung der Manufaktur von 1747 bis heute aufgezeigt. Zwischen den Exponaten geben Multimediastationen In-

Noblesse ganz in Weiß: Schloss Fürstenberg

▲ Karte S. 66

Historische Kaffeekannen in im Museum der Fürstenberger Porzellanmanufaktur

formationen, vieles ist zum Anfassen. Indirekt ist eine Betrachtung der vielen Ausstellungsstücke auch eine Zeitreise durch die Bürger- und Adelswelten vergangener Jahrhunderte. In der Gegenüberstellung beispielsweise von Kaffeekannen aus vielen Jahrzehnten zeigen sich die Veränderungen des Massengeschmacks. Es gibt eine Schauwerkstatt, in der erfahrene Porzelliner demonstrieren, wie eine Figur gegossen oder ein Teller gedreht wird und welche Phasen der Bemalung dann anstehen. Man kann den Herstellungsprozess vom Rohmaterial bis zum fertigen Porzellan Schritt für Schritt nachvollziehen und sich in der Besucherwerkstatt mit Pinsel und Farbe selbst ausprobieren. Täglich finden mehrere Führungen statt, am Sonntag sogar kostenlos, in Abständen auch Workshops. Weit reicht der Blick von der **Terrasse** auf das 90 Meter weiter unten liegende Wesertal, im Schlosshof sind **Infotafeln** zur Schlossgeschichte aufgestellt.

Boffzen

Viele Jahre informierte das **Glasmuseum** in Boffzen über die Geschichte der Glasherstellung in den letzten 150 Jahren und die veränderten Produktionsverfahren in dieser Zeit, aber auch über die Lebensbedingungen der in einer Glashütte Beschäftigten. Es war in einer früheren Fabrikantenvilla (um 1900) untergebracht, ist seit Längerem geschlossen, eine Wiedereröffnung ungewiss (Aktuelles unter www.boffzen.de).

Die Glasherstellung nahm in Boffzen um 1540 ihren Anfang und besteht bis heute. Noelle + von Campe Glashütte beliefert vor allem die Lebensmittelindustrie mit Glasverpackungen und ist mit 500 Angestellten einer der größten Arbeitgeber der Region.

Gudrun und Werner Baensch gründeten 1996 die **Ölmühle,** die seit 2018 am größeren, erweiterten Standort Speiseöle, Wohlfühlöle, Kosmetikprodukte und Brotaufstriche produziert. Insgesamt bietet das Familienunternehmen rund 100 Produkte an – und alle bio.

Fürstenberg, Boffzen

Anlegepunkt der Flotte Weser: Fürstenberg. www.flotte-weser.de

Porzellanmanufaktur Fürstenberg, Meinbrexener Str. 2, 37699 Fürstenberg, Tel. 05271/96677810; Museum Di–So 10–17, Jan. nur Sa, So 10–17 Uhr, Werksverkauf Di–So 10–18 Uhr. www.fuerstenberg-schloss.com

Gaststätte zum Weserkrug, Bachstr. 6, 37691 Boffzen, Tel. 05271/4049210 und 0176/62202809; Mi–So 12–22 Uhr. Seit April 2022 an diesem Ort, vormals Weserterrassen in Fürstenberg. Freundliche Gastgeber, gute Balkanküche, im Sommer ist wegen des guten Zuspruchs eine Reservierung angeraten.

Ölmühle Solling, Höxtersche Str. 3, 37691 Boffzen, Tel. 05271/966660; Laden Mo–Fr 9–17, Sa 10–13 Uhr. Verkostungen und Führungen auf Anfrage. www.oelmuehle-solling.de

Gasthaus Eulenkrug: → S. 108

Höxter

Die kleine Kreisstadt Höxter (knapp 30 000 Einwohner) punktet mit reizvoller Lage an Wesertal und Weserschleife und den östlichen Ausläufern des hügeligen Naturparks Teutoburger Wald/Eggegebirge. Auf der anderen Seite erhebt sich der Solling. Die östlichste Stadt Nordrhein-Westfalens verdankt ihre Entstehung der Lage an einer Furt und damals wichtigen Handelswegen, heute kreuzen sich hier mehrere Fernradwege. Obwohl es in der Nachkriegszeit einige Verluste gab, beeindruckt das Zentrum durch die große Anzahl an Fachwerkbauten. Etwa 60 von ihnen, unter anderem das Alte Rathaus, entstanden während der Blütezeit der Stadt zwischen Reformation und Dreißigjährigem Krieg. In auffälliger Dichte finden sich darunter frühere Adelshöfe.

Höxter liegt bei Touristen traditionell im Schatten des übermächtigen, nur zwei Kilometer entfernten Klosters Corvey (→ S. 119). Man täte der Stadt jedoch unrecht, sie links liegen zu lassen.

Das Alte Rathaus

▲ Karte S. 115

Geschichte

Der Ort, der 822 als »Huxori« erstmals urkundlich erwähnt wurde, lag an der Kreuzung zweier Handelswege, was seine Entwicklung entscheidend förderte. Das Wesertal verengt sich hier, und so lag der Bau einer Brücke nahe. Das geschah 1115 und brachte der Stadt Wohlstand. Jahrhundertelang konkurrierte Höxter mit Corvey, entschied dieses Messen aber letztlich für sich (→ S. 119). Der Ackerbürgerort erhielt 1150 das Recht, eine Umfassungsmauer zu bauen, und 1250 das Stadtrecht. 1295 wurde es Mitglied der Hanse, danach passierte nicht mehr viel. Höxter blieb ein nur regional bedeutsamer Marktort, gleichwohl wird die Zeit bis zum Dreißigjährigen Krieg als die glücklichste Phase der Stadtgeschichte angesehen. Von dem Wohlstand wenigstens einiger Bewohner zeugen vor allem die im 16. Jahrhundert entstandenen Bauten im Stil der Weserrenaissance, die zum Teil erhalten sind. Der schwärzeste Tag in der Geschichte Höxters ist der 20. April 1634, der bis heute als »Blutbad von Höxter« bezeichnet wird. Nach längerer Belagerung eroberten Truppen der Katholischen Liga die Stadt und zogen – offenbar aus Rache, weil sich die Bürger wenige Jahre zuvor dem protestantischen Glauben angeschlossen und die katholischen Geistlichen vertrieben hatten – mordend und plündernd durch die Straßen. Nur wenigen gelang die Flucht, insgesamt fielen dem Blutbad nach Schätzungen zwischen 1100 und 1500 Menschen zum Opfer. Von diesem Schicksalsschlag erholt sich die Stadt nie wieder richtig, die Zerstörung der Brücke 1673 trug ebenfalls zum Niedergang bei. Zwar konnte 1833 eine neue Brücke fertiggestellt werden, aber zu dieser Zeit waren andere Städte als Verkehrsknotenpunkte längst wichtiger, der Handel hatte sich andere Wege gesucht.

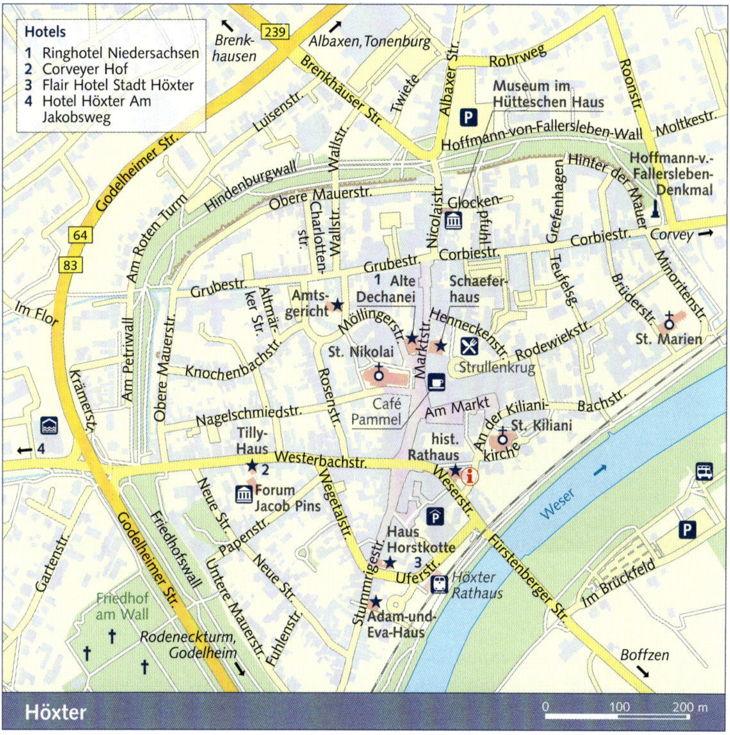

Seit einer Kreisreform 1970 und der damit verbundenen Eingemeindung einiger Dörfer ist Höxter Verwaltungssitz des gleichnamigen Landkreises. Von der Landesgartenschau 2023 sollen insbesondere die Grünanlagen entlang der früheren Stadtmauer dauerhaft profitieren.

Sehenswürdigkeiten

Höxters historisches Zentrum schmiegt sich halbkreisförmig an die Weser und wird durch einen Grüngürtel begrenzt, der in etwa den früheren Verlauf der Stadtmauer nachzeichnet. Entlang der Unteren und Oberen Mauerstraße stehen noch Reste dieser **Mauer.** Als Ausgangspunkt für einen Bummel durch die Altstadt bietet sich das Alte Rathaus mit der Tourist-Information an.

Das **Alte Rathaus** besitzt ein steinernes Sockelgeschoss aus der Zeit um 1250, alles darüber stammt weitgehend aus den Jahren zwischen 1608 und 1618, der Treppenturm an der Traufseite von 1783/84. Das Rathaus wurde als Versammlungs- und Gerichtsort erbaut und gilt nicht zuletzt dank seiner geschnitzten Fachwerkelemente als eines der schönsten Häuser in der Stadt. Das **Glockenspiel** im Turm erklingt täglich (8.55, 11.55, 14.55, 17.55 und 20.55 Uhr). Das ehemalige **Küsterhaus** hinter dem Rathaus sieht alt aus, ist aber neu: Es entstand als originalgetreue Kopie eines Hauses von 1565, das in der Nachkriegszeit abgebrochen worden war. Das Nebengebäude weist die für die Weserrenaissance so typische Utlucht auf.

St. Kiliani beeindruckt mit einem mächtigen Westwerk

Die markanten dunkelgrauen Doppeltürme der Kirche **St. Kiliani,** 45 und 48 Meter hoch, sind das Wahrzeichen der Stadt. Dieses Westwerk wird allgemein als Vorbild für jenes in Corvey (→ S. 119) angesehen. Der älteste Sakralbau der Stadt entstand seit dem späten 11. Jahrhundert in mehreren Etappen als zweischiffige Hallenkirche. Sie wurde einige Male erweitert und umgebaut, die jüngste Sanierung konnte 2008 abgeschlossen werden. Vermutlich hatte an dieser Stelle ein Vorgängerbau aus dem späten 8. Jahrhundert existiert. Elemente aus der romanischen wie aus der gotischen Bauphase sind erhalten, viele Details lohnen einen genauen Blick – Interessierten sei eine Führung angeraten. Die mittelalterliche Ausstattung der Kirche ging in der Reformationszeit weitgehend verloren. Als besonders kostbar gelten die Kanzel aus der Renaissancezeit, der Hochaltar aus der Zeit um 1520, der der Schule des berühmten Tilman Riemenschneider zugeschrieben wird, und die Barockorgel von 1710. Sie erklingt samstags bei der »Musik zur Marktzeit« und mittwochs beim »Offenen Singen zur Marktzeit«.

Weitaus weniger beeindruckend zeigt sich die frühgotische **Marienkirche** an der Brüderstraße. Sie entstand um 1300, der Vorgängerbau war ein Raub der Flammen geworden.

Den **Markt** in seinem grobschlächtigen Dekor muss man wohl als Bausünde ansehen: ein typisches Produkt des unreflektierten Konsumgedankens, der in so vielen westdeutschen Städten wenig rücksichtsvoll mit historischer Bausubstanz und tradierten Stadtstrukturen umgegangen ist. Wohltuend vom Sicht- und Waschbeton hebt sich **St. Nikolai** ab, 1766 im Stil des Spätbarock errichtet und Ende des 19. Jahrhunderts neoromanisch erweitert. Vor allem der Hauptaltar von 1782 ist sehr sehenswert.

Die **Alte Dechanei** stellt ein besonders gutes Beispiel für die früheren Adelshöfe in der Stadt dar. Das Haus mit seinen zwei Giebeln, sechs Erkern und sechzig Palmetten wurde im 14. Jahrhundert erbaut, Christoph von Amelunxen ließ es von 1564 bis 1571 zu einem Adelshof im Stil der Weserrenaissance umbauen. Es trägt seinen Namen nach der zeitweiligen Funktion als Sitz des katholischen Dechanten.

Das **Schaeferhaus** entstand 1561 für die gleichnamige Familie. Das steinerne Untergeschoss wurde von einem Vorgängerbau übernommen, das Stockwerk darüber und die vorkragenden Dachgeschosse mit ihren reichen Ornamentschnitzereien machen das Gebäude zu einem der schönsten Renaissancehäuser in Höxter. Auch das **Hüttesche Haus** (um 1565) besitzt kunstvolle Schnitzereien. Hier lädt ein privates Museum, die Sammlung

▶ Karte S. 115

Wodarz, zu einer Zeitreise in die vergangenen Jahrzehnte ein. Aus der Selbstdarstellung: »Mit wechselnden Themen wie Mode, Party, Weihnachten findet der Besucher viele Erinnerungsstücke an früher [...] Mode, Hausrat, Geschirr, technische Errungenschaften, Möbel, Spielzeug und Dokumente, die den jeweiligen Zeitgeist bestimmten oder dokumentieren, bilden den Kern des Interesses.«

Das **Amtsgericht** erhielt sein heutiges Aussehen, als sich die Familie von Uffeln um 1600 ein bestehendes Gebäude im Stil der Weserrenaissance umgestalten ließ. Treppenturm und Utluchten unterstreichen die repräsentative Funktion des Adelshofes. Seit 1827 wird es als Gerichtsgebäude genutzt.

Auch das **Tilly-Haus,** ein Fachwerkhaus von 1582, entstand als Adelshof. In ihm soll der Feldherr von Tilly während des Dreißigjährigen Krieges eine Zeitlang Quartier bezogen haben. Die Westerbachstraße weist ohnehin den größten Bestand an reich verzierten Fachwerkhäusern auf, lange kann man den Blick über die vielen kleinen Details, die Fächerrosetten oder Haussprüche schweifen lassen.

Eine berührende Geschichte ist mit dem **Forum Jacob Pins** verbunden. Jacob Pins (1917–2005) wurde als Otto Pins in Höxter geboren. Er floh 1933 vor den Nazis nach Palästina – rechtzeitig, seine Familie wurde von den Nazis ermordet. Pins erlangte noch zu Lebzeiten große Anerkennung als Maler, der weltweit auf Ausstellungen vertreten war. Obwohl ihm die Nazis seine Eltern und seine erste Heimat genommen hatten, kam er seit den 1960er Jahren regelmäßig nach Höxter zurück und stiftete der Stadt 2002 als großzügige Geste der Versöhnung seinen umfangreichen Nachlass: Holzschnitte, Gemälde, Aquarelle, Zeichnungen, Skizzen, Dokumente.

Adam und Evan am gleichnamigen Haus

Ein Teil davon wird in wechselnden Ausstellungen im Forum ausgestellt, wo auch die Jacob Pins Gesellschaft ihren Sitz hat. Die Stadt Höxter ernannte Jacob Pins 2003 zu ihrem Ehrenbürger. Sie ließ den früheren Adelshof Heisterman von Ziehlberge – drei Fachwerkhäuser aus dem 16. Jahrhundert mit einigen noch älteren Teilen – zum heutigen Forum umbauen, wobei auch Wohnungen entstanden. Auch dieses Ensemble ist ein typisches Beispiel für einen Adelshof der Weserrenaissance.

Nur wenige Schritte weiter ist die Stummrigstraße erreicht. Das **Haus Horstkotte** zeigt sich als ungewöhnlich reich bebildertes Bürgerhaus von 1564 im Stil der Frührenaissance, besonders fallen die Blumenornamente mit Drachendarstellungen auf. Das **Adam-und-Eva-Haus,** ein beliebtes Fotomotiv, ließ sich der Getreidehändler Moiner 1571 errichten. Am rechten Eckständer sind die beiden bekannten Personen des Sündenfalls abgebildet, an der Frontseite die christliche Heilslehre von der Erbsünde bis zur Erlösung.

Von hier ist es nicht mehr weit zum Ausgangspunkt des Rundgangs oder zum Markt mit seinen Cafés.

Rodeneckturm

Auf dem Ziegenberg, aber zwischen den hoch aufragenden Bäumen nur schwer auszumachen, steht seit 1883 der Rodeneckturm. Von ihm eröffnet sich ein besonders schöner Blick auf Höxter und die Weserschleife. Er trägt seinen Namen nach dem früheren Stadtförster Rode. Der machte sich um die Aufforstung des Ziegenbergs verdient, dessen Wälder durch die frühere Nutzung als Ziegenweide sehr gelitten hatten.

Vom Stadtzentrum fährt man die B 64 ein Stück nach Süden, bis zum Waldparkplatz in der Nähe der ehemaligen Jugendherberge. Von hier ist der Weg ausgeschildert (X 16), es gibt nur wenige und kurze Steigungen. Der Turm ist täglich kostenfrei geöffnet, die Mitnahme eines Fernglases lohnt sich.

Godelheim

Südlich von Höxter entstand an den Baggerseen, die ein Kieswerk geschaffen hat, die **Freizeitanlage Höxter-Godelheim**. Sie ist bei Wassersportlern, aber auch Campern und Wohnmobilisten außerordentlich beliebt. Es gibt weiße Strände an den teils flachen Uferbereichen, Beachvolleyball-, Boule- und Kinderspielplätze und eine Inlinerbahn. Am größten der Seen, dem Godelheimer See, befinden sich ein Wohnmobilstellplatz und die Strandbar Strandgut mit tollem Blick auf den See (www.strandgut-hoexter.de).

Für die Freizeitanlage wird kein Eintritt erhoben, es sind jedoch Parkgebühren in Abhängigkeit von der Parkdauer zu entrichten.

▸ Karte S. 66

Albaxen

Schmuckstück im nordöstlichen Stadtteil Albaxen ist zweifellos die **Tonenburg.** Sie avancierte in den letzten 20 Jahren zu einem überregional bekannten Bikertreff, ein Besuch der nach wie vor wehrhaft wirkenden Anlage ist aber für alle Burgenfreunde ein Erlebnis.

Die Tonenburg entstand ab 1315 im Auftrag der Abtei Corvey (→ S. 119), wohl um diese gegen die Eversteiner in Polle (→ S. 137) und die Braunschweiger abzusichern. Sie war als Fluchtburg für die Äbte, aber auch die normale Bevölkerung konzipiert. Die Anlage gelangte Mitte des 19. Jahrhunderts zusammen mit Stift Corvey in den Besitz der Herzöge von Ratibor und Fürsten zu Corvey. Herzog Viktor aus dieser Familie verkaufte die Burg 1995 an das Ehepaar Paula und Nobert Pirone, die bereits ab 1978 die Villa Löwenherz (→ S. 102) in Lauenförde zu einem Bikertreff mit Hotel und Restaurant umgebaut hatten. Sie übergaben die Villa Löwenherz an ihre Kinder und setzten in Albaxen ein ganz ähnliches Konzept wie in Lauenförde um: Die Tonenburg eröffnete 1998 als Motorradtreff. So gelang es, das Ensemble zu erhalten und dauerhaft wirtschaftlich zu betreiben. 2013 übernahmen Gesine Kramer und Pete Mackenroth aus Hamburg die Geschäfte von den Pirones. Die erweiterten das Angebot um Motorradsicherheitstrainings, spezielle Kurventrainings und regelmäßige Konzerte.

Die Höhenburg, direkt über der Weser und in Sichtweite zur Abtei Corvey gelegen, ist in wesentlichen Teilen erhalten. Das ehemalige Wohnhaus (1675), die frühere Brennerei, eine Scheune und weitere Wirtschaftsgebäude gruppieren sich locker um einen Hof, vom Turm schweift der Blick weit über die Weser bis nach Fürstenberg, Holzminden und Corvey und zum Solling. Ein kleines **Mu-**

Das einstige Zisterzieneserkloster Brenkhausen ist heute koptisch-orthodox

seum zur Geschichte der Tonenburg ist in einem der Kellergewölbe eingerichtet. 14 Doppel- und 18 Mehrbettzimmer sowie ein Bettenlager und Zeltmöglichkeiten stehen Gästen zur Verfügung. In der alten Brennerei ist ein **Restaurant** mit Terrassenbetrieb eingerichtet, der ehemalige Pferdestall wurde zum Festsaal umgestaltet. Natürlich dürfen auch Nicht-Motorradfahrer hier einkehren und übernachten.

■ Brenkhausen

Ungewöhnlich ist die Nutzung des früheren, 1245 gegründeten Zisterzienserinnenklosters im Dorf Brenkhausen, vier Kilometer nordwestlich von Höxter: Es ist seit wenigen Jahren Bischofssitz der koptischen Kirche und **Koptisch-Orthodoxes Kloster der Hl. Jungfrau Maria und des Hl. Mauritius.** Die neuen Bewohner haben in langjähriger aufwendiger Arbeit die vormals ruinösen Gebäude wiederhergerichtet. Heute stehen tagsüber einige Räume der barocken dreiflügeligen Anlage offen, sie zeigen unter anderem die Geschichte der koptischen Kirche und in den ägyptischen Themenräumen farbenfrohe Wandmalereien. Das angegliederte Restaurant St. Markus ist abends geöffnet.

Corvey

Als herausragende Zeugnisse der karolingischen Baukunst und Kultur wurden das Westwerk und die Civitas Corvey 2014 in die UNESCO-Welterbeliste aufgenommen. Und in der Tat finden wir hier nicht nur eine im deutschsprachigen Raum einzigartige Architektur, sondern auch die Keimzelle christlicher Missionsarbeit nach Norden und vor allem Osten. Es handelt sich um die im 9. und 10. Jahrhundert in religiös-politischer Hinsicht bedeutendste karolingische Abtei.

Eine Mauer mit Türmen umgibt das nahezu quadratische Areal, es wirkt auch heute noch wehrhaft. Der Zugang erfolgt über das Eingangsportal mit zwei flankierenden Torhäusern, die vorgelagerte Brücke führt über einen Graben. Im Mittelpunkt der Anlage erhebt sich die

Abteikirche mit ihrem beeindruckenden Westwerk. Im Unterschied dazu ist die Civitas Corvey nicht mehr erhalten, die heutigen barocken Bauten aber sind auf dem Grundriss der mittelalterlichen Civitas Corvey errichtet worden und ermöglichen eine wenigstens vage Vorstellung vom einstigen Kloster- und Stadtleben.

Geschichte

Schon Karl der Große strebte die Gründung eines Klosters an. Er hatte die Sachsen unterworfen, sein Herrschaftsgebiet vergrößert und wollte eine Bastion des Glaubens als Stützpunkt für die Missionierungen in neu gewonnenen Territorien im Norden und Osten errichten. Realisiert wurde der Plan aber erst von Karls Sohn. Im Jahr 815 betraute Ludwig der Fromme (778–840) Benediktinermönche aus dem französischen Corbeia (Corbie) an der Somme mit dieser Aufgabe. Sie gründeten ein erstes Kloster im Solling – der genaue Ort ist nicht bekannt –, das sie aber bereits 822 an die Weser verlegten. Vom Mutterkloster leitet sich auch

Ebenso respekteinflößend wie historisch bedeutsam: das Corveyer Westwerk

▲ Karte S. 66

der Name der Neugründung ab: Corvey. Um 830 wurde mit dem Bau einer ersten Kirche begonnen, 836 überführten die Mönche die Gebeine des hl. Vitus von St. Denis (bei Paris) nach Corvey, das Westwerk entstand ab 873.

Das Kloster erhielt ausgedehnte Ländereien, Markt- und Münzrecht und damit die wirtschaftliche Basis für seine Aufgabe. Auch eine Klosterschule mit Skriptorium und umfangreicher Bibliothek entstand. Und rasch avancierte das Kloster zu einem religiös-politischen Zentrum Norddeutschlands, einem der einflussreichsten und wirkungsmächtigsten Klöster im deutschsprachigen Raum. Tatsächlich wurde von hier die Christianisierung vor allem nach Osten entscheidend vorangetrieben. Viele Kaiser und Könige kamen hierher, auch Hoftage wurden hier abgehalten.

Eine letzte Periode des Wohlstands erlebte Corvey Mitte des 12. Jahrhunderts. Zu dieser Zeit wurde das Westwerk im hochromanischen Stil umgebaut und die karolingische Dreiturmanlage durch Zwillingstürme ersetzt. Mitte des 12. Jahrhunderts war rund um die Abtei, innerhalb der Mauern, eine bedeutende Stadt (*civitas*) entstanden, auch sie trug den Namen Corvey.

Danach setzte ein allmählicher Bedeutungsverlust ein, ein schleichender geistiger und wirtschaftlicher Verfall. 1265 verbündete sich die Nachbarstadt Höxter, eifersüchtig auf ihren Rivalen und die Weserbrücke, mit dem Bischof von Paderborn. Ihre Truppen zerstörten die Stadt Corvey und beschädigten die Abtei. Der Dreißigjährige Krieg setzte dem Kloster stark zu; Reliquien und die umfangreiche Bibliothek gingen verloren, die Anlage war am Ende des Krieges ruinös. Die Reste wurden großteils abgerissen, neue Gebäude entstanden. Nur das Westwerk blieb bestehen. Das Klosterleben, das im Krieg fast zum Erliegen gekommen war, erlebte noch einmal eine Revitalisierung. Herausragendes Zeugnis ist die neue Abtsresidenz, die den Repräsentationsbedürfnissen eines Reichsabts zu dieser Zeit entsprach.

Corvey wurde 1792 säkularisiert und kam 1802 infolge eines preußisch-französischen Vertrags an den Fürsten von Nassau-Dillenburg (Hessen). Das bedeutete das Ende des 1000-jährigen benediktinischen Klosterlebens. Über mehrere Stationen gelangte die Abtei schließlich 1840 in den Besitz des Landgrafen Viktor Amadeus von Hessen-Rotenburg und dann an dessen Neffen Prinz Viktor zu Hohenlohe-Schillingsfürst, seit 1840 Herzog von Ratibor und Fürst von Corvey. Seine Nachfahren sind die heutigen Hausherren.

Westwerk

Die beiden dunkelgrauen Türme des Westwerks ragen fast bedrohlich auf und lassen es eher wie eine Festung denn wie eine Kirche erscheinen. Diesen Eindruck verstärken die unteren, spärlich durchfensterten Geschosse aus flachgeschichteten Steinen – sie stammen noch aus karolingischer Zeit – und die schmalen Fensterschlitze in den seitlichen Türmen.

Das Westwerk wurde zwischen 873 und 885 der vorhandenen frühmittelalterlichen Abteikirche als selbständige Raumgruppe vorgesetzt. Erhebliche Veränderungen um 1150 formten aus ihm einen Baukörper mit Domcharakter, weitere leichte Veränderungen wurden um 1585 vorgenommen.

Im Innern sind Reste von **Wandmalereien** aus dem 9. Jahrhundert erhalten, in der Kapelle im Obergeschoss Stuckdekorationen von 1596. Turmaufsätze und Glockenstube stammen aus dem 12. Jahrhundert. Die Halle im Erdgeschoss ruht auf zwölf Pfeilern und vier

Farbenfroher Barock in der Kirche

mittleren Säulen, durch den Raum öffnet sich der Blick zur Kirche.

Bis 1145 haben die deutschen Kaiser diesen Ort wohl 23-mal besucht, was allein für seine Bedeutung spricht. Man kann das Westwerk daher nicht nur als architektonische Rarität für den deutschen Raum, sondern auch als Kaiserkirche bezeichnen.

Barockkirche

Unmittelbar an das Westwerk schließt sich die Klosterkirche an, offiziell Abtei- und Klosterkirche St. Stephanus und Vitus. Ihr Bau war nötig, da der im Jahr 844 geweihte Vorgängerbau im Dreißigjährigen Krieg arg in Mitleidenschaft gezogen worden war. Die Kirche entstand zwischen 1667 und 1674 als einschiffige Abteikirche an im Barock-Gotik-Stil: Grundriss und Größe der Fenster orientieren sich an der Gotik, die farbige und prächtige Innenausstattung ist, so ein Kunsthistoriker, ganz in den »etwas derben und erdgebundenen Formen des norddeutschen Frühbarocks« gehalten.

Die Länge des Kirchenraums entspricht der mittelalterlichen Kirche, seine Breite wurde dem Westwerk angeglichen, er wirkt weit und licht. Den **Hochaltar** von 1675 flankieren zwei Statuen der Hauptpatrone Corveys, St. Stephanus rechts und St. Vitus links, die imposante Orgel von 1681 stützen vier überlebensgroße Engel.

Die Kirche ist heute noch die Pfarrkirche für die kleine Corveyer Gemeinde.

Friedhof

An die Kirche grenzt ein Friedhof, der eine gewisse Popularität genießt, da hier Hoffmann von Fallersleben (1798–1874) mit seiner Frau Ida begraben liegt. Er ist als Dichter des *Deutschlandliedes* sehr und als Dichter rund 500 anderer Werke deutlich weniger bekannt, obwohl einige von ihnen heute noch gesungen werden: *Ein Männlein steht im Wald* oder *Alle Vögel sind schon da*. Hoffmann von Fallersleben verbrachte nach einem unruhigen Leben seine letzten Jahre ab 1860 in Corvey als Bibliothekar. Sein Grab ist dank der steinernen Büste unschwer auszumachen.

Der Friedhof wurde erst im 19. Jahrhundert angelegt, er dient der Corveyer Gemeinde nach wie vor als Begräbnisstätte.

Schloss

Das Schloss beeindruckt Besucher durch seine 112 Meter lange Westfassade mit ihren 32 Fensterachsen und 5 Portalen; die eigentliche Schauseite aber ist die Nordseite, vor der 1836 zugeschüttete Wassergräben lagen. Insgesamt handelt es sich bei dem Hauptgebäude, Wand an Wand mit der Kirche errichtet, um ein mehrflügeliges Barockschloss mit zwei Innenhöfen. Die imponierende Anlage entstand als Ausdruck fürstlicher Machtentfaltung von 1699 bis 1714 und wurde danach nur wenig verändert.

▸ Karte S. 66

Nur ein kleiner Teil der Bibliothek

Der 1714 fertiggestellte **Kreuzgang** schließt sich als großes Karree rechtwinklig im Norden an die Abteikirche an und umschließt den **Friedgarten,** seit 1995 die Grablege des Herzoglichen Hauses Ratibor und Corvey. Gotisierende Elemente, vor allem das Kreuzrippengewölbe, mischen sich mit barocken Details. Die heutige farbige Ausgestaltung erhielt der Kreuzgang um 1850. Er wirkt großzügig, luftig und licht. Vom Kreuzgang erfolgt der Aufgang in das Obergeschoss mit Gemälden, die die Kreuzigung Christi thematisieren.

Die **Äbtegalerie** im ersten Obergeschoss, oft auch »Bildergang« genannt, umfasst Portraits von 65 Klostervorstehern, von Adalhard von Corbie (reg. 822–826) bis Ferdinand von Lünick (reg. 1794–1825), dem letzten Abt. Nur neun der Gemälde können als realistisch angesehen werden, da sie erst ab etwa 1700 nach dem Leben gezeichnet wurden.

Der **Geweihgang** verbindet den Wohnbereich des Konvents mit der Prälatur. Auch seine Gestaltung geht auf die Mitte des 19. Jahrhunderts zurück, er trägt seinen Namen unverkennbar nach den dort hängenden Jagdtrophäen. Nicht täuschen lassen: Die Wände sind nicht aus Marmor, sondern im Marmorstil bemalt. Vom Geweihgang erreicht man die Räume der **früheren Stiftsbibliothek** und das stuckgeschmückte **Refektorium.** Die **Historischen Wohnräume** bilden vier Räume für die landgräfliche Familie, die ihre Ausstattung im Stil des Spätklassizismus um 1845 erhielten. Blauer und Roter Salon machen ihrem Namen alle Ehre, in Letzterem findet sich unter anderem der originale Billardtisch.

Der **Kaisersaal** trägt seinen Namen nach den Kaisermedaillons, die ihn schmücken. Es handelt sich aber um den früheren Repräsentationssaal der Äbte. Sie ließen den zweigeschossigen Raum mit aufwendigen Stuckverzierungen ausstatten, die Gemälde thematisieren Episoden aus dem Alten Testament und die vier Jahreszeiten.

Die **Fürstliche Bibliothek** entstand im Auftrag von Landgraf Viktor Amadeus als rein weltliche Bibliothek. Erhebliche Teile des Bestandes kamen ab 1825 aus dem Stammsitz des Grafen, aus Rotenburg an der Fulda. Die mehreren tausend Bände waren in 200 Schränken untergebracht, die sich auf 15 Räume verteilten. Spätere Bibliothekare ordneten den Bestand nach wissenschaftlichen Gesichtspunkten, auch wurde gezielt erweitert. Von 1860 bis zu seinem Tod war der Literaturhistoriker Hoffmann von Fallersleben (1798–1874) hier als Bibliothekar beschäftigt. Bei seinem Tod umfasste die weithin bekannte Bibliothek mehr als 70 000 Bände. Das ehemalige **Arbeitszimmer Hoffmann von Fallerslebens** ist ebenfalls zu besichtigen und in Teilen originalgetreu erhalten.

■ Ausgrabungsstätte tom Roden

Man wusste aus alten Quellen zwar, dass es bei Corvey einst ein Kloster mit dem Namen »tom Roden« gegeben hatte, stieß aber 1975 eher zufällig darauf. Die Fundamente einer überraschend weiträumigen Klosteranlage waren großteils erhalten, Mitte der 1980er Jahre – zum Abschluss der archäologischen Arbeiten – wurden einige aufgemauert.

Die früheste Nennung dieses Kloster liegt uns aus der Mitte des 12. Jahrhunderts vor. Der Verfall setzte wohl nach 1538 ein – für dieses Jahr ist letztmalig ein Abt in alten Quellen verzeichnet. Ansonsten ist über die Gründung des Klosters und das Leben dort so gut wie nichts bekannt. Das Areal liegt wenige hundert Meter nordwestlich von Corvey. Der Bereich am Rand eines Gewerbegebiets ist frei zugänglich, der Weg dorthin über die Straße Zur Lüre ausgeschildert.

Marmorattrappen im Geweihgang

Höxter und Corvey

Tourist-Information, Weserstr. 11, 37671 Höxter, Tel. 05271/9634242. www.hoexter-tourismus.de
Höxter liegt an der **Bahnstrecke** Altenbeken-Kreiensen.

Anlegepunkte der Flotte Weser: Höxter (Uferstr., hinter dem Bhf.), Corvey (hinter dem Schloss). www.flotte-weser.de

Ringhotel Niedersachsen, Grubestr. 3-7, 37671 Höxter, Tel. 05271/6880; DZ ab 64 Euro. In der Altstadt, gilt als bestes Haus am Platz. Wellnessbereich, Kegelbahn, Restaurant. Bikerfreundlich. www.hotelniedersachsen.de
Hotel Corveyer Hof, Westerbachstr. 29, 37671 Höxter, Tel. 05271/97710; DZ ab 65 Euro, HP und VP möglich. Bikerfreundlich. www.hotelcorveyerhof.de
Flair Hotel Stadt Höxter, Uferstr. 4, 37671 Höxter, Tel. 05271/69790; DZ ab 46 Euro p. P. Bikerfreundlich. www.hotel-stadt-hoexter.de
Hotel Höxter Am Jakobsweg, Hauptstr. 24, 37671 Höxter, Tel 05278/9525989; DZ ab 30 Euro. Restaurant, Grillplatz, Biergarten. Bikerfreundlich. www.hotelamjakobsweg.de
Hotel Tonenburg, Tonenburg 1, 37671 Höxter-Albaxen, Tel. 05271/921182, Restaurant 05271/380103; DZ ab 88 Euro, Mehrbettzimmer ab 49 Euro, Matratzenlager auf Anfrage, HP möglich. Biergarten, biker-, radler- und kanutenfreundlich. www.tonenburg.de
Schlossrestaurant und Gartenterrasse, Corvey 1, 37671 Höxter, Tel. 05271/68168; Öffnungszeiten wie Schloss. www.corvey.de
Strandgut Höxter, Odelheimer Str. 33, 37671 Höxter; Tel. 05271/3910610. In der Freizeitanlage Godelheim. Wunderbare Lage direkt am See, große Terrasse. http://www.strandgut-hoexter.com/

Freizeitanlage Höxter-Godelheim, Godelheimer Str., 37671 Höxter, Tel. 05271/2589. www.wesercamping-hoexter.de
Wohnmobilstellplatz Floßplatz, Milchweg, 37671 Höxter, Tel. 05271/2589. www.wesercamping-hoexter.de

Strullenkrug, Hennekenstr. 10, 37671 Höxter, Tel. 05271/7775; Mi-Sa 11.30-15 u. 17-22, So 11.30-21 Uhr. Seit 1901, traditionell-deftige Küche. www.wirtshaus-strullenkrug.de

Café Pammel, Marktstr. 10, 37671 Höxter, Tel. 05271/7930; Mo-Sa 9-18.30, So 10-18 Uhr. Mitten in der Fußgängerzone, viele Plätze auf zwei Etagen und draußen. Gutes Kuchenangebot (leicht süddeutsch-österreichischer Einschlag), selbstgemachte Schokoladen. Sehenswert ist die Sammlung von über 100 historischen Kaffeemühlen.

Forum Jacob Pins, im Adelshof Heisterman von Ziehlberg, Westerbachstr. 35-37, Tel. 05721/6947441; April-Nov. Di-So 10-17 Uhr. www.jacob-pins.de
Museum im Hütteschen Haus, Nicolaistr. 10, Tel. 05271/9516640; Mi-Sa 14-17, So 11-17 Uhr und nach Vereinbarung. www.höxter-museum.de
St. Kiliani und **St. Marien,** Höxter, Ostern-Reformationstag frei zugänglich (Radwegekirchen).
Koptisch-Orthodoxes Kloster der Hl. Jungfrau Maria und des Hl. Mauritius, Propsteistr. 1a, 37671 Höxter-Brenkhausen, Tel. 05271/18905; tgl. 8-20 Uhr, Führungen nach Anmeldung möglich. www.koptisches-kloster-brenkhausen.de
Schloss Corvey, 37671 Höxter, Tel. 05271/68168; Kirche und Schloss Mitte März-Okt. tgl. 10-18 Uhr, Führungen Sa, So 11 u. 15 Uhr. www.corvey.de

▸ Karte S. 66

Motorradtouren ab Höxter

Die GPS-Daten zu allen Touren stehen zum Download unter www.trescher-verlag.de/gps-daten bereit.

Vier-Schlösser-Tour

Start: Höxter
Ziel: Höxter
Länge/reine Fahrtzeit: ca. 115 km/ca. 2:15 Std. (inkl. Fähre)
Strecke: Höxter–Bevern–Polle–Hämelschenburg–Hehlen–Fürstenberg–Höxter
Einkehr: z. B. Hämelschenburg, Grohnder Fährhaus, Fürstenberg

Im Weserbergland liegen die Schlösser dicht an dicht, viele gehen auf die Weserrenaissance zurück. Schlösserenthusiasten kommen bei dieser Tour den Unterschieden und Gemeinsamkeiten auf die Spur und können die Distanzen zwischen ihnen mit kurvenreichen und zumeist wenig befahrenen Strecken überbrücken.

Von unserem Startpunkt führt uns die B 64 am Holzmindener Zentrum vorbei und am Abzweig im Vorort Allersheim schnell zur L 584 nach **Bevern** (→ S. 132). Das hiesige Renaissanceschloss zählt zu den herausragenden Bauten der Weserrenaissance. Im Innern gibt es eine sehr informative Ausstellung zu seiner Geschichte und zum Ort in früheren Zeiten, aber allein schon ein Blick auf die dem Parkplatz zugewandte Schaufassade und ein Bummel in den Innenhof lohnen sich.

Unser nächstes Ziel ist die Fähre in Polle. Der kürzere Weg führt von Bevern ab Forst am Ufer entlang. Mehr Spaß macht aber ein kleiner Umweg über die kurvenreiche Straße, die wir erreichen, wenn wir kurz vor Forst im Kreisverkehr rechts abbiegen und etwa 400 Meter weiter nach links, Richtung Reileifzen. Kurz vor diesem Ort geht es links ab und dann immer geradeaus bis zur **Fähre.** Bei der Überfahrt bleibt genug Zeit, die Ruine der Eversteiner Burg in Augenschein zu nehmen.

Vom Fähranleger geht es nach rechts und in Polle nach links. Nun führt uns eine wunderbar kurvenreiche, dabei zunächst ansteigende und später wieder abschüssige Nebenstrecke über Meiborssen, Vahlbruch, Lichtenhagen und Welsede bis zum **Schloss Hämelschenburg** (→ S. 160). Schon von Weitem ist dieses Hauptwerk der Weserrenaissance sichtbar. Die Burg kann nur im Rahmen von Führungen (ca. 60–75 Min.) besichtigt werden, vom Innenhof des Cafés hat man einen schönen Blick auf die Hauptfassade.

Über Kirchenohsen geht es anschließend nach Grohnde. Die Überfahrt mit der **Fähre** dort ist geradezu ein Muss bei einer Fahrt in diesem Teil des Weserberglandes! Das Grohnder Fährhaus auf der rechten Seite mit seinem wunderbaren Biergarten ist als Bikertreff seit vielen Jahren bekannt.

Über Hajen und Daspe erreichen wir **Hehlen** (→ S. 150). Den schönsten Blick auf das dortige Renaissanceschloss hat man vom anderen Weserufer, von der Dasper Seite her.

Von Hehlen geht es über Ottenstein auf die Hochebene, von der uns 13 atemberaubende Kurven hinunter nach Brevörde führen. Nun fahren wir am Ufer entlang, über Heinsen und Holzminden, wo wir die Seite wechseln, über Lüchtringen und Boffzen nach **Fürstenberg** (→ S. 112). Das strahlend weiße Schloss beherbergt ein Museum zur Geschichte der hiesigen Porzellanmanufaktur. Von hier zurück zum Ausgangspunkt unserer Tour sind es nur etwa zwölf Kilometer.

Altstadttour

Start: Höxter
Ziel: Höxter
Länge/reine Fahrtzeit: 260 km/5:30 Std.
Strecke: Höxter–Hofgeismar–Hann. Münden–Dassel–Einbeck–Hameln–Ottenstein–Köterberg–Höxter
Einkehr: z. B. Hann. Münden, Einbeck, Grohnde, Hameln, Köterberg

Die »Altstadttour« ist von allen in diesem Reiseführer vorgestellten die mit Abstand längste. Sie verbindet die beiden eindrucksvollsten Städte an der Oberweser, Hameln und Hann. Münden, miteinander und führt über zwei weitere Städte mit sehenswerten Altstädten, Hofgeismar und Einbeck. Folgt man dieser Route, ist man einen ganzen Tag unterwegs. Für die anzuratenden längeren Pausen gibt es eine Vielzahl an Möglichkeiten.

Wir wenden uns zunächst nach Höxter und queren hier über die Brücke die Weser. Auf einer wenig befahrenen Strecke mit leichten Steigungen und abschüssigen Passagen, oft dicht am Ufer entlang, erreichen wir via Fürstenberg und Meinbrexen Lauenförde. Hier wechseln wir abermals die Seite, folgen der B 241 ein kurzes Stück und biegen dann nach links ab. Nun geht es zunächst über enge Kurven bergan, dann fahren wir eine ganze Weile, oft durch Waldgebiete, bis wir nach Liebenau kommen. Hinter dem Ort biegen wir links ab und kommen so nach wenigen Minuten nach **Hofgeismar,** einem ruhigen und kleineren, aber sympathischen Fachwerkstädtchen (Parkplätze z. B. rund um die Altstädter Kirche).

Über eine moderat kurvige Nebenstrecke kommen wir schließlich nach **Hann. Münden** (→ S. 67). Von bewaldeten Hügeln umgeben und in Halbinsellage, lohnt das malerische Ortsbild mit seinen mehr als 700 Fachwerkhäusern unbedingt einen Stadtbummel (zentrumsnahe Parkplätze z. B. auf dem Tanzwerder). In der Altstadt gibt es auch viele Möglichkeiten zur Einkehr.

Vor uns liegt anschließend das längste Teilstück: Etwa 75 Kilometer oder rund 80 Minuten sind es durch den Solling bis nach Einbeck. Wir nehmen zunächst die B 3 und verlassen sie bei Gut Wellersen, Richtung Uslar. Die Strecke führt bis dort leicht bergauf, bewaldete Hügel liegen zu beiden Seiten. In Uslar biegen wir Richtung Dassel ab, nun fahren wir auf kurvenreicher Strecke durch dichten Wald.

Kurz vor Dassel sind wir wieder in der Ebene, und hier biegen wir rechts nach **Einbeck** ab. Dieses Städtchen besitzt rund um den Marktplatz mit dem Alten Rathaus ein bemerkenswert gut erhaltenes Fackwerkzentrum, in dem die Tiedexer Straße mit den alten Handelshäusern herausragt. Besonderer Anziehungspunkt nicht nur für Biker ist der am östlichen Stadtrand gelegene PS-Speicher. In einem denkmalgeschützten Kornspeicher ist hier die weltgrößte Sammlung historischer Motorräder beheimatet (www.ps-speicher.de), daneben ist eine ganze Reihe von historischen Autos ausgestellt. Zwei Restaurants mit Außengastronomie bieten gute Küche.

Der schnellste Weg nach Hameln wäre der über die B 3 und B 64, angenehmer fährt es sich aber auf der Nebenstrecke über Amelsen und Lenne nach Eschershausen. Im Ort halten wir uns erst rechts und dann links und kommen so über Kirchbrak nach Bodenwerder und von dort nach Grohnde mit seinem bekannten bikerfreundlichen Fährhaus (Hotel, Restaurant, Sonnenterrasse). Wer möchte, kann einen kleinen Umweg über Börry und sein interessantes Museum einlegen. Von Grohnde ist es nur noch ein Katzensprung bis nach Hameln, auf der linken Seite begleiten uns die Kühltürme des AKW Grohnde.

Hameln (→ S. 173) bietet Sehenswürdigkeiten für eine Ganztagsbesichtigung, aber auch schon ein kurzer Bummel durch die Altstadt mit ihren Sandstein- und Fachwerkfassaden, viel davon aus der Renaissance, lohnt sich (Parkplätze nur für Motorräder z. B. in der Baustraße).

Für die Rücktour müssen wir nur kurz die B 83 über Ohr nehmen. Wir verlassen sie in Kirchohsen und können nun wunderbare Kurven über Amelgatzen, Ottenstein, Vahlbruch und Falkenhagen genießen, bis wir schließlich auf den Köterberg gelangen. Hier treffen sich an schönen Tagen hunderte von Bikern, es kann auch schon mal etwas voller werden. Die Aussicht ins Wesertal ins unvergleichlich, einkehren kann man hier auch. Von hier ist über Fürstenau und Brenkhausen unser Ausgangspunkt Höxter schnell erreicht.

Techniktour

Start: Höxter
Ziel: Höxter
Länge/reine Fahrzeit: ca. 155 km/ca. 3 Std. (inkl. Fähre)
Strecke: Höxter–Neuhaus im Solling–Dassel–Einbeck–Wickensen–Börry–Hameln–Grohnde–Ottenstein–Brevörde–Höxter
Einkehr: z. B. Einbeck, Börry, Grohnde

Wer sich für historische Fahrzeuge interessiert, findet in relativer Nähe zu Höxter gleich mehrere museale Einrichtungen zum Thema. Unter ihnen ragt wegen der Fülle an Exponaten sicherlich der PS-Speicher in Einbeck heraus.

Wir überqueren in Höxter oder nördlich der Stadt die Weser und folgen ab Lüchtringen der Ausschilderung nach Neuhaus im Solling. Die Strecke dorthin führt durch dichten Wald, ist zwar nicht allzu lang, aber wenig befahren und bietet eine wunderbare Abfolge von langgestreckten Kurven. In Neuhaus halten wir uns erst links, dann rechts und rollen ab Silberborn erst durch Kurven, dann über Geraden nach Dassel hinunter, verlassen dabei den Solling. **Einbeck** ist schnell erreicht. Unser Ziel ist der in Deutschland einmalige **PS-Speicher**. Möchte man sich intensiver auf die ausgestellten Schätze einlassen, verbringt man leicht ganze Tage hier.

Auf einer Nebenstrecke über Amelsen und Lenne gelangen wir nach **Wickensen.** Im dortigen früheren Gutshof kann man nicht nur einen Kolonialwarenladen in Augenschein nehmen, sondern im **NSU-Museum** vor allem auch eine größere Anzahl an gut restaurierten NSU-Motorrädern und -Rollern. Alle Fahrzeuge, selbst das älteste Fahrzeug von 1927, sind fahrbereit. Ein Nostalgie-Café und einen Biergarten unter Bäumen gibt es auch (April–Okt. Fr–So 11–18 Uhr, www.gutshof-wickensen.de). Eine weitere Nebenstrecke verläuft über Holzen und Kirchbrak, an Bodenwerder vorbei, nach **Börry.** Das dortige **Museum für Landtechnik und Landarbeit** (→ S. 155) führt in das bäuerliche Leben vergangener Zeiten ein, besonders beeindruckt aber die Sammlung historischer Traktoren auf der Freifläche. Auch hier ist dem Museum ein nettes Café mit Sitzplätzen unter freiem Himmel angeschlossen. Nur ein Katzensprung ist es von Börry bis zum Hefehof in **Hameln.** Hier widmet sich das kleine, aber liebevoll ausgestattete **Museum der Hamelner Automobilgeschichte** (→ S. 181) vor allem den heute weitgehend vergessenen Selve-Fahrzeugen.

Zurück empfehlen wir die Strecke über Latferde und Grohnde, wo uns die **Fähre** auf die andere Seite bringt (gute Einkehrmöglichkeit im Grohnder Fährhaus, eine Bikerinstitution). Die folgende Strecke ist großer Genuss: erst nach Ottenstein hinauf auf die Hochebene und dann von dort nach Brevörde in Serpentinen wieder hinunter. Von dort folgen wir dem Weserufer und gelangen in sanften Schwüngen, Holzminden passierend, wieder zu unserem Ausgangspunkt Höxter zurück.

Biker willkommen: die Tonenburg

Zwischen Höxter und Hameln

Holzminden

Als »Stadt der Düfte und Aromen« bezeichnet sich Holzminden seit 2002 offiziell - nicht zufällig: Hier befindet sich der Hauptsitz der Firma Symrise, die aus der Fusion der Firmen Haarmann & Reimers und Drageco entstand, beides Gründungen aus der zweiten Hälfte des 19. Jahrhunderts. Symrise ist in Deutschland der führende Produzent von Duft- und künstlichen Aromastoffen, Fruchtpulvern und Pflanzenextrakten sowie Grundstoffen verschiedenster Art. Sie finden in der Kosmetik-, Nahrungsmittel- und Getränkeindustrie sowie in pharmazeutischen Betrieben Verwendung. Als Konsument in Deutschland ist es unmöglich, nicht mit Stoffen aus Holzminden in Berührung zu kommen. Mehrere tausend Menschen arbeiten allein im Symrise-Hauptsitz, weitere rund 4000 im Stammsitz der Firma Stiebel Eltron, die ebenfalls in Holzminden beheimatet ist. Die Industrie- und Gewerbestadt mit ihren knapp 20 000 Einwohnern besitzt kein sonderlich attraktives Ortsbild, bietet sich aber als Ausgangspunkt für Ausflüge in den Solling und die Rühler Schweiz, zum Kloster Corvey oder Schloss Bevern an.

Geschichte

Die erste urkundliche Erwähnung, noch als »Holtesmini«, stammt von 832. Die eigentliche Geschichte des Ortes beginnt aber mit dem Jahr 1200, als die Grafen von Everstein neben ihrer schon existierenden Burg an der Weser – von ihr ist lediglich ein Turm erhalten – einen Marktort gründeten. Dieser erhielt 1245 Stadtrechte, kam 1410 durch die Heirat der Elisabeth von Everstein mit Herzog Otto zu Braunschweig, wurde bei einem verheerenden Stadtbrand 1640 fast vollkommen zerstört und musste quasi neu aufgebaut werden. Bis weit in das 19. Jahrhundert hinein besaß Holzminden den Charakter einer Ackerbürgerstadt, in der die Flößerei eine große Bedeutung hatte. Bis 1964 waren von hier jahrhundertelang jährlich bis zu 300 Flöße, jeweils bis zu 50 Meter lang und 8 Meter breit, flussabwärts bis nach Bremen gefahren. Das Holz kam aus dem Solling, dem Bram- und dem Reinhardswald. Im Jahr 1831 wurde die erste Baugewerkschule in Deutschland ins Leben gerufen, die noch heute besteht, nunmehr als Fachhochschule für Architekten und Bauingenieure. Die Anbindung an den gewerblichen Schiffsverkehr 1843 und der Anschluss an das Bahnnetz 1865 brachten eine spürbare Belebung von Industrie, Handel und Gewerbe. Die Fertigstellung einer ersten festen Brücke über die Weser im Jahr 1885 unterstützte diesen Aufschwung. Ungemein wichtig für die weitere Stadtentwicklung waren die Forschungen des Holzmindener Chemikers Wilhelm Haarmann, der 1874 erstmals Vanillinaroma herstellte – der Beginn all der künstlichen Aromen, die heute hier produziert und in alle Welt exportiert werden.

Sehenswürdigkeiten

Holzminden war nie durch eine Stadtbefestigung mit Mauer und Gräben geschützt, besitzt aber dennoch ein klar umrissenes, nicht allzu großes historisches Zentrum. Es ist in großen Teilen verkehrsberuhigt oder als Fußgängerzone gestaltet, so dass die kurzen Wege zwischen den Hauptsehenswürdigkeiten angenehm zu gehen sind.

Im Zentrum ist ein Weg mit 17 **Duftstelen** eingerichtet, an denen man eine Auswahl künstlicher Aromen kennenlernen kann. Folgt man ihm von Station 1 »Patschuliöl« über beispielsweise »Weihrauch« und »Pfefferminze« bis zu Station 17 »Bratzwiebel«, kommt man

in einer Kreisbewegung nicht nur automatisch an allen interessanten Punkten vorbei, sondern reflektiert womöglich über den wahren Inhalt vieler Produkte im heimischen Haushalt. Einen Flyer zum Weg gibt es in der Tourist-Information.
Mittelpunkt der Altstadt ist der **Marktplatz** mit seinen vielen Platanen und dem Brunnen von 1891. Das bronzene Denkmal an seiner oberen Seite stellt einen essenden und zufrieden dreinblickenden Bauern dar und erinnert an die Tradition Holzmindens als Ackerbürgerstadt. In der Nähe des Marktplatzes sind noch einige Ackerbürgerhäuser erhalten, vor allem an der Mittleren Straße und der Grabenstraße.
Besonders pittoresk zeigt sich der **Essighof** (Halbmondstr. 4), ein großes Wohn- und Gewerbeensemble von 1683, in dem heute unter anderem eine beliebte Gaststätte zu finden ist.
Etwas vom Markt zurückgesetzt steht die **Lutherkirche** von 1577. Sie ersetzte einen Vorgängerbau aus der Zeit um 1230, wurde um 1900 verlängert und fällt nicht groß auf.
Im **Haus Goldener Winkel 1** verbrachte der zu Lebzeiten recht populäre Schriftsteller Wilhelm Raabe (1831–1910) seine Jugendjahre; eine Gedenktafel am

Der schöne Essighof

Der Marktplatz in Holzminden

Haus erinnert daran. Die Figur am **Raabe-Brunnen** ganz in der Nähe soll Klaus Eckenbrecher darstellen, einen Charakter aus Raabes Roman *Der heilige Born*. Das darunterstehende Zitat stammt aus diesem Roman und erscheint isoliert etwas rätselhaft: »Bleib in den Stiefeln, Mensch, solange als möglich.«
Das dreigeschossige **Severinsche Haus** (Halbmondstr. 9) von 1683 gilt als größtes Fachwerkhaus in der Stadt. Neben der Fassade ist auch die Wetterfahne auf dem Dach einen Blick wert.
Das **Reichspräsidentenhaus,** 1929 als Jugendheim fertiggestellt, erhielt seinen Namen entweder nach Friedrich Ebert (1871–1925) oder doch zu Ehren seines Nachfolgers Paul von Hindenburg (1847–1934) – es gibt unterschiedliche Ansichten. In jedem Fall stellt es eine eigentümliche Mischung aus Tordurchfahrt und Wohnhaus mitsamt Glockenspiel dar, über dessen zukünftige Nutzung derzeit noch keine Klarheit herrscht.
Das **Tilly-Haus** am Johannismarkt gehört zu den wenigen Häusern, die den Dreißigjährigen Krieg überstanden haben. Es trägt seinen Namen nach dem Feldherrn, der während des Krieges in dem 1609 erbauten Fachwerkhaus Quar-

tier genommen haben soll. Sehenswert ist vor allem das Renaissanceportal. Der **Thingplatz** aus der NS-Zeit ist nicht nur weitgehend unverändert erhalten geblieben, sondern hat auch noch seinen Namen behalten. Er befindet sich etwa zwei Kilometer südlich des Stadtzentrums und wird heute als Grill- und Spielplatz genutzt. Der etwas beschwerliche Weg von hier zum **Kaiser-Wilhelm-Turm** im Stadtpark lohnt sich nicht: Die hochgewachsenen Bäume versperren die Sicht von der Aussichtsplattform.

■ Allersheim

Der Holzmindener Ortsteil Allersheim ist wegen der dortigen **Brauerei** erwähnenswert. Ihr fein-herbes »Urpils«, seit 1847 im Programm, ist Marktführer in der Region und wird von Bierkennern geschätzt. Das Sortiment hat sich gerade in jüngerer Zeit, den sich verändernden Vorlieben der Biertrinker folgend, deutlich ausgeweitet. Die regelmäßig angebotenen Führungen – unter anderem bekommt man Sudhaus, Gärkeller und Abfüllanlage zu sehen – enden natürlich mit der Möglichkeit, diese Produktvielfalt genauer kennenzulernen.

Im Ort gibt es auch noch ein kleines **Schlösschen** von 1621, heute der Mittelpunkt einer Gutshofanlage.

Bevern

Zwar ist Bevern, Mitte des 9. Jahrhunderts erstmals urkundlich erwähnt, eine der ältesten Siedlungen des Weserberglandes, aber sie ist trotz 1703 verliehenem Marktrecht klein geblieben (3800 Einwohner) und nicht sonderlich attraktiv. Auch die neogotische **Johanniskirche** von 1893 ist nur etwas für Spezialisten.

Mag der Ort Bevern auch keinen Umweg lohnen, das gleichnamige Schloss – ein Renaissanceschmuckstück mit einer modernen Dauerausstellung – ist unbedingt einen Schlenker wert.

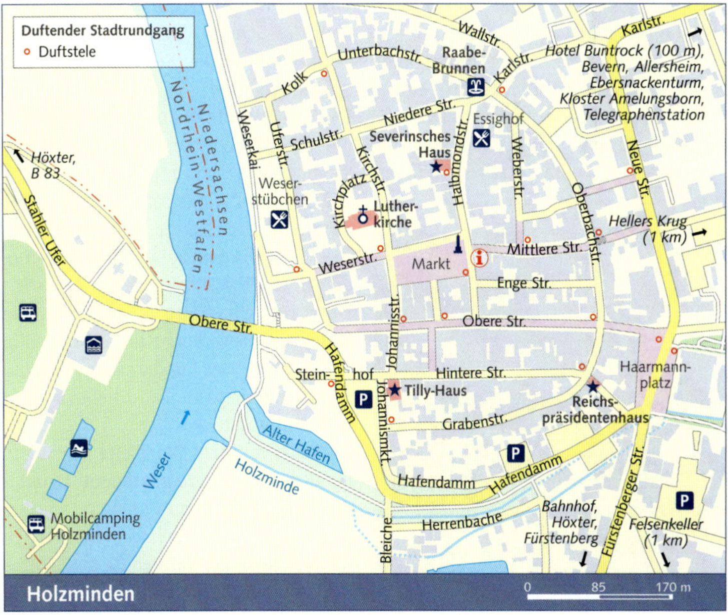

Schloss Bevern

Eine äußerst wechselhafte Geschichte hat Schloss Bevern hinter sich. Es trug im Laufe der Jahrhunderte zwar Schäden davon, blieb glücklicherweise äußerlich aber nahezu unversehrt. Die zweigeschossige Vierflügelanlage rund um einen fast quadratischen Innenhof gehört zu den repräsentativsten und bedeutendsten Gebäuden der Weserrenaissance.

Statius (Eustachius) von Münchhausen, Sohn des Hilmar, der Schloss Schwöbber (→ S. 170) hat bauen lassen, engagierte den Hamelner Baumeister Johann Hundertossen. Nach dessen Plänen wurde das Schloss zwischen 1603 und 1612 errichtet. Statius hatte gut geerbt und seinen Reichtum mit Immobiliengeschäften und Geldverleih vermehrt, der ihn letztlich aber in die Pleite trieb. Statius' Witwe musste das Anwesen daher 1652 an Herzog August den Jüngeren von Braunschweig und Lüneburg verkaufen. In deren Familienbesitz blieb es bis 1809, dann starb das Haus Braunschweig-Bevern aus.

Nach Jahren des Verfalls wurde hier 1832 eine »Korrektionsanstalt« eingerichtet; heute würde man wohl von einer Straf-, Arbeits- und Besserungsanstalt sprechen. Einst repräsentative und üppig ausgestattete Räume wurden zu Schlafsälen und Zellen, Werkstätten und Wohnungen für das Aufsichtspersonal umgestaltet. Dabei ging viel von der früheren Pracht unwiederbringlich verloren. Gearbeitet wurde in Spinnerei, Drechslerei, Schuhmacherei, Weberei und Tischlerei. Die Korrektionsanstalt schloss 1870. Bis dahin hatte es mehrere Brände gegeben, womöglich ein Protest der Insassen gegen die miserablen Wohn- und Arbeitsbedingungen. Sie gingen zwar glimpflich aus, setzten der Substanz des Schlosses aber weiter zu.

In der Ausstellung auf Schloss Bevern

▸ Karte S. 128

Später zog die Erziehungsanstalt Wilhelmsstift ein, in der junge Männer und Frauen durch Lehrer, Ausbilder und Erzieher auf das Erwachsenenleben vorbereitet werden sollten. Diese Anstalt wurde 1933 aufgelöst, eine SA-Sportschule nahm das Gebäude in Beschlag, dann die Wehrmacht. Von 1945 bis 1949 diente es als Auffanglager für freigelassene Kriegsgefangene und Flüchtlingsunterkunft für *displaced persons*. 1986 kam das Schloss, mittlerweile ziemlich ramponiert, in den Besitz des Landkreises Holzminden.

Die Leerstände, häufig wechselnden Nutzungen, Umbauten und Veränderungen hatten empfindlich in die bauliche Substanz eingegriffen. Nach 1986 fand eine umfassende Bestandsaufnahme statt, wurden behutsame Sanierungen unter Bewahrung der historischen Details durchgeführt, teils die originale Farbigkeit wiederhergestellt. Gleichzeitig verwandelte der Landkreis das Schloss in eine Kulturstätte. Es ist heute wieder ein Schmuckstück.

Die reich verzierte **Westseite** ist eindeutig als Schaufassade gearbeitet. Strukturiert in ihrer leichten Asymmetrie wird sie durch große Eckgiebel, kleinere Zwerchhäuser sowie ein aufwendig gestaltetes Rundbogenportal nach dem Vorbild an-

Die Westseite des Schlosses

tiker Triumphbögen; das ist der Haupteingang. Auffällig ist der Gegensatz zwischen dieser Schmuckfassade und den anderen Außenfassaden. Auch die vier Flügel zum **Innenhof** sind deutlich bescheidener gehalten, wenngleich ihre Verzierungen als Musterlehrbuch der Weserrenaissance gelten. Das Schloss ist massiv ausgeführt, Innenwände und das Obergeschoss zur Hofseite jedoch aus Fachwerk. Zwei sich diametral gegenüberliegende **Türme** im Innenhof verbinden als Treppenhäuser die Flügel – klassische Weserrenaissance. Die **Kapelle** im Südflügel wurde im 17. Jahrhundert eingerichtet, ihre jetzige Gestalt erhielt sie 1896/97.

Ein trocken gefallener **Wassergraben** mit zwei Brücken umgibt das Schloss, die Nebengebäude werden heute recht profan genutzt: In der Scheune sitzt ein Supermarkt, im Brauhaus ein Getränkemarkt, im Pforthaus ein Eiscafé. Der frühere Schlossgarten, als Lustgarten angelegt und immerhin 20 000 Quadratmeter groß, ist nicht mehr erkennbar, da mit verschiedenen Gebäuden überbaut. An seiner nordwestlichen Seite hat sich noch ein Stück **Schlossmauer** enthalten. Sie war bei Fertigstellung gut einen Kilometer lang und durchgängig 2,30 Meter hoch und umfasste die Anlage vollständig.

Einen Teil der Räume nimmt das **Heimatmuseum** ein. Es informiert unter anderem über die Geschichte des Schlosses und des Ortes sowie die früheren Lebenswelten der in dieser Region ansässigen Menschen. Den Schwerpunkt bildet die »Erlebniswelt Renaissance« mit ihren 19 multimedialen Stationen. Als zentrale Figur begleitet Statius von Münchhausen die mit Tablet und Headset ausgestatteten Besucher. Neben der Dauerausstellung werden Sonderausstellungen gezeigt, finden Konzerte von Klassik bis Jazz statt, Theateraufführungen sowie Lesungen und Vorträge, ab und an auch Open-Air-Vorführungen im Innenhof.

Auch denjenigen, die weder die Ausstellung noch eine Veranstaltung besuchen möchten, ist eine Besichtigung

Kloster Amelungsborn liegt am Weserbergland-Weg

zu empfehlen: Allein die Betrachtung der Außenfassaden und des Innenhofs vermittelt einen umfassenden Eindruck von den künstlerischen Leistungen der Weserrenaissance.

Telegraphenstation

Der viereckige dreigeschossige Turm mit Flachdach, der auf dem sogenannten Burgberg östlich von Bevern steht, sieht sehr unspektakulär aus, auch seine frühere Bestimmung ist ihm allerdings nicht mehr anzumerken.

Zu einem, wie man damals sagte, »optischen Telegraphen« machte ihn der gut sechs Meter hohe Mast auf dem Dach, der sechs Telegraphenarme trug, drei zur linken und drei zur rechten Seite. Sie konnten jeweils in vier Positionen (0, 45, 90 und 135 Grad) gebracht werden, woraus sich 4096 mögliche Kombinationen ergaben. Die Arme erhielten Buchstaben, die einzelnen Winkel der Armstellungen Zahlen. So wurden keine Texte, sondern Buchstaben-Zahlen-Kombinationen übermittelt. Die Codierung und Decodierung erfolgte nur an den beiden Endstationen der Linie, in Köln und Berlin.

Auf der rund 700 Kilometer langen Strecke zwischen diesen beiden Städten hatte der preußische Staat ab 1832 insgesamt 62 Telegraphenstationen eingerichtet, jene bei Bevern hatte die Nummer 28. Die Abstände zwischen den Türmen betrugen 6 bis 14 Kilometer. Im Grunde handelte es sich um eine Art Stille-Post-System, mit dem der Staat auch längere Nachrichten – zumeist militärischer Natur – von Köln nach Berlin senden konnte. Das dauerte etwa zwölf Stunden und war damit deutlich schneller als eine Nachrichtenübermittlung durch berittene Boten, die mehrere Tage in Anspruch nahm. Im Turm waren Wohnräume und ein Wachzimmer für die Mannschaften eingerichtet.

Die Anlage wurde bereits 1849 wieder stillgelegt – das Zeitalter des Morsens war angebrochen. Fast alle Türme verschwanden in den darauffolgenden Jahrzehnten, der bei Bevern überlebte als einer der wenigen. Zunächst nutzten ihn die örtlichen Revierförster, später war hier ein Ausflugslokal untergebracht. Seine Zukunft ist ungewiss, eine museale Nutzung wäre angebracht.

Auf den kleineren Hügeln rund um die einstige Telegraphenstation erstrecken sich Wäldchen und Wiesen. Auf der **Frauenschuhfläche** in unmittelbarer Nähe des Turms hat sich der Frauenschuh ausgebreitet, eine Orchideenart. Ein Besuch von Turm und Wiese ist zur Blütezeit im Mai/Juni am schönsten; geführte Wanderungen können über die Tourist-Information Solling-Vogler-Region erfragt werden.

Mit dem Auto fährt man bis zum Wanderparkplatz Schullenhufe zwischen Bevern und Negenborn (B 64); ab da sind es noch gut zwei Kilometer zu Fuß. Auf dem Parkplatz stehen Infotafeln.

▸ Karte S. 128

Kloster Amelungsborn

Eine reizvolle, wenig bekannte Klosteranlage findet sich etwa acht Kilometer östlich von Bevern, an der B 64 Richtung Eschershausen. Kloster Amelungsborn gehört zu den ältesten Zisterzienserklöstern in Norddeutschland. Es wurde um 1130 durch Mönche vom Niederrhein begründet, die auf Einladung des Northeimer Grafen Siegfried IV. hierher gekommen waren. Seit der Reformation untersteht es der evangelischen Kirche.

Die Klosterkirche wurde im 12. Jahrhundert im romanischen Stil errichtet und um 1350 erweitert und gotisch umgestaltet. Das Bauwerk erlitt wie auch einige der anderen Gebäude auf dem Areal am Ende des Zweiten Weltkriegs ernsthafte Schäden und musste bis 1959 teilrekonstruiert werden. Darum stammen die auffälligen bunten Fenster teils aus dem Spätmittelalter, teils aus dieser Wiederaufbauphase. Man betritt die Anlage durch ein spätgotisches **Torhaus,** Teil der vollständig erhaltenen, um 1300 errichteten, etwa drei Kilometer langen **Umfassungsmauer** des Klosterbezirks. Innerhalb der Mauer sind **Bruchsteinscheunen** aus dem 18. und 19. Jahrhundert und ein klassizistisches **Herrenhaus** erhalten, der Kreuzgang und einige andere Nebengebäude dagegen nicht mehr. Insgesamt wirkt das Ensemble mit seiner **Schmiede** in einem Fachwerkhaus wie ein großzügiger Gutshof. Ein **Kräutergarten** macht den Aufenthalt noch reizvoller. Er wurde nach Anlagekriterien und mit Pflanzen gestaltet, wie sie in Quellen des 9. bis 16. Jahrhunderts überliefert sind.

Kloster Amelungsborn liegt am Pilgerweg Loccum-Volkenroda (→ S. 258). Die Pilgerherberge ist klein, eine vorherige Anmeldung ratsam. Gelände und Kirche sind tagsüber frei zugänglich, Führungen finden auf Anfrage statt.

Ebersnackenturm

Auf der höchsten Ergebung des Voglers, dem 460 Meter hohen Ebersnacken, steht der 26 Meter hohe Ebersnackenturm, eine leicht pyramidale Holzkonstruktion. Nach 123 Stufen ist die Aussichtsplattform erreicht. Über die Baumwipfel hinweg eröffnet sich hier der – neben der Aussicht vom Köterberg (→ S. 139) – wohl hinreißendste Blick ins Wesertal, dazu über den Vogler, zu Solling und Ith und bei gutem Wetter sogar bis zum Harz.

Mit dem Auto ist der Turm nicht unmittelbar erreichbar, ab Holenberg (3,5 km) oder Eschershausen (5 km) führen ausgeschilderte Wanderwege mit einigen kurzen steilen Wegabschnitten dorthin.

Holzminden, Bevern

Stadtmarketing, Markt 2, 37603 Holzminden, Tel. 05531/992960; Mo–Fr 10–17 (Winter 10–16), Sa 10–13 Uhr. »Dufte Stadtführungen« tel. vereinbaren. www.stadtmarketing-holzminden.de

Solling-Vogler-Region im Weserbergland e.V., Lindenstr. 8, 37603 Holzminden/Neuhaus, Tel. 05536/960970. Zuständig u. a. für Bevern, Bodenfelde, Boffzen und Fürstenberg sowie Wesertal. www.solling-vogler-region.de

Holzminden liegt an der **Bahnstrecke** Altenbeken–Kreiensen.

▸ **Holzminden:**

Hellers Krug, Altendorfer Str. 19, 37603 Holzminden, Tel. 05531/2001; DZ ab 99 Euro. Ca. 1,5 km östlich des Marktes. Restaurant tgl. 18–21.30 Uhr, für hiesige Verhältnisse gehobene Küche mit leichter saisonaler Orientierung. Restaurant im Fachwerkhaus von 1721, die geschmackvollen Zimmer in den modernen Nebengebäuden; ruhig gelegen. www.hotel-hellers-krug.de

Hotel Buntrock, Karlstr. 23, 37603 Holzminden, Tel. 05531/93730; DZ ab 70 Euro, VP möglich. Zentral, bikerfreundlich. www.hotel-buntrock.de

Felsenkeller, Hoher Weg 34, 37603 Holzminden, Tel. 05531/4624; Mi–Sa 11–24 (Küche 11–14 u. 18–22) Uhr, So 11–24 (Küche 11–14 u. 17–20) Uhr. Familientradition seit 1848 in Bahnhofsnähe; Restaurant, Café, Biergarten, viel Fleisch auf der Karte. www.felsenkeller-holzminden.de

Weserstübchen, Uferstr. 3a, 37603 Holzminden, Tel. 05531/4678; Mo, Mi–Fr ab 16, Sa, So ab 11 Uhr. Etwas altmodische und schnitzellastige Karte, attraktiver ist der Biergarten direkt an der Weser. www.weserstuebchen.de

Essighof, Halbmondstr. 4, 37603 Holzminden, Tel. 05531/140936; Di–Sa 12–14 und ab 18 Uhr. Restaurant-Kneipe mit Kicker und Billard in einer Brennerei von 1775. Kleinigkeiten, Hauptgerichte, beliebt bei Stammgästen sind die Burgervariationen und die Cocktailkarte. Besonders abends sehr stimmungsvoller Innenhof. www.essighof-holzminden.de

▸ **Bevern und Umgebung:**

Gasthaus Hesse, Forster Str. 6, 37639 Bevern, Tel. 05531/8364; Di–So 17–23 Uhr. Gute Adresse für Schnitzel- und Burgerliebhaber, Biergarten, nur Barzahlung. https://gasthaushesse.eatbu.com

Restaurant Bikerhaus, Brunnenstr. 14, 37639 Bevern-Lütgenade, Tel. 05532/999615; Preise für Zimmer und FeWos auf Anfrage. Hotel-Restaurant explizit für Motorradfahrer. Klasse Lage am Rand der Rühler Schweiz. Auf der Karte viel Fleisch und große Burger. www.bikerhaus.de

Zur Hünenburg, Hökerstr. 12, 37640 Golmbach, Tel. 05532/8370; Di–Sa ab 17, So ab 10 Uhr. Schöne Lage am Rand der Rühler Schweiz; viel Fleisch, Flammkuchen. www.zur-huenenburg.info

Mobilcamping Holzminden, Stahler Ufer 16, 37603 Holzminden, Tel. 05531/990965. www.mobilcamping.de

Eiscafé Bruno, direkt am Schloss Bevern; tgl. 10–20 Uhr. Eis und Kaffee.

Kaffeestube am Beverbach, Kaspul 3, 37639 Bevern, Tel. 05531/80838; Fr–So 14–18 Uhr, Bio-Wochenmarkt Fr 9–17 Uhr. Etwas versteckt, ca. 500 m zum Schloss. Seit mehr als 25 Jahren selbstgebackene Vollwertkuchen im Zeichen von Bio und Fair Trade.

Salut-le Café Bistro, Obere Str. 24, Holzminden, Tel. 05531/9826464. Köstliche süße Knabbereien und sehr gute Kaffeevariationen.

Lutherkirche, Ostern–Reformationstag frei zugänglich (Radwegekirche).

Schloss Bevern, Schloss 1, 37639 Bevern, Tel. 05531/1216436; Museum Ostern-Okt. Di–So 10–17 Uhr. www.schloss-bevern.de

Brauerei Allersheim, Allersheim 6, 37603 Holzminden, Tel. 05531/1250; Besichtigung Mi u. Fr 14–17 Uhr. www.brauerei-allersheim.de

Kloster Amelungsborn, 37643 Negenborn. www.kloster-amelungsborn.de

Riedels Ketchup-Manufaktur, Breslauer Str. 69, 37639 Bevern, Tel. 05531/1273158; Laden Do, Fr 10–18, Sa 8.30–13 Uhr. In dem kleinen Familienunternehmen wird seit über 30 Jahren produziert, derzeit 16 verschiedene Sorten. www.riedels-ketchup.de

Zwischen Holzminden und Bodenwerder

▸ Karte S. 128

Viele Weserkenner halten den Abschnitt zwischen Holzminden und Bodenwerder mit seinen zahlreichen Kurven und Kehren, Prall- und Gleithängen sowie den teils hohen und bis unmittelbar an die Ufer ragenden Bergen für einen der schönsten oder gar den schönsten überhaupt. Die topographischen Gegebenheiten verhinderten die Ausbildung größerer Ortschaften, für den Bau der modernen

Unterhalb der Eversteiner Burg pendelt die Fähre

Straßen waren an manchen Stellen sogar Sprengungen nötig. Bedeutendster Ort auf diesem Abschnitt ist zweifellos Polle, ehemals Sitz der Grafen von Everstein.

Forst

Zwischen 1493 und 1807 befand sich hier, an der Straße nach Rühle und der **Fähre** nach Polle, das herzoglich braunschweigische Amt Forst, das die Weserregion verwaltete. Teile des alten **Amtshofes** sind erhalten, darunter Speichergebäude.

Heinsen

Der Anker im Wappen des kleinen, 1031 erstmal erwähnten Heinsen verdeutlicht, dass der Ort früher wie so viele andere entlang der Weser von der Schifffahrt und der Fischerei, vom Treideln und Flößen lebte. Darüber informiert das kleine **Heimatmuseum** im Ort mit Modellen, alten Werkzeugen und vielem mehr. Es befindet sich in der früheren Dorfschule und thematisiert auch die Entwicklung der Landwirtschaft. Die bescheidene **Kirche** stammt aus der Zeit um 1230. Heinsen ist recht hübsch – entlang der wenigen Straßen reihen sich die gut erhaltenen Fachwerkhäuser –, schön gelegen, und den Blick auf die **Heinser Klippen** am gegenüberliegenden Ufers kann man nur als malerisch bezeichnen. Eine **Personen- und Fahrradfähre** verbindet beide Seiten.

Polle

Den schönsten Blick auf Polle erhält, wer sich auf der Straße am rechtsseitigen Ufer der Fährstelle nähert: Schroff und malerisch zugleich erhebt sich die Burgruine auf einem steil abfallenden Hügel über der Weser – ein Bild wie aus dem Märchen. Früher diente die Burg militärischen und auch repräsentativen Zwecken, heute steht sie ganz im Zeichen Aschenputtels.

Zu ihr gelangt man mit der **Gierseilfähre.** Die heutige verrichtet seit 1988 ihren Dienst und kann neben Fahrrädern bis zu 45 Personen und 4 Autos befördern. Das kleine klassizistische **Fährhaus** auf der anderen Seite stammt noch aus der Postkutschenzeit.

Die **Eversteiner Burg** war um 1200 fertiggestellt und lange Zeit Sitz der Grafen

In der Eversteiner Burgruine

von Everstein, fiel 1407 an die Welfen und ist seit dem Dreißigjährigen Krieg, obwohl sie als uneinnehmbar galt, nur noch eine Ruine. Der Neubau des Amtshauses (1656) wurde 1945 ebenso wie eine größere Anzahl an Bürgerhäusern im Ort bei Kampfhandlungen zwischen deutschen Einheiten und Truppen der US-Army zerstört. Ab 1890 fanden erste Instandhaltungsarbeiten an der Burgruine statt, aber erst von 1984 bis 1988 aufwendige Maßnahmen zur Erhaltung und in diesem Rahmen auch wissenschaftlich begleitete Grabungen.

Man betritt das Areal durch das erhaltene Portal aus der Renaissancezeit mit dem Wappen des Herzogs Heinrich Julius von Braunschweig. Vom 20 Meter hohen Bergfried bietet sich den Besuchern eine wunderbare Fernsicht über die Weserschleife, auf Polle, die benachbarten Orte und die gegenüberliegenden Berge. Seit 2013 führt der **Aschenputtelweg** einmal rund um die Burg. Der berühmte Schuh am Wegrand ist etwas größer und unförmiger, als nach der Lektüre des Märchens zu erwarten wäre. Die Illustrationen der Märchentafeln am Weg entstammen dem vom Kasseler Künstler Markus Lefrancois mit Poller Motiven reich bebilderten Aschenputtelbuch.

Wer seine Auseinandersetzung mit Aschenputtel noch weiter vertiefen möchte, findet im kleinen **Museum Burg Polle** im Haus des Gastes (am Eingang zur Burg) ein Aschenputtelzimmer. Daneben gibt es aber auch Fundstücke aus den archäologischen Grabungen zu sehen, die eine Menge über die Geschichte und das Leben auf der Burg erzählen. Seit 1995 verwandelt sich an jeden dritten Sonntag im Monat die Unterburg in die **Aschenputtelbühne,** und eine kurze Aufführung thematisiert das Leben der berühmten Prinzessin.

Der Ort Polle liegt ein wenig im Schatten der Burg. Er wurde 1313 erstmals urkundlich erwähnt, erhielt 1374 Marktrecht und fungierte ab 1504 als Verwaltungssitz für wechselnde Territorialherren. Neben der vermutlichen 1593 geweihten Kirche **St. Georg** im Renaissancestil verdient die Handvoll **niederdeutsche Dielenhäuser** Beachtung. Die ältesten stammen aus dem frühen 16. Jahrhundert, das beeindruckendste ist wohl das Haus an der Mohrgasse von 1515.

▶ Karte S. 128

Abstecher zum Köterberg

Seit vielen Jahren ist der Köterberg ein beliebtes Ausflugsziel, gerade auch bei den Motorradfahrern, die bevorzugt an Wochenenden aus allen Richtungen kommen, um die Kurven bis zum Parkplatz auf rund 500 Meter Höhe auszukosten. Hier oben gibt es einen 80 Meter hohen Fernsehturm und das **Köterberghaus,** ein großzügig dimensioniertes oktogonales Gasthaus im Riesengebirgsbaudenstil (tgl. 9 Uhr–Sonnenuntergang). Von der baumlosen Kuppe eröffnet sich die vielleicht beste Sicht auf das Weserbergland, an klaren Tagen bis zum Herkules nach Kassel und zur Porta Westfalica zur anderen Seite, im Osten bis zum Brocken, dem höchsten Harzgipfel.

Von Polle ist es nur ein kurzer Sprung hierher - zwölf Kilometer, die es unbedingt wert sind.

Brevörde

Der Ortsname Brevörde bedeutet so viel wie »breite Furt«. Später erleichterte eine Fähre die Weserquerung. Bei einem Hochwasser 1970 sank die Fähre, mehrere Menschen starben. Danach wurde der Fährbetrieb an dieser Stelle aufgegeben. Der Ort selbst lohnt keinen Stopp, auch nicht die Kirche **St. Urban,** bei deren Errichtung von 1767 bis 1772 der Wehrturm des Vorgängerbaus integriert wurde.

Bekannt vor allem bei Rad- und Motorradfahrern ist die **Serpentinenstraße,** die von hier über 13 Kehren auf die Ottensteiner Hochfläche führt - Herausforderung und Genuss zugleich: Die als Allee angelegte Straße eröffnet in jeder Kehre Spitzenaussichten.

Ottensteiner Hochfläche

Klimatisch besitzt die Ottensteiner Hochfläche einen merklich rauheren Charakter als das vor kalten Winden gut geschützte Wesertal. Die Hochfläche wird durch Muschelkalk gebildet.

Ottenstein selbst ist nur mäßig sehenswert, interessanterweise aber die einzige verbliebene Ortschaft auf dieser Hochfläche. Früher gab es hier mehrere Dörfer, die allesamt aufgegeben wurden. Beleg dafür ist die Kirche nördlich von Ottensen; offiziell steht sie in Hattensen, tatsächlich aber allein auf weiter Flur - auch Hattensen fiel irgendwann wüst.

Die **Burg Ottenstein** mitten im Ort war mal eine Wasserburg und stammt wohl aus der Zeit um 1300. In einem Teil ist heute ein gutbürgerliches Restaurant untergebracht.

Die Pegestorfer Klippen von Dölme aus gesehen

Die Steinmühle auf einer Darstellung von 1841

Grave

Bei Grave, am Standort der früheren Gierseilfähre, verbindet eine **Solarfähre** für Fußgänger und Radfahrer die beiden Weserufer. Die Solaranlage zur Speisung der Batterien befindet sich auf dem Dach des ehemaligen Fährhauses am Campingplatz. Hier gibt es auch eine Stromtankstelle für E-Bikes.

Pegestorf

Hinter Grave zwingen Kalksandsteinklippen die Weser zu einer scharfen Rechtskurve. In Jahrtausenden hat der Fluss den Kalkstein des Mühlenbergs ausgewaschen und ausgefräst. Als um 1830 eine Straße angelegt wurde, musste mit Sprengungen an manchen Stellen erst der nötige Platz geschaffen werden. Die Klippen stehen unter Naturschutz, Uhus und Milane fühlen sich hier offenbar besonders wohl.

Eng schmiegt sich die **Steinmühle** an eine dieser Klippen. Ihre beiden oberschlächtigen Wasserräder wurden von einer Karstquelle gespeist, die auch heute noch aus dem Gestein hervortritt. Eine Mühle an dieser Stelle wird bereits im 11. Jahrhundert als Corveyer Besitz erwähnt, danach wechselten die Besitzer mehrmals. Über die Jahrhunderte wird sie in allen Quellen stets als »Steinmühle« (Steinmole, Steinern Muehle) bezeichnet. Dieser Name weist darauf hin, dass das Mühlengebäude aus Stein war und dass dieser Umstand zu der Zeit bemerkenswert gewesen sein muss. Der im Volksmund ebenfalls gebräuchliche Name »Teufelsmühle« (Düvelsmühle) mag dagegen von einem Müller dieses Namens herrühren. Biegt man aus Richtung Polle vor Pegestorf nach links von der B 83 in die K 11 ab und folgt dann der Ausschilderung, erreicht man alsbald das **Senator-Meyer-Denkmal.** Es ehrt den Gründer der Oberweser-Passagier-Dampfschifffahrt, Friedrich-Wilhelm Meyer (1840–1927), der in Hameln sein Geschäft betrieb. Er kaufte die »Fürst Bismarck« und startete mit ihr im Mai 1883 die Linienfahrten zwischen Hann. Münden und Hameln. Im Sommer beförderte sie vor allem Touristen, im Winter diente sie als Transportschiff. Diese Initiative brachte den

▸ Karte S. 128

Tourismus an der Oberweser maßgeblich mit ins Laufen.

Einheimische nennen diesen Platz wegen der Form des braunen sandsteinernen Denkmals meist nur »Die Zigarre«. Eine Steinmauer und Bänke säumen das Denkmal, und so kann man sehr entspannt den tollen Blick auf die Weserschleife, das gegenüberliegende Dölme und Richtung Rühle und Rühler Schweiz genießen. Der Ort Pegestorf selbst, etwas weiter gelegen, besitzt keine bemerkenswerten Sehenswürdigkeiten.

Reileifzen

Das kleine Straßendorf Reileifzen ist schnell durchfahren. Erwähnenswert sind der **Imbiss** direkt am Weserufer und die Liegen, Holzschaukeln und Sitzmöglichkeiten sowie der Spielplatz auf der Wiese gleich daneben. Bei kalten Getränken und Kleinigkeiten – die Currywurst wird durchweg sehr gelobt – hat man einen schönen Blick auf die Weserschleife zwischen Brevörde und Grave, schaut auf die vorbeigleitenden Kanuten und vielleicht auch ein Ausflugsschiff – fast wie Kino (Mai–Sept. tgl. 11–18, April, Okt. Sa, So 11–18 Uhr, www.weser-imbiss.de).

Dölme

Einige hübsche Fachwerkhöfe gibt es in Dölme, einen Blick ist aber vor allem die **Infotafel** an der Hauptstraße wert. Sie erläutert die Geschichte des Treidelns. So erfährt man etwa, dass das Treideln eines Schiffs von Hann. Münden nach Bremen acht bis zehn Tage dauerte, die gleiche Strecke stromaufwärts aber 18 Tage. Getreidelt wurde bis zur Mitte des 19. Jahrhunderts. Mit dem Aufkommen der Dampfschifffahrt verschwanden auch die meist drei Meter breiten Treidelwege. In Dölme ist 2002 ein Stück **Treidelpfad** rekonstruiert worden, ihm gegenüber erheben sich die markanten Steinfelsen von Steinmühle.

Rühle

Mit seinen Fachwerkhäusern entlang der verwinkelten und für Weserverhältnisse steil bergauf und bergab verlaufenden Straßen gehört Rühle zu den schönsten Dörfern der Gegend. Es liegt zudem am Rand der vielgerühmten Rühler Schweiz – für Außenstehende unverständlich, dass es hier zwar einen Campingplatz unmittelbar am Weserufer, aber weder Pension noch Lokal gibt.

Blick vom Weinberg über Rühle

Das ehemalige Bauerndorf, seit 1973 ein Ortsteil von Bodenwerder, wurde wohl um 1080 gegründet und befand sich seit 1409 im Besitz der Herzöge von Braunschweig. So erklärt sich auch das **Denkmal** oberhalb des Ortes auf dem Weinberg. Es stellt einen Löwen dar, der das Wesertal zu bewachen scheint. Aus Dankbarkeit für die »Befreiung vom Fronzins« wurde dem letzten regierenden Herzog Wilhelm zu Braunschweig und Lüneburg zu Ehren und Erinnerung 1908/1909 von den Rühler Einwohnern dieses Denkmal errichtet. Rühler Bürger gründeten eigens die Alt-Braunschweigische Vereinigung, die die Verbundenheit ihres Ortes mit dem braunschweigischen Herrscherhaus wachhalten sollte. Der Löwe ist allerdings eine Kopie. Das Original, das eigentlich hier platziert werden sollte, sitzt seit 1909 auf dem Giebel einer Scheune des Gutshofes Hehlen. Es gab Unstimmigkeiten zwischen dem Verein und Graf von der Schulenburg aus Hehlen, der den Löwen aus einem Stein auf seine Kosten hatte meißeln lassen.

Diese alten Geschichten aber werden vollkommen unwichtig angesichts des grandiosen Ausblicks auf Rühle, Pegestorf und die sich dahinschlängelnde Weser, die sich vom Denkmal aus eröffnet – viel fotografiert und in fast jedem Buch zur Weser zu finden.

Die Ausschilderung im Ort ist karg. Am höchsten Punkt der Straße Am Weinberg gibt es ein kleines Schild, das Besucher auf den richtigen Pfad führt. Etwa zehn Minuten Fußweg, einige steile Stellen.

Rühler Schweiz

Die Rühler Schweiz erstreckt sich etwa zwischen Rühle, Reileifzen und Golmbach. Hier gehen die Hügel mit ihren Feldern, Waldstücken und erstaunlich zahlreichen Streuobstwiesen ineinander über, die höchste Erhebung bildet der Große Schweinsberg (329 m).

Auf den Wiesen sind Schlehe, Weißdorn und Orchideenarten verbreitet, die Echte Schlüsselblume taucht im März/April manche Wiesen in ein fröhliches Gelb. Es finden sich Apfel- und Birnbäume, aber die Kirsche dominiert. Im April/Mai ist hier eine wahre Blütenpracht zu erleben. Dann wird in **Golmbach** auch das große **Kirschblütenfest** inklusive Wahl der Kirschblütenkönigin gefeiert. Kleinere Feste finden auch in Rühle und Reileifzen statt.

Die Straße von Rühle auf die Hochfläche mit ihren teils engen, teils langgezogenen Kehren und bis zu 15 Prozent Steigung ist ein fahrerischer Hochgenuss.

Wanderungen ab Rühle

Ab Rühle lassen sich auf zwei Wandertouren die Schönheiten dieses Weserabschnitts besonders gut erleben.

▸ Rühle–Golmbach–Rühle

In Rühle geht es von der Straße Im Brundel aufwärts bis zum Hangberg, wo sich die erste schöne Sicht auf die Weser eröffnet, und von hier weiter nach Lütgenade. Von dort führt ein Feldweg – man muss nicht an der Autostraße laufen – nach Warbsen und dann weiter nach Golmbach. Immer wieder eröffnen sich wunderbare Ausblicke gen Weser und in die Rühler Schweiz. In Golmbach ist etwa die Hälfte der Tour geschafft. Von hier führt ein Feldweg, bald ein Waldweg an einer Schutzhütte vorbei zum Weinberg mit dem Löwendenkmal. Der fantastische Blick von hier über Rühle, Pegestorf und die Weserschleife ist sicherlich der Höhepunkt unserer Tour. Vom Denkmal sind es nur noch wenige Schritte zurück nach Rühle, unserem Ausgangspunkt.

▸ Ca. 18 km, 5–6 Std. Nicht der ganze Weg ist gut ausgeschildert – man sollte eine gute Karte dabei haben und eventuell

▸ Karte S. 128

auch etwas Verpflegung, denn die Lokale in Golmbach haben nur abends oder am Wochenende geöffnet: Zur Hünenburg (Di–Sa ab 17 Uhr), Landgasthaus Zum Rosengarten (Mi–So ab 17 Uhr), Ofenhaus-Café (Sa, So ab 14 Uhr).

▸ **Rühle–Bodoturm–Rühle**
Vom Wanderparkplatz Rühle aus geht es zunächst am Weinberg entlang und etwas steil hinauf zum Herzog-Wilhelm-Denkmal. Von hier sind es knappe fünf Kilometer bis zum Bodoturm (ausgeschildert). Von der 20 Meter hohen Stahlskelettkonstruktion genießt man einen herrlichen Blick ins Wesertal und seit Orkan Kyrill im Januar 2007 auch zum Ith. Zurück geht es entweder auf dem gleichen Weg oder etwas südlicher über dem Schnittkopf; die Distanz ist fast die gleiche.
▸ Ca. 11,5 km, 3,5 Std. Keine Einkehrmöglichkeit an der Strecke.
Der kürzeste Weg zum Bodoturm ist der von Breitenkamp, ab Friedhof sind es etwa 1,5 km einfache Wegstrecke. Der Weg ist aber stellenweise recht steil.

i Zw. Holzminden und Bodenwerder

Tourist-Informationen in Bodenwerder (→ S. 152), zu Golmbach in Holzminden (→ S. 135).

Personen- und Fahrradfähre Heinsen, Tel. 05535/9519491; April–Juni Do, Fr 14–18, Sa, So 10–18, Juli, Aug. Mi–Fr 14–18, Sa, So 10–18, Sept. Fr 14–18, Sa, So 10–18 Uhr. Nur Fußgänger/Fahrräder.
Gierseilfähre Polle, April–Dez. Mo–Fr 6.30–19, Sa 8–19, So 10–18 Uhr. Auch für Pkw. www.polle-weser.de
Solarfähre Grave, Mai–Mitte Sept. Mo–Fr 14–20, April, Sept., Okt Mo–Fr 14–18, Sa, So 10–18 Uhr. Nur Fußgänger/Fahrräder. www.kulturverein-grave.de

In **Rühle** weder Unterkunft noch Einkehrmöglichkeit, Hotels/Lokale in Golmbach und Lütgenade: → S. 135.
Altes Backhaus, Weserstr. 22, 37649 Heinsen, Tel. 0171/9218973; April–Sept. Mi–Fr 12–19, Sa, So 9–19 Uhr. Kuchen, Waffeln, Eisbecher, auch rustikal-günstiges Imbissangebot. Direkt am Wasser.
Hotel zur Burg, Amtsstr. 10, 37647 Polle, Tel. 0171/4993640; DZ um 80 Euro. Direkt an der Burg, Restaurant mit solider Euro-Mix-Küche und Terrasse zur Weser. Bikerfreundlich. www.culturehotels.de
Restaurant-Café Graf Everstein, Amtsstr. 6, 37647 Polle, Tel. 05535/998780; Mi, Do 17.30–22, Fr–So 11–14.30 u. 17.30–22 Uhr. Gutbürgerliche Küche, wunderbarer Blick auf die Weserschleife. www.graf-everstein.de
Sievershagener Mühle, Sievershagen 2, 31868 Ottenstein, Tel. 05286/202; DZ im Haupthaus um 70 Euro, FeWo im Grünen ab 65 Euro. Landgasthof mit Pension im historischen Fachwerkhaus der Sievershagener Mühle, auch Forellen und Wild aus der Umgebung auf der Karte (Gasthof Mi–So ab 12 Uhr).
www.sievershagenermuehle.de

Weserbergland-Camping, Weserstr. 66, 37649 Heinsen, Tel. 05535/8733.
www.weserbergland-camping.de

Heimatmuseum Heinsen, Weserstr. 22, 37649 Heinsen, Tel. 05535/604; Mai–Okt. So ab 15 Uhr. Gruppenführungen nach Vereinbarung.
Museum und Burg Polle, Amtsstr. 4, 37647 Polle, Tel. 05533/40559; Mai–Okt. tgl. 10–19 Uhr.

Werksverkauf Weserbergland Brennerei, Weserstr. 1, 37649 Heinsen; Mo, Fr 10–14, Di, Do 13–17 sowie nach Vereinbarung. Exquisite Spirituosen, ca. 50 Sorten, die Qualität hat ihren Preis.
www.weserbergland-spirituosen.de

Münchhausen – Lügenbaron wider Willen

Als tollkühner Offizier, der auf einer Kanonenkugel reitet, als wagemutiger Adliger, der mitsamt Pferd quer durch eine fahrende Kutsche springt, als neugieriger Weltenbummler, der bis nach Russland und in die Türkei vorstößt und en passant Enten gleich im Dutzend schießt oder sich geistesgegenwärtig am eigenen Schopf aus dem Sumpf zieht – kurzum: als literarische Figur genießt Münchhausen große Popularität. Die historische Person dagegen ist dahinter gänzlich verschwunden. Nähert man sich ihr, wird eines sehr deutlich: Münchhausen wie gemeinhin üblich als »Lügenbaron« zu bezeichnen, wird ihm alles andere als gerecht.

Hieronymus Carl Friedrich Freiherr von Münchhausen wurde am 11. Mai 1720 im Gutshaus zu Bodenwerder geboren, als Sohn von Georg Otto von Münchhausen, Offizier der Kavallerie, Gutsherr auf Rinteln und Bodenwerder, und dessen Frau Sibylle Wilhelmine von Reden. Er war das dritte von insgesamt acht Kindern, sein Vater starb früh. Mit 13 Jahren verließ Hieronymus Bodenwerder und diente, adligem Brauch folgend, zunächst zwei Jahre als Page auf Schloss Bevern (→ S. 132) und anschließend am Braunschweiger Hof in Wolfenbüttel. Im Dezember 1737 folgt Hieronymus seinem Dienstherrn, dem Prinzen Anton Ulrich, nach St. Petersburg, denn der Prinz hatte eine Nichte der russischen Zarin geheiratet. Hieronymus trat in das Regiment »Braunschweig« ein und nahm vermutlich am Russisch-Österreichischen Türkenkrieg (1736–1739) teil. Er wurde 1739 zum Fähnrich der russischen »Braunschweig-Kurassiere» ernannt, kurz darauf zum Leutnant und nahm am Russisch-Schwedischen Krieg (1741–1743) teil. Danach kam seine Karriere wegen politischer Wirren ins Stocken, er hielt sich meist in Riga auf. Dort lernte er die baltische Adlige Jacobine von Dunten kennen. Die beiden heirateten 1744 und gingen 1750 nach Bodenwerder. Die Ehe war kinderlos, aber glücklich und hielt bis zum Tod Jacobines im Jahr 1790.

Münchhausen auf der Kanonenkugel, Illustration von Gottfried Franz (um 1895)

Nach der Rückkehr in seinen Heimatort führte Münchhausen das typische Leben eines Landedelmanns jener Zeit. Er war vornehmlich mit der Verwaltung seiner Güter beschäftigt, ging viel auf die Jagd – und war mit diesen Tätigkeiten wohl kaum ausgefüllt. Und so vertrieb er sich die Zeit gern mit geselligen Runden, in der Schnurren aller Art zum Besten gegeben wurden. Eigens dafür ließ sich Münchhausen ein Gartenhaus in der Nähe des Gutshauses bauen. In diesen Runden, bei Tabak und Wein und im Kreis seiner adligen (Jagd-)Freunde, entfaltete sich das Talent Münchhausens als Erzähler von interessanten Geschichten. Er griff auf seine Erfahrungen als Soldat zurück, die ihn in viele Länder und vor einige Festungen geführt hatten, auf seine Eindrücke von seinen Reisen durch Russland, und er ließ sich auch von seinen Erlebnissen bei der Jagd inspirieren. Ob er bekannte Schwänke einflocht, auf Vorbilder zurückgriff oder Geschichten aus seiner näheren Umgebung einwob, ist nicht klar. Manche mutmaßen, eine unterbeschäftige, dabei fabulierfreudige Szene unter den baltischen Adligen habe ihn in seiner Rigaer Zeit geprägt. Münchhausen besaß offensichtlich Gespür für die Dramaturgie einer Geschichte und aufmerksamkeitsheischende Effekte und machte sich bald einen Namen als Geschichtenerzähler. Er war deswegen gern gesehener Gast auf Festen in der Umgebung, und umgekehrt kamen nicht zuletzt deswegen Gäste zu den regelmäßig abgehaltenen Runden nach Bodenwerder.

Gelegentlicher Gast soll auch der Dichter und Bibliothekar Rudolf Erich Raspe gewesen sein, ein entfernter Bekannter des Barons. Raspe wurde wegen Unterschlagung polizeilich gesucht und floh 1785 nach England. Er veröffentlichte, vermutlich weil er in Geldnöten steckte, 1786 anonym ein Buch mit dem Titel *Baron Munchhausen narratives of his marvellous travels and campaigns in Russia*, das in schneller Folge mehrere Nachauflagen erlebte. Bereits im gleichen Jahr erschien die ins Deutsche übersetzte Ausgabe unter dem Titel *Wunderbare Reisen zu Wasser und zu Lande – Feldzüge und lustige Abenteuer des Freiherrn von Münchhausen*. Sie stammte vom Göttinger Dichter Gottfried August Bürger, wohl unter Mitarbeit des belesenen, geistreichen Naturwissenschaftlers und glänzenden Aphoristikers Georg Christoph Lichtenberg. Die beiden ergänzten, erweiterten und gingen überhaupt mit der englischen Vorlage recht frei um. Auch die deutsche Fassung fand schnell Anklang, jede Nachauflage wartete mit neuen staunenswerten Details auf. Anderen Darstellungen zufolge erschien eine erste Sammlung von Geschichten bereits 1781 und wurde von Raspe lediglich ins Englische übertragen.

Das Buch entwickelte sich rasch zu einem Verkaufserfolg und wurde auch bald in andere Sprachen übersetzt. Die lebendige und humorvolle Sprache, die – vermeintliche – Bindung an eine historisch verbürgte Person, die dramaturgisch geschickte Textgestalt, die Exotik der Schauplätze und die spielerische Überwindung physikalischer und biologischer Gesetzmäßigkeiten trugen dazu bei, dass die Geschichtensammlung bis heute viel gelesen wird, gerade in Jugendbuchausgaben. Große Popularität erlangten auch die zahlreichen Verfilmungen (Trick- und Spielfilm), unter denen die ungemein aufwendige UFA-Produktion mit Hans Albers in der Titelrolle bis heute am bekanntesten ist. Sie kam im März 1943 in die Kinos und avancierte schnell zum Publikumsrenner. Das Drehbuch verfasste Erich Kästner. Da ihn die Nazis mit Schreibverbot belegt hatten und er als Autor offiziell nicht in Erscheinung treten durfte, legte er sich das Pseudonym Berthold Bürger zu. Kästners Drehbuch geht recht frei mit der Vorlage um und lässt Albers, zu dieser Zeit einer der größten Filmstars in Deutschland, als Vorläufer von James Bond glänzen, enthält dabei aber zahlreiche subtile Anspielungen auf die »kaputte« Zeit.

Festzuhalten bleibt, dass Münchhausen eine Veröffentlichung nie angestrebt hat und dass die veröffentlichten Geschichten nur noch wenig mit seinen Erzählungen gemein hatten. Münchhausen sah seinen Namen verunglimpft, sich selbst

Bis heute ist der Baron in Bodenwerder allgegenwärtig

zum Gespött gemacht und erwog zeitweilig, Autoren und Verleger zu verklagen. Einer seiner Biographen bemerkt, der Baron, durch den Tod seiner geliebten Frau ohnehin psychisch angeschlagen, sei im Alter immer verschlossener und misstrauischer geworden.

Im Jahr 1794 heiratete er die 20-jährige Berhardine Brunsig von Brun aus dem nahegelegenen Polle. Der Baron sah sich schon bald nach der Hochzeit von seiner Frau finanziell übervorteilt und warf ihr eheliche Untreue vor. Ein dreijähriger, zäher, aufsehenerregender Scheidungsprozess folgte, dessen Ende Münchhausen nicht mehr erlebte. Finanziell ruiniert und vereinsamt starb er am 22. Februar 1797 in seinem Geburtshaus. Er ist in der Klosterkirche in Kemnade (→ S. 149) beigesetzt.

Nach einer Lesart streute die Seite seiner Frau während des Prozesses gezielt Gerüchte und brachte unter Verweis auf das bekannte Buch die Verleumdung »Lügenbaron« in die Öffentlichkeit. Einer anderen Lesart zufolge etablierte sie sich bald schon nach der Veröffentlichung der ersten Auflage. Dieser unfreiwillige Titel verbitterte Münchhausen und klebt doch bis heute an ihm.

Der Freiherr verbrachte 60 Jahre seines Lebens in Bodenwerder.. Nur dort, in seinem Geburts- und Sterbeort, werden die Mythen um ihn und die Hintergründe erläutert, tritt der »wahre« Baron hervor.

Bodenwerder und Umgebung

Seit 2013 nennt sich Bodenwerder offiziell Münchhausenstadt, und besser lässt sich nicht ausdrücken, worin die touristische Bedeutung des kleinen Städtchens liegt: Carl Friedrich Hieronymus von Münchhausen (1720–1797) wurde in Bodenwerder geboren und verbrachte einen Großteil seines Lebens hier. Heute ist die Vermarktung ganz auf den berühmten »Lügenbaron« (→ S. 144) ausgerichtet.

Bodenwerder bedeutet »Insel des Bodo«, und womöglich geht der Name auf Ritter Bodo von der Homburg zurück, den ersten Herrn der Stadt. Der Ort entstand um 1245 - nach anderen Angaben bereits um 1200 - als Anlage nach Plan auf einer Insel. Er erhielt 1287 Stadtrechte. Auf der östlichen Seite der Weser mündet die Lenne ein, ihr Tal führt in Richtung Einbeck. Insel, Lennetal und eine Weserfurt zwischen beiden führten zur Ausbildung eines Handelsweges. Bodenwerder entwickelte sich demzufolge als Handelsort, dessen geschützte Lage den Aufschwung beförderte. Schon um 1300 lebten hier vermutlich 2000 Menschen, es war also eine für damalige Verhältnisse größere Stadt. Die wirtschaftliche Blüte hielt bis zum Dreißigjährigen Krieg an; Zeugnisse der früheren Bedeutung und des einstigen Wohlstands sind die Fachwerkhäuser, die Kirche und die Reste der Stadtbefestigung.

Überall im Ort werden die berühmten Münchhausen-Geschichten thematisiert

Erst 1948, als die alten Festungsgräben zugeschüttet wurden, verlor Bodenwerder den Charakter einer Inselstadt. Heute erstrecken sich Parkanlagen anstelle der Gräben. Gleichwohl ist die Lage des Ortes inmitten bewaldeter Hügel sehr reizvoll, und sein historisches Zentrum würde auch ohne den allgegenwärtigen Münchhausen einen Besuch rechtfertigen.

Sehenswürdigkeiten

Im Ortskern bilden die mehr als 100 Fachwerkhäuser aus mehreren Jahrhunderten ein harmonisches Ensemble, aber natürlich stellen die mit der Familie Münchhausen verbundenen Gebäude die Hauptattraktion dar. Der frühere **Münchhausen-Gutshof** besteht aus drei Gebäuden: dem Hauptgebäude, der Schulenburg und einem Nebengebäude. Das Hauptgebäude (1603) wird oft auch als Münchhausen-Geburtshaus bezeichnet. Es beherbergt heute das **Rathaus.** Statius von Münchhausen engagierte Johann Hundertossen aus Hameln als Baumeister, als dessen Hauptwerk das Schloss in Bevern gilt (→ S. 132). Das Nebengebäude war eine Zeitlang eine Brennerei und ist jetzt unter anderem Sitz der **Touristen-Information.** Der Vater des berühmten Barons ließ es 1720 errichten. Vor dem Rathaus liegen Platten im Boden. Seit 1997, dem 200. Todestag Münchhausens, verleiht die Stadt jedes Jahr im September den Münchhausen-Preis für besondere Leistungen auf dem Gebiet der Darstellungs- und Redekunst. Geehrt wurden bisher unter anderem Rudi Carrell, Norbert Blüm. Annette Frier, Eckart von Hirschhausen und Ephraim

Kishon. Im **Stadtpark** vor dem Rathaus schaut sich ein Reiter auf einem halbierten Pferd irritiert nach hinten um.

Zum Gutshaus gehört auch der **Münchhausen-Pavillon**, allgemein »Grotte« genannt. Ihn ließ der »Lügenbaron« 1763 anlegen – hier fanden die berühmten Fabulierabende statt. Der Pavillon liegt, etwas versteckt, im Berggarten westlich des Stadtparks.

In der um 1300 errichteten Schulenburg ist das **Münchhausen-Museum** untergebracht. Es zeichnet unter dem Motto »Phantasie lügt nie« mit zahlreichen Exponaten aus dem persönlichen Besitz, Dokumenten und Bildern das Leben des Barons nach, thematisiert aber auch die Stadtgeschichte. Die über 1100 Ausgaben des berühmten Buches in mehr als 40 Sprachen zeigen, dass die Geschichten weltweit populär waren und sind. Zahlreiche Objekte in Vitrinen greifen einzelne berühmte Szenen daraus auf. Bei ihrer Betrachtung lässt man sich gern von der Richtigkeit einer dem Baron zugeschriebenen Aussage überzeugen: »Auch an meine Reiseabenteuer habe ich die schönsten Erinnerungen. Durch Klugheit, Mut und Gegenwart des Geistes gelang mir jeder Streich.«

Das Museum leistet mit der Dauerausstellung, Sonderausstellungen und Vorlesestunden eine ernsthafte Auseinandersetzung mit Leben und Werk Münchhausens. Zugleich ist es eine liebevoll-augenzwinkernde Verbeugung vor der Macht gut erzählter Phantastereien. Vom Museum – vorbei an einem bronzenen Mann, der sich am eigenen Schopf aus einem Teich zu ziehen scheint – erreicht man schnell die **St.-Gertrudis-Kapelle** aus dem 15. Jahrhundert und die **Halbrunde Bastion,** ein Rest der Stadtbefestigung aus dem 13. Jahrhundert. Auffällig ist der rechteckige Grundriss mit halbrundem Abschluss an der Westseite: Hier floss einst ein Weserarm vorbei. Der **Festungsturm im Hagen** etwas weiter ist ebenfalls ein Teil der früheren Stadtbefestigung und wurde auch im 13. Jahrhundert errichtet.

Vor allem an der Weserstraße und der angrenzenden Homburgstraße reihen sich die sehenswerten Fassaden. Die **Bremer Lagerhäuser** (Weserstr. 9 und 11) wurden 1604 und 1624 aus mächtigen

Das Hauptgebäude des Münchhausen-Gutshofes

Karte S. 128

Eichenbalken errichtet, heute sind es Wohnhäuser. Die Alte Apotheke schräg gegenüber erkennt man am Schnitzwerk »Mörder und Waage« an der Frontseite. Zur Weser hin schließen das frühere **Fährhaus** (Nr. 12) und gegenüber das frühere **Zollhaus,** heute Hotel Goldener Anker, die Bebauung ab. An dieser Stelle verkehrte die Fähre, bis eine erste eiserne Straßenbrücke flussaufwärts sie 1883 überflüssig machte. Spaziert man von hier an der **Weserpromenade** entlang, stößt man alsbald auf die hintere Hälfte eines Pferdes.

Die beiden **ältesten Wohnhäuser** Bodenwerders liegen dicht beieinander. Das zweitälteste befindet sich an der Homburgstraße 50 und wurde 1550 erbaut. Das Haus mit seinen vorkragenden Dachgeschossen neigt sich etwas, soll aber sicher stehen. Noch etwas kleiner ist das älteste Haus (Königstr. 1) von 1484. Der selten anzutreffende Spitzbogen über dem Eingang wird Eselsbogen genannt.

Die auffällig große Stadtkirche **St. Nikolai** entstand um 1450 als dreischiffige Hallenkirche und erfuhr um 1900 eine erhebliche Veränderung. Seitdem ist viel Neogotik zu sehen, liegt der Kirchenboden wegen der zu dieser Zeit noch stets drohenden Hochwasser um einen Meter erhöht.

Der **Brunnen** (1994) etwa in der Mitte der Fußgängerzone thematisiert gleich drei der bekanntesten Münchhausen-Geschichten auf einmal: die Entenjagd, den Ritt auf der Kanonenkugel und das Pferd an der Kirchturmspitze. Im Sommer funktionieren ihn die ganz kleinen Kinder unbekümmert zur Plansche um.

Der mit Efeu überwucherte **Festungsturm am Mühlentor** am Ende der Großen Straße stammt aus dem 13. Jahrhundert. Er sicherte früher die einzige Brücke, die über den kleineren Weserarm in die Altstadt führte. Hier befand sich bis 1948 einer der nur zwei Zugänge zur Altstadt. Wenige Schritte von hier, in einem schmalen, spitzgiebeligen Fachwerkhaus, zeigt das **Weseraquarium** eine Ausstellung zur Geschichte der Weserschifffahrt mitsamt Aquarium mit Weserfischen; leider ist nur sonntags geöffnet.

Im Münchhausen-Museum

Nun ist schon das Ende des historischen Zentrums erreicht. Für diejenigen, deren Schaulust noch nicht gestillt ist, bietet sich ein Spaziergang zur Klosterkirche im Ortsteil Kemnade an; sie liegt nur rund 500 Meter entfernt.

Kemnade

Heute steht die Kirche **St. Marien** inmitten einer Grünfläche mit schönem Baumbestand, ursprünglich bildete sie den Mittelpunkt eines Klosterensembles. Um 960 wurde hier ein Nonnenkloster gegründet, die Kirche 1046 geweiht. Trotz aller Veränderungen ist sie weitgehend in ihrer Form als frühromanische dreischiffige Pfeilerbasilika erhalten geblieben, wenngleich nicht vollständig: Wohl im 16. Jahrhundert wurden etwa drei Siebtel ihrer Länge an der Westseite abgetragen. Heute erhebt sich an dieser Stelle der Turm von 1899. Der Bruchsteinputzbau ist innen wie außen recht

Rasante Talfahrten ermöglicht die Sommer-Rodelbahn

schlicht. Die Strahlenmadonna, eine Schnitzarbeit aus dem späten 15. Jahrhundert, gilt als Rarität und Kostbarkeit, der Flügelaltar aus dem frühen 15. Jahrhundert als bemerkenswert. Eine Grabplatte zeigt an, dass im Querhaus 1797 Carl Friedrich Hieronymus von Münchhausen beigesetzt wurde.

Nach dem Dreißigjährigen Krieg fand in Kemnade kein Klosterleben mehr statt. Die Gebäude verschwanden in der Folgezeit nach und nach, nur die Klosterkirche hat die Zeiten überdauert.

Ein phantastischer Blick auf Kemnade und Bodenwerder eröffnet sich vom **Bismarckturm** nördlich der Bundesstraße. Er misst zwar nur 13 Meter in der Höhe, steht aber auf einem Berg, dem Eckberg, und damit hoch über dem Wesertal. Der Weg vom Parkplatz Bismarckturm ist nicht lang, aber steil und an einigen Stellen sehr uneben; man benötigt etwa 15 Minuten.

▶ Karte S. 128

Sommer-Rodelbahn

Insbesondere Motorradfahrer und Kinder zieht die Sommer-Rodelbahn unmittelbar westlich des Zentrums von Bodenwerder an. Für erstere gibt es einen großen Motorradparkplatz, eigene Räume für Kleidung und Helme, eine Bikerspeisekarte und sogar eine Helmwaschanlage. Letztere freuen sich über mehrere Dutzend Attraktionen, darunter Kletterwand, Kindereisenbahn, Karussell, Hüpfburg, Minigolfanlage, Riesenrutsche und ein Naturerlebnispfad, der einmal um das Areal herumführt. Herzstück dieses Freizeitparks ist natürlich die Rodelbahn, die auf 950 Meter Länge eine Höhendifferenz von rund 60 Metern aufweist und dadurch beim Runterbrausen respektable Spitzengeschwindigkeiten erlaubt. Und wer einfach nur etwas essen oder trinken möchte, ist im großen, schattigen Biergarten gut aufgehoben.

Hehlen

Die Grafengeschlecht derer von Schulenburg erhielt den Ort Hehlen von den Herzögen von Braunschweig 1573 als Lehen, ließ sich unverzüglich ein **Schloss** errichten – es war 1584 fertiggestellt –

Die ehemalige Klosterkirche in Kemnade

und behielt es fast 400 Jahre. Der Unternehmer Walter Koch (Machwitz-Kaffee) aus Hannover kaufte es 1956 und ließ es sanieren. Bis heute ist es im Besitz dieser Familie.

Zwar ist der Bau öffentlich nicht zugänglich, aber man kann um ihn herumspazieren und dabei seine Besonderheiten in Augenschein nehmen. Schloss Hehlen gehört zu den frühesten Schlössern im Stil der Weserrenaissance. Die dreistöckige Vierflügelanlage um einen fast quadratischen Innenhof wirkt deutlich nüchterner als etwa die Schlösser in Bevern (→ S. 132) oder Aerzen (Schwöbber, → S. 170), fast wie ein wehrhaftes Kastell. Der Bau ist unverputzt, nicht ornamentiert, nur durch die Fenster gegliedert. In seiner klaren Strenge wird er vor allem durch die beiden Türme aufgelockert, die durch imposante, an Soldatenhelme erinnernde Hauben bekrönt werden. Die Walmdächer tragen sogenannte Sollingplatten, keine Ziegel, was den Eindruck der Strenge noch verstärkt. Auf der einen Seite fließt die Weser, an der Südwestseite schirmt ein Wassergraben mit Brücke die Anlage ab. Daher wird sie in der Literatur zuweilen auch als Wasserschloss bezeichnet.

Die **Schlosswirtschaft** findet sich im früheren Kälberstall. Hier werden regionale Zutaten zu einer deutsch-österreichischen Küche auf hohem Niveau verarbeitet, das Kuchenangebot am Nachmittag ist ebenso gut. Dazu gehört eine eigene Kaffeerösterei (Hausverkauf) und eine schöne Terrasse.

Die 1699 geweihte **Immanuelkirche** besitzt eine ungewöhnliche Form: ein langgestrecktes Oktogon mit zwei angesetzten Treppenturmbauten an den Schmalseiten. Die Kirche steht auf einer Anhöhe im Dorf, im östlichen Turm befindet sich das Erbbegräbnis der Familie von Schulenburg.

Klare Kante: Schloss Hehlen

Buchhagen

Das kleine Buchhagen besteht aus einer ehemaligen Schleifmühle direkt am Mühlgraben, zwei Scheunen und einigen Häuschen. Das Dorf, knapp vier Kilometer östlich des Bodenwerder Zentrums gelegen, hat in den letzten Jahren eine ungewöhnliche Entwicklung genommen. Die Schleifmühle – hier wurde jahrzehntelang Sandstein bearbeitet – stand lange leer, bevor sich ein eigens gegründeter Förderverein ihrer annahm und sie in die **Kulturmühle** verwandelte. Seitdem findet hier mit Konzerten, Ausstellungen und Workshops ein abwechslungsreiches Programm statt, das die Region kulturell deutlich belebt hat. Zwischen Mai und September finden Besucher Unterkunft in den wenigen Fremdenzimmern, das Café öffnet leider nur sonntags (14–18 Uhr). Gute selbstgebackene Kuchen!

Das 1990 gegründete **Heilige Dreifaltigkeitskloster** im Ort gehört seit 1993 zum bulgarischen-orthodoxen Patriarchat. Die Mönche leben nach dem althergebrachten Grundsatz »ora et labora«. Ihr Kloster trägt sich wirtschaftlich selbst, ein Klosterladen beschert ihnen Einnahmen. Die Gottesdienste sind öffentlich, Führungen können angefragt werden, zwischen April und November stehen auch Fremdenzimmer zur Verfügung - Buchhagen liegt am Pilgerweg Loccum-Volkenroda (→ S. 258).

Bodenwerder und Umgebung

Tourist-Information, Münchhausenplatz 1, 37619 Bodenwerder, Tel. 05533/40541; Mo-Sa. www.muenchhausenland.de

Draisinefahrten auf der Strecke Bodenwerder/Bhf. Linse-Dielmissen; Ostern-Okt. tgl. 10 und 15 Uhr; Dauer 2-3,5 Std. Info und Buchung: Tel. 0700/37247463 oder www.3sine.net/bodenwerder

Anlegepunkt der Flotte Weser: Bodenwerder, am Ende vom Mittelweg. www.flotte-weser.de

Hotel Goldener Anker, Brückenstr. 5a, 37619 Bodenwerder, Tel. 05533/400730; DZ 129 Euro. Direkt am Zentrum, mit Bar. www.goldeneranker.com

Hotel/Restaurant Weserstuben Bodenwerder, Homburgstr. 59, 37619 Bodenwerder, Tel. 05533/963010; DZ ab 80 Euro. Küche mittelmäßig, aber Sommerterrasse unmittelbar an der Weser. www.hotel-weserstuben.de

Schlosswirtschaft, Schloss Hehlen, Schloßstr. 2, 37619 Bodenwerder-Hehlen, Tel. 05533/4099950; Mi-Fr 14-23, Sa, So 12-23 Uhr. Weithin bekannt und geschätzt, Reservierung daher angeraten. www.die-schlosswirtschaft.de

Heiliges Dreifaltigkeitskloster, Buchhagen 15, 37619 Bodenwerder-Buchhagen, Tel. 05533/999369; DZ 80 Euro inkl. Abendbrot (nur April-Okt.). www.orthodox.de

Gästehaus der Kommune Buchhagen, Buchhagen 4, 37619 Bodenwerder-Buchhagen, Tel. 05533/9753080; 12 Euro p. P. (zzgl. Bettwäsche 4 Euro).

Campingplatz an der Himmelspforte, Ziegeleiweg 1, 37619 Bodenwerder, Tel. 05533/4938. www.camping-weserbergland.de

Kulturmühle Buchhagen, Buchhagen 14, 37619 Bodenwerder-Buchhagen, Tel. 05533/9752029. www.buchhagen.org

Münchhausen-Museum, Münchhausenplatz 1, 37619 Bodenwerder, Tel. 05533/409147, museum@bodenwerder-polle.de; April-Okt. tgl. 10-17 Uhr, Nov.-März nach Vereinbarung.

Weseraquarium, Homburgstr. 1, 37619 Bodenwerder, Tel. 0171/3631031; So 14-18 Uhr. www.weseraquarium.webnode.com

St. Marien, Am Kirchplatz, 37619 Bodenwerder-Kemnade; April-Okt. tgl. 14.30-16.30 Uhr.

Münchhausen - das Musical. Das Musical wird seit 2005 von Mai bis September an jedem 2. und 4. Sonntag um 15 Uhr vor der Nikolaikirche aufgeführt; die Vorstellungen waren bislang kostenlos. Termine und Infos: www.muenchhausen-musical.de

Münchhausenspiel, Mai-Okt. jeden 1. So um 15 Uhr vor dem Rathaus, ab 14 Uhr musikalische Einstimmung. Im Mittelpunkt stehen einige der Münchhausen-Geschichten.

Sommer-Rodelbahn, Grüne Schleife 1, 37619 Bodenwerder, Tel. 05533/934800; April/Mai u. Sept/Okt. 10-17, Juni-Aug. 10-18 Uhr. www.rodelpark.de

▶ Karte S. 128

Zwischen Bodenwerder und Porta Westfalica

Hinter Bodenwerder weitet sich das Wesertal merklich. Die Berge treten deutlich von den Ufern zurück, der Fluss fließt jetzt nicht mehr in engen Kehren. Nur kurz vor Hameln drängt sich der Ohrberg von Westen heran und zwingt die Weser zu einer Schleife. Und ein letztes Mal rücken die Höhenzüge an der Porta Westfalica eng zusammen, bevor sich die Weite der Norddeutschen Tiefebene eröffnet. Lössboden hat die Buntsandsteinflächen abgelöst, Kulturlandschaften, hauptsächlich Ackerflächen, säumen die Flussufer. Aus dem Untergrund drängen an manchen Stellen Wässer mit heilender Wirkung hervor, so dass auf diesem Abschnitt neben die Fachwerkbauten und Zeugnisse der Weserrenaissance einige Kurbäder treten.

Gemeinde Emmerthal

Zwischen Hajen und Ohr sind 17 Orte seit 1973 zur Gemeinde Emmerthal zusammengeschlossen, ein verwaltungstechnisches Kunstprodukt mit insgesamt knapp 10 000 Einwohnern. Es erhielt seinen Namen nach der Emmer, einem linken Nebenflüsschen der Weser, das in Emmern in die Weser mündet.

Viele dieser Orte haben sich noch ihren bäuerlich-dörflichen Charakter bewahren können, eine Reihe kleinerer Museen beleuchtet verschiedene Aspekte der Regionalgeschichte. Wer diese Beschaulichkeit schätzt und als nächstes Etappenziel Hameln anvisiert, sollte in Hehlen die Weserbrücke nach Daspe nehmen und sich weiter rechtsseitig halten: Die Bundesstraße, die ab Bodenwerder noch den Verkehr vom Leinetal her aufnehmen muss und stark befahren wird, verläuft am linken Ufer.

Die alles überstrahlende Attraktion auf diesem Abschnitt ist zweifellos Schloss Hämelschenburg, ein Juwel der Renaissancearchitektur.

Hajen

Wohl schon im 8. Jahrhundert war das heutige Hajen besiedelt, die erste urkundliche Erwähnung stammt von 1004. Die **Kirche** ist im Kern aus dem 11. Jahrhun-

In Hajen steht das ungewöhnliche Hüossen-Denkmal

dert und wurde seitdem mehrfach verändert. Ihr heutiges Aussehen geht auf den letzten großen Umbau von 1653 zurück, Reste von spätgotischen Malereien sind jedoch erhalten. Insgesamt zeigt sich der Bau von klarer Schönheit und steht als Pilgerkirche am Weg Loccum-Volkenroda (→ S. 258) zwischen Ostern und dem Reformationstag Besuchern offen (tgl. 9–18 Uhr). Hinter der Kirche befindet sich ein Kreuzstein, ein Sühnestein.

Am imposantesten im hübschen Dorf ist sicherlich das von einer Mauer umgebene **Korffsche Gut** etwa in der Ortsmitte, das man durch einen Torbogen betritt. Auf dem Anwesen hat sich ein sehenswerter Renaissancebrunnen mit aufwendig gearbeitetem Kronenbaldachin erhalten.

Das ungewöhnliche **Hüossen-Denkmal** direkt an der Weser zeigt vier Treidler in Lebensgröße. Sie ziehen an einem Seil, an dem hinter ihnen eine Katze spielt. Die Gesichter der Männer sind von Anstrengung gezeichnet, ihr Blick geht Richtung Dorf. Mit etwas Phantasie erkennt man, dass ihre Münder lautmalerisch geformt sind: M – I – A – U.

Der Bildhauer Jan Ehlers, der seit 1986 in Hajen lebt, nahm mit dem Denkmal eine alte Legende auf: In eine Gaststätte in Hajen kehrten viele Jahre lang regelmäßig die Treidler ein. Einmal nun nahmen sich vier Treidler, als der Wirt gerade nicht anwesend war, einen Hasenbraten aus dem Ofen, verspeisten ihn und verschwanden, ohne zu bezahlen. Bei ihrem nächsten Besuch im Wirtshaus setzte ihnen der Wirt wiederum einen Braten vor. Erst als sie aufgegessen hatten, verriet ihnen der Wirt, höhnisch mit einem Katzenfell wedelnd, dass sie soeben eine Katze verspeist hatten. Den Männern wurde übel, sie übergaben sich. Sie kehrten nie wieder dort ein, aber jedes Mal, wenn sie auf ihrem Weg am Wirtshaus vorbeikamen, fingen sie jämmerlich an zu miauen.

▸ Karte S. 128

Die Bezeichnung »Hüossen« soll von »Hü-Ochsen!« kommen – eine Anspielung darauf, dass die Treidler die harte Arbeit von Zugochsen verrichteten.

Frenke und Latferde

Unspektakuläre, aber gepflegte Bauernhöfe in Fachwerk und Backstein prägen Frenke. Die Mitte dieses hübschen Ensembles – 2002 im Wettbewerb »Unser Dorf soll schöner werden« prämiert – markiert die kleine Kirche **St. Johannes** aus dem späten 13. Jahrhundert. Die privat betriebene **Frenker Heimatstube** führt durch die Jahrhunderte, am interessantesten ist die vollständig eingerichtete Dorfschule an der Frankestraße. Früher befand sich beim kleinen Dorf **Latferde** wegen der hier in den Fluss ragenden Klippen eine von den Schiffern und Flößern gefürchtete Stelle, aber längst ist sie entschärft.

Außer Betrieb, aber noch landschaftsstörend: das Kernkraftwerk Grohnde

Das Museum in Börry wirkt wie ein Dorf für sich

Grohnde

Den besten Blick auf das herrschaftlich wirkende Grohnde hat man vom anderen Ufer aus, etwa von der wundervollen Sonnenterrasse am traditionsreichen **Grohnder Fährhaus.** Hier legt auch die **Autofähre** ab, eine Gierseilfähre. Diese verkehrt seit 1931, der Fährbetrieb an diesem Ort nahm aber bereits 1150 seinen Dienst auf. Grohnde gruppiert sich um den am Ufer liegenden großen **Gutshof,** ein Ensemble mit Bauten vornehmlich des 16. und 17. Jahrhunderts: Herrenhaus, Wohn- und Verwaltungsgebäude, Scheunen, Torturm. Die Hochwassermarken an der Außenmauer verdeutlichen, wie sehr der Ort immer wieder unter den Launen des Flusses zu leiden hatte.

Die 135 Meter aufragenden Türme des 1985 in Betrieb genommenen **Kernkraftwerks Grohnde** stören das Landschaftsbild leider empfindlich. Das wird sich vorerst auch nicht ändern. Zwar wurde die Anlage Ende 2021 stillgelegt, der Rückbau aber wird wohl viele Jahre, womöglich Jahrzehnte dauern. Bundesweit bekannt wurde der Ort am 19. März 1977: In der »Schlacht von Grohnde« lieferten sich Polizisten und aus vielen Städten angereiste Demonstranten, die das umzäunte Baugelände stürmten, gewalttätige Auseinandersetzungen. Es gab hunderte Verletzte.

Börry

Das alte Börry wurde bei einem verheerenden Brand 1748 fast vollständig zerstört, nur die beiden Kirchen und ein weiteres Gebäude blieben erhalten. Die heute das Ortsbild prägenden Hofanlagen stammen also fast ausnahmslos aus der Wiederaufbauzeit.

Unbedingt einen Besuch wert ist das ebenso umfangreich wie liebevoll ausgestattete **Museum für Landtechnik und Landarbeit.** Es ist im sogenannten Grave-Hof aus dem 19. Jahrhundert untergebracht und zeigt sich als kleines Museumsdorf: Scheune und früheres Wohnhaus fungieren heute als Ausstellungsgebäude, Backhaus und Schafstall sind als Café eingerichtet, im ehemaligen Pfarrhaus finden Konferenzen statt, in der auf dem Hofgelände stehenden

Burg Ohsen

Dorfkirche ab und an Ausstellungen und Vorträge, aber auch noch Gottesdienste. In weiteren drei Remisen sind landwirtschaftliche Großgeräte aus vielen Jahrzehnten ausgestellt. Besucher bekommen unter anderem Drillmaschinen und Mähbinder zu sehen, Dreschmaschinen und Düngerstreuer, Kartoffelroder und Heuwender, eine große Anzahl von Handgeräten, Saatmaschinen, Pflügen und Hacken. Der große Stolz des Museumsvereins sind die Traktoren, allesamt voll funktionstüchtig; der älteste ist Baujahr 1938. Das Wohnhaus zeigt die typische Einrichtung einer Bauernfamilie von Waschküche bis guter Stube, daneben befindet sich die erhaltene Dorfschmiede. Insgesamt erhalten Besucher ein umfassendes Bild vom Leben auf dem Hof und von den Veränderungen, die die Mechanisierung der Landwirtschaft seit den 1930er Jahren mit sich brachte. Die Sammlung geht auf einen 1980 gegründeten, bis heute sehr aktiven Verein zurück, der sich zunächst auf die Sammlung und Instandsetzung von Traktoren konzentrierte. Er betreibt das Museum und auch das nette kleine Café mit seiner baumbeschatteten Terrasse.

▸ Karte S. 128

Kirchohsen

Als Hauptort der Gemeinde Emmerthal gilt Kirchohsen. Es besitzt kein eindeutiges Zentrum, dafür aber eine Brücke zum rechten Weserufer. Im Ort finden sich die Kirche **St. Petri** von 1300, die 1581 eine Umgestaltung erfuhr, und das **Feuerwehrmuseum Hameln-Pyrmont,** das Artefakte und Dokumente aus dem Brandschutz- und Katastrophenschutzwesen zeigt und auf Anfrage Führungen anbietet.

Hagenohsen

Die Hauptattraktion Hagenohens ist zweifellos **Burg Ohsen,** in manchen Darstellungen auch Burg Leuenwerder (Löweninsel) genannt. Diese Anlage vom Anfang des 12. Jahrhunderts war, wie auf einem Merian-Stich von 1650 noch gut zu erkennen ist, durch ihre Insellage zwischen zwei Flussarmen geschützt. Der östliche Arm ist lange zugeschüttet, wodurch der Inselcharakter verloren ging. Die Burgherren wechselten über die Jahrhunderte häufig, die Burg befindet sich heute in Privatbesitz.

Ein Turm der zweitürmigen Anlage wurde im 16. und 17. Jahrhundert zeitweilig als Gefängnis genutzt. Im Volksmund hieß die Burg lange »Schwarzes Laster«. Damit wurde im Mittelalter die Zauberei bezeichnet; in dem Turm waren zwei Frauen eingekerkert, die der Hexerei beschuldigt worden waren. Der größere Turm ist der Bergfried, einst Zentrum der mittelalterlichen Anlage.

Den **Bückeberg** am östlichen Ortsrand unterscheidet auf den ersten Blick nichts von vielen ähnlichen Hügeln in dieser Gegend. Es ist jedoch eine historisch bedeutsame Stelle, da hier zwischen 1933 und 1937 die Reichserntedankfeste abgehalten wurden.

Neben dem 1. Mai und dem Reichsparteitag, der immer Anfang September in Nürnberg stattfand, betrachtete das NS-Regime das Reichserntedankfest als dritten wichtigen Staatsakt. Ziel war es, die Verbundenheit der Massen allgemein und vor allem der Bauern an das Regime zu fördern, ein Gemeinschaftserlebnis zu schaffen, das den Gedanken der pausenlos propagierten »Volksgemeinschaft« in der Bevölkerung festigen sollte. Gleichzeitig sollte der »Bauernstand« im Sinne der Blut-und-Boden-Ideologie und des Autarkiegedankens idealisiert werden.

Das Areal wurde ganz bewusst gewählt, weil man die Massen unkompliziert hierherbringen und versorgen konnte, weil man es in der Nähe des Ortes der Varusschlacht wähnte und weil man die Weser unter den größeren Flüssen im Reich als einzigen urdeutschen Fluss ansah: Sie fließt im Unterschied etwa zu Elbe oder Rhein von ihren Quellen bis zur Mündung ausschließlich auf deutschem Gebiet.

Das Gelände wurde von Albert Speer entworfen und von hunderten Angehörigen des Reichsarbeitsdienstes seit Sommer 1933 im Drei-Schicht-Betrieb angelegt. Die Veranstaltung sollte bis zu einer Million (!) Teilnehmern Platz bieten. Die Arbeiter planierten die Höhe, ebneten Bodenwellen ein, und schufen ein ungefähr rechteckiges Areal mit 600 Meter Länge und 300 Meter Breite mit Ehrentribüne auf der einen und Rednertribüne an der anderen Seite. Speer plante, das eigentliche Festgelände mit Funktionsbauten im neoklassizistischen Stil zu umgeben. Dazu kam es jedoch nicht.

Um die Volksgenossen herbeischaffen zu können, wurden umliegende Straßen verbreitert und geteert, manche neu angelegt. An der bestehenden Bahnlinie Hameln–Altenbeken bekam Hagenohsen erstmals einen Bahnhof, der bestehende Bahnhof in Tündern wurde repräsentativ ausgebaut, denn hier hielt der »Sonderzug des Führers«. Die Kundgebungen endeten vor Sonnenuntergang, waren also nicht so effektvoll illuminiert wie die in Nürnberg, aber mit tausenden Fahnen geschmückt. Und tatsächlich jubelten die Massen, wie auf erhaltenen Fotos und in *Wochenschau*-Ausschnitten zu sehen ist – die NS-Diktatur beruhte zweifellos nicht nur auf Zwang und Terror, sondern auch auf Verführung und echter Zustimmung.

Man erreicht den Ort über Hastenbecker Weg und Bückebergstraße. Zwar zeigen nur noch einige wenige überwucherte Fundamentreste den früheren Standort der Tribünen an, mit etwas Phantasie aber lassen sich Ausdehnung und Form des Festgeländes noch ausmachen. Das Areal steht heute unter Denkmalschutz. Es gibt im Landkreis vereinzelte Stimmen, die auf die Einrichtung eines Gedenkortes drängen, aber noch keine konkreten Pläne.

Die Weserschleife und das Dorf Ohr vom Abhang des Ohrbergparks aus gesehen

Tündern

Das kleine Tündern ist offiziell schon ein Vorort von Hameln, fügt sich aber harmonisch in die Reihe dörflicher Orte in der Gemeinde Emmerthal ein. Es schmiegt sich an eine Weserschleife, bis zur Korrektion der Weser Mitte des 18. Jahrhunderts durchzogen mehrere Nebenarme das heutige Dorfgebiet. Im Ort gibt es erstaunlich viele Ferienwohnungen und Pensionen und auf dem Weserdeich auch eine **Kappenwindmühle** in Form eines Erdholländers. Sie war bis in die 1970er Jahre in Betrieb, war 1883 errichtet und nach einem Blitzeinschlag in den 1980ern instand gesetzt worden. Die hiesige Mühle gilt als südlichster Vertreter dieser Art, die man im Weserraum finden kann.

Das **Dorfmuseum** an der Langen Straße 29 beleuchtet das bäuerliche Leben von früher, beherbergt das Dorfarchiv und hat sich seit seiner Eröffnung 1988 zum Mittelpunkt des dörflichen Lebens entwickelt. Den schönsten Blick auf Tündern hat man vom gegenüberliegenden Ufer – die Windmühle liegt aus dieser Perspektive vor dem Ort – oder vom Ohrbergpark aus.

▲ Karte S. 128

Ohr und Ohrbergpark

Kurz vor Hameln, am Rand des Dörfchens Ohr, zwingt der Ohrberg die Weser zu einer Richtungsänderung nach Nordosten. Die Szenerie von **Weserschleife** und 80 Meter hohem Berg war immer schon beeindruckend; seit 1858, als eine Straße angelegt wurde und durch Sprengungen ein Steilhang entstand, kann man sie als geradezu dramatisch beschreiben.

Das Bergplateau ist als **Ohrbergpark** weithin bekannt und als Ausflugsziel beliebt. Dabei handelt es sich um eine rund 45 Hektar große Anlage, die vor allem mit ihrem Artenreichtum beeindruckt. Der südliche Teil besteht aus einem Wechsel von Wiesenflächen und Gehölzpflanzungen, der nördliche Teil geht fast unmerklich in einen Wald über. Christian Ludwig von Hake (1745–1818), Gutsbesitzer in Ohr und unter anderem Leiter des königlichen Hofbau- und Gartendepartements in Hannover, begann um 1800, die Weideflächen in einen Landschaftspark umzugestalten. Sein Sohn Georg Adolf (1779–1840) setzte die Arbeiten ab 1818 fort. Er hatte sich längere Zeit in England und der Schweiz aufgehalten, brachte von dort Kenntnisse über fremde Pflanzen mit und bevorzugte bei Neupflanzungen ausländische Baumarten. Dadurch weist der Park im Stil eines englischen Landschaftsgartens heute eine große Anzahl bei uns recht exotischer Bäume und überhaupt eine große Vielfalt an Baumarten auf. Für die Anlage von Sichtachsen wurden sogar einige Gehöfte abgetragen und im Dorf wieder aufgebaut. Weite Blicke über die Weser eröffnen sich von den Aussichtspunkten am Rand des Parks, hier stehen auch Bänke. Besonders lohnend ist ein Besuch im Frühjahr/Frühsommer, wenn die vielen Rhododendren und Azaleen in voller Blüte stehen.

Infotafeln am Parkplatz geben Auskunft über die verschiedenen Baumarten – insgesamt 55! – und wo im Park man sie findet. Leider ist das frühere Ausflugslokal beim Parkplatz seit vielen Jahren geschlossen.

Der Ohrbergpark gehört nach wie vor zum **Rittergut** in Ohr und wird auch von diesem bewirtschaftet. Die Familie von Hake ist seit dem frühen 14. Jahrhundert dort ansässig. Das Gut liegt im Dorf, zur Weser hin, eine Reihe von Wirtschaftsgebäuden gruppiert sich um das klassizistische Herrenhaus aus dem 19. Jahrhundert. Die großzügige Anlage ist allerdings nicht öffentlich zugänglich.

Gemeinde Emmerthal

Verkehrsverein Emmerthal, Berliner Str. 15, 31860 Emmerthal-Kirchohsen, Tel. 05155/690, tourismus@emmerthal.de. Emmerthal und Tündern liegen an der **Bahnstrecke** Hannover–Altenbeken.

Grohnder Fähre, Tel. 01577/4377196; April–Okt. Di–Fr 9–18, Sa, So 10–18, Nov. u. März Di–Fr 9–17, Sa 10–17, tgl. 12–13 Uhr Mittagspause. Auch Pkw. www.grohnder-faehre.jimdo.com

Anlegepunkt der Flotte Weser: Grohnder Fährhaus. www.flotte-weser.de

Müllers Hof, Niependoor 2, 31860 Emmerthal-Hajen, Tel. 05157/239; Zimmer und FeWos, DZ ab 62 Euro. Großer Garten, familiär. www.muellers-hof.de

Grohnder Fährhaus, Grohnder Fähre 1, 31860 Emmerthal-Grohnde, Tel. 05155/347982; DZ im modernisierten Haupthaus ab 75 Euro. Direkt an der Weserfähre, Restaurant mit regionaler und bayerischer gutbürgerlicher Küche. Biergarten. Fahrrad- und Kanuverleih, bikerfreundlich, WoMo-Stellplätze.
www.grohnder-faehrhaus-hotel.de

Pension Am Weserradweg, Im Stift 15, 31789 Hameln-Tündern, Tel. 05151/4095700; Zimmer und FeWos, DZ 59 Euro. In einem alten Bauernhof; Terrasse, Grillplatz, Spielwiese. www.amweserradweg.de

Aktiv-Ferienhof und Heuhotel Sander, Mönkebergstr. 9, 31860 Emmerthal-Lüntorf, Tel. 05286/295; DZ 60 Euro, Heuhotel 17 Euro p. P., Pferd auf Anfrage 10 Euro. Auch FeWos. Mehrfach ausgezeichnet. www.aktiv-ferienhof-sander.de

Café im Dorfladen Grohnde, Patweg 29, 31860 Emmerthal-Grohnde, Tel. 05155/2819310; Mo–Fr 6.30–13 u. 15–18, Mi 6.30–13, Sa 6.30–13, So 7.30–10 Uhr. Seit 2014, Gemeinschaftsprojekt der Grohnder Bürger, v. a. Produkte aus der Region, mit Mittagstisch der ortsansässigen Fleischerei Schulte.
www.dorfladen-in-grohnde.de

Museumscafé Börry → Museum in Börry.

Café Have am alten Fährhaus, Fährstr., 31860 Emmerthal-Hajen, Tel. 0171/5329413; April–Sept. Fr 13–18, Sa, So 11–18 Uhr. Direkt an Weser und Weser-Radweg, gute selbstgebackene Kuchen, auch kleines Imbissangebot sowie kostenloser Trinkflaschenfüll-Service.

Heimatstube Frenke, Frankestr. 8, 31860 Frenke, Tel. 05157/263; für Besichtigung bitte telefon. anmelden.

Museum für Landtechnik und Landarbeit, Frenker Str. 22, 31860 Emmerthal-Börry, Tel. 05155/69114; April–Okt. Sa 14–17, So 10–17 Uhr, in den niedersächsischen Sommerferien längere Öffnungszeiten. Café mit Plätzen im Innenhof unter Bäumen, guter Kuchen. www.museum-landtechnik.de

Feuerwehrmuseum Hameld-Pyrmont, Reherstr. 15, 31860 Emmerthal-Kirchohsen, Tel. 0162/2005188; keine festen Öffnungszeiten, für Besichtigung oder Führung bitte telefon. anmelden. www.kf-hm-py.de

Dorfmuseum Tündern, Lange Straße 29a, 31789 Hameln-Tündern, Tel. 05151/3672; Besichtigung auf Anfrage. www.tundirum.de

Ohrbergpark, Ohrbergpark 1, 31860 Emmerthal, jederzeit frei zugänglich, für Führungen frage man im Touristenbüro in Hameln an (→ S. 183).

Schloss Hämelschenburg

Dominierend ragt Schloss Hämelschenburg in das Emmertal hinein. Schon aus der Entfernung vermittelt sich die Bedeutung des grauen Baukörpers, und wer sich ihm von Ostern her nähert, mag ihn wie eine Erscheinung aus einem Märchen empfinden. Verstärkt wird dieser Eindruck noch bei manchem Sonnenstand, wenn sich das Schloss in dem seerosengeschmückten und von Kastanien gesäumten Teich spiegelt.

Neben Lemgo ist Schloss Hämelschenburg die wohl bekannteste und bedeutendste Schlossanlage der Weserrenaissance, nichts weniger als ein architektonisches Juwel. Zum Schloss gehören auch eine kleine Kirche sowie Wirtschaftsgebäude, die heute unter anderem ein schönes Café mit Außenterrasse beherbergen. Das Ensemble ist unbedingt einen auch längeren Umweg wert, für einen Besuch mit Führung durch die Innenräume sollte man mehrere Stunden einplanen.

Das Schloss liegt am Rand eines kleinen Dorfes, das von einer auffällig großen Durchgangsstraße geteilt wird. Sie wurde 1934 angelegt, um die Besuchermassen besser zum Reichserntedankfest bei Hagenohsen (→ S. 156) bringen zu können. Sie zerschneidet ganz empfindlich den Zusammenhang von Schloss auf der einen sowie Wirtschaftsgebäuden und Kapelle auf der anderen Seite. Vermutlich war dies ein bewusster Affront der neuen braunen Machthaber gegen die Familie von Klencke, die aus ihrer ablehnenden Haltung den Nazis gegenüber kein Geheimnis machte. Nach wie vor sind die von Klenckes die Hausherren im Schloss, womit es sich seit mehr als 400 Jahren ununterbrochen im Besitz dieser Familie befindet.

Baugeschichte und Architektur

Die Ritterfamilie Klencke besaß in dem Ort seit 1473 Grund und Boden sowie eine Burg, die aber um 1544 abbrannte. Jürgen Klencke (1551–1609), Neffe des Statius von Münchhausen, war als Söldnerführer im Dienste des Wilhelm von Oranien zu Wohlstand gekommen. Zusammen mit seiner ebenso klugen wie kunstsinnigen, reichen und mildtätigen Ehefrau Anna von Holle (1567–1630) ließ er ein repräsentatives Schloss planen und bauen. Dieser Nachfolger entstand gegenüber dem alten Standort auf einer künstlich angelegten Terrasse oberhalb des Wirtschaftshofes. Durch diese erhöhte Lage wirkt das Schloss noch imposanter, als es ohnehin schon ist.

▲ Karte S. 128

Aus der durchdachten Nutzung der Gebäudeteile wird ersichtlich, dass der Dreiflügelanlage mit Innenhof ein Gesamtkonzept zugrunde lag. Es ist – wie so oft bei Bauten aus dieser Zeit – nicht bekannt, welche Architekten beauftragt waren. Der Südflügel besitzt stilistische Ähnlichkeiten mit dem Hochzeitshaus in Hameln, so dass immer wieder vermutet wurde, dass beide Gebäude vom selben Baumeister stammen. Weil die drei Flügel bei genauerem Hinsehen deutliche Unterschiede aufweisen, gehen Historiker von mehreren Beteiligten aus.

Zunächst entstand ab 1588 der zweigeschossige **Nordflügel** mit Rittersaal im Obergeschoss und unter anderem Gerichtsbarkeit darunter. Der eher schlichte **Mitteltrakt** nahm die Pferdeställe sowie die Küche auf und im Obergeschoss Lagerräume. Der zuletzt fertiggestellte, dreigeschossige **Südflügel** ist breiter als die beiden anderen Trakte, deutlich repräsentativer angelegt und diente der Familie zu Wohnzwecken. Besondere Beachtung verdienen die beiden elegant eingepassten Türme: Ganz weserrenaissancetypisch, nehmen sie Treppenhäuser auf und verbinden den Hauptflügel mit den Seitenflügeln. Jürgen Klencke erlebte die Fertigstellung seines Hauses nicht mehr, vollendet war es erst 1618. An den **Fassaden** des Schlosses ist viel Obernkirchner Sandstein verbaut, die reiche und geschickte Ornamentierung und Gliederung in Querachsen lässt den Bau weniger massig wirken, als er eigentlich ist. Der Kunsthistoriker Gottfried Kiesow spricht hier mit Bewunderung von der »Beherrschung der Baumassen«. Besonders eindrucksvoll ist der Südflügel, insbesondere seine zum Tal ausgerichtete Südfassade mit Wasserspeiern.

Gegen Ende der Arbeiten, 1613, entstand auch das Brückentor. Das Schloss war von Wällen und Gräben umgeben, die heute nur noch teilweise vorhanden sind. Abgesehen davon, waren die Veränderungen an den Fassaden in den kommenden Jahrhunderten aber so gering, dass man geradezu von einem unverfälschten Musterbeispiel der Weserrenaissance sprechen kann.

Dass der Bau unzerstört durch die Zeiten gekommen ist, soll auch der mutigen Anna von Holle zu verdanken sein. Man sagt, sie sei 1630 den anrückenden Truppen des Generals Tilly entgegengeritten und habe in einem persönlichen Gespräch erreicht, dass der Feldherr unter Androhung drakonischer Strafen seinen Soldaten verbot, Schloss Hämelschen-

Märchenhaft: Schloss Hämelschenburg

Kamin mit den Wappen von Jürgen Klencke und Anna von Holle

burg auch nur zu betreten, geschweige denn zu beschädigen.

Alle historischen Gebäude sind zwischen 1972 bis 2000 gründlich renoviert worden. Da die Landwirtschaft für den Erhalt der kostenintensiven Anlagen nicht mehr ausreicht, werden Führungen angeboten und einige Räume für Trauungen und Feste vermietet.

Zugang zur Anlage gewährt nach wie vor die **Steinbrücke,** deren **Tor** mit einem Standbild des hl. Georg geschmückt ist. Bei den Führungen durch die **historischen Räume** erfahren Besucher viel über die Geschichte und Architektur von Hämelschenburg und erhalten Einblicke in das Leben und Wirtschaften der Familie Klencke vom 16. Jahrhundert bis heute. Sie bekommen ein knappes Drittel der Räume zu sehen – Wohn- und Repräsentations-, Wirtschafts- und Vorratsräume – und dabei eine Reihe von Kunstwerken, historisches Mobiliar, kostbare Bücher, hohe eindrucksvolle Kamine und Kachelöfen. Dieser Rundgang stellt zugleich eine kleine Zeitreise dar, haben die Bewohner einzelne Räume doch immer mal wieder im jeweiligen Stil ihrer Zeit neu möbliert. Ungewöhnlich ist das sogenannte Pilgerportal: Mittels dieser Durchreiche von der Küche in die dahinterliegende Pilgerhalle wurden Bedürftige bis ins 19. Jahrhundert hinein mit einer Mahlzeit versorgt.

Park und Pyramide

Die Führungen durch das Schloss lassen Park und Pyramide meist aus. Es gibt tatsächlich nicht viel zu sehen, aber allein die Existenz dieses ungewöhnlichen Baus an dieser Stelle überrascht uns heute. Im 19. Jahrhundert dagegen waren pyramidale Bauten als Begräbnisstätten nicht völlig unüblich; erhalten gebliebene sind etwa jene im Branitzer Park bei Cottbus, in Rheinsberg oder Bückeburg (→ S. 203).

Die hiesige Pyramide aus grauem Stein wurde 1855 von dem Hannoveraner Hofarchitekten Georg Friedrich Lawes (1788–1864) errichtet. Friederike von Meding, Ehefrau des damaligen Schlossherren Leopold von Klencke, war an Schwindsucht erkrankt. Um ihre Krankheit zu kurieren und weil sie die Pyramiden am Nil besuchen wollte, machte sie sich nach Ägypten auf. Aber noch

Die Marienkapelle

▶ Karte S. 128

während der Anreise, in Frankreich, verstarb sie. Ihr trauernder Ehemann gab daraufhin das Mausoleum in Auftrag, das in der Folge für einige Zeit als Familienbegräbnis diente. Heute steht es leer.

Marienkapelle

Die kleine Marienkapelle entstand 1563 als Schlosskapelle auf den Grundmauern eines abgebrannten Vorgängers und dient seit 1652 als Gemeindekirche des Ortes. Sie gilt als einer der frühesten protestantischen Kirchenneubauten Norddeutschlands und ähnelt ein wenig den niederdeutschen Dielenhäusern. Der **Altar** mit spätgotischem Aufsatz stammt aus dem Vorgängerbau, die **Orgel** von 1913. Auf der **Renaissancekanzel** ist das Wappen der von Klenckes zu sehen. Das qualitätvolle Mittelbild auf dem **Epitaph** für Jürgen Klencke und seine Frau Anna von Holle stellt die Kreuzigung Christi dar.

Schloss Hämelschenburg

Rittergut Hämelschenburg, Schlossstr. 1, 31860 Emmerthal-Hämelschenburg, Tel. 05155/951690; April–Okt, Besichtigung nur im Rahmen von Gruppenführungen möglich: April u. Okt. Di–So 11, 12, 14, 15 u. 16 Uhr, Mai–Sept. Di–So 10, 11, 12, 14, 15, 16 u. 17 Uhr.
www.schloss-haemelschenburg.de
Marienkirche, April–Okt. Sa, So 14–17 Uhr, Führungen auf Anfrage.

Schlosscafé, Tel. 05155/951690; Mai–Okt. Di–So 11.30–17.30, April u. Okt. Di–So 12–17 Uhr. Kaffee und Kuchen sowie gute Eisbecher, toller Blick auf die Hauptfassade der Burg.

In der früheren **Zehntscheune** finden ab und zu kulturelle Veranstaltungen statt, v. a. Ausstellungen und Konzerte. Aktuelle Infos auf der Homepage der Burg.

Holzmanufaktur Rischmade, Schlossstr. 1c, 31860 Emmerthal-Hämelschenburg (auf der Mühleninsel am Schloss), Tel. 05155/8211; Di–So 10–18 Uhr. Spielzeug, Gartendeko, Krippenfiguren, Weihnachtsartikel und Christbaumschmuck aus Holz und teils auch aus Metall, auf Anfrage sind kleine Naturführungen (Natur und Technik) möglich.
www.rischmade.de

Abstecher nach Bad Pyrmont

Nur etwa 15 Kilometer liegt Bad Pyrmont von der Weser entfernt, aber Besucher fühlen sich in eine ganz andere Welt versetzt. Man bewegt sich hier nicht mehr zwischen Bauten der Weserrenaissance und auf den Spuren märchenhafter Gestalten, sondern schlendert gemächlich zwischen Palmengarten und Sprudelbrunnen umher. Zunächst gab es hier nur ein Schloss, erst die Entdeckung gesundheitsfördernder Quellen ließ einen Ort entstehen, der sich von seinen Anfängen bis heute ganz dem Kurwesen verschrieben hat. Lange war Pyrmont lediglich Sitz der unbedeutenden gleichnamigen Grafschaft. Die Grafen ließen sich ihre Festung wohl nicht zufällig im sumpfigen Tal der Emmer errichten: Das Flüsschen konnte mühelos den Wassergraben speisen. Die Heilquellen waren vermutlich schon in römischer Zeit bekannt, und bereits im 14. Jahrhundert beschrieb der Mönch Heinrich von Herford die Heilwirkung des hier austretenden Wassers.

Die Geschichte des Kurortes begann aber erst 1688: Graf Georg Friedrich von Waldeck und Pyrmont ließ einen Brunnentempel und die Hauptallee anlegen. Schon bald avancierte Pyrmont zu einem gehobenen Kurort für adlige

Gäste aus ganz Europa, der sogar Karlsbad Konkurrenz machte. Zu den Prominenten zählten unter anderem Zar Peter I., der Preußenkönig Friedrich II. und Johann Wolfgang von Goethe. Natürlich erreichte auch die Moderne Pyrmont, aber es ist, seit 1914 offiziell Bad Pyrmont und seit vielen Jahren Niedersächsisches Staatsbad, stets ein international bedeutender Kurort geblieben. Auch heute stellt das Gesundheitswesen mit einer Reihe von spezialisierten Kliniken und Reha-Einrichtungen das wirtschaftliche Rückgrat des kaum 20 000 Einwohner zählenden Städtchens dar. Zwar dominieren nicht mehr die adligen Besucher, aber ein Hauch von Noblesse und Weltentrücktheit ist nach wie vor spürbar. Vor allem wegen des riesigen Kurparks und des zu einem Museum umfunktionierten Schlosses ist Bad Pyrmont unbedingt einen Abstecher wert.

Schloss Pyrmont

Eine Besonderheit im Weserraum stellt Schloss Pyrmont dar, denn es präsentiert sich als echtes Wasserschloss. Im Auftrag der Grafen von Spiegelberg entstand das Schloss ab 1526, von 1556 bis 1562 wurde es zu einer wehrhaften Anlage ausgebaut. Die erlitt im Dreißigjährigen Krieg erhebliche Schäden. Der

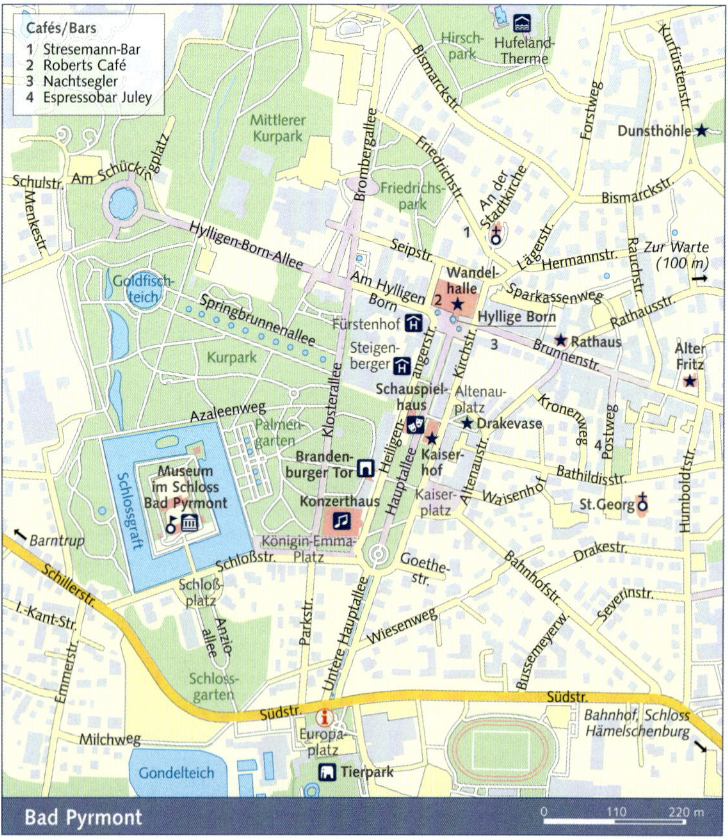

Bad Pyrmont

Blick in den Palmengarten des Kurparks

Nachfolger, so wie wir ihn heute noch sehen können, entstand zwischen 1706 und 1710 sowie von 1721 bis 1727 als Barockschloss mit eleganten Raumfolgen. Daneben wurde die Anlage um ein Kommandantenhaus, zwei Kavaliershäuser und ein Magazin erweitert. Obwohl schon zu dieser Zeit Wassergraben und Wallanlage aus militärischer Sicht völlig überholt waren, blieben sie unangetastet.

Eine Besichtigung des Areals ist stets möglich und lohnt, auch weil sich vom teils begehbaren Wall ein schöner Blick in den Kurpark hinein eröffnet. Der Zugang erfolgt über die 1838 angelegte **Brücke**. In Teilen des Schlosses ist seit 1987 ein **Museum** untergebracht, das mit Dauer- und Wechselausstellungen die Funktion eines Heimatmuseums übernimmt, wenngleich es nicht so heißt. Es zeichnet die Entwicklung des Ortes nach und würdigt die Bedeutung der Kur- und Badeeinrichtungen; Originalmobiliar versetzt Besucher in die vornehme Welt des 19. Jahrhunderts. Ab und an finden in den Festräumen auch kulturelle Veranstaltungen statt.

Kurpark

Zutritt zum Kurpark erhält man nur mit Kurkarte oder gegen Eintritt. Er lohnt sich unbedingt, denn in der rund 60 Hektar großen Anlage kann man gut und gern einen halben Tag verbringen. Es gibt hier unzählige Pflanzenarten zu bestaunen, einen **Seerosenteich,** zahlreiche voneinander getrennte thematische Bereiche entlang von Sichtachsen, eine **Springbrunnenallee** und weitere Alleen sowie ein Dutzend Skulpturen. Neben mehreren historischen Gebäuden wie Parkpalais, Lesehalle und Erdbeer-Tempel darf auch auch ein zierliches **Teehaus** nicht fehlen, ein zweigeschossiger Fachwerkbau von 1810/1820. Die westliche Begrenzung des Parks bildet das Schloss mit Wassergraben, detaillierte Pläne gibt es an der Kasse.

Zunächst entstanden in dem weitläufigen Kurbad Pyrmont nur Alleen. Erst ab etwa 1790 wurden die dazwischenliegenden Flächen, bis dahin zumeist Wiesen, gärtnerisch gestaltet. Seine endgültige Gestalt bekam der Park in leichter Hanglage Anfang des 20. Jahrhunderts. Das Ergebnis ist eine abwechslungsreiche Landschaft mit zahlreichen thematischen Inseln sowie dem berühmten **Palmengarten.** 1907 gestaltet, bildet er seither das

Am Eingang zum Schloss

15 Hektar große Herzstück. Hier stehen zwischen Mai und Oktober mehrere hundert Palmen und andere tropische und subtropische Pflanzen. Die kalte Jahreszeit verbringen sie in dem am westlichen Rand gelegenen, für die Öffentlichkeit nicht zugänglichen Palmenhaus.

Zentrum

Seit jeher bildet die **Hauptallee** den gesellschaftlichen Mittelpunkt des Kurlebens. Sie wurde 1688 angelegt und war von Anfang an als Flaniermeile geplant. Bis heute ist sie nach historischem Vorbild vierzeilig bepflanzt. Mitunter ist zu lesen, dass die breitere Mittelallee dem Adel als Bühne vorbehalten war und die niederen Stände nur die schmaleren Seitenalleen betreten sollten. Im Rahmen der EXPO 2000 wurde die Allee um einen blumengeschmückten Wasserlauf verlängert, und so verbindet sie nunmehr den Europaplatz mit dem Brunnenplatz. Beginnt man einen Spaziergang auf der Hauptallee am Brunnenplatz, so stößt man zunächst auf ein Bauwerk (1926–1928) mit Rundbogen und Kolonnaden, das heute Spielbank und **Konzerthaus** mit immerhin 700 Plätzen beherbergt. Direkt daneben steht das **Brandenburger Tor,** der Haupteingang zum Park. Das **Schauspielhaus** von 1818 ist im Biedermeierstil gehalten, seine Hauptfront strukturiert ein sechssäuliger Portikus. Der zweistöckige **Kaiserhof** von 1911 gegenüber zeigt sich vom Jugendstil leicht angehaucht und stellt ein schönes Beispiel für die große Zeit der Grandhotels dar. Es ist leider geschlossen und renovierungsbedürftig. Den **Altenauplatz,** gleich beim Kaiserhof, schmücken einige würdevolle Villen aus der großen Zeit des Bades und die ungewöhnliche **Drakevase.** Sie wird so nach ihrem Schöpfer Friedrich Drake (1805–1882) genannt, der in Bad Pyrmont geboren wurde und

▶ Karte S. 164

Sehen und Gesehenwerden am Hylligen Born

sich in Berlin als Bildhauer einen Namen machte; sein bekanntestes Werk ist die Viktoria auf der Berliner Siegessäule (»Goldelse«). Drake schenkte die immerhin zwei Meter hohe und dennoch kaum beachtete Vase 1858 seiner Heimatstadt. Auf ihr stellen allegorische Figuren die vier Lebensphasen des Menschen dar.

Die für einen Ort dieser Größe üppig dimensionierte Variante eines Grandhotels liegt schräg gegenüber: Das **Hotel Steigenberger** befindet sich seit 1993 in dem Gebäude, das 1898/99 als fürstliches Kurhaus errichtet, später zum Kurhotel umgebaut und dabei um einen Flügel erweitert wurde.

Der **Brunnenplatz** liegt nicht nur an einer Kreuzung, hier liegen auch einige der zentralen Kureinrichtungen in der Stadt. Traditionelle Hauptquelle Pyrmonts ist der **Hyllige Born,** der seit 1923/24 als von zwölf Sandsteinsäulen getragener Brunnentempel gefasst ist. Dieser Bau gilt als Wahrzeichen des Staatsbades. Der Name geht wohl auf die Cherusker zurück, die an dieser Stelle einen kultischen Ort mit Opfergaben eingerichtet hatten.

Die angrenzende breite **Wandelhalle** aus verglasten Kolonnaden entstand zusammen mit dem Brunnentempel. Im Innern befindet sich unter anderem ein Lesesaal mit einem hervorragenden Angebot an Tageszeitungen, der Eintritt ist allerdings nur mit Kurkarte möglich.

Schon im 3. Jahrhundert ist für die Stelle, an der heute der **Brodelbrunnen** sprudelt, eine Quelle erwähnt. Als man sie 1863 neu fasste, stieß man auf frühgeschichtliche Opfergaben, die heute im Schlossmuseum als »Pyrmonter Brunnenfund« ausgestellt sind. Das Ensemble von Brunnen am Platz komplettiert der **Augenbrunnen** an der westlichen Seite. Ihn gibt es bereits seit der Mitte des 18. Jahrhunderts; seit seiner Neugestaltung 1923/24 schmückt ihn ein Standbild der hl. Ottilie, Schutzpatronin des Augenlichts.

Der helle **Fürstenhof** einige Schritte weiter stammt aus der Frühphase des Kurbetriebs, von 1777. Im Innern sind noch einige Einrichtungsgegenstände aus dem 19. Jahrhundert erhalten, die eisernen Balkone wurden in der gleichen Ära vor die Fassade gehängt.

Vom Brunnenplatz führt die **Brunnenstraße** nach Osten, eine der wichtigsten Geschäftsstraßen mit zahlreichen Lokalen und seit vielen Jahren schon vom Autoverkehr befreit. Hier finden sich neben einigen Villen aus der glanzvollen Zeit auch das zweigeschossige **Rathaus** (Nr. 1), das 1891/92 als kaiserliches Postamt gebaut wurde, und der **Alte Fritz** (Nr. 16). Dieser zweistöckige Fachwerkbau stammt von 1676/77 und ist nicht wegen seiner leichten Weserrenaissance-Elemente bemerkenswert, sondern als erstes Logierhaus an der Brunnenstraße und eines der frühesten Logierhäuser in Pyrmont überhaupt. Es erhielt seinen Namen, weil der preußische König Friedrich II. hier 1744 und 1746 abstieg. Eine Plakette an der Außenwand erinnert daran, dass der Bildhauer Friedrich Drake in diesem Haus geboren wurde.

Zu den größten Wellness-Einrichtungen zählt die **Hufeland Therme** am Bergkurpark. Sie bietet Innen- und Außenbecken mit unterschiedlichem Solegehalt, mehrere Saunen, Fitness-, Wellness- und Massageangebote, eine Besonderheit ist die Meersalzgrotte mit Seeklima.

Ganz in der Nähe liegt mit der **Dunsthöhle** eine weitere besonders bekannte Einrichtung. Hier wird seit Anfang des 18. Jahrhunderts das aus dem Gestein austretende Kohlendioxid zur Behandlung von verschiedenen Beschwerden genutzt – einmalig in Europa.

Sämtlich nördlich der Stadt liegen gleich mehrere **Aussichtstürme,** von denen sich weite Blicke in das Emmertal eröffnen: Bismarckturm, Schellenbergturm, Spelunkenturm. Genaue Informationen über die Wege dorthin erhält man im Tourismusbüro am Europaplatz.

Abstecher nach Lügde

Ein besonders harmonisches historisches Ortsbild besitzt Lügde, nur etwa fünf Kilometer südlich vom Schloss Pyrmont und schon in NRW gelegen. Es »verdankt« sich einem verheerenden Stadtbrand, der 1797 mehr als 230 von 315 Häusern zerstörte, dazu Rathaus, Kirchen, Schulen und die Brauerei. Der Wiederaufbau war 1799 fast abgeschlossen. In dieser kurzen Zeit waren rund 200 Fachwerk-Ackerbürgerhäuser entstanden, die zu Teilen erhalten sind und heute noch das Ortsbild prägen. Charakteristisch für diese zweigeschossigen Giebeldachhäuser ist das große Tor meist in der Mitte der Fassade. Im vorderen Bereich der langgestreckten Bauten befanden sich die Wohnräume, im hinteren die Viehstätten.

Der Ort selbst ist wohl seit dem 8. Jahrhundert besiedelt, war ab 1115 befestigter Burgort und wurde erstmals 1255 als Stadt bezeichnet. Der Grundriss mit

Ein ehemaliges Ackerbürgerhaus beherbergt das Heimatmuseum Lügde

drei parallelen Hauptstraßen verweist auf eine planmäßige Gründung und Anlage. Lügde fiel 1668 an das Fürstbistum Paderborn, war von 1802 bis 1947 mit kurzer Unterbrechung preußisch und gehört seitdem zu Nordrhein-Westfalen.

Bekannt ist Lügde für seinen **Osterräderlauf,** der jedes Jahr bis zu 20 000 Zuschauer anzieht – mehr als der Ort Einwohner hat. Immer am Ostersonntag rollen sechs brennende massive Holzräder kurz nach Einbruch der Dunkelheit vom Osterberg ins Tal hinunter, zum Flüsschen Emmer. Die Strecke beträgt etwa 600 Meter, das Gefälle rund 80 Meter. Ein Osterrad besteht aus Eichenholz, hat einen Durchmesser von rund 1,70 Metern und eine Radstärke von etwa 28 Zentimetern. Es besitzt Speichen als gekreuzte Balken, in die Zwischenräume wird Stroh geflochten. Das alles zusammen wiegt rund 400 Kilogramm. Die Räder werden vor dem Spektakel tagelang in der Emmer gewässert, damit sie nicht abfackeln.

Der Osterräderlauf wird 784 erstmals in einer Quelle erwähnt, der Brauch soll aber viel älter sein, möglicherweise auf keltische Zeiten zurückgehen. Man feierte so die Rückkehr der hellen Jahreszeit, den Frühling. Möglicherweise symbolisieren die brennenden Räder die Sonne, die nun über den dunklen Winter gesiegt hat. Umrahmt wird dieses Spektakel von Live-Musik und einem Kinderprogramm.

▸ Karte S. 128

■ Sehenswürdigkeiten

Der Marktplatz ungefähr in der Mitte des historischen Zentrums bietet sich als Ausgangspunkt für einen Rundgang an. Hier befindet sich auch das Rathaus mit der Tourist-Information.

Der **Ziegenbrunnen** mit seinen bronzenen Figuren – Hirte mit Ziegen – erinnert an die Zeiten vor dem großen Stadtbrand, als etwa 400 Ziegen in den Ställen gehalten worden sein sollen. Sie wurden täglich vom Lügder Ziegenhirten mit einem Horn zusammengerufen und auf die Weideflächen rings um die Stadt gebracht.

Die katholische Kirche **St. Marien** existiert in ihrer heutigen Gestalt seit 1894, als sie anstelle eines Vorgängerbaus aus der Stadtgründungszeit errichtet wurde. Ihr 63 Meter hoher Turm prägt das Ortsbild. Nördlich davon verläuft die **Vordere Straße** mit einigen schönen historischen Fachwerkbauten.

Das westliche Ende der Mittleren Straße markiert das ehemalige **Franziskanerkloster,** ein dreiflügeliges Gebäude mitsamt Kirche im Barockstil. Es wird heute als Kindergarten, Bücherei und Kulturzentrum genutzt. Am bronzenen **Stadtrelief** nur wenige Meter daneben lässt sich der historische Stadtkern mit Befestigungsanlage und dem für die Lipper Region so typischen Drei-Straßen-Raster gut nachvollziehen - Geschichte zum Anfassen. Schlendert man von hier nach Norden und dann am Rand des Ortskerns entlang, stößt man zunächst auf den **Wehrturm im Winkel,** einen der beiden noch erhaltenen Stadttürme, und sogleich auf die evangelische Kirche **St. Johannes** von 1864. Dahinter erstreckt sich der **Wall** mit der rund 1500 Meter langen Mauer, die auch dem Hochwasserschutz diente. Am östlichen Rand der Altstadt befindet sich das **Heimatmuseum.** Genauso interessant wie die Artefakte zur Stadt- und Regionalgeschichte ist der Bau selbst, ein typisches Lügder Ackerbürgerhaus aus der Wiederaufbauzeit.

Klein, aber fein: das Kerßenbrocksche Schloss in Barntrup

Überraschenderweise außerhalb der alten Stadtbefestigung, auf einer leichten Anhöhe, liegt der älteste Sakralbau der Stadt, die **Kilianskirche.** Eine erste Kirche entstand hier wohl schon im frühen 9. Jahrhundert; manche Historiker gehen davon aus, dass der untere Teil des heutigen Turms noch aus dieser Zeit herrührt. Der Kernbau der romanischen Kirche stammt aus den Jahren 1100 bis 1130, äußerlich wurde sie seitdem nur noch wenig verändert. Um 1870 erfolgte eine grundlegende Sanierung, im Innern sind einige Fresken aus dem 12. Jahrhundert erhalten.

Nimmt man vom Heimatmuseum den Weg über die **Hintere Straße** zurück, kommt man an den eindrucksvollsten Fachwerkbauten vorbei. Insbesondere im westlichen Teil der Straße sind noch einige der großzügigen Häuser erhalten, deren Charakteristikum die großen Scheunentore und langen Dielenhallen darstellen. Nur wenige Schritte weiter erhebt sich der **Wehrturm am Mühlentor,** der andere von ursprünglich sieben Türmen, die im 13. Jahrhundert als Teil der Stadtbefestigung entstanden. Das **Dechenheim** gleich daneben war einmal das Feuerwehrgerätehaus. Es fungiert heute als Museum, das die Geschichte und Traditionen des Osterräderlaufs beleuchtet (Führungen auf Anfrage über die Touristeninformation).

Nun steht man schon am Rand des **Emmerauenparks,** einer Grünanlage mit Spiel- und Sportplätzen, Bänken und nicht zuletzt einem Café mit Außenbereich - guter Endpunkt eines Rundgangs.

Abstecher nach Barntrup

Herz des kleinen Städtchens Barntrup ist das **Kerßenbrocksche Schloss,** wie das Herrenhaus seit dem 18. Jahrhundert genannt wird. Der Bau hat unverkennbar Ähnlichkeiten mit Schloss Hämelschenburg (→ S. 160) und Schloss Schwöbber (→ S. 170). Es gibt aber keine Aufzeichnungen, aus denen hervorgeht, ob etwa hier wie dort dieselben Baumeister beschäftigt waren. Drei Ecktürme und ein typisches Treppenhaustürmchen sowie die Utlucht an der Südseite prägen das zweigeschossige verputzte Gebäude mit seinem steilen, hohen Dach.

Hier treffen wir auf die einzige Bauherrin der Weserrenaissance, Anna von Kerßenbrock. Sie ist mit einer kleinen Büste über dem Treppenturmportal verewigt. Der Söldnerführer Franz von Kerßenbrock plante den Bau, starb allerdings noch vor dem ersten Spatenstich im Jahr 1576. Seine Witwe ließ die Pläne umsetzen, starb aber auch schon 1591, drei Jahre nach Beendigung der Arbeiten. Das Schloss ist noch heute im Besitz der Familie von Kerßenbrock-Krosigk, einer Seitenlinie.

Das Innere ist daher nicht zugänglich, Besucher dürfen aber über die Hagenstraße in den schönen **Park** mit seinen hohen Bäumen spazieren und wenigstens von außen die Fassaden in Augenschein nehmen. Durch Mauern von Ort und Straßenlärm abgeschirmt, wirkt es wie aus einem Märchen. Manche Architekturhistoriker bezeichnen das Kerßenbrocksche Schloss als das zweitkleinste Schloss der Weserrenaissance, dabei aber als eines der reizvollsten und harmonischsten.

Das kleinste Schloss der Weserrenaissance, wenn man dieser Sichtweise folgen will, befindet sich übrigens nur acht Kilometer weiter westlich, im Dorf Wendlinghausen. **Schloss Wendlinghausen,** ab 1614 von Hilmar von Münchhausen errichtet, ist von einem Wassergraben und einem drei Hektar großen **Park** umgeben, den Fachleute zu den wunderbarsten und wertvollsten Gartenanlagen Westfalens rechnen. Die einflügelige Anlage mit typischem angesetzten Treppenturm ist heute im Besitz von Nachfahren der Münchhausens, der Familie von Redern, und wird für Veranstaltungen aller Art genutzt.

Abstecher zum Schloss Schwöbber

Zweifellos zählt Schloss Schwöbber zu den eindrucksvollsten Zeugnissen der Weserrenaissance überhaupt, bemerkenswert ist auch seine Lage: umspielt von einem Wassergraben, umgeben von einem weitläufigen Park, mehrere Kilometer von der nächsten Ortschaft entfernt. Nach wechselvoller Geschichte beherbergt es heute das exklusive **Schlosshotel Münchhausen.**

Schloss Schwöbber, heute ein Hotel der Extraklasse

Karte S. 128

Die in dieser Region so bedeutende Adelsfamilie Münchhausen wurde 1510/11 mit mehreren Meierhöfen belehnt, darunter auch Schwöbber. Hilmar von Münchhausen (1512–1573) begann mit dem Bau, den einer seiner Söhne fortsetzte. Die festungsähnliche Anlage entstand in mehreren Etappen, erst der mittlere Flügel (1570–1576), bis 1588 der Südflügel mit Torhaus, 1606 schließlich der nördliche Teichflügel. Mit den Seitenflügeln entstanden auch die typischen verbindenden Treppenhäuser. Zu seiner Zeit berühmt war der **Park** rund um das Schloss, den die Familie um 1750 zu einem der frühesten englischen Landschaftsgärten auf dem Kontinent umgestalten ließ. Dabei wurden einige für diese Zeit relativ exotische Baumarten angepflanzt.

Die Familie Münchhausen verkaufte Schloss und Park 1920 an den Industriellen Eduard Meyer. Er ließ den bereits 1908 durch Blitzschlag ausgebrannten Teichflügel wiederaufbauen, die Innenräume und den Park umgestalten. Auch der **Garten** in seiner geometrischen Strenge mitsamt Sonnenuhr geht auf diese Zeit zurück. Die Puttengruppen am Rand stellen die vier Elemente und die vier Jahreszeiten dar. Überhaupt ist zu konstatieren, dass, bedingt durch weitere Brände und Umbauten, im Innern des Schlosses nur sehr wenig Originalsubstanz erhalten geblieben ist. Im Gegensatz dazu hat das Äußere die Jahrhunderte fast unverändert überdauert. Nach mehreren Besitzerwechseln kauften Ursula und Friedrich Popken 2002 das mittlerweile arg heruntergekommene Schloss mit seinem verwahrlosten Park. Sie ließen mit großem Aufwand renovieren und eröffneten 2004 das Schlosshotel Münchhausen, das 2016 als Fünf-Sterne-Superior-Hotel ausgezeichnet wurde. Schnell entwickelte es sich zu einem bevorzugten Ort für Gutbetuchte, die ihre Ruhe haben wollen. Für sie stehen 68 individuell eingerichtete Zimmer und Suiten zur Verfügung, ein großzügiges Spa, ein Helikopterlandeplatz und gleich zwei 18-Loch-Golfplätze.

Neben einer hauseigenen Kapelle und einem Standesamt sind im Schloss drei Restaurants und eine Bar eingerichtet. Hier können auch Nicht-Hotelgäste einkehren. Ihnen steht auch der acht Hektar große Park offen, der mittlerweile in den Zustand der 1920er Jahre zurückversetzt wurde. Ein Denkmal in Form einer Ananas erinnert an Zar Peter I., der eigens hierherkam, um sich in der Ananaszucht unterweisen zu lassen. Spontan anreisenden Besuchern allerdings ist eine Besichtigung von Schloss und Park nicht möglich – man legt Wert auf Diskretion.

Aerzen

Aerzen ist Mittelpunkt des gleichnamigen Fleckens, zu dem 14 Ortschaften mit zusammen gerade einmal 1000 Bewohnern gehören. Der Kernort entstand um einen Amtshof aus dem 12. Jahrhundert, der zunächst den Eversteinern, dann den Welfen und bis 1660 der Familie Münchhausen gehörte. An der Hauptstraße im Ort finden sich einige unspektakuläre Fachwerkhäuser und die schlichte evangelische Marienkirche im Barockstil von 1643.

Etwas abseits der Hauptstraße und daher leicht zu übersehen ist die eigentliche Sehenswürdigkeit des Ortes, für die ein Stopp lohnt. Die überraschend große **Domänenburg Aerzen** wird umgangssprachlich oft »Schloss« genannt. Die dreiflügelige Anlage geht auf eine Wasserburg aus dem späten 13. Jahrhundert zurück, die 1642 zu großen Teilen durch einen Brand zerstört wurde. Um 1660 erfolgte die Errichtung des Südflügels, um 1740 die des Westflügels im Fachwerkstil. Der Nordflügel wurde 1533 als dreigeschossiges Amtshaus aus Bruchsteinen errichtet; er überstand den Brand. Vor der westlichen Seite ist noch der Wassergraben erhalten, er verleiht der Szenerie eine romantisch-heitere Note. Seit den 1980er Jahren wird die Domänenburg unter anderem kulturell genutzt, der Eintritt in den Innenhof durch das Tor mit seinen Holzschnitzereien ist jederzeit möglich.

Bad Pyrmont, Lügde, Schwöbber

Tourist-Information, Europaplatz 1, 31812 Bad Pyrmont, Tel. 05281/151543; Mo–So, Mitte Okt.–Mitte April Mo–Sa. www.badpyrmont.de

Tourist-Information, Am Markt 1, 32676 Lügde, Tel. 05281/770870; Mo–Fr vormittags, Mo u. Do auch nachmittags.

Pad Pyrmont und Lügde liegen an der **Bahnstrecke** Hannover–Altenbeken.

▸ **Bad Pyrmont**: Naturgemäß große Auswahl an **Hotels und Pensionen,** Info und Buchung am besten über die Tourist-Information.

Die größte Dichte an Cafés, Eisdielen und Lokalen an Heiligenangerstraße und Brunnenstraße. Hier zwei Tipps:

Roberts Café, Brunnenplatz 4, 31812 Bad Pyrmont, Tel. 05281/1608866; tgl. 8.30–22 Uhr. Plätze in und vor der Wandelhalle, hier kann man das Kurorttreiben am besten beobachten. Frühstück, Mittag- und Abendessen, gute Kuchenauswahl, auch Eis. www.roberts-cafe.de

Espressobar Juley, Postweg 6, 31812 Bad Pyrmont, Tel. 0157/86847880; Mo–Sa 10–18 Uhr. Café-Bistro mit kleiner, qualitativ guter Mittagskarte. Etwas abseits von den Trampelpfaden, nette Atmosphäre. https://espressobar-juley.eatbu.com

▸ **Lügde**:

Hotel-Restaurant Westfälischer Hof, Bahnhofstr. 25, 32676 Lügde, Tel. 05281/98960 und 7234; DZ ab 75 Euro. 5 Min zum Zentrum, Restaurant mit gutbürgerlich-regionaler Küche und Biergarten; Mo, Mi, Do 15–22, Fr, Sa 15–23, So 10–22 Uhr. www.westfaelischerhof-luegde.de

Café Ankerplatz, am Emmerauenpark; Mo–Fr 12–19.30, Sa, So 12–20.30 Uhr. www.emmerauenpark.de

▸ **Barntrup:** Mehrere Cafés, Eisdielen und Restaurants an der **Mittelstraße,** der Durchgangsstraße. Durchweg solide.

▸ **Aerzen:**

Schlosshotel Münchhausen, Schwöbber 9, 31855 Aerzen, Tel. 05154/70600; DZ 150–290 Euro, Suiten um 400 Euro. Gourmet-Restaurant und 1570-Petit Gourmet Di–So 18–21.30, Bar tgl. 14.30–18 u. 18–24, Sa/So ab 12 Uhr, Schlosskeller tgl. 12–14.30 u. 18–21.30 Uhr. Durchweg hervorragend, grandioses Setting. Unbedingt reservieren! www.schlosshotel-muenchhausen.com

Es gibt mehrere empfehlenswerte Bars im Zentrum von Bad Pyrmont: **Nachtsegler** (Brunnenstr. 47), **Stresemann-Bar** (Friedrichstr. 7), **Zur Warte** (Rathausstr. 2).

Museum Bad Pyrmont, Schloßstr. 13, 31812 Bad Pyrmont, Tel. 05281/606771; Di–So 10–17 Uhr, Außenanlagen tgl. 10–18 Uhr. www.museumpyrmont.de

Heimatmuseum Lügde, Hintere Str. 86; Sa–Mo 14–17.30 Uhr. Mit Museumscafé. www.luegde-heimatmuseum.de

Hufeland Therme, Forstweg 17, 31812 Bad Pyrmont, Tel. 05281/151750; tgl. 9–21 Uhr. https://hufeland-therme.staatsbad-pyrmont.de

Tierpark, Hauptmann-Bölke-Str. 3, 31812 Bad Pyrmont, Tel. 05281/2539; März–Okt. tgl. 9.30–18.30, Nov.–Feb. 10–17 Uhr. U. a. Großkatzen, aber auch Minibauernhof und Streichelzoo sowie Spielplatz. www.tierpark-badpyrmont.de

▸ Karte S. 128, 164

Hameln

Als »Rattenfängerstadt« bezeichnet sich Hameln selbst, denn untrennbar ist es mit der Legende um den Mann verbunden, der die Stadt von einer Rattenplage befreit, dann von den Bürgern um seinen Lohn geprellt und als Rache die Kinder aus der Stadt gelockt haben soll. Sie sollen nie wieder gesehen worden sein. Die Ratten sind hier immer noch oder, glaubt man der Legende, wieder allgegenwärtig: im Namen von Lokalen und Geschäften, aufgedruckt auf den Souvenirs und nicht zuletzt als Orientierungshilfe auf das Pflaster gemalt. Folgt man ihnen, so wird man in einem Rundgang zu den wichtigsten Sehenswürdigkeiten geleitet. Und davon gibt es hier überreichlich. Hameln ist nichts weniger als ein Kleinod der Weserrenaissance. Im historischen Zentrum bilden hunderte von Sandstein- und Fachwerkbauten ein nahezu flächendeckendes Ensemble, keine andere Stadt an der Weser besitzt so viele reich geschmückte Bürgerhäuser. Hinter den Weserrenaissance-Fassaden nicht weniger Häuser verbergen sich noch Steinfundamente oder -mauern aus dem 13. bis 16. Jahrhundert.

Dieses Stadtbild wirkt dabei nicht wie ein Museum. Hameln, die größte Stadt an der Oberweser, besitzt ein weites Einzugsgebiet und zeigt sich als ein lebendiges Mittelzentrum. Für die Gemeinden in der näheren und weiteren Umgebung besitzt Hameln eine spürbare Bedeutung als Einkaufs- und Kulturstadt. Da sie zudem reizvoll in grüne Hügel gebettet ist und sich als Ausgangspunkt für Erkundungen in alle Richtungen anbietet, liegt ein mehrtägiger Aufenthalt nahe.

Aber auch Hameln hat wie viele Städte seit geraumer Zeit mit Leerstand im Zentrum zu kämpfen. Die Corona-Pandemie hat diese seit Jahren zu beobachtende Entwicklung mancherorts dramatisch verschärft. Die Folge sind sinkende Besucherzahlen und daraus resultierend noch mehr Schwierigkeiten für bestehende Geschäfte.

Hunderte gut erhaltene Fachwerkbauten verleihen Hameln seinen Charme

Als eine der ersten Städte Niedersachsens versucht Hameln, dieser Abwärtsspirale mit dem Konzept »Hameln handelt« entgegenzuwirken. Zentraler Baustein ist das Leerstandsmanagement. Wer im historischen Zentrum ein neues Geschäft eröffnen möchte, bekommt auf Antrag ein Jahr lang die Kaltmiete erstattet und einen Zuschuss für nötige Umbaumaßnahmen. Voraussetzung für eine Förderung: Es muss eine Erstgründung sein, und es muss sich im Sinne des Programms um ein unverwechselbares, individuelles Angebot handeln, im besten Fall mit Alleinstellungsmerkmal. »Wer fährt schon extra aus Ostwestfalen nach Hameln, wenn am Ende Nagelstudios und 1-Euro-Shops das Bild dominieren?«, erläutert dazu Thomas Wahmes, Pressesprecher und Leiter der Wirtschaftsförderung. Das mit mehreren hunderttausend Euro ausgestattete Projekt startete im Sommer 2021 und ist zunächst bis Ende 2023 befristet. Schnell gingen rund 30 Anträge ein, einer der ersten neuen Mieter war eine Kochschule mit angeschlossenem Showroom. Man kann den Initiatoren nur wünschen, dass ihre Idee Früchte trägt, Förderungen bald nicht mehr nötig sind, sich der Erfolg herumspricht und so andere Städte zu ähnlichen Maßnahmen ermuntert.

Geschichte

Um 851 ließen sich Mönche aus Fulda hier nieder und gründeten ein Benediktinerkloster, bald darauf tauchten die Namen »Hamela« und »Hameloa« erstmals in Urkunden auf. Daneben entwickelte sich eine Siedlung, die neben ihrer Lage am Kreuzungspunkt der Handelswege Paderborn–Hannover und Minden–Hildesheim von einem Naturphänomen profitierte: Ein quer im Fluss liegender Fels, die sogenannte Barre, verhinderte den durchgehenden Schiffsverkehr. Nur am Hamelner Loch, einer gefährlichen Engstelle, war die Passage möglich. Die Waren mussten also hier oft umgeladen werden. Die Menschen in der Siedlung lebten vom Handel, insbesondere mit Getreide, und vom Fischfang.

Stift und Marktsiedlung wuchsen allmählich zusammen, der Ort erhielt 1185 die Stadtrechte und im 13. Jahrhundert das Stapelrecht. Später erleichterten erste feste Brücken den Warenverkehr, ab 1734 eine erste Weserschleuse. Von 1426 bis 1572 war Hameln Mitglied der Hanse. Das 16. und 17. Jahrhundert gelten als Blütezeit der Stadt, die ihren bis heute sichtbaren Ausdruck in den zahlreichen prächtig verzierten Bürgerhäusern fand.

Seit dem 13. Jahrhundert schützte eine Mauer mit 22 (!) Türmen die Stadt. Um 1760 erfuhr sie eine so umfassende Verstärkung und Vergrößerung, dass Chronisten vom »Gibraltar an der Weser« sprachen. Napoleon ließ dieses imposante Festungswerk schleifen, nur zwei Türme blieben übrig: Haspelmathturm und Pulverturm. Sie liegen sich am Kastanienwall gegenüber, beide werden seit ihrer aufwendigen Sanierung in den 1990er Jahren kulturell genutzt. Den früheren Verlauf der Festungsanlagen markiert heute in etwa die Umgehungsstraße, die das Zentrum als Dreiviertelkreis umschließt.

Im Jahr 1819 legte der erste Weserdampfer in Hameln an, 1886 gründeten ortsansässige Kaufleute die Wesermühle, eine der ersten Großmühlen Deutschlands. Zwar lag Hameln am Ende des Zweiten Weltkriegs unter Artilleriebeschuss amerikanischer Truppen, aber außer dem Rathaus gingen nur sehr wenige Gebäude verloren. Größere Verluste wurden durch starke Bürgerproteste verhindert, die sich in den 1960er Jahren erfolgreich gegen geplante Flächenabrisse richteten. Hameln verabschiedete sich vom Konzept der autogerechten Stadt, verbannte den motorisierten Verkehr aus großen Teilen des Zentrums und brachte die Altstadtsanierung auf den Weg. Derzeit leben in der Rattenfängerstadt rund 57 000 Menschen.

Markt und Pferdemarkt

Seit dem 14. Jahrhundert bilden die benachbarten Plätze Markt und Pferdemarkt das Herz der Stadt. Hier befand sich das Rathaus, hier treffen die beiden wichtigsten Achsen aufeinander – Osterstraße und Bäckerstraße –, hier treffen und verabreden sich die Hamelner. Das **Alte Rathaus** wurde im Zweiten Weltkrieg zerstört und nicht rekonstruiert, auch ein Neubau entstand nicht an seiner Stelle. Die Terrasse, der einzige Rest des Gebäudes, dient im Sommer als Bühne für die sonntäglichen Rattenfänger-Freilichtspiele (12 Uhr).

Auch die Marktkirche **St. Nicolai** erlitt erhebliche Zerstörungen. Sie musste in Teilen rekonstruiert werden und zeigt sich daher im Innern weitgehend schmucklos. Der Bau entstand um 1230 und erfuhr bald darauf eine Umgestaltung und Erweiterung zur gotischen Hallenkirche. Sie wurde 1957/58 wiederaufgebaut und 1959 neu geweiht.

Zu den vielleicht beeindruckendsten Gebäuden im Stil der Renaissance, mit

Hochzeitshaus und St. Nikolai, im Vordergrund ein Stadtmodell

43 Meter Länge sicherlich aber zu den größten gehört das **Hochzeitshaus,** das sich die Hamelner Bürgerschaft als Festhaus errichten ließ. Der 1617 fertiggestellte Bau gilt als einer der letzten in Hameln im Stil der Weserrenaissance und mit seinen Sandsteinquadern und umlaufenden breiten Gurtgesimsen als besonders typisch für die Baukunst dieser Region. Täglich thematisiert das Figuren- und Glockenspiel die Rattenfängersage (13.05, 15.35 und 17.35 Uhr), morgens erklingen das Weserlied (9.35 Uhr) und das Rattenfängerlied (11.35 Uhr). Heute nutzt unter anderem das Standesamt die Räumlichkeiten.

Allein durch sein hohes dreigeschossiges Dach ragt das **Dempterhaus** (1607/08) aus der westlichen Häuserzeile heraus. Die lateinische Inschrift über dem Hauseingang verrät, wie das Haus zu seinem Namen kam. Sie lautet übersetzt: »Tobias von Dempter und Anna Bocks ließen mich erbauen«. Dempter wurde später Bürgermeister von Hameln. Die beiden unteren Etagen sind aus Sandstein gearbeitet, die früheren Speichergeschosse darüber als Fachwerk ausgeführt. Das Beschlagwerk der Fachwerkgeschosse hat seinen Ursprung im Schmiedehandwerk und erinnert sehr an Beschläge von Holztruhen oder Türen. Das Dempterhaus stellt ein vorzügliches Beispiel für die Baukunst der Weserrenaissance dar, hier fällt im Wechsel von glatten Bändern und eingekerbten Quadern vor allem die Betonung der Horizontalen auf.

■ Osterstraße

Entlang der Osterstraße sind einige der herausragenden Baudenkmäler in Hameln versammelt, nicht zuletzt deswegen ist sie der Publikumsmagnet schlechthin. Unter anderem die Häuser Nr. 12, 13 und 14 sind wegen ihrer Ornamentierungen besonders sehenswert. Bei der Nr. 15, der alten Post, sollte man sich nicht täuschen lassen: Das Haus sieht alt aus, stammt aber von 1883. Mitten in der Straße erinnert der **Rattenfängerbrunnen** vom Bildhauer Bruno Jakobus an die berühmte Sage.

Das Dempterhaus

▶ Karte S. 174

Das **Museum Hameln** ist in zwei nebeneinanderstehenden Gebäuden untergebracht, Stiftsherrenhaus und Leisthaus (Osterstr. 8 und 9). Es beleuchtet natürlich die Rattenfängersage und ihre Hintergründe, daneben die Kulturgeschichte der Stadt Hameln und des Weserberglandes. Regelmäßig werden Sonderausstellungen gezeigt. Beide Häuser stellen ganz offensichtlich Höhepunkte der Weserrenaissance dar, unterscheiden sich aber erheblich voneinander.

Das **Stiftsherrenhaus** (links, 1556–1558) trägt seinen Namen nach seiner bildreichen Fassade, die sonst meist auf kirchliche Auftraggeber schließen lässt. Bauherr allerdings war kein Geistlicher, sondern der Kaufmann und Bürgermeister Friedrich Poppendiek. Reicher Bilderschmuck mit biblischen Motiven, aber auch antiken Planetengöttern verzieren die aufwendig gestaltete Fassade der überkragenden Geschosse. Die Frontsteine der vorgelagerten Plattform im Eingangsbereich stellen Ecclesia (Kirche) und Lucretia (Tugendhaftigkeit) dar. Das aus Bruchsteinen errichtete Gebäude ist das einzige Renaissancehaus in Hameln mit figürlichen Darstellungen und ungewöhnlicherweise mit seiner Traufseite (Längsseite) zur Osterstraße ausgerichtet.

Das **Leisthaus** (1585–1589), nach Plänen des bekannten Baumeisters Cord Tönnies für den Kornhändler Gerd Leist errichtet, wendet dagegen ganz traditionell seine Giebelseite zur Straße. Es beeindruckt mit Sandsteinschmuck, gestaffeltem Spitzgiebel und einer zweigeschossigen Utlucht, auf der ebenfalls die Lucretia steht. Bei einem genauen Blick offenbart sich der Neidkopf in der Nische in der Giebelspitze. Auffälliger zeigt sich der Fries über dem Erdgeschoss, dessen allegorische Figuren die Tugenden der Treue, Barmherzigkeit, Gerechtigkeit und

Das Leisthaus

Geduld verkörpern. Die Flächen zwischen den Steinen scheinen mit Ziegelmauerwerk ausgefüllt zu sein, es handelt sich jedoch um eine Bemalung, hinter der sich ein Fachwerkbau verbirgt.

Auch das nur wenige Schritte entfernte **Jost-Rike-Haus** (Nr. 12, 1576 vollendet) besitzt einen Neidkopf im Giebel. Zwei schmale, symmetrische Utluchten flankieren den Eingang, die Fassade besitzt ein rechtwinkliges Wandstreifenmuster, vor allem aber im Rollwerkgiebel erkennen Fachleute den niederländischen Einfluss. Das Haus ließ sich der Ratsherr Jost Rike errichten.

Das vielleicht berühmteste Haus der Stadt nimmt die Fläche zur Bungelosenstraße ein, das **Rattenfängerhaus.** Es wirkt strenger als viele andere Bauten in der Stadt, obwohl hell verputzte Flächen und Bänderwerk aus geschnitzten, grau-braunen Sandsteinen die Baumasse auflockern. Ursprünglich trug die Utlucht am 1603 fertiggestellten Bau eine Bekrönung. Seinen Namen trägt er seit etwa 1900, nach der Inschrift an

Der Rattenfänger in der Osterstraße

der Bungelosenstraße: *Anno 1284 / Am Dage Johanni et Pauli / War der 26. Junii / Durch einen Piper mit allerlei farve bekleidet / Gewesen 130 Kinder verledet / Binnen Hameln geboren / To calvari bi den koppen verloren.*

Das Gebäude ist seit 1917 im Besitz der Stadt.

Über die **Bungelosenstraße** soll der Legende nach der Rattenfänger im Jahr 1284 die Kinder aus der Stadt gebracht haben. Zur Erinnerung und in Trauer um das schreckliche Geschehen darf in der Gasse bis heute »kein Tanz geschehen noch Saitenspiel gerührt werden«.

Die **Garnisonskirche** am Ende der Osterstraße wird von den Einheimischen wegen der oxidierten Kupfereindeckung des achteckigen Dachaufbaus (Dachreiter) mitunter auch »Grüner Reiter« genannt. Die Kirche wurde 1714 geweiht, seit 1929 ist hier die Stadtsparkasse heimisch.

Südlich der Osterstraße

Die schmalen Gassen und Straßen zwischen Osterstraße, Ostertorwall und Bäckerstraße mögen keine spektakulären Bauten aufweisen, beeindrucken aber durch ihre Geschlossenheit. Die zumeist zweistöckigen und durchgängig schön restaurierten Fachwerkhäuser in diesem Viertel besitzen farbenfrohe Fassaden und Ornamentierungen. Insbesondere ihre Haustüren zeigen sich oft als wahre Schmuckstücke. Man kann sich hier einfach treiben lassen, irgendwann landet man automatisch wieder auf einer der Hauptstraßen. Zwei Anlagen stechen etwas heraus:

Ernst von Reden kaufte das Grundstück am Eingang zur Großehofstraße 1568 und ließ sich einen standesgemäßen Sitz errichten, daher der Name **Redenhof.** Es handelt sich um den einzig erhaltenen früheren Adelshof in Hameln. Das spätgotische Gebäude mit Anklängen der Renaissance befindet sich bis heute im Besitz der Familie Reden.

Ausnahmsweise mal nicht Renaissance, sondern in weiten Teilen 20. Jahrhundert verkörpert das Areal **Alte Feuerwache,** wenngleich es die Historie dieses Ortes andeutet. Hier befand sich einst der Kiepehof, der trotz Protesten der Bevölkerung in den 1960er Jahren zugunsten der Feuerwachenerweiterung abgetragen wurde. Die wiederum verschwand mittlerweile zugunsten einer modernen Wohnanlage.

Rund um die Bäckerstraße

Auch in der Bäckerstraße, der zweiten Zentralachse des historischen Zentrums, stechen einige Häuser hervor. Nr. 13 und Nr. 12 stammen noch aus dem späten 13. Jahrhundert und gehören somit zu den ältesten der Stadt. Letzteres, die **Löwenapotheke,** beeindruckt mit hohem spitzen Giebel und nachträglich angebrachter Utlucht.

Der **Rattenkrug** (Nr. 16) gilt als besonders wertvolles Zeugnis der Weserrenaissance. Sein Aussehen geht vor allem auf einen Umbau in den Jahren 1568/69 zurück, als es eine Fassade im Renaissancestil erhielt, im Kern ist der Steinbau jedoch älter. Fachleute urteilen, die Fassadengestaltung habe Maßstäbe gesetzt. Der seitliche Anbau mit der großen Tordurchfahrt stammt von 1781. Seit 1870 gibt es in dem Haus das Lokal Rattenkrug, somit die älteste Gastwirtschaft Hamelns.

Durch die Straßen, die von der Bäckerstraße zur Weser hinführen – insbesondere Fischpforten-, Kupferschmiede- und Wendenstraße –, kann man stundenlang schlendern, betrachtet man all die reich ornamentierten Fassaden etwas genauer. Wir können hier nur einige wenige Beispiele hervorheben. Die Fischpfortenstraße führte einst zu einer der beiden Fischpforten, die als Durchlass durch die Stadtmauer Zugang zur Weser ermöglichten. Außerhalb der Mauer befand sich der Anlegeplatz für die Schiffe.

Das **Wilhelm-Busch-Haus** (Fischpfortenstr. 11) von 1560 beeindruckt durch seine reichen Verzierungen mit Fächerrosetten und Flechtbändern, zweites Obergeschoss und Dachgeschoss kragen vor. Es trägt seinen Namen, weil Wilhelm Busch hier manchmal bei seiner Verwandtschaft zu Besuch war. Das **Bürgerhus** in der Kupferschmiedestraße 13 wurde um 1560 für die Ratsherrenfamilie Hollenstedt erbaut. Das dreigeschossige Eckhaus mit seinen zwei Utluchten gilt als Juwel, eine Besonderheit stellt die Eckutlucht dar. Derartige vorkragende Obergeschosse sind häufig anzutreffen, selten dagegen die hölzernen Vorhangbögen, die die Fenster des zweiten Obergeschosses zieren. Das **Lückingsche Haus** von 1639 (Wendenstr. 8) ist ganz imposante dreigeschossige Spätrenaissance mit besonders reichem Fachwerkschmuck. An der Frontseite ist Psalm 127 aus der Luther-Bibel angebracht. Geschickt täuscht der etwas zurückversetzte Eingang zwei Utluchten vor.

Das Bürgerhus besitzt gleich mehrere Utluchten

Das Münster St. Bonifatius hinter Bäumen

Münster St. Bonifatius

Die Münsterkirche – offiziell: Münster St. Bonifatius – ist nicht nur der älteste Sakralbau der Stadt, sondern auch ihr wichtigster. Die frühere Bedeutung der Kirche, zu dieser Zeit Mittelpunkt eines Klosters, verdeutlicht die Tatsache, dass die viele Jahre einzige Weserbrücke auf das Münster zuführte und nicht etwa auf den Marktplatz mit Rathaus.

An dieser Stelle befand sich wohl schon im 8. Jahrhundert eine Klosterkirche. Im 11. Jahrhundert entstand eine romanische Basilika, die im 13./14. Jahrhundert zu einer gotischen Hallenkirche umgebaut und vergrößert wurde. Die Bauphasen sind schwer zu bestimmen, da die Baumeister der Gotik sich offenbar romanischer Stilelemente und auch Bauteile aus früheren Zeiten bedienten. Das Münster zeigt sich heute als dreischiffiges, weitgehend gotisches Langhaus, in dem sich eine Anzahl künstlerisch bedeutender **Grabdenkmäler** erhalten hat.

▸ Karte S. 174

Ungewöhnlich ist der **Lachsbrunnen** an der Nordseite des Baus. Er stellt einen Jungen dar, der einen Lachs in seinen Händen hält. Der Brunnen verweist auf die lange Tradition des Lachsfischens in Hameln, das erst im 19. Jahrhundert mangels Masse aufgegeben werden musste.

Offiziell führt der Pilgerweg Loccum-Volkenroda (→ S. 258) über die alte Weserbrücke zum Münster, die Gassen um das Bauwerk herum gelten als der älteste Siedlungsbereich Hamelns.

An der Weser

Die einstige Bedeutung Hamelns als Handelsstadt zeigt sich in der **Pfortmühle.** Der Viergeschosser aus dem späten 19. Jahrhundert in gelb-roter Ziegelbauweise beherrscht die Uferfront. Er wurde bis 1968 genutzt und kam Ende der 1980er Jahre in städtischen Besitz. Heute nutzen unter anderem das Stadtarchiv, die Stadtbücherei und das Kulturbüro der Stadt die Räume.

Von hier oder von der angrenzenden Schleuse – das Wehr ist übrigens das einzige an der Oberweser, die erste Staustufe seit Hann. Münden – fällt der Blick auf die **Weserinsel** mit Werderpark und Spielplatz. Der Weg dorthin führt über eine Fußgängerbrücke, die im Ort allgemein **Golden Rat Bridge** genannt wird. Man sieht sofort warum: Auf dem Stützbogen sitzt eine goldüberzogene Ratte, und zwar seit 2004, als im Rahmen des Rattenfestivals überall in der Stadt 65 künstlerische Ratten ausgestellt wurden.

Hefehof

Als Ort der Automobilproduktion ist Hameln weitgehend in Vergessenheit geraten, dabei genossen die Wagen von der Weser einst einen guten Ruf. Die Karosseriebaufirma Burkart produzierte ab 1913 im Hefehof für die Norddeutschen Automobilwerke (NAW). Die wurden während des Ersten Weltkriegs von der Firma Selve übernommen. Selve machte sich in den 1920er Jahren mit schnellen Sportwagen, aber auch mit langstreckenerprobten Wagen einen Namen, musste aber 1932, in der Weltwirtschaftskrise, aufgeben. Bis dahin waren in Hameln mehr als 20 000 Autos gefertigt worden. Das **Museum der Hamelner Automobilgeschichte** hält seit 2006 am historischen Ort die Erinnerung an die Selve-Automobile wach. Es wird von

Zwei Kostbarkeiten im Hefehof

einem Verein betrieben, dessen engagierte Mitglieder – zumeist Fachleute wie Kfz-Mechaniker im Ruhestand – in ganz Europa Autos aufkaufen und in teils mühseliger, jahrelanger Arbeit restaurieren, dabei fehlende Teile selbst nachbauen. In der Dauerausstellung sind neben Dokumenten, Werbepostern und erläuternden Bild-Text-Tafeln neun Autos zu sehen. Mehrere Wagen werden derzeit restauriert oder aufgebaut, so dass für die Zukunft mit Erweiterungen zu rechnen ist.

Klütturm

In der näheren Umgebung Hamelns finden sich mehrere Aussichtspunkte, unter denen der Klütturm der wohl attraktivste ist. Er wurde 1843 aus Steinen errichtet, die beim Abbruch der Hamelner Befestigung frei geworden waren, und 1887 auf die bis heute gültigen 23 Meter erhöht. Von diesem Punkt des Klütbergs blickt man rund 200 Meter in die Tiefe, auf Hameln und das Wesertal.

Viele Jahre war im Turm das Forsthaus Finkenborn eingerichtet, das für seine Spezialität Jungschweineschinken in der ganzen Region einen guten Ruf besaß. Es schloss im Juli 2020, bislang ist kein Nachfolger in Sicht.

Hastenbeck

Fans der Edgar-Wallace-Verfilmungen haben **Schloss Hastenbeck** unbewusst schon einmal gesehen, denn hier fanden große Teile der Innen- und Außendreharbeiten für den Reißer *Der unheimliche*

▲ Karte S. 174

Als Filmkulisse bewährt: Schloss Hastenbeck

Mönch (1965) statt. Man kann gut nachvollziehen, warum sich die Filmemacher diesen Ort aussuchten: Das zweiflügelige, aus rotem Sandstein errichtete Schloss (1862–1869) mit Mittelbau und verbindendem Treppenturm im Stil der Neogotik erinnert vage an englische Schlösser. Es ist zudem von einem Park mit hohen Bäumen umgeben – bis zum Anfang des 19. Jahrhunderts der gräfliche Obst- und Gemüsegarten –, der bei Nebel leicht unheimlich wirkt. Den Park begrenzen unter anderem Reste der früheren Verteidigungsanlage mit Erdwällen und Mauern. Seit dem 17. Jahrhundert ist das Areal im Besitz der Familie von Reden. Das Schloss wird als Wohnhaus genutzt und ist nicht zugänglich.

Die dreischiffige **Gutskirche** (1620) im Ort fällt durch ihre großzügigen Dimensionen auf. Große Teile der Innenausstattung aus dem 17. Jahrhundert sind erhalten, die Orgel mit dem Wappen derer von Reden stammt von 1703.

Hastenbeck liegt etwa fünf Kilometer südöstlich des Hamelner Zentrums.

Hameln

Tourist-Information, Deisterallee 1, 31785 Hameln, Tel. 05151/957823; tgl., Nov.–März Mo–Sa. www.hameln.de

Hameln liegt an den **Bahnstrecken** Hannover–Altenbeken und Elze–Löhne.

Anlegepunkt der Flotte Weser: Straße Am Anleger südlich des Zentrums. www.flotte-weser.de

Hotel Bellevue, Klütstr. 34, 31785 Hameln, Tel. 05151/98910; DZ 110 Euro. Familiär, schöne Zimmer, tolles Frühstück. www.hotel-bellevue-hameln.de

City Hotel Garni, Neue Marktstr. 9, 31789 Hameln, Tel. 05151/7261; DZ 75 Euro. Klein, gemütlich, sehr zentral. www.city-hotel-hameln.de

Hotel Jugendstil, Westtorstr. 15, 31785 Hameln, Tel. 05151/95580; DZ 100 Euro. Am Zentrumsrand, mit Bar und Sauna. www.hotel-jugendstil.de

Altstadtwiege, Neue Marktstr. 10, 31785 Hameln, Tel. 05151/27854; DZ ab 80 Euro. Traditionsreich, zentral, individuell gestaltete Zimmer. www.hotel-altstadtwiege.de

Grimsehls Handwerk, Bäckerstr. 46, 31785 Hameln, Tel. 05151/9961655; Di–Sa. Regional, frisch, erst seit 2019. www.grimsehlshandwerk.de

Rattenkrug, Bäckerstr. 16, 31785 Hameln, Tel. 05151/22731; Mi–Mo ab 11 Uhr. Ältestes Lokal in Hameln, Karte bayerisch orientiert. www.rattenkrug.de

Pfannkuchenhaus, Hummenstr. 12, 31785 Hameln, Tel. 05151/41378; tgl. 11–22 Uhr. Seit 1983 mehrere Dutzend Pfannkuchenvariationen, herzhaft oder süß. In einem historischen Fachwerkhaus; Reservierung empfohlen.

Museumscafé, Osterstr. 8, 31785 Hameln, Tel. 05151/21553. Eigene Kaffeerösterei und Konditorei, eine Institution in der Stadt. www.museumscafe.de

Camping Hameln an der Weser, Uferstr. 80, 31787 Hameln, Tel. 05151/67489. www.campingplatz-hameln.de

Hannes Weserblick, Ruthenstr. 14, 31787 Hameln, Tel. 05151/93100. www.wohnmobilstellplatz-hameln.de

Museum Hameln, Ostertorstr. 8–9, 31785 Hameln, Tel. 05151/2021215; Di–So 11–18 Uhr. www.museum-hameln.de

Museum der Hamelner Automobilgeschichte, Hefehof 10, 31785 Hameln; Fr 15–18, Sa 11–16 Uhr. www.hamelner-automuseum.de

Haupteinkaufsstraße ist die Osterstraße.

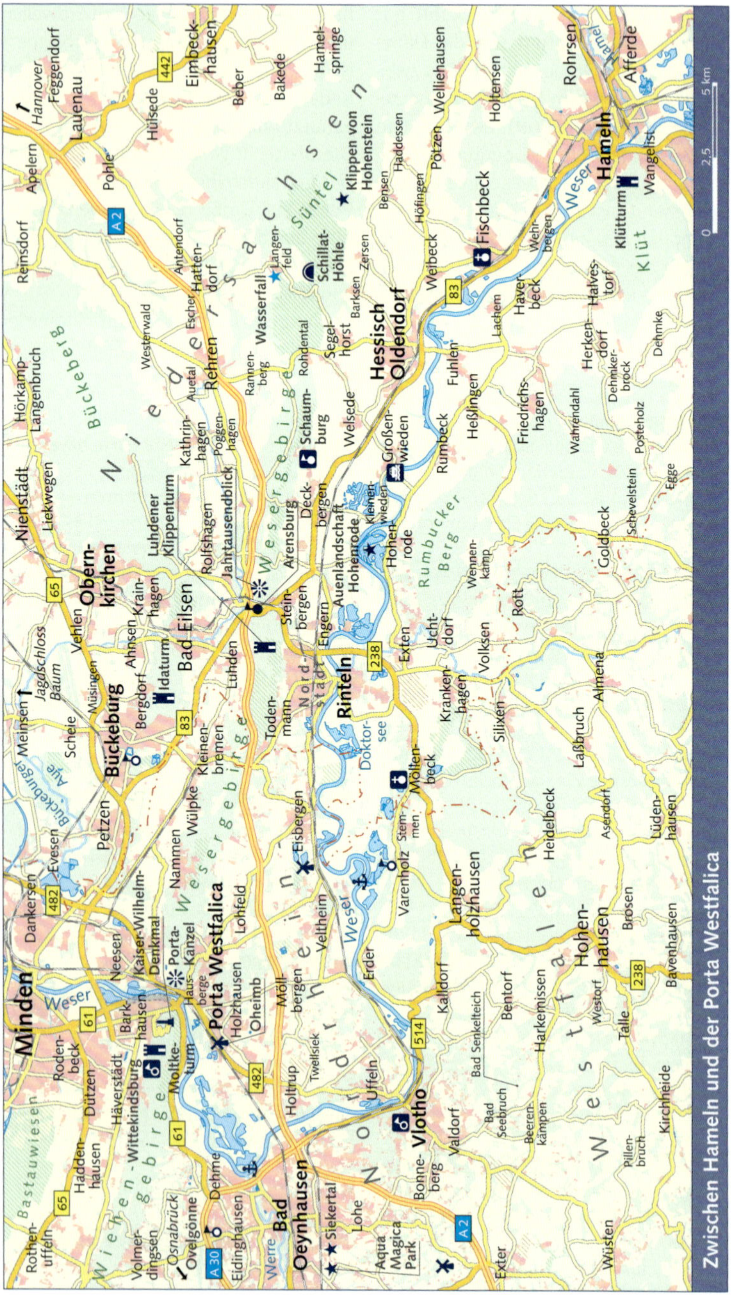

Zwischen Hameln und der Porta Westfalica

Blick in den Stiftsgarten

Fischbeck

Sowohl Stift Fischbeck als auch das gleichnamige Dorf, nur wenige Kilometer von Hameln entfernt, überraschen als Oasen der Ruhe. Die Stiftskirche gilt als eine der besterhaltenen romanischen Kirchen des gesamten Weserraums, ihr Fischbecker Wandteppich als Unikat.

■ Kloster

Backsteinscheunen, Wohngebäude, ein kleiner mauergefasster Park und die Stiftskirche St. Johannis mit Kreuzgang gruppieren sich um den Helmburgisplatz, meist schauen von der einen Seite einige Pferde herüber – das Stiftsensemble wirkt wie ein kleines Dorf oder eine Gutsanlage. Es handelt sich um eine aktive Einrichtung, daher sind nur Teile davon für Gäste zugänglich.

Edelfrau Helmburg gründete das Stift 955 zum Seelenheil ihres verstorbenen Mannes und ihrer zwei verstorbenen Söhne. Das Grundstück soll ein Geschenk Ottos I. sein, da die Witwe Helmburg mit den Nachfahren Karls des Großen entfernt verwandt war. Helmburgs jüngste Tochter Alfheid wurde die erste Äbtissin des Klosters Fischbeck. Helmburg selbst verließ das Kloster 965 und trat in das Kloster Hilwartshausen im Solling ein. 970 wurde sie dort Äbtissin und starb drei Jahre später. Seit der Reformation – unterbrochen nur durch die Napoleonische Zeit – ist das Stift Heimat für unverheiratete, unversorgte oder verwitwete adlige Frauen. Diese können das Kloster jederzeit wieder verlassen, sind auch keinen Nonnenregeln unterworfen, jedoch verpflichtet, barmherzig zu wirken.

Die **Stiftskirche** aus dem 12./13. Jahrhundert hat sich ihr spätromanisches Aussehen trotz einer durch einen Brand 1234 notwendig gewordenen Renovierung nahezu unverfälscht bewahren können. Sie gilt daher als Besonderheit, ja, großer Schatz. Im Inneren sind einige Gegenstände aus dem Spätmittelalter erhalten, andere stammen aus der Renovierungsphase um 1904, ansonsten präsentiert sie sich weitgehend barock. Als Kostbarkeiten gelten das Triumphkreuz aus der Mitte des 13. Jahrhunderts, die lebensgroße Christusfigur aus dem spä-

Ein Teil des berühmten Fischbecker Wandteppichs

ten 15. Jahrhundert sowie zwei farbige und detailstarke Holzfiguren der Apostel Petrus und Paulus aus dem frühen 16. Jahrhundert.

Der ungewöhnliche **Fischbecker Wandteppich** von 1583 in der Kirche erzählt in sechs Medaillons die Gründungslegende des Klosters. Dieser zufolge geriet Gräfin Helmburg in den Verdacht, ihren Ehemann mit einem Gifttrank, den ihr ein Pilger mit schönen Augen aus dem Heiligen Land mitgebracht hatte, töten zu wollen. Ihr wurde eine dreimalige Feuerprobe auferlegt, um Schuld oder Unschuld zu beweisen. Zweimal blieb sie beim Durchschreiten der Flammen unversehrt, beim dritten Mal aber fiel ein Funke auf ihre Schulter und hinterließ ein Feuermal. Der Graf sah dies als Zeichen ihrer Schuld und verurteilte sie zum Tod. Er ließ sie auf einen Karren binden, den zwei wilde Pferde in die Tiefe zerren sollten. Die Pferde aber blieben vor dem Abhang stehen und tranken aus einem Bach. Auf wundersame Weise lösten sich darauf die Fesseln der Gräfin, und als sie aus dem Bach Wasser schöpfte, hielt sie ein goldfarbenes Fischlein in der Hand. Da nannte sie den Bach »Fischbach« und gelobte, ein Kloster zu gründen und ihr restliches Leben Gott zu weihen.

Im Ort

In Fischbeck leben rund 3500 Einwohner. Der Ort war von seiner ersten urkundlichen Erwähnung im Jahr 892 bis ins 20. Jahrhundert stets ein Ackerbürger- und Handwerkerdorf und wirkt sehr ländlich. Der **Dorfplatz** mit Brunnen und alten Bäumen bildet den Mittelpunkt, der **Sommerhof** ganz in der Nähe ist mit über 1050 Jahren ältestes Bauwerk von Fischbeck. Auch die **Dorflinde,** an der eine Tafel an das Jahr 892 erinnert, steht ganz in der Nähe. Und nur 50 Meter weiter erfreut die **Mühlenstraße,** die schönste Straße des Ortes, mit zahlreichen alten Fachwerkhäusern.

Ab dem Parkplatz am Finnenberg einige hundert Meter östlich des Ortes sind

▶ Karte S. 184

gleich sechs **Rundwanderungen** von 2,4 bis knapp 6 Kilometer Länge möglich. Von den Wegen blickt man zum Süntel, zum Wesergebirge, ins Wesertal und bis zur Porta Westfalica.

Hessisch Oldendorf

Am schachbrettartigen Grundriss lässt sich ablesen, dass die Schaumburger Hessisch Oldendorf planmäßig anlegen ließen. Der Ort hatte nie auch nur annähernd die Bedeutung der nahen Städte Hameln und Rinteln, zwischen denen es sich befindet. Die Zuschüttung eines Seitenarms im Jahr 1582 trennte den Ort von der Weser, was den Warenverkehr deutlich erschwerte. Der Dreißigjährige Krieg setzte der Stadt schwer zu, erst mit der Anbindung an die Bahnstrecke Hameln–Löhne 1875 und dem Bau einer Weserbrücke 1899 belebte sich der Ort wieder.

Er kam 1647 zu Hessen-Kassel und 1866 zu Preußen. Lange trug der Ort den Namen Oldendorf/Weser. 1905 erhielt er zur besseren Unterscheidung des bei Minden und somit ebenfalls in Preußen liegenden Preußisch Oldendorf den Namen Hessisch Oldendorf, der auf die lange Zugehörigkeit zu Hessen-Kassel verweist. In dem ruhigen Städtchen leben heute etwa 6000 Menschen, in den eingemeindeten Dörfern weitere 3000. Einige Fachwerkbauten im Zentrum sind in der Nachkriegszeit verschwunden, überhaupt zeigt sich die Stadt deutlich unattraktiver und kleiner als Rinteln oder gar Hameln. Dafür besitzt Hessisch Oldendorf mit dem **Süntel** ein sehr reizvolles Umland.

Sehenswürdigkeiten

Haupt- und wichtigste Einkaufsstraße ist die **Lange Straße,** auch einige Lokale finden sich hier. Am meisten Beachtung verdienen das Haus in der Nr. 90 von 1583, das sogenannte Baxmannhaus (Nr. 85) und das Blumenthalhaus (Nr. 63) von 1563 mit ihren Flechtbändern, sonstigen Verzierungen und Utluchten – allesamt schöne Beispiele für Renaissancebauten, die sich Bürgerliche errichten ließen.

An der Ecke Lange Straße/Marktplatz erinnert der **Baxmannbrunnen** an Cord Baxmann (1599–1690), einen Wirt und erfolgreichen Kaufmann. Dessen Reichtum – womöglich durch Raub und Betrug erlangt – bescherte ihm viele Neider. Der Legende nach soll er nach seinem Tod wieder in der Stadt erschienen sein. Von den Oldendorfern, denen er unheimlich geworden war, soll er an eine Quelle verbannt worden sein, mit der Auflage, sie mit einem Fingerhut leerzuschöpfen. Das ist ihm bis heute nicht gelungen, weshalb die Stadt seine erneute Rückkehr nicht fürchten muss.

Am anderen Ende des **Marktplatzes** versammeln sich das Rathaus, das für Touristen eingerichtete Info-Terminal und ein Restaurant mit Außengastronomie. Nach Westen schließt sich direkt der baumbeschattete **Kirchplatz** an, auf dem der Wochenmarkt stattfindet. Die **Stadtkirche,** als dreischiffige Halle 1377 fertiggestellt, ist nicht nur das älteste erhaltene Gebäude im Ort. Sie beeindruckt auch durch ihre Größe. Ursprünglich fanden alle Bewohner der Stadt hier Platz, vermutlich wurde sie als Wehrkirche geplant. Sie erfuhr 1886 eine Umgestaltung im neogotischen Stil, bemerkenswertestes Objekt ist das Bronzetaufbecken des Meisters Malte Pelcking von etwa 1590. Seit 1993 ziert ein **Brunnen** mit der Plastik *Familie mit Boot* des Bildhauers Karl-Ulrich Nuß den Kirchplatz. Er lässt Assoziationen zur Weihnachtsgeschichte, zu Josef, Maria und dem Kind aufkommen. Das Boot erinnert vage auch an jene Zeiten, als die Weserschiffe für die Geschicke der Stadt bedeutsam waren.

Der Münchhausensche Hof, klassische Weserrenaissance

Unter den ehemals zwölf Burgmannensitzen, die in früheren Zeiten den Ort prägten, ragt der **Münchhausensche Hof** (Weserstr. 16) heraus. Die Burgmannen hatten ihre Höfe innerhalb der durch Palisaden und Erdwälle geschützten Stadt, ihre Besitzungen aber außerhalb. Sie waren für die Verteidigung des Ortes zuständig.

Der ab 1583 erbaute Münchhausenhof wird offiziell als Herrenhaus, nicht als Schloss bezeichnet, wirkt aber sehr repräsentativ. Es handelt sich um eine L-förmige Zweiflügelanlage mit dem typischen achteckigen Treppenturm als Verbindung der beiden Trakte. Überhaupt haben wir hier wieder einmal Weserrenaissance in sehr gut erhaltener Reinform vor uns. Die Hauptfassade wendet sich zum Park, aber auch die Seiten zum Hof besitzen zahlreiche filigran gearbeitete Ornamente. Berühmtheit erlangte der Burgmannensitz durch die rund 13 000 Bände umfassende wissenschaftliche Bibliothek, die Ludolf von Münchhausen (1579–1640) zusammentragen ließ. Sie ging jedoch nach seinem Tod verloren.

▶ Karte S. 184

Der Münchhausensche Hof befindet sich in Privatbesitz. Hof und Hauptfassade sind zugänglich, nicht aber die Innenräume.

■ Klippen von Hohenstein

Nordöstlich von Hessisch Oldendorf erhebt sich der Hohenstein, ein recht wildes Hochplateau, das aus Kalkstein gebildet wird. Der Höhenzug, Teil des Süntel, fällt zum Wesertal teils steil ab, aus den dichten Waldbeständen ragen immer wieder schroffe, bis zu 50 Meter hohe Felsen hervor – für Weserberglandverhältnisse eine geradezu dramatische Szenerie. Wegen ihrer ungewöhnlichen Formen tragen die Klippen Namen wie Hirschsprung oder Kreuzstein, am spektakulärsten ist wohl die **Teufelskanzel.** Weil hier selten anzutreffende Pflanzen wie Brillenschote, Pfingstnelke, Berglauch und Österreichische Rauke vorkommen, wurde der Hohenstein bereits um 1930 unter Schutz gestellt. Das Naturschutzgebiet umfasst heute etwa 850 Hektar. Den Germanen diente der Ort als Kultstätte, heute ist er ein beliebtes Wandergebiet, auch Kletterer haben es lange schon für sich entdeckt. Das Klettern ist allerdings nur an einigen Stellen erlaubt, an manchen ist es gänzlich, an anderen zum Schutz der Fledermäuse von Oktober bis März untersagt.

Den Hohenstein erreicht man am besten vom Parkplatz Kreuzsteinquelle nordöstlich des Dorfes Zersen (ausgeschildert). Von dort sind es zur Teufelskanzel noch etwa zwei Kilometer, die teils parallel zum Blutbach verlaufen. Die Aussicht von dort ins Wesertal ist einmalig.

Schillat-Höhle

Ein verglaster Aufzug bringt Besucher in 45 Meter Tiefe. Hat man dann den kurzen Weg mit seinen Felsmalereien absolviert, findet man sich am Beginn der rund 180 Meter langen Schillat-Höhle. Dass die Tropfsteinhöhle mit ihren funkelnden Wänden als Deutschlands nördlichste gilt, ist lediglich eine Detailinformation. Interessanter ist vielmehr, dass man hier, bei konstanten 8 Grad, allerlei über die Entstehung der Erde, die Erdgeschichte und die Eiszeit erfährt und auch, warum die Dinosaurier verschwanden.

Langenfeld

Ganz in der Nähe der Schillat-Höhle liegt das Dorf Langenfeld. Neben der dortigen Höllenmühle, die bis in die 1920er Jahre in Betrieb war, steht seit Kurzem eine Aussichtsplattform, von der aus der **Große Langenfelder Wasserfall** am besten bestaunt werden kann. Er wird vom Höllenbach gespeist. Zwar fällt das Wasser hier nur 15 Meter in die Tiefe, aber das genügt schon für die Auszeichnung »größter Wasserfall Niedersachsens«. Wie spektakulär das Wasser nach unten rauscht, hängt stark davon ab, wie regenreich die vorangegangene Periode war.

Großenwieden und Kleinenwieden

Wichtigste Einrichtung in Großenwieden ist aus touristischer Sicht die **Fähre.** An dieser Stelle gibt es seit dem 16. Jahrhundert einen Fährbetrieb. Er diente lange Zeit vor allem den Bauern, die ihr Vieh auf die Weiden am anderen Ufer brachten. Das bedeutendste Objekt aus kulturhistorischer Sicht stellt die Kirche **St. Matthaei** dar, die im späten 13. Jahrhundert aus Bruchsteinen errichtet wurde. Mit den ungewöhnlichen Fresken aus dem späten

Traumhafte Blicke eröffnen die Klippen von Hohenstein

Die Fähre in Großenwieden

15. Jahrhundert, die vor allem Hexen- und Teufelsdarstellungen aufweisen, besitzt sie einen kleinen Schatz. Teile der Einrichtung stammen aus dem 17. Jahrhundert. Die Kirche ist tagsüber frei zugänglich.

Pferdezucht und ein Reiterhof prägen Kleinenwieden, etwa zwei Kilometer westlich von Großenwieden.

■ Radroute WeserErleben

Auch zwischen Hessisch Oldendorf und Rinteln besaß die Weser vor den Begradigungen und Kanalisierungen einen weitaus wilderen Charakter als heute. Ihm kommt man auf dem rund 35 Kilometer langen Rundweg »WeserErleben« auf die Spur. Acht ausführliche »Erlebnisstationen« unter der Leitlinie »entdecken, rätseln, mitmachen und lernen« finden sich am Wegesrand. Schwerpunkte dieser Stationen sind Lebensräume in der Weserniederung, charakteristische Tier- und Pflanzenarten, Nutzungsgeschichte und Kulturlandschaft. Die abwechslungsreiche, angenehm zu befahrende Route führt auch an Altarmen und an der Auenlandschaft Hohenrode (→ S. 199) entlang. Sie ist als Rundweg mit beliebigem Beginn konzipiert – auf der einen Seite der Weser hin, auf der anderen zurück –, kann bei Nutzung der Fähre in Großenwieden aber auch als große Acht absolviert werden. Ein radelnder Frosch markiert die Strecke, Verirren unmöglich.

Burg Schaumburg

Bereits von Weitem ist Burg Schaumburg sichtbar, sie scheint das an dieser Stelle recht breite Wesertal zu bewachen. Sie besitzt zwar schon lange keine offizielle Funktion mehr, gilt aber nach wie vor als das Wahrzeichen des Schaumburger Landes. Die Anlage für sich ist einen Abstecher wert, vor allem aber wegen des phänomenal weiten Blicks, der sich von ihr in die Ebene eröffnet. Das Areal ist das ganze Jahr über frei zugänglich. Die Burg erhebt sich an einer strategisch günstigen Lage, am Rand des 230 Meter hohen Nesselbergs, der recht steil zum Wesertal hin abfällt. Sie wurde im frühen 12. Jahrhundert errichtet, danach immer wieder verändert und war bis etwa zum Jahr 1500 Stammsitz der Grafen von Schaumburg. Später zog hier das Amt Schaumburg ein, Mitte des 19. Jahrhunderts die preußische Forstverwaltung. Dennoch verfiel die Burg

▲ Karte S. 184

allmählich zu einer Ruine. In diesem Zustand kaufte sie Kaiser Wilhelm II. vom preußischen Staat und schenkte sie 1907 seinem Schwager, Fürst Georg Wilhelm zu Schaumburg-Lippe, und dessen Frau Maria Anna von Sachsen-Altenburg zur Silberhochzeit. Und gab auch noch etwas Geld für die Renovierung dazu. Der Kaiser war beim Bückeburger Fürsten wiederholt Gast bei Jagden gewesen und war ihm freundschaftlich zugetan. Das Geschenk war Ehre und Verpflichtung zugleich. Wilhelm II. fühlte sich der mittelalterlichen Reichsgeschichte verbunden und interessierte sich sehr dafür. So erwartete er von den von ihm in dieser Weise Beschenkten, dass sie die alten Schlösser und Burgen möglichst wiederherstellten oder renovierten. Der Fürst handelte in diesem Sinn und beauftragte den hannoverschen Architekten und Bauhistoriker Albrecht Haupt mit der Restaurierung der Anlage. So entstand die Schaumburg bis 1912 in Anlehnung an das historische Vorbild im Grunde zu erheblichen Teilen als Rekonstruktion, zusätzlich der wohlproportionierte Fachwerkbau neben dem Torhaus. Seitdem hat sich kaum etwas verändert.

In der Burg Schaumburg

Neidkopf neben dem Eingang in die Burg

Eine wehrhafte Mauer mit drei Türmen umgibt das Areal. Man betritt durch das **Torhaus** mit dem Neidkopf – links angrenzend das Amtshaus, rechts das frühere Gefängnis – zunächst den unteren Teil und durch das **Obere Burgtor** den oberen Teil mit Glockenturm, Himmelspforte und früherem Backhaus. Hier befinden sich auch der **Palas** im Stil der Weserrenaissance und der **Bergfried** (Georgsturm) aus dem 14. Jahrhundert, den man gegen eine kleine Gebühr besteigen kann. Von ihm eröffnet sich in alle Richtungen eine phantastische Weitsicht. Fast alle anderen Gebäude – Ställe, Wohn- und Wirtschaftsgebäude –, die sich früher am oberen und unteren Burgplatz befanden, sind im Laufe der Jahrhunderte verschwunden. Leider ist das Restaurant auf der Burg seit Jahren verwaist; man kann nur hoffen, dass sich für diesen romantischen Ort mit der wunderbaren Aussicht bald wieder ein Betreiber findet. Mitten auf dem Parkplatz vor dem Torhaus streckt sich eine mächtige **Linde,** deren Alter rund 500 Jahre beträgt und die zuweilen als Gerichtslinde bezeichnet wird. Der Alte Burgkrug an der Straße beherbergt heute gehobene Gastronomie.

Paschenburg

Anders als der Name nahelegt, handelt es sich bei der Paschenburg nicht um einen befestigten Ort, sondern um ein kleineres Gebäude, das der damalige Revierförster Karl Kayser 1842 errichten ließ und in dem heute ein beliebtes Restaurant eingerichtet ist. Es liegt oberhalb der Burg Schaumburg (zwei Kilometer mit dem Auto), den Blick von hier ins Wesertal und auf Rinteln kann man nur als hinreißend bezeichnen.

Fischbeck bis Paschenburg

Keine Tourist-Information mehr in Hessisch Oldendorf, dort aber **Info-Terminal** am Marktplatz.

Hessisch Oldendorf liegt an der **Bahnstrecke** Elze–Löhne.

Fähre Großenwieden–Rumbeck, Tel. 05152/2856; April–Okt. tgl. 9–12 u. 12.45–19, Nov.-Mitte Dez. u. Mitte Feb.-März tgl. 10–16, Mitte Dez.- Mitte Feb. Di–So 10–16 Uhr. Auch Pkw. www.hameln-pyrmont.de/faehre_grossenwieden

Hotel Café am Stift, Stiftstr. 3, 31840 Hessisch Oldendorf-Fischbeck, Tel. 05152/97620; DZ ab 79 Euro, HP und VP möglich. In einem Fachwerkhaus von 1564, radler- und bikerfreundlich. Zwei Fußminuten zum Stift, gute Kuchen, Garten; angeschlossenes Restaurant Bierscheune. www.cafeamstift.de

Restaurant Paschenburg, Paschenburg 1, 31737 Rinteln, Tel. 05152/2547; Mi–So 12–15 u. 18–21.30 Uhr. Qualitätsvolle Küche, gehobene Preise und im Unterschied zum Schaumburger Ritter herrlicher Blick ins Tal. Unbedingt rechtzeitig reservieren. www.restaurant-paschenburg.de

Weserlounge Apartments, Kleinenwieden 45, 31840 Hessisch Oldendorf-Kleinenwieden, Tel. 05152/5252970; Apartment ab ca. 80 Euro. Direkt am Weserufer; sehr gepflegt, gute Ausstattung, von der Terrasse im 1. Stock wunderbarer Blick ins Grüne und auf die Weser. www.weserlounge-apartments.de

Schaumburger Ritter, Burgstr. 2–4, 31737 Rinteln, Tel. 05152/547460; DZ ab 85 Euro. Direkt an der Schaumburg. Restaurant (tgl. ab 12 Uhr) hochpreisig: Menüs 46–70 Euro. www.schaumburger-ritter.com

Stift Fischbeck, Im Stift 6a, 31840 Hessisch Oldendorf-Fischbeck, Tel. 05152/6984309; Kirche Ostern–31. Okt. tgl. 9.30–1630 Uhr, öffentliche Führungen (Kirche, Kreuzgang, Gärten) ohne Anmeldung tgl. 14.30 Uhr, Gruppenführungen telefon. anfragen. www.stift-fischbeck.de

Kirche Johannes der Täufer, Kirchspielweg 7, Hessisch Oldendorf-Fuhlen; Ostern–Reformationstag frei zugänglich.

natour.NAH.zentrum Schillat-Höhle – Wanderinformationszentrum, Riesenbergstr. 2a, 31840 Hessisch Oldendorf-Langenfeld, Tel. 05751/403980; Apr.-Okt. Mi 14–18, Sa, So 10–18 Uhr; Nov.-März Sa, So 10–18 Uhr. Mit gutem Landfrauencafé. www.westliches-weserbergland.de

Rinteln und Umgebung

Viele Besucher sind angenehm überrascht, wenn sie zum ersten Mal nach Rinteln kommen: Die Stadt besitzt ein außerordentlich gut erhaltenes, schmuckes historisches Zentrum, ist dafür aber bei Weitem nicht so bekannt wie etwa das nahegelegene Hameln. Das Ortsbild prägen Fachwerkhäuser, die zumeist aus dem 16. bis 18. Jahrhundert stammen und oft reiches Schnitzdekor besitzen. Dazu gesellen sich die vielen Burgmannenhöfe im Stil der Weserrenaissance. Das Umland lockt mit mehreren sehr unterschiedlichen Aussichtspunkten, guten Wandermöglichkeiten und einem ausgedehnten Naturschutzgebiet, der Auenlandschaft Hohenrode.

▲ Karte S. 184

Geschichte

Der Schaumburger Graf Adolf IV. ließ einen Ort anlegen, um den an dieser Stelle bereits existierenden festen Weserübergang mitsamt Zollstätte und überhaupt die Südwestgrenze seines Herrschaftsgebietes zu sichern. Der Ort erhielt 1239 das Stadtrecht und 1392 das Messeprivileg und erlangte dadurch größere Bedeutung. Die Universität kam 1621 von Stadthagen hierher, was verdeutlicht, welche Stadt die wichtigere im Schaumburger Land war. Mit dem Zuzug der Lehranstalt wurde verfügt, die Straßen und Häuser auszubessern und aufzuhübschen, sogar Wochenmärkte und ein Studentenmittagstisch - rund 200 Studenten waren anfangs eingeschrieben - wurden behördlich angeordnet. Im Jahr 1640 wurde die Grafschaft Schaumburg zwischen den Grafen zur Lippe und den Landgrafen zu Hessen-Kassel aufgeteilt, Rinteln kam zu Hessen-Kassel und war nun Regierungssitz der hessischen Grafschaft Schaumburg. Die hiesige Universität war neben der in Marburg die einzige in Hessen-Kassel. Gießen mit seiner Universität gehörte in dieser Zeit bereits zu Hessen-Darmstadt und war also Ausland. Die Hessen ließen die Stadt zwischen 1665 und 1671 nach Plänen des berühmten Fortifikationsingenieurs Vauban zu einer Festung mit Redouten ausbauen. Die Ausdehnung dieser typisch vaubanschen sternförmigen Anlage erkennt man heute noch, wenn man auf einem Stadtplan den Verlauf der Straßen West-Contrescarpe, Süd-Contrescarpe und Ost-Contrescarpe nachvollzieht. Die Verteidigungsanlagen wurden zu Beginn des 19. Jahrhunderts geschleift, die Uni 1810 geschlossen, die Professoren gingen nach Marburg. Die Anbindung an das Schienennetz 1875 beförderte die Wirtschaft erheblich.

Rinteln überstand den Zweiten Weltkrieg fast ohne Schäden. Es kam 1946 zu Niedersachsen, als »Hauptstadt« des Landkreises Schaumburg fungiert jedoch nach wie vor Stadthagen. Heute bildet die südliche Stadtgrenze Rintelns die Grenze zu Nordrhein-Westfalen.

Der Rintelner Marktplatz mit St. Nikolai, Bürgerhaus (links) und Rathaus (rechts)

Sehenswürdigkeiten

Rinteln besitzt die geradezu idealtypische Mitte einer Bürgerstadt mit Marktplatz, Rathaus und Kirche, und am äußeren Rand des historischen Zentrums finden sich noch zahlreiche ehemalige Adelshöfe, heute sehr unterschiedlich genutzt. Unter den Straßenzügen mit den gut erhaltenen **Fachwerkfassaden** sind Brenner-, Ritter-, Bäcker- und Enge Straße besonders sehenswert. Das Haus Weserstraße 11 besitzt einen auffallend prächtigen Giebel, am Haus Ritterstraße 18 erinnert eine Gedenktafel an Franz von Dingelstedt (1814–1881); der Verfasser des Weserliedes verbrachte seine Jugendjahre in Rinteln.

Der schachbrettartige Grundriss verrät, ganz ähnlich wie in Lügde (→ S. 167), die planmäßige Anlage nach den Vorbildern Lippstadt und Lemgo: drei parallele Straßen – Kloster-, Bäcker-, Ritterstraße und ihre Verlängerungen –, die durch Querstraßen miteinander verbunden sind. Auf dem wohlproportionierten **Marktplatz** ist immer Leben, hier kreuzen sich

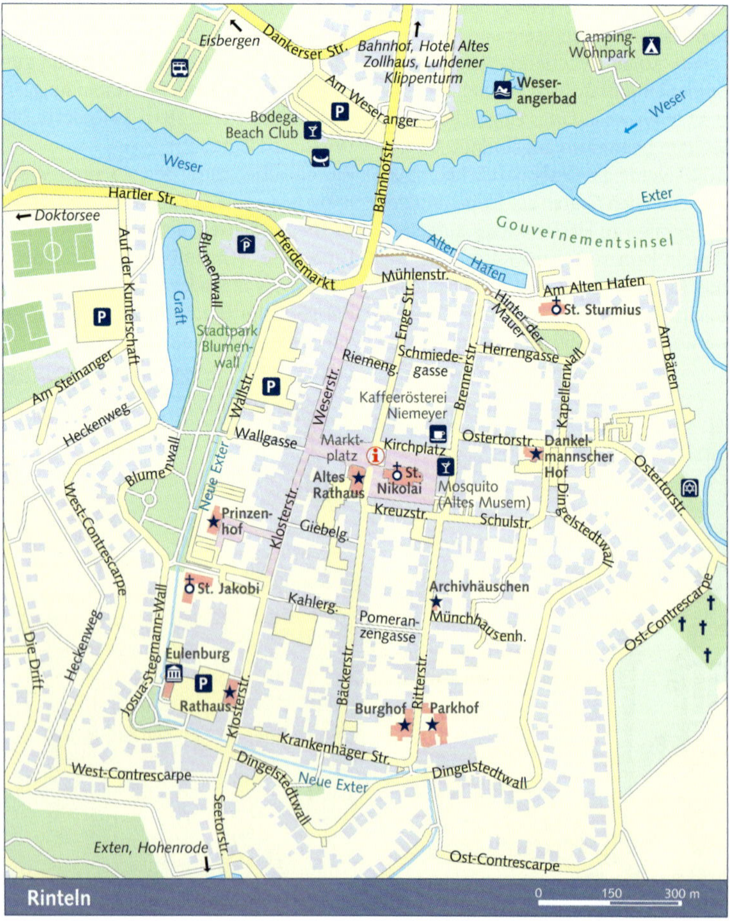

Rinteln

die Wege, hier trifft man sich, etwa in einem der Cafés. Das aus der gotischen Zeit stammende Gebäude **Zur Marktwirtschaft** auf der Ecke zur Engen Straße gilt als das älteste erhaltene Haus der Stadt, man datiert es auf das Jahr 1517.

Das **ehemalige Rathaus** besteht deutlich erkennbar aus zwei Teilen und wirkt doch sehr harmonisch. Der linke Teil ist etwas größer und wird tatsächlich oft »Großes Haus« genannt, der rechte logischerweise »Kleines Haus«. Das Große Haus war wohl um 1250 fertiggestellt, das Kleine etwa 50 Jahre später. Das heutige Aussehen beider Teile geht weitgehend auf Umbauten aus dem späten 16./frühen 17. Jahrhundert zurück, aus den ursprünglichen Erkern wurden im 17. und 18. Jahrhundert die heute prägenden Utluchten. Beide Teile sind erstaunlicherweise unverputzt, meist findet man Bauten dieser Art verputzt und bemalt. Seit dem Auszug der Stadtverwaltung um 1900 dient das Rathaus als Ort für Veranstaltungen, das Erdgeschoss beheimatet ein Restaurant.

Das **Bürgerhaus** schirmt die Stadtkirche vom Marktplatz ab. Bis 1750 war es ein einstöckiger Steinbau, um 1845 wurde es um zwei Fachwerkgeschosse aufgestockt. Es diente eine Zeitlang als Gefängnis und Landgericht, später als Sitz von Teilen der Stadtverwaltung. Heute sind hier Touristen-Information, Standesamt und Stadtarchiv untergebracht.

Im Jahr 1238 wurde die Stadtkirche **St. Nikolai** erstmals erwähnt, im 14. Jahrhundert zu einer dreischiffigen Hallenkirche erweitert. Der Turm bekam seinen markanten und weithin sichtbaren barocken Aufsatz 1803, seine Uhr gar erst 1886. Teile der Innenausstattung, etwa das Bronzetaufbecken, stammen noch aus der Zeit der Reformation, andere aus der Spätrenaissance – eine Seltenheit. Die Orgel von 1621 ist weitgehend original.

Das Archivhäuschen

Seinen Namen erhielt der **Prinzenhof** an der Klosterstraße nach dem Dreißigjährigen Krieg, als hier die hessischen Regenten residierten. Heute ist der mächtige Renaissance-Fachwerkbau Sitz der Sparkasse Schaumburg.

Gegenüber stellt die Kirche **St. Jakobi** das letzte Zeugnis des früheren Benediktinerinnenklosters dar. Es wurde um 1240 gegründet, nach seiner Aufhebung nutzte die Universität die Gebäude, heute steht hier ein Schulgebäude von 1875 in gefälliger Neorenaissance. Die Kirche, 1320 fertiggestellt, wurde zwar Ende des 19. Jahrhunderts einer umfangreichen Renovierung unterzogen, behielt aber ihr gotisches Aussehen. Die Außenmauern sind aus Bruchsteinen gefertigt, im Innern beeindrucken die Kreuzrippengewölbe.

Die **Eulenburg** ist Sitz des **Museums zur Stadt- und Regionalgeschichte.** Die Dauerausstellungen konzentrieren sich unter anderem auf die Geschichte der »Academia Ernestina« und die Hexenprozesse im Sommer 1654, informieren über das frühere Leben an der Weser und natürlich generell über die Stadtgeschichte. Daneben gibt es regelmäßig Sonderausstellungen. Der Bau aus Stein-

Die katholische Kirche, davor der Rest des alten Hafens.

mauerwerk gehört zu den ungewöhnlichsten in der Stadt. Er erhielt seine hohe Gestalt Ende des 16. Jahrhunderts und geht wohl auf einen Wohnturm aus dem 13. Jahrhundert zurück. Die Eulenburg war Burgmannshof, später Verwaltungssitz und ist seit vielen Jahren schon Heimat des Museums. Wie sie zu ihrem Namen kam, ist bis heute unklar.
Das 1898 fertiggestellte, immer noch aktuelle **Rathaus** befindet sich fast nebenan, an der Klosterstraße. Architektonisch harmoniert der Bau mit seiner Sandsteinfassade im Neorenaissancestil gut mit der Umgebung, auch wenn er etwas zu massig wirkt für den Ort.
Einen weiteren früheren Burgmannshof finden wir an der Ritterstraße/Ecke Krankenhägerstraße. Der **Burghof,** eine ziemlich rechtwinklige Anlage, stammt aus dem frühen 17. Jahrhundert und besitzt zwei Fachwerkgeschosse auf einem Massivgeschoss. Er war früher im Besitz eines Zweigs der Münchhausen-Familie, heute ist hier eine Privatklinik untergebracht.
Als ungewöhnlich großzügige Anlage zeigt sich der **Parkhof** in unmittelbarer Nachbarschaft (Ritterstr. 24). Der dreiflügelige Spätbarockbau in Fachwerkbauweise entstand vermutlich um 1760 als Herrenhaus für den damaligen Festungsgouverneur Generalleutnant Albrecht Christian von Oheimb. Heute ist das Haus in Wohnungen aufgeteilt.
Als kleinstes Gebäude im Stil der Weserrenaissance, wenigstens in Rinteln, gilt das **Archivhäuschen** (Ritterstr. 50) von 1565. Es gehört auf jeden Fall zu den bekanntesten in der Stadt und ist ein beliebtes Fotomotiv. Die Familie Münchhausen ließ es als Aufbewahrungsort wichtiger Dokumente errichten. Hinter der prächtigen Straßenseite verlaufen zwei eher bescheidene Trakte, heute wird der Bau als normales Mietshaus genutzt. Das Häuschen gleich daneben stammt von 1847 und nicht von 1561, wie die Inschrift am Giebel nahelegt – ein früher Fall von Neorenaissance.
Der Verlängerung der Ritterstraße nach Norden bildet die Brennerstraße. Vor der Nr. 14 erinnern **drei steinerne Schweine** an den Schweine- und Ferkelmarkt, der bis 1969 regelmäßig hier stattfand.
Der **Dankelmannsche Hof** gleich um die Ecke, Sitz des Amtsgerichts, wird auch Prinzenhof genannt. Das Fachwerkgebäude stammt aus der zweiten Hälfte des 16. Jahrhunderts, der Treppenvorbau kam im 19. Jahrhundert dazu.
Zu den schönsten Bürgerhäusern in der Stadt gehört sicherlich das **Alte Museum** an der Ecke zum Kirchplatz. Der Renaissance-Fachwerkbau aus dem Jahre 1620, 2014 sorgfältig renoviert, wird heute oft noch so genannt, weil er viele Jahre lang das Schaumburgische Heimatmuseum beherbergte. Ein besonderes Highlight ist der Weser-Postillon, der jeweils um 12.30 und 16.30 Uhr dabei zu bewundern ist, wie er aus einer Dachluke tritt und das Weserlied spielt – in der Adventszeit Weihnachtslieder. Die einen Meter große gelb-rot-bunte Figur des Trompeters stammt von 1975 und wurde seither zweimal gründlich renoviert.
Seit 1952 befindet sich die 1897 gegründete **Kaffeerösterei Niemeyer** gegenüber dem Alten Museum. Täglich werden hier die Bohnen, die über Bremen und Hamburg kommen, gemahlen und gebrannt, und der Duft frisch gerösteten Kaffees durchzieht nicht nur den Laden, sondern schafft es manchmal auch nach draußen aufs Trottoir. Im Schaufenster und im Laden sind zahlreiche Stücke wie Kaffeemühlen und Blechdosen aus der langen Traditionsgeschichte ausgestellt, ihm haftet etwas Nostalgisches an. Im Angebot sind etwa ein Dutzend Kaffeesorten und ebenso viele Teesorten.
Früher galt die Straße **Hinter der Mauer**

als Armenviertel, in den vergangenen Jahren haben sich in den farbenfrohen schmalen Häusern einige originelle Läden angesiedelt. Hier ist man schon am nördlichen Rand der Altstadt angekommen. Als die neogotische **Katholische Kirche** errichtet wurde (1884–1888), befand sie sich am 1847 angelegten Alten Hafen. Der ist längst aufgegeben, nur der Weserarm verweist noch auf die frühere Nutzung des Areals.

Von hier fällt der Blick unweigerlich auf die **Weserbrücke,** im Ort auch gern »Blaues Band« genannt. Die elegante eiserne Bogenbrücke von 1927 wurde 1945 von Einheiten der Wehrmacht gesprengt, aber rasch wiederhergestellt. Heute ist sie fast so etwas wie das Wahrzeichen der Stadt. Die spätklassizistischen Sandsteinobelisken stammen von einem Vorgängerbau aus dem Jahr 1847.

Doktorsee

Zu einem beliebten **Erholungsgebiet** hat sich das Areal am Doktorsee zwei Kilometer westlich der Rintelner Altstadt entwickelt. Es bietet neben Badestrand und Wassserskianlage einen Campingplatz, mehrere Kinderspielplätze und Lokale.

Arendsburg

Als Höhenburg wurde die Arendsburg wohl um 1300 errichtet, im 16. und 19. Jahrhundert erfolgten Umbauten. Sie befindet sich im Besitz der Grafen von Schaumburg-Lippe und ist ebenso wenig öffentlich zugänglich wie der weitläufige, zur Straße hin deutlich abfallende Park.

Steinbergen

Im Rahmen der Expo 2000 in Hannover entstand der **Aussichtsturm Jahrtausendblick** am Rand der »steinzeichen steinbergen«. 156 Stufen führen auf die Plattform der recht filigranen Metallkonstruktion mit ihren auffälligen grünen Glasschei-

Der markante Jahrtausendblick

ben, man befindet sich dann 30 Meter oberhalb vom Kamm des Messingberges (6 Euro Eintritt). Der Blick in alle Richtungen ist einmalig, der Weg vom Parkplatz überraschend lang und teils steil und anstrengend, eine Gartenwirtschaft auf halber Höhe bietet sich für eine Pause an. Die Ausschilderung könnte besser sein, Adresse fürs Navi: Arensburger Str. 4, Rinteln (Steinbergen).

Luhdener Klippenturm

Im Jahr 1899 wurde der knapp 20 Meter hohe Luhdener Klippenturm eingeweiht, er wird auch Rintelner Klippenturm genannt. Ein Verschönerungsverein hatte eigens eine Lotterie ins Leben gerufen, um den Bau finanzieren zu können. Der Turm (Mi–So 11–18 Uhr) erhebt sich inmitten des dichten Luhdener Waldes, liegt am Fernwanderweg Weserbergland und ist von Luhden und Rinteln über Wanderwege leicht erreichbar; einen direkten Zugang mit dem Auto gibt es nicht. Wer eine nicht allzu lange Wanderung mit schönen Blicken über Rinteln und das Wesertal beenden möchte, hat hier eine gute Gelegenheit.

▸ Karte S. 184

Exten

Eines der ältesten Dörfer in diesem Weserabschnitt und zugleich eines mit einer ungewöhnlichen Vergangenheit und bemerkenswerten Bauten ist Exten. Seine Eigenheiten erschließen sich dem Besucher allerdings weitgehend nur äußerlich. An der scharfen Kurve in der Ortsmitte erhebt sich der graue Turm der Kirche **St. Cosmas et Damiani.** Die romanische Kirche stammt aus dem 12. Jahrhundert, der Turm wurde um 1550 umgestaltet. Große Steinplatten im Innern zeigen, dass die heutige Kirche auf den Resten eines ersten, hölzernen Vorgängerbaus steht, der vermutlich bereits um 790 fertiggestellt war. Die denkmalgeschützte Orgel, die in Teilen auf das 16. Jahrhundert datiert, stellt einen kleinen Schatz dar. Leider ist die Kirche außerhalb der Gottesdienste nicht zugänglich.

Auch das Ensemble schräg gegenüber kann nicht besichtigt werden. Es handelt sich um ein altes **Rittergut,** das sich seit 1840 im Besitz der Familie von Meien befindet. Das Haupthaus entstand um 1730 im repräsentativen Spätbarock. Dahinter, teils entlang des Flüsschens Exter, erstreckt sich der Gutspark im Stil eines englischen Landschaftsgartens mit hohen alten Bäumen und der Grablege der Familie von Meien.

Die Exter motivierte ab etwa 1750 maßgeblich die Ansiedlung mehrerer Eisenhämmer, die vom Flüsschen über Wasserräder angetrieben wurden. In diesen frühindustriellen Manufakturen stellten die Arbeiter unter anderem Sensen, Spaten und Schaufeln her, die weithin verkauft wurden und den Ort überregional bekannt machten. Zu Hochzeiten waren in den Betrieben mehr als 100 Menschen beschäftigt, was Exten deutlich von den benachbarten reinen Bauerndörfern unterschied. Diese Tradition endete erst um 1970 endgültig.

Zwei frühere Betriebe sind als wichtige Zeugen ihrer Epoche heute Industriedenkmale und Museumsorte: **Unterer Eisenhammer** und **Oberer Eisenhammer.** Die Technik ist erhalten, zudem sind typische Gerätschaften und Werkzeuge ausgestellt. Ein engagierter Verein kümmert sich um die Pflege von Gebäuden und Einrichtung. Es bleibt zu hoffen, dass sich zukünftig die Stadt Rinteln ebenso engagiert und dadurch großzügigere Öffnungszeiten ermöglicht.

Auenlandschaft Hohenrode

In einer Weserschleife beim Dorf Hohenrode erstreckt sich die Auenlandschaft Hohenrode. Mit ihren 115 Hektar, davon 80 Hektar Wasserfläche, bildet sie die größte zusammenhängende Auenlandschaft an der Oberweser.

Die Seen entstanden durch Kiesabbau. In den 1990er Jahren, noch während der wirtschaftlichen Nutzung, entstand das Konzept für eine Renaturierung der Flächen. Der NABU kaufte das Gelände und sorgte dafür, dass sich mit Flachwasserbereichen entlang der Weser und großen Kiesteichen ein geschützter Lebensraum entwickeln konnte. Die dazwischenliegenden Flächen werden durch Robusrinder, Ziegen und Esel extensiv

Die Auenlandschaft Hohenrode

beweidet. Hunderte von Wasservögeln, darunter viele Zugvögel, auch Saisongäste wie Silberreiher und seit einiger Zeit sogar ein Seeadlerpaar und auch Fischotter und Biber haben sich an den Seen wieder angesiedelt. Im Unterschied zu den sonst meist aufgeräumten, intensiv genutzten landwirtschaftlichen Flächen bieten die mit Gehölzen und Stauden bewachsenen naturnahen Flächen, darunter Weichholzauenwälder, Rückzugsmöglichkeiten für Rehe, Rebhühner, Feldhasen und Kleinsäugetiere sowie unter anderem Flussseeschwalben, Beutelmeisen, Feldlerchen und Wiesenpieper. In der Nähe der Landstraße gibt es zwei **Beobachtungshütten,** von denen sich diese Vielfalt gut erkennen lässt (Fernglas oder Teleobjektiv angeraten). Das Gebiet darf individuell nicht betreten werden, Führungen bietet der NABU an. Einen Besuch wert ist Prasuhns Hofcafé in der Nähe beider Hütten.

Rumbecker Berg

Der Rumbecker Berg südöstlich von Rinteln bringt es auf 340 Meter Höhe. Bemerkenswert ist seine dichte Bewaldung, die teils wildromantische Züge trägt. Mehrere Wanderwege erschließen diesen reizvollen Höhenzug. Besonders bietet sich eine Wanderung zum gut 20 Meter hohen, hölzernen **Ludwigsturm** an, von dem sich ein wunderbarer Rundumblick bietet, unter anderem bis zur Burg Schaumburg auf der anderen Seite des Wesertals. Start ist am Wanderparkplatz Ludwigsturm, den man am einfachsten von Wennenkamp her erreicht.

Der Erdholländer bei Eisbergen

▲ Karte S. 184

Eisbergen

Schon zur Stadt Porta Westfalica gehört der kleine Ort Eisbergen. Die im Kern romanische **Kirche** etwa in der Dorfmitte wurde nach dem Dreißigjährigen Krieg erweitert, ihre Innenausstattung stammt teils noch aus dem frühen 17. Jahrhundert. Der hellgetünchte flache Bau besitzt einen auffallend großen, trutzig wirkenden Turm. Die Gebäude des **Rittergutes** direkt an der Weser stammen großteils aus der Mitte des 18. Jahrhunderts. Die Anlage befindet sich in Privatbesitz und ist nicht zugänglich.

Seit 1892 steht der **Erdholländer** von 1855 an seiner jetzigen Stelle, etwas außerhalb des Ortes. Die untere Hälfte des konischen Baus besteht aus Bruchsteinen, die obere Hälfte ist gemauert. Orkan Kyrill beschädigte 2007 die Mühle schwer, 2009 wurde sie umfassend renoviert. Besichtigungen sind an einigen wenigen Sonntagen im Jahr möglich.

Draisinenstrecke

Zwischen Rinteln-Süd und Alverdissen verkehrte einst die Extertalbahn. Diese rund 18 Kilometer lange Strecke wurde eingestellt, heute kann man sie mit Fahrraddraisinen befahren. Etwa 4,5 Stunden sind für die Hin- und Rückfahrt zu veranschlagen.

Nostalgiefahrt mit dem Schienenbus

Die rund 20 Kilometer lange, eingleisige und kurvenreiche Eisenbahnstrecke Rinteln–Steinbergen–Bad-Eilsen–Obernkirchen–Stadthagen zählt zu den reizvollsten Strecken Norddeutschlands. Der Regelverkehr wurde bereits 1965 eingestellt. Seit einigen Jahren zuckelt an einigen Sonntagen im Jahr der »Rote Brummer«, ein Schienenbus von 1960, hier entlang. An Bord werden Getränke, kleine Snacks, Kaffee und Kuchen angeboten, zwei längere Pausen im Bahnhof Obernkirchen bieten ausreichend Zeit für einem Toilettenbesuch.

Rinteln und Umgebung

Touristikzentrum Westliches Weserbergland, Marktplatz 7, 31737 Rinteln, Tel. 05751/403980; April–Okt. Mo–So, Nov.–März Mo–Fr.
www.westliches-weserbergland.de

Rinteln liegt an der **Bahnstrecke** Elze-Löhne.

Draisinenbahnhof, Extertalstr. 35, 31737 Rinteln, Tel. 05751/403988.
www.draisinen.de

Schienenbus Rinteln–Steinbergen–Bad Eilsen–Obernkirchen–Stadthagen. Start in Rinteln Nord beim Bahnübergang Mindener Str. vom Bahnsteig hinter dem Supermarkt-Parkplatz. Infos, aktuelle Termine: www.der-schaumburger-ferst.de

Anlegepunkt der Flotte Weser: Rinteln. ww.flotte-weser.de

Erstaunlich kleines Hotelangebot in Rinteln. Mehrere FeWos, Buchung über das Tourismusbüro möglich.

Hotel Altes Zollhaus, Hauptstr. 5, 31737 Rinteln, Tel. 05751/97180; DZ um 100 Euro. Restaurant tgl. 18–21, Sa/So auch 12–14.30 Uhr. Denkmalgeschütztes Haus von 1804 im Norden der Stadt. Sehr ruhig gelegen. www.zollhaus-rinteln.de

Mosquito, Brennerstr. 19, 31737 Rinteln, Tel. 05751/43130; Mo–Do ab 16, Fr–So ab 11 Uhr. Café-Restaurant-Bar in einem der schönsten Fachwerkhäuser. Gute Cocktails, der vielleicht hippste Ort der Stadt. www.my-mosquito.de

Bodega Beach Club, Am Weseranger 2; bei gutem Wetter von mittags bis spätabends. Am nördlichen Weserufer, gleich neben der Brücke. Strandcafé mit Liegestühlen. Gute Cocktails, Snacks, lässige Urlaubsatmosphäre. www.bbc-rinteln.de

Kaffeerösterei Niemeyer, Brennerstr. 18, 31737 Rinteln, Tel. 05751/2852; Mo–Fr 9–13 u. 15–18, Sa 9–13 Uhr.

Prasuhns Hofcafé, Landstr. 13, 31737 Rinteln-Hohenrode, Tel. 05751/968335; Do, Fr, So 17.30–22 Uhr. Herzhaftes und selbstgebackene Kuchen in einem geschmackvoll renovierten Hof von 1776 oder im Biergarten davor.
www.prasuhns-hofcafe.de

Campingplatz Doktorsee, Am Doktorsee 8, 31737 Rinteln, Tel. 05751/964860.
www.doktorsee.de

Camping-Wohnpark, Am Weseranger 17, 31737 Rinteln, Tel. 0170/9764347.

Die Eulenburg. Universitäts- und Stadtmuseum, Klosterstr. 21, 31737 Rinteln, Tel. 05751/41197; Di–Sa 14–17, So 11–17 Uhr. www.eulenburg-museum.de

Industriemuseum Unterer Eisenhammer und Oberer Eisenhammer, Am Eisenhammer 12, 31737 Rinteln-Exten, Tel. 05751/2401, info@heimatverein-exten.de; Unterer Eisenhammer April–Okt. 1. und 3. So im Monat 10–12 Uhr, Gruppen auch außerhalb, Oberer Eisenhammer nach Vereinbarung.

St. Nikolai, Ostern–Reformationstag frei zugänglich (Radwegekirche).

Exkursionen durch die **Auenlandschaft Oberweser** mit der NABU-Gruppe Rinteln nach Vereinbarung. www.nabu-rinteln.de

Abstecher nach Bückeburg

Zwar liegt Bückeburg nicht unmittelbar an der Weser, als langjährige Residenzstadt waren seine Geschicke aber über Jahrhunderte mit den Entwicklungen im Weserraum verwoben. Weil von der Kleinstadt außerdem zum einen viele interessante Orte schnell erreichbar sind und sie zum anderen mehrere ungewöhnliche Sehenswürdigkeiten besitzt, bietet sie sich sowohl für einen Kurzbesuch wie auch als mehrtägiger Stützpunkt für Exkursionen in die nähere Umgebung an. Seit seiner Gründung im 14. Jahrhundert war Bückeburg lange ein unbedeutendes Dorf in der Nähe einer Wasserburg der Grafen von Schaumburg. Es hatte um 1560 lediglich 350 Einwohner. Erst als Graf Ernst III. zu Holstein-Schaumburg (1569–1622) beschloss, den Ort zur Hauptstadt seines Gebietes zu machen und die Burg in eine repräsentative Residenz zu verwandeln, erlangte er Bedeutung. Bückeburg war ab 1609 Residenzstadt der Grafschaft Schaumburg und erhielt Stadtrechte. Nach dem Dreißigjährigen Krieg starb das Geschlecht derer von Schaumburg aus, die Grafen von Lippe übernahmen und nannten sich nun zu Schaumburg-Lippe. Die Regentschaft von Graf Wilhelm (1724–1777) gilt als Blütezeit der Stadt. Um 1800 lebten etwa 2500 Menschen hier, um 1900 waren es rund 6500. 1946 ging Schaumburg-Lippe im neu gegründeten Bundesland Niedersachsen auf, Bückeburg aber wirkt noch immer ein wenig wie eine Residenzstadt. Das mag daran liegen, dass das Schloss nach wie vor das Stadtbild bestimmt, daran, dass die Grafen von Schaumburg seit 1958 wieder im Schloss leben und eine wichtige Rolle in der Kommunalpolitik spielen, und auch daran, dass die Boulevardpresse seit vielen Jahren lebhaften Anteil am abwechslungsreichen Privatleben des derzeitigen Hausherrn nimmt, Alexander Prinz zu Schaumburg-Lippe.

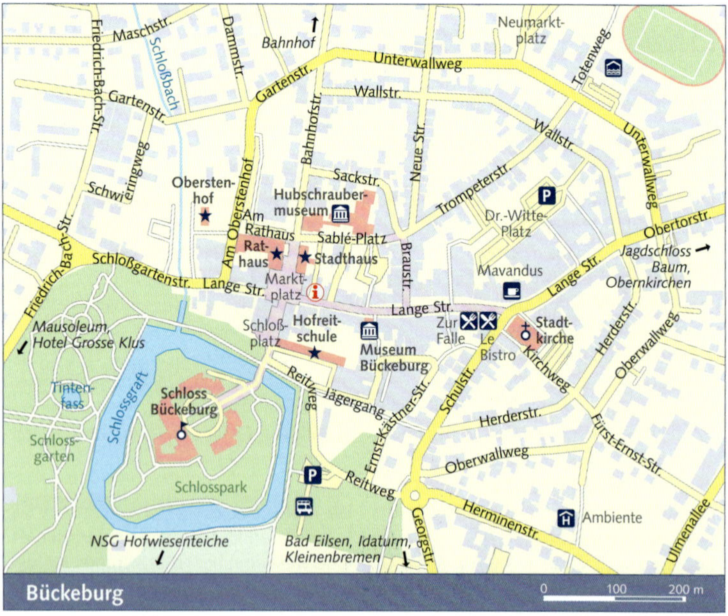

Der Haupttrakt des Schlosses Bückeburg

Schloss und Nebenbauten

Bei Schloss Bückeburg handelt es sich um eines der jüngsten Beispiele der Weserrenaissance, denn bald nach dessen Fertigstellung begann der Dreißigjährige Krieg, der den Bauboom nachhaltig beendete. Das Schloss besitzt eine Reihe von ungewöhnlichen Räumen, so dass die Teilnahme an einem geführten Rundgang unbedingt zu empfehlen ist. Zugang vom Markt zum Schlossareal gewährt der säulenflankierte **Barockbogen,** der deutlich das bürgerliche vom feudalen Bückeburg trennt. Rechter Hand liegt sogleich die **Fürstliche Hofreitschule.** In den 1609 errichteten Stallungen leben ständig zwei Dutzend Pferde, jährlich finden rund 250 Vorführungen statt. Einer der früheren Bewohner diente übrigens als Vorbild für das heute noch gebräuchliche Niedersachsen-Wappen. Das **Museum** daneben widmet sich mit allerlei hippologischen Exponaten der Geschichte dieser Einrichtung, des Reitsports überhaupt und auch einzelnen berühmten Zuchtpferden.

Über die **Schlossbrücke** mit zwei Kopien von Skulpturen des Bildhauers Adriaen de Vries aus dem Jahr 1621 – die Originale befinden sich seit 1925 in den Staatlichen Museen in Berlin – erreicht man sodann den Vorplatz mit dem **Tugendbrunnen,** einer Brunnenschale auf von Löwen getragenen Säulen.

Das Schloss ist eine vierflügelige Anlage um einen Innenhof mit einem zur Nordseite angebauten weiteren Trakt. Die Teile stammen aus verschiedenen Bauphasen, am ältesten ist der Mitteltrakt aus der Renaissance im Oberkirchner Sandstein, sein Mittelturm ist der erhaltene Bergfried der vormaligen Wasserburg. Nach einem Brand wurden Ost- und Südflügel 1732 im Barockstil wieder aufgebaut, Ende des 19. Jahrhunderts kam der Anbau des Nordflügels im Stil des Historismus hinzu. Dessen Vorderseite zeigt sich neobarock, die Gartenseite in den Formen der Neorenaissance. Der Flügel fügt sich in Proportionen und Traufhöhe elegant ein, und man muss schon genau hinschauen, um erkennen zu können, dass er neueren Datums ist. Bei einer Schlossführung bekommt etwa 20 Räume zu sehen, darunter die Gemäldegalerie mit Werken von unter anderem Lucas Cranach d. Ä. und Albrecht Dürer, wir stellen nur die wichtigsten in aller Kürze vor.

Der Rundgang beginnt zumeist im **Innenhof,** der sich weitgehend in dem Zustand präsentiert, in den er ab 1562 versetzt wurde. Die Zwerchhäuser und die schrägen Fenster in den Treppenhäusern sind typische Renaissanceelemente. Von hier geht es in die **Kapelle.** Ein 1608 abgeschlossener Umbau versetzte den spätmittelalterlichen Sakralraum in den heutigen Zustand, bei einer tiefgreifenden Restaurierung zwischen 1880 und 1886 wurden einige Malereien wiederentdeckt und aufgefrischt. Die vergoldeten Holzschnitzereien stammen von den Brüdern Wolff aus Hildesheim, die Fresken vom Hildesheimer Maler Johann Hopffe, zu sehen sind unter anderem die *Passion Christi* und das *Jüngste Gericht*. Insgesamt herrscht eine gewisse dekorative Überfülle in dem nicht sehr großen Raum, dabei wirkt er durch das Halbdunkel leicht mystisch. Man achte auf die Bodenplatten: An diesen Stellen sind einige Herzen verstorbener Schaumburger beigesetzt.

Der barock geprägte **Weiße Saal** wurde für Bälle und Bankette hergerichtet und erhielt seine Stuckdecken, Kronleuchter und Farbakzente an den Wänden um 1695. Der **Große Festsaal** im neuen Flügel ruft allein durch seine Größe Staunen hervor: Er ist 24 Meter lang und dabei 9 Meter hoch, zieht sich somit über zwei Stockwerke. Er entstand ab 1893 im Neorokoko. Wenn sich die Damen aus dem Großen Festsaal zurückziehen wollten, gingen sie in den **Gelben Saal,** die Herren nutzten als Pendant den **Rauchersalon.**

▸ Karte S. 202

Klassische Renaissance: der Innenhof

Sechs Brüsseler Wandteppiche, dazu einige Gemälde und Porzellan zieren den **Gobelinsaal** – eine tolle Kulisse für die Diners, Konzerte und Vorträge, die ihn regelmäßig mit Leben füllen. Der Saal wurde 1564 angelegt, danach aber mehrfach umgestaltet.

Den Abschluss der Rundgänge bildet meist ein Besuch des **Goldenen Saals.** Als »Weißes Gemach« angelegt, erhielt er seine heutige überwältigende Gestalt zwischen 1864 und 1868. Das Schnitzwerk und die schwere Kassettendecke stammen aus dem 17. Jahrhundert, die Rundumvergoldung erfolgte aber erst während des Umbaus. Unter den Statuen antiker Gottheiten ragt die des Hermes über der einen Tür heraus, sie trägt die Züge des Bauherrn, Ernst III. von Schaumburg-Holstein.

Schlosspark

Hinter dem Schloss erstreckt sich der großzügige Schlosspark. Er wurde Anfang des 17. Jahrhunderts angelegt, danach barock umgeformt, um 1785 als englischer Landschaftsgarten gestaltet und danach noch zweimal erweitert. Er besitzt eine **Sonnenuhr** und einen fotogenen Teich mit Seerosen. Hingucker aber ist zweifellos das **Mausoleum** in seinem westlichen Teil, in dem 18 Familienmitglieder beigesetzt sind. Es entstand nach Plänen von Paul Baumgarten zwischen 1911 und 1915. Manche sehen das Pantheon in Rom als Vorbild, andere das Theoderich-Mausoleum in Ravenna. Der Kuppelbau ist stolze 43 Meter hoch, die Innenraumhöhe beträgt immerhin noch 25 Meter, die Breite 27 Meter, die auffälligen Goldmosaiken bedecken insgesamt 500 Quadratmeter Fläche. Wie immer man den Bau, sicherlich kein Ausdruck von Bescheidenheit, aus künstlerischer Sicht bewerten mag, er lohnt allein wegen seiner Einzigartigkeit einen Besuch.

Hofwiesenteiche

Südlich des Schlossparks erstreckt sich das 36 Hektar große Naturschutzgebiet Hofwiesenteiche mit Wäldchen und Wiesen, einem Erlenbruch und schilfbewachsenen Teichen sowie einer kleinen Schwefelquelle. Es ist frei zugänglich.

Überbordende Pracht im Goldenen Saal

Zentrum

Die Siedlung vor dem Schloss wurde lange durch Adelshöfe geprägt, den Mittelpunkt der heutigen Stadt bilden Marktplatz und Lange Straße. Beherrschendes Bauwerk am Marktplatz ist zweifellos das **Rathaus,** es erscheint ein wenig zu massig für seine Umgebung. Das Gebäude von 1905/06 ersetzte einen Vorgänger von 1607/08. Es vermischt, typisch für derartige Funktionsbauten jener Zeit, Jugendstil und Neorenaissance, das Aussehen einer Burg mit dem eines Verwaltungsgebäudes. Es beherbergt den traditionsreichen Ratskeller und weiter oben einen Theatersaal.

Das etwas zurückgesetzte dreigeschossige Gebäude direkt nördlich vom Rathaus (Am Oberstenhof 2) gehört zu den wenigen erhaltenen früheren Adelssitzen im Ort. Heute befinden sich im recht schlichten sogenannten **Oberstenhof** Wohnungen und ein Restaurant.

Das zweigeschossige **Stadthaus** gegenüber vom Rathaus wurde um 1610 als Renthaus (Sitz des herrschaftlichen Rechnungsamts) gebaut und später als Archiv, Wohnort für Schlossbedienstete, Militärschule und Gerichtsgebäude genutzt. Seit 1972 fungiert es als Stadthaus von Bückeburg. Sein Aussehen mit dem säulengeschmückten antikisierenden Erdgeschoss und dem Fachwerkgeschoss darüber erhielt es im Zuge mehrerer Umbauten im 18. Jahrhundert.

Die frühere **Hofapotheke** daneben, auf der Ecke zur Langen Straße, diente ab 1607 zur Versorgung des Hofes mit Arzneimitteln und Gewürzen. Bis 1989 war hier eine Apotheke untergebracht, heute ist es ein Restaurant.

Für Technikbegeisterte lohnt sich allein wegen des **Hubschraubermuseums** ein Abstecher nach Bückeburg: Es ist das einzige seiner Art in Deutschland. Seine Existenz geht auf die Initiative von

Exponat im Hubschraubermuseum

Werner Noltemeyer zurück, der in der nahe gelegenen Heeresfliegerschule als Hubschrauberpilot tätig war. Er begann 1957, unterstützt von Gleichgesinnten, alles rund um die Hubschraubertechnik zu sammeln und Fluggeräte zusammenzutragen. So entstand auf dem Kasernengelände eine erste Ausstellung. Die zog 1971 an den Sablé-Platz in Bückeburgs Zentrum um, seit 2011 wird der Großteil der Exponate in dem gläsernen Anbau präsentiert. Insgesamt gibt es auf den rund 2800 Quadratmetern 40 Fluggeräte mit ausführlichen Beschreibungen zu sehen. Daneben wird die Geschichte der Hubschraubertechnik von der ersten theoretischen Konzeption Leonardo da Vincis bis zu aktuellen Entwicklungen erläutert, auch einen Flugsimulator dürfen Besucher ausprobieren. Neulinge gewinnen einen hervorragenden Überblick, und selbst Kenner erfahren viel Neues.

Der Schwerpunkt des **Stadt- und Landesmuseums** liegt unter anderem auf historischen Trachten und Uniformen, daneben werden jedes Jahr mehrere Sonderausstellungen gezeigt. Voraussichtlich ab Herbst 2022 kann die überarbeitete Dauerausstellung in modernisierten Räumen präsentiert werden. Das Museum befindet sich im Schaumburger Hof (1562–1564), einem der früheren Burgmannshöfe.

Die Lange Straße läuft, leicht ansteigend, nach Osten geradewegs auf die Dominante im Stadtbild zu, die **Stadtkirche.** Die Inschrift am Giebel der 1615 geweihten dreischiffigen Hallenkirche ist unübersehbar und lautet »EXEMPLUM Religionis NON STRUCTURAE« (Beispiel der Frömmigkeit, nicht der Baukunst). Die Anfangsbuchstaben kann man auch als Würdigung für den Bauherren lesen, Graf Ernst. Die Stadtkirche gehört zu den frühesten protestantischen Kirchen in dieser Region, manche Historiker mutmaßen, die Kirche habe Ernst ganz bewusst als eine Demonstration des Protestantismus angelegt. Ein Turm war vorgesehen, wurde aber nicht realisiert; die Gründe dafür sind unbekannt.

Die Stadtkirche wird in der einschlägigen Literatur als eine der wenigen Renaissancekirchen in Deutschland von allerhöchstem Rang gelobt oder in ihrer Mischung aus Spätrenaissance und

▸ Karte S. 202

Barock hervorgehoben oder auch als wunderbares Beispiel für den beginnenden Frühbarock – man bilde sich selbst ein Urteil. Im Innern verdient vor allem das bronzene Taufbecken (1615) vom berühmten Adrian de Vries Beachtung. An der Nordseite der Kirche erinnert seit 1908 ein **Denkmal** an den Schriftsteller, Philosophen und Theologen Johann Gottfried Herder (1744–1803), der hier von 1771 bis 1776 als Prediger wirkte.

Idaturm

Georg Wilhelm zu Schaumburg-Lippe (1774–1860) ließ den 28 Meter hohen Idaturm auf dem Höhenzug Harrl 1847 als Vermessungsturm errichten und ihn nach seiner Frau benennen. An schönen Tagen genießt man eine weite Sicht über das Wesertal, in das Mindener Land und sogar bis zum Steinhuder Meer. Für die Ausflugsgaststätte hofft man derzeit auf einen Pächter.

Die Anfahrt mit dem Auto ist von Bad Eilsen möglich; von Bückeburg führt der Fernwanderweg X 11 hierher.

Jagdschloss Baum

Idyllisch inmitten eines englischen Landschaftsgartens mitsamt Teich liegt das Jagdschloss Baum. Seinen Namen verdankt es einem Schlagbaum, an dem unweit der Grenze des Fürstentums Schaumburg das Zollrecht geltend gemacht wurde – ganze zehn Kilometer nördlich des Bückeburger Schlosses. Das eingeschossige Gebäude (1760/61) auf steinernem Fundament eines Vorgängerbaus im barock-klassizistischen Mischstil ist mit einer Grundfläche von 21 mal 8 Metern recht klein, dabei aber harmonisch in seinen Proportionen. Der Eindruck wird lediglich durch den rosafarbenen Anstrich etwas getrübt.

Im **Park** befindet sich ein Grabmal für Graf Wilhelm in Form einer Stufenpyramide und eines für die Gräfin Juliane in Form eines Sarkophags sowie eine künstliche Grotte mitsamt zwei Portalen, die ursprünglich zum Schloss Bückeburg gehörten und dort bei einer der Renovierungen aussortiert wurden.

Bis Mitte 2021 residierte in dem Gebäude eine Freizeit-, Tagungs- und Bildungsstätte der Landeskirche Lippe mit Übernachtungsmöglichkeit auch für Nicht-Tagungsgäste– Zukunft derzeit ungewiss.

Obernkirchen

In Obernkirchen, sieben Kilometer östlich von Bückeburg, wird seit Mitte des 12. Jahrhunderts und noch heute der berühmte gelblich-graue Stein abgebaut, ohne den die Weserrenaissance ein anderes Gesicht tragen würde. Die Baumeister schätzen ihn, weil er leicht zu bearbeiten ist, aber nur sehr langsam verwittert. Er fand daher nicht nur beim Bau vieler Schlösser und anderer repräsentativer Bauten im Weserraum Verwendung, beispielsweise am Bremer Rathaus, sondern wurde auch am Kölner Dom, am Rathaus in Hannover oder an der Börse in Amsterdam eingesetzt.

Der Stein ist berühmt, der Ort, aus dem er kommt, dagegen auffallend unscheinbar.

Blick von der Langen Straße zur Stadtkirche

Oberweser

Kleinenbremen

Die bereits 1887 gegründete Eisenerzgrube »Wohlverwahrt« ist eines der nördlichsten Bergwerke Deutschlands und heute ein Denkmal der regionalen Industriekultur. Erfahrene Museumsmitarbeiter führen durch die konstant 10 Grad kalte Unter-Tage-Welt, schildern das Leben und die Arbeit der Bergleute und erläutern die Werkzeuge sowie die Lade- und Fördergeräte. Bei einer Führung gelangt man auch zur »Blauen Lagune«, einem unterirdischen See, der sogar für Sporttaucher freigegeben ist.

Über Tage gehören zum **Besucher-Bergwerk und Museum Kleinenbremen** ein Bergbaulehrpfad mit beeindruckend großen Gesteinsbrocken und das eigentliche Museum, dessen Dauerausstellung unter anderem die Geschichte des Bergwerkes erläutert. Eisenerzförderung fand hier von 1883 bis 1953 statt. Zwar war sie schnell unrentabel geworden, aber die Nazis hatten die Anlage in ihrem Autarkiebestreben gegen die wirtschaftliche Vernunft am Laufen gehalten, sogar ausgebaut. Bei dem mächtigen Turm am Ortseingang handelt es sich übrigens um den sogenannten Brecherturm, in dem das abgebaute Gestein zerkleinert wurde.

Im eigentlichen **Dorf** etwas nördlich vom Museum finden sich zwischen Wohnhäusern unter anderem zwei Wassermühlen – Hartings Mühle (Am Rehm 27) und Mönkhoffs Mühle (Am Rehm 2a) – und das Backhaus Meierhof, ein zweistöckiges Fachwerkgebäude.

Bad Eilsen

Ähnlich wie Bad Pyrmont (→ S. 164) und Bad Oeynhausen (→ S. 214) verdankt auch Bad Eilsen seine heutige Größe allein heilkräftigen Quellen. Aber verglichen mit den beiden anderen Bädern, war und ist es deutlich bescheidener, weniger mondän und auch weitaus weniger bekannt. Dennoch ist heute im und am Kurpark noch etwas von der früheren Grandezza spürbar.

Mitte des 17. Jahrhunderts wurde man auf die Schwefelquellen aufmerksam, und 1794 fasste Fürstin Juliane (1761–1799) den Entschluss, das Dorf Eilsen zum Kurbad zu machen. Die Eröffnung als Heilbad erfolgte 1802, nach dem frühen Tod der Fürstin.

Den Mittelpunkt des Kurortes bildet von jeher der **Kurpark,** ursprünglich eine sumpfige Weise. In mehreren Schritten pflanzte man hier auch seltene Baumarten wie Kastanienblättrige Eiche, Schwarznuss, Persischen Eisenholzbaum oder Taschentuchbaum. Die bis zu 200 Jahre alten Bäume und Baumgruppen, Rabatten und Beete lockern die Rasenflächen auf, durch den Park schlängelt sich die Bückeburger Aue. Der Säulenbogen um die Tuffsteinquelle (1914) gilt als das Wahrzeichen des Ortes.

Neben den Hotels entstanden für die Kurgäste am Park das **Logierhaus** (1805), das **Konversationshaus** (1855) und das **Palais im Park** mit Theater (1926); sie sind alle ebenso erhalten wie der **Fürstenhof.** Den gab Fürst Adolf zu Schaumburg-Lippe 1918 in Auftrag, heute nutzt ihn ein Reha-Zentrum. Schlendert man durch dieses Ensemble, fühlt man sich in frühere Zeiten versetzt.

Im Jahr 1971 erhielt Bad Eilsen die staatliche Anerkennung als Heilbad. Die Schwefelquellen gehören zu den besonders schwefelhaltigen und gleichzeitig zu den größten in Europa. Mehrere Fachkliniken im Ort versprechen, mit ihnen und auch mit Schlamm- und Solepackungen Linderung bei Rheuma, Gicht und Hauterkrankungen erreichen zu können.

In Bad Eilsen geht es traditionell geruhsam zu, die bewaldete Hügellandschaft rund um den Ort trägt, wenn man will, zusätzlich zur Entschleunigung bei.

▲ Karte S. 184

Bückeburg bis Bad Eilsen

Tourist-Information Bückeburg, Lange Str. 45, 31675 Bückeburg, Tel. 05722/206181; April–Sept. tgl., sonst Mo–Fr. www.bueckeburg.de

Tourist-Information Bad Eilsen, Bückeburger Str. 2, 31707 Bad Eilsen, Tel. 05722/88650. www.bad-eilsen.de

Bückeburg liegt an der **Bahnstrecke** Hannover–Minden.

Hotel Grosse Klus, Am Klusbrink 19, 31675 Bückeburg, Tel. 05722/95120. Ehem. Jagdschloss/Sommerresidenz der Fürstin Juliane von 1794. Zimmer im Stammhaus und in modernen Trakten. Gutes Frühstück, qualitätsvolles Restaurant mit Biergarten, sehr aufmerksamer Service, mit Bar. Ca. 5 km westlich des Bückeburger Zentrums. www.klus.de

Hotel/Restaurant Ambiente, Herminenstr. 11, 31675 Bückeburg, Tel. 05722/9670; DZ um 120 Euro; HP und VP möglich. Vier-Sterne-Hotel am östlichen Rand der Altstadt, Restaurant, Café, Biergarten, Solarium, Sauna, Tiefgarage. Bikerfreundlich. www.ambiente-hotel.de

In der **Fußgängerzone** einige Restaurants, Cafés und Eisdielen, an ihrem oberen Ende die qualitätsvollen Angebote dicht beieinander, alle mit Terrassenplätzen im Sommer:

Zur Falle, Lange Str. 13, 31675 Bückeburg, Tel. 05722/8908020. Fleischlastig aus Tradition. www.fallebueckeburg.de

Le Bistro, Lange Str. 10, 31675 Bückeburg, Tel. 05722/6455. V. a. Burger und Mediterranes. www.bistro-bueckeburg.de

Mavandus, Lange Str. 67, 31675 Bückeburg, Tel. 0177/7435286; Di–So. Café mit leckeren Kuchen.
www.mavandus.de

Schloss Bückeburg, Schlossplatz 1, 31675 Bückeburg, Tel. 05722/5039; April–Sept. tgl. 9.30–18, Okt.–März tgl. 9.30–17 Uhr; Schlosspark durchgängig zugänglich; Café-Restaurant Alte Schlossküche tgl. 9.30–22.30 Uhr; Park-Café im Sommer tgl. ab 11 Uhr.
www.schloss-bueckeburg.de
www.alte-schlosskueche.de

Mausoleum im Schlosspark, April–Okt. Sa, So 11.30–17.30 Uhr.

Fürstliche Hofreitschule, Schlossplatz 7b, 31675 Bückeburg, Tel. 05722/898350; tgl. 10–17 Uhr, Führungen Sa, So 12 Uhr. www.hofreitschule.de

Hubschraubermuseum, Sablé-Platz, 31675 Bückeburg, Tel. 05722/5533; tgl. 10–17 Uhr. www.hubschraubermuseum.de

Stadt- und Landesmuseum, Lange Str. 22, 31675 Bückeburg, Tel. 05722/4868; Mi–So 13–17 Uhr.
www.museum-bueckeburg.de

Besucher-Bergwerk und Museum Kleinenbremen, Rintelner Str. 396, 32457 Porta Westfalica/OT Kleinenbremen, Tel. 05722/90223; März–Okt. Di–Do, Sa, So 10–16, Nov.–Feb. Sa, So 10–16 Uhr. www.bb-mk.de

Führungen zu den wichtigsten Sehenswürdigkeiten in **Kleinenbremen** inkl. Besichtigung einiger Gebäude nach Absprache über den Heimatverein Kleinenbremen, Tel. 05722/21621 oder 90450.

Kloster Möllenbeck

Das Kloster Möllenbeck gehört zu den besterhaltenen spätmittelalterlichen Klosteranlagen in Deutschland. Seit einigen Jahren ist hier ein Jugendfreizeitheim eingerichtet, und die evangelisch-reformierte Gemeinde in Rinteln nutzt die Kirche für ihre Gottesdienste.

Die Anlage hat eine wechselvolle Geschichte hinter sich. Eine erste urkundliche Erwähnung für das Kloster liegt uns aus dem Jahr 896 vor, einer Legende zufolge wurde es von einer Gräfin Hildburg gestiftet. Es musste im Laufe seiner Geschichte mehrere starke Beschädigungen erleiden und wurde auch deswegen

Möllenbeck mit markanten Doppeltürmen

immer mal wieder um- und ausgebaut. Die zwei markanten 42 Meter hohen romanischen **Rundtürme** an der Westseite stammen aus der ersten Bauzeit aus dem 10. Jahrhundert, spätgotisches Langhaus und Kreuzgang entstanden von 1497 bis 1505. Im Verhältnis zur Kirche erscheinen die Türme recht zierlich. Da ihnen ein Quergebäude vorgesetzt ist, wirkt die **Kirche** eigentümlich versteckt und verbaut. An sie schließen sich drei ebenfalls spätgotische **Klausurgebäude** an, die wohl auf Vorgängerbauten beruhen. So ergibt sich eine in etwa quadratische Anlage um einen Innenhof mit **Kreuzgang** von 1493. Nach dem Dreißigjährigen Krieg ging das Inventar weitgehend verloren. Nach 1980 sind die Klosterflügel und die Kirche mitsamt Orgel nach und nach renoviert worden. Mit dem Kloster entstand ein Dorf, das aber irgendwann – genaue Jahreszahlen liegen nicht vor – aufgegeben wurde. Das heutige Dorf, an dessen Rand das Kloster liegt, ist eine Gründung des 17. Jahrhunderts und damit recht jung. Um 1900 wurden die Wirtschaftsgebäude aus dem späten 15. Jahrhundert abgebrochen, die heutigen stammen aus dem frühen 20. Jahrhundert. Sie nutzt eine **Domäne,** zu der auch das 2018 eingerichtete Hotel-Restaurant gehört. Dessen Sommergarten hat sich zu einer sehr beliebten Ausflugsgaststätte entwickelt, in der an manchen Wochenenden kaum ein Platz frei bleibt. Aus gutem Grund: Von den baumbeschatteten Tischen hat man einen wunderbaren Blick auf die hellgraue Klosteranlage, die von hier außerordentlich malerisch wirkt. Möllenbeck liegt an einem Nebenzweig des Pilgerwegs Loccum–Volkenroda (→ S. 258), für Pilger stehen Unterkünfte bereit.

Varenholz

Für einen Ort dieser Größe (rund 800 Einwohner) besitzt Varenholz ein bemerkenswertes Schloss, ansonsten herrscht hier dörfliche Ruhe.

■ Schloss

Als bedeutendes und gleichzeitig ungewöhnliches Zeugnis der Weserrenaissance kann Schloss Varenholz angesehen werden. Graf Simon VI. zu Lippe ließ es zwischen 1591 und 1600 errichten, wobei Teile einer mittelalterlichen Burg integriert wurden. Insgesamt wirkt der Bau weniger wie ein Schloss als vielmehr wie eine Festung, besonders von der Parkseite her, wohin das Terrain stark abfällt. Zu diesem Eindruck tragen maßgeblich die **Ecktürme** bei, die sich nicht ganz rechtwinklig in die Fluchten einfügen. Beide sind unten dreieckig, darüber viereckig und oben achteckig – der Grund ist bis heute unklar.

Hinter dem Schloss gruppieren sich einige **Wirtschaftsgebäude** locker um einen

▲ Karte S. 184

Hof. Um dorthin zu kommen, durchquert man einen **Tordurchgang** mit schmiedeeisernem Leuchter und Torbogen, der besonders alt aussieht, aber aus der Zeit nach 1945 stammt: Die UFA war nach dem Krieg vier Jahre im Schloss ansässig und ließ an verschiedenen Stellen ein wenig herumwerkeln. Der **Innenhof** des vierflügeligen Schlosses dagegen ist pure, unverfälscht erhaltene Weserrenaissance. Er beeindruckt mit zahlreichen ornamentierenden Details und den typischen Ecktürmen, die die Trakte verbinden.

Das Schloss kann man nicht besichtigen, denn heute ist hier, einer längeren Tradition folgend, ein Internat für Kinder und Jugendliche untergebracht. Aber auch nur der Blick von außen auf Schloss, Kirche und Wirtschaftsgebäude lohnt einen Stopp.

Schloss Varenholz, Innenhof

Schlosskirche

Sehr bescheiden wirkt die kleine Schlosskirche von 1682. Das liegt auch daran, dass ihr Turm ungewöhnlicherweise niedriger als das Dach ist: Damals durfte der niedere Adel keine hohen Türme errichten. Sein heutiges Aussehen erhielt der Sakralbau 1976, denn seitdem trägt er einen Putz über den Steinmauern.

Epitaph für die Stifter hinter dem Altar

Im Innern verdienen die **Kanzel** aus Sandstein und die **Orgel,** beide von 1682, sowie die beiden **Epitaphe** einen Blick. Sie wurden für die beiden Stifter angebracht, Sybille Margarete von Heiden-Donop und Levin Moritz von Donop, zu dieser Zeit Landdrost auf Schloss und Amt Varenholz.

Brücke und Fähre

Unterhalb des Schlosses steht eine **Steinbrücke** auf dem Trockenen. Sie führte früher über einen Weserarm. Um Weideland zu gewinnen, trennte man ihn vom Hauptarm ab und ließ ihn leerlaufen. Die 1753 erbaute Brücke mit ihren vier Steinbögen wird umgangssprachlich auch »Alte-Kühe-Brücke« genannt. Vom Schloss geht man die Straße Beutebrink Richtung Fähre und biegt hinter dem Herrengraben nach links in den Feldweg ein. Von dort sind es noch etwa 700 Meter. Die **Hochseilfähre Varenholz–Veltheim,** eine Gierseilfähre, ging 1924 in Betrieb.

Nur ein Jahr später ereignete sich das in der Region bis heute bekannte Veltheimer Fährunglück. 81 Soldaten der Reichswehr ertranken beim Übersetzen, das größte Unglück eines deutschen Heeres in Friedenszeiten. Als Konsequenz aus dieser Katastrophe mussten fortan alle Rekruten der Reichswehr und später auch der Wehrmacht das Schwimmen erlernen. Ein **Obelisk** am Veltheimer Ufer erinnert an das Unglück.
Der Fährbetrieb an dieser Stelle nahm spätestens 1661 seinen Anfang.

Die Reste der Burg Vlotho unter Schutz

Vlotho

Bei Vlotho verengt sich das Wesertal auf nur noch 600 Meter Breite. Der Amtshausberg auf der linken und der Buhn auf der rechten Seite bilden die Lippische Pforte, die die Weser zudem zu einer 90-Grad-Kurve nach Norden zwingt. Früher war der Fluss hier besonders schmal, die Strömung entsprechend stark, so dass der Schiffsverkehr nur im Einbahnstraßenbetrieb vonstatten ging und in Erder kurz vor Vlotho sogar lange eine Lotsenstation bestand.
Vlotho (rund 18 000 Einwohner) zieht sich recht hübsch am Hang des Amtshausberges entlang und kann auf eine lange interessante Geschichte zurückblicken. Es besitzt jedoch kein ansprechendes Ortsbild, keine herausragenden Attraktionen und zeigt sich auch nicht lebendig – Rinteln, Bückeburg und auch Bad Oeynhausen bieten sich eher für Übernachtung und Exkursionen in die Umgebung an.

Geschichte

Vermutlich bestand schon zu germanischer Zeit eine Burg auf dem Amtshausberg. In ihrem Schutz und begünstigt durch eine Weserfurt entwickelte sich im Winkel des Forellenbachs und seiner Mündung in die Weser eine Siedlung, die 1185 erstmals urkundlich erwähnt wurde. Diese Siedlung erhielt 1250 die Stadtrechte und profitierte von den Einnahmen der Zollstelle am Fluss. Vlotho litt arg im Dreißigjährigen Krieg und schrumpfte. Das lässt sich daran ablesen, dass ihm 1719 erneut die Stadtrechte verliehen wurden. Es war nördlichster Punkt der Grafschaft Lippe, und von seinem Hafen wurden Waren von den Schiffen gelöscht und mit ihnen das Lippische versorgt. Daneben war lange Zeit die Tabakverarbeitung von Bedeutung. Heute liegt Vlotho etwas abseits der wichtigen Verkehrsadern und zeigt sich als ruhige Kleinstadt.

▲ Karte S. 184

Sehenswürdigkeiten

Der **Burgberg** wurde wahrscheinlich schon vor etwa 2000 Jahren durch eine Wallburg befestigt. Um 850, zur Zeit der Karolinger, befand sich hier, am Abhang des Amtshausberges, ein befestigter Königshof, ab 1250 wohl eine erste Höhenburg der Grafen von Ravensberg. Bis zum 17. Jahrhundert hatten die Amtsmänner des Amtes Vlotho hier ihren Sitz – daher der Name. Nach dem Dreißigjährigen Krieg verfiel die Anlage, ab 1709 wurden große Teile abgetragen, so dass heute von den ehemaligen Gebäuden wie etwa dem Palas nur noch die

Grundmauern existieren. Die **Ringmauer** dagegen ist noch weitestgehend erhalten. Der **Burgbrunnen** hat gegenwärtig eine Tiefe von 52 Metern. Im Zuge von Ausgrabungen (1936–1939) war er bis zu einer Tiefe von 63 Metern freigelegt worden. Man vermutete damals schon, dass er eine Gesamttiefe von um die 100 Metern besessen habe, wodurch die Sohle etwa auf dem Höhenniveau der Weser gelegen hätte.

Ab dem Jahr 1884 nutzte eine erste **Ausflugsgaststätte** den Ort, heute lädt hier ein spanisches Restaurant mit Sommergarten ein. Von einigen Stellen an der Mauer öffnet sich der Blick weit in das Wesertal hinein. Im Zentrum Vlothos wurde in den 1970er Jahren einiges abgerissen, eine Reihe von Fachwerkhäusern und andere historische Bauten sind jedoch erhalten. Den Mittelpunkt des Ortes bildet die **Lange Straße,** die Haupteinkaufsstraße; insbesondere am anliegenden Sommerfelder Platz finden sich einige gastronomische Einrichtungen mit Außenbewirtschaftung in der warmen Jahreszeit.

■ Bad Seebruch und Bad Senkelteich

Südlich des Vlothoer Stadtkerns liegen Bad Seebruch und Bad Senkelteich, zwei alte Moor- und Heilbäder, die ihre Existenz den 1753 entdeckten heilkräftigen Quellen verdanken. Zwischen ihnen erstreckt sich der Kurpark und dahinter das **Naturschutzgebiet Linnebecke,** in dem man vor allem Findlinge unterschiedlicher Größe bestaunen kann.

■ Exter

Die hoch am Steinegger Berg gelegene **Holländermühle** bei Exter prägt nicht nur das Landschaftsbild, sondern stellt auch eine Besonderheit dar: Sie ist halbseitig als Wall-, halbseitig als Galerieholländer ausgeführt. Seit einer grundlegenden Sanierung um 2008 ist sie wieder voll funktionstüchtig, das danebenstehende Backhaus wurde 2011 eingeweiht.

Seit 1959 steht die evangelische **Autobahnkirche** Exter täglich für Gläubige und auch für Touristen offen. Sie befindet sich direkt am Autobahnzubringer, ist aber auch vom Ortskern her zugänglich.

■ Uffeln

Uffeln wirkt ausgesprochen dörflich. Es gehört zur Stadt Vlotho und ist das einzige Gebiet des Kreises Herford östlich der Weser. Der Ort am Buhn besaß früher eine Bedeutung als Sitz mehrerer Werften, heute ist er in keiner Hinsicht bemerkenswert.

Möllenbeck bis Vlotho

Tourist-Information, Lange Str. 111, 32602 Vlotho, Tel. 05733/881188. www.vlotho-tourismus.de

Vlotho liegt an der **Bahnstrecke** Elze–Löhne.

Fähre Varenholz–Veltheim, Tel. 05264/6440; April–Okt. Sa, So 10–18 Uhr. Nur Fußgänger/Fahrräder, max. 10 Personen.

Hofgarten und Hotel Möllenbeck, Am Kloster 1, 31737 Rinteln, Tel. 05751/965401; DZ ab 80 Euro. Neues Boutique-Hotel in denkmalgeschützter Hülle; Restaurant mit wunderbarem Hofgarten (Juni–Aug. Mo–Fr 14–22, Sa, So 11–22, April, Mai u. Sept., Okt. Do, Fr 14–18, Sa, So 11–18 Uhr). www.domaene-moellenbeck.de

Essential by Dorint, Wilhelmstr. 8, Vlotho, Tel. 05733/7930; DZ ab 100 Euro. Ruhige Lage, jüngst renoviert, Restaurant. www.vlotho.dorint.com

El Castillo, Burgstr. 41, Vlotho, Tel. 05733/8712990. Klassischer Spanier, Sommerterrasse im früheren Burghof. Aktuelle Öffnungszeiten siehe Website. www.burg-vlotho.com

Alt Heidelberg, Lange Str. 70, Vlotho, Tel. 05733/8780772; Mi–Mo. Traditionslokal, gutbürgerliche Küche mit leichtem schweizerischen Einfluss, im Sommer Terrassenplätze. www.restaurant-altheidelberg.de

Kloster Möllenbeck, Am Kloster, 31737 Rinteln, Tel. 05751/9935100; Klosterkirche Ostern–Volkstrauertag tgl. 9–18 Uhr frei zugänglich, Gruppenführungen nach telefon. Vereinbarung.

Varenholz: Das Schloss ist nicht zugänglich, die Kirche normalerweise verschlossen. Eine Besichtigung für Kirche (innen) und Schloss (außen) mitsamt Park kann aber vereinbart werden – kein fester Tarif, Spenden für die Kirche sind gern gesehen: Vera.Varlemann@gmx.de

Lindemannsche Mühle, Alter Postweg 18, 32602 Vlotho/OT Exter. Infos zu kommenden Veranstaltungen auf der Website. www.windmuehle-exter.de

Bad Oeynhausen

Die Lage Bad Oeynhausens kann man nur als sehr reizvoll bezeichnen. Es erstreckt sich am Rand des Werretals, östlich vollzieht die Weser einen Bogen, nördlich erhebt sich das Wiehengebirge, südlich das Lipper Bergland. Interessanterweise bildete sich hier keine Siedlung aus, bis in das 19. Jahrhundert hinein befanden sich auf dem heutigen Stadtgebiet nur einige wenige Bauernhöfe. Erst die Entdeckung einer Thermalquelle und der dadurch angeschobene Kur- und Bäderbetrieb nach Plan ließen einen Ort entstehen, und diese Tradition prägt Bad Oeynhausen nach wie vor.

Geschichte

Dem Bauern Colon Sülemeyer fiel 1745 eine salzige Kruste an den Borsten seiner Schweine auf, nachdem die sich im Schlamm gesuhlt hatten. Man ging der Sache nach, und ab 1751 wurde Salz gewonnen.

Der preußische Oberbergrat Carl Freiherr von Oeynhausen ließ ab 1830 Probebohrungen nach weiteren Salzvorkommen durchführen, wodurch eher zufällig eine Thermalsolequelle entdeckt wurde. Der preußische Staat kaufte das Areal, ließ ein erstes Badehaus errichten und gab dem entstehenden Bad 1848 den Namen »Oeynhausen«. Er erhielt bereits 1847 Anschluss an die Eisenbahn Köln–Minden und avancierte rasch zu einem beliebten Kurort. Ab den 1850er Jahren entstanden Kurpark sowie Bade- und Kurhäuser, und mit ihnen wuchs der Ort. Ihn prägten zahlreiche Villen, zumeist Pensionen für die Kurgäste. Der Neubau von Nordbahnhof, Theater und Hotel Königshof zeigt die Bedeutung Oeynhausens am Vorabend des Ersten Weltkriegs.

Dabei ging es in Oeynhausen – seit 1911 amtlich »Bad Oeynhausen« – nicht so mondän zu wie im nahen Bad Pyrmont. Dort dominierte der europäische Adel, hier der niedere Adel und die bürgerliche Mittelschicht, ab den 1920er Jahren kamen Kurgäste auch über die staatlichen Krankenversicherungen. Immer wieder wurden weitere Quellen erbohrt, 1926 der Jordansprudel, die größte kohlensäurehaltige Thermalsolequelle Festlandeuropas. Immer schon war Bad Oeynhausen nicht allein Kurort gewesen, sondern auch Showtreppe für Berühmtheiten vor allem aus Kunstkreisen. Diese Tradition hielt bis etwa zu den großen Zeiten eines Curd Jürgens, danach wurde es deutlich unglamouröser. Heute suchen die Gäste Linderung in den Spas und zahlreichen spezialisierten Fachkliniken. Ein traditionelles Kurleben findet kaum noch statt, wirtschaftlich spielen die Einrichtungen jedoch nach wie vor eine große Rolle.

▶ Karte S. 215

Bad Oeynhausen erlitt im Zweiten Weltkrieg kaum Schäden, doch wurde das Stadtbild seit den 1950er Jahren durch Abriss und Umgestaltungen erheblich verändert - selten zum Guten. Das Staatsbad erhielt seine heutige Ausdehnung durch einen kommunalen Zusammenschluss im Jahr 1973. Im Kernort leben rund 16 000 Menschen, mit den teils dörflich anmutenden Ortsteilen kommt die Stadt auf rund 50 000 Einwohner.

Kurpark und Kuranlagen

Andere Städte gruppieren sich um einen Marktplatz, ein Rathaus oder eine Kirche, in Bad Oeynhausen bildet der **Kurpark** das ideelle und auch räumliche Zentrum des Ortes. Der damals weithin bekannte und in Berlin-Brandenburg nach wie vor verehrte Gartenbaumeister Peter Joseph Lenné (1789–1866) legte den Park zwischen 1851 und 1853 unter Einbeziehung vorhandener Baumgruppen an, danach wurde noch etwas erweitert. Die heute rund 26 Hektar große Anlage ist im Stil eines englischen Landschaftsgartens gehalten, mit Bäumen und Baumgruppen, Rabatten und Fontänen; die leichte Hanglage verleiht der Komposition noch mehr Anmut. An den Seiten liegen einige helle Gebäude, die unmittelbar mit dem Kurwesen in Verbindung stehen. Insgesamt vermittelt der Park mit seinen Bauten noch immer das Bild einer glanzvollen, von Adligen und anderen Exzellenzen bevölkerten Bäderwelt, heute allerdings kommen am Abend die Anwohner aus den angrenzenden Straßen zum Flanieren

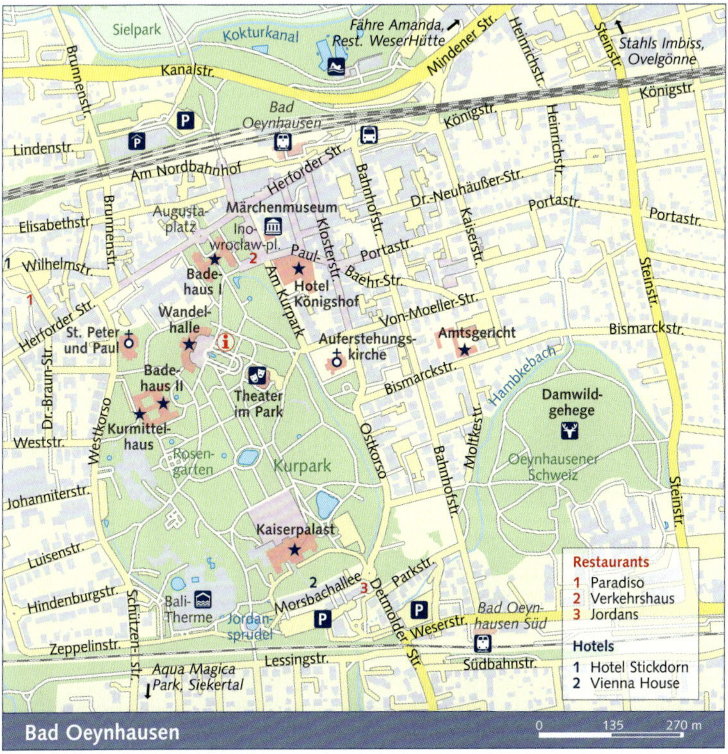

und Plaudern, die Kinder zum Spielen. Betritt man den Park am Haupteingang an der nordöstlichen Seite, so erblickt man als Erstes das **Haus des Gastes.** Der schlichte zweigeschossige Bau mit leichten Einflüssen des Neobarock entstand 1903 als Bürogebäude der Königlichen Bäderverwaltung.

Die 1926 eröffnete **Wandelhalle** sollte den Ausschank der Heilwässer ermöglichen und eine überdachte Ladenzeile aufnehmen. Sie sollte zum Verweilen, eben Wandeln einladen und gleichzeitig mit Theater und Kurverwaltung ein geschlossenes Ensemble bilden. Der 84 Meter lange, als Halbkreis geschwungene Bau öffnet sich nach Osten und schützt die Gäste so vor Westwinden. Der Mittelbau, in Form eines griechischen Tempels ausgeführt, wird von sechs ionischen Säulen getragen. Die Wandelhallen links und rechts schmücken dorische Säulen, dahinter finden je fünf Läden oder Cafés Platz. Seit einer grundlegenden Sanierung 2007/08 zeigt sich die Wandelhalle wieder weitgehend im Originalzustand.

Das **Theater** steht in etwa am Platz des alten Kurhauses, aber auf einer künstlichen Anhöhe, um mehr Wirkung zu entfalten. Es wurde als Königliches Kurtheater 1915 eröffnet und hieß nach 1918 Preußisches Kurtheater, bis zum Beginn des Zweiten Weltkrieges besaß es sogar ein eigenes Ensemble. Der halbrunde Vorbau markiert das Foyer.

Das **Badehaus 1** nördlich der Wandelhalle entstand von 1854 bis 1857 nach Plänen des Schinkel-Schülers Carl Ferdinand Busse. Vorbild für den spätklassizistischen Bau mit H-förmigem Grundriss war das römische Pantheon. Dieses Badehaus steht für den eigentlichen Beginn des Badelebens in der Stadt. Im Innern gibt es insgesamt 76 Badezellen, dazu Warte- und Aufenthaltsräume.

Dem kuppelbekrönten Mittelbau ist ein Portikus mit drei Rundbögen vorgesetzt, insgesamt besitzt er sehr ausgewogene, harmonische Proportionen. Bei einer sorgfältigen Renovierung in den 1980er Jahren kamen Teile der kostbaren Ausstattung wieder zum Vorschein und konnten restauriert werden. Der Stadthistoriker Rico Quaschny urteilte zutreffend: »Das Badehaus besticht nicht durch seine hohe künstlerische Qualität, sondern ist eine der gelungensten Verbindungen von Schönheit und praktischer Raumgestaltung, sodass der Bau immer wieder als Prototyp eines Bade-

Fassade mit Schwung: die Wandelhalle

▲ Karte S. 215

Am Abend vor dem Kaiserpalais

hauses bezeichnet wird.« An der nördlichen Seite erinnert die **Büste** für Karl August Ludwig Freiherr von Oeynhausen an den Namensgeber der Stadt.

Weil das Badehaus 1 zu klein geworden war, entstand zwischen 1880 und 1890 das **Badehaus 2.** Es ist aus rotem Backstein errichtet, im Stil der Neorenaissance gehalten und besitzt eine auffällige rot schimmernde, achteckige Kuppel. Der Eingangsbereich legt Assoziationen zu Tempelfassaden nahe, den Giebel schmückt unter anderem ein Relief der Hygieia, der griechischen Göttin der Gesundheit. Die Bodenmosaiken und die farbigen Wand- und Deckenmalereien sind erhalten und lohnen ein Blick. Nach Westen schließt sich an das Badehaus 2 das unauffällige **Kurmittelhaus** von 1929/30 an, nach Süden der **Rosengarten.**

Auffälligstes Gebäude im Kurpark ist zweifellos das **Kaiserpalais,** nicht nur weil es sich an der höchsten Stelle im Park erhebt. Bei seiner Eröffnung im Juni 1908 hieß es noch Kurhaus. Als repräsentatives Konversations- und Unterhaltungsgebäude sollte es auch die höchsten Ansprüche wohlhabender Gäste erfüllen. Und so waren darin mehrere Restaurants und Gesellschaftssäle eingerichtet, das Zentrum bildete der große, zweigeschossige Konzertsaal. Für damalige Verhältnisse bot das Kurhaus viel Prunk und Pomp, der 89 Meter lange und 33 Meter breite Bau wirkt wie ein barockes Schloss, die vorgelagerte Säulenhalle unterstreicht den hochherrschaftlichen Anspruch. Mit dem Bau des Kurhauses erfuhr der Park eine leichte Umgestaltung, seine Sichtachsen wurden auf den neuen Mittelpunkt des Kurlebens ausgerichtet. Komplettiert wurde die Konzeption durch einen **Konzertgarten** mit großem Fontänebecken. Bis zum Beginn des Zweiten Weltkriegs wurde der Bau wie geplant genutzt, heute beherbergt er ein Casino, das GOP Varieté-Theater und in seinem Obergeschoss ein gehobenes Restaurant, dazu eine Disco und Veranstaltungsräume, die jedermann mieten kann. Der 1926 angelegte **Jordansprudel** daneben sprudelt nur noch zu besonderen Anlässen, dann schießt 35 Grad warmes Wasser aus 700 Meter Tiefe bis zu 50 Meter hoch.

Neueste Wellnesseinrichtung in Bad Oeynhausen ist die 1995 eröffnete **Bali**

Therme im Rücken des Kaiserpalais. Die rund 10 000 Quadratmeter große Bade- und Saunalandschaft bietet unter anderem ein Mineralsolebecken und eine Grottenlandschaft, diverse Saunen und außerdem Fitnesseinrichtungen.

Außerhalb des Kurparks

Als Ausgangspunkt für eine Besichtigung des Ortes bietet sich der Nordbahnhof an, inoffiziell auch »Hauptbahnhof« genannt und seit jeher das Entrée in die Stadt. Vom Bahnhof nach Westen und Süden liegt auch das eigentliche Bad Oeynhausen. Allerdings ist nach Süden, entlang der Hauptachsen Bahnhofstraße und Klosterstraße, in der Nachkriegszeit viel an historischer Bausubstanz verloren gegangen. Entlang der **Bahnhofstraße** stehen noch einige Villen, durchweg als Pensionen für die Kurgäste errichtet und heute unterschiedlich genutzt. Die Villen entlang der **Wilhelmstraße,** etwas südwestlich vom Bahnhof, künden von der großen Zeit des Ortes.

Einzigartig im deutschsprachigen Raum ist das **Deutsche Märchen- und Wesersagenmuseum.** Seit seiner Eröffnung 1973 beleuchtet es die Mythen und Sagenmotive im Wandel der Zeit und legt seinen Schwerpunkt auf die Märchen der Brüder Grimm (→ S. 47). Seine Einrichtung geht maßgeblich auf die Initiative des Schriftstellers und Kunsthistorikers Karl Paetow (1903–1992) zurück. Auf zwei Etagen findet mit einer Überfülle von Exponaten und liebevoll nachgestellten Szenen in Schaukästen und nicht zuletzt einer großen, jedermann zugänglichen Bibliothek eine Auseinandersetzung mit der Entwicklungs- und Rezeptionsgeschichte der bekannten Märchen statt. Dabei kommen auch die künstlerischen Adaptionen etwa in Film und Fernsehen, Musical und Drama nicht zu kurz. Regelmäßige Lesungen und Märchen-

Der Schweinebrunnen thematisiert die Gründungsgeschichte Oeynhausens

erzählstunden sowie Sonderausstellungen zu kunst- und kulturgeschichtlichen Aspekten runden das Angebot ab. Das Museum hat einen wunderbaren Platz in der früheren Villa des Politikers und Dichters Paul Baehr (1855–1929) gefunden. An dieser Straße, Am Kurpark, und ihrer Verlängerung, der von hohen Platanen geschmückten Lenné-Straße, finden sich überhaupt einige schöne **Villen** aus dem 19. Jahrhundert.

Das nicht weit entfernte **Hotel Königshof** steht geradezu symbolhaft für die Veränderungen, die Bad Oeynhausen in den vergangenen Jahrzehnten erfahren hat. Bei seiner Eröffnung 1917 war es eines der größten und nobelsten Hotels der Stadt, wo ab den 1920er Jahren viele Berühmtheiten abstiegen. Diese Tradition setzte sich nach dem Krieg noch eine Zeitlang fort. In den 1970er und 1980er Jahren durch Umbauten stark verschandelt, steht es seit einigen Jahren leer.

An die Anfänge der Stadt erinnert der **Schweinebrunnen** oder Sültemeyer-Brunnen (Kloster-/Ecke Paul-Baehr-Straße). Fünf Schweine und ein Bauer sind hier versammelt, dazwischen sprudelt Wasser. Der Bildhauer Ernemann Sander

▶ Karte S. 215

(1925–2020), der das Denkmal schuf, lebte jahrzehntelang bei Bonn; seine Arbeiten, oft mit regionalem Bezug, finden sich vor allem in Bonn und Umgebung. An der Ecke Bahnhof-/Van-Möller-Straße vermittelt das **Hotel Wittekind** von 1850 noch einen guten Eindruck vom früheren Antlitz der Stadt. Die recht nüchterne **Auferstehungskirche** (1956) ganz in der Nähe ersetzte einen Stüler-Bau, der 1947 bis auf die Grundmauern abgebrannt war. Das **Amtsgericht** (1912) an der Bismarckstraße vermischt Elemente des Jugendstils mit leichten Anleihen an die Weserrenaissance, manche Fachleute halten es für das anmutigste Gerichtsgebäude Westfalens.

An Werre und Weser

Seit 1999 ermöglicht die leicht geschwungene **Werre-Weser-Kuss-Brücke** Radfahrern und Fußgängern die Überquerung der Werre dort, wo sie in die Weser mündet. Nur wenig weiter erinnert das **Flößerdenkmal** der Künstlerin Nina Koch an die Flößer, die hier bis in das frühe 20. Jahrhundert hinein tätig waren. Die Körperhaltung des Flößers macht anschaulich, wie anstrengend diese Arbeit gewesen sein muss.

Rund um diesen Ort erstreckt sich ein nicht allzu großes **Storchenschutzgebiet.** In den vergangenen Jahrzehnten wurden Störche gezielt hier angesiedelt und sind zur Freude der Initiatoren, der Einheimischen und Touristen auch wieder sesshaft geworden. Nie dauert es lange, bis man einen dieser großen Vögel über die Wiesen schweben, durch das Gras staksen oder zum Horst zurückkommen sieht.
Ebenso Beförderungsmittel wie touristische Attraktion ist die **Fähre Amanda.** Lässt man sich von ihr ans andere Ufer bringen, so steht man am Rand einer abwechslungsreichen Seenlandschaft, die sich parallel zum Weserbogen ausbreitet und zu Porta Westfalica gehört. Bleibt man dagegen auf der Oeynhauser Seite, so ist den Verlockungen des großen **Biergartens** kaum zu widerstehen.

Aqua Magica Park

Bis 1986 war eine Ziegelei südwestlich des Bad Oeynhauser Zentrums in Betrieb. Im Rahmen der Landesgartenschau 2000 entstand auf diesem Areal ein Landschafts- und Kulturpark, dessen Hauptattraktion ein bis in 18 Mieter Tiefe begehbarer Wasserkrater ist. Daneben finden sich im rund 20 Hektar großen Aqua

Amanda beim Anlegemanöver

Magica Park eine Allee des Weltklimas, Spiel- und Kletterplätze, Wassergärten und Biotope, eine Freiluftbühne und natürlich mehrere gastronomische Betriebe. Er stellt eine gelungene Mischung aus Naherholungs- und Abenteuerpark dar, die nicht auf Sensation, sondern Spaß und Entspannung ausgerichtet wurde.

Siekertal

Entlang des Osterbachs, etwa zwei Kilometer südlich des Südbahnhofs, erstreckt sich das etwa 140 Hektar große Siekertal; hier verlaufen auch mehrere ausgeschilderte Wanderwege. Sein Anziehungspunkt besteht sicherlich in dem kleinen **Museumshof:** Eine Reihe von historischen Gebäuden wurde an anderer Stelle abgetragen und hier wiederaufgebaut, darunter Haupthaus, Backhaus, Scheune und Wassermühle. Das Ensemble informiert von April bis Oktober über das bäuerliche Leben Westfalens im 19. Jahrhundert.

Wasserschloss Ovelgönne

Etwa drei Kilometer nördlich des Stadtzentrums findet sich ein Schloss, das auf eine interessante Vergangenheit zurückblicken kann, äußerlich aber nicht viel hermacht.

Der Ortsteil Eidinghausen ist seit dem 12. Jahrhundert bekannt, damals hielt das Kloster Abdinghof in Paderborn hier Besitzungen. Den Mittelpunkt des Klostergutes bildete eine Wasserburg, die ab dem späten 15. Jahrhundert »Ovelgünne« genannt wurde. Sie war drei Jahrhunderte lang im Besitz der weitverzweigten Familie von Münchhausen und kam nach mehreren Besitzerwechseln schließlich 1740 zum preußischen Major Johann Friedrich von Weißenfels. Er ließ das von einem Wassergraben umgebene barocke Schloss bauen, das wir heute vorfinden. Ab etwa 1900 setzte sich die Bezeichnung »Ovelgönne« durch. In mittlerweile desolatem Zustand übernahm die Stadt Bad Oeynhausen das Schloss in den 1980er Jahren, sie verpachtet es seit 2004. Es ist ein Ort für Veranstaltungen aller Art, und nur in diesem Rahmen erhalten Besucher Eintritt in einen Teil der Innenräume. Die Außenmauern bestehen aus verputztem Bruchstein. Zwei Freitreppen zu beiden Seiten führen in den Hof, fungieren aber leider nicht mehr als Zugang zum Garten – vom einst weitläufigen Park, zuletzt im Stil eines englischen Landschaftsgartens, ist so gut wie nichts erhalten, die früheren Nebengebäude sind sogar gänzlich verschwunden.

Bad Oeynhausen

Tourist-Information, Im Kurpark, 32545 Bad Oeynhausen, Tel. 05731/1300; tgl., im Winter Mo–Sa. Div. thematische Stadtführungen.
www.verkehrsverein-badoeynhausen.de

Bad Oeynhausen-Süd liegt an der **Bahnstrecke** Elze–Löhne, Bad Oeynhausen-Hauptbahnhof an der **Bahnstrecke** Hamm–Minden.

Weserfähre Amanda, April–Okt. Di–Sa 11–18, So 10–19 Uhr. Für Fußgänger/Fahrräder. www.faehre-amanda.de

Vienna House, Morsbachallee 1, 32545 Bad Oeynhausen, Tel. 05731/2570; DZ ab 100 Euro. Direkt am Kurpark, Tiefgarage. Modern-elegant, perfekter Service, reichhaltiges Frühstücksbuffet, Tiefgarage. Sicherlich eine der besten Adressen im Ort. www.viennahouse.com

Hotel Stickdorn, Wilhelmstr. 17, 32545 Bad Oeynhausen, Tel. 04957/3117570; DZ ab 109 Euro. Freundlich, im Zentrum, mit Bar. www.hotel-stickdorn.de

Restaurant Jordans, Morsbachallee 2, 32545 Bad Oeynhausen, Tel. 05731/259001; Di–Fr ab 18, Sa ab 13 Uhr.

Karte S. 215

Neben dem Varieté-Theater; modernes Interieur, gutbürgerlich auf gehobenem Niveau. www.restaurant-jordans.de

Paradiso, Eduard-Sabirowsky-Str. 4 (am Kaiser-Wilhelm-Platz), 32545 Bad Oeynhausen, Tel. 05731/3070444; Di–So 12–14.30 u. 18–24 Uhr. Viele Klassiker in sehr guter Qualität. www.paradiso-bo.de

Verkehrshaus Café und Weinstube, Am Kurpark 20, 32545 Bad Oeynhausen, Tel. 05731/2592333; tgl. 10–18 Uhr. Direkt am Eingang zum Kurpark, kleine Karte, erstaunlich gute Flammkuchen und Weine. Man sitzt sehr nett wie in einem Biergarten.

WeserHütte, Adam-Opel-Str. 11, 32545 Bad Oeynhausen. Mischung aus Bar, Café und Restaurant. Eher rustikale Küche – gute Burger! –, dafür großer Biergarten direkt an der Weser bei der Anlegestelle der Fähre »Amanda«. Nicht gut ausgeschildert, von der Hauptstr. (Vlothoer Str.) den Wegweisern »Bootsanleger« folgen.

Stahls Imbiss, Mindener Str. 27, 32547 Bad Oeynhausen; Mo–Sa 11–23, So 11–22 Uhr. Imbiss, kein Restaurant. Kenner bezeichnen die Bratwurst vom Holzkohlengrill als die beste mindestens im ganzen Landkreis und verzehren sie ohne Schnickschnack (Beilagen).

Deutsches Märchen- und Wesersagenmuseum, Am Kurpark 3, 32545 Bad Oeynhausen, Tel. 05731/143410, Mi–So 10–12 u. 14–17 Uhr.
museum@badoeynhausen.de

Museumshof Bad Oeynhausen, Schützenstr. 35a, 32545 Bad Oeynhausen, Tel. 05731/94860; April–Okt. Mi–Sa 14–17, So 11–17 Uhr.
www.museumshof-foerdern.de

Auferstehungskirche, Am Großen Weserbogen 3, 32549 Bad Oeynhausen/OT Dehme; Ostern–Reformationstag frei zugänglich (Radwegekirche).

Bali Therme, Morsbachallee 5 (fürs Navi: Schützenstr. 2), 32545 Bad Oeynhausen, Tel. 05731/30530; tgl. 9–23 Uhr, Mi Damensauna.
www.balitherme.de

Aqua Magica Park, Bültestr. 50, 32584 Löhne; ganzjährig 9 Uhr–Anbruch der Dunkelheit. Gelände frei zugänglich, Wasserkrater 1,50 Euro.
www.aquamagica.de

Porta Westfalica

Porta Westfalica ist die Bezeichnung für den Weserdurchbruch, den Übergang von Weserbergland zu Norddeutscher Tiefebene, und die benachbarte Stadt. Dabei handelt es sich um ein verwaltungstechnisches Kunstprodukt, das 1973 aus dem Zusammenschluss von 15 Gemeinden entstand und in dem heute rund 37 000 Menschen leben. Es gibt kein echtes Zentrum, noch am ehesten lässt sich Hausberge als Kernort bezeichnen. Hier sitzen auch die Stadtverwaltung und das Tourismusamt.

Die »Westfälische Pforte« ist etwa einen Kilometer lang. Der jetzt etwa 800 Meter breite Einschnitt zwischen den beiden Höhenzügen Wesergebirge auf der östlichen und Wiehengebirge (Wittekindsberg) auf der westlichen Seite zeigte sich bis weit in das 19. Jahrhundert hinein noch weitaus spektakulärer, insbesondere der Jakobsberg fiel recht steil zum Weserufer ab. Dann trug man im Zuge von Straßen- und Gleisbau die Ausläufer der Höhenzüge etwas ab, womit der Durchbruch dazwischen breiter wurde. Nach dem Zweiten Weltkrieg erweiterte man den Durchlass am rechten Ufer durch Sprengungen nochmals erheblich. So wurde Raum für den Verkehr geschaffen, aber die Porta wirkt seitdem auch weniger dramatisch. Mehrere Straßen und eine Bahnlinie verlaufen heute durch sie hindurch, wenige Kilometer südlich auch die Autobahn Hannover–

Blick vom Jakobsberg auf das Wiehengebirge mit dem bekannten Denkmal

Dortmund, wodurch die Szenerie doch ein wenig an Romantik verloren hat. Manche verorten die Grenze zwischen Oberweser und Mittelweser an dieser Stelle, manche an dem wenige Kilometer weiter nördlich gelegenen Wasserstraßenkreuz Minden (→ S. 236).

■ Kaiser-Wilhelm-Denkmal

Einheitsdenkmal, Landmarke, touristische Attraktion – in der einen oder anderen Funktion steht das Kaiser-Wilhelm-Denkmal wohl jedem vor Augen. Es gehört zu den bekanntesten Monumenten in Deutschland, und in der veränderten Sichtweise darauf spiegelt sich auch der gesellschaftliche Wandel in den vergangenen 125 Jahren. Über die Ästhetik der Anlage kann man diskutieren, sie ist aber zweifellos das Wahrzeichen der Porta Westfalica, dank der exponierten Lage auf dem östlichsten Punkt des Wiehengebirges aus vielen Kilometern Entfernung zu sehen.

Nach dem Tod von Wilhelm I. im Jahr 1888 gab es überall in Preußen Bestrebungen, dem Kaiser ein Denkmal zu setzen. Der Provinziallandtag von Westfalen entschied sich schließlich für den Standort auf dem Wittekindsberg. Die Gesamtanlage konzipierte Bruno Schmitz (1858–1916), die Statue Caspar Ritter von Zumbusch (1830–1915). Schmitz galt zu einer Zeit als Experte für Kolossalbauten, zwei seiner bekanntesten Werke sind das Völkerschlachtdenkmal in Leipzig und das Kyffhäuser-Denkmal in Thüringen. Von Zumbusch war einer der wichtigsten Monumentalplastiker seiner Zeit. Er stammte aus Westfalen, wirkte aber hauptsächlich in Wien. Der Großteil seiner stark idealisierenden Hauptwerke ist erhalten, so die Statuen für Maria Theresia, Ludwig von Beethoven, Joseph I., Josef Wenzel Graf Radetzky und Herzog Albrecht, die nach wie vor alle im Wiener Zentrum stehen.

Gemeinsam schufen sie das mit 88 Metern zweitgrößte Monument in Deutschland, das nur vom Völkerschlachtdenkmal in Leipzig (91 Meter) übertroffen wird. Der sieben Meter hohe, bronzene

▲ Karte S. 184

Wilhelm I. steht in einer Rotunde, ein von sechs wuchtigen Pfeilern getragener Baldachin schützt ihn vor den Unbilden des Wetters. Treppen führen zwischen den Pfeilern zu seinen Füßen. In der Linken hält er ein Schwert, die Rechte ist Richtung Wesertal ausgestreckt. In Kombination mit dem fast unmerklichen Lächeln unter dem dichten Schnurrbart lässt die Geste Raum für Interpretationen: Grüßt der Kaiser huldvoll seine Untertanen, oder schweift sein Blick anerkennend über die schöne Landschaft? Drückt seine Armbewegung so etwas aus wie »alles meins«?

Die Intention der Auftraggeber war es in jedem Fall, den Kaiser der Einheit zu ehren. Die Denkmalsanlage konnte nach rund vierjähriger Bauzeit 1896 eingeweiht werden, und diese Feierstunde fand bewusst am 18. Oktober statt. Es sollte der Bezug zum 18. Oktober 1813 hergestellt werden, als die alliierten Truppen in der sogenannten Völkerschlacht bei Leipzig Napoleon besiegt hatten, und zum 18. Oktober 1861. An diesem Tag hatte sich Wilhelm I. in Königsberg selbst zum König der Preußen gekrönt. Zur Eröffnung reiste Kaiser Wilhelm II., der Enkel des Geehrten, mit Gattin und großem Gefolge an, nach Schätzungen nahmen zwischen 15 000 und 20 000 Besucher an der Feier teil. Das Denkmal beförderte sofort den Tourismus in der Region.

Monumental, aber ästhetisch fragwürdig: das Kaiser-Wilhelm-Denkmal

In Stollen unterhalb des Denkmals richteten die Nazis im Krieg eine Produktionsstätte ein, in der sich KZ-Häftlinge zu Tode schufteten. Bei der Sprengung dieser Stollen durch die Briten nach dem Zweiten Weltkrieg wurde das Denkmal leicht beschädigt, die teils abgesprengte Ringterrasse erst von 2015 bis 2018 wieder vollständig rekonstruiert.

In die wiederhergestellte Ringterrasse sind ein **Panoramarestaurant** und das **Besucherzentrum** integriert. Das zeigt eine **Ausstellung** zur Geschichte der Region und des Denkmals – offizieller Titel: »Von den Römern über Preußens Pomp bis zum Elend der Zwangsarbeiter im Zweiten Weltkrieg«. Die Restaurantküche ist gut, die Qualität der Ausstellung hat zweifellos noch Luft nach oben. Bei der Feierstunde zum 125-jährigen Jubiläum des Denkmals am 18. Oktober 2021 betonten die Vertreterinnen aus der Politik die heutige Bedeutung des Denkmals als Touristenmagnet und Wahrzeichen der Region. Heimat-Ministerin Ina Scharrenbach hob hervor, es sei »für Reisende ein willkommener Orientierungspunkt für das Erreichen oder Verlassen von Westfalen«. Die Landrätin des Kreises Minden-Lübbecke, Anna Katharina Bölling, ergänzte: »Wenn ich unterwegs war und den Kaiser sehe, dann weiß ich: Jetzt bin ich gleich zu

Hause.« Sylvia Necker, Leiterin des LWL-Preußenmuseums in Minden und des Besucherzentrums, hoffte dagegen, dass »das Denkmal zum Ausgangspunkt für kritische Auseinandersetzungen mit den zentralen Akteuren der deutschen Kolonialgeschichte wie Wilhelm I.« werde. Das ist augenblicklich wohl nicht mehr als der fromme Wunsch einer Historikerin. Seit Wiedereröffnung wird die Anlage von über 200 000 Menschen jährlich besucht, an manchen Tagen kommen mehr als 2500 Gäste. Aber nicht der Kaiser der Einheit zieht sie an oder gar die Ausstellung, die gerade diese kritische Reflexion vermissen lässt, sondern der phantastische Blick ins Wesertal, auf das gegenüberliegende Wesergebirge und in die Tiefebene. Viele knipsen Selfies, ehrfurchtsvoll schaut dabei kaum jemand. Die beste Sicht auf das Denkmal hat man übrigens vom Jakobsberg gegenüber.

Die Wittekindsburg

Wittekindsberg

Wenige hundert Meter vom Denkmal entfernt, auf dem höchsten Punkt des Wittekindsberges, erhebt sich der **Moltketurm,** von dem sich ein phantastischer Rundumblick eröffnet. Und noch einige hundert Meter weiter befindet sich die **Wittekindsburg.** Damit ist aber keine Burg bezeichnet, sondern ein Fachwerkgebäude von 1896, das lange als Hotel-Restaurant in Betrieb war. Sein markanter rechteckiger Turm von Weitem den Weg. Es ist ein beliebter Ausflugsort, auch zwei Wanderwege führen hier vorbei.

Ganz in der Nähe wurde wohl schon in vorrömischer Zeit eine Fliehburg auf einem Areal von etwa 650 mal 100 Metern angelegt. Seit dem 10. Jahrhundert gab es hier ein **Nonnenkloster.** Dabei entstand auch die Kreuzkirche, deren **Fundamente** wie auch die einiger Nebengebäude erhalten sind; Reste der Wallanlagen sind ebenso noch auszumachen.

Der Legende nach soll der heidnisch-sächsische Heerführer Wittekind, Gegenspieler Karls des Großen, um 780 hier zum christlichen Glauben konvertiert sein; daher der Name des Höhenzuges. Die **Wittekindquelle** präsentiert sich zwar in Stein gefasst, aber trocken; sie versiegte 1938, als im Inneren des Berges nach Erz gegraben wurde.

Hausberge

Hausberge besitzt ein kleines historisches Zentrum mit einigen Lokalitäten, seine Hauptattraktion aber stellen die Aussichtspunkte auf dem nahegelegenen Jakobsberg dar. Auf seinem höchsten Punkt erhebt sich der 142 Meter hohe **Fernsehturm Jakobsberg.** Von dessen in 23 Meter Höhe umlaufender Galerie lässt sich der Übergang vom Weserbergland zur Norddeutschen Tiefebene am besten erfassen. Weit schweift der Blick in alle Richtungen, auf das gegen-

▶ Karte S. 184

überliegende Kaiser-Wilhelm-Denkmal, nach Süden ins Wesertal, nach Norden über das Wiehengebirge nach Minden und in die Ebene hinein. Man mag sich wundern, ausgerechnet hier einen **Bismarck-Gedenkraum** vorzufinden: Um den Fernsehturm bauen zu können, durfte die Post einen an dieser Stelle befindlichen Bismarckturm abreißen, musste sich aber im Gegenzug zur Einrichtung der Gedenkstätte verpflichten.

Folgt man dem Fußweg wenige hundert Meter nach Westen, stößt man auf einen weiteren, aber nicht annähernd so spektakulären **Aussichtspunkt.** Es handelt sich dabei um den Rest des Leo-Schlageter-Denkmals, das die Nazis begonnen, aber nicht vollendet haben. Schlageter, Freikorps-Mitglied und radikaler rechtsnationaler Antidemokrat, hatte während der Besetzung des Rheinlands durch die Franzosen mehrere Sprengstoffanschläge verübt, war dafür von der Besatzungsmacht 1923 zum Tode verurteilt und hingerichtet worden. Er wurde von den Nazis als Märtyrer und Nationalheld glorifiziert.

Das Ziel der meisten Besucher, die **Porta-Kanzel,** liegt wiederum wenige hundert Meter weiter westlich. Sie befindet sich am Westhang des dort steil abfallenden Jakobsberges und wurde 1887 bewusst hier angelegt, weil sich von diesem Punkt die wohl schönste Aussicht in das Weserdurchbruchstal eröffnet. Von der Porta-Kanzel hat man auch den besten Blick auf das Kaiser-Wilhelm-Denkmal gegenüber, nur die Autobahn unten im Tal stört etwas.

Der Weg zum Fernsehturm ist in Hausberge gut ausgeschildert.

■ Holzhausen

Das **Gut Oheimb** trägt seinen Namen nach der Familie von Oheimb, in deren Besitz es sich von etwa 1772 bis zur Mitte des 20. Jahrhunderts befand. Ihr bekanntester Vertreter ist Alexander Wilhelm Heinrich von Oheimb, Landrat des Kreises Minden, der als treibende Kraft für den Bau des Kaiser-Wilhelm-Denkmals gilt und auch die Eröffnungsrede hielt. Das Herrenhaus von 1690 wäre einen Blick wert, das Areal ist jedoch, da Seniorenwohnheim, nicht zugänglich.

Die **Maschmeiersmühle,** ein weißgetünchter Wallholländer von 1807, steht ungewöhnlicherweise mitten im Ort.

Porta Westfalica

i-Punkt, Schalksburgstr. 3-5, 32457 Porta Westfalica, Tel. 05751/403980; Mai-Sept. Mo-Fr 10-18, Okt.-April Mo-Fr 10-15 Uhr.
www.westliches-weserbergland.de

Porta Westfalica liegt an der **Bahnstrecke** Hamm-Hannover.

Hotel-Restaurant Weserschiffchen, Unterloh 62, 32457 Porta Westfalica/OT Holtrup, Tel. 05731/7550980; DZ ab 80 Euro, HP und VP möglich. Biergarten, Sauna, Garage. Bikerfreundlich.
www.weserschiffchen.de

Campingplatz Großer Weserbogen, Zum Südlichen See, 32657 Porta Westfalica, Tel. 05731/6188.
www.grosserweserbogen.de

LWL-Besucherzentrum im Kaiser-Wilhelm-Denkmal, Kaiserstr. 15, 32547 Porta Westfalica, Tel. 0571/8377280; Di-So 10-18 Uhr, Denkmal mit Plattform jederzeit zugänglich. Vom kostenpflichtigen Parkplatz ca. 300 m Fußweg.
www.kaiser-wilhelm-denkmal.org

Wittekindsburg, Wittekindsweg, 32457 Porta Westfalica, Tel. 0571/33102. Derzeit kein Restaurantbetrieb.

Am Weserdurchbruch zwischen Weser- und Wiehengebirge, der Porta Westfalica, tritt die Weser in die Norddeutsche Tiefebene ein. Bis Bremen bestimmt der Wechsel von naturbelassenen und kanalisierten Abschnitten das Bild. Neben großzügigen Dörfern liegen unter anderem zwei ganz unterschiedliche Klöster, eine Spargelhauptstadt und das Zentrum der Pferdezucht am Weg und etwa auf halber Strecke der geografische Mittelpunkt Niedersachsens.

Hoya, Weserbrücke und Schloss

MITTELWESER

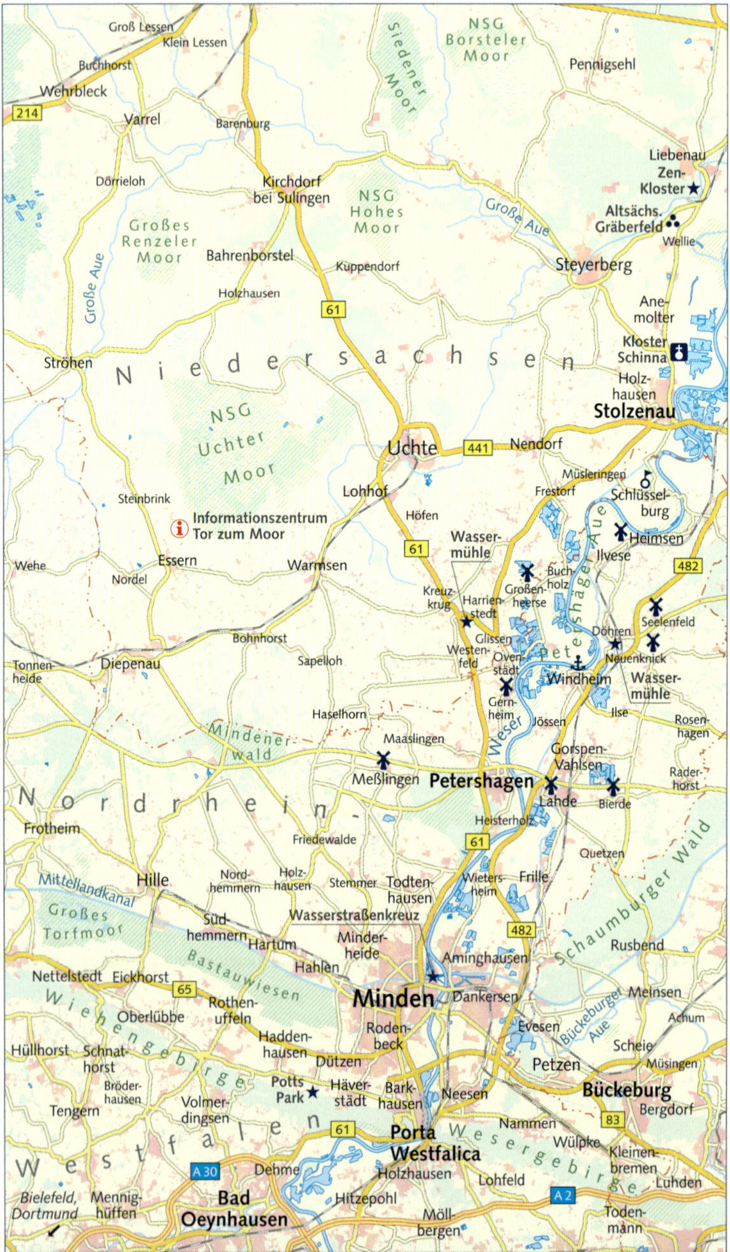

Zwischen der Porta Westfalica und Nienburg/Weser

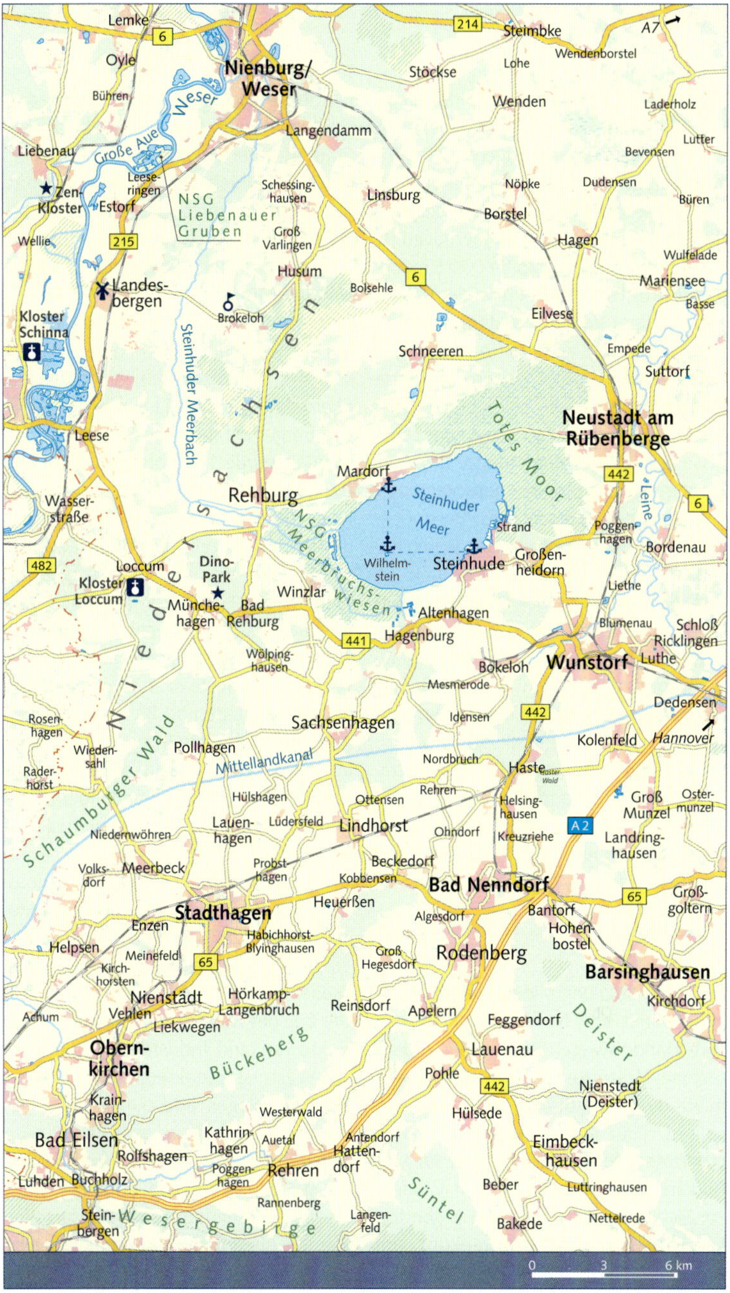
Lemke
Oyle
Bühren
Nienburg/ Weser
Weser
Große Aue
Liebenau
Leese-ringen
Zen-Kloster
Estorf
NSG Liebenauer Gruben
Wellie
Landes-bergen
Kloster Schinna
Leese
Wasser-straße
Steinhuder Meerbach
Niedersachsen
Rehburg
Loccum
Kloster Loccum
Dino-Park
Münche-hagen
Bad Rehburg
Winzlar
Wölping-hausen
Rosen-hagen
Wieden-sahl
Rader-horst
Pollhagen
Schaumburger Wald
Mittellandkanal
Hülshagen
Lauen-hagen
Lüdersfeld
Niedernwöhren
Volks-dorf
Meerbeck
Probst-hagen
Stadthagen
Enzen
Helpsen
Meinefeld
Kirch-horsten
Habichhorst-Blyinghausen
Nienstädt
Vehlen
Liekwegen
Achum
Hörkamp-Langenbruch
Obern-kirchen
Bückeberg
Krain-hagen
Bad Eilsen
Rolfshagen
Luhden
Buchholz
Stein-bergen
Wesergebirge
Kathrin-hagen
Auetal
Poggen-hagen
Rehren
Rannenberg
Westerwald
Antendorf
Hatten-dorf
Langen-feld
Süntel
Langendamm
Schessing-hausen
Groß Varlingen
Husum
Brokeloh
Linsburg
Bolsehle
Stöckse
Steimbke
Lohe
Wendenborstel
Wenden
Laderholz
Lutter
Bevensen
Nöpke
Dudensen
Büren
Borstel
Hagen
Wulfelade
Mariensee
Basse
Eilvese
Empede
Schneeren
Suttorf
Neustadt am Rübenberge
Totes Moor
Mardorf
Steinhuder Meer
Strand
Wilhelm-stein
Steinhude
NSG Meerbruchswiesen
Großen-heidorn
Poggen-hagen
Leine
Bordenau
Liethe
Altenhagen
Hagenburg
Blumenau
Schloß Ricklingen
Luthe
Wunstorf
Bokeloh
Mesmerode
Idensen
Dedensen
Sachsenhagen
Kolenfeld
Hannover
Nordbruch
Haste
Haster Wald
Rehren
Ottensen
Helsing-hausen
Groß Munzel
Oster-munzel
Lindhorst
Ohndorf
Kreuzriehe
Landring-hausen
Beckedorf
Kobbensen
Bad Nenndorf
Heuerßen
Algesdorf
Bantorf
Groß-goltern
Hohen-bostel
Rodenberg
Groß Hegesdorf
Barsinghausen
Reinsdorf
Apelern
Kirchdorf
Feggendorf
Deister
Lauenau
Pohle
Nienstedt (Deister)
Hülsede
Eimbeck-hausen
Beber
Luttringhausen
Bakede
Nettelrede
6
214
215
482
441
442
65
A7
A2
0 3 6 km

Minden

Seine großflächigen Industriegebiete und allein seine Größe heben Minden deutlich aus seiner Umgebung heraus: nach Norden schließen sich ausgedehnte, dörflich geprägte Auenlandschaften an, nach Süden die Romantik des Weserberglandes. Nach Bremen und Bremerhaven ist Minden mit seinen rund 81 000 Einwohnern die drittgrößte Stadt an der Weser, ein wichtiger Verkehrsknotenpunkt und Sitz einiger international operierender Unternehmen, unter denen die Firma Melitta sicherlich die bekannteste ist.

Auch in Minden finden sich einige Zeugnisse der Weserrenaissance, und der Dom gehört zu den beeindruckendsten Sakralbauten Deutschlands. Besonders prägend für das Stadtbild aber waren die zahlreichen Klöster und die preußische Zeit, die ihren Ausdruck im großzügigen Preußenmuseum und gleich mehreren Werken des großen preußischen Baumeisters Karl Friedrich Schinkel findet.

Minden liegt beidseits der Weser, sein historisches Zentrum linksseitig.

Für viele Besucher stellt das Wasserstraßenkreuz, eine wahrlich staunenswerte Konstruktion, den größten Anziehungspunkt dar, neben einer ähnlichen Anlage in Magdeburg die einzige ihrer Art in Deutschland.

Geschichte

Eine erste Siedlung bildete sich am Kreuzungspunkt von Nord-Süd- und West-Ost- Handelswegen heraus, der zudem an einer Weserfurt lag – etwa dort, wo heute die große Brücke den Fluss überspannt. Hier lebten hauptsächlich Fischer. Karl der Große gründete im Jahr 800 an dieser Stelle das Bistum Minden, zur Sicherung des kurz zuvor eroberten Landstrichs und als Brückenkopf, um von hier die Christianisierung nach Osten vorantreiben zu können. Um diese Domburg bildete sich eine Kaufmannssiedlung heraus. Seit 1231 gab es einen Stadtrat unter bischöflicher Verwaltung, um 1250 erhielt der Ort ein erstes Rathaus mit Gerichtslaube – eines der ältesten erhaltenen Rathäuser im deutschsprachigen Raum. Etwas später wurde Minden Mitglied der Hanse. In der Folgezeit bestimmte das stete Ringen um die Vorherrschaft zwischen dem bürgerlichen Handelsplatz Minden und den Klerikern das politische Leben in der Stadt. Die Bürger setzten sich letztlich durch, Minden wurde 1535 protestantisch, nur der Dom blieb katholisch.

Kaiser Karl V. verlieh der Stadt 1552 das Recht der freien Schifffahrt auf der Weser – sie war nun unabhängig von Bremen und Hameln – und einige Jahre später das Stapelrecht. Der dadurch initiierte wirtschaftliche Aufschwung – Wohlstand brachte nicht zuletzt der Handel mit Getreide und Bier – kam durch den Dreißigjährigen Krieg zum Erliegen. Im Ergebnis des Westfälischen Friedens kam Minden 1648 zu Brandenburg-Preußen. Die neuen Machthaber verwandelten Minden in eine befestigte Garnisonsstadt. Der Bau der Festungsanlagen ab 1816 ist als Reaktion auf die napoleonische Besatzung zu verstehen, bereits 1873 wurden die Bollwerke allerdings wieder geschleift.

Der Bau des Mittellandkanals (→ S. 239) lockte verstärkt Industrie an, und wohl das Wasserstraßenkreuz, die Dichte an Industrieanlagen und die sich hier verzweigenden Bahnstrecken ließen Minden zu einem Ziel der alliierten Bomberflotten werden. 1944/45 erlitt die Stadt erhebliche Schäden, ganze Häuserzeilen wurden bis auf die Grundmauern zerstört. In der Nachkriegszeit ging man

▲ Karte S. 231

mit dem architektonischen Erbe nicht immer sorgsam um, so dass sich heute im Zentrum historische und wiederaufgebaute Gebäude von Renaissance bis Neugotik in direkter Nachbarschaft zu modernen Bauten finden.

Sehenswürdigkeiten

Das historische Zentrum wird von der Weser begrenzt und von den **Glacisanlagen,** die dem früheren Verlauf von Wällen und Gräben der Festungsanlage folgen. Darin eingebettet ist der Alte Friedhof, der 1902/03 großteils in den heute noch existierenden **Botanischen Garten** umgestaltet wurde. Die Lage an einem recht steil abfallenden Hang führte zur Ausbildung von zwei deutlich unterscheidbaren Vierteln, die heute allgemein als Oberstadt und Unterstadt bezeichnet werden. Im Zentrum, gerade in der Oberstadt, finden sich auffällig viele Kirchen, zu ihnen gehörte zumeist ursprünglich ein Kloster. Ebenso fällt die Dominanz des Militärischen ins Auge. Sie geht auf die Zeit zurück, als die Preußen Minden zu einer befestigten Garnison umbauten, vieles ist dabei mit dem Namen Schinkel verbunden.

Als Straßen, in denen besonders viele historische Bauten erhalten sind – darunter auch einige im Stil der Weserrenaissance mit den typischen Merkmalen –, sind insbesondere zu nennen: Alte Kirchstraße, Bäckerstraße, Brüderstraße, Hufschmiede und Ritterstraße.

Das Wasserstraßenkreuz liegt etwa zwei Kilometer nördlich des Doms, der Fußweg entlang vielbefahrener Straßen ist nicht angenehm. Hier bieten sich Fahrrad, Auto oder Bus (Linien 1 oder 501 ab ZOB bzw. Grimpenwall) an.

Unterstadt

Seit jeher bildet der **Markt** den Mittelpunkt der Unterstadt und des öffentlichen Lebens. Hier kreuzen sich die Wege, hier ist zu allen Tageszeiten viel los. Das lebendige Treiben lässt sich gut von einem der vielen Lokale beobachten, die durchweg eine Außengastronomie anbieten.

Den Platz beherrscht der **Dom St. Peter,** das bedeutendste Bauwerk in Minden. Sein Westwerk stammt im Kern aus dem 10. Jahrhundert, sein heutiges Aussehen nach Umbauten aus dem 12. Jahrhundert. Der Ostteil des Doms entstand im spätromanischen Stil, das Langhaus etwas später, nun schon gotisch. Der Kirchenbau gilt als einer der eindrucksvollsten und harmonischsten in Deutschland, als Vorbild diente wohl der Dom in Reims. Das heutige Bild ist in Teilen eine Rekonstruktion, die nach den starken Beschädigungen im Zweiten Weltkrieg nötig geworden war.

Besonders beeindrucken die großen Maßwerkfenster an der Südseite, der Apostelfries (um 1250) und das Altarbild von Gerd van Loen (um 1480). Interessantestes Stück im Innenraum ist das Mindener Kreuz oder vielmehr die Kopie davon – das überaus wertvolle Original (um 1070) befindet sich seit 1992 in der Domschatzkammer. Es kam vermutlich zur Weihe des Doms an seinen Platz und wurde wohl vom Mönch Roger von Helmershausen aus eben diesem Kloster mitgebracht. Es ist fast 1,20 Meter noch. Jesus am Kreuz scheint unverwundet, seine Augen sind geschlossen, seine Füße ruhen auf einem geflügelten Drachen – alles in allem eine sehr ungewöhnliche Darstellung.

Neben dem Mindener Kreuz besitzt der **Domschatz** schräg gegenüber zahlreiche andere Kostbarkeiten.

Das **Haus Schmieding** (Markt 20) mit seiner Fachwerkstruktur, dem vorragenden Erker und dem sehr steilen Dach zieht die Blicke vieler Passanten auf sich. Anders als man denken könnte, stammt es nicht aus der Renaissance, sondern von 1909. Darauf deuten die reichen Pflanzenornamente hin, die zwar Renaissancemotive aufgreifen, aber zugleich deutliche Jugendstileinflüsse erkennen lassen. Über dem Erdgeschoss zeigt ein Fries in scherenschnittartiger Ausführung Bilder aus der Mindener Geschichte: Widukinds Taufe bei Minden 785, die Hochzeit Heinrich des Löwen mit der englischen Königstochter im Mindener Dom 1168, der Besuch Kaiser Karls IV. 1377, die Reformation 1529, die Bela-

Der Mindener Marktplatz mit dem Rathaus

Karte S. 231

Der Dom St. Peter besitzt ein beeindruckenden Westwerk

gerung der Stadt durch die Schweden 1633, der Besuch des Großen Kurfürsten 1673, eine preußische Ballszene von 1780, die französische Zeit 1806, die Eröffnung der Köln-Mindener Eisenbahn 1847 und die moderne Zeit mit Auto, Rad und Zeppelin 1909.

Die weltliche Macht symbolisiert das **Rathaus** nur wenige Schritte vom Markt. Es musste nach dem Zweiten Weltkrieg in Teilen rekonstruiert werden. Nach Plänen des bekannten Architekten Werner March wurde es teils verändert, teils vereinfacht wiederhergestellt, so dass sein Aussehen nicht mehr dem originalen von 1260 entspricht. Besonderes Interesse verdient der ungewöhnliche **Laubengang** am Rathaus. Er wurde nicht zerstört und sieht mit seinen gotischen Spitzbögen wie ein klassischer kirchlicher Kreuzgang aus. Überhaupt war das Rathaus bis 1945 weitgehend gotisch.

Nur wenige Fußminuten von hier befinden sich zwei Gebäude, die als die repräsentativsten erhaltenen Bürgerhäuser angesehen werden; beide sind im Stil der Weserrenaissance ausgeführt: **Haus Hagemeyer** (Scharn 11–17) von 1594 und **Haus Hill** (Bäckerstr. 45), das um 1590 entstand.

An der Martinitreppe liegen gleich zwei Schinkel-Bauten nebeneinander, die frühere **Heeresbäckerei** und das mit ihr in Beziehung stehende **Proviantmagazin.** Beide entstanden in den 1830er Jahren im Zusammenhang mit dem Ausbau der Stadt zu einer Festung und sollten die Versorgung der Garnison sicherstellen. In den markanten Sandsteinbauten sind heute das Gemeindehaus der Martini-Kirchengemeinde und eine Bildungseinrichtung untergebracht.

Oberstadt

Die Stufen an der Marienkirche und die Martinitreppe verbinden Unter- und Oberstadt. Oder man folgt vom Markt der Obermarkt- und der Königstraße, beide moderat ansteigend, die einige gut erhaltene historische Häuser aus verschiedenen Epochen aufweisen.

Die benachbarten und baulich miteinander verbundenen Kirchen **St. Simeonis** (1214) und **St. Mauritius** (1475) schließen mit dem umgebenden früheren Klosterareal die Oberstadt nach Süden ab. St. Simeon gilt als einer der wichtigen Ausgangspunkte für die Hinwendung der Stadt zum Protestantismus. Auf den ersten Blick wirkt der Turm der Simeonskirche auch sehr alt, fügt er sich doch harmonisch ins Ensemble ein. Der schlanke, spitze und kupferbehelmte, mit seinen gut 60 Metern weithin sichtbare und stadtbildprägende **Turm** stammt jedoch von 1912.

Zusammen mit Pfarrhaus, Gemeindehaus und dem früheren Pfarrwitwenhaus bietet die helle, etwas von der Ritterstraße zurückgesetzte **Petrikirche** einen hübschen Anblick. In der an spätmittelalterlichen Sakralbauten nicht eben armen Stadt bildet sie eine Ausnahme, wurde sie doch erst 1743 geweiht. Seitdem dient sie als Kirche der evangelisch-reformierten Gemeinde, einer Minderheit im evangelisch-lutherisch dominierten Minden. Schmuckstück im Innern ist die Kanzel von 1674, die von einem Vorgängerbau an dieser Stelle stammt.

Die **Ritterstraße** zählt mit ihren durchweg gut erhaltenen Giebelhäusern vornehmlich aus dem 16. Jahrhundert überhaupt zu den gefälligsten Straßen der Stadt. Mehrere dieser Bürgerhäuser im Stil der Weserrenaissance sind zu einem Komplex verbunden (Nr. 23–33), das sich als **Mindener Museum** mit der Stadtgeschichte auseinandersetzt.

Zwischen Königswall, Ritter-, Brüder- und Königstraße erstreckt sich das **Schnurrviertel,** einst ein Viertel der Handwerker und später lange als Arme-Leute-Viertel verschrien. Heute findet sich hier eine bunte Ansammlung von Galerien, kleinen Handwerksläden, Ateliers und Werkstätten – es macht Spaß, von Haus zu Haus zu schlendern und ohne Eile zu stöbern. Das Viertel blieb im Zweiten Weltkrieg weitgehend unzerstört und strahlt heute ein nostalgisches Flair aus, wie ein Dorf in der großen Stadt, in dem sich die Nachbarn kennen und eine Gemeinschaft bilden. Den Mittelpunkt dieser kleinen Welt bildet der baumbestandene Friedensplatz zwischen Brüderstraße und Alter Kirchstraße mit gleich mehreren Lokalen. Hier sitzt es sich an lauen Sommerabenden besonders schön.

Die Geschichte der Stadt Minden ist auch die Geschichte der Hanse, der die Stadt seit dem 13. Jahrhundert angehörte. Das **Hansehaus** am Papenmarkt 2, ein sogenanntes Langdeelenhaus, gilt als letztes Beispiel dieses Typus. Bürgermeister Rudolf Vogt ließ 1547 das Backsteinhaus

Die Ritterstraße, ein Teil des alten Minden

mit Staffelgiebel auf dem Gelände des Martinistifts errichten, es wurde 1628 durch einen Renaissanceanbau und einen Erker ergänzt. Die Obergeschosse dienten der Lagerung von Handelsware oder Getreide. Mit dem Pferdewagen konnte man durch das große Tor in die Diele fahren, von wo die Waren mit dem Flaschenzug nach oben befördert wurden. Das Gebäude wurde bis 1968 genutzt. Buchstäblich im letzten Augenblick verhinderte eine Bürgerinitiative den von der Stadt geplanten Abriss und ermöglichte die Restaurierung, durch die in den 1970er Jahren der ursprüngliche Zustand wiederhergestellt werden konnte. Eine Stiftung kümmert sich um Erhalt und Bewirtschaftung des Gebäudes.

Nach Osten schließt sich an das Schnurrviertel die **Martinikirche** an. Sie stammt aus dem 12. Jahrhundert, wurde im 14. Jahrhundert erweitert und war ursprünglich die Klosterkirche eines umgebenden Benediktinerinnenklosters. Das **Windloch,** ein Fachwerkbau an der Südseite des Martinikirchhofs, wird als kleinstes Haus Mindens angesehen.

Auch die **Marienkirche** wurde im 12. Jahrhundert begonnen, im 14. Jahr-

▶ Karte S. 231

hundert erweiterte man sie zu einer Hallenkirche. Ihr Turm gilt als Wahrzeichen Mindens, sehenswert im Innern sind insbesondere der Taufstein (1598) und die Kanzel (1606). Hinter der Kirche führen Treppen zurück in die Unterstadt.

Ehemaliges Fischerviertel

Nordöstlich des Zentrums erstreckt sich das kleine frühere Fischerviertel. Es befand sich außerhalb der Stadtmauer und besaß bis ins 18. Jahrhundert eine eigene Verwaltung mit Rathaus. Die Mauer ist in Teilen erhalten, entlang der Weser- und der Oberstraße prägen kleine Fachwerkhäuser das durchaus anheimelnde Bild.

Schiffmühle

Die restaurierte Schiffmühle südlich der Fußgängerbrücke gilt als einzige funktionsfähige Schiffmühle in Deutschland. Noch im 17. Jahrhundert gab es allein in Minden wohl ein Dutzend von ihnen. Sie verschwanden mit dem Aufkommen der Dampfschifffahrt – den großen Schiffen waren sie schlicht im Weg. Der Raddurchmesser der hiesigen schwimmenden Plattform, erstmals im 14. Jahrhundert erwähnt, beträgt fünf Meter. Heute finden hier regelmäßig Veranstaltungen statt.

Simeonsplatz

Eine bessere Nutzung kann man sich für die frühere Defensionskaserne, einen Schinkel-Bau von 1829 im Stil des Klassizismus, kaum vorstellen: Sie beherbergt das **Preußenmuseum,** das sich den 300 Jahren (1648–1947) widmet, in denen Minden zu Preußen gehörte. Der Bau, der seine repräsentative Hauptfassade dem Simeonsplatz zuwendet, wurde jahrelang innen und außen gründlich renoviert. Die jüngst eröffnete umfangreiche Dauerausstellung »Potzblitz Preußen!« will »jenseits von bekannten Stereotypen und überholten Klischees« einem »vermeintlich auserzählten Thema« frische Aspekte abgewinnen, dazu kommen Sonderausstellungen.

Das ehemalige **Garnisonslazarett** auf der anderen Seite des Platzes, unschwer als weiterer Schinkel-Bau aus derselben Epoche zu erkennen, dient heute als Bürogebäude.

Am Simeonsplatz beginnt auch der **Planetenweg,** der im Maßstab 1:1 Milliarde unser Sonnensystem wiedergibt. Er wurde 1996 aus Anlass des 150. Todestages des in Minden geborenen Astronomen Friedrich Wilhelm Bessel angelegt. Die Sonne vor dem Preußen-Museum misst knapp 1,40 Meter, und trotz dieses gi-

Die Schiffmühle, letzte ihrer Art

gantischen Maßstabs ist der Pluto, der äußerste Planet, sechs Kilometer entfernt. Merkur, Venus, Erde und Mars liegen noch auf dem Simeonsplatz, Jupiter im Glacis, dahinter verbindet der Weser-Radweg die weiteren Planeten Saturn, Uranus, Neptun und eben Pluto.

Wasserstraßenkreuz

Das Wasserstraßenkreuz stellt sicherlich – je nach persönlichem Interesse – neben, nach oder sogar vor dem Dom die Hauptsehenswürdigkeit in Minden dar. Ungewöhnlich ist der Anblick einer riesigen Brücke, auf der die großen Frachtschiffe über einen Fluss gleiten, allemal. Besonders beeindruckt die Anlage natürlich, wenn man der Schleusung eines Schiffes zusehen kann.

Hier treffen sich die Weser und der Mittellandkanal (→ S. 239). Das Wesertal ist etwa drei Kilometer breit, der Kanal überwindet diese Distanz weitgehend auf einem aufgeschütteten Damm, in dessen Krone das Kanalbett eingesenkt ist. Nur direkt über die Weser hinweg führen zwei **Brücken,** 370 Meter lang und 24 breit die alte und 400 Meter lang und 42 breit die neue von 1998. An der Kreuzungsstelle liegt die Wasserhöhe des Kanals rund 13 Meter über dem Mittelwasser der Weser, die Schleusungen dauern etwa 50 Minuten. Mit dem Kanal entstanden in Minden Industriehafen und Westhafen sowie Schleusenanlagen, die den Übergang zwischen Fluss und Kanal ermöglichen. Das Wasserstraßenkreuz nahm 1914 seinen Betrieb auf.

Im Zuge des Ausbaus des Mittellandkanals entstand bis 2018 direkt neben der alten, 80 Meter langen die neue, größere **Weserschleuse,** in die Schiffe von bis zu 139 Meter Länge passen. Alte Brücke und **alte Schachtschleuse** stehen als technische Denkmale auf der Denkmalliste. Komplettiert wird die Anlage von mehreren **Pumpwerken** und einem **Verbindungskanal** mit Oberer und Unterer Schleuse, so dass die Übergänge von Weser zu Mittellandkanal auch bei Sperrungen der Schachtschleuse möglich sind. Von der Straßenbrücke oder der **Aussichtsgalerie** lassen sich die Schleusungen sehr schön beobachten. Wer dieses Fahrstuhlgefühl selbst einmal erleben möchte, kann an der ganz in der Nähe befindlichen Anlegestelle einen Ausflugsdampfer besteigen. In der Saison finden täglich mehrere Fahrten auf Kanal und Fluss statt. Wiederum wenige Schritte weiter erinnert das **Leo-Sympher-Denkmal** in Form einer kleinen Pyramide an den Bauingenieur, als dessen Hauptwerk der Mittellandkanal gilt.

Blick zur alten Schachtschleuse

▲ Karte S. 231

Einen Überblick über den Mittellandkanal, das deutsche Wasserstraßennetz generell und die Geschichte des Wasserstraßenkreuzes mit Schrift- und Bildwänden, Filmen und Modellen gibt das **Informationszentrum,** das das Wasser- und Schifffahrtsamt Minden betreibt. Es hält auch eine Broschüre bereit, die einen **Rundgang** durch die Anlage vorschlägt und die einzelnen Stationen erläutert. Der Weg ist etwa vier Kilometer lang. Folgt man ihm in Ruhe, benötigt man etwa 90 Minuten dafür.

Um das Wasserstraßenkreuz herum erstrecken sich Industrie- und Gewerbegebiete sowie ein Jacht- und ein Industriehafen. Es gibt Überlegungen für einen neuen, größeren Industriehafen, den RegioPort Weser.

■ Potts Park

Bereits 1969 eingeweiht, gehört Potts Parks zu den ältesten und gleichzeitig zu den kleineren Erlebnisparks in Deutschland. Er wurde bewusst als Mitmachort ausgelegt, der spielerisches Lernen ermöglicht; so gibt es ein größeres »Science Center« unter anderem zu den Themen Optik, Mechanik, Aerodynamik und Wärmelehre. Daneben finden sich natürlich auch die üblichen Fahrbetriebe, Klettermöglichkeiten, mehrere Abenteuerspielplätze und Picknickplätze und vieles andere mehr. Hier lassen sich ganze Tage verbringen, ohne dass Langeweile aufkommt.

Der Park liegt circa sieben Kilometer südwestlich des Mindener Zentrums, im Stadtteil Dützen, zur B 65, dann der Ausschilderung folgen.

Schloss Haddenhausen ist nicht weit entfernt, am nordwestlichen Rand des gleichnamigen Dorfes. Es entstand von 1613 bis 1616 im Stil der Weserrenaissance im Auftrag des Ehepaares von dem Bussche nach Plänen des Baumeisters Eberhard Wilkening, den Experten als Architekten des Hamelner Rattenfängerhauses (→ S. 177) kennen. Die zweiflügelige Anlage mitsamt Kapelle und Wirtschaftsgebäuden ist gut erhalten, kann aber, da in Privatbesitz, nur von außen besichtigt werden.

■ Todtenhausen

Historikern ist der Name Todtenhausen ein Begriff, denn hier fand am 1. August 1759 eine Schlacht zwischen den vereinigten Truppen Englands, Hessen-Kassels, Braunschweig-Lüneburgs, Hannovers und Preußens auf der einen Seite und dem französischen Heer auf der anderen Seite statt. Die Alliierten brachten den Franzosen eine herbe Niederlage bei, so dass diese das kurz zuvor besetzte Minden sowie alle westfälischen Gebiete bis zum Rhein räumten und Hannover der französischen Besatzung entging.

Davon ist heute nichts mehr zu sehen, dafür prägen gleich zwei Mühlen den Ort. Die **Großenheider Königsmühle** (Nordholzer Str. 110), ein Wallholländer von 1731 aus Bruchsteinen, steht gut sichtbar auf einem Erdhügel. Von 1850 bis zur Betriebsaufgabe befand sie sich im Besitz der Familie Beckmeier. Seit der jüngsten Instandsetzung 1985 zeigt sie sich äußerlich originalgetreu restauriert, ist aber nicht zugänglich.

Die **Valentinsmühle** (Valentinsweg 3), ein Erdholländer von 1858, ersetzte eine Schiffmühle in der Weser, die immer mehr zum Hindernis für die Schifffahrt geworden war. In den 1960er Jahren stellte die Mühle ihren Betrieb ein, etwa 30 Jahre später erfuhr sie eine sorgsame Sanierung. Sie ist äußerlich intakt und voll funktionstüchtig. Vom Hügel eröffnet sich ein schöner Blick auf die Wesermarsch und bis zur Porta Westfalica, eine Hochspannungsleitung stört die Szenerie jedoch empfindlich.

Minden

Minden Marketing, Domstr. 2, 32423 Minden, Tel. 0571/8290659; Mo–Sa. www.minden-erleben.de

Zahlreiche **Direktverbindungen** von Minden in Richtung Hannover/Braunschweig, Nienburg und Bielefeld/Hamm/Köln.

Die **Mindener Museumseisenbahn** verkehrt mit historischen Zügen ab Bahnhof Oberstadt-Minden (Stiftsallee 2) auf zwei Strecken: Minden–Kleinenbremen und Minden–Hille. Ostersonntag–Okt. jeden 2. So, Aug. zusätzlich auch am 4. So. www.museumseisenbahn-minden.de

Mindener Fahrgastgesellschaft, Sympherstr. 16, 32425 Minden, Tel. 0571/6480800. Umfangreiches Angebot, von der 30-minütigen Kanalrundfahrt bis zum Tagesausflug u. a. nach Vlotho oder Stolzenau, dazu Linienverkehr und Erlebnisfahrten. Infos/Tickets im Info-Pavillon an der Schachtschleuse. www.mifa.com

Anlegepunkt der Flotte Weser: Schlagde/Fischertor. www.flotte-weser.de

Empfehlungen in Zentrumsnähe:

Kronprinz, Friedrich-Wilhelm-Str. 1–3, 32423 Minden, Tel. 0571/934080; DZ ab 82 Euro. Nahe Hbf., radlerfreundlich, Hotelbar. www.kronprinz-minden.de

Silke, Fischerglacis 21, 32423 Minden, Tel. 0571/828070; DZ ab 80 Euro. Ruhig und doch zentral gelegen, mit kleinem Hallenbad und Garten, Fahrradverleih. www.hotel-silke.de

Marbella, Marienglacis 45, 32427 Minden, Tel. 0571/828899; DZ ab 90 Euro. Stilvoll, radlerfreundlich, auch Apartments. www.marbellahotel.de

Schiffmühle Gastronomie, Weserpromenade 24, 32423 Minden, Tel. 0571/3980280; April–Okt. Mo ab 12, Di–So ab 11 Uhr, Nov., Dez. Sa, So, Jan.–März So. Direkt an der Weser, Restaurant mit Biergarten. Bodenständige Karte, tolle Lage. www.schiffmuehle-gastronomie.de

Bistro André, Obermarktstr. 1, 32423 Minden, Tel. 0571/28485; Mo, Di, Do–Sa 10–14.30 u. 17–mind. 22 Uhr. Zentral, freundlich, vielfältige Küche. www.bistroandre.de

zeitlos, Ritterstr. 38, 32423 Minden, Tel. 0571/40493222; Do–Mo 9–18 Uhr. Café-Bistro, Mittagstisch und gute Kuchen. www.zeitlos-minden.de

KIZ Café Klee, Königstr. 31, 32423 Minden, Tel. 01571/97208931; Fr–Mi mind. 15–21, Sa, So 12–14 Uhr Café-Bistro, Mittagstisch. www.wittekindshof.de

Dom St. Peter, tgl. 8–18 Uhr.

Domschatz, Großer Domhof 30, 32423 Minden, Tel. 0571/83764119; Di–So 10–12.30 u. 14–16.30 Uhr. www.domschatz-minden.de

Mindener Museum, Ritterstr. 22–33, 32423 Minden, Tel. 0571/97240-20; Di–So 12–18 Uhr. www.mindenermuseum.de

LWL-Preußenmuseum Minden, Simeonsplatz 12, 32427 Minden, Tel. 0571/837280; Di–So 10–18 Uhr. www.lwl-preussenmuseum.de

Schiffmühle, Weserpromenade 24, 32423 Minden, Tel. 0571/40500515; April–Okt. Di–So 11–18 Uhr. www.schiffmuehle.de

Informationszentrum am Wasserstraßenkreuz Minden, Sympherstr. 12, 32425 Minden; tgl. 9–17 Uhr. www.wsv.de

Im **Schnurrviertel** mehrere kleine Läden mit Schmuck, Mode, Keramik, Kunsthandwerk. www.schnurrviertel.de

Potts Park, Bergkirchener Str. 99, 32429 Minden, Tel. 0571/51088; Juni–Aug. tgl. 10–18, April, Mai, Sept., Okt. meist nur Sa, So 10–18 Uhr; Erw. 22, Kinder 20 Euro, Familien- und Gruppenermäßigungen. www.pottspark-minden.de

Karte S. 231

Der Mittellandkanal – Geschichte und Bedeutung

Der Mittellandkanal war ursprünglich für ein Transportvolumen von 9 Millionen Tonnen jährlich ausgelegt, derzeit werden über 22 Millionen Tonnen befördert, Experten gehen von einer weiteren Zunahme in der Zukunft aus. Die Erwartungen der Visionäre haben sich also mehr als erfüllt.

Die Industrialisierung führte zu einer enorm wachsenden Güterproduktion, und um diese sicherstellen zu können, brauchte es weitere zuverlässige Transportwege. Fachleute erkannten früh, dass die Eisenbahn zwar schneller Massengüter transportieren konnte, die Binnenschifffahrt aber kostengünstiger. Erste Planungen für einen Kanal zwischen dem Ruhrgebiet und der Elbe gab es bereits seit den 1850er Jahren, bald folgten Beratungen auf Regierungsebene und im Reichstag. Die Historikerin Nadja Wischmeyer dazu prägnant: »Zunächst ging es darum, mit dem Kanal neue Märkte zu erschließen. Kohle sollte von Westen nach Osten transportiert werden und Getreide von Osten nach Westen.« Hartnäckiger Widerstand vor allem der ostelbischen Großagrarier, die jedoch fürchteten, billiges Getreide aus dem Westen könnte ihnen ihren Markt kaputtmachen, führte immer wieder zu Verzögerungen. 1905 unterzeichnete Wilhelm II. das Gesetz zum Bau eines Kanals vom Dortmund-Ems-Kanal nur bis Hannover – eine Kompromisslösung. Bis zu 14 000 Arbeiter waren gleichzeitig an dem Mammutprojekt beschäftigt, die rund 170 Kilometer wurden 1916 für den Verkehr freigegeben. 1926 beschloss die Reichsregierung auf Druck der Industrie die Vollendung des Projekts. 1928 war die Strecke bis Peine fertiggestellt, 1932 die bis Braunschweig, 1938 die bis Magdeburg. Der letzte Abschnitt, die Verbindung zum Elbe-Havel-Kanal, konnte erst nach der Wiedervereinigung Deutschlands angegangen werden, er wurde 2003 dem Verkehr übergeben.

Seitdem verbindet die einzige West-Ost-Wasserstraße in Norddeutschland auf rund 325 Kilometer Länge Rhein, Ems, Weser und Elbe. Sie stellt zwischen Rheine und der Schleuse Hohenwarthe die Verbindung vom Ruhrgebiet Richtung Berlin und Oder her und bindet, teils mit Stichkanälen, die Industriegebiete bei Ibbenbüren, Osnabrück, Minden, Hannover, Salzgitter, Braunschweig, Wolfsburg und Magdeburg an. Derzeit liegen etwa 30 Häfen und Umschlagstellen am Kanal. Da er sich am Südrand der Norddeutschen Tiefebene entlangzieht, sind die Höhenunterschiede gering; es gibt nur drei Schleusen.

Die Wasserversorgung erfolgt über Weser und Elbe, deren Wasser von Pumpen in Minden und an der Schleuse Rothensee in Magdeburg in den Kanal geleitet werden. Um eine gleichmäßige Zufuhr gewährleisten zu können, wurden Edertalsperre (1914) und Diemeltalsperre (1923) angelegt. Die Eder ist ein Fuldazufluss, die Diemel mündet in Bad Karlshafen in die Weser.

In den 1960er Jahren wurde der Kanal für die moderne Schifffahrt zu eng, er wurde erstmalig verbreitert. Ein Beschluss von 1994 sieht vor, dass der Kanal bis 2025 durchgängig für Großmotorgüterschiffe mit bis 110 Meter Länge, 11,45 Breite, 2,80 Meter Tiefgang und 2100 Tonnen Tragfähigkeit ausgebaut werden soll. Der westliche Teil ist bereits fertiggestellt, im östlichen ist der Ausbau noch im Gang.

Literatur: Nadja Wischmeyer, Der Mittellandkanal. Landschaft – kultivierte Landschaft – Kulturlandschaft, Wehrhahn Verlag, Hannover 2019.

EXTRA

Zwischen Minden und Bremen

Ab dem Wasserstraßenkreuz Minden spricht man von der Mittelweser. An ihr befinden sich bis Bremen sieben Staustufen – durchweg mit Wasserkraftwerk, aber auch Fischtreppe –, die der Schifffahrt einen gleichbleibenden Wasserstand ermöglichen. Im Zuge der Umformung zu einer Wasserstraße für die moderne Frachtschifffahrt ist die Weser an vielen Stellen begradigt und kanalisiert worden, wodurch ein Großteil der früheren Auen verloren gegangen ist. In jüngerer Zeit aber hat man den Wert dieser Landschaften erkannt und renaturiert große Flächen.

Das nun platte Land prägen neben den Auen einige wenige Kleinstädte und viele Dörfer, die deutlich großzügiger angelegt sind als im Weserbergland; der Backstein dominiert.

Abstecher nach Wiedensahl

In Wiedensahl wurde Wilhelm Busch (1832–1908) als ältestes von sieben Kindern geboren. Nach Stationen unter anderem in Hannover, Düsseldorf und München kam er als Künstler und Dichter hierher zurück, insgesamt verbrachte er rund 40 Jahre seines Lebens in seinem Heimatdorf. Wiedensahl war ihm der wichtigste Rückzugs- und Inspirationsort. Hier suchte er nicht die Nähe der Menschen, sondern eher die Ruhe und Abgeschiedenheit in der Natur, die er auf tausenden von Ölgemälden und Zeichnungen festhielt. Nachdem er das Malen aufgegeben hatte, schrieb er 1902 in einem Brief an den Journalisten Paul Block: »So gut wie alle meine Sachen sind in der Stille von Wiedensahl entstanden.« Nur wenig davon ist erhalten – der sehr selbstkritische Busch hat einen erheblichen Teil seiner Werke noch zu Lebzeiten vernichtet.

Fast unverändert: Buschs Wohnraum im Pfarrhaus

Busch ist den meisten als Verfasser von Bildergeschichten bekannt. Er hielt in spöttischer, zuweilen satirischer Weise die Schwächen und Unzulänglichkeiten seiner Mitmenschen fest und auch die Konventionen, denen sie unterworfen waren, was ihm durchaus Ärger einbrachte. Andererseits sind seine Figuren mit Liebe fürs Detail und mit Empathie für die Kreatur gezeichnet. Figuren wie Max und Moritz und all die Opfer ihrer Streiche oder die fromme Helene, in denen sich individuelle Züge mit allgemein menschlichen Eigenschaften verbinden, und der Wortwitz der Verse haben seine Werke zu Klassikern werden lassen. Bei einem Besuch Wiedensahls lernt man vor allem den Maler Busch kennen, dessen Skizzen und Gemälde bis heute weitaus weniger bekannt und geschätzt sind als seine Bildergeschichten.

Wiedensahl hat sich seinen Charme als ruhiges Dorf bewahren können und sich seit den Tagen Buschs nur unwesentlich verändert. Es handelt sich um ein sogenanntes Hagenhufendorf, das im Kern aus zwei Häuserreihen besteht, die sich an einer etwa zwei Kilometer langen

▲ Karte S. 228/29

Lehrer Hempel an der Hauptstraße

Straße entlangziehen. Die Schaumburger Grafen haben es so Anfang des 13. Jahrhunderts anlegen lassen. Der alte Name Widensole bedeutet in etwa »mit Wasser gefüllte, von Weiden umstandene Senke« oder kurz »Weidenteich«. Heute leben knapp 1000 Menschen hier.

Sehenswürdigkeiten

Schon beim Durchfahren des Dorfes wird klar, dass sich hier alles um Wilhelm Busch dreht. Rund ein Dutzend **Scherenschnitte** – mit schwarzem Pulver beschichtete Stahlplatten von 120 mal 100 Zentimeter Größe – hängen in etwa fünf Meter Höhe an Straßenlaternen und zeigen einige der bis heute so bekannten Figuren. Dabei sind die Standorte bewusst gewählt: Witwe Bolte hat vor »Boltens Deele« ihren Platz gefunden, Lehrer Lämpel vor der Lütgen Schule, Meister Bäcker vor der ehemaligen Bäckerei Dreyer, Hans Huckebein ist gegenüber dem Dörp Café zu sehen, Schneider Böck schwingt seine Elle vor dem Wilhelm-Busch-Geburtshaus, die fromme Helene schmückt die Laterne vor der Kirche – eine fast rührende Hommage an den großen Künstler.

Im **Wilhelm-Busch-Geburtshaus,** einem typisch niedersächsischen Hallenhaus, ist die Ausstellung zu Leben und Werk des Künstlers eingerichtet. Auf zwei Etagen gehen die Besucher an Fotos und Briefen, Skizzen und Gemälden sowie Objekten aus dem Besitz des Künstlers vorbei, Multimediastationen geben Erläuterungen. In der modern gestalteten Entdeckungsreise durch sein Leben wird insbesondere der Maler Busch mit seinen Eigenheiten, Vorbildern und Schwerpunkten sehr deutlich, auch Busch-Fans erfahren hier meist viel Neues. Das Museum besitzt eine umfangreiche Busch-Bibliothek, das Kabinett ist Wechselausstellungen vorbehalten. Von 1872 bis 1879 lebte Busch im 300 Meter entfernten **Pfarrhaus,** er hatte zwei Zimmer bei seiner Schwester Fanny und ihrem Mann, dem Pastor Hermann Nöldeke. Die Zimmer im ersten Obergeschoss sind recht klein, dabei sehr schlicht, fast karg eingerichtet. Weitere Räume geben eine Vorstellung von der Wohnkultur des 19. Jahrhunderts. Das **Museum im alten Pfarrhaus** zeigt darüber hinaus im Erdgeschoss das Dorfleben im 19. Jahrhundert und ermöglicht mit Exponaten aus vielen Epochen eine kleine Zeitreise durch die 700-jährige Ortsgeschichte. Neben dem Haus grinsen Max und Moritz auf Stelen, vor dem Haus erinnert ein steinernes, etwas grobes Denkmal von 1913 an Busch. Es zeigt ihn rauchend, also in typischer Pose – trotz zweier Nikotinvergiftungen blieb Busch zeitlebens starker Raucher, der Selbstgedrehte bevorzugte.

Neben dem Pfarrhaus markiert die im Kern spätmittelalterliche **Kirche** etwa die Mitte des Dorfes. Sie weist ungewöhnlich viel Interieur aus der Zeit um 1700 auf: Empore, Taufstein, Kanzel, Altar. Auf dem Kirchhof um das Gotteshaus herum stehen viele Grabsteine noch aus dem 17. und 18. Jahrhundert, auch die Familiengrabstätte der Buschs befindet sich hier. Busch selbst ist in Mechtshausen begraben, in der Nähe von Seesen, wo er seine letzten Jahre verbrachte. Neben dem Friedhof liegt der Dorfteich, der Rest eines einst größeren Sees, der hier »Sahl« genannt wird und von dem sich der Name des Ortes ableitet.

Radwanderweg rund um Wiedensahl

Wilhelm Busch unternahm sehr gern Streifzüge rund um Wiedensahl, dabei oft mit Zeichenblock und Stiften im Gepäck. Viele seiner Gemälde zeigen Motive aus dieser Gegend. Ein ausgeschilderter Rundkurs (26,5 km, für Radwanderer) folgt auf der Strecke Wiedensahl–Klanhorst–Neuenknick–Seelhorst–Mittelbrink–Wiedensahl seinen Spuren. Er verläuft überwiegend auf Feld- und Waldwegen sowie einigen Nebenstrecken mit wenig Autoverkehr.

Es gibt im Busch-Museum eine Broschüre, die für die zwölf Stationen der Route die Bilder Buschs zeigt. So ergibt sich ein interessanter Vergleich zwischen dem Gestern und dem Heute, und man kann die Veränderungen von Landschaft und Dörfern nachvollziehen. Erläuterungen zum Malstil und Zitate von Busch, die sein Wirken einordnen, ergänzen die Darstellung. Es ist eine wunderbare Möglichkeit, dem Maler Wilhelm Busch näherzukommen und gleichzeitig die abwechslungsreiche Feldmark rund um Wiedensahl kennenzulernen.

Einkehr unterwegs ist im Lindenauer Krug in Neuenknick möglich. Dessen Öffnungszeiten wechseln von Tag zu Tag ein wenig, also besser vorher anrufen (Tel. 05705/605).

▸ Karte S. 228/29

Wiedensahl

Mehrere Lokale, allesamt an der Hauptstraße: **Busch-Keller** (Nr. 68, Tel. 05726/488, www.cafe-busch-keller.de), **Boltens Deele** (Nr. 79, Tel. 05726/1481), **Dörp Kaffee** (Nr. 93, Tel. 05726/383, www.doerpkaffee-wiedensahl.de). Es ist ratsam, vorab die Öffnungszeiten zu erfragen.

Wilhelm-Busch-Geburtshaus, Hauptstr. 68a, Tel. 05726/388; März–Okt. Mi–So 11–17, Nov., Dez. Mi–So 12–16, Jan., Feb. Sa, So 12–16 Uhr, Führungen auf Anfrage.
www.wilhelm-busch-geburtshaus.de

Museum im Alten Pfarrhaus, Hauptstr. 89, Tel. 05726/774; Öffnungszeiten wie Geburtshaus.
www.heimatbund-wiedensahl.de

Zollstockmuseum, Abtskamp 12, Tel. 05726/727. Rund 37 000 Zollstöcke aus vielen Ländern und Epochen. Zugang zur Privatsammlung nur nach Voranmeldung, kein Eintritt, der Besitzer Günter Uhlig freut sich aber über mitgebrachte Zollstöcke.

Petershagen

Seit 1973 besteht die Stadt Petershagen aus dem gleichnamigen Hauptort sowie 28 weiteren Ortsteilen. Durchweg von ausgesprochen dörflichem Charakter, verteilen sich die meisten von ihnen in der Petershäger Aue beidseits der Weser. Insgesamt leben in der nordöstlichsten Stadt Nordrhein-Westfalens rund 26 000 Menschen. Auffällig ist die Dichte an Mühlen, in fast jedem Ort findet sich entweder eine Wasser- oder Windmühle, manchmal sogar beides.

Sehenswürdigkeiten im Kernort

Der Kernort, gleichzeitig Verwaltungssitz, zeigt sich als ruhige Kleinstadt mit einigen interessanten Zeugnissen der Vergangenheit und ebenso vielen Übernach-

tungsmöglichkeiten. Diese sind mehrheitlich auf die Bedürfnisse der Radtouristen ausgerichtet.
Hingucker in Petershagen ist zweifellos das **Schloss.** Es ruht auf meterdicken Mauern, die ursprünglich in der Weser standen, heute verläuft ein schmaler Grünstreifen zwischen Mauern und Ufer. 1305 entstand ein erstes Wasserschloss als Burg und Residenz der Mindener Bischöfe. Von 1544 bis 1547 wurde es vom berühmten Baumeister Jörg Unkair und weiteren Steinmetzen zu einem repräsentativen Weserrenaissance-Schloss umgestaltet; um 1560 kam ein zweiter Flügel hinzu. Mit der Auflösung des Fürstbistums 1648 endete seine Funktion als Mindener Bischofsresidenz. Nach 1670 setzte der Verfall ein, bis Heinrich Hestermann, Landwirt und Abgeordneter im Reichstag, das Schloss erwarb und es wieder bewohnbar machte. Bis etwa 2018 war hier ein Hotel-Restaurant untergebracht, allerdings waren die Unterhaltungskosten für den denkmalgeschützten Bau immer weniger mit einem Hotelbetrieb zu vereinbaren. Im Frühjahr 2022 soll das Schloss verkauft worden sein, über den neuen Eigentümer ist bislang nichts bekannt. Torhaus, Rondelle und Befestigungswerke sind leider nicht erhalten, der große **Park** südlich der Schlossterrasse erstreckt sich vermutlich dort, wo früher die Befestigungsanlagen standen. Aber auch ohne diese wehrhaften Elemente kann man das Schloss als ein herausragendes und ungewöhnlich unverfälschtes Beispiel für die Architektur der Weserrenaissance bezeichnen. Es ist zu hoffen, dass die zukünftige Nutzung interessierten Besuchern den freien Zutritt ermöglicht.
Das moderne **Rathaus** lohnt nicht unbedingt einen Blick, die **Figuren** auf dem Platz davor schon. Es handelt sich um Frau Peters und Herrn Hagen, die die Künstlerin Christel Lechner 2002 schuf. Weitere Figuren von ihr sind Hermine, die sich unter der nahegelegenen Platane ausruht, Herr Meiner gegenüber dem Alten Amtsgericht sowie Liesel Meyer und Karl Meyer, die vor der Klostermühle in Lahde (→ S. 246) stehen.
Die sandsteinerne, 1618 geweihte **Petrikirche** westlich des Rathausplatzes, eine dreischiffige Hallenkirche, ist ganz wohl-

Frau Peters ...

... und Hermine am Rathausplatz

proportionierte Weserrenaissance und Besuchern zugänglich (tgl. 10–18 Uhr). An der **Alten Synagoge** von 1846 kann man leicht vorbeilaufen, so unscheinbar zeigt sich das Gebäude in der Goebenstraße 5/7 von außen. Ein Dokumentationszentrum macht hier mit der jüdischen Orts- und Regionalgeschichte bekannt. Das Ensemble umfasst neben der Synagoge auch die ehemalige jüdische Schule mit Mikwe. Das Tauchbad, wohl 1796 zusammen mit dem ersten Synagogenbau entstanden und 2008 wiederentdeckt, gilt wegen des guten Erhaltungszustands als Seltenheit. Vom jüdischen Friedhof an der Ecke Lambertsweg/Brandhorststraße ist lediglich ein Grabstein erhalten. Hier befindet sich heute eine Gedenkstätte.

Das **Alte Amtsgericht,** 1913 im Stil der Neorenaissance fertiggestellt, ist typisch für die kleineren Amtsgerichtsgebäude, die in der preußischen Zeit in Westfalen gebaut wurden. Zum Ensemble gehören das Richterwohnhaus und das Gefängnis. Heute zeigt die **Städtische Galerie** in dem Gebäude Wechselausstellungen.

Büschings Mühle stand früher außerhalb und jetzt am Rand des Ortes. Es handelt sich um einen mit Holz verkleideten Wallholländer von 1810 mit steinernem Fundament. Er ist sorgfältig restauriert, die Dampfmaschine im Innern funktionsfähig (www.muehle-buesching.de).

Petershäger Weseraue

Zwischen Petershagen und Schlüsselburg vollzieht die Weser eine Reihe von teils engen Kehren. Beidseits der Ufer sind größere Flächen seit 1989 als Naturschutzgebiet ausgewiesen. Seitdem überlässt man die Natur sich selbst, renaturiert bewusst oder bewirtschaftet extensiv in Übereinstimmung mit Naturschutzprinzipien. So hat sich in den vergangenen gut 30 Jahren auf rund 3000 Hektar eine Landschaft herausbilden können, wie es sie entlang der Weser kein zweites Mal gibt. Wer die rund 20 Straßenkilometer zwischen den beiden Orten auf den Bundesstraßen zurücklegt – die B 482 verläuft rechtsseitig, die deutlich weniger befahrene B 215 linksseitig –, bekommt von der Petershäger Weseraue – manchmal auch etwas kürzer als Petershäger Aue bezeichnet – fast nichts mit. Wer sich auf den kleineren Straßen von Dorf zu Dorf bewegt, schon deutlich mehr. Am meisten aber sehen die Fahrradfahrer, verlaufen doch die perfekt ausgeschilderten Radwege großteils abseits der Autostraßen und oft direkt an allen Naturschönheiten entlang oder durch sie hindurch. Und auch viele Aussichtstürme und -punkte sowie Infotafeln erreicht man nur unmotorisiert.

Die Vielfältigkeit der Landschaft, die teils aus romanischer Zeit stammenden Kirchen in den stillen Dörfern, die vielen gut erhaltenen Mühlen und sogar ein Schloss im Stil der Weserrenaissance laden dazu ein, etwas innezuhalten. Wer sich Zeit nimmt, kann hier mehrere Tage in Ruhe

Die Meßlinger Mühle

▸ Karte S. 228/29

Die Weser bei Buchholz

schauen, den Lauten der Vögel, Amphibien und Insekten zuhören und die Eindrücke auf sich wirken lassen. Zudem erläutern mehrere einzigartige Museen die Lebens- und Arbeitswelten früherer Zeiten und die Besonderheiten der Region. Nach der letzten Eiszeit erstreckten sich hier von Wäldern geprägte, stark verzweigte Auenlandschaften. Mit Beginn des Ackerbaus vor etwa 4000 Jahren fand die sukzessive Umwandlung in eine von Äckern, Feuchtwiesen und Waldlandschaften geprägte Kulturlandschaft statt. Schon im 17. Jahrhundert wurden erste Begradigungen vorgenommen, seit dem späten 19. Jahrhundert wurde systematisch eingedeicht und entwässert. Zwischen 1906 und 1960 entstanden an der Mittelweser sieben Staustufen mit Wehren. Gleichzeitig wurden die Feldhecken, Gebüsche und Baumreihen den Notwendigkeiten einer auf Effizienz getrimmten Landwirtschaft geopfert. Durch all diese Maßnahmen verschwanden Altarme, Überschwemmungsgebiete, Weiher und Tümpel fast vollständig und mit ihnen die Erlenbruchwälder und auch die Lebensräume vieler Pflanzen- und Tierarten. So waren etwa Wachtel, Rebhuhn, Feldlerche und Braunkehlchen hier nicht mehr anzutreffen.

Seit den 1980er Jahren wurden Überflutungsflächen und Feldhecken wiederhergestellt, ehemalige Sand- und Kiesabbauflächen gezielt renaturiert. Manche Wiesen und Weiden benötigten 20 Jahre, bis sich auf ihnen wieder die einst typische artenreiche Vegetation herausbildete. Man kümmerte sich – mit Erfolg – gezielt um die Wiederansiedlung der Störche. Seit einigen Jahren setzt man bewusst auf robuste und halbwilde Weidetiere, die durch Verbiss die Ausbreitung von Gehölzen begrenzen und so die Entwicklung von offenen Flächen fördern: Heck- und Hochlandrinder sowie Konik-Wildpferde.

Die Aue mit ihren unterschiedlichen Gewässertypen hat sich wieder zu einem artenreichen Lebensraum für spezialisierte Pflanzen- und Insektenarten, Frösche, Kröten und für seltene oder gar vom Aussterben bedrohte Vogelarten entwickelt. Neben Feldlerche, Wiesenpieper, Braunkehlchen, Kiebitz, Wachtelkönig und Rohrweihe sind zahlreiche Gänse- und Entenarten, darunter auch Zugvögel, hier wieder heimisch geworden.

Unter dem Leitmotiv »Natur erleben, ohne zu stören« wurden vier **Rundwege** eingerichtet, die sich in besonderer Weise für eine intensive Naturbeobachtung

Liesel Meyer und Karl Meyer vor der Klostermühle in Lahde

anbieten, in Lahde, Windheim, Schlüsselburg und Gernheim. Hier finden Besucher Türme oder Aussichtspunkte, Infotafeln mit ausführlichen Erläuterungen und leichte ebene Wege.
Wir beschreiben eine Tour durch die Auenlandschaft hier als Rundkurs gegen den Uhrzeigersinn mit Beginn in Frille. Übergänge von der einen auf die andere Weserseite gibt es in Petershagen-Lahde und Schlüsselburg sowie per Fähre in Windheim. Die musealen und wenigen gastronomischen Einrichtungen am Weg sind zumeist nicht jeden Tag geöffnet, eine vorherige Planung empfiehlt sich. Eine gute Vorbereitung ist mit der kostenlosen **Entdeckerkarte Petershagen** möglich, die das Touristenbüro in Petershagen bereithält. Diese Broschüre gibt Erläuterungen, enthält alle notwendigen reisepraktischen Informationen und eine genaue Karte.

Frille

Nirgendwo in Deutschland findet man eine solche Vielfalt und Vielzahl an Mühlen wie im »Mühlenkreis« Minden-Lübbecke. Die Hänge des Wiehengebirges und die vorgelagerte Ebene waren mit Windmühlen besetzt, die Bachläufe mit Wassermühlen. 42 dieser Mühlen sind in der Region erhalten - eine einzigartige Dichte.
Orientierung über diesen Schatz und eine Einführung in die Geschichte des Mühlenwesens von 1650 bis 1950 bietet das **Mühlen-Infozentrum Petershagen-Frille.** Man erfährt viel über die Technik, den Beruf des Müllers, seine Stellung in Recht und Gesetz sowie die Darstellung der Mühlen in Kunst und Literatur. Auch aktuelle Infos zu allen Mühlen, etwa die Öffnungszeiten, liegen hier vor. Untergebracht ist das Museum in einem alten Bauernhaus, der Besuch ist kostenlos.
Die neoromanische **Kreuzkirche** aus Sandstein stammt mitsamt ihrem 52 Meter hohen Glockenturm von 1911.

Lahde

Zwischen Lahde und Windheim erspart der schnurgerade Schleusenkanal der Schifffahrt einige Weserkehren. Eine Staustufe sorgt für einen gleichmäßigen Wasserstand und verbessert damit die Schiffbarkeit der Weser.
Einen ungewöhnlichen Anblick in all der dörflichen Ruhe bietet das **Kohlekraftwerk Heyden.** Es entstand ab den 1930er Jahren parallel zur Staustufe Petershagen, in den Kriegsjahren schufteten hier Zwangsarbeiter. Der erste Block ging 1951 ans Netz, seitdem wurde Steinkohle verfeuert. Mit dem »Kohlekompromiss« wurde das Kraftwerk im Sommer 2021 stillgelegt und in die sogenannte Netzreserve überführt.
Im Ort findet sich mit der Wind-und-Wassermühle eine Besonderheit, derartige Kombimühlen sind selten anzutreffen. Offiziell **Klostermühle** genannt - sie steht am Ort eines früheren Dominikanerinnenklosters -, nutzte sie neben dem Wind die Kraft des Flüsschens Aue, das nördlich von Lahde in die Weser mün-

▲ Karte S. 228/29

det. Der Turm-Galerieholländer stammt von 1876, aber schon seit dem späten 13. Jahrhundert gab es an dieser Stelle eine Wassermühle. Ihre über 700-jährige aktive Zeit endete erst 1998. Sie zeigt sich in einem sehr guten äußerlichen Zustand, entsprechend zufrieden schauen Liesel Meyer und Karl Meyer vor der Mühle drein.

Die **Kirche** in Lahde (1894/95) ähnelt der in Frille: neogotisch, backsteinern, hoher Turm.

Rundweg Lahde

Zwei ausgeschilderte Rundwege (1,7 km und 4,1 km) führen ab der Klosterkirche an mehreren durch Kiesabbau entstandenen Seen vorbei. Die mittlerweile von Röhrichten und Gehölzen gefassten Gewässer sind zur Heimat vieler Vogelarten geworden: Dauerbewohner, Zugvögel, Wintergäste. Der längere der beiden Wege verläuft teils am Flüsschen Bückeburger Aue entlang, gleich drei Wassermühlen finden sich hier.

Die Kirche in Lahde

Bierde

Der **Wallholländer** in Bierde, etwas östlich von Lahde, ist ein kleinerer Vertreter seiner Art und dennoch nicht zu übersehen, da er sich auf einem eigens aufgeschütteten Erdhügel befindet. Seine achteckige, nicht konische Form stellt eine Besonderheit dar. Die Mühle steht seit den frühen 1990er Jahren still (www.windmuehle-bierde.de).

Jössen

In Jössen erinnert ein kleiner **Gedenkstein** daran, dass sich hier lange eine Fährstelle befand. Heute gibt es einen Rastplatz und im Ort ein Storchennest.

Windheim

Durch die Intensivierung der Landwirtschaft und den damit verbundenen Verlust von Feuchtwiesen ging der Storchenbestand in Norddeutschland in der Nachkriegszeit dramatisch zurück. Im ganzen Kreis Minden-Lübbecke etwa brüteten Ende der 1980er Jahre nur noch drei Paare. Seit 1987, als die Stiftung »Rettet die Weißstörche im Kreis Minden-Lübbecke« gegründet wurde, hat sich aber viel getan. So werden manche Flächen nun naturnah bewirtschaftet, andere wurden gezielt vernässt. Heute sind wieder rund 50 Brutpaare in der Region heimisch. Darüber informiert auf zwei Etagen das **Westfälische Storchenmuseum** in Windheim und mit Filmen, Präparaten und zahlreichen Objekten auch über die Lebensweise der Störche, ihre Verbreitungsgebiete und Zugrouten. Ein Schwerpunkt liegt auf der Darstellung der Störche in Märchen, Bildergeschichten und Cartoons, wobei der in Norddeutschland sehr bekannte Cartoonist Tetsche prominent vertreten ist – der heiterste Teil der Ausstellung. Seine Heimat hat das Museum in einem der ältesten Häuser des Dorfes gefunden, im Haus Wind-

PetraSolara nähert sich

heim No 2, allein deswegen lohnt ein Besuch. Das angeschlossene Hofcafé besitzt einen schönen Außenbereich unter hohen Bäumen.

Überhaupt zeigt sich Windheim als gut erhaltenes, hübsches Bauerndorf, dessen Mittelpunkt die **Weserkirche** bildet. Sie entstand im 13. Jahrhundert im Stil der Romanik und wurde mehrmals umgebaut und erweitert. Im Innern sind sehr kleine Freskenreste aus der Zeit um 1400 erhalten.

Fußgänger und Radfahrer können mittels der **Fähre PetraSolara** die Weser überqueren. Sie transportiert seit 2002 ihre Passagiere, eine Fähre gibt es an dieser Stelle bereits seit Mitte des 16. Jahrhunderts. Die Solarzellen auf dem Gebäude an der Häverner Seite wandeln die Sonnenenergie in Energie um, die gespeiste Batterie treibt die Fähre an. »PetraSolara« gehört neben der Fähre in Brevörde (→ S. 139) zu den wenigen Solarfähren auf der Weser. Liegt sie auf der anderen Seite, so betätige man die große Glocke am Ufer: »Fährmann, hol över!«

Die **Schleuse Windheim,** Pendant zu der in Lahde (→ S. 246), befindet sich am östlichen Ortsrand.

▲ Karte S. 228/29

Rundweg Windheim

Ein etwa vier Kilometer langer Rundweg führt vom westlichen Ortsrand an Seen, Weidegebieten und Ackerflächen vorbei und am Riehelbach entlang, den knorrige Kopfweiden und andere Gehölze säumen. Auf diesem Weg lassen sich die gebietstypischen Wat- und Wasservögel beobachten, auch viele Zugvögel sowie die zotteligen schottischen Hochlandrinder und die hellen Konik-Wildpferde. Sie halten einige Flächen kurz und schaffen so insbesondere für seltene und gefährdete Bodenbrüter Lebensraum.

Döhren

Vom Tipperberg bei Döhren, der zu den Seelenfelder Höhen gehört, fließt der Gehlbach Richtung Weser. Es ist ein kleines Bächlein, aber angestaut groß genug, um eine **Wassermühle** anzutreiben. Das heutige Gebäude stammt von 1751, aber lange davor muss es an dieser Stelle schon eine Mühle gegeben haben. Der Betrieb wurde 1964 eingestellt, 20 Jahre später begannen umfangreiche Sanierungs- und Reparaturarbeiten. Heute präsentiert sich die Mühle ebenso funktionstüchtig wie äußerlich intakt.

In den Auwäldern und Feuchtgebieten rund um Döhren tummeln sich Störche und zweimal im Jahr viele Zugvögel, vor allem Kraniche und Wildgänse. Eine »**Storchenroute**« dorthin ist ausgeschildert.

Neuenknick

Die hölzerne **Bockwindmühle** etwas südlich von Neuenknick wurde 1899 in Warmsen, das auf der anderen Weserseite liegt, abgebaut, in Einzelteile zerlegt, auf dem kleinen Hügel wiederaufgebaut und war dann gut 70 Jahre in Betrieb. Sie befindet sich in einem leidlich guten Zustand.

Seelenfeld

Auf dem höchsten Punkt der Seelenfelder Höhen, etwas östlich vom Ort Seelenfeld, erhebt sich, weithin sichtbar, eine **Holländerwindmühle.** Die Inschrift »FWR 1731« über dem Eingang verrät neben dem Baujahr auch, dass sie im Auftrag von Fridericus Wilhelmus Rex, König Friedrich Wilhelm I. von Preußen, errichtet wurde. Der König verpachtete sie und füllte mit den Einnahmen seine Staatskasse.

Die Mühle ist meist verschlossen, aber schon von der Höhe aus reicht der Blick nach Süden bis zum Weserbergland und nach Westen über die Wesermarsch bis zum Uchter Moor.

Ilvese

Im kleinen Dorf Ilvese sind in den Sommermonaten mehrere Storchenhorste regelmäßig besetzt, sonst besitzt es nichts Erwähnenswertes.

Heimsen

Seit dem ausgehenden 18. Jahrhundert suchten die verarmenden Bauern und Handwerker an der Mittelweser nach einer zusätzlichen Einkommensquelle. Viele Männer fanden sie im Heringsfang, diese Tradition erlosch erst 1972. Die Region zwischen Minden, Bückeburg und Stolzenau galt lange als das größte zusammenhängende Wohngebiet deutscher Heringsfänger.

Das **Heringsfängermuseum** erläutert in drei Häusern diese Geschichte und die traditionellen Fangmethoden der Fischer, zeigt die dörfliche Wohnkultur des späten 19. Jahrhunderts, Trachten aus jener Zeit sowie die Handwerke, denen die Männer nachgingen, wenn sie nicht auf See waren. Auch die immer wieder vorkommenden Katastrophen auf See werden nicht verschwiegen.

Um der Armut zu entfliehen, wanderten viele andere Menschen aus dieser Region in dieser Zeit übrigens aus. Diesem Thema kommt man am besten im Auswanderermuseum in Bremerhaven auf die Spur (→ S. 379).

Die **Kirche** im Ort stammt im Kern aus dem frühen 12. Jahrhundert und weist Elemente aus der Romanik und Gotik auf. Ihr Turm steht Besuchern stets offen.

Am Rand des Dorfes befindet sich das **Gut Neuhof,** dessen Haupthaus (Herrenhaus) sich seit der Fertigstellung 1748 sein barockes Aussehen bewahrt hat. Das Gut ist in Privatbesitz.

Am Heringsfängermuseum

Am **Wallholländer** von 1873 an der Straße Richtung Ilvese, einem verputzten Backsteinbau, fällt der konische Turm auf. Schon seit 1918 ist die Mühle mit einem Elektromotor ausgestattet. Sie erhielt zur 900-Jahr-Feier des Dorfes neue Flügel und eine neue Kappe, heute kümmert sich der Mühlenverein Minden-Lübbecke um ihren Erhalt.

Schlüsselburg

Seit dem Bau von Schleuse und **Schleusenkanal** 1938, der dem Schiffsverkehr die Umgehung der Schlüsselburger Weserschleife ermöglicht, befindet sich Schlüsselburg auf einer Insel zwischen Kanal und Weser. Neben dieser reizvollen Lage besitzt der Ort einige Sehenswürdigkeiten, die ihn aus all den Dörfern der Aue herausheben.

Die Mindener Bischöfe ließen 1335 einen befestigten Ort anlegen, den sie »Slotenburg« nannten; daher leitet sich der heutige Name ab. An dessen Stelle entstand von 1581 bis 1585 ein zweigeschossiges Festes Haus in den typischen Formen der Weserrenaissance, allgemein **Schloss** genannt. Zwar fehlt seit dem 19. Jahrhundert der Nordflügel, aber noch immer strahlt der Bau, heute im Privatbesitz, Würde und Harmonie aus. Das Storchennest auf dem Giebel ist seit über 80 Jahren dauerhaft besetzt und verleiht dem Schloss eine sehr fotogene Note.

Ebenfalls im Stil der Weserrenaissance ist die **Pfarrkirche** von 1585 gehalten, ein bescheidener, aber wohlproportionierter Sandsteinbau. Nebenan, im Alten Pfarrhaus, ist seit 2012 eine Pilgerherberge eingerichtet.

In vielen Dörfern entlang der Weser wurden, als Reaktion auf verheerende Brände, Scheunenviertel eingerichtet. Kaum eines ist so gut erhalten wie das hiesige. 28 Scheunen, die ältesten aus der Zeit zwischen 1600 und 1700, bilden im Dreieck zwischen Müsleringer und Stolzenauer Straße ein einzigartiges Ensemble. Es wurde nicht nur abseits des Dorfkerns, sondern bewusst auf dem »Humke« angelegt, einer Erhebung, damit wenigstens Vieh und Ernte im Fall eines Hochwassers in Sicherheit waren. Die Fachwerkbauten sind durchweg wunderbar renoviert, in einem ist ein kleines Informationszentrum eingerichtet.

Die **Friedhofskapelle Röhden** etwas südlich davon besitzt historisches Mobiliar und einen Barockaltar, kann aber leider nur von außen besichtigt werden.

Auf der anderen Flussseite, schon im Dorf Hoppenberg, 800 Meter vom Schloss Schlüsselburg entfernt, liegt das **Rittergut Schlüsselburg.** Das ehemalige Vorwerk der Domäne Schlüsselburg ist heute ein Reiterhof mit Ferienwohnungen und Hofladen. Das zweigeschossige Herrenhaus von 1848 in spätklassizistischen Formen bildet das Zentrum des vormaligen Gutes. Wer den klassischen Urlaub auf dem Land sucht, ist hier genau richtig,

Burg mit Storchennest: Schlüsselburg

▸ Karte S. 228/29

Großzügige Bauernhöfe prägen Buchholz

Rundweg Schlüsselburg

Verschiedene Lebensräume einer Flussaue auf kleinem Raum zeigen sich bei Schlüsselburg, ein guter Ausgangspunkt ist der Parkplatz an der Pfarrkirche. Der zwei Kilometer lange Rundweg führt von dort an Teichen mit Sumpf- und Röhrichtzonen, Auentümpeln und dem Weserufer sowie Wiesen und Weiden vorbei. Diese Welt ist nicht nur Heimat für Störche und zahlreiche Vogelarten, sondern gerade auch für Wildblumen. Kenner freuen sich, sonst in dieser Gegend selten gewordene Pflanzen zu sehen.

Buchholz

Ursprünglich befand sich die aus der Spätromanik/Gotik stammende **Kirche** mit ihrer sehr alten Glocke in der Buchholzer Dorfmitte, durch Erosion am Flussufer steht sie heute direkt an der Weser. Der Zugang ist über die Seitentür möglich (tgl. 10–18 Uhr). Ein Halbkreis von typischen großzügigen Niedersachsenhäusern umgibt die Kirche.

Großenheerse

Von 1865 bis 1951 war die Windmühle, ein backsteinerner **Wallholländer** auf einem aufgeschütteten Hügel, in Betrieb. Viele Jahre diente sie dann für Schulungen, bei denen Interessierte das traditionelle Müllerhandwerk lernen konnten.

Ovenstädt

Man nimmt an, dass bereits zur Zeit Karls der Großen eine Pfarrei in Ovenstädt bestand, somit eine der ältesten an der Mittelweser. Der heutige **Kirchenbau** stammt aus romanischer Zeit und war wohl spätestens um 1200 fertiggestellt, eine genauere Datierung ist nicht möglich. Das Gebäude wurde 1772 erweitert und barock umgestaltet, dabei kamen Altar und Orgel sowie großformatige Apostelbilder hinzu. Das Außenmauerwerk besteht aus Oberkirchner Sandstein. Eine sorgsame Sanierung um 1992 hat die Kirche in ihren barocken Originalzustand versetzt, leider ist sie zumeist verschlossen.

Harrienstedt

Schon zur Gemeinde Raddestorf und damit zu Niedersachsen gehört Harrienstedt. Die hiesige **Wassermühle** ruht wegen des nassen Untergrunds auf Holzpfählen. Sie tragen ein Sandsteinfundament, auf dem wiederum das Mühlengebäude in Backsteinfachwerk ausgeführt ist. Das Wasserrad aus Stahl, das sich in einem Radhaus befindet und deshalb nur schwer sichtbar ist, stammt aus jüngerer Zeit.

Seit 1991, nach einer Zeit der Agonie, ist die Anlage wieder funktionstüchtig und in Obhut des Heimatvereins. Um sie herum erstreckt sich ein kleiner erlengesäumter Teich.

Im Industriemuseum Glashütte

Gernheim

Das Weserbergland und das Wesergebiet zwischen Porta Westfalica und Nienburg waren seit dem Spätmittelalter lange Zeit neben Böhmen und der Lausitz eines der Zentren der Glasherstellung in Deutschland. Zunächst bestimmten Wanderglashütten das Bild. Als dann Kohle per Schiff und Bahn in großen Mengen transportiert werden konnte, bildete sich die Produktion an festen Standorten und im großen Stil heraus. Derzeit wird nach wie vor in Minden und Nienburg Glas hergestellt, durchweg gehören die Standorte aber zu multinationalen Konzernen. Dieser wichtige Zweig der hiesigen Industriegeschichte wird im **Industriemuseum Glashütte** in Gernheim lebendig. Bremer Kaufleute gründeten direkt am Weserufer 1812 eine Glashütte und warben Spezialisten aus Thüringen und Böhmen ab. Die Firma expandierte und erlangte schnell überregionale Bedeutung, in den 1820er Jahren entstand der markante Glasturm für die Produktion von Fensterglas. Die Waren wurden hauptsächlich per Schiff versandt, drei Viertel gingen in den Export. Umgekehrt kam die Kohle für die Öfen auch per Schiff. Die für die Glasherstellung nötigen Grundstoffe – Sand, Soda, Kalk – baute man dagegen teils in der unmittelbaren Umgebung ab. Für die bis zu 280 Arbeiter entstand am Rand der Manufaktur eine kleine Siedlung. 1877 wurde die Produktion aufgegeben, sie war an diesem Standort ohne Bahnanschluss gegenüber der Konkurrenz ins Hintertreffen geraten.

Fast alle Gebäude sind erhalten. Sie beherbergen das 1998 eröffnete Museum, Teil des Verbunds LWL-Industriemuseum (LWL = Landschaftsverband Westfalen-Lippe), das an acht Standorten wichtige Stationen der westfälischen Industriegeschichte erforscht und vermittelt. Es bewahrt die Kultur des Industriezeitalters von den Anfängen bis zur Gegenwart.

Hier in Gernheim können Besucher alle Stationen der Glasherstellung vom Mi-

▲ Karte S. 228/29

schen des Gemenges bis zum bruchsicher verpackten Produkt nachvollziehen: Techniken, Maschinen, Produktvielfalt. Man geht durch Vitrinen mit Trinkgläsern hindurch, mit Vorratsgefäßen, Pokalen, Flaschen, Vasen, Laborgläsern und vielem anderen mehr. In den Arbeiterhäusern und der Fabrikschule erhält man Einblick in die Welt der Menschen, die im 19. Jahrhundert hier arbeiteten. Es werden verschiedene Kurse angeboten, immer freitags können Interessierte unter Anleitung selbst Glas herstellen. Ab und an ergänzen Sonderausstellungen internationaler Glaskunst das Angebot. Etwas außerhalb des Ortes, an der Straße nach Süden, steht eine Mühle, die allgemein nur **Pottmühle** heißt – angeblich erinnert ihre Form an einen Kaffeepott. 1745 veranlasste der preußische König einen Mühlenbau an dieser Stelle (→ S. 249), der heutige stammt von 1938 und besaß neben seinen Jalousieflügeln auch einen Elektromotor. Bis 1963 wurde hier Getreide gemahlen und gereinigt, seitdem wird die Mühle nur noch als Lager benutzt.

Rundweg Gernheim

Der rund 4,5 Kilometer lange Rundweg in Gernheim verläuft durch Eichen-Hainbuchen-Wälder, an Äckern, Obstwiesen und Feuchtgebieten entlang. In dieser Gegend haben neben anderen Arten besonders viele Singvögel ihr Zuhause gefunden. Der Weg beginnt an der Glashütte.

Meßlingen

In Meßlingen, etwa fünf Kilometer westlich von Petershagen, stoßen wir auf keine alleinstehende Mühle, sondern auf ein Ensemble. Es besteht aus Mühle, Wohnhaus, Backhaus und weiteren kleineren Nebengebäuden (Meßlinger Mühle 1). Der **Galerieholländer** kam 1843 an die Stelle einer Bockwindmühle. Er besteht aus Backstein und darüber mit Brettern verkleidetem Holzfachwerk. Kenner bemerken die doppelte Windrose, eine echte Seltenheit. Wind- und Motorkraft und seit 1924 ein Elektromotor trieben Getreide-, Öl- und Sägemühle sowie eine Saatreinigungsanlage an. Die Mühle wurde 1970 stillgelegt, einige Jahre sich selbst überlassen, dann aber vorbildlich restauriert.

Petershagen, Petershäger Aue

Tourist-Information, Mindener Str. 16, 32469 Petershagen, Tel. 05707/9392188; Mo–Fr 8.30–12.30, Mo, Do auch 14–17.30 Uhr. www.petershagen.de

Petershagen-Lahde liegt an der **Bahnstrecke** Minden–Nienburg.

Biologische Station Minden-Lübbecke, Nordholz 5, 32425 Minden, Tel. 05704/1677680. Betreut die Petershäger Aue, u. a. mit Fortbildungen. www.biostation-ml.de

Solarfähre Petra Solara, Tel. 05705/7520 u. 0170/5630344; April–Juni, Sept., Okt. Sa, So 10–18, Juli, Aug. Mo–Fr 10–18, Sa, So 10–19 Uhr. Nur Fußgänger/Fahrräder. www.petrasolara.de

Eine Reihe von FeWos in den Dörfern, Buchung z. B. über die Tourist-Information. Auswahl:

Pension Rad-Haus, Mindener Str. 23, Petershagen, Tel. 05707/9007547; DZ 75 Euro zzgl. Frühstück (9,50 Euro/Pers.). www.pensionradhaus.de

Rittergut Schlüsselburg, Brückenweg 40, 32469 Petershagen-Schlüsselburg, Tel. 05768/202; FeWos ab 65 Euro. Ruhige Lage, mit Kanu- und Pferdeverleih. www.rittergut-schluesselburg.de

Landgasthaus Zur Mühlenwirtin, Großenheerser Mühle 4, 32489 Petershagen-Kleinenheerse, Tel. 05765/7330; DZ um

65 Euro. Zimmer mit Blick auf die Mühle, Cafégarten, Restaurant im früheren Müllerhaus; aktuelle Öffnungszeiten vorab erfragen. www.zurmuehlenwirtin.de

Ferienhof Meyer, Ringstr. 98, 32469 Petershagen-Ovenstädt, Tel. 05707/93020; DZ ab 69 Euro. Zimmer, FeWos und Apartments. Ruhig, am Weser-Radweg, viele Freizeitaktivitäten für Kinder, Hoftiere. Grillplatz, aber kein Restaurant. www.hotelpetershagen.de.

Reisemobilstellplatz Petershagen, Hohoffstr. 15, 32469 Petershagen, Tel. 05702/85770. www.petershagen.de

Café Weserscheune, Buchholzer Str. 35, 32469 Petershagen-Buchholz, Tel. 05765/942924; Sa, So ab 9.30 Uhr, in den Sommerferien (NRW und Niedersachsen) tgl. ab 11 Uhr. Wenige Meter nördlich der Kirche, wunderbare selbstgebackene Kuchen, schöner Blick vom Sommergarten auf die Weser. www.weserscheune.de

Alte Synagoge Petershagen, Goebenstr. 5/7, 32469 Petershagen, Tel. 05707/1378 u. 2389; So 16–18 Uhr, Führungen und Besuche außerhalb der Öffnungszeiten nach tel. Vereinbarung. www.synagoge-petershagen.de

Mühlen-Infozentrum, Schwarzer Weg 2, 32469 Petershagen-Frille, Tel. 050702/2694; Mo–Do 9.30–16.30 Uhr. www.muehlenverein-minden-luebbecke.de

Westfälisches Storchenmuseum, Im Grund 4, 32469 Petershagen-Windheim, Tel. 05705/958580; Do, Fr 14–18, Sa, So 11–18 Uhr, Führungen auch außerhalb dieser Zeiten nach Vereinbarung. Mit Café. www.windheimNo2.de

Heringsfängermuseum Heimsen, Am Mühlenbach 9, 32489 Petershagen-Heimsen, Tel. 05768/941855; So 14–17 Uhr. Mit Hofcafé. www.heringsfaengermuseum.de

Industriemuseum Glashütte, Gernheim 12, 32469 Petershagen-Gernheim; Di–So 10–18 Uhr. www.glashuette-gernheim.de

Stolzenau

Der Ort Stolzenau ist nicht sonderlich attraktiv. Es bietet sich aber als Übernachtungsort für all diejenigen an, die diesen Teil der Mittelweserregion genauer erkunden möchten: Denn von hier sind die Petershäger Aue (→ S. 244) und das Uchter Moor (→ S. 256), Kloster Schinna und Steyerberg (→ S. 255, 268), Rehburg-Loccum (→ S. 259) und das Steinhuder Meer (→ S. 262) auch mit dem Fahrrad in Tagestouren leicht erreichbar.

Etwa ab Mitte des 14. Jahrhunderts bildete sich der Ort Stolzenau um eine Burg herum aus. Infolge von kriegerischen Auseinandersetzungen kam es immer wieder zu Bränden und Zerstörungen, erst ab 1815 begann sich der Ort nachhaltig zu erholen. Der spätmittelalterliche Grundriss ist in seinen Grundzügen

Der markante Turm der Kirche St. Jacobi

▸ Karte S. 228/29

Bezauberndes Ensemble: Kloster Schinna

erhalten, auch einige sehenswerte **Fachwerkgebäude,** vor allem in der Langen und der Hohen Straße. Das alte Schloss der Grafen von Hoya dagegen wurde 1965 abgerissen. Heute steht dort, in der Nähe der Weserbrücke, ein nüchternes Schulgebäude.
Wie am kaiserlichen Postwappen im Giebel gut zu erkennen ist, wurde das **Rathaus** von 1884 im Stil der Backsteingotik ursprünglich als Postgebäude errichtet. Die **Jacobikirche** (1828–1830) besitzt nicht nur eine klassizistische Deckenbemalung und eine klangstarke Orgel, sondern vor allem einen auffällig gewendelten, spitzen Turmhelm und eine steinerne Sonnenuhr von 1737 an der Straßenseite. Rund um Stolzenau wird nach wie vor viel Kies und Sand abgebaut. Der gut zwei Kilometer lange **Naturlehrpfad Im Röden** südlich vom Ort mit seinen neun Hinweistafeln und einigen Aussichtsplattformen thematisiert die Veränderungen, die mit dem Kiesabbau einhergehen, und befasst sich auch mit der Frage möglicher Nachnutzungen. Ein rund 250 Hektar großes Areal rechts der Weser – Teiche und Seen eines ehemaligen Kiesabbaugebietes – ist seit 2001 als **Naturschutzgebiet Domäne Stolzenau/Leese** ausgewiesen. Zahlreiche, teils in ihrem Bestand gefährdete Wasservogelarten finden hier einen wichtigen Lebensraum. Es darf nur auf gekennzeichneten Wegen betreten werden.

■ Leese

Die neogotische **Kirche** von 1874 bildet den Mittelpunkt des kleinen Dorfes Leese. Eine erste Kirche hatten die Grafen von Hoya abbrechen lassen, um mit den Steinen das Schloss in Stolzenau zu errichten, eine zweite war im Laufe der Jahre baufällig geworden, so musste eine dritte her.

Kloster Schinna

Zwar wirken die Gebäude des Kloster- und Domänenbereiches in Schinna von der L 351 aus unscheinbar, sie stellen jedoch eines der bedeutendsten Baudenkmale der Region dar. Graf Wilbrand von Hallermund, Gründer des Klosters Loccum (→ S. 259), stiftete 1148 Kloster Schinna. Jahrhundertelang waren hier Benediktinermönche ansässig, die die Weseraue kultivierten und Äcker bewirtschafteten. 1466 schloss sich das Kloster der Bursfelder Kongregation an (→ S. 77), dann kam es unter die Herrschaft der Grafen von Hoya. 1542 erreichte die Reformation auch die Mittelweserregion, die Rechte und das Vermögen des Klosters gingen schrittweise auf die Grafen von Hoya über. Graf Erich von Hoya ließ erst 1560 die alte Klosterkirche abbrechen, um mit den Steinen sein Schloss in Stolzenau zu vergrößern, und dann, als Sühne, eine **Fachwerkkirche** errichten, in der die Gemeinde über 300 Jahre den Gottesdienst feierte. Von 1876 bis 2005 war Schinna eine eigenständige Domäne, seitdem wird es von der Stiftung Kloster Schinna verwaltet. Es gibt seit 2012 einen Förderverein, der sich um den Erhalt und die Erforschung der Anlage kümmert. Große Teile der ehemaligen **Klostergebäude** sind noch erhalten und stehen wie die Kirche unter Denkmalschutz: Teile des Kreuzgangs, Abthaus, westlicher und südlicher Flügel der Konventsgebäude. Südlich schließen sich mit Herrenhaus, Scheunen, Ställen und Schmiede die Gebäude der Domäne an. Die Fachwerkkirche von 1540 ist mittlerweile grundlegend saniert, davor liegt ein kleiner malerischer Friedhof.

Eine Infotafel in der Kurve des Fahrwegs gibt Auskunft über die Lage der einzelnen Gebäude. Es gibt kein Informationsbüro, keine museale Einrichtung, kein Café. Das kommt der Atmosphäre in dieser in sich geschlossenen Welt ungemein zugute: Man ist als Besucher oft allein, nur das Rauschen der Blätter begleitet einen Rundgang durch das schöne backsteinerne Ensemble. Es ist ein Ort der Ruhe und Kontemplation, dem man trotz seiner historischen Bedeutung gar nicht mehr Besucher wünschen mag.

Abstecher ins Uchter Moor

Einst prägten ausgedehnte Hochmoorflächen das heutige Nordwestdeutsch-

Im Uchter Moor

▲ Karte S. 228/29

land. Jahrhundertelang wurde der Torf von Hand gestochen, seit dem frühen 20. Jahrhundert dann mit industriellen Methoden. Viele Moore sind dadurch verschwunden oder nur noch in kleinen Teilen vorhanden. In jüngerer Zeit erkannte man, welchen Wert für die Artenvielfalt diese eigenwilligen Lebensräume besitzen, und stellte viele der verbliebenen Moore unter Naturschutz, so auch 2007 das rund 3200 Hektar große Uchter Moor westlich von Uchte, von Einheimischen auch »Großes Moor« genannt. Es erlangte überregionale Bekanntheit, als 2000 und 2005 bei Torfstecharbeiten in der Nähe von Darlaten Teile eine etwa 2650 Jahre alte Moorleiche entdeckt wurde. In mehrjähriger aufwendiger Arbeit rekonstruierten Wissenschaftler das Gesicht der jungen Frau, die heute allgemein »Moora« genannt wird. Ihr vermutliches Aussehen, aber auch ihre Lebensumstände und die Gestalt der Landschaft während der vorrömischen Eisenzeit vermittelt das **Informationszentrum Tor zum Moor** in Essern am westlichen Rand des Großen Moores. Es beleuchtet in einer Dauerausstellung auch die Geschichte des Torfabbaus.

Man kann ab hier auch eine zweistündige Fahrt mit der **Moorbahn** unternehmen. Auf den etwa 9,5 Kilometern sind ein Beobachtungsturm und 13 Stationen mit Infotafeln eingerichtet, die Erläuterungen zur Tier- und Pflanzenwelt geben. Ansonsten kann das Moor nur auf einigen gekennzeichneten Wegen betreten werden. Aber auch von dort lassen sich die moortypischen Bewohner erblicken, beispielsweise Wollgras, Torfmoos und Huflattich und Vögel wie der Goldregenpfeifer. Das Trompeten der Kraniche schwebt vor allem im Morgengrauen über die Flächen.

Stolzenau, Kloster Schinna, Uchte

Tourist-Information, Bahnhofstr. 2 (im Alten Bahnhof), 31592 Stolzenau, Tel. 05761/705421; tgl., Sa, So nur nachmittags. Hier auch Infos zu Uchte. www.sg-mittelweser.de

Leese-Stolzenau liegt an der **Bahnstrecke** Minden–Nienburg.

Anlegepunkt der Flotte Weser: Campingplatz Weserstraße, Stolzenau. www.flotte-weser.de

Christian Dreyer, Fahrrad- und Gartenfachgeschäft, Lange Str. 55, 31592 Stolzenau, Tel. 05761/2368, Mo–Fr 8–13 u. 14–18, Sa 8–13 Uhr. Räder ab 10 Euro/Tag. www.dreyer-stolzenau.de

Mehrere FeWos und Privatzimmer, Infos und Buchung über die Tourist-Information.

Hotel zur Post, Am Markt 10, 31592 Stolzenau, Tel. 05761/892. Beste Wahl am Ort, Biergarten im Hof. Gutbürgerliche Karte, dabei auffallend gute Fischgerichte. www.hotel-stolzenau.de

Reisemobilhafen Stolzenau, Am Löschplatz, 31592 Stolzenau, Tel. 05761/7050. www.sg-mittelweser.de

Campingplatz Stolzenau, Weserstr. 11a, 31592 Stolzenau, Tel. 0171/6216398. www.campingplatz-stolzenau.de

Kloster Schinna, Klosterstr. 15, 31592 Stolzenau; frei zugänglich. Über die Stiftung können Führungen durch das Klosterareal vereinbart werden. www.kloster-schinna.de

Informationszentrum Tor zum Moor, Osterloher Str. 22, 31603 Diepholz/OT Essern, Tel. 05777/961385; April–Okt. Sa, So 13–17 Uhr. Mit Café Altes Torfwerk. www.moorbahn-uchter-moor.de

Der Pilgerweg Loccum–Volkenroda

Eine ungewöhnliche Möglichkeit für Wanderer, das Weserbergland und angrenzende Regionen kennenzulernen, stellt der Pilgerweg Loccum–Volkenroda dar. Er führt durch ein Gebiet mit einer bemerkenswerten Dichte an interessanten Sakralbauten und christlichen Stätten, dabei durch vielfältige, oft bewaldete Landschaften und weist, obwohl es meist durch Mittelgebirge geht, nur mäßige Steigungen auf. Offiziell sind die rund 300 Kilometer entlang von Weser, Leine und Unstrut, durch Wesergebirge, Vogler und Solling und schließlich durch das Eichsfeld in 18 Etappen eingeteilt. Es gibt eine Hauptroute und Varianten. Die Hauptroute verläuft von Loccum über Stadthagen, Hessisch Oldendorf, Fischbeck, Hameln, Stadtoldendorf, Neuhaus, Uslar, Bursfelde und Heiligenstadt nach Volkenroda in Thüringen.

Zisterziensermönche aus Volkenroda gründeten 1163 das Kloster Loccum (→ S. 259). Tochterklöster sollten bei den Zisterziensern jährlich visitiert werden. Es ist also davon auszugehen, dass sich bis zur Reformationszeit einmal im Jahr der Abt des Mutterklosters mit Begleitern auf den Weg machte, um zu prüfen, ob die Mönche in Loccum nach den Regeln des Reformordens lebten und arbeiteten. Man weiß allerdings nicht, ob der Tross den heutigen Pilgerweg benutzte. Daher ist der heutige, 2005 von der Evangelisch-lutherischen Landeskirche Hannover initiierte Pilgerweg keine historische Route, sondern ein neuer Weg. Er bezieht bewusst landschaftlich reizvolle Abschnitte sowie kultur- und kirchengeschichtlich interessante und bedeutsame Orte, Kirchen, Klöster und Klosterruinen ein. Am Weg liegen weitere Baudenkmäler, hübsche Städte und Dörfer sowie einige Aussichtstürme und -punkte. Wanderer finden überall Pensionen, Ferienwohnungen, Hotels, aber auch Pilgerherbergen, die zumeist in den Klosteranlagen eingerichtet wurden. Hier muss man sich anmelden, mitunter ist eine Übernachtung auch nur mit dem offiziellen Pilgerpass möglich. Wählt man ein Kloster als Zwischenstation, so kann man auch an den Gottesdiensten und Abendandachten teilnehmen.

Wegzeichen ist ein violettes Radkreuz auf weißem Grund. Die Vorlage, ein bischöfliches Weihekreuz, findet sich am Torhaus in Loccum. Der Überlieferung nach wurden in Loccum Pilger beherbergt, die sich auf dem Weg Richtung Köln oder gar Santiago de Compostela befanden. Die Verwendung des Zeichens erinnert daran, dass die Zisterzienser in jenen Zeiten als besonders gastfreundlicher Orden galten. Der Wunsch der Initiatoren ist es, dass am Pilgerweg »in ökumenischer Perspektive die christliche Tradition des Pilgerns und der Gastfreundschaft lebendig wird«.

Infos: Möglichkeit zum Gepäcktransfer und zu Führung durch zertifizierte Pilgerbegleiter. Alle wichtigen und aktuellen Infos, teils zum Download, sowie Bestellmöglichkeit des offiziellen Wanderführers mit genauen Karten: www.loccum-volkenroda.de

Das Logo des Pilgerwegs

Die beeindruckende Stiftskirche in Loccum

Abstecher nach Rehburg-Loccum

Die Stadt Rehburg-Loccum besteht seit 1974 aus fünf Ortsteilen. Zwei davon lassen die Touristen zu Recht links liegen: Rehburg erhielt zwar 1648 die Stadtrechte, ist aber bis heute unscheinbar geblieben; Winzlar hat sich seinen dörflichen Charakter bewahren können und bietet außer Ruhe kaum etwas. Von den Touristen allerdings zu Unrecht kaum besucht ist auch der kleine historische Kurort Bad Rehburg. Er bietet interessante Einblicke in die noble Welt früherer Epochen. Die imponierende Klosteranlage Loccum im gleichnamigen Dorf dagegen ist geradezu ein Muss für Architekturinteressierte, und im Dinosaurier-Park am Rand des Dorfes Münchehagen können vor allem Kinder und Familien halbe Tage mit Schauen und Staunen verbringen.

Kloster Loccum

Schlichtheit, Strenge, Erhabenheit – schon in seinem Äußeren vermittelt Kloster Loccum mit seiner imponierenden Stiftskirche die Grundsätze des Zisterzienserordens. Der 1098 gegründete Reformorden wollte sich vom Prunk der Amtskirche deutlich absetzen, das Leben der Ordensleute stand ganz im Zeichen von strenger Askese und Bescheidenheit. Die Kirche sollte keine prunkvolle, die Gläubigen überwältigende Kathedrale sein, sondern ein Bethaus, ein Ort des Gottesdienstes.

Kloster Loccum wurde 1163 von Zisterziensermönchen aus dem thüringischen Volkenroda gegründet, Anfang des 14. Jahrhunderts erlebte es seine größte wirtschaftliche Blüte. 1593 nahmen Abt und Konvent das lutherische Augsburgische Bekenntnis an. Seit 300 Jahren werden hier Pastoren ausgebildet, heute ist Loccum das einzige Predigerseminar der Hannoverschen Landeskirche. Gleichzeitig gibt es Übernachtungsmöglichkeiten für Pilger – Loccum ist der eine Endpunkt des 2005 neu eröffneten, rund 300 Kilometer langen Pilgerweges Loccum–Volkenroda.

Neben Maulbronn in Baden-Württemberg gilt Loccum als das am besten erhaltene Zisterzienserkloster Deutschlands. Das

Der Kreuzgang

von einer mächtigen Mauer umgebene Ensemble mit verschiedenen Wohn- und Wirtschaftsgebäuden hat die Zeiten überdauert, die ältesten Gebäude stammen aus dem 13. und 14. Jahrhundert. Seit 2017 war das Kloster grundlegend saniert, modernisiert und auch erweitert worden, so entstanden eine moderne Bibliothek und ein Gästehaus für Vikarinnen und Vikare neu. Mit dem Einräumen von rund 120 000 Bänden in die neue Bibliothek im Frühjahr 2022 waren die Um- und Erweiterungsbauten abgeschlossen.
Man betritt die Anlage durch das **Torhaus** mit **Frauenkapelle** (um 1260) und blickt sogleich auf den Mittelpunkt der Anlage, die **Stiftskirche.** Sie wurde zwischen 1200 und 1277 errichtet und 2013, zum 850. Jubiläum des Klosters, umfassend renoviert. Der Bau aus Sandstein auf kreuzförmigem Grundriss ist in seinem Äußeren nahezu unverändert geblieben. Im bescheidenen Innern befinden sich die historischen Grabmäler dreier berühmter Äbte aus dem 17. und 18. Jahrhundert. Die Kanzel aus dem frühen 17. Jahrhundert zeigt die gewachsene Bedeutung der Predigt im evangelischen Gottesdienst. Das Auferstehungsfenster von Johannes Schreiter (2013) neben der Totenpforte erstrahlt am Tage in leuchtenden Farben, die Seifert-Orgel ist von 2012/13.

An die Stiftskirche schließt sich der **Kreuzgang** an, der innerste Bereich des Klosters. Über ihn konnten die Mönche ursprünglich alle für sie wichtigen Räume erreichen: mehrere Kapellen, Refektorium, Kapitelsaal und auch die Bibliothek. Kostbare Handschriften und kunstvoll gestaltete Bibeln sind hier Zeugnisse der christlichen Gelehrsamkeit. In der Mitte des Kreuzgangs erinnert ein kleiner Brunnen an das Brunnenhaus, das sich früher an dieser Stelle befand.

Um die Kirche befinden sich weitere historische Gebäude: die **Pilgerscheune** (um 1300), das frühere **Siechenhaus,** das im 13. Jahrhundert aus Bruchsteinen errichtete ehemalige **Abtshaus,** die **Zehntscheune,** die seit ihrer Fertigstellung um 1300 praktisch nicht verändert worden ist.

Einen deutlichen Kontrast zu diesen grauen spätmittelalterlichen Gebäuden bildet das langgestreckte **Konventshaus,** das 1778 im Spätbarock anstelle des westlichen Kreuzgangs errichtet wurde. Es setzt sich nicht nur stilistisch, sondern auch durch seine prächtige Fassadengestaltung deutlich von den anderen Gebäuden ab. Hier sind die Seminar- und Übernachtungsräume für die Vikare und für Gäste eingerichtet. Die umfassende Sanierung hat das Konventshaus, soweit möglich, in den ursprünglichen Zustand zurückversetzt und von Umbauten aus späterer Zeit befreit.

Außerhalb der Mauer liegen Park und landwirtschaftlich genutzte Flächen. Die Ordensleute betrieben Landwirtschaft, Gartenbau und Fischzucht. Dazu wurden drei Bäche aufgestaut, umgeleitet

▶ Karte S. 228/29

und über das Gelände geführt sowie mehrere Teiche – Karpfenteich, Mühlenteich, Backteich, Brauteich – angelegt. Das Wasser diente als Trinkwasser und Toilettenabfluss sowie zum Antrieb der Mühlen und der Schmiede. Zum Kloster gehörte auch der Klosterforst. Er wurde unter anderem als Weide für Schafen und Ziegen, Rinder und Schweine sowie Pferde genutzt. Heute besitzt das Kloster noch rund 750 Hektar Wald-, Wiesen und Ackerfläche. Um den jüngst abgeschlossenen Umbau stemmen zu können, musste ein Teil dieser Ländereien verkauft werden.

Bad Rehburg

Malerisch umspielen bewaldete Höhenzüge auf fast allen Seiten das kleine Bad Rehburg. Aber nicht diese reizvolle Lage, sondern die um 1690 entdeckten Heilquellen ließen die Siedlung zu einem Heilbad wachsen, das in seiner glanzvollsten Zeit auch »Madeira des Nordens« genannt wurde. Zwischen 1750 und 1850 lockte es die hannoversche Aristokratie und später auch das gemeine Volk an, »der Gesundheyt wegen und des Vergnügens halber«, wie man damals zu sagen pflegte. Zu den prominentesten Gästen zählte Königin Friederike von Hannover. In dieser Zeit entstanden auch die Kur- und Gesellschaftshäuser, der Kurpark, Pensionen und Hotels; eine kleine Welt für sich, die heute mit Bezug auf ihre Entstehungszeit als »Romantik Bad Rehburg« vermarktet wird. Die geschmackvollen, aber hinsichtlich ihrer Größe bescheidenen Bauten wurden nach jahrzehntelanger Agonie und fortschreitendem Verfall erst ab 2000 wiederentdeckt und restauriert. Das historische Bild ist fast vollständig erhalten, große Teile des umgebenden Kurparks und Waldpromenaden mit ihren Sichtachsen bis zum Steinhuder Meer ebenso. Mittelpunkt dieser Romantik ist das Ensemble aus **Sanatorium, Badehäusern** und **Wandelhalle,** in der sich auch die Touristeninformation befindet. Hier gibt es unter anderem eine Broschüre, die einen Rundgang durch den Kurort über 20 Stationen vorschlägt und diese – Brunnen, Pavillons, Kuranlage, Sanatorien, Teiche und auch einzelne besonders bemerkenswerte Bäume – auch erläutert. In der Wandelhalle finden heute ab und an Konzerte und Lesungen statt, im Neuen Badehaus Sonderausstellungen zu unterschiedlichen Themen und Kunstformen. Mitunter werden die Flächen auch für Kunstfestivals und Workshops genutzt – Kunst und Geschichte gehen dann eine heitere Symbiose ein.

Beschaulichkeit in Bad Rehburg

Dinosaurier-Park Münchehagen

Zu einem überregional bekannten Besuchermagneten hat sich in den vergangenen Jahren der Dinosaurier-Park am Rand des Dorfes Münchehagen entwickelt. Die Basis dafür war gelegt, als 1979 in einem Steinbruch schüsselförmige Vertiefungen entdeckt wurden, die Fachleute schnell als komplette Fährtenzüge von Dinosauriern identifizieren konnten. Sie wurden gesichert und stehen, von einer großen Schutzhalle umgeben, seit 1986 als »Naturdenkmal Saurierfährten« unter Naturschutz. Als zweite Besonderheit besitzt die Einrichtung ein Schau-Präparationslabor. Hier werden Fossilienfunde aus der Mittelweserregion, aber auch aus dem Harz gereinigt, gesichert und untersucht. Man erfährt beispielsweise, warum die Präparation eines Saurierskeletts mehrere Jahre dauert und welche Techniken dabei zum Einsatz kommen. Hauptattraktion für die meisten Besucher ist aber sicherlich der etwa 2,5 Kilometer lange **Rundkurs,** der an etwa 230 lebensechten Rekonstruktionen von Dinosauriern und anderen Urzeittieren vorbeiführt: von relativ harmlos erscheinenden Wasserbewohnern und anderen interessanten ausgestorbenen Tieren der Evolutionsgeschichte bis hin zum furchteinflößenden riesigen Tyrannosaurus Rex. Die Einrichtung, die laut Selbstbeschreibung stolz darauf ist, »Deutschlands größter wissenschaftlicher Erlebnis- und Themenpark« zu sein, legt Wert darauf, dass die »lebensgroßen, wissenschaftlich korrekten Dinosauriermodelle in Abstimmung und enger Zusammenarbeit mit internationalen Wissenschaftlern gebaut werden.« Wer will, kann sich die fundierten Erläuterungen zu Stegosaurus, Triceratops oder Brachiosaurus durchlesen. Es macht aber auch großen Spaß, einfach nur so durch diesen Jurassic Park en nuce zu schlendern, von Ungetüm zu Ungetüm. Einige entblößen ihre großen, spitzen Zähne und schreiten bedrohlich auf die Besucher zu, andere scheinen in ihrem natürlichen Umfeld zu dösen. Zum fröhlichen Grusel gibt es noch Seilbahn und Aussichtspunkt, Abenteuerspielplätze, Picknickplätze und mehrere Restaurantterrassen. Abgerundet wird das Angebot von der Erlebnisausstellung »Giganten der Eiszeit«, einer Steinzeitwerkstatt und einer Sammlung mit rund 2500 Knochen aus der Eiszeit. Kein Wunder, dass Kinder auf dem großen Gelände gern ihre Geburtstage feiern.

Begegnung im Dinopark

▶ Karte S. 228/29

Abstecher zum Steinhuder Meer

Rund 32 Quadratkilometer Fläche reichen, um das Steinhuder Meer zum größten Binnensee Nordwestdeutschlands zu machen. Es ist im Mittel nur 1,50 Meter und an keiner Stelle mehr als 3,20 Meter tief. Im Sommer liegt der Wasserstand wegen Verdunstung um bis zu 40 Zentimeter niedriger als zu den anderen Jahreszeiten. Der See wird hauptsächlich durch Regen- und Grundwasser gespeist, sein einziger Abfluss ist der Meerbach im Westen. Die vielen Segler schätzen den See, weil hier kaum einmal mit schwe-

Fast wie am »richtigen« Meer: der Bootsanleger in Steinhude

rem Wellengang zu rechnen ist. Er ist von Mooren umgeben, die Ergebnis eines jahrhundertelangen Verlandungsprozesses sind: bei seiner Entstehung am Ende der letzten Eiszeit war das Binnengewässer etwa drei Mal so groß wie heute. Es bildet das Kernstück des rund 310 Quadratkilometer großen **Naturparks Steinhuder Meer.** Vor allem an der Ostseite legen zur Zugzeit tausende von Kranichen und Wildgänsen eine Rast auf ihren langen Wegen ein.

Weithin bekannt ist die künstliche **Insel Wilhelmstein.** Graf Wilhelm von Schaumburg ließ sie zwischen 1761 und 1765 aufschütten, um darauf bis 1767 eine Festung errichten zu können. Sie diente anfangs als Militärschule, später als Gefängnis. Das Bauwerk mit seinen Kasematten ist erhalten, darin eine militärhistorische Sammlung untergebracht. Die Insel befindet sich noch immer im Besitz der Fürsten zu Schaumburg-Lippe, ist aber seit 1899 nurmehr Touristenziel, das die Gäste von Steinhude und Mardorf mit dem Ausflugsschiff erreichen. Der Schauwert ist allerdings bescheiden: Die Ausstellung ist klein und angejahrt, das Café am Bootsanleger nichts Besonderes, und die Insel ist in zehn Fußminuten umrundet.

Wir empfehlen statt der traditionellen Dampferfahrt daher eine Radtour rund um den See. Dafür lohnt auch eine etwas weitere Anreise: Die Tour führt zu interessanten Bauten und an besonders geschützten Wiesen- und Moorlandschaften vorbei, ermöglicht immer wieder weite Blicke über die Wasseroberfläche. Und in einigen Lokalen an der Strecke steht auch die regionale Spezialität auf der Karte, der Steinhuder Rauchaal.

■ Steinhude

Jahrhundertelang war Steinhude am Südufer ein kleines Fischer- und Bauerndorf mit etwas Weberei und seit dem 19. Jahrhundert einer der ersten Schokoladenfabriken in Deutschland. Mit der Anbindung an die Eisenbahn nach Wunstorf bei Hannover entwickelte es sich zu einem Ausflugsort, das es bis heute geblieben ist. Es gibt zahlreiche Andenkenläden, deren Schwerpunkt auf Mariti-

Eine Spinne im Schmetterlingshaus

mem liegt, Cafés und Restaurants reihen sich im Zentrum, entlang der Uferpromenade tummeln sich die Möwen, und regelmäßig legen die kleinen Ausflugsschiffe für Rundfahrten ab – man fühlt sich wie in einem traditionellen Urlaubsort am »richtigen« Meer. In Steinhude gibt es praktisch keine architektonisch bemerkenswerten Gebäude. Hingucker sind die im Ort – vor allem an und nahe der Anlegestelle – verteilten Skulpturen, die meist maritime Motive aufnehmen.

Das historische **Scheunenviertel** entstand, als man im 18. Jahrhundert wegen Brandgefahr die Lagerscheunen an den Ortsrand verlegte. Heute sind in dem denkmalgeschützten Fachwerkensemble unter anderem die Kunstscheune mit wechselnden Ausstellungen und das **Infozentrum des Naturparks** untergebracht. Es bietet Einblicke in die Geschichte und Besonderheiten des Naturparks, veranschaulicht die Ökologie des Steinhuder Meeres und bietet nach Absprache Exkursionen und Seminare an.

In einem Bauernhaus von 1850 befindet sich das **Fischer- und Webermuseum/ Spielzeugmuseum.** Es besitzt Originalmobiliar aus dieser Zeit und informiert über das traditionelle Fischerboot, den Steinhuder Torfkahn, und die Ausrüstung der Fischer. In der Dauerausstellung auf rund 100 Quadratmetern zum Thema Hausweberei gibt es sogar einen funktionstüchtigen Webstuhl. Daneben zeigt das Museum eine riesige Sammlung von Spielzeug, darunter Puppen und Blechspielzeug, allerlei Baukästen und viele Exponate aus dem Reich der Feen.

In eine ganz andere Welt entführt die **Schmetterlingsfarm**. Etwa 400 farbenfrohe exotische Schmetterlinge mit bis zu 30 Zentimeter Flügelspanne schwärmen zwischen Besuchern, tropischen Bäumen und den Futterstellen hin und her. Das schwül-heiße Klima lässt Brillen und Fotoobjektive binnen Sekunden beschlagen. Im Vorraum befindet sich ein Insektarium, in dem die großen, teils leuchtend roten Giftspinnen aus Südamerika besonders faszinieren und trotz der dicken Glasscheiben ihrer Behausungen auch ein wenig bedrohlich wirken.

Die künstlich aufgeschüttete **Badeinsel** im Nordosten des Ortes ist über eine 100 Meter lange Brücke mit dem Festland verbunden. Seit 1979 bildet dieses 3,5 Hektar große Eiland mit Sandstrand, Liegeflächen und Spielgeräten den Mittelpunkt des örtlichen Badelebens.

▸ Karte S. 228/29

Radtour rund ums Steinhuder Meer

Start/Ziel: Steinhude/Zentrum
Länge: ca. 32 km

Der ausgeschilderte Rundweg um das Steinhuder Meer weist nur 80 Meter Höhenunterschied auf, ist bestens ausgebaut und verbindet die kulturellen und vor allem landschaftlichen Attraktionen am See miteinander. Man benötigt ohne Pausen etwa zwei Stunden. Schaut man sich einige Sehenswürdigkeiten an, nimmt sich Zeit für Naturerlebnisse und kehrt zwischendurch auch mal ein, wird es ein tagfüllendes Programm. Der Weg führt teils durch Wald oder Feuchtwiesen, teils durch freies Feld, mal an Mooren oder Schilfgürteln entlang.

Wir starten in Steinhude und folgen der Ausschilderung im Uhrzeigersinn. Es geht etwa einen Kilometer am Ufer, dann landeinwärts am **Hagenburger Kanal** entlang. Hier bietet sich ein kurzer Abstecher in den Ort **Hagenburg** an, zum Schloss der Grafen zu Schaumburg-Lippe von 1686. Es war lange Zeit der Sommersitz der Familie, heute beheimatet es eine Kulturstiftung. Es handelt sich um einen interessanten zweistöckigen, L-förmigen Bau, teils in Stein, teils in Fachwerk ausgeführt. Eine imposante Rhododendronallee führt zum Schloss. Besonders sehenswert aber sind der Findlingsgarten mit 23 riesigen Zeugen der Eiszeit und der Moorgarten mit der ganzen Artenvielfalt eines Hoch- und Niedermoores. Vom Turm der Nicolaikirche eröffnet sich ein weiter Blick in die Landschaft. Die neogotische Hallenkirche (1869–1871) gilt als eines der besten Werke des Architekten Conrad Wilhelm Hase aus Hannover.

Nun führt der Weg an den **Meerbruchwiesen** entlang, Feuchtwiesen mit kleinen flachen Gewässern darin. Vor allem Amphibien sowie Wat- und Wasservögel finden hier ideale Bedingungen. Im Frühjahr und Herbst rasten hier abertausende von Zugvögeln, oft wird das Radeln vom Quaken der Frösche begleitet.

Die **Ökologische Schutzstation Steinhuder Meer** in **Winzlar** widmet sich der wissenschaftlichen Naturschutzarbeit, dem Biotop- und Artenschutz und vor allem der Weiterbildung. Einen ersten Einblick in die Arbeit der Stiftung und die Lebenswelten im und am Steinhuder Meer vermittelt die Dauerausstellung »Meer im Blick«. Kurz hinter Winzlar finden wir eine Rastmöglichkeit und gleich daneben einen **Aussichtsturm** mit tollem Blick auf die Wiesen und das Leben, das sich dort abspielt. **Mardorf** besitzt eine fünf Kilometer lange Uferpromenade mit guten Bademöglichkeiten, mehreren Lokalen und einem weiten Blick über den See sowie einen historischen Ortskern mit Fachwerkhäusern. Ein Besuch lohnt aber vor allem das **Naturpark-Haus** mit der Dauerausstellung »Vom Torfabbau zum Klimaschutz – Moore im Wandel ihrer Funktion«. Im Multivisionsraum kann man sich dem Moor aus der Perspektive eines Kranichs nähern. Der **Abenteuerpark Seatree** im Ort bietet 27 Kletterstationen in Form eines Hochseilgartens in drei Schwierigkeitsstufen – hier kann jeder seine Grenzen testen. Am östlichen Ortsrand von Mardorf kann man auf einem langen **Steg** ein wenig in das Meer hineinspazieren.

Hinter Mardorf geht es, vorbei am Hochmoor Weißer Berg, in das **Große Moor.** Das ist in Teilen ein urwaldgleicher Erlenbruchwald, ein Paradies für Sing- und Wasservögel. Der Moorerlebnispfad führt durch diese dichte Ufervegetation bis zu den Hochmoorflächen, Schautafeln erläutern die Tier- und Pflanzenwelt, die frühere Nutzung der Moore und die heutigen Maßnahmen zu ihrem Schutz. Ganz in der Nähe vervollständigt der **Beobachtungspunkt Seerosensee** die kleine Abfolge von Naturerlebnisstellen.

Etwas weiter führt ein Abstecher vom Rundweg nochmals zu einem **Aussichtspunkt** direkt am Ufer. Und vorbei an einem kleinen Strand, ist der Ortsrand von Steinhude bald erreicht.

Rehberg-Loccum, Steinhuder Meer

Kloster Loccum, Im Kloster 2, 31547 Rehburg-Loccum, Tel. 05766/96020; Klosterpforte mit Eine-Welt-Laden Mo, Mi–Fr 10–12, Mi 14–17.30 Uhr. www.kloster-loccum.de

Tourist-Information Rehburg-Loccum, Friedrich-Stolberg-Allee 4, 31547 Rehburg-Loccum/OT Bad Rehburg, Tel. 05037/300060; Di–So 10–17 Uhr. www.rehburg-loccum-tourismus.de

Tourist-Information, Meerstr. 19, 31515 Wunstorf-Steinhude, Tel. 05033/95010; Mo–Fr 9–17, Sa, So 10–15 Uhr. www.steinhuder-meer.de

Steinhuder Personenschifffahrt, Meerstr. 2 (am Anleger), 31515 Wunstorf-Steinhude, Tel. 05033/1721. In der Saison zahlreiche Fahrten zur Insel Wilhelmstein, nach Mardorf sowie zweistündige Rundfahrten. www.steinhuder-personenschifffahrt.de

▸ **Rodes Hotel,** Marktstr. 22, 31547 Rehburg-Loccum/OT Loccum, Tel. 05766/238; DZ um 100 Euro. Bekannt für seine Fisch- und Wildgerichte, in der Saison Spargel. www.rodes-hotel.de

▸ In **Steinhude** ballen sich im Alten und Neuen Winkel, am Weg zur Promenade und in der Graf-Wilhelm-Straße die Cafés, Eisdielen, Imbisse und Restaurants, keine Einrichtung fällt wirklich ab. Wer aufs Wasser schauen möchte:

Strandterrassen Steinhude, Meerstr. 2, 31515 Wunstorf-Steinhude, Tel. 05033/5000; tgl. 11–20 Uhr. Solide, viel Fisch. www.steinhuder-strandterrassen.de

▸ **Mardorf**: Zahlreiche Lokale. Wer Fisch sucht, ist im Fischerstübchen Mardorf (Uferweg 92) richtig, einen besonders guten Blick auf das Meer genießt man im Wirtshaus Inselblick (Uferweg 120).

Kloster Loccum (s. o.), Kirche tgl. 10–18 Uhr, Klosterführungen April–Okt. Sa, So 15 Uhr und nach Vereinbarung; Hora (Abendandacht) Mo–Sa 18 Uhr (Dauer ca. 20 Min.).

Fischer- und Webermuseum/Spielzeugmuseum, Neuer Winkel 8, 31515 Wunstorf-Steinhude, Tel. 05033/5599; Mai–Okt. Di–So 13–17, März, April, Nov. Sa, So 13–17 Uhr. www.steinhuder-museen.de

Schmetterlingsfarm, Am Knick 5, 31515 Wunstorf-Steinhude, Tel. 05033/939451; Mitte–Ende Feb., Okt. tgl. 11–17, März–Juni, Sept. tgl. 11–18, Juli, Aug. tgl. 10–18 Uhr. www.schmetterlingsfarmsteinhude.de

Infozentrum des Naturparks Steinhuder Meer, Am Graben 3–4, 31515 Wunstorf-Steinhude, Tel. 05033/939134; tgl. 10–13 u. 14–17 Uhr. www.naturpark-steinhuder-meer.de

Ökologische Schutzstation Steinhuder Meer, Hagenburger Str. 16, 31547 Rehburg-Loccum/OT Winzlar, Tel. 05037/9670; Mitte April–Mitte Okt. Di–So 10–16, sonst Di–Fr 10–16 Uhr. www.oessm.org

Naturpark-Haus, Uferweg 118, 31535 Neustadt-Mardorf, Tel. 0511/61626123; Mi–So 11–17 Uhr. www.naturpark-steinhuder-meer.de

Fahrradverleih Minigolfanlage Steinhuder Meer, Lütjen Deile 1a, 31515 Wunstorf-Steinhude, Tel. 05033/5512; tgl. ab 10 Uhr. Räder ab 10 Euro/Tag. www.fahrradverleih-steinhuder-meer.de

Fahrradverleih Altes Kutscherhaus, Meerstr. 2a, 31515 Wunstorf-Steinhude, Tel. 05033/3425 u. 0173/5182637; März–Okt. tgl. 9–18 Uhr. Räder ab 9 Euro/Tag. www.fahrradverleih-steinhude.de

Dinosaurier-Park, Alte Zollstr. 5, 31547 Rehburg-Loccum/OT Münchehagen, Tel. 0537/9699990; Mitte März–Okt. tgl. 9–18 Uhr. www.dinopark.de

▸ Karte S. 228/29

Zwischen Stolzenau und Nienburg

Bietet der Abschnitt zwischen Petershagen und Stolzenau vor allem für Naturliebhaber viel Sehenswertes, so bestimmen den Abschnitt zwischen Stolzenau und Nienburg großzügig angelegte Dörfer mit durchweg gut erhaltenen historischen Ortskernen.

Landesbergen

In der Nachkriegszeit wuchs das Dorf Landesbergen beträchtlich, als Preussen-Elektra eine Siedlung für die Arbeiter errichtete, die beim Bau und Betrieb des Kraftwerks Landesbergen beschäftigt waren. **Staustufe** und **Wasserkraftwerk** wurden 1960 in Betrieb genommen. An dieser Stelle wurde durch die Begradigung die Wellier Schleife, ein Altarm der Weser, vom Hauptstrom fast vollständig gekappt.

Der Ort selbst liegt auf einer kleinen Anhöhe und somit hochwassergeschützt. Die erste urkundliche Erwähnung liegt uns aus dem späten 11. Jahrhundert vor. Ein großer Brand zerstörte 1797 zwei Drittel des Dorfes, die meisten Bauten stammen daher aus der Zeit danach.

Die **Holländerwindmühle** (Brokeloherstr. 16) von 1872 erlitt 1915 bei einem Brand schwere Schäden und zeigt sich erst seit 1987 äußerlich wieder ganz hergestellt. Die Mühlentechnik ist nicht mehr vorhanden, das Innere wird für kulturelle Zwecke genutzt, es gibt hier auch eine Außenstelle des Standesamtes (www.muehle-landesbergen.de).

Die Fachwerkhäuser um die Mühle herum sind teils hierher versetzt worden; insgesamt hat sich der **Mühlenplatz** mit Backhaus und Gasthof zum zweiten, dabei sehr charmanten Zentrum des Ortes entwickelt.

Den anderen Mittelpunkt bildet ein von hohen Linden umspieltes Ensemble historischer Gebäude – Alte Schule, Kantorhaus, Pfarrscheune, Ziehbrunnen – rund um die **evangelische Kirche.** Sie stammt aus dem 12. Jahrhundert, wurde mehrmals erweitert und umgestaltet; bei genauem Hinsehen sind an den Außenmauern die Nähte der Anbauten erkennbar. Der Turm kam erst um 1820 hinzu.

Von Landesbergen führt die Brückenstraße auf die linke Weserseite, Richtung Schinna (→ S. 255). Von der Weserbrücke ergeben sich weite Blicke in die fruchtbare Wesermarsch und die niedrigen Hügel Richtung Liebenau, vom Stauwehr etwas weiter nördlich ebenso.

Brokeloh

Nur etwa 400 Menschen leben in Brokeloh, es ist aber wegen des **Bickbeernhofs** der Familie Herse weithin bekannt. Von Ende Juli bis Ende September dreht sich alles um die Blaubeere, die man hier Bickbeere nennt. Besucher können auch selbst pflücken und staunen, zu wie vielen Kreationen die Beeren verarbeitet werden. Mehrere Produkte des Hofes wurden als »Kulinarische Botschafter Nie-

Die Windmühle in Landesbergen

dersachsens« gekürt, darunter die »Heiße Beere«, ein alkoholhaltiger Fruchtglühwein. Probieren und kaufen kann man in Hofladen und Hofcafé.

Im Jahr 2004 wurde Brokeloh im Bundeswettbewerb »Unser Dorf soll schöner werden« zum Sieger gekürt. Neben den großzügigen Hofanlagen verdient vor allem das **Rittergut,** vormals ein Münchhausen-Schloss, einen längeren Blick. Es entstand bis 1600 als zweigeschossige Vierflügelanlage im Renaissancestil und war von einem doppelten Wassergraben umgeben. Heute steht es mitsamt seinen Nebengebäuden als Ensemble unter Denkmalschutz, einige Ferienwohnungen sind darin untergebracht – Urlaub auf dem Land kann kaum romantischer sein. Der acht Kilometer lange, ausgeschilderte **Hermann-Löns-Wanderweg** führt Besucher zu allen Attraktionen im Ort und drumherum.

■ Estorf

»Schünebusch« heißt das historische **Scheunenviertel** in Estorf. Neun Scheunen von ehemals knapp vierzig, errichtet zwischen 1650 und 1750, verteilen sich hier unter locker stehenden hohen Eichen. Die Gebäude in Fachwerk-Backstein-Bauweise sind hervorragend renoviert und dienen unterschiedlichen Zwecken: als Museum, in dem Gegenstände zur bäuerlichen Wohnkultur ausgestellt sind, als Ort für Dorffeste, Backtage und kulturelle Veranstaltungen und als Radlerscheunen, in denen Gäste Unterkunft finden. Auch wenn gerade kein Fest stattfindet, lohnt eine Besichtigung dieser ungewöhnlich gut erhaltenen Anlage unbedingt; eine Übernachtung ist vorab zu vereinbaren (Fahrrad-Tel. 0162/8527881).

Schon von Weitem ist der Turm der 1696 geweihten **Fachwerkkirche** zu sehen. Sie wirkt von außen schlicht, birgt aber im

Im »Schünebusch«

Inneren mit der erhaltenen derb-naiven barocken Bemalung aus dem späten 17. Jahrhundert einen wahren Schatz. Dargestellt sind unter anderem der Lebensweg Jesu, das Jüngste Gericht und die vier Evangelisten (Mai–Sept. tagsüber zugänglich).

■ Steyerberg

Die **Wassermühle** in Steyerberg – ihre Turbinen versorgen mehr als 100 Haushalte mit Strom – ist eine Station auf der »Energieentdeckertour« (→ S. 274). Wohl schon im 13. Jahrhundert existierte hier eine erste Wassermühle, seit 1865 befand sie sich im Besitz der Familie Meyersiek. Sie diente als Öl-, Getreide- und Schleifmühle – die Steyerberger Sensen besaßen lange Zeit ein hohes Renommee –; 1897 ersetzten Turbinen die Wasserräder, wodurch das Dorf zu Strom kam. Heute ist die Mühle noch in Betrieb, aber ausschließlich als Sägemühle. In einem Teil des Gebäudes von 1899 ist ein kleines Heimatmuseum untergebracht (www.heimatverein-steyerberg.de).

Den **Amtshof** gegenüber ließen sich die Grafen von Hoya um 1550 auf den Resten einer Burg bauen. Er liegt auf der Jacobiinsel, die von den beiden Armen

▶ Karte S. 228/29

des Flüsschens Aue gebildet wird und bis zum Bau der dreibogigen **Steinbrücke** 1726 nur über eine Zugbrücke zu erreichen war. Früher war der Amtshof – oft als Gutshof bezeichnet – ein landwirtschaftlicher Betrieb, heute ist er Sitz der Gemeindeverwaltung.

Am östlichen Dorfrand erstreckt sich der **Pfarrbusch,** eine weitläufige Waldfläche, wo entlang der Wanderwege einige Miniaturfiguren und -gebäude aus deutschen Märchen verstreut sind (Anfahrt über die Sportallee).

Liebenau

Die **Große Aue** windet sich durch das Dorf Liebenau und gibt ihm ein hübsches Antlitz, kurz dahinter mündet sie in die Weser.

In Liebenau existierten früher zwei **Scheunenviertel,** das eine, »Vor dem Penningsehler Tor«, ist weitgehend original erhalten: 14 Scheunen, teils in Fachwerk, teils in Backstein ausgeführt. Zwei Scheunen dienen heute kulturellen Zwecken, die anderen befinden sich in Privatbesitz.

Die überraschend große spätgotische Kirche **St. Laurentius** ist ein dreischiffiger Hallenbau mit Kreuzgewölben. Nicht häufig anzutreffen ist die Art der Außenmauern: eine Mischung aus Findlingen und Bruchsteinen.

Das **Witten Hus,** ein typisches großzügiges Ackerbürgerhaus aus dem späten 19. Jahrhundert, wurde bis 1997 von der Familie Witte bewohnt und beherbergt heute ein **Heimatmuseum.** Seine Exponate führen vor allem in die handwerklichen und bäuerlichen Traditionen vergangener Zeiten ein (aktuelle Öffnungszeiten: www.heimatverein-liebenau.de).

Südlich des Ortes, in einer Biegung der Großen Aue, liegt **Schloss Eickhof** inmitten eines großen Gartens. Seit 2006 ist hier ein Zen-Kloster eingerichtet, sind große Teile des Parks schrittweise zu einem japanischen Garten umgestaltet worden. Das Schloss ist nicht zugänglich, der Park leider auch nur manchmal.

Zwischen Liebenau und Nienburg, der Großen Aue und der Weser, befindet sich das **Naturschutzgebiet Liebenauer Gruben.** Die früheren Kiesabbauflächen gelten mit ihren 140 Hektar als größtes Renaturierungsprojekt Norddeutschlands. Noch ist die Transformation nicht abgeschlossen.

In vielen Publikationen wird das **Altsächsische Gräberfeld** an der Straße nach Steyerberg als Sehenswürdigkeit

Der Amtshof in Steyerberg

Mittelweser

erwähnt. Aber nicht nur lässt die Beschilderung dorthin sehr zu wünschen übrig, am Ort ist außer kaum wahrnehmbaren Erhebungen auch nichts zu sehen; diesen Umweg kann man sich daher sparen. Einige Artefakte befinden sich im Nienburger Museum (→ S. 275).

Zwischen Stolzenau und Nienburg

Zuständig ist die **Mittelweser-Touristik** in Nienburg (→ S. 275).

Anlegepunkt der Flotte Weser: Landesbergen. www.flotte-weser.de

Hotel-Restaurant Süllhof, Kirchstr. 41, 31595 Steyerberg, Tel. 05764/1604; DZ ab 60 Euro. Ruhig gelegen, Biergarten, Restaurant mit gutbürgerlicher Küche. www.waldhotel-suellhof.de

Pottkieker, Brokeloher Str. 8-12, 31628 Landesbergen, Tel. 05025/943660. Durchgehend warme Küche. www.pottkieker-landesbergen.de

Rittergut Brokeloh, Rittergut Brokeloh 1, 31628 Landesbergen/OT Brokeloh, Tel. 05027/1341; FeWo ab 45 Euro. Heuhotel, Campingplatz, Urlaub mit dem Pferd. www.rittergut.brokeloh.de

Bickbeernhof, Brokeloher Hauptstr. 37, 31628 Landesbergen/OT Brokeloh, Tel. 05027/1566; Hofladen/Hofcafé Mai Sa, So 10–18, Juni–Sept. tgl. 9–18, Okt.–April Hofladen Di 10–17 Uhr, Hofcafé geschlossen. www.bickbeernhof.de

Nienburg/Weser

Als wirtschaftliches und kulturelles Zentrum der Mittelweserregion gilt Nienburg (32 000 Einwohner). Es besitzt ein hübsches Zentrum mitsamt Renaissancerathaus, Burgmannshöfen und Ackerbürgerhäusern, interessante Museen und gute Hotels. Es liegt ungefähr auf halber Strecke zwischen Minden und Bremen und eignet sich als Ausgangspunkt für Tagestouren in alle Richtungen. Beispielsweise die Petershäger Aue (→ S. 244), der Weserabschnitt bis Achim oder das Steinhuder Meer (→ S. 262) sind von hier auf Radwegen erreichbar. Überhaupt durchzieht ein Netz von gut ausgebauten Radwegen die Region.

Bekannt ist Nienburg auch als Spargelzentrum. Das Gemüse wächst auf den sandigen Böden in dieser Gegend besonders gut. In der Saison kann man ihn auf vielen Höfen direkt kaufen und natürlich auch auf dem Wochenmarkt (Grünmarkt). Die Stiftung Lebendige Stadt hat ihn im Jahr 2008 als »Schönsten Wochenmarkt Europas« ausgezeichnet. Gelobt wurde das innovative und lebendige Konzept, das sich durch Angebotsvielfalt, Qualität und attraktive Warenpräsentation auszeichnet. Dank dieser Vorzüge haben sich die Besucherzahlen innerhalb eines Jahrzehnts mehr als verdoppelt.

Wegen des malerischen Ortsbildes, der guten touristischen Infrastruktur und der vielfältigen Ausflugsmöglichkeiten lohnt Nienburg einen mehrtägigen Aufenthalt.

Geschichte

Bei seiner ersten urkundlichen Erwähnung 1025 wurde der Ort schon Nienburg genannt. Das deutet darauf hin, dass bereits um diese Zeit eine Art befestigter Platz existiert haben muss, womöglich zum Schutz eines Weserübergangs, denn »Nienburg« bedeutet »neue Burg«. Ab 1215 befand sich der Ort im Besitz der Grafen von Hoya, etwa 100 Jahre später wurde er in einer Urkunde erstmals als *civitas* (Stadt) bezeichnet. Die Grafen bauten den Ort wegen seiner strategisch günstigen Lage an einer Furt und am Kreuzungspunkt von Handelswegen zu einer Burg aus und machten

▲ Karte S. 272

Die Lange Straße, die Zentralachse des historischen Zentrums von Nienburg

ihn 1346 zu ihrer zweiten Residenzstadt. In der Nähe der Burg siedelten sich Adlige an, die sich hier ihre sogenannten Burgmannshöfe errichteten, von denen ein kleiner Teil erhalten ist.

Als das Geschlecht der Grafen von Hoya 1582 ausstarb, kam die Stadt an die Herzöge von Braunschweig-Lüneburg und blieb bis 1866 bei ihnen. Der Löwe im Stadtwappen erinnert daran, die schwarze Bärentatze war das Feldzeichen der Grafen von Hoya.

Am Ende des Dreißigjähriges Krieges war Nienburg zu zwei Dritteln zerstört und musste neu aufgebaut werden. Die Wirtschaft nahm mit dem Aufkommen der Weserschifffahrt und vor allem ab 1847 mit dem Anschluss der Stadt an die Bahnlinie Hannover–Bremen einen deutlichen Aufschwung. Seit dem 19. Jahrhundert ist Nienburg als Spargelhauptstadt und als Ort der Glasherstellung bekannt.

Die Altstadt überstand den Zweiten Weltkrieg und die Ideen der autogerechten Stadt in der Nachkriegszeit nahezu unversehrt, zeigt sich heute sorgsam renoviert und lebendig.

Lange Straße und Umgebung

Diejenigen, die sich nicht ihre eigene Entdeckerroute durch Nienburg zusammenstellen möchten, können einfach der **Bärenspur** folgen: 500 große weiß auf das Pflaster gemalte Bärentatzen führen auf einem etwa 3,5 Kilometer langen Rundkurs zu den wichtigsten Sehenswürdigkeiten der Stadt. Die Spur nimmt vor der Touristen-Informationen ihren Anfang.

Zu den eindrucksvollsten Gebäuden der Stadt gehört sicherlich das **Historische Rathaus.** Der mehrgeschossige Steinbau stammt im Kern aus dem 14. Jahrhundert. Sein muschelbekrönter Staffelgiebel, die zweigeschossige Utlucht und das dem Marktplatz zugewandte Portal zieren seit etwa 1585 den Bau und sind gute Beispiele für typische Details der Weserrenaissance. 1778/79 kam der Turm hinzu, 1903 die Rathauserweiterung, die sich stilistisch sehr harmonisch einfügt.

Im **Polizeimuseum Niedersachsen** gleich daneben sind die historischen Einsatzfahrzeuge der Polizei die Schaustücke, daneben wird die Geschichte polizeilicher Arbeit bis heute beleuchtet, unter anderem mit Pranger und Fahndungsfotos. Auch der in der Region nach wie vor sehr bekannte Fall des Hannoveraner Massenmörders Fritz Haarmann (1879–1925) ist hier dokumentiert. Der von der Presse als »Schlächter von Hannover« oder »Vampir von Hannover« betitelte Haarmann beging von 1918 bis 1924 mindestens 24 Morde an Jungen und jungen Männern und wurde nach einem aufsehenerregenden Prozess 1925 hingerichtet. Unter den zahlreichen künstlerischen Verarbeitungen ist der Film *Der Totmacher* (1995) mit Götz George in der Hauptrolle vermutlich die bekannteste.

In der Nähe des Rathauses, an der Langen Straßen und ihren Seitenstraßen, versammeln sich die bemerkenswerten Bürgerhäuser. Dazu zählen etwa der **Has-**

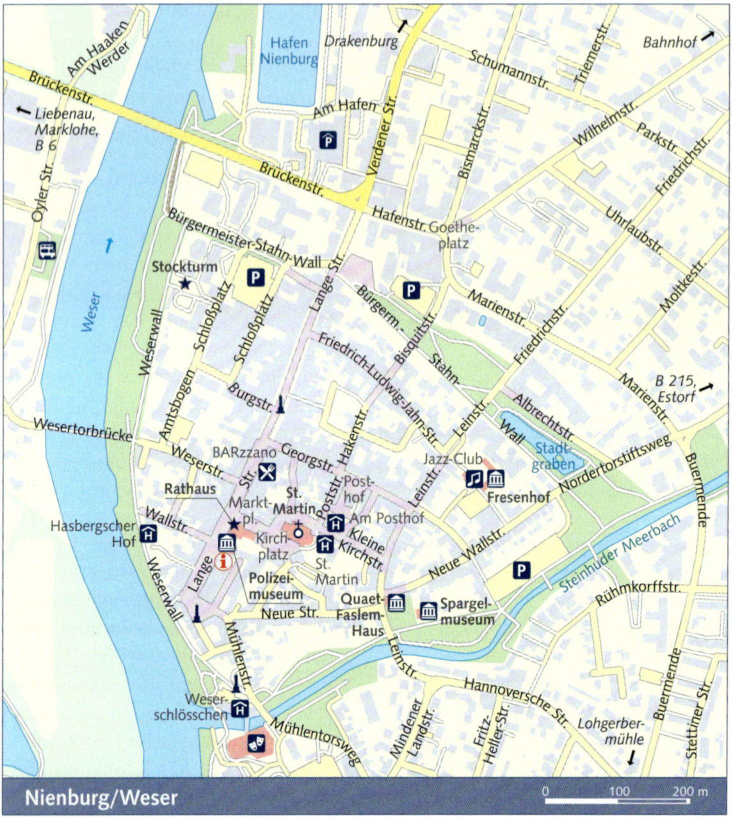

bergsche Hof (Wallstr. 5); das 1648 errichtete **Traufenhaus** (Weserstr. 5), das anders als fast alle historischen Häuser in der Innenstadt nicht seinen Giebel, sondern die Traufe zur Straße zeigt; ein **Fachwerkhaus** von 1586 mit typischer Utlucht (Weserstr. 9); das **Thießensche Haus** (Krumme Str. 5), ein Fachwerkhaus von 1657 mit auffällig breitem Erker, das seinen Namen nach dem Treppenbauer Jakob Thießen trägt.

Die Krumme Straße ist vermutlich die älteste Straße Nienburgs. Das **Patrizierhaus** des Gödeke Schünemann an der Ecke Weserstraße/Lange Straße gilt als eines der schönsten Fachwerkgebäude in Nienburg. Es stammt im Kern von 1541 und wurde, wie die Jahreszahl am Giebel bezeugt, 1674 umgestaltet. Seitdem besitzt es fünf Geschosse und einen überkragenden Giebel.

Das **Ackerbürgerhaus** in der Friedrich-Ludwig-Jahn-Straße 2 wurde um 1500 als Wohn- und Wirtschaftshaus errichtet, das neben Vorratsräumen auch Stallungen für das Vieh besaß. Es ist noch zu erkennen, wo sich früher das große Dielentor befand, durch das auch Ackerwagen mit Erntevorräten hindurchfahren konnten.

Der **Hakehof** (Hakenstr. 5) ist ein schönes Beispiel für ein repräsentatives Fachwerkgebäude des 16. Jahrhunderts. Das **Haus** Lange Straße 3 besitzt eine verzierte Utlucht, die Figuren stellen die Tugenden Mäßigkeit, Glaube, Hoffnung, Barmherzigkeit und Gerechtigkeit dar. Der Erker ist aus der Renaissancezeit, das Haus dahinter ein Neubau.

Die Skulptur **Glasbläser** in der Langen Straße soll die Erinnerung an den mittlerweile ausgestorbenen Beruf des Hohlglasmachers wachhalten. Die Firma Nienburger Glas – heute Ardagh Glas – spendete das Werk des österreichisches Künstlers Kurt Tassotti 1991, anlässlich ihres 100-jährigen Firmenjubiläums.

Die Bedeutung des Spargels für Nienburg symbolisiert der **Spargelbrunnen,** ein Werk des hannoverschen Bildhauers Helge Michael Breig. Der Brunnen steht seit 1998 am südlichen Abschluss der Langen Straße, fünf Personen sind in typischen Beschäftigungen festgehalten.

Unübersehbar reckt der **Wiehernde Hengst** an der Mühlenstraße seinen Kopf nach oben. Die gut 3,30 Meter hohe Bronzeskulptur des renommierten Bremer Bildhauers Gerhard Marcks wurde 1989 anlässlich der Eröffnung des nahegelegenen Theaters aufgestellt.

Blick über den Marktplatz auf St. Martin

Wo heute die neue **Weserbrücke** aus dem Jahr 2000 Fußgängern den Weg über die Weser ermöglicht, stand bereits ab 1512 eine hölzerne Brücke, ab 1723 eine erste Steinbrücke. Lange war dieser Übergang von Westen der wichtigste Zugang in die Stadt.

Der **Stockturm** am westlichen Rand der Altstadt (Weserwall 8) ist vermutlich das älteste Gebäude Nienburgs und der einzig erhaltene Rest des Schlosses der Grafen von Hoya. Diese hatten hier jahrhundertelang ihren Sitz. Nach dem Dreißigjährigen Krieg wurde das Schloss mitsamt seinen Nebengebäuden abgetragen, im 19. Jahrhundert diente der Turm zeitweise als Gefängnis.

Mittelweser

Rund um den Kirchplatz

Der Kirchplatz liegt nur wenige Schritte von der Langen Straße entfernt, dennoch geht es hier merklich ruhiger zu.

Unübersehbare 72 Meter misst der Turm der **Martinskirche,** Hauptkirche und auch Wahrzeichen der Stadt. Er wurde erst 1896/97 angefügt, die dreischiffige Hallenkirche im Stil der norddeutschen Backsteingotik bereits 1441 geweiht. Im Innern sind Reste mittelalterlicher Ausmalungen und wertvolle Grabmale erhalten, Skulpturen von Widukind und Karl den Großen stehen links und rechts neben dem Eingang.

Das **Stadtkontor** rahmt den Kirchplatz an dessen südlicher Seite. Das wohlproportionierte zweistöckige Fachwerkgebäude aus dem 18. Jahrhundert fungierte unter anderem schon als Wohnhaus, Schule und Rathaus, heute ist es Sitz des städtischen Bürgerbüros.

Die **Kleine Nienburgerin** ist so etwas wie das Symbol der Stadt und gleichzeitig ihre Werbefigur. Die sehr zierliche, 1,65 Meter hohe Bronzeskulptur der Bildhauerin Marianne Bleeke wurde 1975 aufgestellt, anlässlich der 950-Jahr-Feier der Stadt. Vom Glockenspiel des nahegelegenen **Posthofs** erklingt mehrmals täglich das Lied *Ich bin eine kleine Nienburgerin*. Dieser ehemalige Burgmannshof war bis 1880 Poststation auf der Strecke Hannover–London und beherbergt heute die Stadtbibliothek.

Nach dem aus Flamen stammenden Architekten Bruno-Quaet Faslem ist das **Quaet-Faslem-Haus** benannt, eine klassizistische Villa von 1821. Faslem bekleidete eine Zeitlang das Amt des Nienburger Stadtbaurats. Heute befindet sich hier ein Teil des Regionalmuseums, das unter anderem Einblicke in die bürgerliche Wohnkultur des 18. und 19. Jahrhunderts erlaubt.

Gleich daneben beleuchtet das **Niedersächsische Spargelmuseum** Geschichte und Gegenwart der Spargelkultur. Es residiert in einem rund 300 Jahre alten niederdeutschen Hallenhaus, das so typisch ist für die Dörfer des Norddeutschen Tieflands. Hier erfahren Besucher alles über die für den Spargel guten Böden, die Ernte, die Vermarktung (Direktverkauf) und auch über die Saisonarbeiter aus Osteuropa, ohne die dieser Wirtschaftszweig schon lange nicht mehr betrieben werden könnte. Auf dem Außengelände sind einige Geräte – Schmalspurschlepper, Tiefpflug – ausgestellt, im Lapidarium im hinteren Teil des Gartens eine Sammlung behauener Sandsteine. Darunter sind ein Erker, Sonnenuhren und Grabsteine. Diese Steine wurden einst in den Bückebergen bei Obernkirchen gebrochen und dann per Weserschiff nach Nienburg gebracht.

Seit Jahrzehnten ist der **Fresenhof** überregional als Ort sehr guter Jazzkonzerte bekannt. Daneben ist in dem früheren Burgmannshof, der bereits um 1250 bestand, der andere Teil des **Regionalmuseums** beheimatet. Besonders sehenswert ist das große Modell »Nienburg um 1700«. Dazu wird die Ur- und Frühgeschichte des Mittelweserraums anhand von Münzen und Grabfunden beleuchtet und ein Überblick über die Nienburger Glasmachertraditionen gegeben.

Früher gab es mehrere Wasser- und Windmühlen im Ort, aber nur die **Lohgerbermühle** am Leintor ist erhalten. Der gemauerte Erdholländer von 1848 arbeitete zunächst als Lohmühle – hier wurde Baumrinde zerkleinert, die, mit Wasser vermischt, zum Gerben von Tierhäuten Verwendung fand –, ab 1890 als Getreidemühle. Die Technik ist weitgehend erhalten, aber nicht funktionsfähig.

Energieentdeckertour

Ab Nienburg ist eine ungewöhnliche Fahrradroute eingerichtet: Die »Energieentdeckertour« informiert ausführlich über Energiegewinnung, Energiewende und erneuerbare Energien in Vergangenheit und Gegenwart. Die insgesamt 100 Kilometer und 21 Stationen sind in eine Süd- und eine Nordroute unterteilt (65 bzw. 45 km), alle Stationen sind mit Infotafeln ausgestattet. Besucher passieren Wasserkraftwerken und Wassermühlen, Photovoltaikanlagen, Windräder und Biogasanlagen, erfahren viel über die Geothermie und Solartankstellen. Die Route führt durch das abwechslungsreiche Wesermarschgebiet rund um Nienburg, entlang von Höhenzügen, Bächen, durch Wälder und Moore, auch durch Dörfer. Die Tour lohnt unbedingt auch, wenn man einfach nur so die Region vom Fahrradsattel aus näher kennenlernen möchte. Leider gibt es im Moment keine eigene Internetseite zum Thema, eine ausführliche Broschüre aber hält die Touristen-Information bereit.

▸ Karte S. 272

Nienburg/Weser

Tourist-Information, Lange Str. 18, 31582 Nienburg, Tel. 05021/917630; Mo–Fr 9–17 Uhr. Gleichzeitig Sitz der Mittelweser-Touristik. Umfangreiches Angebot an Broschüren, Stadtführungen sind hier zu erfragen und zu buchen.
www.mittelweser-tourismus.de

Nienburg liegt an den **Bahnstrecken** Minden–Nienburg und Hannover–Bremen.

Anlegepunkt der Flotte Weser: Am Haaken Werder. www.flotte-weser.de

Viele Unterkünfte – Hotels und FeWos – in der Stadt und der näheren Umgebung. Tipps:

Hotel Weserschlösschen, Mühlenstr. 20, 31582 Nienburg, Tel. 05021/62081; DZ ab 93 Euro. Drei-Sterne-Hotel, Zimmer teilw. mit Balkon. Am Rand der Altstadt an der Weser, Brückenrestaurant mit ca. 40 Plätzen direkt über der Mündung des Meerbachs in die Weser. Sommerterrasse, Sauna, Kegelbahn.
www.weserschloesschen.de

Hotel Am Posthof, Kleine Kirchstr. 1, 31582 Nienburg, Tel. 05021/97070; DZ um 80 Euro. Mittendrin und doch ruhig.
www.hotel-am-posthof.de

Pension St. Martin, Kleine Kirchstr. 2, 31582 Nienburg, Tel. 05021/13640; DZ ab 55 Euro. Nienburgs ältestes Haus, ebenso zentral, ebenso ruhig.
www.pension-st-martin.de

Hasbergscher Hof, Wallstr. 5, 31582 Nienburg, Tel. 05021/6000555; Mi–So ab 17, Sa, So auch 12–14 Uhr. Klassische deutsche Küche, auch Vegetarisches, in einem alten Burgmannshof aus dem 16. Jh., Terrasse direkt an der Weser.
www.hasbergscher-hof.de

BARzzano, Lange Str. 36, 31582 Nienburg, Tel. 05021/9243693; Mo–Sa 9.30–22 Uhr. Tagsüber Café mit Frühstücksangebot, abends Restaurant und Bar; sehr gute Pizza und Steaks. Plätze auch draußen in der Fußgängerzone oder im Innenhof mit Blick zum Kirchturm.
www.barzzano.de

Museum Nienburg, Tel. 05021/62377; Di–Do 10–17, Fr 10–13, Sa, So 14–17 Uhr. Zum Museum gehören Fresenhof (Leinstr. 48), Quart-Faslem-Haus und Niedersächsisches Spargelmuseum (beide Leinstr. 4). www.museum-nienburg.de

Polizeimuseum, Lange Str. 20–22, 31582 Nienburg, Tel. 05021/8441844; Di–Do 10–17, So 14–17, Mai–Sept. auch Fr, Sa 10–13 Uhr.
www.polizeigeschichte-niedersachsen.de

Jazz-Club Nienburg, Leinstr. 48 (im Fresenhof), 31582 Nienburg, Tel. 05021/2624.
www.jazzclub-nienburg.de.

Grünmarkt Nienburg, Mi und Sa 8–13 Uhr in der südlichen Langen Straße. Meist ca. 50 Stände.

Drakenburg, Eystrup und Umgebung

Zwischen Nienburg und Verden erstreckt sich agrarisch geprägtes Tiefland, das die Weser teils in großen und kleineren Schleifen, teils begradigt durchmisst. In vielen Orten finden sich die typischen großzügigen Dielenhäuser, in Backstein oder Backstein-Fachwerk.

Drakenburg

Die engen, verwinkelten Gassen mit ihrem historischem Baubestand lassen noch den früheren festungsähnlichen Charakter des Fleckens Drakenburg erahnen. Das Altdorf erstreckt sich zwischen früherem Schlossareal und Stauwehr, an der Staustufe informieren große Tafeln ausführlich über die Ortsgeschichte. Das

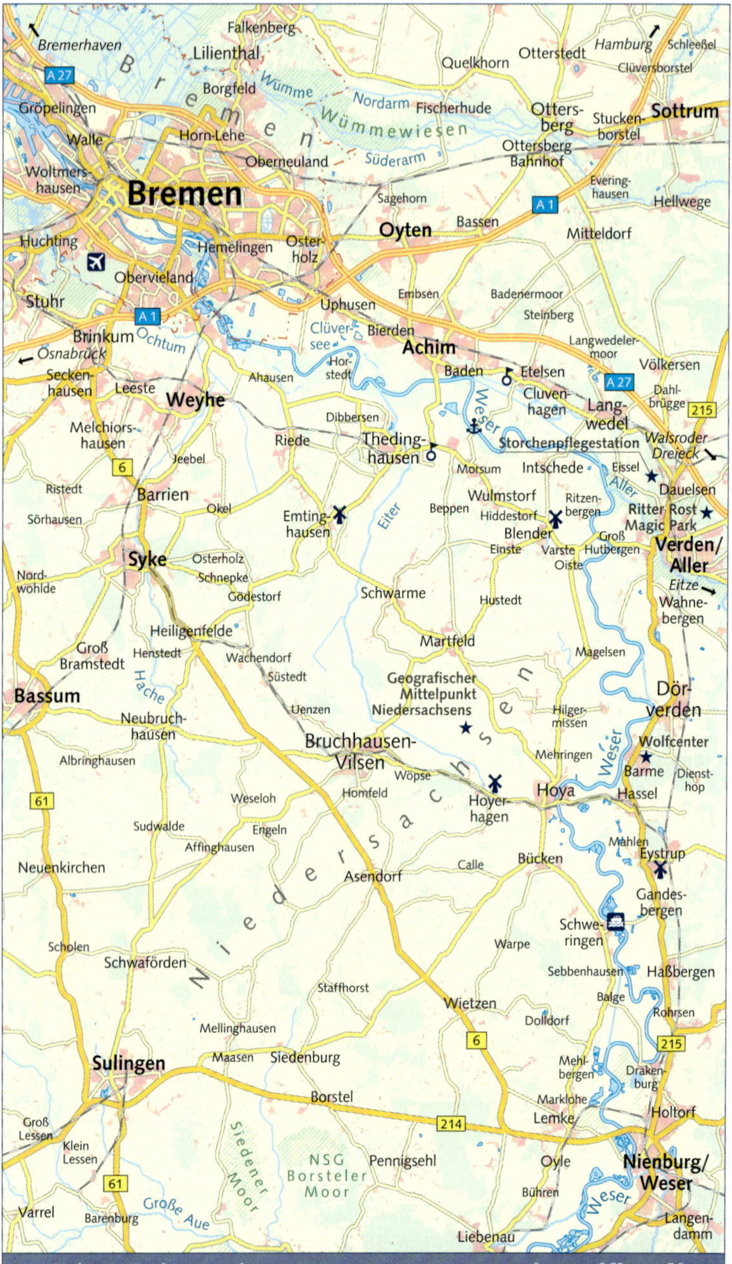

Zwischen Nienburg und Bremen

Laufwasserkraftwerk produziert seit über 60 Jahren genug Strom für 10 000 Haushalte, über die Brücke geht es Richtung Marklohe/Balge.

Das früher ortsbildprägende dreiflügelige Schloss wurde im Dreißigjährigen Krieg und danach durch Brand zerstört. Nur das prächtige **Weserrenaissance-Portal** von 1617 blieb erhalten und gibt eine Ahnung von der früheren Anmutung der Anlage; heute befindet sich auf dem Areal der Gutshof Beneke.

Einigen wertvolle Grabplatten der hier früher ansässigen Adelsfamilien aus der Spätgotik und Renaissance haben sich in der Kirche **Johannes der Täufer** erhalten; auffällig ist der separat stehende Turm. Die Ortsgeschichte mit Schwerpunkt dörfliches und bäuerliches Leben wird in der **Ole Schüne** (Tredde 81, So 14–17 Uhr) vermittelt. Sie befindet sich im ehemaligen Scheunenviertel, heute in etwa die Ortsmitte. Bei dem schmucken Kutter in der Flussmitte handelt es sich um einen **Aalschokker.** Die Aale werden mit Netzen an den Auslegern des fest vertäuten Bootes gefangen und an gastronomische Betriebe vornehmlich in der Region verkauft.

Seit 2009 informiert das ungewöhnliche **Wassarium** über das Wasser überhaupt, seine Förderung und Aufbereitung zum Trinkwasser, über Grundwasserschutz, die Land- und Forstwirtschaft, die Trinkwasserversorgung. 47 Infotafeln, mehrere Mitmachstationen und ein Aussichtsturm finden sich an dem rund einen Kilometer langen Lehrpfad, dazu ein Wasserspielplatz (tgl. 9–16 Uhr frei zugänglich). Das freundliche Areal liegt an der Straße nach Nienburg, direkt an der Eisenbahn.

Marklohe und Wietzen

Auf den ersten Blick ist zu erkennen, dass die einzelnen Teile der Kirche **St. Clemens** in Marklohe verschiedenen Bauphasen entstammen. Im Kern handelt es sich um eine romanische Basilika aus dem 12. Jahrhundert mir vorgelagertem Westturm aus Sandsteinquadern. Um 1860 kamen die neoromanischen Seitenschiffe aus Backstein dazu.

Als Besonderheit gilt die Ausmalung des Chores, die sich deutlich von den nüchtern-hellen Flächen des Hauptschiffes abhebt. Die Darstellungen stammen wohl aus der Zeit um 1520 und thematisieren Szenen aus dem Alten Testament,

Seltener Anblick auf der Weser: ein Aalschokker

Der »Dom der Mittelweser«

aber auch Heiligenlegenden. Sie wurden 1907/08 freigelegt, restauriert und in Teilen ergänzt. Die Kirche ist ganzjährig frei zugänglich (Di–So 9–16 Uhr).

Das **Heimatmuseum** im Markloher Ortsteil Wietzen zeigt in drei Gebäuden und einem Außenbereich von 7000 Quadratmetern prähistorische Funde, Artefakte, die die bäuerliche Arbeitswelt und Wohnkultur beleuchten, sowie Gerätschaften der traditionellen Landwirtschaft. Gemeindearchiv und Geschichtswerkstatt sind der interessanten Einrichtung angeschlossen, die leider nur nach Voranmeldung geöffnet ist.

Balge

Das kleine Balge ist rasch durchfahren. Kirchenenthusiasten statten womöglich der im späten 12. Jahrhundert errichteten, im Kern romanischen Kirche **St. Bartholomäus** einen Besuch ab, einer Saalkirche mit trutzig wirkendem Kirchturm. Hinter Balge findet der **Schleusenkanal,** der kurz vor Drakenburg seinen Anfang nahm, wieder in die Weser zurück.

Schweringen

Bedeutung hat Schweringen vor allem wegen seiner **Weserfähre**, interessanterweise die einzige Autofähre an der Mittelweser. Früher nutzten sie allem die Bauern aus Schweringen, die auf dem rechten Ufer Flächen bewirtschafteten. Heute sparen sich nicht zuletzt Fahrradtouristen die rund 15 Kilometer Umweg bis zum nächsten festen Übergang in Hoya oder Drakenburg.

Die backsteinerne **Kreuzkirche** (1922) im Ort ist eher unspektakulär.

Bücken

Der Name Bücken soll einer Legende nach so entstanden sein: Erzbischof Rimbert von Bremen schickte im Jahr 882 Mönche los, die einen geeigneten Ort als Zentrum der Christianisierung finden sollten. Die wanderten mit einem Esel los und baten um göttliche Hilfe: Wo sich der Esel bücken würde, solle der Ort entstehen. Das geschah eben hier, an der Stelle des heutigen Bücken. Und so entstand ein Stift um eine Stiftskirche herum und um das Stift herum das Dorf Bücken mit seinen ansehnlichen Fachwerkbauten.

Die Stiftskirche soll Quellen zufolge überaus reich ausgestattet worden sein. Nach der Reformation und der Aufhebung des Klosters allerdings verfiel die Anlage, die Gebäude mitsamt der Kirche verschwanden nach und nach, von den Reichtümern und Kunstschätzen ist nur wenig geblieben. Lediglich ein hölzernes Triumphkreuz (um 1230), die Steinkanzel (um 1250), Teile des Chorgestühls (um 1340), der Altar (um 1510) und einige Glasmalereien aus dem 13. Jahrhundert wurden in die neue Kirche integriert. In wuchtigen neoromanischen Formen entstand sie bis 1868 an Stelle der alten und übernahm deren Namen **St. Materniani et St. Nicolai**. Wegen ihrer beiden 52 Meter hohen, weithin sichtbaren Türme, die als Wahrzeichen des Hoyaer Landes angesehen werden, wird sie zuweilen auch »Dom der Mittelweser« genannt.

Warpe

Wer mal etwas Abwechslung braucht von all den Kirchen, findet fünf Kilometer südwestlich von Bücken eine originelle Einrichtung, den **Skulpturenweg Warpe.** Seit 2018 befinden sich acht teils übermannsgroße Skulpturen im und am Dorf, fallen auf und fügen sich gleichzeitig in die Landschaft ein, verändern sich mit ihr, stehen im Freien, an Feldrändern oder im Wald. Die 16 Kilometer ohne ausgewiesenen Start- oder Zielpunkt und fast ohne Höhenmeter lassen sich

Der Kaffkieker überquert in Hoya die Weser, im Hintergrund das Grafenschloss

bequem zu Fuß, mit dem Fahrrad oder auch dem Auto zurücklegen.

Der markierte Weg ist ganzjährig kostenlos und frei zugänglich, Infotafeln stellen Werke und Künstler vor (www.mittelweser-tourismus.de/tour/skulpturenweg-warpe).

Eystrup

Die Marmeladen und Fruchtsirupe aus dem Hause Göbber dürften bundesweit sehr bekannt sein, die Produkte von Leman – verschiedene Senf-, Essig- und Ölsorten –, der letzten eigenständigen Senf- und Essigfabrik Niedersachsens, wohl etwas weniger. Beide Firmen sind seit Langem in Eystrup ansässig, beide unterhalten hier Läden.

Auf einer etwa sieben Meter hohen Sanddüne am Rand des Ortes erhebt sich die **Holländerwindmühle** (Mühlenstr. 11). Von Beginn 1861 bis zum Ende des Mühlenbetriebs war hier immer ein Müller Schneermann tätig. Die Technik ist nach wie vor vorhanden und funktionstüchtig. Seit 2004 wird das Gebäude von einem Verein in Ordnung gehalten, der nach Absprache auch Führungen anbietet (www.muehle-eystrup.de).

Die **Willehadikirche** am Ortsrand steht ebenfalls auf einem Geestrücken. Sie stammt aus dem 12. Jahrhundert und erhielt ihr heutiges Aussehen im Rokokostil zwischen 1750 und 1752.

Kaffkieker

Wer die Region westlich von Eystrup entschleunigt erleben möchte, sollte eine Fahrt mit dem Kaffkieker in Erwägung ziehen. Knapp 90 Minuten benötigt er für die 37 Kilometer auf der Strecke Eystrup–Hoya–Bruchhausen-Vilsen–Syke mit ihren insgesamt 20 Haltpunkten. Eingesetzt werden die **Schienenbusse T2 und T3,** Baujahr 1956 bzw. 1959, die 2005 vom Abstellgleis gerettet, überholt und 2007 hier in Dienst gestellt wurden.

Fahrten finden zwischen Mai und September in der Regel am ersten und dritten Sonntag des Monats statt, dazu gibt es eine Reihe von Sonderfahrten. Umfangreiche Infos, aktuelle Termine und Buchungsmöglichkeit: www.kaffkieker.de

In Bruchhausen-Vilsen besteht übrigens an manchen Tagen Anschluss an die Dampfzüge der **Museumseisenbahn** nach Asendorf (www.museumseisenbahn.de).

▲ Karte S. 276

Hassel

Die Wehrkirche St. Cosmae et Demiani in Hassel blickt auf eine 1000-jährige Geschichte zurück und gilt damit als einer der ältesten Sakralbauten der Region. Umbauten fanden im 12. und 13. Jahrhundert statt. Sehenswert ist vor allem das Innere, in dem sich Wandmalereien aus der Romanik, der Gotik und der Renaissance erhalten haben. Die Kirche ist zwischen April und Oktober frei zugänglich (tgl. 9–18 Uhr).

Hoya

Hoya ist nicht besonders groß, besaß aber im Spätmittelalter eine gewisse Bedeutung als Sitz der Grafen von Hoya. Bis heute wird diese Erinnerung wachgehalten. Graf Heinrich I. von Hoya (1202–1235) ließ um 1230 eine erste Burg und eine Kirche auf der damals bestehenden Weserinsel bauen; einen Ort hatte es wohl seit Mitte des 12. Jahrhunderts an dieser Stelle gegeben. Das Geschlecht starb 1582 aus, die Grafschaft fiel an die Herzöge von Braunschweig-Lüneburg und 1705 an das Königreich Hannover. Im 17. Jahrhundert wurde der Seitenarm der Weser östlich der Burg zugeschüttet, der Fluss teilt seitdem recht gradlinig den Ort. Hoya erhielt 1929 Stadtrechte. Östlich der alten Grafenstadt liegt die **Alhuser Aue,** ein Auwaldgebiet unter Naturschutz. Besonders schön zeigt es sich im Frühjahr, wenn der Lerchensporn weiß und rot blüht.

Sehenswürdigkeiten

Das gräfliche Hoya liegt rechts der Weser, das neuere mitsamt Gewerbegebiet und den Einkaufsmöglichkeiten auf der anderen Seite. Eine Weserbrücke verbindet beide Teile.

Um 1213 entstand auf der östlichen Weserseite die Stammburg der Grafen von Hoya als Wasserburg. Sie wurde immer wieder zerstört und umgebaut, so dass nur noch wenige Teile aus dem

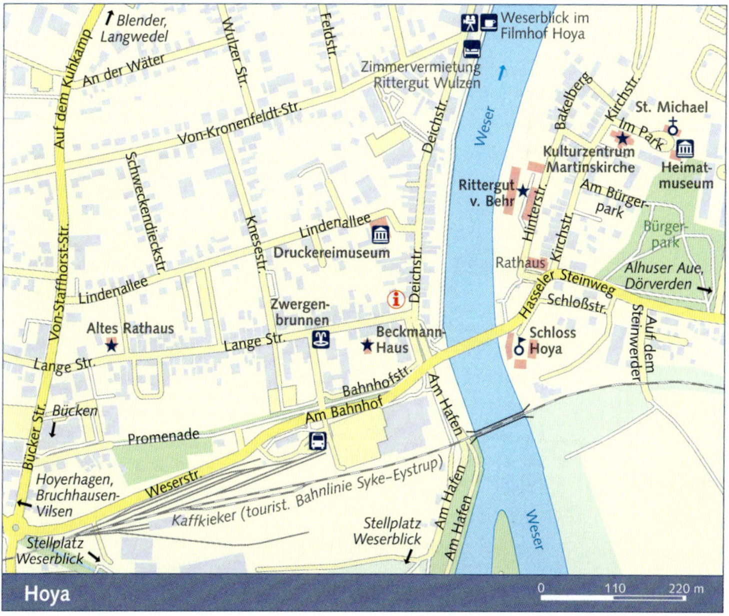

Spätmittelalter erhalten sind und weite Teile aus dem 19. Jahrhundert stammen. Dennoch gilt das ehemalige **Grafenschloss** als Wahrzeichen des Ortes, es beherbergt heute das Amtsgericht.
Gegenüber, auf der anderen Straßenseite, befindet sich das helle **Rathaus** im Jugendstil, 1914 als Kreishaus erbaut. Im ehemaligen Landratshaus rechts daneben sind heute Mietwohnungen eingerichtet.
Die Familie von Behr ist seit 1325 im Ort ansässig. Ihr Anwesen, eine großzügige Anlage, allgemein als **Rittergut von Behr** bezeichnet, wurde bei Kriegshandlungen zerstört, das heutige Wohnhaus stammt von 1765. Eine Besonderheit stellt der »Rittersaal« dar, den eine farbenprächtige Bildtapete mit der Darstellung damals exotischer Landschaften und Menschen schmückt.
Im ehemaligen, 1758 im Fachwerkstil erbauten Pfarrhaus ist heute das **Druckereimuseum** untergebracht. Es präsentiert Blei- und Holzschriften, Druckmaschinen sowie die historische Plakatdruckerei. Dahinter erhebt sich die barocke **Martinskirche** von 1750, die einen Vorgängerbau aus dem 11. Jahrhundert ersetzte. Die Kirche verlor mit dem Bau der Martin-Luther-Kirche auf der anderen Weserseite ihre Bedeutung und dient seit 1995 als Kulturzentrum. Der neogotische Westturm stammt aus dem späten 19. Jahrhundert, in der Kirche ist die Grablege des Grafen von Hoya mit einigen Epitaphen erhalten, dazu das Taufbecken von 1592 und der Altar aus der Zeit um 1750.
Vornehmlich der Stadtgeschichte widmet sich das **Heimatmuseum Grafschaft Hoya** ganz in der Nähe, das seinen Platz im früheren Gutshaus der Familie Staffhorst gefunden hat. Von hier sind es nur wenige Schritte bis zur Straße Bakelberg mit einigen eindrucksvollen Fachwerkhäusern aus dem 17. bis 19. Jahrhundert. Der hübsche, wenngleich nicht allzu große **Bürgerpark** war einmal der Staffhorstsche Gutspark. Er ist im Stil eines englischen Landschaftsgartens gestaltet und weist einige exotische Bäume auf.
Die schmalen, teils kopfsteingepflasterten Straßen geben dem kleinen Zentrum auf der linken Weserseite etwas Anheimelndes. 1967/68 wurden parallel zur **Deichstraße** Ufermauer und Promenade angelegt. Seitdem ist Hoya nicht nur vor Hochwassern geschützt, es lässt sich nun auch wunderbar am Ufer spazieren. An

Das Haupthaus des Behrschen Anwesens

▲ Karte S. 281

der Straße selbst sind einige Fachwerkhäuser erhalten, die Gebäude Nr. 11 und 13 gelten als besonders sehenswert. An der Deichstraße Nr. 81 befindet sich ein Gedenkort für die frühere Synagoge von 1833, die während der Pogromnacht 1938 zerstört wurde.

Die **Lange Straße** ist so etwas wie die Hauptstraße des Ortes. An ihr liegen das niedrige **Beckmann-Haus** (Nr. 5), eines der ältesten erhaltenen Gebäude in Hoya, das **Alte Rathaus** von 1884/85 (Nr. 64) und auch der liebevoll gestaltete **Zwergenbrunnen** von 1989, der auf die Sage *Die Zwerge im Schlosse zu Hoya* anspielt. Besonders lohnt sich ein Besuch am Donnerstagvormittag. Dann findet hier der Wochenmarkt statt, auf dem vorrangig Produkte aus der Region angeboten werden.

Ein Muss für niedersächsische Patrioten

Hoyerhagen

In Hoyerhagen liegen die Höfe verstreut, es ist ein Dorf ohne sichtbaren Mittelpunkt. Der massiv gemauerte **Galerieholländer** von 1866 war bis 1972 in Familienbesitz und wurde 1994 stillgelegt. Äußerlich zeigt er sich weitgehend intakt, von der Technik aber ist fast nichts mehr vorhanden. Eine Innenbesichtigung ist nicht möglich.

Südlich der Durchgangsstraße Hoya–Bruchhausen-Vilsen, auf einer Anhöhe zwischen den Straßen Vorberg und Auf dem Sande befindet sich ein **jüdischer Friedhof.** Er war lange Jahre jüdischer Zentralfriedhof für die Region bis nach Verden, Thedinghausen, Walsrode und Syke, daher seine für den Ort überraschende Größe. 179 Grabsteine aus den Jahren 1714 bis 1935 sind erhalten, einige von ihnen stark beschädigt.

Ein Regionalmagazin des *NDR* wollte es im Mai 2003 ganz genau wissen und versuchte herauszufinden, wo sich die Mitte Niedersachsens befindet. Das beauftragte Landesamt für Geoinformation und Landvermessung prüfte sorgfältig und bestimmte schließlich einen Punkt etwa drei Kilometer nördlich des Ortskerns Hoyerhagen als **geografischen Mittelpunkt Niedersachsens.** Ein großer Stein markiert exakt die ansonsten unauffällige Stelle, daneben weht eine große Niedersachsenflagge. Gäste, die ihren Besuch dieses Ortes mit einem Foto dokumentieren, können sich in der Touristen-Information in Hoya eine Urkunde ausstellen lassen. Der Weg dorthin ist nicht gut ausgeschildert, im Zweifel Einheimische fragen.

Dörverden

An einem größeren der hier zahlreichen Weserbogen liegt Dörverden, schon ein Ortsteil von Verden. Ein Schleusenkanal kürzt die Weser ab, das Stauwehr mit seiner Brücke bietet für Fußgänger und Radfahrer die Möglichkeit, hier die Weser zu überqueren.

Auf Distanz bedacht: Wolf in Dörverden

Kulturelles und geselliges Zentrum des Ortes bildet das **Kulturgut Ehmken Hoff,** in dessen denkmalgeschützten Bauten Veranstaltungen aller Art stattfinden: Konzerte, Seminare, Lesungen, Ausstellungen und auch Dorffeste.

Im alten Wappen der Gemeinde ist eine Mühle mit der Jahreszahl 1148 abgebildet. Ob es hier damals tatsächlich schon eine Mühle gab, ist nicht gesichert. Unbestritten dagegen ist, dass eine bestehende Mühle 1854 durch Blitzeinschlag und wenige Jahre später durch ein Feuer zerstört wurde. Der Nachfolger, die **Galerieholländermühle** von 1857, ziert noch heute den Ort. Sie ist seit mehr als 60 Jahren stillgelegt, aber noch voll funktionstüchtig.

Im Ortsteil Dörverden-Westen – er liegt östlich von Dörverden – gibt es neben einer Kirchenburg aus dem frühen 13. Jahrhundert und dem früheren Amtshaus eine weitere Mühle. Der **Galerieholländer** mit Jalousieflügeln und Windrose steht seit 1894 auf dem Allerdeich, befindet sich seitdem in Besitz der Familie Busemann und ist ebenso voll funktionstüchtig. Beide Mühlen können nur von außen besichtigt werden.

▲ Karte S. 276

Wolfcenter

Im Dörverdener Ortsteil Barme kann man Wölfen sehr nahekommen und sich gleichzeitig mit den Mythen und Vorurteilen auseinandersetzen, die bis heute mit ihnen verbunden sind.

Das Wolfcenter, eine Mischung aus Zoo, Museum, Seminarzentrum und Hotel, stellt in seiner **Dauerausstellung** die Geschichte der Beziehung zwischen Mensch und Wolf in den Mittelpunkt. Sie diskutiert dabei die Chancen und Herausforderungen, die sich aus der aktuellen Rückkehr der Wölfe in die Nähe des Menschen ergeben, und informiert ausführlich über ihre Lebensweise und Verbreitung. Herzstück der Anlage sind aber natürlich die **Freigehege,** in denen drei Wolfsrudel leben. Mit etwas Glück dösen die Wölfe nicht in den weiter von den Zäunen entfernten Bereichen, sondern streunen so durch ihr Revier, dass man sie beobachten kann (Fotogenehmigungen sind extra an der Kasse einzuholen). Auch mit etwas Abstand wirken die grau-sandfarbenen Tiere stolz, elegant, unnahbar und ziemlich respekteinflößend. Ruft man sich in Erinnerung, dass sie sonst Reviere von vielen Quadratkilometern durchstreifen, ist es ein etwas zwiespältiges Vergnügen, sie auf einer so kleinen Fläche die immer gleichen Pfade entlangschnüren zu sehen.

Vor den Wölfen von hohen Zäunen gut geschützt, leben auch Eulen, Ziegen, Alpakas sowie Schafe auf dem Areal. Es gibt täglich mehrere Führungen und Schaufütterungen, dazu Spielplätze und einen Souvenirshop sowie Übernachtungsmöglichkeiten auch in Indianertipis und einem Baumhotel.

Wer das Thema Wolf weiter vertiefen möchte: In Dörverden findet man einen Einstieg in den rund 90 Kilometer langen, 2016 eingeweihten **Fahrradrundkurs Wolfstour.** Er führt durch größere Wald-, Moor- und Heidegebiete zwischen Aller und Weser und dabei auch um das kaum besiedelte Lichtenmoor. Dort wurde 1948 der »Würger vom Lichtenmoor« erlegt, der für lange Zeit letzte Wolf der Gegend. Infotafeln beleuchten das Thema »Die Rückkehr des Wolfes nach Deutschland« unter verschiedenen Aspekten. Die durchweg flache und einfach zu fahrende Strecke ist in eine Süd- und eine Nordroute unterteilt (47 bzw. 59 km), wobei sich Streckenabschnitte überschneiden; eine ausführliche Broschüre mit Karte hält die Mittelweser-Touristik in Nienburg bereit.

Drakenburg bis Dörverden

Mittelweser-Touristik in Nienburg (→ S. 275).

Tourist-Information Grafschaft Hoya, Lange Str. 2, 27318 Hoya, Tel. 04251/81547; April–Mitte Okt. Mo–Sa 10.30–13, Do, Fr auch 15–17.30 Uhr. Infos u. a. zu FeWos in der Umgebung, zu öffentlichen Führungen und den zahlreichen Fahrradwegen der Region. www.grafschaft-hoya.de

Eystrup und Dörverden liegen an der **Bahnstrecke** Hannover–Bremen.

Fähre Schweringen–Gandesbergen, Tel. 04257/216 bzw. 307; März Mo–Fr 11–12 u. 13–14, April–Juni Mo–Fr 9–12 u. 13–17, Juli–Sept. Mo–Fr 8–12 u. 13–18, Okt. Mo–Fr 8–9, 11–12, 13–14 u. 17–18 Uhr. Mit kleinem Bar-Kiosk (undurchschaubare Öffnungszeiten). Fußgänger, Radler, Autos, Lkw bis 12 t, WoMos. www.faehre-schweringen.news

Anlegepunkt der Flotte Weser: Am Rathaus, Hoya. www.flotte-weser.de

CaHeu Hofcafé und Heuhotel, Nienburger Str. 18, 27333 Schweringen, Tel. 0171/8715685 u. 04257/9840940; Café Mai–Sept. Fr–So 10–18, April, Okt. Sa, So 14–18 Uhr, Übernachtungen außerhalb dieser Zeiten nach vorheriger Absprache möglich. Motorradfahrer ausdrücklich willkommen! Zimmer für Selbstversorger, Frühstück und Abendbrot nach Absprache möglich. Unten großzügig-uriger, kneipenähnlicher Gemeinschaftsbereich und Werkstatt für Schrauber. Großer Außenbereich mit Naturspielplatz, Teich und Wiese (Zeltmöglichkeit), Grillplatz und Lehmbackofen sowie Platz für mehrere Dutzend Maschinen.

Ephesus am Weserwehr, Lange Str. 18, 31623 Drakenburg, Tel. 05024/880718; DZ 69 Euro zzgl. Frühstück; Restaurant Di–So ab 17 Uhr. Hotel und Restaurant mit griechischer Küche, Biergarten. www.ephesus-am-weserwehr.de

Thöles Hotel Bücken, Hoyaer Str. 33, 27333 Bücken, Tel. 04251/93000; DZ um 75 Euro. Solide, mit Restaurant. www.thoeles.de

Flic-Flac, Am Markt 2, 27333 Bücken, Tel. 04251/7395; Di–So 18–24 Uhr. Mediterran angehaucht, Blick vom Biergarten auf den baumbestandenen Marktplatz.

Zimmervermietung Rittergut Wulzen, Mehringen 26a, 27318 Hoya-Hilgermissen, Tel. 04251/7541; EZ, DZ sowie FeWos am nördlichen Stadtrand. www.zimmervermietung-hoya-weser.de

Weserblick im Filmhof Hoya, Deichstr. 80–82, 27318 Hoya, Tel. 94251/2336; tgl. ab 15, So ab 13 Uhr. Café und Biergarten, kleine und große Gerichte, leckere Kuchen, auf der Terrasse direkt an der Weser sitzt man wunderbar. www.filmhoya.de

Reisemobilstellplatz Marina Mehlbergen, Werderstr., 31609 Balge, Tel. 0177/2560666. www.marina-mehlbergen.de

Wohnmobilstellplatz Weserblick, Stettiner Str., 27318 Hoya, Tel. 94251/81547. www.grafschaft-hoya.de

Heimatstube Wietzen, Herrlichkeit 72, 31613 Wietzen, Tel. 05022/215 und 571; Besuch nur nach vorheriger Anmeldung. www.heimatstube-wietzen.de

St. Materniani et St. Nicolai, Bücken, Ostern–Reformationstag frei zugänglich (Radwegekirche).

Heimatmuseum Grafschaft Hoya, Im Park 1, 27318 Hoya, Tel. 04251/671679; So 15–18 Uhr. Stadt- und Regionalgeschichte in einem ehemaligen Burgmannshof. www.museum-hoya.de

Wolfcenter, Kasernenstr. 2, 27513 Dörverden-Barme, Tel. 04234/943110; Mitte März–Okt. Mi–So 10–18, Nov.–Mitte März Sa, So 10–17 Uhr. www.wolfcenter.de

Wassarium, neben dem Wasserwerk Drakenburg, Tel. 05021/982111; Freigelände tgl. 9–16 Uhr. Anfahrt: von der B 215 auf die K 2 Richtung Drakenburg abbiegen, vor den Bahngleisen links in die Straße Auf dem Kampe einbiegen, dann noch 350 m. www.wassarium-drakenburg.de

Werksverkauf Göbber, Bahnhofstr. 40, 27324 Eystrup; Mo–Fr 6–19 Uhr. www.goebber.de

Werksverkauf Leman, Alexanderweg 75, 27324 Eystrup; Mo–Do 8–16, Fr 8–12 Uhr. www.leman-feinkost.de

Verden (Aller)

Kommt in Niedersachsen die Rede auf Verden, so fällt fast immer der Begriff »Pferdestadt«, ihr offizieller Beiname lautet »Reiterstadt«. Verden war 300 Jahre lang ein wichtiges Zentrum der Pferdezucht in Deutschland (Hannoveraner), und bis heute finden in der Niedersachsenhalle neben Viehauktionen überwiegend Veranstaltungen des Reitsports statt und hat der Hannoveraner-Verband im Ort seinen Sitz. So kommt es nicht von ungefähr, dass das Deutsche Pferdemuseum hier beheimatet ist.

Verden ist daneben als Bischofssitz und Ort des legendenumwobenen Verdener Blutgerichts in die Geschichte eingegangen. Heutigen Besuchern präsentiert sich die Kleinstadt an der Aller, kurz vor deren Einmündung in die Weser, als einer der schönsten Orte an der Mittelweser. In seinem gepflegten, lebendigen Zentrum mit Kirchen und Rathaus finden sich neben dem alles überragenden Dom zahlreiche Bürgerhäuser des 16. bis 19. Jahrhunderts.

▸ Karte S. 288

Geschichte

Man nimmt an, dass der Name Verden oder vielmehr die in einer Quelle aus dem späten 8. Jahrhundert genannte Bezeichnung »Ferdi« Furt bedeutet. Gesichert ist, dass seit alters her hier eine Furt durch die Aller bestand und diese Lage zu einer ersten festen Besiedlung ab etwa 500 v. Chr. führte. Daraus entwickelte sich eine Fischersiedlung, die Historiker etwa am heutigen Dom verorten. Vermutlich um die östlicher gelegenen Lande zu christianisieren, veranlasste Karl der Große im Jahr 786 eine Klostergründung; Benediktiner aus Amorbach (Odenwald) kamen. Ab 849 war Verden Bischofssitz, das Jahr 985 gilt als eigentliche Stadtgründung: Die Siedlung erhielt Markt-, Münz- und Zollrecht. Verden bestand seit dem Spätmittelalter aus der Süderstadt – der Bischofsstadt mit den Vierteln der Fischer und Handwerker – und der Norderstadt, der Bürgerstadt. 1676 fiel die Mauer zwischen den beiden Teilen, sie vereinigten sich zu einer Stadt. Bis 1790 erfolgte der Abriss von Stadtmauer und Toren. 1849 siedelte sich eine erste Zigarrenfabrik an, der bis 1857 ein Dutzend weiterer Rauchwarenfabriken folgten.

Zwar lag und liegt Verden an Hauptverkehrsstrecken und es produzieren einige größere Firmen hier, seinen Charakter als charmante Kleinstadt aber hat es bis heute bewahren können.

Rund um die Große Straße

Hübsche Fachwerk- und Backsteinhäuser formen sich im Zentrum zu einem geschlossenen, harmonischen Stadtbild. Es macht Spaß, ziellos durch die Straßen und Gassen zu schlendern und sich in die Einzelheiten und Unterschiede all

Das Verdener Rathaus

Das Ackerbürgerhaus in der Strukturstraße

dieser herausgeputzten Fassaden zu vertiefen. An und in Nähe der Hauptachse, der als Ensemble unter Denkmalschutz stehenden Großen Straße, liegen fast alle wichtigen Sehenswürdigkeiten. Auf dem Parkplatz unmittelbar nördlich dieser Fußgängerzone ist eigentlich immer ein Platz frei.

Die **Johanniskirche** gilt als älteste Backsteinkirche Norddeutschlands. Sie wurde um 1150 als einschiffige romanische Kirche erbaut und später in gotischen Formen zur dreischiffigen Hallen umgestaltet. Einige Wand- und Deckenmalereien aus gotischer Zeit sind erhalten.

Das **Rathaus** scheint die platzartige Erweiterung der Großen Straße, dort wo die Ritterstraße einmündet, zu bewachen. Es entstand bis 1733 in barocken Formen, der Turm im Stil des Historismus kam 1903 hinzu. Anhaltende Bürgerproteste verhinderten in den 1970er Jahren seinen Abriss, er war baufällig geworden.

In einer 1708 errichteten, herrschaftlichen Hofanlage ist das **Historische Museum Domherrenhaus** untergebracht. Es bietet mit Dauer- und Sonderausstellungen einen umfassenden Streifzug durch die Geschichte Verdens von den allerersten Anfängen bis heute. Größter Schatz neben dem Zinnfigurenkabinett ist sicherlich die sogenannte Lehringer Lanze, eine der ältesten Jagdwaffen der Welt, deren Alter auf rund 120 000 Jahre geschätzt wird.

Dank seines reich geschmückten Giebels gilt das **Ackerbürgerhaus** von 1577 an der Strukturstraße 7 als einer der prächtigsten Bauten der Renaissance im nördlichen Weserraum. Leider kann man das Innere nicht besichtigen.

Mit der **Andreaskirche** besitzt Verden einen weiteren Sakralbau aus der Romanik. Die einschiffige Kirche, nicht ganz so eindrucksvoll wie die Johanniskirche, stammt aus dem späten 12. Jahrhundert.

■ Dom

Nähert man sich Verden von Süden, so ist von Weitem der Dom St. Maria und St. Caecilia sichtbar; er bestimmt die Stadtsilhouette. Noch respekteinflößender ist seine Erscheinung, wenn man

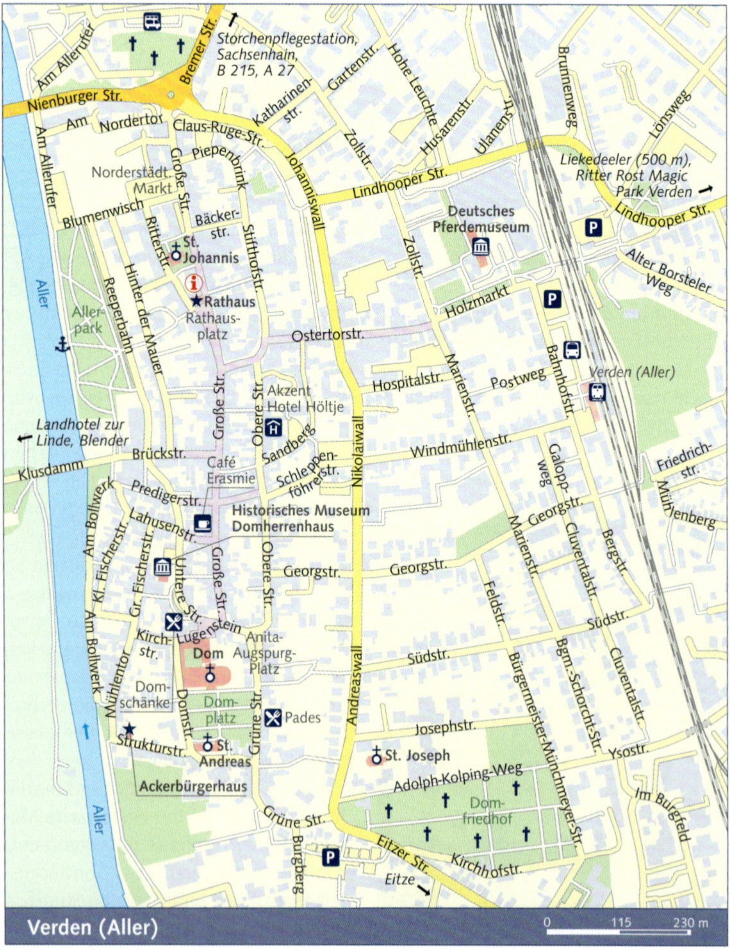

Verden (Aller)

Das wichtigste Museum in Verden

unmittelbar vor ihm steht. Die dreischiffige gotische Hallenkirche gehört allein wegen ihrer Ausmaße sicherlich zu den eindrucksvollsten Erscheinungen an der Mittelweser.

Der Dom entstand als Nachfolger eines abgebrannten, um 1030 geweihten romanischen Vorgängerbaus. Mit dem Neubau wurde 1274 begonnen, aber erst 1490 war er fertiggestellt. Ganz offenkundig nahmen sich die Baumeister die großen, lichtdurchfluteten französischen Kathedralen zum Vorbild. Das Innere wirkt ungemein licht; effektvoll ausgemalte Kreuzrippengewölbe und mächtige Rundpfeiler strukturieren den großen, hohen Raum. Immer wieder wurde umgebaut und verändert, so stammt der Taufstein aus dem 13. Jahrhundert, die Orgel aber aus dem 20. Jahrhundert. Im Vergleich zum Bauvolumen des Doms wirkt der **Turm** gedrungen und ein wenig zu klein – er stammt noch aus der Romanik.

Deutsches Pferdemuseum

Exakt 500 in das Pflaster eingelassene Hufeisen führen von der Fußgängerzone zum Deutschen Pferdemuseum. Diese in Deutschland einzigartige Einrichtung zeichnet die Entwicklung des Pferdes vom Urpferd bis heute nach und natürlich die gemeinsame Geschichte von Mensch und Pferd, die vor über 5000 Jahren begann. Dargestellt ist auch die Geschichte der modernen Pferdezucht und die des Reitsports, daneben gibt es Sonderausstellungen. Im Jahr 2000 hat das Museum in der früheren Ulanen- und Gardehusarenkaserne von 1831 seine Heimat gefunden. Es gibt einen kleinen Museumsladen und eine mit knapp 20 000 Bänden beeindruckend umfangreiche pferdekundliche Bibliothek.

Das Standbild *Tempelhüter* vor dem Eingang erinnert an den berühmten Hengst (1904–1933), der als Hauptbeschäler des preußischen Gestüts Trakehnen (Ostpreußen) zur Legende wurde. Eine Bronzestatue wurde noch zu seinen Lebzeiten 1932 vor dem Gestüt in Trakehnen aufgestellt, die Statue in Verden ist eine originalgetreue Kopie.

Storchenpflegestation

In der Storchenpflegestation am nördlichen Stadtrand werden seit 2003 kranke, verletzte und pflegebedürftige Störche betreut, um sie im Spätsommer wieder auszuwildern. Es ist also ein vorübergehendes Zuhause, das in den Herbst-

und Wintermonaten ausschließlich von dauerhaft zugunfähigen Weißstörchen bewohnt wird. Manche der hier gesundgepflegten Weißstörche kehren später zurück, um in der Verdener Weser- und Allerniederung zu brüten. Neben einem Freigehege und einem Stallgebäude gibt es auch ein Besucherzentrum. Das ist tagsüber frei zugänglich, Führungen können vereinbart werden.

Sachsenhain

Die Besonderheit des Sachsenhains, eines waldähnlichen Parks, ist der rund zwei Kilometer langen **Rundweg,** an dem Findlinge verschiedener Größe, teils übermannshoch, aufgestellt, geradezu aufgereiht sind. Diese Anlage legten die Nazis 1934/35 an, und nicht zufällig ließen sie genau 4500 Steine aus ganz Niedersachsen zusammentragen. Einer hartnäckigen Legende zufolge – sie beruht auf den *Fränkischen Reichsannalen* – ließ Frankenkönig Karl der Große hier im Jahr 782 genau 4500 sächsische Freiheitskämpfer ermorden, die sich seinem Eroberungs- und Christianisierungswillen widersetzt hatten. Die Historiker sind sich einig, dass Karl hier ein Strafgericht abhalten ließ, allerdings gehen die Schätzungen über die Opferzahlen weit auseinander. Manche halten eher 45 Exekutierte für wahrscheinlich, andere gehen von mehreren Dutzend, Hundert oder tatsächlich gar tausenden Toten aus.

Im Park finden sich auch einige **Niedersachsenhäuser,** die aus Dörfern der Umgebung hierher umgesetzt wurden.

Eitze

Vermutlich seit Mitte des 13. Jahrhunderts existiert in dem Verdener Ortsteil Eitze, etwa drei Kilometer östlich des Zentrums, eine **Wassermühle.** Das heutige Gebäude mitsamt der Mühlenanlage stammt von 1863, das Mühlenwehr von 1902. Bis in die 1950er Jahre wurde mittels einer Turbine Strom erzeugt, bis 1968 auch gemahlen. Die Wassermühle befindet sich oberhalb des Ortes (Am Mühlenteich 6). Sie ist historisch interessant, ihr Inneres jedoch nicht zugänglich.

Ritter Rost Magic Park

Der Ritter Rost Magic Park Verden, so der vollständige Name, sagt von sich, der einzige der Magie gewidmete Freizeitpark Deutschlands zu sein. In der Tat gibt es hier unter anderem eine Zauberschule, einen Märchenwald und die Nachstellung berühmter Märchen. Dazu kommen aber auch ganz klassische, nicht märchengebundene Attraktionen, darunter Hüpfburgen, Spielplätze und Kletterbrücken, Riesenrad und eine Reihe von Karussells, Wildwasser-, Achter- und Oldtimerbahn, Streichelzoo und Damwildgehege und vieles andere mehr. Mühelos lassen sich ganze Tage hier mit Schauen, Rumtollen und Fahren verbringen.

Verden (Aller)

Tourist-Information, Große Str. 40, 27283 Verden, Tel. 04231/12345; Mo–Fr 10–18, Sa 10–13 Uhr. Aktuelle Stadtführungen hier erfragen. www.verden.de

Verden liegt an der **Bahnstrecke** Hannover–Bremen.

Anlegepunkt der Flotte Weser: Reeperbahn. www.flotte-weser.de

Hübscher Ort, für eine Übernachtung gut geeignet.

Landhotel Zur Linde, Thedinghauser Str. 16, 27283 Verden, Tel. 04231/29800; DZ ab 70 Euro. Mit Restaurant, auch FeWos, ca. 3 km westlich des Stadtzentrums, direkt am Weser-Radweg. www.landhotelzurlinde.de

Akzent Hotel Höltje, Obere Str. 13–17, 27283 Verden, Tel. 04231/8920; DZ

Karte S. 288

um 80 Euro. In der Stadtmitte, mit Bar und Sommergarten. www.hotelhoeltje.de

Domschänke, Lugenstein 11/13, 27283 Verden, Tel. 04231/ 527550; Di–So. Gute Qualität, teils regionale Küche, nachmittags auch Kaffee und Kuchen. www.domschaenke-verden.metro.rest

Liekedeeler, Artilleriestr. 6, 27283 Verden, Tel. 04231/957123; Mo–Fr 11–18 Uhr. Alles frisch, saisonal, hausgemacht und vor allem 100 % bio: mittags kleine und große Gerichte, nachmittags Kuchen. Am Rand der Altstadt. www.liekedeelerverden.de

Pades, Grüne Str. 15, 27283 Verden, Tel. 04231/3060; tgl., Sa, So auch Biergarten. Elegantes, modern-historisches Interieur, Spitzenküche auf Sterne-Niveau seit 1992, mittlerweile weit über die Region hinaus bekannt; Reservierung sehr zu empfehlen. www.pades.de

Café Erasmie, Große Str. 110. 27283 Verden, Tel. 04231/2406; Di–Sa 9–18, So 12–18 Uhr. Eigene Konditorei, seit 1905 an diesem Ort. Die wohl beste Auswahl an süßen Verführungen in der Stadt. www.cafe-erasmie.de

Historisches Museum Domherrenhaus, Untere Str. 13, 27283 Verden, Tel. 04231/2169; Di–So 10–13 u. 15–17 Uhr. U. a. Stadtgeschichte, Wohn- und Alltagskultur des 18. und 19. Jh., handwerkliche Traditionen. www.domherrenhaus.de

Deutsches Pferdemuseum, Holzmarkt 9, 27283 Verden, Tel. 04231/807140; Di–So 10–17 Uhr. www.dpm-verden.info

Dom St. Maria und St. Caecilia, März–Okt. tgl. 9–17, Nov.–Feb. tgl. 9–16 Uhr.

Storchenstation Verden, Am Sachsenhain 29, 27283 Verden, Tel. 04231/ 73118 u. 0170/2859771 (Petra und Klaus Müller).

Ritter Rost Magic Park Verden, Saumurplatz 2, 27283 Verden, Tel. 04231/ 9566566; April–Okt. in der Regel Di–Do, Sa, So 10–18, Juli, Aug. auch Mo u. Fr 10–18, Dez.–März. Sa, So 11–16/17 Uhr, vor dem Besuch aktuelle Öffnungzeiten auf der Website prüfen. www.ritterrost-magicpark.de

Für eine Stadt dieser Größe ist das **Markttreiben** in Verden bemerkenswert rege: Di vor dem Rathaus, Fr vor dem Dom, Sa als »Grüner Markt« (nur frische landwirtschaftliche Produkte) auf der Großen Straße zwischen Herrlichkeit und Brückstraße, stets 7–13 Uhr.

Zwischen Verden und Achim

Das grüne Marschland zwischen Verden und Achim mit seinen Einzelgehöften und nicht allzu großen Dörfern offenbart beim genaueren Hinsehen einige überraschende Pretiosen.

Blender und Umgebung

Schmuckstücke der von einem gepflegten Park umgebenen **Kirche zu Blender** (1827) ist die unter Denkmalschutz stehende Furtwängler-Orgel. Die klassizistisch-backsteinerne **Kirche zu Oiste** (1832) besitzt einen in das Kirchenschiff integrierten Turm; die historischen Grabsteine rund um den Bau wirken fast wie ein Skulpturengarten. Die ebenfalls in klassizistischen Formen gehaltene **St.-Michaelis-Kirche** in **Intschede** fällt nicht nur durch ihren kräftigen Rotton auf, sondern auch durch ihre Proportionen: Auf den ersten Blick könnte man sie für ein repräsentatives Gutshaus halten. Die Kirchen in Intschede und Oiste sind zugänglich (Ostern–Erntedank tgl. 10–18 Uhr), in Blender gibt es den Schlüssel in der Nachbarschaft; man halte die Augen offen. Der **Galerieholländer** am Ortsrand von

Der Fähranleger der »Gentsiet«

Blender wurde 1872 als Ersatz für eine wenige Jahre zuvor abgebrannte Bockwindmühle errichtet und war bis 1972 in Betrieb. Heute kann man sich hier trauen lassen und in den darüberliegenden Räumen feiern.

In **Varste** ist das **Rittergut** der Familie Heese mitsamt einer gepflegten darauf zu führenden Allee mächtiger Eichen erhalten. Es ist eigentlich nicht öffentlich zugänglich, zurückhaltende Besucher werden aber geduldet.

■ Langwedel

Östlich von Langwedel nimmt der etwa 8,5 Kilometer lange Schleusenkanal seinen Anfang. Er verkürzt seit 1958 bis Achim-Baden den Weser-Schifffahrtsweg um rund 3,5 Kilometer und verläuft teils im Flussbett der Alten Aller. Die Hubhöhe der **Schleuse Clüvenhagen** beträgt 5,50 Meter, direkt an der Schleusenkammer ist ein kleiner Platz mit Bänken und Informationstafeln eingerichtet.

Zwischen Langwedel und Achim erheben sich immer wieder Sandhügel rechts der Weser – sie motivierten früher den Bau von Windmühlen, wegen der Aussicht in die Marsch in jüngerer Zeit auch den Bau von Wohnhäusern.

▶ Karte S. 276

■ Fähre Gentsiet

Grinden auf der einen und Ahsen auf der anderen Weserseite verbindet die Fähre Gentsiet. Sie war früher vor allem für die Bauern wichtig, die Flächen beidseits der Weser bewirtschafteten. Heute steht sie ganz im Zeichen des Tourismus und bringt Fußgänger und Radfahrer von einem Ufer zum andern.

■ Etelsen

Mit seinem **Schloss** im Neorenaissancestil (1885–1887) besitzt Etelsen ein echtes Kleinod. Es ist zwar als Sitz einer Bildungseinrichtung nicht allgemein zugänglich, der große **Landschaftsgarten** drumherum aber schon. Er fällt zur Alten Aller hin überraschend steil ab und besitzt einen wunderschönen alten Baumbestand. Friedrich Krieß, zu seiner Zeit einer der bekanntesten Gartenkünstler Norddeutschlands, gestaltete ihn. Im Park befindet sich auch ein großes **Mausoleum,** das in seiner gedrungenen backsteinernen Gestalt und den Türmen ein wenig an eine Burg und ein wenig an byzantinische Kuppelbauten erinnert. Es entstand bis 1873 nach Plänen von Conrad Wilhelm Hase, der die norddeutsche Backsteingotik zu beleben versuch-

Unzugängliches Schmuckstück: Schloss Etelsen

Auch ein Schloss, aber zugänglich: Thedinghausen

te. Auf ihn gehen rund 100 Bauten in Norddeutschland zurück, darunter zahlreiche Sakralbauten. Hase wird heute als einer der wichtigsten deutschen Neugotiker angesehen, mitunter aber auch als »dogmatischer Neogotiker« kritisiert. Das Mausoleum diente zunächst als Bestattungsort, in der NS-Zeit als Garage, in der Nachkriegszeit unter anderem als Löwenhabitat und wird heute als Ort für Kunstausstellungen genutzt. In hervorragender Verfassung, mit Windrose und umlaufender Galerie, präsentiert sich seit einer grundlegenden Renovierung die **Mühle Jan Wind** an der Straße nach Grasberg. Sie trägt ihren Namen nach dem letzten Müllermeister Johann Bischoff, der im Dorf nur mit seinem Spitznamen gerufen wurde. Auf den zwei Stockwerken im Innern verdeutlichen die ausgestellten Handwerksgegenstände das Mühlenhandwerk, das Torfstechen, die Milchwirtschaft und die Hausschlachtung. Im Außenbereich sind landwirtschaftliche Geräte und Fahrzeuge zu besichtigen, von der Galerie genießt man wunderbare Blicke in die Wesermarsch, manchmal finden hier Dorffeste statt (aktuelle Öffnungszeiten: www.dorfverein-etelsen.de).

Thedinghausen

Ein interessantes Kontrastprogramm zum Landschaftsgarten in Etelsen bietet der **Schlosspark** in Thedinghausen. Jener ist mit alten Bäumen geschmückt, dieser wurde erst 2004/05 angelegt; man kann ihm quasi beim Werden zuschauen. Auf elf Hektar wurden rund 70 verschiedene, teils in unseren Breiten selten anzutreffende Baumarten gepflanzt (Infotafel am Haupteingang). Der Park mit seinen Spazierwegen und den in ihrer Höhe recht ähnlichen Bäumen wirkt derzeit noch zu akkurat, zu symmetrisch. Bevor er die Würde und Schönheit ähnlicher Schlossparks erreicht hat, muss man ihm wohl einige Jahrzehnte geben. Eine 2013 eigens gegründete Stiftung kümmert sich um die Bewahrung und Weiterentwicklung dieser ungewöhnlichen Neuanlage.

Unbedingt als alt und würdevoll kann man dagegen **Schloss Erbhof** am Rand des Parks bezeichnen, unter Kunsthistorikern als hervorragendes Beispiel der späten Weserrenaissance bekannt. Der Backsteinbau besitzt die typischen kunstvoll gestalteten Fenster, Türbögen, Turmgiebel, Ziersäulen und welschen Giebel. Auffällig sind die drei Vorbauten an der

Frontseite, von denen der mittlere das Treppenhaus aufnimmt. Bauherr war der protestantische Bischof von Bremen, der das Schloss für seine Geliebte errichten ließ. Es lag ursprünglich auf einer Insel, die von zwei Armen der Eyter gebildet wurde.

Prunkstück ist sicherlich der Renaissancesaal im ersten Obergeschoss, der auch für private Veranstaltungen gebucht werden kann. Im Schloss finden das Jahr über ganz unterschiedliche Events statt – Klassik, Folk, Jazz, E-Musik, Lesungen, Open-Air-Kino, Vorträge. Und seit 2018 informiert eine kleine Dauerausstellung über die Geschichte und Architektur von Schloss Erbhof.

Wer noch den Ort selbst besuchen möchte, kann der **Löwenspur** folgen, einem drei Kilometer langen Rundweg, der seinen Anfang am Schloss nimmt. Der Name nimmt Bezug auf die Geschichte: Thedinghausen gehörte von 1679 bis 1972 zu Braunschweig. Der Weg führt in den harmonischen Ortskern, zum **Rathausplatz** mit Rathaus (1811) und Packhaus (1796), Altem Amtsgericht (1846, heute ein Jugendzentrum), Alter Apotheke von 1814 (bis 1928 als Apotheke genutzt) und kurioserweise auch mit achteckigem Taubenturm. Die nur wenige Meter entfernte **Maria-Magdalena-Kirche** aus Backstein stammt von 1870. Ihr 42 Meter hoher Turm ist so schmal, dass die Glocken übereinander hängen.

In der Braunschweiger Straße finden sich neben einigen Geschäften mehrere Cafés mit gutem Angebot.

Pingelheini

Die Bahnlinie zwischen Thedinghausen und Bremen wurde erst 1910 eröffnet, der Personenverkehr bereits 1955 wieder eingestellt. Es gab Pläne, die Gleise zu demontieren und an ihrer Stelle Bauland auszuweisen. Der tatkräftige Verein Kleinbahn Leeste e.V. konnte letztlich erreichen, dass die Gleise blieben. Er betreibt die Nostalgiebahn »Pingelheini« und hat seinen Sitz in Weyhe-Leeste, wo die Fahrzeuge beheimatet sind und gewartet werden.

Historische, sorgfältig restaurierte Dieseltriebwagen und auch Dieselloks mit Waggons fahren von Mai bis September an einigen Wochenenden auf der Strecke Thedinghausen–Riede–Sudweyhe–Kirchweihe Ort–Leeste–Erichshof–Brinkum–Stuhr–Moordeich–Bremen-Kirchhuchting, wegen Gleisarbeiten derzeit nur bis Stuhr. Mit der Verkürzung beträgt die Streckenlänge knapp 25 Kilometer, etwa 75 Minuten benötigen die Züge – ein geruhsames Tempo, das viel Zeit für das Betrachten der Landschaft lässt. Die Fahrradmitnahme ist möglich. Wer seinen Geburtstag oder eine Betriebsparty mal in einem etwas ungewöhnlicheren Ambiente feiern möchte, kann auch außerhalb des offiziellen Fahrplans einen Zug mit Kühlschrank, Bar, Toiletten und Platz bis zu 140 Personen und natürlich mitsamt Personal mieten (Fahrplan, aktuelle Infos, Buchung: www.pingelheini.de).

Emtinghausen

Wer in Thedinghausen das Gefühl hat, lange keine Mühle mehr gesehen zu haben, kann einen Schlenker ins acht Kilometer südwestlich gelegene Emtinghausen unternehmen. Der dortige **Galerieholländer,** in dem zwischen 1873 und 1960 Korn gemahlen wurde, kam 2005 in den Besitz der Gemeinde und ist nach einer umfangreichen Sanierung seit 2010 wieder voll funktionsfähig. Seitdem ist er zum kulturellen Zentrum des Ortes geworden, in dem vielfältige Veranstaltungen stattfinden; Besichtigungen außerhalb dieser Zeiten sind nach Absprache möglich (www.dorfverein-emtinghausen-bahlum.de).

▸ Karte S. 276

Achim

Zwar wurde Achim bereits 1091 erstmals urkundlich erwähnt, aber bis zum Anschluss an die Dampfschifffahrt 1819 und vor allem an die Eisenbahn 1847 bleib es ein reines Bauerndorf. Noch heute hat es eher den Charakter einer locker gestreuten Siedlung, das Zentrum wirkt nur mäßig verdichtet und städtisch. Im Jahr 1854 war das Königreich Hannover, zu dem Achim gehörte, dem Deutschen Zollverein beigetreten, das unmittelbar hinter der Stadtgrenze gelegene Bremen aber nicht. Waren, die von Bremen in den Deutschen Zollverein exportiert wurden, unterlagen einem Zoll. So siedelten sich einige Bremer Firmen, vor allem Zigarrenhersteller, in Achim an, um den Zoll zu umgehen. Nach 1945 ließen sich viele Vertriebene hier nieder, in den letzten Jahren gab es einen spürbaren Zuzug aus Bremen. Achim (30 000 Einwohner) ist heute daher nicht zuletzt eine Stadt der Pendler, die in Bremen arbeiten.

Mag das Ortsbild auch nicht übermäßig reizvoll sein, die Lage auf einer Dünenkette am Nordrand des Wesertals ist es allemal.

Sehenswürdigkeiten

Die wichtigste Straße im historischen Zentrum ist die als Fußgängerzone gestaltete Obernstraße, die den Alten Markt mit dem Rathausplatz verbindet. Am lebhaftesten geht es hier an den Markttagen Mittwoch und Sonnabend zu. Etwa auf ihrer Mitte befindet sich das **Rathaus** von 1991, dem das alte Amtshaus weichen musste. Darin ist auch die Touris-

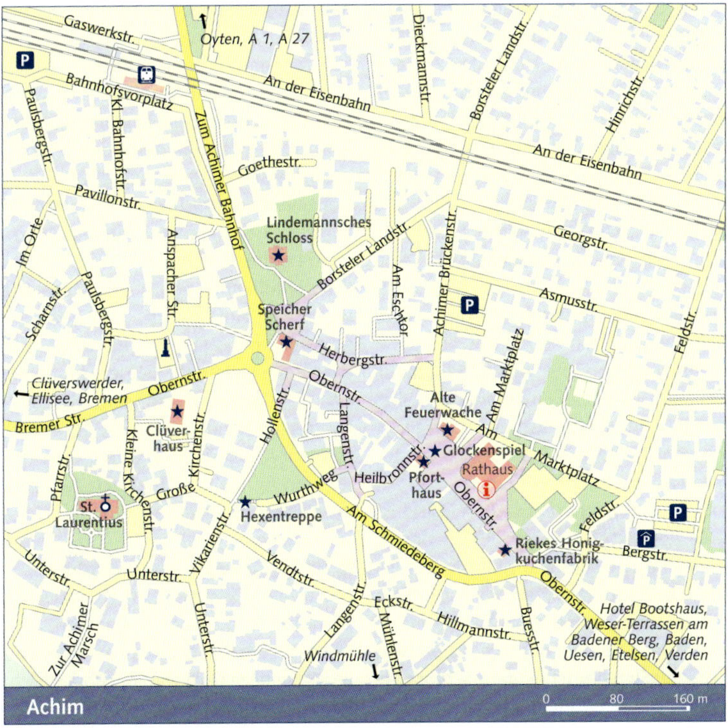

Das schmucke Clüverhaus

ten-Information untergebracht. Vor dem Rathaus erinnert das **Zigarrenmacherdenkmal** an einen früher für die Stadt wichtigen Industriezweig.

Etwas östlich vom Rathaus stößt man auf eines der schönsten Häuser, **Riekes Honigkuchenfabrik** (1882). Die Fassade zeigt die frühere Bestimmung des Gebäudes und drei der vier Bremer Stadtmusikanten - den Esel hat man aus unbekannten Gründen nicht verewigt.

Interessantestes Bauwerk an der Straße ist wohl die **Alte Feuerwache.** Dabei handelt es sich um die ehemaligen, 1784 errichteten Stallungen, die zum nicht mehr vorhandenen Amtshaus gehörten. Heute beherbergt sie ein Restaurant. Der Backsteinbau gegenüber ist das **Pforthaus** (1789), das als Gefängnis entstand. Das freistehende **Glockenspiel** auf dem kleinen Platz (1997) erklingt täglich um 10, 11, 12, 15, 17 und 19 Uhr.

Der **Speicher Scherf** am Alten Markt ist eine Rekonstruktion von 1987, der eigentliche Speicher war marode. Bis ins 19. Jahrhundert hinein fand auf dem Alten Markt der traditionelle Viehmarkt statt. Das Gebäude nördlich davon wird von den Einheimischen gern **Schloss** genannt. Das neogotische, von einem kleinen Park umspielte Gebäude, heute Sitz einer Musikschule, wurde 1873 für den Amtsgerichtsrat erbaut.

Das ruhige Viertel auf der anderen Seite der Durchgangsstraße heißt »Altes Dorf Achim«, es ist der älteste Ortsteil. Das **Clüverhaus** ist einer der einst 14 großen Bauernhöfe, die bis in das 20. Jahrhundert hinein bewirtschaftet wurden. Der Fachwerkbau - von 1824, wie die Inschrift über der »Grootdöör« kundtut - wurde von 1970 bis 1976 aufwendig saniert. Früher lebten hier Mensch und Tier unter einem Dach, heute ist im vorderen Bereich ein sehr nettes Café (Di-So) eingerichtet.

Als das älteste erhaltene Gebäude der Stadt gilt die Kirche **St. Laurentius,** 1257 erstmals urkundlich erwähnt, aber wohl schon um 1150 fertiggestellt. Ihr Aussehen lässt vermuten, dass sie auch bei Gefahr Schutz bieten sollte. Der ursprünglich romanische Bau wurde mehrfach verändert, erstmals bereits in der Gotik. Seit 1990 erinnert ein **Mahnmal** an der Anspacher Straße an die in der Pogromnacht 1938 zerstörte Synagoge.

Auf einem Geestrücken am Rand des Ortes, gut einen Kilometer von der Obernstraße entfernt, steht ein zweistöckiger **Galerieholländer** von 1761. Zunächst wurde hier Holz gesägt, dann Korn geschrotet und gemahlen. Bis 1965 war die Mühle in Betrieb, seitdem kümmert sich ein Trägerverein um seine Erhaltung. Führungen können über die Tourist-Information angefragt werden. Von der leichten Anhöhe eröffnet sich ein schöner Blick in die Wesermarsch.

■ Baden, Uesen, Clüverswerder

Die beiden Ortsteile Baden und Uesen sind mit dem Kernort verwachsen, aber bei den Einheimischen als geografische Bezeichnungen nach wie vor gebräuchlich. **Baden,** mitunter auch »Badener Berge«

▸ Karte S. 295

genannt, liegt auf einem Geest-Höhenzug, der Ende des 19. Jahrhunderts durch Terrassierung zugänglich gemacht wurde. Vom Hügel kann man auf die Stelle schauen, an der Weser, Schleusenkanal und Alte Aller zusammentreffen.

Hauptattraktion in **Uesen** ist der kleine Sportboothafen mit dem Hotel-Restaurant Bootshaus. Von dessen Terrasse schweift der Blick über diesen Hafen und ein bisschen auch über die Weser. Ab Achim säumen Deiche die Weser, man bewegt sich bis Bremen durch fruchtbares Marschgebiet. Rund um den **Clüversee** erstreckt sich ein kleiner Sumpf, den neben anderen Vogelarten, darunter eine Anzahl von Wasservögeln, erstaunlich viele Graureiher und Saatkrähen bevölkern.

Zwischen Verden und Achim

Touristen-Information Schloss Erbhof, Braunschweiger Str. 1, 27321 Thedinghausen, Tel. 04204/8822; Mo, Mi, Fr 9–13, Di, Do 9–16 Uhr. Führungen durch das Schloss, den Ort und das Arboretum können erfragt bzw. vereinbart werden. www.thedinghausen.de

Tourist-Information Achim/Mittelweser Touristik, Obernstr. 38, 28832 Achim, Tel. 04202/2949; Mai–Sept Mo–Fr 10–18, Sa 9–13, Okt.–April Mo–Fr 10–17 Uhr. www.achim.de

Langwedel, Etelsen, Baden und Achim liegen an der **Bahnstrecke** Hannover–Bremen.

Fähre Gentsiet, Tel. 04235/2447; Mai–Sept. Sa, So 10–18 Uhr. Nur Fußgänger/Fahrräder. www.faehrverein.de

Anlegepunkte der Flotte Weser: Langwedel Wehr und Unter der Brücke, Achim-Uesen. www.flotte-weser.de

Gästehaus Schlossgarten, Bremer Str. 4, 27299 Langwedel-Etelsen, Tel. 04235/957551; DZ ab 89 Euro. Direkt an Schloss und Schlosspark. www.hotel-etelsen.de

Hotel Bootshaus, Uesener Weserstr. 17, 28832 Achim, Tel. 0402/51980; DZ um 100 Euro. Mit gutem Restaurant (Reservierung empfohlen), tolle Lage am Jachthafen. www.hotel-bootshaus.de

Browiede, Hafenstr. 6, 27337 Blender-Intschede, Tel. 04233/349; im Sommer Do, Fr ab 17, Sa, So ab 11 Uhr. In der früheren Hafenkneipe nachmittags gute Kuchen, abends saisonal orientierte Speisekarte. Mit Biergarten. www.browiede.de

Romance, Braunschweiger Str. 1, 27321 Thedinghausen; Tel. 04204/6896696. Direkt am Schloss, Stil und Qualität haben ihren Preis. www.romance-erbhof.de

Das kleine Café, Syker Str. 4, 27321 Thedinghausen; Di–So 9–18 Uhr. Im Ortskern, leckere Kuchen.

Weser-Terrassen am Badener Berg, Weserblick 6, 28832 Achim, Tel. 04202/71067; Di–Fr 15–22, Sa 11–22, So 10–22 Uhr. Klassisch italienische Küche, wunderbarer Blick von der Terrasse in die Wesermarsch. www.restaurant-weserterrassen.de

Campingplatz Drosselhof, Ziegeleiweg 35, 27299 Langwedel, Tel. 04235/758. www.campingplatz-drosselhof.de

Reisemobilstellplatz Schloss Erbhof, Braunschweiger Str., 27321 Thedinghausen, Tel. 04204/8822. www.thedingausen.de

Schlosspark Etelsen, jederzeit frei zugänglich. www.schlosspark-etelsen.de

Schloss Erbhof, Braunschweiger Str. 1, 27231 Thedinghausen, Tel. 04204/8822; Mo, Mi, Fr 9–13, Di, Do 9–16 Uhr. Der Park ist jederzeit frei zugänglich. www.schloss-erbhof.de

Mehr als ein Dutzend **Hofcafés und Hofläden** in der Gemeinde Thedinghausen. Infos über die Touristeninformation.

Ab Bremen unterliegt der Fluss dem Wechsel der Gezeiten. Die Städte an seinem Ufer wurden und werden von der Handelsschifffahrt geprägt, an beiden Ufern erstreckt sich scheinbar endlos das flache Marschenland. Hinter Bremerhaven beginnt die faszinierende Welt des Watts, schließlich geht die Außenweser in die Nordsee über.
Einen spannenden Kontrast zur Ruhe der weiten Landstriche bildet die Freie Hansestadt Bremen, eine weltoffene Metropole mit überaus reichem Kulturleben.

Schon über 130 Jahre alt, aber erst seit 2003 an diesem Ort: der Leuchtturm Overeversand in Dorum-Neufeld

UNTERWESER UND AUSSENWESER

Bremen

In vielerlei Hinsicht unterscheidet sich Bremen von allen anderen Orten an der Weser. Es ist die mit knapp 570 000 Einwohnern größte Stadt am Fluss, die einzige echte Metropole, und es ist zusammen mit Bremerhaven ein eigenständiges Bundesland, die Freie Hansestadt Bremen, das flächen- und bevölkerungsmäßig kleinste Land der Bundesrepublik. Bremen weist eine bandähnliche Struktur auf, über 42 Kilometer zieht sich die Weser durch das Stadtgebiet. Das historische Zentrum ist dagegen recht kleinräumig, alles liegt fußläufig zueinander. Das Wehr im Stadtgebiet gilt als Übergang von der Mittelweser zur Unterweser, unterhalb dieser Stelle beträgt der Tidenhub mehr als drei Meter. Daher schützt sich die Stadt zum nicht sehr breiten Fluss hin auch mit Deichen. Bremen war immer schon eigenständig, und es ist seit den Hansezeiten zum Meer orientiert. Natürlich wurden hier Waren von kleineren Schiffen auf hoch-

▲ Karte: hintere Umschlagklappe

Rummel auf dem Domshof

seetaugliche Schiffe umgeschlagen, viel wichtiger aber waren die Häfen, ähnlich wie die in Hamburg, weil hier Waren aus Übersee angelandet und dann weiter in das Binnenland transportiert wurden. Als bedeutendster deutscher Umschlagplatz für Kaffee etwa kann die Hansestadt auf eine über 300-jährige Tradition zurückblicken.

Wohl auch deshalb wirkt Bremen überaus weltoffen, weltgewandter, kosmopolitischer, als man es bei einer Stadt dieser Größe vermuten würde. Die Traditionen werden mit Stolz gepflegt, gleichzeitig kennzeichnet ein gewisses Understatement die Umgangsformen. Als hanseatisch galt und gilt, sich für das Gemeinwesen zu engagieren, und die städtebaulichen Diskussionen gerade der jüngeren Zeit werden von einem erstaunlich hohen Maß an Mitsprache und Interesse aus der Bürgerschaft begleitet. Und die derzeit diskutierten Projekte, etwa auf dem Teerwerder, werden von einer weiteren Bremer Tradition getragen, der Kombination von Pragmatismus und visionärer Leidenschaft. Zum lässigen, toleranten Lebensgefühl tragen sicherlich auch die rund 20 000 Studenten bei.

In kulinarischer Hinsicht weist die Bremer Küche viele Gemeinsamkeiten mit der niedersächsischen Küche auf, es gibt aber einige Eigenheiten. Sie zu probieren, gehört mindestens bei einem längeren Aufenthalt unbedingt dazu. Die Klassiker in Stichworten: Knipp ist eine Grützwurst, die ursprünglich aus der Verwertung von Schlachtresten entstand. Man isst sie traditionell auf Schwarzbrot oder warm mit Brat- oder Salzkartoffeln sowie Sauerkraut oder Apfelmus. Als »Kohl und Pinkel« wird eine Mahlzeit aus Grünkohl mit Kasseler, Speck oder Kochwürsten bezeichnet. Labskaus ist ein Gericht, das zur Versorgung der Seeleute auf ihren langen Reisen erfunden wurde. Es besteht aus Kartoffeln, Rindfleisch (früher Pökelfleisch), Roter Bete, Gurken und je nach Tradition auch Matjes oder Zwiebeln – alles püriert. Als klassische Beilage werden Rollmops und Spiegelei gereicht. Sehr beliebt ist die rote Grütze, klassische Süßspeisen sind der »Klaben«, ein stollenähnlicher Kuchen in Kastenform, der sich über viele Woche hält, und die »Kluten«, Pfefferminz-Schokostangen.

Stadtgeschichte

Drei Faktoren begünstigten die Ausbildung einer Siedlung: Zum einen war hier, dank einer Furt, letztmals vor ihrer Mündung in die Nordsee die Querung der Weser problemlos möglich; zum zweiten trafen hier zwei Handelswege aufeinander, einer entlang der Weser, einer von den Niederlanden zur Elbe; und schließlich schiebt sich an dieser Stelle das Ende einer Dünenkette bis unmittelbar an den Fluss, so dass eine Siedlung vor Hochwassern geschützt war.

Für das Jahr 782 liegt uns eine erste urkundliche Erwähnung Bremens vor, der Ort war bereits 787 Bischofssitz und ab 843 Erzbistum. Neben dem Dombezirk existierte eine Fischer- und Handelssiedlung, westlich des Dombezirks bildete sich als dritter Siedlungskern eine bürgerliche Siedlung heraus. Diese drei Teile wuchsen zu einer Stadt zusammen, die mit einer Mauer geschützt wurde.

Das Erzbistum erhielt 888 Marktrecht, Otto der Große verlieh ihm 965 das Große Marktprivileg, das unter anderem das Münzrecht einschloss. Seit dem 11. Jahrhundert trieb Bremen auf dem Seeweg Handel mit Nordeuropa, England, Frankreich und Spanien, der zu Lande wurde mit dem Bau einer ersten Weserbrücke 1244 deutlich gefahrloser. 1358 trat die Stadt der Hanse bei, was die Wirtschaft erheblich beflügelte. Der Bau von Rathaus und Roland um 1410

Der Hauptbahnhof, seit jeher das Entrée in die Innenstadt

zeigt, dass sich die Bürgerstadt allmählich von der kirchlichen Herrschaft emanzipierte. 1522 trat sie zum protestantischen Glauben über.
Vor allem weil der Hafen an der Schlachte ein leichtes Ziel für Angreifer darstellte, wurde in der ersten Hälfte des 17. Jahrhunderts ein Bastionen- und Wallkranz um die Stadt gelegt. Er schloss auch die linksseitige Neustadt ein, die zu dieser Zeit noch kaum bebaut und bewohnt war. Erst im 18. Jahrhundert konnte das Festungswerk vollendet werden.
Weil die Weser im Stadtgebiet Versandungstendenzen aufwies und dies den Handel zu beeinträchtigen drohte, legte sich die Stadt von 1609 bis 1622 in Vegesack einen künstlichen Hafen an sowie ab 1827 gleich mehrere im neu erworbenen Bremerhaven. Im Laufe des 19. Jahrhunderts wuchs sie über die Altstadt heraus, mehrere Vorstädte entstanden nach Plan. Die überflüssig gewordenen Befestigungsanlagen wandelte man ab 1803 in eine Grünanlage nach dem Vorbild englischer Landschaftsgärten um. Zwischen 1886 und 1895 wurde die »Weserkorrektion« durchgeführt und Bremen dadurch wieder für große Schiffe erreichbar. Im Zuge der Industrialisierung und des Beitritts zum Deutschen Zollverein 1888 wurden neue große Häfen westlich der bebauten Stadt angelegt, in denen Rohstoffe wie Kaffee und Getreide nicht nur umgeschlagen, sondern in Mühlen gleich weiterverarbeitet wurden: 1888 Freihafen, 1891 Holz- und Fabrikhafen, 1906 Freihafen II (später Überseehafen). Wichtige Reedereien siedelten sich hier an oder gründeten sich neu, beispielsweise der Norddeutsche Lloyd, dazu bildeten sich weltberühmte Werften wie Bremer Vulkan und AG Weser heraus, Baumwoll- und Tabakbörse wurden eingerichtet. Spätestens am Ende des 19. Jahrhunderts war Bremen zur wichtigsten Kaffeestadt Deutschlands aufgestiegen.
Industrialisierung und boomender Handel führten zu einer starken Zunahme der Bevölkerung. Um 1850 lebten etwa 65 000 Menschen hier, um 1890 waren es schon 150 000, um 1930 über 300 000, bei Kriegsbeginn – auch durch Eingemeindungen – knapp 400 000. Bis zum Zweiten Weltkrieg gehörte Bremen zu den größten und wichtigsten Seehäfen Deutschlands. Am Ende des Krieges war die Stadt zu mehr als 60 Prozent zerstört, ihre Hafenanlagen zu 90 Pro-

▲ Karte: hintere Umschlagklappe

zent. Insbesondere in der Neustadt und im Bremer Westen war kaum ein Stein auf dem anderen geblieben.
Bremen, das sich seit 1806 »Freie Hansestadt« genannt hatte, wurde 1947 mit Bremerhaven als Zwei-Städte-Stadt zu einem Bundesland. Die Nachkriegszeit stand ganz im Zeichen des Wiederaufbaus, und zunächst konnte die Stadt an ihre alte Bedeutung als Handels- und Industriestadt anknüpfen. 1955 überschritt die Bevölkerungszahl die 500 000, 1971 erreichte sie die 600 000er-Marke.
Ab den 1960er Jahren geriet die traditionelle Stückgutschifffahrt gegenüber der Containerschifffahrt jedoch ins Hintertreffen. Gleichzeitig gingen im ganzen Bundesgebiet im Zuge von Rationalisierungen und wegen zunehmender ausländischer Konkurrenz viele Arbeitsplätze verloren, auch im Schiffbau. Bekannteste Beispiele für die Krise in manchen Wirtschaftsbereichen, die auch Bremen hart traf, sind die Insolvenz des Autobauers Borgward 1963 und die Schließung der Werften AG Weser 1983 und Vulkan 1997. 1998 wurde der Überseehafen zugeschüttet – er war schlichtweg überflüssig geworden. Manche Traditionalisten sehen übrigens den Verkauf der Beck's Brauerei an die belgische Interbrew 2004 und die Übernahme der alteingesessenen Kaffeerösterei Eduscho durch den Hamburger Konkurrenten Tchibo 1997 als mindestens ebenso schwere Schläge für die Bremer Identität an.
Auf der anderen Seite hat Bremen in den vergangenen Jahrzehnten große Anstrengungen unternommen, sich von einer reinen Handelsstadt zu einem modernen Standort für Wissenschaft, Zukunftstechnologien und Dienstleistungen zu entwickeln. 1977 wurde die Universität ins Leben gerufen und das Container-Terminal eingeweiht, 2011 war Baubeginn in der Überseestadt. Die Bemühungen, neue Wirtschaftsbereiche zu erschließen, zeigen sich beispielhaft im Technologiepark und in der Airportstadt, beides noch recht junge Viertel. Seit Langem trägt auch die Luft- und Raumfahrtindustrie erheblich zur Wertschöpfung bei. Seit 2010 sind wieder steigende Einwohnerzahlen zu verzeichnen, seit einigen Jahren muss sich die Stadt aber auch mit Gentrifizierungstendenzen auseinandersetzen, vor allem in den Vorstädten rund um das Ostertorviertel.

Marktplatz

Seit Jahrhunderten ist der Bremer Markplatz das Herz der Stadt. Geradezu idealtypisch versammeln sich hier die politische, die geistliche und die wirtschaftliche Macht mit ihren zentralen Bauten: Rathaus, Bürgerschaft, Dom und Schütting als Sitz der Kaufmannschaft. Und von alters her war dieser Ort der Mittelpunkt des öffentlichen Lebens: Hier fand der Markt statt, unter den Rathausbögen wurde bis ins 18. Jahrhundert hinein Gericht gehalten, hier stand auch der Pranger zur Verbüßung geringer Strafen. Vom Balkon des Rathauses herunter wurden der Bürgerschaft die Rechtsverordnungen der Stadt verlesen, auf dem Platz wurden Volksfeste abgehalten, aber auch Demonstrationen, wenn die Bürger mit ihrem Rat unzufrieden waren. Nach wie vor ist er das Ziel politischer Kundgebungen, daneben aber auch Treffpunkt der Einheimischen, Schnittpunkt von fünf Straßen, Ort des Weihnachtsmarktes und seit vielen Jahren der Touristenmagnet schlechthin.
Die rund 3500 Quadratmeter große Freifläche bietet sich automatisch als Ausgangspunkt für eine Stadterkundung an, und die Bauten an ihren Rändern verraten schon viel über die Stadt und ihre Geschichte. Den besten Überblick hat man entweder von einem der beiden Domtür-

me oder vom – leicht von der Mitte versetzten – **Bremer Loch.** Hier wurde ein Gullydeckel zu einer Spendendose umfunktioniert. Wer eine Münze einwirft, wird mit Bellen, Krähen, Kikeriki oder Eselsschrei belohnt. Die eingeworfenen Münzen kommen der Wilhelm-Kaisen-Bürgerhilfe zugute, die damit karitative Projekte unterstützt.

Der Marktplatz als Ganzes und sämtliche ihn umgebenden Gebäude stehen unter Denkmalschutz, Rathaus und Roland darüber hinaus als »herausragende Repräsentationen der bürgerlichen Autonomie und Souveränität« seit 2004 auf der Welterbeliste der UNESCO.

Rathaus

Unbestritten ist das **Alte Rathaus** das Wahrzeichen und das berühmteste Bauwerk Bremens, zugleich gehört es zu den herausragenden Beispielen für die Baukunst der Weserrenaissance. Weil es auch im Innern architektonische Schätze aufweist, empfiehlt sich die Teilnahme an einer Führung (Mo–Sa 11, 12, 15 und 16, So 11 und 12 Uhr).

Als der Rat der Stadt das Rathaus in Auftrag gab, war Bremen Mitglied der Hanse und zu Wohlstand gekommen. Es war also nicht nur Symbol für die Selbstverwaltung der Stadt, sondern wurde bewusst auch repräsentativ angelegt, um Bürgerstolz und Wohlstand einen angemessenen Ausdruck zu verleihen. Zwischen 1405 und 1410 entstand ein gotischer Backsteinbau, der manchen Quellen zufolge durchaus wehrhaft, fast wie eine Burg, gewirkt haben soll. Womöglich weil sich die Kaufmannschaft kurz zuvor den Schütting (→ S. 307) hatte errichten lassen, empfand der Rat dieses alte Rathaus als nicht mehr eindrucksvoll genug. Und so gab er einen Umbau in Auftrag. Zwischen 1608 und 1612 wurde das Rathaus nach Plänen des Bremer Architekten Lüder von Bentheim mit einer Prunkfassade inklusive vorgesetztem zweigeschossigen Mittelbau auf elf Arkadenbögen im Stil der Weserrenaissance umgestaltet. Die Marktseite veränderte dadurch deutlich ihr Antlitz, die anderen Seiten dagegen blieben weitgehend unverändert. Manche Fachleute erkennen in der Renaissancefassade den holländischen Einfluss – gut möglich, denn Bremen pflegte zu dieser Zeit enge Handelsbeziehungen mit den Niederlanden. Der Bau wirkt insgesamt würdevoll, dabei sehr harmonisch und weder effektheischend noch protzig. In seiner Mischung aus Selbstbewusstsein und Zurückhaltung kann man ihn auch als Manifestation bremischen Selbstverständnisses betrachten.

Im Innern ragt die 40 Meter lange, 13 Meter breite und 8 Meter hohe **Große Halle** heraus, heute als Festsaal genutzt und früher als Gerichtssaal, wie das Wandbildnis *Das salomonische Ur-*

Weltberühmt: die Bremer Stadtmusikanten

▲ Karte: hintere Umschlagklappe

Das Alte Rathaus, der Stolz der Stadt

teil (1537) bekundet. Hier findet die Schaffermahlzeit statt, alljährlich das wichtigste Essen der Reeder und Schiffer, zu dem bis 2015 ausschließlich Männer Zugang hatten.

In der **Oberen Halle** sind noch die spitzbogigen, hohen Fenster aus der gotischen Zeit erhalten, die Ausstattung geht auf die Zeit des Umbaus von 1608 bis 1612 zurück. Hier beeindrucken hölzerne Einbauten mit filigranen Schnitzereien, eine kunstvolle geschnitzte Treppe führt in das obere Stockwerk und zum Vorbau. Das Schiffsmodell unter der Decke zeigt die Bedeutung des Hafens und des Handels für Bremen.

Hinter der Oberen Halle liegt die **Güldenkammer,** die der Worpsweder Künstler Heinrich Vogeler 1905 im Auftrag des Stadtrates gestaltete. Möblierung, vergoldete Ledertapete, Kassettendecke und Bodenbelag bilden eine einheitliche Raumkomposition im Jugendstil in Gold, Rot und Braun.

Über einen Eingang an der Westseite gelangt man in den **Ratskeller.** Er wurde nach 1600 eingerichtet, seine riesiges Flaschenweinlager mit mehreren hundert Sorten ist legendär. Alte verzierte Weinfässer – das älteste stammt von 1723 – geben dem Saal sein einzigartiges Aussehen ebenso wie die erhaltenen »Priölken«, kleine, halbrunde Zimmerchen, die früher mittels Öfen beheizt werden konnten. Die Freskomalereien an den Wänden, die Max Slevogt 1927 schuf, nehmen Motive der Novelle *Phantasien im Bremer Ratskeller* (1827) von Wilhelm Hauff auf.

Einzig an der Nordwestecke ist ein gotischer **Eckturm** erhalten. Die meisten Besucher würdigen ihn aber keines Blickes, sie zieht es zu den **Bremer Stadtmusikanten** darunter. Man sagt, wer beide Beine des Esels gleichzeitig anfasse, habe einen Wunsch frei – kein Wunder, dass seine Fesseln glänzen wie poliert. Die Plastik des Bildhauers Gerhard Marcks war eine Auftragsarbeit der Bremer Politik. Teile der Öffentlichkeit empfanden sie bei ihrer Aufstellung 1951 als zu modern, bald aber wurde sie zum neuen Wahrzeichen der Stadt. Die unverwechselbare, leicht pyramidale Silhouette ist heute auf zahlreichen Werbeartikeln und Souvenirs zu sehen.

Von dieser Ecke aus lässt sich das **Neue Rathaus** (1909–1913) am besten überblicken. Es besitzt ein doppelt so großes Bauvolumen wie das Alte Rathaus, dem Münchener Architekten Gabriel von Seidl gelang es aber sehr geschickt, den Anbau geradezu verschwinden zu lassen: Er nimmt die Formensprache des Alten Rathauses mit Zurückhaltung auf und übertrifft es nicht in der Höhe. So ordnet er sich dem historischen Rathaus unter und fällt kaum auf. Der Bürgermeister hat übrigens seinen Amtssitz in diesem Anbau, nicht im Alten Rathaus.

Der leicht undurchdringliche Roland

Roland

Einen Roland als Symbol für Marktrecht und städtische Gerichtsbarkeit, kurz für die städtische Selbstbestimmung, findet man noch in einigen Orten in Deutschland. Von einst 200 im deutschsprachigen Raum sind etwa 40 erhalten, teils als Kopie des Originals. Der hiesige steinerne Roland, ein Original, gehört zu den imposantesten. Er misst rund 5,5 Meter, mitsamt Sockel und Baldachin gut 10 Meter. Manche behaupten, die Kniespitzen sollen genau eine Elle voneinander entfernt sein und früher als Maß fungiert haben.

Der Blumenmarkt an der Liebfrauenkirche

Der bartlose Jüngling steht seit 1404 an diesem Ort, und nicht zufällig schaut er mit seinem leicht geheimnisvollen Lächeln genau in Richtung Dom. Er symbolisiert die rechtliche Freiheit der Bürger gegenüber der kirchlichen Herrschaft. Den heutigen Status Bremens als Stadtstaat, der keinem Bundesland unterworfen ist, führen manche Bremer auf den Roland zurück. Und es heißt, dass die Stadt so lange frei und unabhängig bleibt, wie er auf seinem Sockel verharrt.

Liebfrauenkirche

Die Liebfrauenkirche schließt den Marktplatz nach Norden ab. Sie mag nicht so imposant wirken wie der Dom, verdient aber dennoch dank ihrer ausgewogenen Proportionen mehr als einen Blick. Entstanden ist sie in der ersten Hälfte des 13. Jahrhunderts als Ratskirche in Form einer zweischiffigen gotischen Hallenkirche. Von dem einen Vorgängerbau ist noch die Veitskapelle erhalten, vom anderen der Südturm. In der ersten Hälfte

▲ Karte: hintere Umschlagklappe

des 14. Jahrhunderts kam an der Südseite ein Seitenschiff hinzu; in diesem Zug wurde auch der Haupteingang an die Südseite verlegt. Eine erneute Umgestaltung im 19. Jahrhundert brachte keine tiefgreifenden Veränderungen. Kriegsschäden machten eine achtjährige Rekonstruktion notwendig, sie dauerte bis 1966. Seitdem besitzen die Pfeiler und Gewölbe keinen Putz mehr, man wollte dadurch die Raumakustik verbessern. So sind nur wenige mittelalterliche **Wandmalereien** erhalten. Ungewöhnlich farbenfroh erscheinen die **Glasfenster** des französischen Malers Alfred Manessier (1911–1993), die an die Stelle der im Krieg zerstörten traten.

Auf drei Seiten umfasste der Kirchhof den Bau; er ist lange aufgegeben. Einen hübschen farbenfrohen Kontrast zum dunkelgrauen Sakralbau setzt der **Blumenmarkt,** der täglich an der Nordseite der Kirche abgehalten wird.

Bebauung an der Nordwestseite

Die Häuserzeile mit den fünf Giebelhäusern an der westlichen Seite des Platzes sieht zwar historisch aus, aber kein Gebäude ist original. Es handelt sich hier um eine Mischung aus Alt und Neu, aus Rekonstruktion, Nachempfindung und an diese Stelle Versetztem. Nur bei genauem Hinsehen fallen die Unterschiede zwischen Neorokoko, Renaissance und Neobarock auf. Insgesamt wirkt das Ensemble sehr harmonisch und kann als gelungenes Beispiel für den Wiederaufbau nach dem Krieg angesehen werden, zumal die tradierten Straßenfluchten respektiert wurden. Von den vielen Cafés aus lässt sich das Treiben auf dem Marktplatz vielleicht am besten beobachten.

Schütting

Geradezu Aug' in Aug' mit dem Rathaus scheint der Schütting die Bedeutung der Kaufmannschaft für die Geschicke der Stadt demonstrieren zu wollen – je nach Perspektive Pendant oder Gegengewicht zum Sitz des Bürgermeisters. Hier befindet sich der Sitz der Bremer Kaufmannschaft, die mit ihrem Handel ganz wesentlich zum Wohlstand der Stadt beitrug. Er wurde durchaus nicht zufällig an diesem Ort gebaut, denn ganz in der Nähe, an der Balge, einem Seitenarm der Weser, befand sich der erste Hafen Bremens.

Der Bau entstand in recht schlichten spätgotischen Formen 1537/38, um 1600 erhielt er Mittelgiebel und Balustrade

Weitgehend eine Rekonstruktion: die Bebauung an der Nordwestseite des Marktes

und Fensterbekrönungen im Stil der Weserrenaissance und war nun deutlich repräsentativer. Das Portal ziert seit 1898 die Inschrift »Buten un binnen/wagen un winnen« (Drinnen und draußen/wagen und gewinnen), der Mittelgiebel zeigt eine Kogge unter Segeln. Heute ist der Schütting Sitz der Nachfolgerin der Kaufmannschaft, die – Tradition verpflichtet – Handelskammer heißt und nicht etwa Industrie- und Handelskammer.

Bürgerschaft

Ganz den Geist der Nachkriegszeit atmet die Bürgerschaft an der Ostseite des Marktplatzes: Licht und transparent wirkt sie, gleichzeitig in ihrer Zurückgenommenheit aber fast wie ein Zaungast an der Seitenlinie eines Feldes, das Rathaus und Schütting beherrschen. Ihr Zentrum ist der Plenarsaal für 100 Abgeordnete. Von der 200 Plätze fassenden Besuchergalerie kann man auf den Plenarsaal, aber auch auf den Markt schauen. Daneben fasst der Bau, der 1966 nach Plänen von Wassili Luckhardt anstelle der im Zweiten Weltkrieg zerstörten Börse entstand, noch Bibliothek und Festsaal. Dank seiner großen Glasfronten wirkt dieser fast wie eine Erweiterung des Marktplatzes. Insgesamt lässt die Bürgerschaft den Eindruck zu, dass die Bürger ihren Abgeordneten jederzeit über die Schulter schauen können.

Der **Skulpturengarten** neben dem Haus der Bürgerschaft wurde 2005 fertiggestellt. Sechs Skulpturen von Gerhard Marcks bilden seinen zentralen Teil. Sie zeigen, so ein Architekturkritiker, »die räumlich gebundene Gestaltung des menschlichen Körpers in seinen Grundhaltungen des Sehens, Sitzens und Liegens«. Der Skulpturengarten steht Besuchern in der Regel tagsüber offen, es ist ein überraschend stiller Ort so nahe des stets belebten Marktplatzes.

▲ Karte: hintere Umschlagklappe

Domshof und Umgebung

Dem recht großen Domshof ist besonders zu Marktzeiten eine heitere Atmosphäre eigen, aber zu allen Zeiten besitzt er Qualitäten als Aufenthaltsort. Dazu trägt nicht unerheblich das **Domshof-Forum** an der Nordseite bei, ein von einem gläsernen Dach überspannter Pavillon mit Café.

Ein halbes Dutzend Bankgebäude geben dem Platz seinen Rahmen, zwei stechen heraus: Die ehemalige **Bremer Bank** an der Ecke zur Sandstraße, 1902 bis 1904 in den Formen der Neorenaissance mit leichten Jugendstil-Einsprengseln errichtet, fungiert heute als Markthalle und Warenhaus. Das Kontrastprogramm dazu findet sich mit der **Bremer Landesbank/Nord LB** (2016) genau gegenüber, deren streng gerasterte Backsteinfassade leichte Anleihen beim Expressionismus der 1920er Jahre verrät.

Dem **Bismarck-Denkmal** an der Südseite, einem für seine Zeit (1910) typisch idealisierend-grobschlächtigem Reiterstandbild, nimmt der moderne **Neptunbrunnen** wenige Meter daneben etwas die Schwere. Das Werk des Bildhauers Waldemar Otto rief bei seiner Aufstellung 1991 nicht nur Begeisterung hervor, ist aber mittlerweile wegen seiner vielen subtilen Details als Werk von Rang anerkannt. Ganz bewusst wurde er so aufgestellt, dass einige seiner Figuren zwischen Rathaus und Dom hindurch auf die Bürgerschaft blicken.

Der **Dom St. Petri** mit seinen zwei 98 Meter hohen Türme dominiert den Platz. Er befindet sich auf dem höchsten Punkt der Weserdüne und war nichts weniger als die Keimzelle für das spätere Bistum, mithin der ideell wichtigste Sakralbau der Stadt. Ein erste Holzkirche St. Petri wurde 789 geweiht, aber bereits wenige Jahre später bei kriegerischen Auseinandersetzungen zerstört. Bald danach wurde wohl eine

Die markanten Türme des Doms

erste Steinkirche begonnen. Der heutige Bau entstand ab 1041 im romanischen Stil, wurde im 13. Jahrhundert umgestaltet und ab etwa 1500 in eine spätgotische Hallenkirche verwandelt. Sein heutiges Aussehen erhielt der Dom zwischen 1888 und 1898, als er grundlegend saniert und dabei in Teilen auch rekonstruiert wurde. Innen und außen sind die verschiedenen Phasen bei genauem Blick zum Teil bis heute erkennbar. Beliebt bei Besuchern sind vor allem die beiden **Türme:** Über am Ende recht schmale und steile Treppen gelangt man zu Aussichtspunkten auf etwa 50 Meter Höhe und genießt von dort eine unvergleichliche Sicht in alle Richtungen.
Man sollte aber ruhig auch einen Blick in den Dom selbst werfen, er besitzt noch eine kunstvoll geschnitzte hölzerne Kanzel aus der Barockzeit, Reste des Chorgestühls von 1380 und eine Silbermann-Orgel. Das spätromanische bronzene Taufbecken (um 1220) in der Westkrypta kann als wohl kostbarster Schatz angesehen werden. Die frühromanische Ostkrypta gilt als ältester Teil des Doms und zugleich als ältester erhaltener Raum Bremens.
Das **Dommuseum** in der Südostkapelle wartet unter anderem mit Leichentüchern und Grabtafeln auf, der Bleikeller – über den Innenhof zu erreichen – mit acht mumifizierten Leichen in verglasten Särgen. Die älteste stammt von 1450.

Am Neptunbrunnen

■ Domsheide/Ostertorstraße

An den Marktplatz schließt sich nach Osten die Domsheide an, eine platzähnliche breite Straße. Mit ihrer Verlängerung, der Ostertorstraße, erhielt sie vor allem im späten 19. Jahrhundert mit zahlreichen öffentlichen Bauten ihr Gesicht und ihre noch heutige Fassung. Zu nennen sind in erster Linie das **Posthaus** von 1879 im Stil der Neorenaissance und das massige, in etwa dreieckige **Gerichtsgebäude** von 1895, das zwei Fronten besitzt: zur Ostertorstraße und zur Violenstraße. Dieser Großbau gilt als besterhaltener aus der Epoche des Historismus in Bremen. In ihm waren Gericht und Gefängnis untergebracht. Die Reihe beschließt das ehemalige **Polizeihaus** (1908) an der Ecke zum Am Wall. Mit seinen Türmchen und

Expressionismus an der Domsheide

Giebelchen sowie teils harschen Übergängen zwischen den einzelnen Baukörpern und seinem überhaupt experimentell wirkenden eklektizistischen Stil hebt es sich deutlich von den zumeist sehr viel nüchterneren Behördenbauten aus jener Zeit ab. Heute ist es eine Art Passagenhaus mit Läden und Gastronomie, einen Großteil der Geschossfläche nutzt die Stadtbibliothek.

»Der Schweinehirt und seine Herde«

Nördlich und westlich des Marktplatzes

Das historische Zentrum Bremens wurde im Zweiten Weltkrieg durch Bombenangriffe bis auf kleine Reste zerstört. Beim Wiederaufbau nahm man nur zum Teil Rücksicht auf das tradierte Straßenraster. Verkaufsflächen und gute Erreichbarkeit mit dem Auto schienen wichtiger als Wohnraum, und Passagenkaufhäuser standen eine Zeitlang hoch im Kurs. Daher gab es jahrzehntelang nördlich und westlich des Marktplatzes viel zu kaufen, aber wenig zu sehen, und viele Straßen und Plätze bieten bis heute nur wenig Aufenthaltsqualität.

Mit dem Aufkommen des Online-Handels hat sich diese recht einseitige Nutzung der Flächen überlebt, auch Bremen hat mit zunehmendem Leerstand zu kämpfen. Seit einigen Jahren gibt es intensive Debatten darüber, wie das Zentrum umgestaltet werden sollte, damit es – wieder – zu einem lebendigen Ort der Begegnung wird und für möglichst viele Bürger an Attraktivität gewinnt. Konkrete Planungen für einzelne Areale liegen durchaus vor, man darf aber gespannt sein, ob und, wenn ja, wie sich Bremen in den nächsten Jahren tatsächlich verändern wird.

Zentrale Achsen des Einkaufsvergnügens sind seit jeher Obernstraße und Sögestraße, die ein langes Shopping-L bilden. Die **Sögestraße** wurde als erste Straße Bremens nach dem Krieg in eine Fußgängerzone verwandelt – ein damals sehr umstrittenes Vorhaben, das von heftigen Diskussionen begleitet war. Die Bronzeskulptur *Schweinehirt und seine Herde* an ihrem nördlichen Ende nach einem Entwurf des Bildhauers Peter Lehmann verweist auf ihre Geschichte: *Söge* leitet sich von »Sau« oder »Schwein« ab, denn durch diese Straße, eine der ältesten Bremens, wurden im Mittelalter die Schwei-

▲ Karte: hintere Umschlagklappe

ne in Richtung Bürgerweide getrieben. In der **Obernstraße** verdient vor allem das muschelkalkgraue Karstadt-Warenhaus aus den späten 1920er Jahren einen Blick, das seinem zeitgleich entstandenen Schwesterbau am Berliner Hermannplatz sehr ähnelt.

Ein ambitioniertes Projekt ist mit **Jacobs Hof** (Obernstr. 18–20) verbunden. Sein Café mit Terrasse auf der rückwärtigen Seite soll den Neubau mit der Stadtwaage an der Langenstraße verbinden, mehrere angrenzende Um- oder Neubauten sollen dann als »Neues Balgequartier« Standort für Büros werden und insgesamt diesen Bereich des historischen Zentrums aufwerten.

Die **Langenstraße** besitzt von allen Straßen im Zentrum noch am meisten historische Bausubstanz, wenngleich ihr Verlauf vom Marktplatz nach Westen durch die enorme Erweiterung der Martinistraße in der Nachkriegszeit massiv gestört wurde. Unter den Gebäuden in Neorenaissance und Rokoko – teils nach Kriegsschäden wiederaufgebaut – ragt die **Stadtwaage** (Nr. 13) von 1587 heraus. Sie gilt vor allem wegen ihres hohen, mehrfach gestuften Giebels als einer der schönsten Bauten der Weserrenaissance in Bremen.

Böttcherstraße

Von Enthusiasten wird die Böttcherstraße als »heimliche Hauptstraße« Bremens bezeichnet. Wenn das auch etwas übertrieben scheint, eine der meistbesuchten Straßen in Bremen ist sie sicherlich – dank ihrer einzigartigen Architektur und der darin angesiedelten hochkarätigen Museen und dank eines ungewöhnlichen Glockenspiels. Der »Lichtbringer«, ein vergoldeter Jüngling, markiert den Eingang von der Marktseite her.

Sieben Einzelbauwerke in einer eigenwilligen backsteinernen Mischung aus Tradition und Expressionismus rahmen

Die Stadtwaage, ganz Weserrenaissance

die Straße. Der Auftraggeber, der sehr wohlhabende Reeder und Kaffeehändler Ludwig Roselius (1874–1943), hat sie nach seinen Vorstellungen entwerfen und im Sinne einer Art Corporate Design für seine wichtigste Firma, Kaffee HAG, errichten lassen.

Die Böttcherstraße besaß über mehrere Jahrhunderte eine wichtige Funktion als kürzeste Verbindung zwischen Hafen und

Die Böttcherstraße, ganz in Backstein

Marktplatz; ihr Name, der auf die früher hier ansässigen Fassbauer verweist, deutet es an. Mit der Verlagerung des Hafens verlor die Straße ihre Bedeutung. Ab 1902 kaufte Roselius die rund 100 Meter lange Straße in Etappen im Grunde vollständig auf und ließ sie umgestalten; die meisten Bauten entstanden zwischen 1922 und 1931. Das Ensemble musste nach schweren Schäden im Zweiten Weltkrieg teilrekonstruiert werden. Seit 1988 befinden sich die Gebäude großteils im Besitz der Sparkassenstiftung, der Kunstbestand dagegen weitgehend im Besitz des Landes Bremen und einiger Kunststiftungen. Die Museen gehören zu den wichtigsten in der Stadt.

Das **Paula-Modersohn-Becker-Museum** öffnete 1927 als erstes Museum Deutschlands, das ausschließlich einer Frau gewidmet ist. Es zeigt wichtige Werke aus allen Schaffensphasen der Künstlerin, die ihre herausragende Rolle innerhalb der Worpsweder Gründergeneration verdeutlichen. Roselius war ein großer Bewunderer der Malerin. Der expressionistische Backsteinbau kann als eines der Hauptwerke von Bernhard Hoetger angesehen werden, dessen Schaffen ohnehin eng mit der Worpsweder Künstlerkolonie verbunden ist.

Das **Ludwig-Roselius-Museum** ist in einem altbremischen Patrizierhaus aus dem 16. Jahrhundert im Stil der Weserrenaissance untergebracht. Roselius kaufte es 1902 und ließ es tiefgreifend umgestalten; so bekam das Gebäude einen Treppengiebel. Seit der Eröffnung des Museums 1928 ist die Dauerausstellung kaum verändert worden. Sie gibt in mehreren Räumen mit Einrichtungsgegenständen, Möbeln und Wandverkleidungen, mit Kunst und Kunsthandwerk vom Mittelalter bis zum Barock einen Eindruck von der früheren Wohnkultur des gehobenen norddeutschen Bürgertums. Beide Museen zeigen regelmäßig Sonderausstellungen.

Die **Sammlung Bernhard Hoetger** bietet einen Querschnitt durch das Schaffen des Bildhauers, Grafikers, Malers und Architekten. Insgesamt 500 Exponate dokumentieren die Spannbreite dieses ungewöhnlichen Künstlers (1874–1949).

Die Böttcherstraße verbreitert sich etwa in ihrer Mitte zum St.-Petrus-Platz. Alle Augen richten sich hier zum **Glockenspiel.** Zwischen zwei Giebeln ehemaliger Lagerhäuser hängen 30 Glocken aus Meissener Porzellan, die zehn volkstümliche Melodien spielen. Parallel dazu erscheinen seitlich davon auf zehn Bildtafeln Darstellungen von Atlantiküberquerungen, von Leif Eriksson bis Ferdinand Graf Zeppelin. Auch diese Attraktion stiftete Roselius, 1934 erklang sie erstmals. Das heutige, dritte Glockenspiel stammt von 1990 (April–Dez. 12–18 Uhr zu jeder vollen Stunde, Jan.–März 12, 15 und 18 Uhr).

Rund um den Platz liegen Lokale, Kunsthandwerkateliers mit Verkauf – Goldschmiede, Glasbläser – sowie eine Dependance der Touristen-Information.

Schlachte

An der Schlachte zwischen Wilhelm-Kaisen-Brücke und Stephaniebrücke ist immer etwas los. Tagsüber bummeln hier Passanten an den Traditionsschiffen entlang, manche von ihnen auf dem Weg zu einem der Traditions-, Restaurant,- Hotel- und auch Ausflugsschiffe, die hier zu ihren Rundfahrten ablegen, abends und nachts ist Chillen und Feiern angesagt. Die Schlachte zeigt sich als gelungene Mischung als maritim-historischer Vorzeigemeile und entspannter Partyzone. Der Name »Schlachte« kommt von *slait* und bezeichnet das Einschlagen der Uferpfähle. Ab dem 13. Jahrhundert befand sich hier der wichtigste Hafen Bremens.

▲ Karte: hintere Umschlagklappe

750 Jahre lang bestimmte geschäftiges Treiben rund um die vielen Handelsschiffe die Szenerie. Seit dem 19. Jahrhundert verlor der Hafen allerdings immer mehr an Bedeutung, der Handel wanderte in Schritten weserabwärts, nach Bremerhaven und zum Übersee- und Europahafen. Ab 1996 wurde die Uferpromenade umgestaltet. Seitdem finden sich hier Bänke und auf dem Abschnitt östlich der Bürgermeister-Smidt-Brücke eine **Sitztreppe** aus Sandsteinquadern, im Bremer Volksmund auch »Affenfelsen« genannt. Am schönsten sitzt man hier am Abend in der untergehenden Sonne, einige historische Lagerhäuser und zahlreiche Kneipen im Rücken. Dabei schaut man unter anderem auf die Hansekogge »Roland«, einen Nachbau einer Kogge aus der Zeit um 1330, das Hotelschiff »Perle Bremen«, auf die Teerhofinsel mit der markanten Weserburg, an deren Ende Weser und Kleine Weser zusammenfließen, und nach rechts zur **Martinikirche.** Die frühere Kirche der Schiffer und Kaufleute entstand um 1376 als Hallenkirche und musste nach Zerstörungen im Zweiten Weltkrieg wiederaufgebaut werden. Sie erhebt sich auf einem aufgeschütteten Hügel und dominiert mit ihrem 62 Meter hohen Turm die Speicherfront.

Schnoor

Das Schnoorviertel ist seit Langem ein Besuchermagnet, die vielen kleinen Läden und Lokale haben sich ganz auf die Touristen eingestellt. Mag es dem einen oder anderen an manchen Tagen auch gar zu geschäftig zugehen, der Schnoor vermittelt dennoch wie kein anderes Viertel ein Bild des alten Bremen.

Es handelt sich um das älteste und das einzige in dieser Weise erhaltene Viertel der Stadt. Die gut 100 Wohnhäuser und ehemaligen Speicher entlang der teils sehr engen Gassen stammen aus dem 15. bis 19. Jahrhundert; Schnoor 15 von 1515 gilt als das älteste Haus. Der Name kommt vermutlich von *Snoor,* was »Schnur« bedeutet und treffend die Lage der Häuser zueinander wiedergibt, wirken sie doch wie aneinandergereiht. Der Schnoor dicht am Weserufer entstand als Viertel der Fischer und Schiffer, später waren hier auch Handwerker und Händler ansässig. Seit dem 19. Jahrhundert, vor allem mit dem Aufkommen der grünen Vorstädte, wurde es zu einem Arme-Leute-Viertel. Ab 1959 fand eine behutsame grundlegende Sanierung der heruntergekommenen Bausubstanz statt. Fast alle Häuser auf den nur gut zwei Hektar zwischen Lange Wieren/Kolping-

An der Schlachte

straße und Osterdeich, Balgenbrücke und Marterburg/Hinter der Holzpforte konnten so gerettet werden, ebenso das historische Kopfsteinpflaster.

Nicht ein einzelnes Gebäude verdient herausgehoben zu werden, als Gesamtbild mit romantischen Zügen nimmt das autofreie Viertel Besucher für sich ein. Überall kann man an den Häusern schöne Details entdecken. Und neben der breitgefächerten Gastronomie finden sich in den schmalen, zumeist zweistöckigen Häusern auch viele Kunsthandwerksläden und Modemanufakturen, Kurioses und Originelles in fröhlicher Mischung sowie einige Kultureinrichtungen.

Die Kirche **St. Johannis** am Rand des Schnoor stammt aus dem 14. Jahrhundert. Außen ganz klassische, schlicht und klar ausgeführte Backsteingotik, überrascht die dreischiffige Hallenkirche im Innern mit reicher Ausstattung. Sie war einst Mittelpunkt eines Franziskanerklosters. Die baufällig gewordenen Klostergebäude, nach der Reformation 1529 unter anderem als Krankenhaus genutzt, wurden jedoch 1834 abgerissen.

Entlang der Wallanlagen

In etwa halbkreisförmig umschließt ein Grüngürtel das historische Zentrum Bremens. Er trennt es deutlich von den Vorstädten, seine Zackenform zeigt noch den früheren Verlauf der Festungsanlage mit Stadtmauer an, die Bremen lange schützen sollte. Die Stadtmauer auf dem Wall wurde 1802 geschleift, die Wassergräben davor blieben jedoch erhalten. Die Bastionen wurden in Hügelkuppen verwandelt, die Wassergräben in einen sich dahinschlängelnden Bach. 1811 war die Parklandschaft mit Wiesen-, Baum- und Strauchflächen und Sichtachsen fertiggestellt, die erste öffentliche Parkanlage in Deutschland, die nach den Wünschen einer Bürgerschaft

So still ist das Schnoorviertel selten

entstand. Bis auf Theater und Kunsthalle wurden bis heute keine Gebäude in das Grün gesetzt, sondern nur an seinen Rand. Einige Skulpturen und Denkmäler sind jedoch hinzugekommen. Seit Anfang des 19. Jahrhunderts hat sich der Park kaum verändert, nur im Westen gab es durch den Bau einer Brücke und einer Eisenbahnlinie Verluste.

Die Bremer schätzen den Grüngürtel als Erholungsfläche, einige Bauten in und an ihm verraten gleichzeitig viel über die Stadt und ihre Geschichte. Wir schlagen einen Spaziergang gegen den Uhrzeigersinn vor und konzentrieren uns auf die wichtigsten Objekte.

Gleich hinter dem Weserdeich stößt man auf das **Kriegerehrenmal Altmannshöhe,** offiziell »Ehrenmal für die 1914–1918 gefallenen Bremer, die Gefallenen der Division Gerstenberg und des Freikorps Caspari«. Die 1936 eingeweihte Anlage erinnert nicht zuletzt an die Soldaten und Anhänger Hitlers, die sich aktiv an der Beseitigung der Weimarer Republik beteiligt haben; kein Wunder, dass hier Rechtsradikale immer wieder ihre Versammlungen abgehalten haben. Es ist schlicht unverständlich, dass diese Anlage nach wie vor existiert.

▲ Karte: hintere Umschlagklappe

Wenige Schritte weiter wird's erfreulicher, die **Kunsthalle** (→ S. 328) und die beiden früheren **Torhäuser** widmen sich ganz den schönen Dingen. Hinter der Kunsthalle erinnert seit ihrem 100. Todestag im Jahr 2007 ein **Denkmal** an die Malerin Paula Modersohn-Becker, eine der einflussreichsten Künstlerpersönlichkeiten, die Bremen je hatte.

Das heutige **Gerhard-Marcks-Haus** (→ S. 329), eine der beiden klassizistischen Ostertorwachen, entstand 1825 bis 1828 und markierte den östlichen Rand der zu dieser Zeit bebauten Stadtfläche. Mit der Abschaffung der Akzise (Steuer) im Jahr 1862 verlor das Haus seine Funktion. Von 1969 bis 1971 wurde es zum Gerhard-Marcks-Haus umgestaltet, in diesem Zug kam an der Ostseite ein Anbau hinzu.

Das **Wilhelm Wagenfeld Haus** (→ S. 329) gegenüber stellt unverkennbar das Pendant dar, den anderen Teil der Ostertorwache. Es stammt ebenso von 1828, hat sich auch sein klassizistisches Aussehen bewahren können. Es wurde zeitweilig als Gefängnis genutzt. Heute widmet sich das nach dem Produktdesigner Wilhelm Wagenfeld benannte Haus ausschließlich dem Thema Design.

Etwas weiter erinnert seit 1850 das marmorne **Denkmal** des Bildhauers Carl Steinhäuser an den Bremer Arzt und Astronomen Heinrich Wilhelm Olbers (1758–1840), der zu Lebzeiten als einer der bedeutendsten Gelehrten galt.

Im **Theatergarten** überrascht eine überlebensgroße liegende Frauenfigur aus Bronze. Die **Ägina** (1968) ist ein Werk von Gerhard Marcks und nach jener griechischen Insel benannt, auf der der Bildhauer seit 1964 ein Ferienhaus besaß. Offenkundig ließ sich Marcks von den Eckfiguren der griechischen Tempelgiebel inspirieren. Ungefähr hier befand sich das Stadttheater, das im Krieg zerstört wurde.

Vorbei an der **Bronzegruppe Der Rosslenker** 1902 von Louis Tuaillon kommt man alsbald zur übergroßen **Steinhäuser-Vase** kurz vor dem Herdentor. Sie wurde 1856 aufgestellt. Ihr Relief zeigt Figuren, die Ochsen mit sich führen, und bezieht sich auf den Brauch des Klosterochsenzuges im Rahmen des Bremer Freimarkts.

An dem kleinen **Denkmal** auf der anderen Straßenseite hasten die Passanten meist achtlos vorbei. Der leicht untersetzte Wilhelm Kaisen, der erste Nachkriegsbürgermeister Bremens, steht hier inmitten von Kastanien, die eine Hand in der Hosentasche, unter dem anderen Arm eine Aktenmappe. Ein leichtes Lächeln scheint seine Lippen zu umspielen, gelassen schaut er aus. Der Sozialdemokrat Kaisen (1887–1979) genießt als treibende Kraft des Wiederaufbaus Bremens nach dem Krieg seit Langem eine fast kultische Verehrung. Das Denkmal symbolisiert, wie Kaisen, die zerstörte Stadt im Rücken, den Blick auf die neuen Häuser richtet, getreu seinem Lieblingssatz »Kiek nich in Muusloch, kiek inne Sünn.«

Viele auswärtige Gäste, die vom Bahnhof her erstmals ins Zentrum kommen, wundern sich, im Park eine Mühle zu erblicken. Die 30 Meter hohe **Herdentorswallmühle** von 1833, ein Galerie-

Die Kunsthalle

Die letzte der einst zwölf Wallmühlen, heute ein Café-Restaurant

holländer, ist die letzte der ehemals zwölf Mühlen am Wall. Im Zuge der Industrialisierung und der Einführung von Dampfmühlen verschwanden sie nach und nach. Die hier erhaltene war noch bis 1947 in Betrieb, heute ist im unteren Bereich ein Café eingerichtet.

Bedeutende Bauten oder Denkmäler findet man von hier nach Westen nicht mehr, dafür aber weiterhin gepflegte Wiesen und schöne Blumenrabatten sowie noch die **Buddha-Meditationswiese.** Den westlichen Abschluss des Parks bildet der **Focke-Garten.** Das zwischen Bahntrasse, Schnellstraßen und Weser etwas eingeklemmte Areal fällt nach innen recht hübsch ab und wird neben einigen teils exotischen Gehölzen von einer Sonnenuhr geschmückt. Hier stand bis zu seiner Zerstörung 1944 das Focke-Museum (→ S. 330).

Diejenigen, jetzt gern einkehren möchten, finden an der nahegelegenen Schlachte (→ S. 312) eine große Auswahl.

Vor dem Ostertor

Unmittelbar östlich der beiden Wachhäuser am Ostertor beginnt das Ostertorviertel, das im Volksmund gemeinsam mit dem Steintorviertel einfach »Das Viertel« genannt wird und das Bremer Ausgehviertel schlechthin ist. Die Grünanlagen markieren an dieser Stelle nicht allein den Übergang von historischer Altstadt zu Vorstadt, sondern auch die Grenze zwischen dem Teil Bremens, der im Bombenkrieg weitgehend untergegangen ist, und dem Teil, der relativ glimpflich davonkam. Im Ostertorviertel lohnen daher nicht nur die vielen Kneipen und Restaurants, Bars und Clubs, Ateliers und originellen Läden einen Blick, sondern auch und gerade die Fassaden. Sie bestehen zumeist aus Variationen des »Bremer Hauses« (→ S. 318) und sind an nicht wenigen Straßen als komplette Zeilen erhalten.

Auf dem Weg ins Viertel passiert man das **Theater am Goetheplatz** (1913) mit mehreren Bühnen. Die spätklassizistische **Villa Ichon** daneben hat sich als Veranstaltungshaus und Sitz mehrerer kultureller Einrichtungen einen Namen gemacht. Rund um Mittel-, Köpken- und Poststraße erstreckt sich das sogenannte **Milchquartier,** einst als Reihenhaussiedlung für Arbeiterfamilien angelegt. Es zeigt eindrücklich, dass man zur Unterbringung für ärmere Schichten nicht zwingend Mietskasernen mit lichtlosen Hinterhöfen benötigt, und wirkt besonders durch die schmalen Vorgärten fast idyllisch. Es ist inzwischen eine der beliebtesten, damit aber auch teuersten Wohngegenden Bremens geworden.

So etwas wie das Gegenprogramm dazu stellt die **Kreftingstraße** dar. Sie wurde erklärtermaßen ab 1860 für wohlhabendere Bürger angelegt. Die Häuser sind auch hier weitgehend erhalten und stehen als für das Bauen jener Jahre beispielhaftes Ensemble unter Denkmalschutz.

Osterdeich

Der Osterdeich ist Teil des Deiches, der die Stadt vor Hochwasser schützt. Gleichzeitig ist er etwa zwischen Sielwallfähre und Café Ambiente zu einer Vergnügungsmeile geworden. Hier treffen sich die Bremer tagsüber zum Picknicken, Federballspielen und auch Grillen, genießen an lauen Abenden in großer Zahl den Sonnenuntergang, und besonders am Morgen sind die Jogger unterwegs. Im Sommer ist der Deich manchmal Ort für Open-Air-Veranstaltungen. Der Kiosk gegenüber der Einmündung des Sielwalls ist meist bis 22 Uhr geöffnet, man kann sich aber auch auf die Angebote mobiler Händler verlassen. Mit der Sielwallfähre kommt man auf die andere Seite, zu Weserstrand und Café Sand, einem Café mit Beach-Bar-Charakter.

EXTRA

Das Bremer Haus

Das Bild der östlichen Vorstädte wird von reihenhausartigen Straßenzügen bestimmt. Die zwei- und dreigeschossigen Häuser in einer Straße ähneln sich sehr, zusammen schaffen sie ein harmonisches, fast anheimelndes Bild, das an manche Siedlungen in Großbritannien oder den Niederlanden erinnert, in anderen deutschen Städten aber nicht anzutreffen ist. Das Bremer Haus, mitunter auch »Altbremer Haus« genannt, entstand jedoch nicht aus ästhetischen, sondern aus politischen Erwägungen.

Mit der Industrialisierung und dem damit zusammenhängenden vehementen Bevölkerungswachstum benötigte auch Bremen dringend Wohnraum. Gleichzeitig strebte die Stadt danach, die Wohnverhältnisse der breiten Bevölkerungsschichten – und nicht nur die der wohlhabenderen Familien – zu verbessern. Sie ließ daher außerhalb der Wallanlagen in alle Richtungen große Durchgangsstraßen anlegen, das Land dazwischen wurde an Bauherren veräußert, die auch für den Bau der Anliegerstraßen zuständig waren. Verordnungen verboten Vier- oder Fünfgeschosser und die Errichtung von Hinterhäusern. Alle Häuser sollten direkten Zugang zur Straße haben. So war der Bau von Mietskasernen ausgeschlossen, wie sie etwa zur selben Zeit in Berlin massenhaft entstanden. Die Stadt wuchs daher nicht in die Höhe, sondern vor allem in die Breite.

Finanzstarke Unternehmer kauften den zuvor landwirtschaftlich genutzten Boden, bauten Straßen und teilten die Grundstücke in Parzellen, auf denen Häuser entstanden. Mit dem Aushub auf der Hofseite wurden die Straßen hochwassersicher angelegt. Daher ist die unterste Ebene zur Straße hin durchweg als Souterrain, zur Hofseite als Erdgeschoss ausgeführt. Um die Flächen besser ausnutzen zu können, sind die Häuser recht schmal und erstrecken sich in die Tiefe. Sie wurden zumeist unmittelbar nach Fertigstellung verkauft. Dank der Bremer Handfeste, einer besonderen Form der Hypothek – Eigenkapital und Tilgung waren nicht gefordert, der Darlehenszins trat an die Stelle der Miete –, konnten selbst Arbeiter auch ohne Eigenkapital und zu niedrigen Zinsen Häuser erwerben.

Zwischen 1850 und 1914 wurden rund 27 000 Häuser errichtet, die große Mehrzahl davon als Bremer Haus; nach dem Ersten Weltkrieg entstanden diese nur noch vereinzelt. Der Bautyp zeigt sich in Größe und Höhe sehr variabel. Die Häuser waren durchweg als Einfamilienhäuser gedacht, Handwerker oder Arbeiter leisteten sich ein- oder zweistöckige Immobilien, für wohlhabendere Schichten entstanden zwei- oder dreistöckige Häuser auf großzügigerer Grundfläche. Die Ensembles unterschieden sich zwar nach Quartier und sozialem Status, waren aber, wie der Architekturhistoriker Wolfgang Voigt ausführt, »mehr oder weniger auf einen Grundtyp reduzierbar«.

Zu dessen Merkmalen gehören: zwei hintereinanderliegende, oft durch eine Schiebetür verbundene Haupträume – häufig Ess- und Wohnzimmer –, nicht mehr als drei Stockwerke, meist drei Fensterachsen, Zugang zum Hochparterre über eine Treppe, ein seitlich liegendes Treppenhaus, identische Grundrisse auf den Wohnebenen; Nachbarbauten zu beiden Seiten. Ursprünglich hatten fast alle Häuser einen Vorgarten, aufgrund der Verkehrsentwicklungen wurden aber einige Straßen verbreitert, weshalb diese teilweise entfielen. Die etwas gediegenere Variante des

Die klassische und die schmale Variante des Bremer Hauses

Bremer Hauses sah für das von der Straße her über einen separaten Eingang zugänglich Souterrain die Wirtschaftsräume vor, im Hochparterre lagen die Wohnräume, darüber die Schlafräume. Im Dachgeschoss gab es mitunter kleine Kammern. Je nach Geschmack und Vermögen der Besitzer erhielten die Häuser später repräsentativere Fassaden in Klassizismus, Historismus oder Jugendstil oder auch Erker. In späteren Jahrzehnten wurden die Stuckfassaden manchmal abgeschlagen oder die Formen durch eine allzu voluminöse Wärmedämmung verunklart. Heute wird manchmal die Glasveranda oder der Wintergarten - an vielen Häusern zu sehen - als Merkmal der Altbremer Häuser angesehen. Diese Elemente sind aber durchweg jüngeren Datums.

In der NS-Zeit wurde der Bautyp nicht weiterverfolgt, nach dem Krieg favorisierte man zur Linderung der Wohnungsnot Großsiedlungen an den Stadträndern. In den zerstörten Stadtteilen errichtete man Zeilen- und Punkthochhäuser, das Bremer Haus galt als nicht mehr zeitgemäß. Erst seit den späten 1960er Jahren erfolgte eine Renaissance. Ähnliche Konzeptionen in Lücken oder auf Konversionsflächen heißen heute auch in Bremen gern »Townhouse«.

Früher waren die Häuser für viele bezahlbar, heute sind sie - oft in Eigentum, selten vermietet - sehr begehrt und für Normalverdiener praktisch unbezahlbar geworden. Viele Bremer Häuser stehen unter Denkmalschutz, als schützenswerte Ensembles teils ganze Straßenzüge. Am Osterdeich ist die villenartige Variante anzutreffen, in Schwachhausen - vor allem rund um die Wachmannstraße und an der Hermann-Allmers-Straße - die großbürgerliche. Etwas gemischter geht es in Ostertor, Steintor und Peterswerder zu (man vermeide die großen Durchgangsstraßen und bevorzuge die Stichstraßen), die Straße Fedelhören gilt als Ganzes als herausragendes Beispiel für das Bremer Haus. Ausführliche Hintergrundinformationen und Modelle findet man im Focke-Museum (→ S. 330).

Gediegen, aber wenig originell: neue Wohnwürfel in der Überseestadt

Überseestadt

Die Überseestadt gehört mit rund 300 Hektar Fläche zu den größten Konversionsprojekten in Europa und steht geradezu symbolisch für die Veränderungen in Bremen: vom Handelszentrum zur Dienstleistungs-, Forschungs- und Kulturstadt.

Zwischen 1887 und 1906 entstanden entlang der Weser, nordwestlich des Zentrums, große Hafenanlagen, unter anderem der Überseehafen. Er gehörte lange zu den größten und modernsten seiner Art, konnte aber als klassischer Stückguthafen die Anforderungen der modernen Containerschifffahrt nicht mehr erfüllen: zu klein, nicht genug Tiefgang. Dieser Zweig verlagerte sich nach Bremerhaven. Der Bremer Senat ließ 1998 das Hafenbecken zuschütten und einen Masterplan für die neuen Flächen und die vorhandenen mit den erhaltenen Schuppen, Speichern, Kais, Bürobauten, Verlade- und Gleisanlagen entwickeln.

Die alten Industriebauten und Zeugnisse des Handelsortes blieben weitgehend erhalten, auch eingesessene Dienstleister wie Schiffsausrüster und Speditionen. Für die bestehenden Bauten wurden Neunutzungen erarbeitet, im Süden des Geländes entstand ein Wohnquartier mit Sport-, Spiel- und Erholungsflächen und Strand, Kitas, Schulen und Versorgungseinrichtungen. Man rechnet nach Abschluss des Umwandlungsprozesses mit rund 12 000 Bewohnern und knapp 2000 Arbeitsplätzen im neuen Stadtviertel und hofft, dass ihm nicht der Charakter einer reinen Schlafstadt anhaften wird. Die Planer verweisen durchaus mit Stolz darauf, dass fast ausschließlich Bremer Investoren tätig waren und sind, die, so die Erwartung, stets unter Berücksichtigung der lokalen Traditionen und der Bremer Identität planen.

Die Umwandlung ist noch nicht ganz abgeschlossen, aber weit genug vorangeschritten, um ein erstes Fazit formulieren zu können. Auf der einen Seite haben sich die ehrgeizigen Erwartungen der Planer erfüllt: In die alten Bauten ist neues Leben gezogen. Beispielhaft dafür lassen sich zwei Gebäude anführen. Das **Hafenmuseum Speicher XI,** ein 400 Meter langes Gebäude mit markantem Kran, wurde von 1908 bis 1912 als Baumwollspeicher errichtet. Heute ist es Heimat der Hochschule der Künste, in anderen Teilen sind Büros und mehrere kulturelle Einrichtungen unterge-

▸ Karte S. 344

bracht, so im Kopfbau unter anderem das Bremer Zentrum für Baukultur und das Hafenmuseum. Es widmet sich der Hafen- und Seefahrtsgeschichte sowie dem Leben der Seeleute. Im denkmalgeschützten **Schuppen Eins** finden sich heute unter anderem eine Reihe von gläsernen Werkstätten, die sich auf historische Fahrzeuge spezialisiert haben. Mehr als 50 Oldtimer aus vielen Jahrzehnten sind in den Gängen dazwischen dauerhaft ausgestellt, darunter mehrere Exemplare des in Bremen nach wie vor hochverehrten Borgward. Dazu kommen Büros und Cafés. Im Stockwerk darüber befinden sich neben Büros reihenhausartige Maisonettewohnungen. Wer will, kann das eigene Auto mit einem speziellen Aufzug ins Obergeschoss bringen und dort gegenüber dem eigenen Wohnzimmerfenster parken.

Auf der anderen Seite bilden die neuen Wohnbauten bei aller individuellen architektonischen Qualität kein anziehendes Quartier. Es gibt keinen erkennbaren Mittelpunkt, keinen Platz mit Aufenthaltsqualität, Geschäfte des täglichen Bedarfs sind rar. Zudem fehlt den Wohnwürfeln eine markante Handschrift, ein Verweis auf bremische Traditionen. Genau so oder wenigstens so ähnlich sehen auch die Neubauten am Neuen Hafen in Bremerhaven oder in der HafenCity in Hamburg aus. Noch besitzt die Überseestadt den Charakter einer Trabantenstadt – ob sich die Hoffnungen der Planer doch noch erfüllen, bleibt abzuwarten.

Vegesack

In Vegesack, etwa 25 Kilometer von der Altstadt entfernt, kommt man der Tradition Bremens als Hafen-, Schifffahrts- und Werftenstadt am besten auf die Spur. Heute wird hier zwar kein Fisch mehr angelandet und kein Schiff mehr gebaut, aber die Promenade, die Plätze rund um den Museumshafen, die früheren Speicherhäuser und Kapitänsvillen vermitteln noch immer die Atmosphäre dieser vergangenen Zeiten. Einige Traditionslokale gibt es hier auch, und so kann man hier mühelos einen halben Tag mit Schlendern, Schauen und Schlemmen verbringen. Die Anfahrt ist denkbar einfach: Mit der Linie RS 1 benötigt man nur gut 20 Minuten ab Hauptbahnhof. Das Heimatmuseum, das weitere Aspekte der Ortsgeschichte thematisiert, liegt etwa drei Kilometer außerhalb, in Schönebeck (→ S. 323).

»Ansicht von Vegesack (Bremen) an der Weser im Jahr 1847«, Gemälde von Carl Justus Harmen Fedeler

Weil die Weser im Stadtgebiet Versandungstendenzen aufwies, legten sich die Bremer auf Initiative ihrer Kaufleute in Vegesack von 1619 bis 1622 einen künstlichen Hafen an. Zunächst Handelshafen, war er später Standort der Walfänger. Ab etwa 1770 siedelten sich Werften an, ab 1895 die Heringsfischerei. Die Handelsaktivitäten verlagerten sich zunehmend nach Bremerhaven, die Schließung der Vulkan-Werft in den 1990er Jahren stürzte den Ort in eine tiefe Identitätskrise. Ab den 1970er Jahren erfolgte der Umbau der Areale rund um den alten Hafen in eine Museumslandschaft, die heute »Maritime Meile« genannt wird – zwischen ihren beiden Endpunkten liegen exakt 1852 Meter, also eine Seemeile.

Der **Museumshaven Vegesack** ist genau der 1622 fertiggestellte künstliche Hafen. Seit 2006 sind hier rund 20 historische Schiffe, die etwas von der früheren Fischerei verraten, dauerhaft vertäut (www.hafen-vegesack.de). Die **Figurengruppe Ankunft und Abschied** an der Nordseite des Hafens thematisiert die langen Monate, die Seeleute von ihren Familien getrennt sind. Die 42 Meter lange **Brücke** an der Südseite kann bei Bedarf hochgeklappt werden.

Das **Traditionslokal Grauer Esel** an der westlichen Seite des Hafens befindet sich seit vielen Jahrzehnten hier, im früheren Stall für das Havenhaus. Das **Hotel-Restaurant Havenhaus** gleich daneben ist stilvoll untergebracht, im früheren, um 1650 errichteten Amtsgebäude des Hafenmeisters. Es fungierte in späteren Jahren als Vereinshaus der Schiffer, die hier ihre Feste feierten. Höhepunkt im Festtagskalender war stets der Schifferball im Winter. Der bronzene **Walkiefer** davor erinnert an die Tradition Vegesacks als Standort der Walfänger. Dieser Platz heißt **Utkiek,** und in der Tat hat man hier einen wunderbaren Blick auf die Weser, den Schiffsverkehr und die stetig nach Lemwerder pendelnde **Fähre.** In der Alten Hafenstraße vermitteln die backsteinernen und spitzgiebeligen historischen **Kontor- und Speicherhäuser** noch einen Eindruck früherer Zeiten, ebenso wie die alten **Reedervillen** und **Kapitänshäuser** in der nahegelegenen Weserstraße. Gerade die Südseite verspricht hier gehobenes Wohnen, vereint sie doch leichte Hanglage und Weserblick.

Westlich des Fähranlegers nimmt der rund zwei Hektar große **Stadtgarten Vegesack** seinen Anfang. Er geht auf den Arzt und Botaniker Albrecht Wilhelm Roth zurück, der ab etwa 1790 den sandigen Hang seines Grundstücks am Weserufer kultivierte. Er pflanzte dort Bäume und Sträucher an, die ihm Kapitäne von ihren Reisen mitbrachten. Der heutige Garten entstand, als man viele Jahre später die Gärten der Kaufmanns- und Reedervillen entlang der Weserstraße zu einem großen Ganzen zusammenfügte. Zahlreiche Schautafeln erläutern die botanische Vielfalt. Von den am Hang gelegenen Aussichtspunkten eröffnen sich wunderbare Blick auf die Weser, die vorbeigleitenden Schiffe und die gegenüberliegende Lürssen-Werft. Am westlichen Ende des Parks liegt der **Schlepper**

In der Weserstraße

▸ Karte S. 344

Schloss Schönebeck, Sitz des Vegesacker Heimatmuseums

Regina auf dem Trockenen, der heute als Signal- und Gezeitenstation genutzt wird. Gleich dahinter erstreckt sich das Areal der **Vulkan-Werft,** die bis 1997 in Betrieb war und zu Spitzenzeiten mehr als 5500 Beschäftigte hatte. Nach dem Konkurs der Bremer Vulkan siedelten sich mehrere Betriebe an, auch aus dem Bereich Schiffbau. Wer zurück zum Museumshafen nicht denselben Weg nehmen möchte, findet in der hübschen Weserstraße eine Alternative.

■ Schönebecker Aue

Vegesack kann mit **Schloss Schönebeck** mit einem eigenen Heimatmuseum aufwarten. Der Stadtteil besitzt den ältesten künstlich angelegten Seehafen Deutschlands, lebte über Jahrhunderte eng mit und von der Seefahrt, war geradezu das Nautische Tor Bremens in die Welt. Kein Wunder, dass die Seefahrt den Hauptschwerpunkt des Museums darstellt. Die verschiedenen Abteilungen beschäftigen sich mit der Dampf-, Motor- und Segelschifffahrt, der harten und oft auch gefährlichen Arbeit der Seeleute beim Walfang und bei der Heringsfischerei und dem Leben des Seefahrers und Abenteurers Gerhard Rohlfs (1831–1896). Es werden nautische Instrumente aus mehreren Epochen und Reiseandenken von Seefahrern, dazu Schiffsmodelle und -gemälde gezeigt. Ein weiterer Schwerpunkt liegt auf den Anfängen der industriellen Entwicklung der Region (Fayencen, Norddeutsche Steingutfabrik) und der Wohnkultur des 19. Jahrhunderts. Seit 1952 befindet sich das Schloss, ein um 1640 errichteter Barockbau in Fachwerktechnik, im Besitz der Stadt. Er steht als einziger erhaltener Adelssitz in Bremen unter Denkmalschutz. Zum Schloss gehört das etwas südlich gelegene frühere Verwaltergebäude, ein Fachwerkhaus von 1780. Als Sitz einer Burg wurde Schönebeck erstmals 1357 erwähnt.

Das Schloss liegt am Rand des **Schönebecker Auetals,** dort, wo der Bach zu einem Teich aufgestaut wird. Das Schönebecker Auetal erstreckt sich auf 18 Kilometer Länge und zeigt sich als Bach mit angrenzenden Feuchtwiesen und Sumpfwäldern; es ist eine Heimat für teils selten gewordene Tier- und Pflanzenarten wie den Eisvogel und einige Libellenarten.

Die **Ökologiestation** etwa zwei Kilometer nördlich des Schlosses, eine Bildungseinrichtung, zeigt auf nur 20 Hektar eine überraschende Vielfalt: unterschiedliche Waldtypen, Feuchtwiesen, Teiche, Tümpel, einen Bach und eine Streuobstwiese – Norddeutschlands Landschaft en miniature. Ein Naturerlebnispfad mit zwölf Stationen macht unter anderem mit alten Obstsorten und Duftkräutern bekannt. Mit öffentlichen Verkehrsmitteln ist Schloss Schönebeck nur schlecht erreichbar, für eine Einkehr orientiere man sich ins drei Kilometer entfernte Vegesacker Zentrum.

▸ Die **Ökologiestation** ist frei zugänglich, Sommer 7–20, Winter 8 Uhr–Anbruch der Dunkelheit, www.oekologiestation-bremen.de.

Farge

Ab Mitte der 1930er Jahre verwandelten die Nazis die Unterweser-Region am Bremer Stadtrand in eine Rüstungslandschaft. Ihr Mittelpunkt war ein Komplex von unterirdischen Tanklagern, die insbesondere der Kriegsmarine Treibstoff für die geplanten Angriffsoperationen zur Verfügung stellen sollten. Im Krieg prägten neben neu angelegten Straßen, Schienenwegen, Schiffsanlegern und Materialumschlagplätzen vor allem zahlreiche Zwangsarbeiterlager die Gegend zwischen Farge, Neuenkirchen und Schwanewede und veränderten den zuvor ländlichen Raum tiefgreifend. Die in den Lagern untergebrachten Zwangsarbeiter sollten den **U-Boot-Bunker Valentin** fertigstellen, ein nie vollendetes wahnwitziges Bauprojekt. Er ist heute ein Ort der Erinnerung an den Krieg und die Verbrechen der nationalsozialistischen Gewaltherrschaft und als eindrückliches Ausflugsziel unbedingt zu empfehlen.

Als die Alliierten den Bombenkrieg intensivierten und gleichzeitig im Atlantik die deutschen U-Boote von Jägern zu Gejagten wurden, entstand der Plan, eine verbunkerte Werft zum Bau des neuen U-Boottyps XXI zu errichten. Die Werft sollte allen Angriffen aus der Luft standhalten können, das neu entwickelte U-Boot versprach die Möglichkeit einer rationellen seriellen Fertigung, längere Tauchphasen und eine höhere Unterwassergeschwindigkeit.

Das Gelände in Farge wurde gewählt, weil die fertigen Boote von der Weser schnell ihre Einsatzgebiete erreichen konnten, der Baugrund einen derart schweren Bunker zu tragen vermochte, über Schienen und die Weser eine gute Verkehrsanbindung bestand und in der Nähe genug Ingenieure und Werften, die einzelne Segmente zuliefern sollten, verfügbar waren. Vor allem aber

▲ Karte S. 344

Von schier unvorstellbaren Ausmaßen: der U-Boot-Bunker Valentin

befanden sich zahlreiche Lager in der Nähe, deren Insassen – ausländische Zivilarbeiter, Kriegsgefangene, KZ-Häftlinge – zur Zwangsarbeit herangezogen werden konnten. Bis zu 50 000 Menschen aus ganz Europa waren in diesen Lagern zusammengepfercht, 10 000 bis 12 000 arbeiteten gleichzeitig in Zehn-Stunden-Schichten auf der Riesenbaustelle. Vermutlich etwa 1600 von ihnen überlebten die gefährliche und überaus anstrengende Arbeit bei gleichzeitig völlig unzureichender Ernährung und katastrophalen hygienischen Bedingungen sowie die Schikanen und Brutalität des Wachpersonals nicht.

Im Juni 1943 wurde mit dem Bau begonnen. Hier sollten in Fließbandfertigung – ein damals für diesen Bereich neuartiges Verfahren – U-Boote hergestellt werden. Dank der Zellenbauweise sollten einzelne Segmente von verschiedenen Zulieferern über die Schienenwege kommen und im Bunker an 13 Montagestationen zusammengefügt werden. Alle zwei Tage sollte ein fertiges U-Boot die Bunkerwerft verlassen. Sie ist 426 Meter lang, 67 bis 97 Meter breit und bis zu 30 Meter hoch. Die Wandstärken liegen um 4,50 Meter, die Deckenstärke bei 7 Meter; der ganze Bau ist in Stahlbetonweise ausgeführt. Im März 1945 war der Bunker fast fertiggestellt, als er bei einer Bombardierung beschädigt und die Baustelle kurze Zeit später aufgegeben wurde. Kein einziges U-Boot hat die Anlage je verlassen.

Noch in den 1950er Jahren wurde der Bau in der örtlichen Presse völlig unkritisch als »achtes Weltwunder« gefeiert, die leitenden Ingenieure machten durchweg Nachkriegskarriere und rühmten zuweilen in Interviews die Kühnheit ihrer Pläne. Die Bundeswehr nutzte Teile des Bunkers von den 1960er Jahren bis 2010 als Materialdepot. Seit den 1980er Jahren forderten die Verbände der ehemaligen Inhaftierten sowie eine zunehmende Anzahl Bremer Bürger die Einrichtung

Die Skulptur »Vernichtung durch Arbeit«

einer Gedenkstätte. Der Ort ging von der Bundeswehr an die Landeszentrale für politische Bildung über, 2011 begann die Umgestaltung zum **Denkort Bunker Valentin.**

Am Eingang zum Areal erinnert die **Betonskulptur Vernichtung durch Arbeit** (1983) des Bildhauers Fritz Stein an die menschenverachtende Behandlung der Zwangsarbeiter durch die Wachmannschaften. Im Bunker ist ein Infozentrum eingerichtet, dessen Dauerausstellung jetzt schon sehr viel erklärt, aber noch weiterentwickelt und ausgebaut werden soll. Unter anderem wird hier thematisiert, welche Beziehung es zwischen der Großbaustelle und den dort eingesetzten Häftlingen einerseits und der ansässigen Bevölkerung andererseits gegeben hat und wie mit dem Monstrum und seiner Geschichte in der Nachkriegszeit umgegangen wurde. Nicht zuletzt bekommen einige der Häftlinge Stimme und Gesicht, so dass die zunächst abstrakten Opferzahlen fassbarer werden.

Unbedingt empfehlenswert ist der **Rundpfad** mit 25 Stationen, der durch den Bunker und um ihn herum führt. Die Infotafeln vermitteln in aller Dringlichkeit, was hier geschah, und die Dimension der wahnwitzigen Anlage begreift man bei einem Rundgang am deutlichsten.

Die Erläuterungen zeigen auch, dass von der einstigen Rüstungslandschaft außer dem dunklen Bunker fast nichts geblieben ist. Die noch vorhandenen Reste sind meist überwuchert und nur mit guter Ortskenntnis zu finden. Führungen zu diesen Orten (inkl. Fahrradausleihe) können über den Denkort Bunker Valentin verabredet werden, weitere Informationen vermittelt der Gedenkort Baracke Wilhelmine (→ S. 363) in Neuenkirchen.

Die **Fähre** in Farge bringt ihre Gäste nach Berne (→ S. 346) auf der anderen Weserseite.

Parks und Auen

Bremen ist eine grüne Stadt, die meisten der größeren Parks finden sich in den nördlichen Stadtteilen. Diese Viertel sind von der Nähe zu Weser und Lesum geprägt, an die sich die hügelige Geestlandschaft anschließt, die sich deutlich von den flachen Marschen anderer Bremer Stadtteile abhebt. Die großzügigen Parks beeindrucken mit ihrem alten Baumbestand und ihrer meisterhaften Gestaltung, und ganz nebenbei erzählen sie auch von den Besonderheiten der Bremer Industrie- und Reedergeschichte. Wir können hier nur die herausragenden Anlagen berücksichtigen. Der innenstadtnahe Bürgerpark beispielsweise ist zwar als Erholungsort beliebt, stellt aber keine Besonderheit dar und bleibt daher außen vor.

■ Rhododendronpark

Rhododendron ist nicht gleich Rhododendron. Davon kann sich überzeugen, wer den Rhododendronpark im Stadtteil Horn besucht. Auf rund 46 Hektar sind hier 600 Arten und rund 3500 Züchtungen versammelt, insgesamt 10 000 Rhododendron- und Azaleenbüsche zwischen mächtigen alten Eichen und Buchen – eine der größten Sammlungen dieser Art weltweit. Am schönsten ist ein Besuch natürlich im Mai, wenn die Pflanzen in voller Blüte stehen.

In einem Teil des Areals ist der **Botanische Garten** untergebracht, eine wissenschaftliche Sammlung von 6500 Pflanzen aus aller Welt. Schilder erläutern jede einzelne von ihnen. In der **botanika – Bremens große Entdeckerwelt** kann man die biologische Vielfalt der Erde kennenlernen oder wenigstens einen Teil davon, denn hier finden sich authentisch nachgebildete Landschaften wie beispielsweise die Bergwelt des Himalaya oder der Regenwald Borneos.

Sehr nett sitzt es sich im **Café-Restaurant Bloom** im Park: leicht saisonal und regional orientierte Küche, dazu gute Kuchen (Do, Fr 11–18, Sa, So 10–18 Uhr). Anfahrt: Vom Zentrum mit der Tram 4 bis Haltestelle »Horner Kirche«, dann zu einem der Eingänge noch 350 bzw. 500 m Fußweg.

■ Knoops Park

Mit seinen 60 Hektar ist Knoops Park nicht nur einer der größten Parks Bremens, sondern zweifellos sein anmutigster und schönstgelegener, ein Ort der Muße und der Betrachtung. Sein Besuch rechtfertigt auch eine etwas längere Anfahrt.

Im 19. Jahrhundert erwarben wohlhabende Bremer an der Geestkante, am nördlichen Ufer der Lesum, weitläufige Grundstücke, um sich dort Sommersitze bauen zu lassen. Einer von ihnen war Ludwig Knoop (1821–1894). Er gilt als einer der erfolgreichsten und wohlhabendsten Bremer Industriellen des 19. Jahrhunderts. Seinen Reichtum erwarb er sich unter anderem beim Aufbau der russischen Baumwollindustrie, wofür ihm der Zar sogar einen Adelstitel verlieh. Die Familie besaß zunächst ein Landhaus hier, ließ sich aber bald

Zur Blüte im Rhododendronpark

Die Lage von Knoops Park an der Lesum bezaubert

Schloss Mühlental bauen, eine Villa im damals populären Tudorstil. Der ausgedehnte Park wurde als englischer Landschaftsgarten gestaltet.

Das Schloss ist nicht erhalten, dafür aber in seiner ganzen Schönheit der hügelige, zur Lesum mal sanft, mal steil abfallende Park. Ihn charakterisieren der Wechsel von Baumgruppen, Gehölzen und freien Flächen und die geschickt angelegten Sichtachsen. Sie eröffnen immer wieder romantische Blick auf die Lesum, die still in Richtung Weser dahinzieht. Dazu kommen mehrere Aussichtspunkte, eine künstliche Grotte und einige Statuen. Eine von ihnen erinnert am Standort des früheren Schlosses an den Gründer des Parks.

Im Sommer finden hier Freiluftkonzerte und das Klassik-Open-Air-Festival statt, der ganze Zauber des Parks entfaltet sich jedoch in der Stille eines frühen Morgens, wenn nur wenige Besucher unterwegs sind.

Auf der anderen Straßenseite bilden drei historische Gebäude in einem parkähnlichen Skulpturengarten den **Kunst- und Kulturhof Kränholm,** ein Ort für wechselnde Ausstellungen und andere Kunstveranstaltungen mit angeschlossenem Kunstcafé. Ein Besuch rundet den Spaziergang in Knoops Park wunderbar ab. Der Park ist jederzeit zugänglich. Vom Bahnhof Bremen-St. Magnus (RS 1) noch gut einen Kilometer zu Fuß. Große Infotafel am Parkplatz.

▸ **Restaurant/Kunst- und Kulturhof Kränholm,** Auf dem Hohen Ufer 35, 28759 Bremen, Tel. 04216/9212810. Elegantes Restaurant, modern-raffinierte Küche. www.kraenholm.de

■ Wätjens Park

Mit dem Handel von Tabak- und Genussmitteln, später auch Baumwolle und Petroleum wurde die Reeder- und Kaufmannsdynastie Wätjen im 19. Jahrhundert zu einer der reichsten Familien Bremens. Um 1830 ließ sie sich von einem Teil ihrer Gewinne eine Art Sommerfrische vor den Toren der Stadt errichten. Der schlossähnliche Landsitz im Tudorstil ist heute als **Wätjens Schloss** bekannt; hier sind Wohnungen und ein Atelier eingerichtet. Das weitläufige Areal drumherum legte der zu dieser Zeit vielbeschäftigte Gartenarchitekt Isaak Altmann im Stil englischer Land-

Das Denkmal für den Namensgeber in Wätjens Park

schaftsgärten an. Dabei integrierte er zu dieser Zeit recht exotische Gehölze aus Übersee.

Ab etwa dem Jahr 2000 besann man sich dieser wunderbaren Anlage, restaurierte sie und stellte das alte Wegenetz wieder her. Besucher können sich heute an einem Tempelchen erfreuen, am Brunnen »Der Fischerknabe«, am Kutscherhaus, dem Wasserturm, kleinen Tümpeln, Streuobstwiesen und dem alten Baumbestand. Als Gesamtkunstwerk weitgehend im Originalzustand erhalten, stehen Park und Schloss unter Denkmalschutz.

Im Sommer finden in dieser schönen Kulisse manchmal Konzerte statt, Freizeitsportler nutzen das Areal zu allen Jahreszeiten, da der Fuß- und Radweg abends beleuchtet ist.

Der Park ist ganzjährig frei zugänglich, vom Bahnhof Bremen-Blumenthal (RS 1) sind es nur 300 Meter. Die nächstgelegenen empfehlenswerten Einkehrmöglichkeiten befinden sich in Vegesack.

▶ Karte S. 344

Ritterhude

Die Besonderheit des **Dammgutes Ritterhude** liegt in der Graft - norddeutsch für Wassergaben -, die das Gebäude wie einen Schutzwall umgibt. Sie verweist darauf, dass die Anlage im Kern auf eine Burg aus dem 14. Jahrhundert zurückgeht. Georg Gröning, später Bürgermeister von Bremen, kaufte das Dammgut 1776 und ließ es zu einer dreiflügeligen Anlage erweitern. Die Familie Rex-Gröning lebt noch heute dort, in ihrem Privatbesitz.

Gutshaus und Park stehen unter Denkmalschutz. Da eine Besichtigung aber nicht möglich ist und der zweigeschossige Bau von außen wenig hergibt, ist der Umweg nur Spezialisten zu empfehlen. Vom Bahnhof Ritterhude (RS 2) sind es etwa 300 Meter Fußweg.

Wichtige Museen

Naturgemäß ist die Bremer Museumslandschaft zu einem guten Teil maritim orientiert. Sie weist aber darüber hinaus eine große thematische Vielfalt auf, einige Häuser gehören in ihrem Bereich zu den führenden Einrichtungen in Deutschland. Wir können hier nur die wichtigsten vorstellen. Einen ausführlichen Führer durch die Welt der Galerien und Ausstellungen in der Hansestadt hält das Touristenbüro bereit, er ist passionierten Museumsbesuchern sehr zu empfehlen.

Kunsthalle Bremen

Für eine Stadt ihrer Größe ist die Kunsthalle Bremen erstaunlich hochkarätig bestückt. Ein Rundgang durch die Räume kommt einer Reise zu den wichtigsten Stationen der neuzeitlichen Kunstgeschichte - unter besonderer Berücksichtigung der Künstlerkolonie Worpswede - ziemlich nahe. Das Haus gliedert sich in die Abteilungen »Kupferstichkabinett«, »Alte Meister des 14. bis 18. Jahrhunderts«,

»Deutsche und französische Kunst des 19. und frühen 20. Jahrhunderts«, »Kunst des 20. Jahrhunderts« und »Kunst des 21. Jahrhunderts«. Angeschlossen sind ein Restaurant und ein sehr guter Museumsshop mit der in Bremen breitesten Auswahl an Literatur zur Kunstgeschichte. Regelmäßige und dabei hochkarätige Sonderausstellungen runden das Angebot ab. Der zweigeschossige Bau wurde 1849 eröffnet und mehrfach erweitert, nach erheblichen Kriegsschäden ab 1945 wiederhergestellt, die beiden seitlichen Flügel kamen 2011 hinzu. Die Gebäudeteile sind im Innern miteinander verbunden, die Übergänge aber klar erkennbar.

Gerhard-Marcks-Haus

Gerhard Marcks (1889–1981) gehört zu den bedeutendsten Bildhauern des 20. Jahrhunderts. Seine Werke sind einerseits von der griechischen Archaik und andererseits von Marcks Jahren am Weimarer Bauhaus ab 1919 beeinflusst. Nach dem Zweiten Weltkrieg schuf er zahlreiche Mahn- und Denkmäler sowie weitere Skulpturen. Viele seiner Arbeiten finden sich in Bremen; einige seiner Werke gehen auf öffentliche Aufträge zurück. Am bekanntesten ist sicherlich die Skulptur *Bremer Stadtmusikanten* (→ S. 305) am Rathaus. 1971 öffnete das von der zwei Jahre zuvor gegründeten Gerhard-Marcks-Stiftung initiierte Museum seine Türen. Es bewahrt große Teile des künstlerischen Werks von Marcks, darunter rund 400 Plastiken und 12 000 Zeichnungen. Der reiche Bestand wird dem Publikum in Wechselausstellungen zugänglich gemacht und daneben Bildhauerkunst vom späten 19. Jahrhundert bis zur Gegenwart gezeigt.

Wilhelm Wagenfeld Haus

Wilhelm Wagenfeld (1900–1990) gilt als einer der einflussreichsten Produktdesigner seit der Zwischenkriegszeit, sein Schaffen begann am Bauhaus in Weimar. Sein Nachlass wird hier verwaltet und Interessierten in Wechselausstellungen nahegebracht. Daneben werden auch regelmäßig sorgfältig kuratierte Ausstellungen zu Designgeschichte und Alltagskultur präsentiert.

In der Kunsthalle

Übersee-Museum

Das Gebäude am Bahnhofsplatz heißt seit 1951 Übersee-Museum, sein ursprünglicher Name gibt seine Ausrichtung deutlicher wieder: Städtisches Museum für Natur-, Völker- und Handelskunde. Die Initiative für ein ethnologisches Museum, das Wissenschaft und Volksbildung verbinden sollte, ging von Bremer Kaufleuten aus, die auch einen Großteil der Exponate beisteuerten. Es wurde 1896 eröffnet, das Haus von 1908 bis 1911 erweitert. Es präsentiert überseeische Lebensräume, thematisiert die Faszination Ferne und war von Anfang an als »Welt unter einem Dach« konzipiert, die Besucher mit Staunen in ferne Kontinente und deren vielfältige Kultur- und Naturräume eintauchen und sie besser verstehen lässt. Zu den besonders auffälligen Exponaten zählen Tierdioramen, ausgestopfte Tiere oder Saurierskelette und ein begehbares Modell eines Blauwalherzes in Originalgröße.

Exponat im Überseemuseum

▸ Karte: hintere Umschlagklappe

Der Kolonialwarenladen mit all seinen Originalgegenständen mag auf den ersten Blick harmlos wirken, aber das Museum fragt nach einer teilweisen Neuausrichtung in jüngerer Zeit auch nach den Ursachen und dem Wesen der Kolonisation, ihren Folgen und der Rolle der Europäer bis heute. Es beleuchtet Aspekte der Globalisierung, ihre Ungerechtigkeiten und Auswirkungen etwa auf die Gesellschaften afrikanischer Länder. Dabei reflektiert es auch den Umgang und die angemessene Präsentation von Exponaten, die früher zwar nicht »Beutekunst« genannt wurden, aber zweifellos in diese Kategorie gehören.
Eine Treppe führt ins Gebäude gegenüber, ins Übermaxx, ein Schaumagazin auf drei Etagen mit tausenden von Exponaten aus aller Welt in Glasvitrinen.

Focke-Museum

Das Focke-Museum trägt seinen Namen nach Johann Focke (1848–1922), der mit seiner privat zusammengetragenen stadtgeschichtlichen Sammlung die Basis für das Historische Museum legte, das schließlich im, so die heutige offizielle Unterbezeichnung, Bremer Landesmuseum für Kunst- und Kulturgeschichte aufging. Es ist damit das Geschichtsmuseum der Stadt, enthält natürlich die wesentlichen Sammlungen zur Geschichte Bremens, daneben zur bürgerlichen Wohnkultur vergangener Epochen, zu Seefahrt und Handel vom Mittelalter bis heute.

Universum

Nicht weniger als 300 Mitmachstationen besitzt das Universum. In der Kombination von Entdeckerzonen und Infotafeln, Schaubildern und Experteninterviews per Video kann man mit allen Sinnen Naturphänomene erfahren, ausprobieren und sie spielerisch verstehen lernen. Der Weg führt unter anderem an Blitzmaschine,

Tastgalerie, Kugelbahn, einem leuchtendem Datenglobus, Erdbebensofa, Kurbelgenerator und Lügendetektor vorbei. Diese faszinierende Mitmachwelt ist in drei Abteilungen gegliedert: Technik (Mechanische Welt, Elektrische Welt, Automatisierte Welt, Digitale Welt), Mensch (Körperparcours, Sinnenparcours, Kommunikationswege, Gedankenspiele) und Natur (Farben in der Natur, Strukturen in der Natur, Muster in der Natur).
Im würfelförmigen Anbau gibt es Sonderausstellungen, im Außenbereich neben einem »Turm der Lüfte« weitere Experimentierstationen als wissenschaftliche Erlebnislandschaft, so etwa eine Mondspringerstation und eine Steilwand. In diesem Haus, dessen silbrige Hülle einem halb aufgetauchten Wal ähnelt, kann man besonders mit Kindern vergnügliche und lehrreiche Stunden oder auch halbe Tage verbringen. Das Haus ist für Familien die vielleicht beste Alternative bei Regentagen.

Im Universum kann man viel selbst ausprobieren

Weserburg Museum für moderne Kunst

In Einzel- und thematischen Gruppenausstellungen, mit zahlreichen Veranstaltungen und Publikationen findet in der Weserburg Museum für moderne Kunst seit 1991 eine lebendige Auseinandersetzung mit dem Kunstschaffen von den 1960er Jahren bis heute statt. In den Worten der Macher: »Ein Schwerpunkt liegt auf hochqualitativen Positionen des Fluxus und Nouveau Réalisme, der Sound, Conceptual und Minimal Art.« Neben ihrer dezidiert internationalen Ausrichtung fühlt sich die Weserburg auch den herausragenden regionalen Positionen und der Nachwuchsförderung verpflichtet. Bemerkenswert sind die zahlreichen Sammlungen – Nachlässe, Stiftungen, auch Ankäufe –, die zum Haus gehören und der Öffentlichkeit zugänglich gemacht wurden. Bevor die Weserburg der Kunst eine Heimat gab, war in den alten Speicherhäusern ab 1893 zunächst eine Zigarrenfabrik und ab 1923 eine Kaffeerösterei ansässig. Insbesondere wegen der beiden markanten neogotischen Tortürme sprach man allgemein bald von der »Weserburg«. Nach dem Konkurs der Rösterei Schilling 1973 ging das Areal in den Besitz der Stadt Bremen über. Bald siedelten sich hier Ateliers, ein Off-Theater und die Städtische Galerie an. Und so war es kein Zufall, dass die moderne Kunst hier mit der von der Stadt Bremen initiierten Stiftung Neues Museum Weserburg einen festen Ort erhielt. Seitdem hat sich das Haus zu einer der führenden Adressen in Deutschland für moderne Kunst entwickelt.

Bremen-Informationen

Tourist-Information

Tourist-Information Bremen, Tel. 0421/3080010. www.bremen-tourismus.de
Zwei Standorte: Hauptbahnhof, Mo–Fr 9–18.30, Sa, So 9.30–17 Uhr; Böttcherstr. 4, Mo–Fr 9.30–18.30, Sa 9.30–17, So 10–16 Uhr;
Großes Angebot an sehr unterschiedlichen Führungen und Besichtigungen. Infos und Tickets ebenfalls in der Tourist-Information.
Die **Bremen ErlebnisCard** bietet freie Nutzung des ÖPNV und zahlreiche Ermäßigungen; je nach Dauer und Gruppengröße diverse Tarife.

ÖPNV

Man sollte gar nicht erst versuchen, das zentrale Bremen mit dem Auto zu entdecken: ausgedehnte Fußgängerzonen, verwirrende Einbahnstraßenregelungen, kaum Parkmöglichkeiten. Ohnehin ist die Stadt so kleinräumig, dass vieles bequem zu Fuß erreichbar ist. Der ÖPNV mit seinen Tramlinien als Rückgrat ist gut ausgebaut und führt in alle zentrumsfernen Viertel.

Vegesack: Vom Hbf. mit der Regio-S-Bahn (alle 30 Min.); Fahrtzeit 21 Min.

Farge/Denkort Bunker Valentin: Vom Hbf. mit der Regio-S-Bahn über Vegesack nach Farge (alle 30 Min.); Fahrtzeit 44 Min.; dann weiter mit der Buslinie 90 bis zur Haltestelle »Rekumer Siel«.

Radfahren

Wer die Stadt lieber radelnd erkunden möchte, findet Leihfahrräder u. a. hier:

ADFC-Radstation, am Hbf., Tel. 0421/51778822; März–Sept. Mo–Fr 8–19, Sa, So 9–14 Uhr, sonst Mo–Fr 10–18, Sa 10–13 Uhr. www.adfc-bremen.de

WK-Bike, Tel. 0421/36713671. Über Website oder App registrieren und losfahren. Räder stehen an den WK-Stationen oder frei. www.wk-bike.de

Call a Bike, am Hauptbahnhof, Tel. 069/42727722. Leihsystem der Deutschen Bahn, funktioniert ebenso, Räder stehen aber nur am Hbf. www.callabike.de

▲ Karte: hintere Umschlagklappe

Schiffsfahrten und Fähren

Hal över, Schlachte 2, Martinianleger, 28195 Bremen, Tel. 0421/338989 (Mo–Fr), Pavillon Martinianleger tgl. 10–17 Uhr. Weser- und Hafenrundfahrten, u. a. nach Bremerhaven und Verden, Themen- und Sonderfahrten. www.hal-oever.de

Sielwallfähre, pendelt während der Öffnungszeiten des Cafés vom frühen Morgen bis zum Anbruch der Dunkelheit (tgl., im Winter nur Sa/So) zwischen Sielwall und Café Sand (→ S. 334). Nur Fußgänger/Fahrräder. www.hal-oever.de

Anlegepunkt der Flotte Weser: Martinianleger/Schlachte. www.flotte-weser.de

Hotels

Großes, dabei aber recht hochpreisiges Hotelangebot, moderne Häuser überwiegen. Buchung am einfachsten unter www.bremen.de/tourismus oder über die Tourist-Information.
Einige preisgünstige (DZ unter 100 Euro) Alternativen im Zentrum:

Edel Weiss, Bahnhofsplatz 8, 28195 Bremen, Tel. 0421/14688. Mit bayerischem Restaurant. www.edelweiss-bremen.de

Best Western Hotel Bremen City, Bahnhofstr. 8, 28195 Bremen, Tel. 0421/30870. Nur Frühstück. www.bestwestern.de

Novum Hotel Bremer Haus, Löningstr. 16–20, 28195 Bremen, Tel. 0421/32960. Nur Frühstück. www.novum-hotels.de

Eines des Traditionslokale im Schnoor

Classico, Hinter dem Schütting 1a, 28195 Bremen, Tel. 0421/24400867. Boutique-Hotel mit gleichnamigem Konditorei-Kaffeehaus. www.classico-bremen.de

Alte Neustadt Hotel Garni, Große Johannisstr. 228–230, 28199 Bremen, Tel. 0421/578740. Nur Frühstück, familiär, etwas schlichter, in der Neustadt. www.alte-neustadt.de

Ibis Styles Bremen Altstadt, Faulenstr. 45, 28195 Bremen, Tel. 0421/30480. Nur Frühstück. https://all.accor.com

Alexander von Humboldt – Das Schiff, Schlachte 1a, Martinianleger, 28195 Bremen, Tel. 0421/38039699. Übernachtung in Schiffskabinen mit Etagenkojen. Mit Restaurant, deftige Küche. www.alex-das-schiff.de

Camping

Hanse-Camping, Hochschulring 1, 28359 Bremen, Tel. 0421/30746825. www.hansecamping.de

Restaurants

An einigen Ecken ballen sich Kneipen, Imbisse, Lokale und Bars. Hingehen und vor Ort wählen, hier entscheidet der persönliche Geschmack, Empfehlungen sind kaum möglich:

- **Ostertorstraße/Ecke Sielwall bzw. Am Dobben:** Das Epizentrum des Abend- und Nachtlebens, von hier in alle Richtungen eine schier endlose Abfolge von Lokalitäten aller Art.
- **An der Schlachte:** Kneipen und Bars dicht an dicht, im Sommer spielt sich das Leben auf der Promenade und in den Biergärten ab.
- **Hamburger Straße/Auf dem Peterswerder (Brommy-Platz):** Rund um den Platz ein halbes Dutzend Lokale: gegrillt, italienisch, vegan – alles gut, alles empfehlenswert, teils mit Tischen im Vorgarten.

■ Innenstadt, Schnoor, Ostertorviertel

Bremer Ratskeller, Schoppensteel 1, 28195 Bremen, Tel. 0421/321676, tgl. ab 12 Uhr. Seit 400 Jahren! Nicht nur Traditionelles auf der Karte, berühmt ist die riesige Weinauswahl. www.ratskeller-bremen.de

Zum Kaiser Friedrich, Lange Wieren 13, 28195 Bremen, Tel. 0421/326429; Mo ab 16, Di–Sa 12–15 u. 17.30–21 Uhr. Seit 100 Jahren am Eingang zum Schnoor, u. a. Labskaus und Knipp, Matjes und Krabben sowie rote Grütze. Wer traditionell bremisch essen möchte, ist hier genau richtig. www.kaiserfriedrich.de

Schröters Leib und Seele, Schnoor 13, 28195 Bremen, Tel. 0421/326677; Di–Sa 12–14.45 u. 18–23 Uhr. Bremisch-französische Crossover-Küche, nebenan Schröters Chocolaterie und Patisserie. www.schroeters-schnoor.de

Kaffeemühle, Am Wall 212, 28195 Bremen, Tel. 0421/14466; Okt.–März Mo–Do 12–22, Fr 12–23, Sa, So 9.30–23, April–Sept. tgl. 9.30–22/23 Uhr. Fisch, Fleisch, Veganes in und rund um die Mühle, schöner Blick auf Wall und Teich. www.muehle-bremen.de

Küche 13, Beim Steinernen Kreuz 13, 28203 Bremen, Tel. 0421/20824721; Di–Sa ab 18 Uhr. Kreativ, saisonal, bio, hip. Auch Außenbereich, insgesamt aber wenige Tische, daher besser reservieren. www.kueche13.de

Rock & Wurst, Am Dobben 35, 28203 Bremen, Tel. 0421/67350189; Mi–Sa 18–mindestens 24 Uhr. Eine der derzeit angesagtesten und besten Adressen im Steintorviertel. Verbindet auf augenzwinkernde Weise Rock'n'Roll-Flair und die entsprechende Musik mit einer kleinen, aber feinen Karte edler Burger und natürlich der namensgebenden »Rockwurst«. www.rockundwurst.de

■ An der Weser

Paulaner's im Wehrschloss, Hastedter Osterdeich 230, 28207 Bremen, Tel. 0421/68565944; tgl. ab 11 Uhr, Biergarten Mo–Fr ab 15, Sa ab 13, So ab 11 Uhr. Mit tollem Blick aufs Weser-Stauwehr. Riesiger Innenraum, dazu großer zweigeteilter Biergarten: mit Service und mit Selbstbedienung. Bayerische deftig-fleischorientierte Küche, auch Kuchen, nicht immer souveräne Bedienung. www.paulaners.de

Bootshaus am Weserbogen, Auf dem Peterswerder 29, 28205 Bremen, Tel. 0421/4377422; Di–So 10–22 Uhr. Regional orientierte Karte mit täglich wechselndem Mittagstisch, auch Frühstücksangebote, besonders attraktiv wegen der schönen Terrasse. Derzeit sicher die überzeugendste Adresse mit Weserblick.
www.bootshaus-am-weserbogen.de

Café Ambiente, Osterdeich 69a, 28209 Bremen, Tel. 0421/4989508. Schöner Blick auf die Weser, mediterran angehaucht. Wegen der Glaskonstruktion für Geräuschempfindliche nicht zu empfehlen.
www.cafe-ambiente.de

Café Sand, Strandweg 106, Tel. 0421/556011. Tolle Kuchen, kleine Tageskarte. Kinderspielplatz, lockere Atmosphäre einer Beach Bar. Linksseitig, Zugang am einfachsten mit der Sielwallfähre (→ S. 332).
www.cafe-sand.de

■ Vegesack

Hotel/Restaurant Havenhaus, Am Vegesacker Hafen 12, 28757 Bremen-Vegesack, Tel. 0421/664093. Zahlreiche gute Fischgerichte. www.hotel-havenhaus.de

Goden Wind, Rohstr. 5, 28757 Bremen-Vegesack, Tel. 0421/652575. Gute Fischgerichte, Blick auf die Weser.
www.goden-wind.de

Grauer Esel, Am Vegesacker Hafen 10, 28757 Bremen-Vegesack, Tel. 0421/662291; Di–So 11.30–15 u. 17.30–22.20 Uhr (So bis 21.30 Uhr). Rustikaler Charme, Bremer Spezialitäten inkl. Knipp.
www.graueresel.com

Cafés

Café Classico, Am Markt 17/18, 28195 Bremen, Tel. 0421/1784694. Sehr guter Kaffee, die süßen Leckereien kommen aus der Hauskonditorei. www.classico-bremen.de

Café Tölke, Schnoor 23a, 28195 Bremen, Tel. 0421/324330. Wiener-Kaffeehaus-Atmosphäre.

Café-Konditorei im Schnoor, Marterburg 32, 28195 Bremen, Tel. 0421/324532. Bremer Süßigkeiten und Gebäckspezialitäten. www.schnoorkonditorei.de

▲ Karte: hintere Umschlagklappe

So geht's am schnellsten zu Weserstrand und Café Sand

Café Stecker, Knochenhauerstr. 14, 28195 Bremen, Tel. 0421/12593. Traditionshaus, Biedermeierambiente und gute Backwaren.
www.konditorei-stecker.de

Café Knigge, Sögestr. 42, 28195 Bremen, Tel. 0421/13060; Mo–Sa 9–18.30, So 11–18 Uhr. Seit 1898 *das* Bremer Café schlechthin. Geschmackvolles Ambiente, beste Kuchen der Stadt, exzellentes hausgemachtes Eis und ein Service, wie man ihn sonst kaum noch findet.
www.knigge-shop.de

Bars

Auswahl an Bars im Zentrum:

Grays Bar, Hinter der Holzpforte 2, 28195 Bremen, Tel. 0421/9080740; Di–Sa ab 18 Uhr. Sehr gute Cocktails zu moderaten Preisen, freundliche, fast familiäre Atmosphäre. Im Schnoorviertel.
www.grays-bar.de

Blauer Fasan Bar Bremen, Böttcherstr. 3–5, 28195 Bremen, Tel. 0421/40896781; Mo–Sa ab 19 Uhr. Cool-lässig, im Innern tatsächlich bläulich, Klassiker und Eigenkreationen auf hohem Niveau. www.blauerfasan.de

Brill No 6, Am Brill 6, 28195 Bremen, Tel. 0421/17868922; Di–Sa ab 19 Uhr. Am nordwestlichen Rand des Zentrums, herausragend gute Cocktails, ab und an Cocktailkurse. www.brillno6.de

Perlen & Primaten Bar, Ostertorsteinweg 83, 28203 Bremen, Tel. 0421/40896781; Di–Sa ab 19 Uhr. Nicht sehr groß, intime Atmosphäre, hervorragende Cocktails, am Rand des Ausgehviertels. www.perlenundprimaten.de

Heldenbar, Ostertorsteinweg 105, 28203 Bremen; Di–Sa ab 18 Uhr. Blick durch die großen Fenster auf die in der Nacht belebteste Kreuzung der Stadt. Neben sehr guten Cocktails auch Craft-Beer, ab und an Quiz-Abende und Konzerte. www.heldenbarbremen.de

Artist Bar, An der Weide 18, 28195 Bremen, Tel. 0173/6406666; tgl. ab 12 Uhr. Sehr freundlich, sehr gute Getränke, lässige Einrichtung. Nähe Bahnhof, neuester Zugang in der Szene.

Museen

Dom St. Petri, Dom-Museum Mo–Fr 10–17, Sa 10–13.30, So 14–17 Uhr. www.stpetridom.de

Museen Böttcherstraße (Paula-Modersohn-Becker-Museum, Ludwig Roselius Museum, Sammlung Bernhard Hoetger), Böttcherstr. 6–10, 28195 Bremen, Tel. 0421/3388222; Di–So 11–18 Uhr. www.museen-boettcherstrasse.de

Kunsthalle Bremen, Am Wall 207, 28195 Bremen, Tel. 0421/329080; Di 10–21, Mi–So 10–18 Uhr. www.kunsthalle-bremen.de

Gerhard-Marcks-Haus, Am Wall 208, 28195 Bremen, Tel. 0421/327000; Di, Mi, Fr–So 10–18, Do 10–21 Uhr. www.marcks.de

Wilhelm Wagenfeld Haus, Am Wall 209, 28195 Bremen, Tel. 0421/3399933; Di 15–21, Mi–So 10–18 Uhr (nur zu Ausstellungszeiten). www.wilhelm-wagenfeld-stiftung.de

Übersee-Museum, Bahnhofsplatz 13, 28195 Bremen, Tel. 0421/160380; Di–Fr 9–18, Sa, So 10–18 Uhr. www.uebersee-museum.de

Universum, Wiener Str. 1a, 28359 Bremen, Tel. 0421/33460; Mo–Fr 9–18, Sa, So 10–18 Uhr. www.universum-bremen.de

Weserburg. Museum für Moderne Kunst, Teerhof 20, 28199 Bremen, Tel. 0421/598390; Di–So 11–18 Uhr. www.weserburg.de

Focke-Museum, Schwachhauser Heerstr. 240, 28213 Bremen, Tel. 0421/6996000; Di 10–21, Mi–Sa 10–17, So 10–18 Uhr. www.focke-museum.de

Schuppen Eins, Konsul-Smidt-Str. 20–26, 28217 Bremen, Tel. 0421/36519158; Mo–Fr 8–19, Sa, So 10–19 Uhr. www.schuppeneins.de

Denkort Bunker Valentin, Rekumer Siel, 28777 Bremen, Tel. 0421/69673670; Di–Fr, So 10–16 Uhr, Führungen nach Absprache. www.denkort-bunker-valentin.de

Heimatmuseum Schloss Schönebeck, Im Dorfe 3–5, 28757 Bremen, Tel. 0421/623432; Di, Mi, Sa 15–17, So 10.30–17 Uhr, Führungen nach Vereinbarung. www.museum-schloss-schoenebeck.de

Beck's Besucherzentrum, Am Deich 18/19, 28199 Bremen, Tel. 0421/50945555; Mo–Sa Brauereiführungen. www.becks.de

Festivals und Veranstaltungen

Jedes Jahr eine Vielzahl von Festen, Messen, Veranstaltungen. Übersicht und detaillierte Infos unter www.bremen.de. Zu den wichtigsten Events zählen:

Sechs-Tage-Rennen (Jan.); Stadthalle (Findorff).

Jazzahead! (April); Messe, Fachtagung, Festival. Div. Orte.

Sambakarneval (April); Steintorviertel.

Filmfest (April); Filmvorführungen, Vorträge, Diskussionen. Div. Orte.

Tanz Bremen (Mai, alle zwei Jahre: 2022, 2024 usw.); zeitgenössischer Tanz, nationale und internationale Ensembles. Div. Orte

La Strada (Juni); Festival der Straßenkünstler. Div. Orte.

Poetry on the road (Juni); internationales Literaturfestival. Div. Orte

Vegesacker Hafenfest (1. Wochenende im Juni); Stadtfest rund um den Vegesacker Hafen.

Breminale (5 Tage im Juli); Open-Air-Festival: Live-Musik, Gaukler, Kindervergnügen, Lesungen, Theater, Tanz u. v. m. Am Osterdeich.

Festival Maritim (1. Wochenende im Aug.); Live-Musik auf div. Bühnen, nationale und internationale Künstler, rund 150 Konzerte. Vegesack.

Musikfest Bremen (Aug./Sept.); Festival klassischer Musik. 25 Orte in Bremen und Umgebung.

Freimarkt (zwei Wochen im Okt.); großer Rummel, 200 Schausteller, 40 Fahrgeschäfte. Bürgerweide und Innenstadt.

Weihnachtsmarkt (Ende Nov.–22. Dez.), rund um den Bremer Marktplatz.

Parks

Rhododendronpark, Deliusweg 40, 28359 Bremen, Tel. 0421/42706615; tgl. 7 Uhr–Sonnenuntergang.
www.rhododrendonparkbremen.de

Knoops Park, im Stadtteil St. Magnus; jederzeit frei zugänglich.
www.foerderverein-knoops-park.de

Ökologiestation, Am Gütpohl 11, 28757 Bremen, Tel. 0421/2221922.
www.oekologiestation-bremen.de

Wätjens Park, Landrat-Christians-Str., 28779 Bremen; jederzeit frei zugänglich.
www.waetjens-park.de

Einkaufen

In der Fußgängerzone zwischen Domshof und Ansgariviertel, Wall und Obernstraße dominieren die großen Warenhäuser und Passagen mit den bekannten Namen. Wer etwas Ausgefalleneres sucht, sollte es hier probieren:

Böttcherstraße, kleine originelle Läden/Manufakturen.

Schnoor, ähnlich wie Böttcherstraße, aber deutlich größere Auswahl. Flyer mit einer Übersicht aller Läden gibt's in der Touristen-Information und im Viertel selbst.

Fedelhören, die Straße gilt als die traditionelle Antiquitätenmeile Bremens. Mittlerweile neben Alt-Wertvollem auch hochwertige Mode und ausgefallener Schmuck.

Wochenmarkt und Blumenmarkt, direkt nebeneinander auf dem Domshof, Mo–Fr 8–14, Sa 8–15 Uhr. Bunte Vielfalt, sehr nette Atmosphäre.

Museumsshop in der Kunsthalle Bremen, Am Wall 207, Tel. 0421/32908510; Di 10–21, Mi–So 10–17 Uhr. Große Literaturauswahl in den Bereichen Kunst, Architektur, Fotografie, Wissenschaft sowie Kinderbuchabteilung. Stets alle Publikationen zu laufenden Ausstellungen in Bremen.
www.kunsthalle-bremen.de

▲ Karte: hintere Umschlagklappe

Das Theater, zwischen Wall und Ostertorviertel gelegen

Johann Christian Findorff und die Moorkolonisation

In zwei Dutzend Orten zwischen Bremen und Bremervörde tragen Schulen, Straßen und Plätze den Namen »Findorff«. Sie erinnern an die treibende Kraft der Moorkolonisation, die die Gründung dieser Orte erst ermöglichte.

Johann Christian Findorff (1720–1792) lernte das Tischlerhandwerk und erhielt dann eine Ausbildung in den Bereichen Wasserbau und Landvermessung. Ab 1751 arbeitete er bei der Moorkolonisation, 1771 wurde er zum »Königlich Hannoverschen Moorkommissar« ernannt. Er war damit verantwortlich für die Umsetzung der Pläne seines Kurfürsten, der mehrere Moore, vor allem das riesige Teufelsmoor, trockenlegen und besiedeln lassen wollte. Diese Aufgabe wurde zum Lebenswerk Findorffs.

Die Neusiedler – zumeist Tagelöhner, Knechte und landlose Bauernsöhne – mussten zunächst in der meterhohen Torfschicht Gräben und Kanäle anlegen, die das Land entwässern sollten und gleichzeitig die Transportwege darstellten – Straßen gab es nicht. Auf den gewonnenen Flächen entstanden Dörfer von je etwa 25 bis 30 Höfen. Zu den Höfen gehörten Land, das als Grün- und Ackerland bewirtschaftet werden sollte, und Torfstichflächen. Bis etwa 1850 wurden fast 70 Dörfer angelegt, in einigen von ihnen auch Kirchen und Schulen. Die Gehöfte erstreckten sich typischerweise beidseits einer schnurgeraden Dorfstraße und parallel zu einem Kanal und bildeten damit Siedlungen ohne eigentlichen Dorfkern. Viehhaltung und Ackerbau waren auf dem nährstoffarmen Boden sehr schwierig. Auf einigen wenigen Moorflächen wächst der anspruchslose Buchweizen passabel, es kam aber zu zahlreichen Missernten. So mussten viele Familien, teilweise bis in das 20. Jahrhundert hinein, hauptsächlich vom Torfstich leben.

Das Leben fand in ärmlichen Fachwerkhäusern statt, da es Holz und Backstein vor Ort nicht gab und erst mühsam herangeschafft werden musste. Die Katen waren im Winter vom Hochwasser umgeben, was vielen Menschen Rheuma und Schwindsucht einbrachte. »Den Eersten sien Dod, den Tweeten sien Not, den Drütten sien Brod« – so fasste der Volksmund das über Generationen entbehrungsreiche Leben der Moorbewohner zusammen.

Mit den Dörfern entstand nach holländischem Vorbild im Teufelsmoor ein System aus etwa 60 Kanälen. Sie wurden erst nach Jahrzehnten durch Knüppeldämme ersetzt, aus denen dann allmählich Wege und Klinkersteinstraßen wurden. Zum Abtransport des Torfes wurden ein spezielles Torfschiff mit geringem Tiefgang entwickelt. Es war etwa zehn Meter lang und besaß zumeist dunkel geteerte Segel. Bis zum Ende des 19. Jahrhunderts waren ganze Flotten unterwegs, die den Torf zu den Flüssen transportieren, von wo er dann als Heizmaterial in die Städte verschifft wurde. Heute ist die ursprüngliche Struktur der Dörfer kaum noch sichtbar, das Kanalsystem weitgehend verschwunden, und das frühere Leben und Arbeiten der Moorbewohner wird nur in den musealen Einrichtungen in Schlußdorf (→ S. 342) und Grasberg (→ S. 342) oder bei einer Torfkahnfahrt mit Erläuterungen lebendig.

Der »Moorvater« Johann Christian Findorff starb in Bremervörde. Er ist in der Nähe beigesetzt, in Iselersheim, einem Dorf, das auch erst im Zuge seiner Arbeit gegründet worden war.

Abstecher nach Worpswede

Die Große Kunstschau gehört zu den wichtigsten Museen in Worpswede

Als »Künstlerdorf« ist Worpswede deutschlandweit bekannt. Die meisten verbinden mit ihm reflexartig große Namen des Impressionismus und Expressionismus, übersehen wird dabei oft, dass hier immer noch eine sehr aktive Kunstszene lebt und arbeitet und der Ort mitnichten nur von seiner Vergangenheit zehrt.

Das 1218 erstmals erwähnte Worpswede veränderte sich jahrhundertelang kaum. Am Hang des Weyerbergs gelegen, war die kleine Siedlung wenigstens etwas von dem allgegenwärtigen Wasser geschützt. Ackerbau und Fischfang beherrschten das karge Leben. Fritz Mackensen, ein Schüler der Düsseldorfer Kunstakademie, verbrachte 1884 seine Semesterferien in Worpswede, 1886 und 1887 kam er erneut. Ihm folgten einige Kollegen, unter anderem Otto Modersohn und Heinrich Vogeler, die sich 1899 zu einer Künstlergruppe nach französischem Vorbild zusammenschlossen: »Fort mit den Akademien, die Natur ist unsere Lehrerin und danach müssen wir handeln.« Ihnen folgten weitere Künstler, unter anderem Paula Modersohn-Becker. Heinrich Vogeler gründete nach dem Ersten Weltkrieg eine Art Kommune, eine Lebens- und Arbeitsgemeinschaft, und in dieser Zeit entstanden auch die ersten Galerien und Museen. Bis heute ortsprägend sind die Entwürfe des Architekten Bernhard Hoetger in ihrer ungewöhnlich expressiven Formensprache. In Bremen entstand nach seinen Plänen die berühmte Böttcherstraße (→ S. 311).

Spätestens nach dem Zweiten Weltkrieg wurde der Ruhm der frühen Künstlerkolonie übergroß, und die nachfolgenden Künstlergenerationen hatten und haben es nicht leicht, aus dem Schatten der übermächtigen Namen herauszutreten. Der Schriftsteller Klaus Stadtmüller formulierte 1996 zugespitzt: »Gerade in Worpswede ist es nicht leicht, unter den Toten lebendig zu sein.«

Seit den 1970er Jahren ist der Ort auch staatlich anerkannter Erholungsort, und so gesellen sich zu den knapp 10 000 Einwohnern und den Kunstinteressierten auch zahlreiche Erholungssuchende, die offenbar gern die Cafés im Zentrum bevölkern. Daher wirkt Worpswede heute an manchen Tagen wie eine Mischung aus Künstlerdorf und Kurort.

Sehenswürdigkeiten

Zahlreiche Künstler arbeiten hier, manche haben sich im Ort niedergelassen. Es gibt insgesamt rund 140 aktive Künstler und Kunsthandwerker, sechs Kunstmuseen, dazu zahlreiche Galerien und Ateliers, eine Kunstschule und Malschulen. Über dieses vielfältige Leben und die Möglichkeiten, es kennenzulernen, etwa im Rahmen von Führungen, Seminaren und Kursen, informiert das Besucherzentrum ausführlich. Wir müssen uns aus Platzgründen auf die Nennung der wichtigsten Einrichtungen beschränken. Erster Anlaufpunkt für viele Besucher ist das **Philine-Vogler-Haus,** ein auffälliger,

▲ Karte S. 339

typischer Hoetger-Bau, heute Sitz des Besucherzentrums. Es liegt zentral an der »Hauptstraße« des Ortes, der Bergstraße. In das Büro ist auch ein gut sortierter Shop mit einer feinen Auswahl an Literatur und Souvenirs integriert.

Die **Worpsweder Kunsthalle** direkt daneben, älteste Kulturinstitution des Ortes, zeigt neben Worpsweder Werken aus verschiedenen Phasen auch zeitgenössische Kunst und bietet hochwertiges Kunsthandwerk. Läuft man von hier die Weyerberg genannte Anhöhe hinauf, so gelangt man zum 1922 eingeweihten **Niedersachsenstein,** einem Denkmal für die Gefallenen des Ersten Weltkriegs. Es stammt auch von Hoetger.

Ebenfalls an der Bergstraße befindet sich die **Große Kunstschau,** das vielleicht wichtigste Ausstellungshaus im Ort. Hier hängen vor allem Werke der ersten Malergeneration, also von Paula Modersohn-Becker, Fritz Mackensen, Heinrich Vogeler und Otto Modersohn.

Worpswede

Das Haus im Schloh

Das expressionistische Ensemble mit Café aus den 1920er Jahren gilt als eines der wichtigsten Werke des Architekten Bernhard Hoetger.

Von hier führt der Hoetger-Weg zur **Käseglocke.** Der kleine runde Bau entstand nach Plänen von Bruno Taut als Wohnhaus mit Atelier für den Schriftsteller und Maler Edwin Koenemann.

Nur wenig weiter liegt der **Barkenhoff.** Der Maler Heinrich Vogeler kaufte das Bauernhaus 1895 und ließ es zum Atelierhaus umbauen; seitdem dominiert äußerlich der Jugendstil. Fortan bildete es das geistige Zentrum der Künstlerkolonie Worpswede. Heute ist hier die Barkenhoff-Stiftung ansässig, die sich der Förderung von Künstlern verschrieben hat.

Das **Haus im Schluh,** schon am Rand des Ortes gelegen, präsentiert Malerei und Grafik von Heinrich Vogeler. Das idyllische Fachwerkensemble mit Museumsladen und Ferienwohnungen lohnt einen Blick, auch wenn man nicht auf Kunstbetrachtung aus ist.

Das benachbarte **Museum am Modersohn-Haus,** das frühere Wohnhaus des Künstlerpaares Paula Modersohn-Becker und Otto Modersohn, ist heute Heimat der Sammlung Kaufmann. Das Wohnhaus widmet sich vor allem Leben und Werk der berühmten Malerin, im modernen Anbau sind Werke der Gründergeneration ausgestellt.

Im Innern der **Zionskirche,** einem bescheidenen Bau von 1759, finden sich einige Wandmalereien von Worpsweder Künstlerinnen. Die Kirche liegt am westlichen Ende der Bergstraße. Überquert man hier die Durchgangsstraße und folgt dem abwärts führenden Weg, so gelangt man in das eigentliche frühere **Bauerndorf.** Hier formen sich einige hübsche reetgedeckte Häuser zu einem schmucken Ensemble, eines der vormaligen Bauernhäuser dient heute als Sitz des Rathauses. Nur wenig weiter stößt man schließlich auf den sehenswerten **Bahnhof,** der nach Plänen von Heinrich Vogeler um 1910 in Jugendstilformen entstand.

Westlich außerhalb des Ortes befindet sich ein **Erdholländer** von 1838, der nach einer Restaurierung zwar wieder voll funktionstüchtig ist, aber äußerlich etwas unscheinbar daherkommt.

▶ Karte S. 339

Ausflug ins Teufelsmoor

Einst dominierten Moore weite Teile des heutigen Niedersachsens. Lange waren sie unberührt, eigneten sie sich doch nicht für die Landwirtschaft: zu nass, zu nährstoffarm. So kam das große Moor etwa zwischen Bremervörde, Osterholz-Scharmbeck und Fischerhude auch zu seinem Namen. »Teufelsmoor« leitet sich ab vom niederdeutschen *doves* oder *duvels*; *Duvelsmoor* heißt so viel wie »taubes, unfruchtbares Moor«. Seit dem 13. Jahrhundert gab es erste Versuche der partiellen Trockenlegung, im großen Stil ab 1770, als der hannoversche König Jürgen Christian Findorff (→ S. 337) mit der systematischen Moorkolonisation beauftragte.

Die Anlage von Drainagekanälen, die Begradigung von Bächen, die Entwässerung, der intensivierte Torfabbau und darauffolgend die Umwandlung in Ackerflächen sowie die Anlage von Dörfern auf teils künstlich aufgeschütteten Hügeln führte dazu, dass vom einst größten Moor Deutschlands nur noch sehr kleine Reste erhalten sind. Andererseits konnten sich einige Bereiche in den vergangenen Jahren durch gezielten Schutz regenerieren. Mittlerweile hat man hier, wie in vielen anderen Regionen auch, die Bedeutung der Moore als einzigartige Lebensräume vieler Tier- und Pflanzenarten sowie als unvergleichlich effektive CO_2-Speicher erkannt und sie unter Schutz gestellt. Heute ziehen sich vor allem entlang der Hamme renaturierte Flächen und Überschwemmungsgebiete. Das Moor wirkt etwas dunkel, in seinem Wechsel von offenen Flächen und lichten Wäldern jedoch nicht sonderlich spektakulär. Für Ornithologen aber gibt es in dem von den Flüsschen Oste, Hamme, Wörpe und Wümme durchzogenen Gebiet viel zu sehen: Neben Kranichen, wohl die Moorvögel schlechthin, sind Feldlerchen, Wiesenpieper, Bekassinen, Kiebitze, Brachvögel, Silberreiher, Grau- und Nilgänse, Pfuhlschnepfen und Nachtschwalben hier zu Hause, daneben eine beachtliche Anzahl von Fröschen, Fledermäusen und auch Fischottern.

Mit etwas Glück erblickt man einige dieser Bewohner bei einer Wanderung auf dem **Lehrpfad.** Den Einstieg findet man, wenn man von Neu St. Jürgen nach Westen in die Teufelsmoorstraße einbiegt und dieser knapp vier Kilometer (über die Hamme weg) folgt. Dort, wo sie eine scharfe Linkskurve vollzieht, befinden sich ein Parkplatz mit Infotafel und eine Bushaltestelle (Fleitenkiel). Von hier ist es noch ein knapper Kilometer über einen Schotterweg bis zum eigentlichen Beginn des Pfades.

Umfangreiche Infos und viele **Führungen** das ganze Jahr über bietet die Biologische Station in Osterholz, über **Torfkahnfahrten** auf der Hamme (Mai–Oktober) informiere man sich dort oder in der Touristeninformation in Worpswede. Die schwarzen Dielenboote folgen weitgehend den historischen Vorbildern, fahren inzwischen aber mit Elektromotor.

Das nette **Gasthaus Schamaika** direkt an der Hamme bietet sich für eine Einkehr an.

Auf den ersten Blick gänzlich unspektakulär: das Teufelsmoor

Torfschiffswerft Schlußdorf

In Schlußdorf wurden von 1850 bis 1954 mehr als 600 Torfschiffe gebaut, sogenannte Halbhuntschiffe. Auf jedem diesen flachen Kähne konnten rund sechs Kubikmeter Torf transportiert werden. Eines dieser Torfschiffe ist vor dem Museum aufgestellt, im Haus geben Arbeitsgeräte für den Schiffbau, den Torfabbau und die Holzschuhmacherei sowie alte Fotos einen Eindruck vom Leben der Dorfbewohner in früheren Jahren. Backofen, Ziehbrunnen und alte Bienenkörbe sind ebenfalls im Originalzustand erhalten.

Im Biergarten vor dem Haus sitzt es sich im Sommern sehr schön, Kaffee und Kuchen gibt es hier auch.

Grasberg

Der **Findorffhof** in Grasberg ist eine Museumsanlage. Die alten, aus anderen Orten hierher versetzten Fachwerkgebäude, die historischen Einrichtungsgegenstände und Gerätschaften – viele davon private Leihgaben – vermitteln einen Eindruck vom Leben und Arbeiten der Moorbauern. Dazu fungiert das Haupthaus als kulturelle Begegnungsstätte, für Konzerte, Theateraufführungen und auch *Klönschnack*.

Die Hofanlage ist nicht allgemein zugänglich, eine Besichtigung aber nach Vereinbarung möglich, am besten beim ersten Vorsitzenden des Findorff-Heimatvereins Grasberg, Gunnar Meierdirks (Tel. 04208/917316).

Worpswede und Teufelsmoor

Touristen-Information, Bergstr. 13, 27726 Worpswede, Tel. 04792/935820; Mo–Sa 10–17, So 10–15 Uhr. Gute, genaue Karten und viele Broschüren auch zum Teufelsmoor und den Dörfern in der Gegend sowie Infos zu den Torfkahnfahrten (mehrere Anbieter), Souvenirs. www.worpswede-touristik.de

Großes Angebot an FeWos in den Dörfern um Worpswede, Infos bei der Touristen-Information.

In der Bergstraße und Ostendorfer Straße einige Cafés und Restaurants, keins davon fällt ab. Abseits des Zentrums aber die besseren Alternativen:

Worpsweder Bahnhof, Bahnhofstr. 17, 27726 Worpswede, Tel. 04792/9878333; Mi–So 17.30–22, Sa, So auch 12–14.30 Uhr. Café-Restaurant mit sehr guten Kuchen und Torten, Cross-over-Küche mit regionalem Einschlag auf hohem Niveau. www.restaurant-worpsweder-bahnhof.de

HammeHütte Neu Helgoland, Hammeweg 29, 27726 Worpswede, Tel. 04792/7606; Di–Fr 15–22, Sa, So 11.30.–22 Uhr. Deutsche Küche, leckere selbstgemachte Kuchen, schöner Blick von der Terrasse auf die Hammeniederung. www.hammehuette.de

Gasthaus Schamaika, Teufelsmoorstr. 33, 27711 Osterholz-Scharmbeck, Tel. 04796/951079. Café-Restaurant mit Sommerterrasse direkt an der Hamme. Köstliche Kuchen! Kanuverleih, Mai–Okt. nach tel. Absprache auch Torfkahnfahrten. www.schamaika.de

Informationen zu aktuellen Ausstellungen und deren Öffnungszeiten über das Besucherzentrum in Worpswede (s. o.) oder: www.worpswede-museen.de

Torfschiffswerft, Café und Museum, Schlußdorfer Str. 22, 27726 Worpswede-Schlußdorf, Tel. 04792/2575; April–Okt. Mi, Fr, Sa, So 14–18, Nov.–März Sa, So 14–17.30 Uhr.
www.torfschiffswerft-museum.de

Biologische Station Osterholz, Lindenstr. 40, 27711 Osterholz-Scharmbeck, Tel. 04791/9656990.
www.biologische-station-osterholz.de

▶ Karte S. 339

Zwischen Bremen und Bremerhaven

Im Bremer Stadtgebiet hat die Weser an Größe zugelegt, nun wirkt sie wie ein Strom, das offene Meer scheint deutlich näher, und diesen Eindruck verstärken die linksseitigen Orte. Sie wurden und werden teils noch heute von ihrer Funktion als Umschlagplatz für Güter aus Übersee bestimmt, zu den Kaianlagen kommen Industrieareale und Werften. Die Städte verdankten ihr Wachstum oder sogar ihre Gründung dem Handel.

Der rechtsseitig zwischen Bremen und Bremerhaven gelegene Abschnitt dürfte dagegen der stillste am Fluss sein. Kleine, in respektvollem Abstand zueinander liegende Dörfer bestimmen das Bild, dazwischen erstrecken sich Äcker, kleinere Wälder und Moore, Heide- und Marschflächen. Wer Abgeschiedenheit und Ruhe schätzt, ist hier genau richtig.

Gut ausgebaute Rad- und Wanderwege verbinden auf beiden Seiten die Orte, besonders für Naturfreunde bietet sich ein Besuch der Inseln und Halbinseln mit ihrer besonderen Tier- und Pflanzenwelt an.

Wir behandeln der Übersichtlichkeit halber erst den linksseitigen Teil zwischen Lemwerder und Nordenham, dann den rechtsseitigen zwischen Schwanewede und Loxstedt. Übergänge zwischen beiden sind über mehrere Fähren und den Wesertunnel nördlich von Stadland aber sehr leicht möglich.

Lemwerder

Zwar liegt Lemwerder auf niedersächsischem Gebiet, es wirkt aber wie ein Bremer Industrievorort, woran das Fehlen eines echten Ortskerns sicherlich seinen Anteil hat.

Wer aus Bremen mit dem Fahrrad nach Lemwerder kommt, passiert am Flüsschen Ochtum die Landesgrenze und das 1979 errichtete **Ochtum-Sperrwerk** mit seinem markanten Kontrollturm in leuchtendem Rot und gelangt vier Kilometer dahinter zur **Weser-Side-Gallery.** Rund 200 Künstler aus vielen Ländern schufen dieses rund 1000 Meter lange Kunstwerk im Rahmen des dreitägigen Farbflut Urban Arts Festivals im Juli 2018. Die 3,5 Meter hohe Mauer schirmt eigentlich ein Industriegelände zum Fluss hin ab. Thematisch und auch farblich ist es eine wilde Mischung: Science Fiction, Politik, Sozialkritik, Landschaften, comicähnliche Bildergeschichten oder ein-

Bei Brake

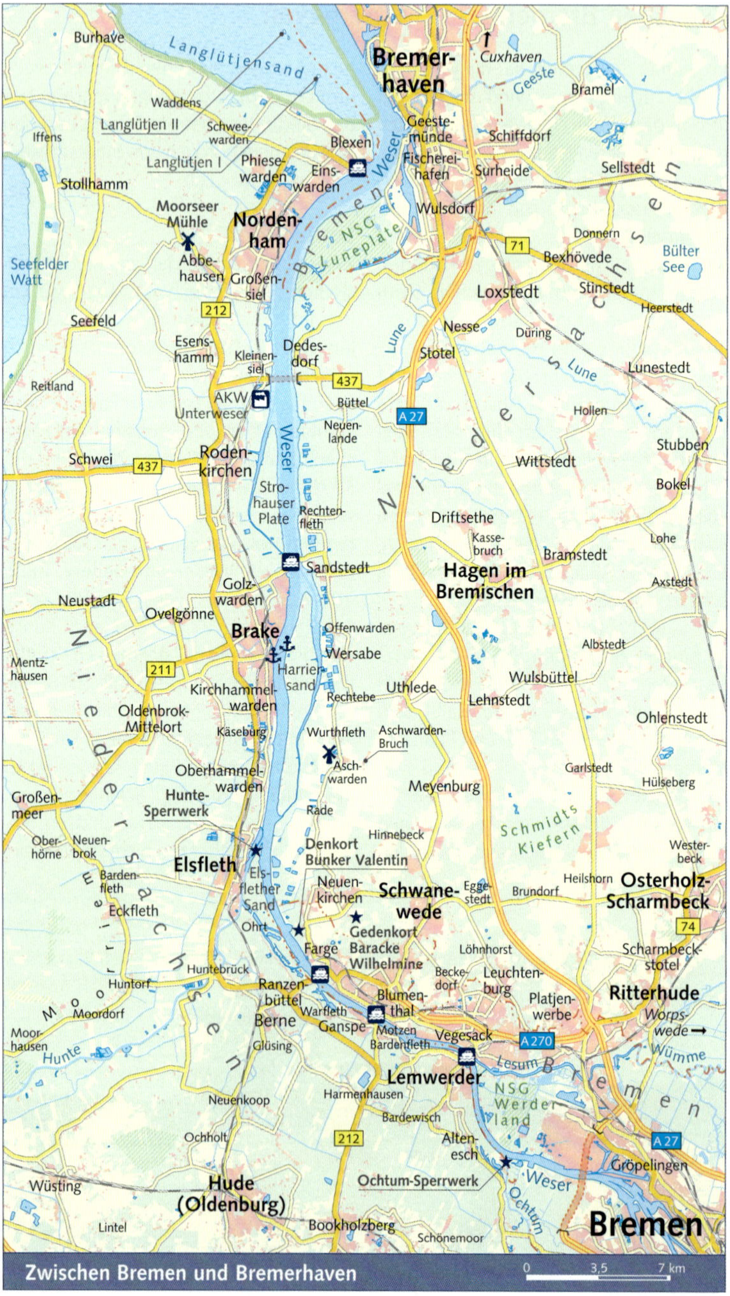

Zwischen Bremen und Bremerhaven

Wilde Stilmischung: die Weser-Side-Gallery

fach nur Pseudo-Romantik und Kitsch. Als Gesamtkunstwerk ist diese Gallery mindestens so sehenswert wie die East Side Gallery in Berlin, aber bei Weitem nicht so überlaufen.

Der stählerne **Aussichtsturm** gleich dahinter in der Flughafenstraße wird allgemein »Weitblick« genannt: Seine Aussichtsterrasse in 15 Meter Höhe ist stets zugänglich, einige Tafeln am Turm informieren über die Themen Deichbau und Geschichte der Region.

Ältestes Gebäude des Ortes ist die **Kapelle am Deich** im Kapellenweg, die Walfänger um 1300 auf einer Wurt anlegten (Mai–Okt. 8–18 Uhr). Der **Schwarze Leuchtturm** etwas südlich davon (Am Leuchtturm 9) wurde 1898 errichtet und war bis 1983 in Dienst; er gilt als Wahrzeichen des Ortes. Lemwerders heutige Bedeutung liegt nicht zuletzt in der **Fähre** zum gegenüberliegenden Bremer Stadtteil Vegesack (→ S. 321), die rund um die Uhr verkehrt.

■ Motzen

Im schon zu Berne gehörenden Motzen, direkt hinter dem Deich, sind noch einige historische reetgedeckte **Fischerhäuser** erhalten. Von hier ist die **Fähre Motzen–Blumenthal** nicht weit.

Zwischen Motzen und Warfleth erstreckt sich die Halbinsel **Warflether Sand.** Man erreicht sie über Ganspe. In der Mischung aus Sandmagerrasen und Hartholzauwald sind zahlreiche, ansonsten selten gewordene Tier- und Pflanzenarten heimisch, ein Lehrpfad leitet und informiert.

Die **St.-Gallus-Kirche** in **Lemwerder-Altenesch** besitzt eine Kanzel (1619) von Ludwig Münstermann (→ S. 351), ein schönes Beispiel für die Farbenpracht, die Münstermanns Werke einst kennzeichnete.

■ Warfleth

Unmittelbar am Warflether Arm, einem Seitenarm der Weser, befindet sich die wunderschöne Kirche **St. Marien** (Deichstr. 120). Sie besticht durch ihre einfachen und klaren Proportionen, der rote Backsteinbau inmitten des satten Grüns wirkt wie ein Gemälde. Die Kirche wurde im 15. Jahrhundert im Stil der norddeutschen Backsteingotik errichtet und später leicht barockisiert. Das Steuerrad im Innern, Anker und Poller im Grün zeigen, dass St. Marien als Schifferkirche entstanden ist, und symbolisieren die große Bedeutung der Schifffahrt für diese Region. Seit 1962 ist der Bau durch eine Spundwand vor dem Wasser geschützt.

Heute finden in der Kirche regelmäßig Konzerte und andere Kulturveranstaltungen statt, tagsüber ist sie meist zugänglich.

Berne

Einzig die auffallend große **St.-Aegidius-Kirche** lohnt einen Stopp in Berne. Der Bremer Erzbischof Gerhard II. zur Lippe ließ eine schon vorhandene Kirche um 1240 zu einer dreischiffigen Halle erweitern, die die Bedeutung Bernes als geistlicher Mittelpunkt des Stedinger Landes zeigen sollte. Bei einer 1985 abgeschlossenen Renovierung wurden spätgotische Decken- und Wandmalereien freigelegt. Die Orgel stammt in Teilen aus dem späten 16. Jahrhundert und gilt somit als die älteste in der Oldenburger Landeskirche; Altar und Kanzel von 1637 werden der Werkstatt Ludwig Münstermanns (→ S. 351) zugeschrieben.

Auffällig ist die Dachkonstruktion: Drei Firste verlaufen quer zur Raumachse, so dass sich über den Seitenmauern drei Giebel ergeben. Die Kirche ist nur eingeschränkt zugänglich (meist Mo, Mi, Do, Fr 8.30–12.30 Uhr).

Nur einer von über 40 Bewohnern der Baumkolonie in Glüsing

St. Marien

Juliusplate

Die Juliusplate unmittelbar östlich von Berne war früher eine Flussinsel, die im Zuge einer Weserkorrektion mit dem Festland zusammenwuchs. Heute steht der größte Teil unter Naturschutz, es gibt einen Campingplatz und einige Badestellen. Ein Wanderweg mit Infotafeln führt über die vormalige Insel, in der Nähe des **Fähranlegers** (Fähre Berne–Farge), am maritim gestalteten Aussichtsplatz, gibt es eine weitere Tafel.

Glüsing

Zwischen Weser und Hunte bestimmten früher durchnässte, fruchtbare Wiesen und Moore die Wesermarsch, die vor allem Störche und Wildgänse anzogen. Durch Melioration schwand dieser Lebensraum erheblich, aber nach wie vor finden gerade hier Störche viel Nahrung. Dazu gesellen sich neben großen Schwärmen von Saatkrähen die sonst seltenen Milane und Seeadler.

In Glüsing bieten Weißstorchenpaare ein ganz ungewöhnliches Schauspiel, leben und brüten doch etwa 40 bis 50 von ihnen dicht zusammen in einer **Baumkolonie** entlang des Flüsschens Berne. Un-

▶ Karte S. 344

mittelbar daneben kümmern sich Anke und Udo Hilfers seit 1992 in ihrer **Storchenpflegestation** um verletzte Tiere. Sie werden aus ganz Nordwestdeutschland hierher gebracht, werden gesundgepflegt und dann entlassen. Die Störche und anderen Vögel, die durch Autoverkehr und Erntemaschinen, Hochspannungsleitungen und Windräder invalide wurden, finden hier ein dauerhaftes Zuhause. Es ist etwas bedrückend, all diese Geschöpfe zu sehen, die nur dadurch Flügel, Bein oder einen Teil des Schnabels verloren haben, dass sie sich in einer vollständig vom Menschen beherrschten Welt bewegen. Besucher dürfen diese Dauergäste aus respektvollem Abstand beobachten, außerdem finden Führungen zur Baumkolonie statt. Sie lohnen vor allem im Juli/August, wenn man mit etwas Glück die Fütterung der Jungtiere beobachten kann.

Elsfleth

Bis ins 19. Jahrhundert hinein bestimmte die günstige Lage an Hunte und Weser die Entwicklung des bereits im 9. Jahrhundert gegründeten Elsfleths, zeitweilig war es der wichtigste Hafen der Grafschaft Oldenburg. Vor allem die Einführung des Weserzolls 1624 brachte Wohlstand: Jedes passierende Schiff musste eine Gebühr entrichten. Elsfleth erhielt 1856 Stadtrechte und war ab 1873 ans Eisenbahnnetz angeschlossen, verlor mit dem Aufkommen der Dampfschifffahrt jedoch an Bedeutung. Dennoch ist die Seefahrt nicht nur im Stadtbild und im Schifffahrtsmuseum lebendig. Nach wie vor wird in Elsfleth (rund 9000 Einwohner) der nautische Nachwuchs ausgebildet, der Fachbereich Seefahrt der Jade Hochschule ist der direkte Nachfolger der 1832 gegründeten Navigationsschule.

Sehenswürdigkeiten

Guter Ausgangspunkt für einen Stadtrundgang ist die **Touristen-Informationen** unmittelbar an Bahnhof und Hunte. Hier erhält man unter anderem eine Broschüre, die den »Maritimen Landgang« erläutert. Diesen kleinen Rundgang durch den Ort strukturieren 15 Tafeln im Pflaster, die wichtige Phasen und Ereignisse der Elsflether Geschichte thematisieren. Im ersten Stockwerk oberhalb des Touristenbüros macht das **Restaurant Pan-**

Am kleinen Hunte-Hafen in Elsfleth

orama seinem Namen alle Ehre. Man hat von der Terrasse einen weiten Blick auf die Hunte und die vertäuten Schiffe, die Strohauser Plate (→ S. 356) und zur anderen Seite auch in den Ort hinein.

Unter den Schiffen sticht das **Segelschulschiff Großherzogin Elisabeth** heraus, von den Einheimischen gern »Lissi« genannt. Dieser 64 Meter lange Dreimast-Gaffelschoner von 1909 ist seit 1982 in Elsfleth zu Hause und seit 1986 Schulschiff des nautischen Nachwuchses.

Nur wenige Fußminuten weiter macht das **Schifffahrtsmuseum Unterweser** (Haus Elsfleth) mit den maritimen Traditionen der Stadt bekannt: den Reedereien und Werften, dem Heringsfang und der nautischen Ausbildung von 1832 bis heute. Es gibt sogar einen Fahrsimulator, an dem man sich wie ein echter Kapitän auf der Brücke eines großen Frachters fühlen darf. Das zweistöckige Gebäude wurde 1890 als Villa Steenken errichtet. 2005 schenkte der Elsflether Kapitän und Reeder Horst Werner Janssen das Baudenkmal der Bürgerstiftung Wesermarsch mit der Auflage, hier ein Museum einzurichten. Das öffnete 2010 seine Pforten. Das Stammhaus und eine weitere Dependance des Schifffahrtsmuseums befinden sich in Brake (→ S. 353).

Am Rathausplatz fällt weniger das Rathaus auf, ehemals Zollamt der Oldenburger Grafen, als vielmehr das leicht unheimlich wirkende **Denkmal des Schwarzen Herzogs.** Es stellt dar, wie sich Friedrich Wilhelm von Braunschweig-Oels (1771–1815), von napoleonischen Truppen verfolgt, mit Hilfe von Elsflether Schiffen 1809 gen Helgoland absetzt.

Im kleinen, ruhigen Zentrum sind noch einige der niedrigen **Schifferhäuser** erhalten. Am Rand der Altstadt stößt man auf den 2004 eingeweihten **Seefahrerbrunnen,** zum Gedenken an die auf dem Meer gebliebenen Seeleute des Ortes. Zu jeder vollen Stunde erklingt eine Wasserwelle mit Musik. Die Wempe-Uhr an diesem Ort erinnert an den Elsflether Uhrmacher und Kaufmann Gerhard Dietrich Wempe (1857–1921), der 1878 das bekannte Familienunternehmen gründete.

Die backsteinerne Schifferkirche **St. Nicolai** zeigt sich als ungewöhnlicher Winkelhakenbau: Das Langhaus entstand um 1500, der Glockenturm um 1575, bis 1633 kam im 90-Grad-Winkel der An-

Eines der vielen beeindruckenden Häuser in Moorriem

▲ Karte S. 344

Das Hunte-Sperrwerk

bau des zweiten Flügels für die Zöllner hinzu. Auf den Friedhof rund um die Kirche lohnen die Grabsteine aus dem 17. Jahrhundert einen Blick. In die Kirche gelangen Besucher nur nach Absprache mit dem Kirchenbüro, wo man auch den Schlüssel bekommt (Nicolai-Platz 3, direkt neben der Kirche, Tel. 04404/2320; Di, Mi, Fr 9–12, Do 14–17 Uhr).

Elsflether Sand

Die Westergate, ein Nebenfluss der Weser, die Hunte und die Weser formen die Insel Elsflether Sand, vier Kilometer lang und bis zu einem Kilometer breit. An ihrer Nordspitze liegt das bis 1979 errichtete **Hunte-Sperrwerk.** Es dient dem Hochwasserschutz der Hunteniederung und gewährleistet damit auch, dass der Schiffsverkehr bis nach Oldenburg ungestört betrieben werden kann. Das Sperrwerk ist rund 120 Meter breit. Seine zwei Klappbrücken werden zu jeder vollen Stunde für zehn Minuten abgesenkt, so dass Fahrzeuge und Fußgänger passieren können – das ist der nördliche Zugang zur Insel.

Es gibt hier nur einige Bauernhäuser. Autos sind nicht zugelassen, auf den Fahrradwegen lässt sich die stille Insel wunderbar erkunden. Sie wird teils landwirtschaftlich genutzt, teils sich selbst überlassen und bietet vielen Vögeln Lebensraum. Zur Weser hin gibt es auch einige Sandstrände. Der schönste Strand befindet sich allerdings nördlich des Sperrwerks, am westlichen Weserufer am Rand des Ortsteils Oberhammelwarden.

Moorriem

Bis 1974 war Moorriem der Name einer Gemeinde, heute wird damit ein gut 15 Kilometer langer Siedlungsstreifen westlich von Elsfleth entlang der Linie Moorhausen–Moordorf–Huntorf–Eckfleth–Bardenfleth–Neuenbrok bezeichnet. Entlang dieser Strecke sind in einzigartiger Dichte zahlreiche klassische niederdeutsche Hallenhäuser erhalten, die großteils unter Denkmalschutz stehen. Das Moor auf diesem Streifen lag bis zu einem Meter höher als die Marsch im Osten und die Geest im Westen und bot daher guten Schutz vor Hochwassern. Die Besiedlung dieses Streifens begann wohl schon vor unserer Zeitrechnung, 13 Fachwerkdörfer entstanden im Laufe der Zeit. Der erhaltenen **Häuser und Höfe** sind bis zu 300 Jahre alt, viele zeigen sich liebevoll restauriert, oft sind sie von großen, mitunter parkähnlichen Gärten umgeben. Der Ortsteil Eckfleth besitzt mit **St. Anna,** einer Ständerfachwerkkirche mit hölzernem Glockenturm, eine Rarität. Als Endpunkt einer unbedingt lohnenden Besichtigungstour bietet sich das **Moorriemer Landcafé** an.

Lemwerder, Berne, Elsfleth

Keine Tourist-Information in Lemwerder und Berne.

Touristikinformation Stadt Elsfleth, An der Kaje 12, 26931 Elsfleth, Tel. 04404/50460; Di–Fr 9–13 u. 14–16.30 Uhr. Führungen durch Moorriem und in das Gellener Moor hier erfragen. www.elsfleth.de

FBS (Fähren Bremen-Stedingen), Tel. 0421/690369, betreibt drei Autofähren. Infos: www.faehren-bremen.de

Fähre Lemwerder–Vegesack, 24-Std.-Betrieb, 5–18 Uhr alle 20 Min., 19–21 Uhr alle 20 Min., sonst alle 30 Min.

Fähre Blumenthal–Motzen, 24-Std.-Betrieb, Mo–Fr 5–21 Uhr alle 15/20 Min., Sa 7–21 Uhr alle 20 Min., So 9–21 Uhr alle 20 Min., sonst alle 30 Min.

Fähre Berne-Farge, Mo–Fr 5–19 Uhr alle 10/15 Min., 19–22.30 Uhr alle 20/30 Min., Sa, So 5–6 Uhr alle 30 Min., 7–21 Uhr alle 20 Min.

Weserblick, Juliusplate 6–7, 27804 Berne, Tel. 04406/92820; DZ ab 120 Euro. Direkt am Fluss und ganz in der Nähe des Fähranlegers. Eigene Konditorei, Restaurant Di–So 12–21 Uhr. www.hotel-weserblick.de

Alte Mühle, Mühlenstr. 10a, 26931 Elsfleth, Tel. 04404/2369; DZ ab 86 Euro. Zentral, aber ruhig. www.alte-muehle-elsfleth.de

Hotel-Restaurant Zur Kogge, Rathausplatz 7, 26931 Elsfleth, Tel. 04404/9599110; DZ um 120 Euro. Neben dem Rathaus. Sehr gutes Restaurant, Bar. www.kogge-elsfleth.de

Melkhus Orth, Deichstr. 9–10, 27804 Berne, Tel. 04406/5526; in der Saison Di–So 10–18 Uhr. Über Ranzenbüttel oder das Sperrwerk zu erreichen, der Umweg lohnt sich. Kuchen, Eis etc., sehr gute Milchmixgetränke. Nur wenige Schritte bis zum Deich. Dort schöner Blick über die Westergate auf den Elsflether Sand.

Melkhus Imke Harms, Huntorfer Damm 2, 26931 Elsfleth-Fuchsberg, Tel. 04485/338; Mitte April–3. Okt. Mi–Fr 14–18, Sa, So 11–18 Uhr. Ca. 2 km westlich von Moorriem, auch Frühstückbuffet.

Moorriemer Landcafé, Bardenfleth 39a, 26931 Elsfleth-Moorriem, Tel. 04485/462666; Do–So 14–18 Uhr und auf telefon. Anfrage. Eis, Buttermilchgetränke, sehr gute Tees und die besten Kuchen weit und breit in einer 250 Jahre alten Fachwerkscheune, bei schönem Wetter auch Außenplätze. www.moorriemerlandcafe.de

Peter-Baxmann-Platz, Schlesische Str. 16–18, 27809 Lemwerder, Tel. 0421/673911. www.lemwerder.de

Campingplatz Juliusplate, Juliusplate 4, 27804 Berne, Tel. 04406/1666. www.juliusplate.de

Schifffahrtsmuseum Unterweser (Haus Elsfleth), Weserstr. 14, 26931 Elsfleth, Tel. 04401/6791. www.schifffahrtsmuseum-unterweser.de

Storchenpflegestation Wesermarsch, Storchenweg 6, 27804 Berne-Glüsing, Tel. 04406/1888; tgl. 10–18 Uhr, Führungen nach tel. Absprache (5 Euro p. P.). www.storchenstation.de

▸ Karte S. 344

Arp Schnitger und Ludwig Münstermann

In der ohnehin reichhaltigen niedersächsischen Orgellandschaft ragen die Instrumente von Arp Schnitger (1648–1719) und seiner Werkstatt heraus. Niemand hat in der Epoche um 1700, der Hochzeit des norddeutschen Orgelbaus, so prachtvolle und klangschöne Barockorgeln gefertigt wie er. Die hohe klangliche und handwerkliche Qualität der Schnitger-Orgeln bescheren ihnen bis heute eine herausgehobene Stellung. Ihr Schöpfer wird zuweilen als größter Orgelbauer des 17. Jahrhunderts, »Vollender der Barockorgel« oder gar als »Stradivari der Orgel« gefeiert.

Arp Schnitger kam 1648 in Schmalenfleth bei Brake zur Welt, lernte als Tischlergeselle in der Werkstatt seines Vaters und ging 1666 bei seinem Onkel in Glückstadt in die Lehre als Orgelbauer. Danach arbeitete er zunächst vor allem in der Stader Gegend, und vermutlich schon seine ersten Instrumente verschafften ihm den Auftrag für die Orgel der Johanniskirche in Hamburg (heute in Cappel). Der Durchbruch gelang ihm mit der Orgel für die Kirche St. Nicolai in Hamburg, an der er von 1682 bis 1687 arbeitete. Bach und Händel reisten an und waren beeindruckt von der Klangfülle des Instruments, damals die größte Orgel der Welt. Das Werk fiel 1842 dem Großen Brand in Hamburg zum Opfer.

Der ebenso fromme wie geschäftstüchtige Schnitger hatte insgesamt 50 Schüler und unterhielt neben der Hauptwerkstatt in Stade, später in Hamburg, ein halbes Dutzend Nebenwerkstätten in mehreren Orten. Im Grunde hatte er in Nordwestdeutschland – Hamburg, Bremen, Elbe-Weser-Gebiet, Grafschaft Oldenburg – fast so etwas wie ein Monopol inne, zudem war er von 1708 bis 1714 preußischer Hoforgelbaumeister. Schnitger-Orgeln wurden in Deutschland, aber auch in den Niederlanden, Portugal, Spanien, Russland errichtet. Man kann durchaus von einem »Filialsystem« mit standardisierten Maßen der Pfeifen sprechen. Schnitger hat bis zu seinem Tod 1719 an insgesamt rund 170 Orgeln gearbeitet, davon 105 neu gebaut, 30 wesentlich umgebaut und an 30 größere Reparaturen durchgeführt. 30 Instrumente sind in ihrer Grundsubstanz erhalten, so dass man in diesen Fällen von »Schnitger-Orgeln« sprechen kann. Einige seiner Schüler setzten seine Traditionen nach seinem Tod fort.

Die Instrumente zeichnen sich durch Klarheit und Transparenz, durch starke Bässe und gleichzeitig einen hellen, eleganten Klang in den Oberstimmen aus, durch ein harmonisches Verhältnis von Grund- zu Obertönigkeit und durch die unterschiedlichen Charaktere der einzelnen Register. So ergibt sich eine Vielzahl an Klangmöglichkeiten, eine erstaunliche Klangfülle, wodurch die Orgeln für die Begleitung bei Gottesdiensten ebenso geeignet waren wie für die zu dieser Zeit sehr populäre Orgelmusik.

Spätestens in der Romantik waren dann weichere, wärmere und leisere Klänge angesagt, weshalb die Orgeln außer Mode gerieten. Erst ab den 1920er Jahren wurden sie wiederentdeckt. Heute werden sie sehr geschätzt, Fans sprechen von der »Magie des Klangs« und dass einen der Orgelklang gleichzeitig durchdringe und umhülle.

Am besten, man überzeugt sich bei einem Besuch eines Orgelkonzerts selbst davon – mehrere erhaltene Schnitger-Orgeln finden sich an oder in der Nähe der Weser: in der St.-Bartholomäus-Kirche in Golzwarden (→ S. 354), der Kirche St. Laurentius in Dedesdorf (→ S. 370), in der Kirche in Abbehausen, die ebenfalls

St. Laurentius geweiht ist (→ S. 358), in der St.-Peter-und-Paul-Kirche in Cappel, (→ S. 394). Aus der Schnitger-Schule existieren noch Orgeln in Altenbruch (→ S. 412) und Lüdingworth bei Cuxhaven, Loxstedt (→ S. 359 und Rodenkirchen (→ S. 355).

Detail an der Schnitger-Orgel in Cappel

Neben den Orgeln aus der Schnitger-Werkstatt finden sich in den Kirchen der Wesermarsch auffällig häufig Werke von Ludwig Münstermann. Er gilt als herausragendster, vielleicht auch eigenwilligster Vertreter der manieristischen Bildhauer- und Holzschnitzerkunst in Norddeutschland. Diese stellt, grob gesagt, einen eigenständigen Übergang von der Renaissance zum Barock dar. Wir wissen wenig über Münstermann. Vermutlich wurde er um 1575 geboren. Unbekannt ist, wo er aufwuchs, seinen Beruf erlernt hat und wohin ihn seine Wanderjahre als Geselle führten. Die Aufnahme in das Hamburger Drechsleramt 1599 ist das erste gesicherte Faktum. Münstermann richtete sich seine Werkstatt in Hamburg ein, wo er bis zu seinem Tod 1637 lebte. Die Werke gelangten von dort auf dem Wasserweg zu ihren Bestimmungsorten. Um 1612 arbeitete Münstermann am Oldenburger Schloss, von 1613 bis 1618 an der Schlosskirche in Varel. Überhaupt finden sich die meisten seiner Werke - Altäre, Kanzeln, Orgelprospekte, Taufbecken, Epitaphe - im Oldenburger Raum und an der Unterweser.

Gemein ist vielen seiner Werke die bis zum Grotesken getriebene Ausdruckskraft der Figuren. Sie zeigen teils unnatürlich wirkende Haltungen, gestreckte Formen und gesteigerte Bewegung. In den zerklüfteten Physiognomien wird die Grenze zur Hässlichkeit mitunter überschritten, aber gerade dadurch wirken die Figuren überaus lebendig. Charakteristisch für Münstermanns Werke sind auch der Detailreichtum und die bühnenartigen Altäre, die höchst artifiziell mit Tiefe und Perspektive arbeiten.

Diese Formensprache ist umso erstaunlicher, ruft man sich ins Gedächtnis, dass Münstermanns Werke aus Holz, Stein und Alabaster durchweg Auftragsarbeiten waren. Vermutlich wurde er durch holländische Künstler inspiriert, die sich bereits von den harmonischen, stets ausgewogenen Proportionen der Renaissance entfernt hatten. Ihre Werke waren über sogenannte Stichvorlagen (Musterbücher) in Fachkreisen allgemein bekannt. Von den Figuren Münstermanns geht auch heute noch eine leicht unheimliche Faszination aus. Interessanterweise haben ihn die Expressionisten sehr geschätzt, von den jüngeren Künstlern vor allem Markus Lüpertz.

Werke Münstermanns sind an der Unterweser in diesen Orten erhalten: in der St.-Gallus-Kirche in Lemwerder-Altenesch (→ S. 345), in der St.-Aegidius-Kirche in Berne (→ S. 346), in der St.-Bartholomäus-Kirche in Brake-Golzwarden (→ S. 354), der St.-Matthäus-Kirche in Stadland-Rodenkirchen (→ S. 355) und in der St.-Secundus-Kirche in Stadland-Schwei (→ S. 356).

Brake

Im Zentrum ehemalige Pack- und Handelshäuser sowie würdevolle Reedervillen aus dem 19. Jahrhundert, nördlich davon von großen Silos geprägte Kaianlagen auf rund zwei Kilometer Länge: Die Kreisstadt Brake mit ihren knapp 15 000 Einwohnern lebte und lebt noch immer erkennbar von der Weserschifffahrt, wenngleich die heutige Bedeutung des zuletzt bis 2012 erweiterten Hafens nicht ganz an die frühere heranreicht.

Der Ort ist eine Gründung der Oldenburger Grafen, die hier im 17. Jahrhundert eine Zollstation einrichteten. Der Hafen wurde schnell zum wichtigsten an der Unterweser, da er, anders als der in Bremen, keine Versandungstendenzen aufwies und die Unterweser bis hier tief genug für Hochseeschiffe ist. Erst als sich Bremen mit Bremerhaven (→ S. 373) den störungsfreien Zugang zu den Weltmeeren einrichtete, ging die maritime Bedeutung Brakes zurück.

■ Sehenswürdigkeiten

Als Wahrzeichen Brakes gilt der **Telegraph.** Er wurde 1846 als eine Station auf der optischen Telegraphenlinie Bremen–Bremerhaven errichtet – die Signalanlage befand sich auf dem Dach – und fungiert seit 1960 als Stammhaus des **Schifffahrtsmuseums Unterweser.** Es beleuchtet auf mehreren Etagen das Leben und Arbeiten auf einem Walfängerschiff, zeigt exotische Souvenirs aus vielen Ländern sowie zahlreiche Schiffsmodelle und Galionsfiguren. Ganz oben

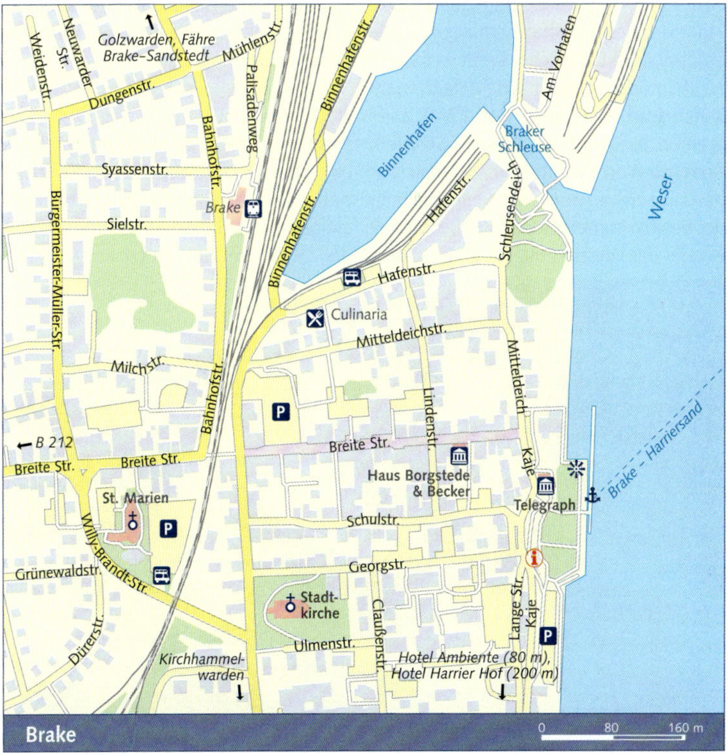

im Turm informiert eine Abteilung über die optische Telegraphie aus der Zeit nach 1846. Von hier eröffnet sich ein toller Blick auf die Weser und die Stadt. Das Erdgeschoss ist übrigens mit Delfter Fliesen verkleidet. Am Rand des hübschen Parks vor dem Telegraphen befindet sich die Anlegestelle der **Fähre nach Harriersand** (→ S. 363).

Die Breite Straße kann man als Hauptstraße des alten Brake ansehen, die historischen backsteinernen Häuser waren ursprünglich zumeist Handelshäuser. Eines der ältesten Gebäude an dieser Straße und überhaupt im Ort ist **Haus Borgstede & Becker** (Nr. 9), das 1808 als Kontor- und Lagerhaus errichtet wurde und sich ab 1845 im Besitz der Kaufmannsfamilien Borgstede und Becker befand. Seit 1985 ist hier der zweite Standort des Schifffahrtsmuseums beheimatet. Im Erdgeschoss gibt es neben Schiffsmodellen einen originalgetreuen Schiffsausrüstungsladen von 1910, quasi einen Tante-Emma-Laden für Schiffer. Ansonsten erfährt man einiges über die beschwerliche Arbeit der Segelmacher, der Schiffszimmermänner, der Bootsbauer oder der Werftschmiede, Wissenswertes zu Kartographie und Lotsenwesen und zur Geschichte der Navigation. Eine kleine Abteilung widmet sich dem Leben und Wirken des Carl Rudolph Bromme (1804–1860), genannt Brommy, Oberbefehlshaber der ersten deutschen Reichsflotte. In Elsfleth (→ S. 347) befindet sich eine weitere Dependance des Schifffahrtsmuseum.

Kirchhammelwarden

Die aus rotem Klinker errichtete und 1764 geweihte **Friedrichskirche** (März–Okt. 9–18 Uhr) im südlichen Ortsteil Kirchhammelwarden wurde nicht nach einem deutschen Regenten benannt, sondern nach einem dänischen, nämlich Friedrich V. (1723–1766). Innen ist sie von schlichter, fast erhabener Schönheit. Auf dem historischen Friedhof sind viele alte Gedenksteine erhalten, darunter der von Brommy.

Golzwarden

Das Dorf Golzwarden ist recht unscheinbar. Sein ganzer Stolz ist die schlichte, dabei aber wohlproportionierte backsteinerne **Bartholomäuskirche** etwa in der Ortsmitte. Sie besitzt einige Arbei-

Darstellung des Schiffsbaus im Haus Borgstede & Becker

▲ Karte S. 353

Das Bronzezeithaus Hartwarderwurp

ten – Altar, Taufstein – Ludwig Münstermanns. Außerdem wurde hier 1648 der berühmte Orgelbauer Arp Schnitger getauft (→ S. 351). Daher hat im Ort auch die Arp-Schnitger-Gesellschaft ihren Sitz. Die Schnitger-Orgel von 1698 wurde 1912 ersetzt, man plant aber einen Orgelneubau im Schnitger-Stil. Die Kirche steht Besuchern offen (März–Okt. 9–19 Uhr). Fährt man von der Kirche die Raiffeisenstraße immer ostwärts, erreicht man nach gut zwei Kilometern den Anleger der **Fähre Brake–Sandstedt.**

Gemeinde Stadland

Die Gemeinde Stadland zwischen Brake und Nordenham besteht aus den Orten Rodenkirchen, Schwei, Seefeld und Kleinensiel mit insgesamt rund 7400 Einwohnern. Bekannter als diese Orte sind der Wesertunnel, die Strohauser Plate und das Kernkraftwerk Unterweser, die auch auf dem Gebiet der Gemeinde liegen.

■ Rodenkirchen

Ein Besuch des kleinen Rodenkirchen erlaubt einen tiefen Einblick in die Geschichte und die ländlichen Traditionen der Wesermarsch. Erstmals wurde »Rodenkerken« 1244 erwähnt, doch gab es hier wohl schon lange vorher eine Siedlung. Der **Hartwarder Friese,** ein bronzenes Denkmal, erinnert im Ortsteil Hartwarden seit 1914 an die Schlacht von 1514 zwischen den Friesen auf der einen und den oldenburgischen und braunschweigischen Truppen auf der anderen Seite. Im Ergebnis dieser Schlacht verloren die Friesen ihre Unabhängigkeit. Das **Dielenschiff Hanni** im Strohauser Außensiel ist ein Nachbau der historischen Dielenschiffe mit ihrem besonders geringen Tiefgang und den klappbaren Masten. Dieser Schiffstyp wurde im 19. Jahrhundert zum Transport von regionalen Produkten auf den kleinen Kanälen und auch der Weser eingesetzt. Rundfahrten können nach Absprache gebucht werden (Tel. 04732/8989, www.dielenschiff-hanni.de).

Die turmlose **St.-Matthäus-Kirche** an der Schulstraße wurde im 13. Jahrhundert errichtet und später mehrmals vergrößert und umgebaut. Teile ihrer Innenausstattung stammen aus dem Spätmittelalter, andere wertvolle Schnitzarbeiten mit bildhaften Darstellungen – Altar, Kanzel, Taufstein, Epitaph – sind Werke von Ludwig Münstermann (→ S. 351) aus dem 17. Jahrhundert. Die Orgel kann der Schnitger-Schule zugeschrieben werden, ist jedoch nur in Teilen original. Die Kirche steht Besuchern ganzjährig offen (tgl. 9–19 Uhr).

Detail an der Kanzel in der Kirche St. Secundus

An der B 437, etwa 1,5 Kilometer Richtung Varel, befindet sich das **Bronzezeithaus Hartwarderwurp.** 1971 wurde hier bei Baggerarbeiten zufällig die älteste Siedlung an der deutschen Nordseeküste mit drei Wohnplätzen entdeckt, deren Fundamente der dauerfeuchte Boden sehr gut konserviert hatte. Bis 2001 fanden archäologische Grabungen statt. Der heutige 27 Meter lange Bau von 2005 direkt daneben ist eine originalgetreue Rekonstruktion, die auf der wissenschaftlichen Erforschung der erhaltenen Fundamente beruht. Das gefundene Original stammt aus der Zeit um 900 v. Chr., der Bronzezeit. Man entdeckte auch Gefäße, Klingen und andere Haushaltsgegenstände.

Bei Führungen erfährt man viel über die damaligen Lebensverhältnisse, für Kinder und Jugendliche werden auch Mitmachaktionen angeboten. So kann man Schmuck herstellen, Vogelhäuser bauen, Getreidekörner zermahlen oder den Umgang mit Pfeil und Bogen erlernen.

▸ Karte S. 344

Strohauser Plate

Östlich von Rodenkirchen bilden der rund 1000 Meter breite Hauptarm der Weser und der etwa 100 Meter breite westliche Nebenarm – die Schweiburg – eine Insel aus, die Strohauser Plate. Sie erstreckt sich rund sechs Kilometer in Nord-Süd-Richtung, ist bis zu 1,3 Kilometer breit und besitzt keine natürliche Landverbindung. Es gab einst sieben auf Wurten errichtete Hofstellen, zwei sind erhalten. Die rund 470 Hektar werden teils landwirtschaftlich genutzt. Dichte Röhrichte und alte Bäume prägen ansonsten den Charakter der Insel, die teilweise bei Hochwasser überschwemmt wird. Diese eigenwillige Welt bietet Lebensraum für ungewöhnlich viele Vogelarten, darunter Schilfrohrsänger, Wasserralle, Rohrweihe, Kiebitz, Uferschnepfe, Löffelente und Rotschenkel.

Seit 1984 ist die Strohauser Plate als Landschaftsschutzgebiet ausgewiesen. Gäste haben nur im Sommer und ausschließlich im Rahmen von geführten Exkursionen Zugang (Termine über die Gemeinde erfragen, www.stadland.de).

Schwei

Die **St.-Secundus-Kirche** ist wegen der Arbeiten Ludwig Münstermanns (→ S. 351) – Kanzel, Deckel des Taufsteins und Altar – einen Abstecher wert.

Kernkraftwerk Unterweser

Die beste Sicht auf das Kernkraftwerk Unterweser eröffnet sich vom gegenüberliegenden Ufer. Aber auch von dort wirkt es ebenso wie ein Fremdkörper in der Landschaft wie die meisten anderen. Dieses ging 1978 ans Netz und war bis 2011 in Betrieb, die letzten Brennelemente wurden 2019 entfernt. Wann der Rückbau der Anlage abgeschlossen sein wird und wann er überhaupt beginnen soll, steht derzeit noch nicht fest.

Wesertunnel

Wenige hundert Meter hinter dem Kernkraftwerk verläuft die einzige feste Verbindung über die Weser nördlich von Bremen, der Wesertunnel. Das rund 1,6 Kilometer lange Bauwerk ist mautfrei. Seit den 1960er Jahren wurde geplant, das Bauwerk schließlich nach sechsjähriger Bauzeit 2004 dem Verkehr übergeben.

Wegen der raschen Verlagerung der Verkehrsströme wurde die Fähre Dedesdorf-Kleinensiel bald eingestellt, die Fähren Brake–Sandstedt und Blexen–Bremerhaven sind seitdem deutlich weniger frequentiert. Die erhoffte wirtschaftliche Belebung dieser Region blieb aber weitgehend aus, die im Zuge des Tunnelbaus eingerichteten Gewerbegebiete haben kaum Firmen angelockt.

Daher ist auch der Protest der Bevölkerung gegen die Pläne der Landesregierung groß, die heutige B 437 inklusive Tunnel zu einem Teil der A 20 (Stade-Westerstede) zu machen. Die Einheimischen fürchten, dass der Verkehr stark zunehmen, ein messbarer Effekt für die Region aber erneut ausbleiben wird.

Nordenham und Umgebung

Nordenhams Lage unmittelbar vor der Wesermündung ist reizvoller als der Ort selbst. Er entstand erst 1857, als der Kaufmann Wilhelm Müller hier einen Pier anlegen ließ, um Butjadinger Vieh Richtung England verschiffen zu können. Da vor allem Ochsen verkauft wurden, heißt das immer im Oktober abgehaltene große Stadtfest noch heute Ochsenfest. Um die Verladestation bildete sich ein Ort mit Fischerei- und Industrieunternehmen heraus, der 1908 Stadtrechte erhielt und den bis heute die Industrie prägt. Sein Name rührt von einem der nahegelegenen Gehöfte her. An den Stadtgründer erinnert eine lebensgroße Statue vor der Stadthalle Friedeburg. Der Kernort bietet kaum klassische Attraktionen. Einen Besuch ist der **Seenpark Phiesewarden** am nordwestlichen Stadtrand wert. Dabei handelt es sich um eine in den 1990er Jahren errichtete künstliche Wasser- und Inselwelt, die vor allem für Ornithologen interessant sein dürfte. Vom **Union-Pier** etwas südlich des Bahnhofs eröffnet sich der schönste Blick auf die Weser. Hier beginnt auch der **Pla-**

Das Kernkraftwerk Unterweser am linken Weserufer

netenweg, ein Modell unseres Sonnensystems im Maßstab 1:1 000 000 000. Damit beträgt der Radius, in diesem Fall also der Weg von der Sonne am Union-Pier bis zum Pluto bei Abbehausen, rund sechs Kilometer. Infotafeln an allen Mini-Planeten geben ausführliche Erläuterungen.

Abbehausen

Die meisten brausen durch das kleine Abbehausen achtlos hindurch. Aber zwei Einrichtungen lohnen einen Stopp. Das **Butjenter Brauhaus,** eine Biermanufaktur, arbeitet nach deutschem Reinheitsgebot und bringt doch ganz eigene Biersorten hervor, die so schöne Namen tragen wie »Butjenter Landbier«, »Butjenter Gold« (Weizenbier), »Butjenter Zwickel« und »Butjenter Friesenhäuptling« (Dunkel). Besichtigungen mit Verkostungen werden regelmäßig angeboten, das angeschlossene Lokal ist weniger spannend, es bietet bayerisch angehauchtes Allerlei. Das historische **Kaufhaus J. H. Büsing Sohn** entführt mit seiner erhalten gebliebenen Einrichtung, Plakaten, Emailschildern, Keksdosen, Petroleumlampen

Lohnt einen Umweg: die Moorseer Mühle

▲ Karte S. 344

und vielem anderen in einen klassischen Kaufmannsladen aus der zweiten Hälfte des 19. Jahrhunderts.

1712/13 schuf Arp Schnitger (→ S. 351) eine seiner letzten großen Orgeln für die hiesige Kirche **St. Laurentius.** Das Instrument fand zwar auch in dem Kirchenbau von 1858 seinen Platz, wurde aber 1914 weitgehend durch einen Neubau ersetzt; die Gemeinde strebt eine Rekonstruktion im Schnitger-Stil an.

Moorseer Mühle

An der Unteren Weser sind einige Mühlen erhalten, die Moorseer Mühle aber stellt eine Besonderheit dar: Hier lässt sich ein Ensemble aus Mühle, Müllerwohnung, Maschinenhaus und Schuppen besichtigen, und die Technik ist original und funktionsfähig.

Eine erste Windmühle an diesem Standort ist für das Jahr 1680 nachgewiesen. 1840 wurde ein Galerieholländer errichtet, der nach einer brandbedingten Reparatur 1904 zum dreistöckigen Galerieholländer mit doppelter Windrose und 22 Meter langen Flügeln ausgebaut wurde. Ab 1899 war hier die Familie Reinken über drei Generationen hinweg ansässig. Die Mühle war bis 1977 in Betrieb, wurde 2005/06 renoviert und zum Technikdenkmal erklärt.

Immer freitags findet ein Schaumahlen statt, das **Museum für regionale Mühlengeschichte und Mühlentechnik** steht Besuchern fast die ganze Woche offen. Man sieht etwa an einem großen Modell, wie viele Mühlen in der Marsch einst standen, kann die alte Schmiede und Gerätschaften begutachten. Die Mühlentechnik wird ebenso erläutert wie die Geschichte der Müllerei und der Mühlenlandschaft Wesermarsch, die ihre Blütezeit Anfang des 20. Jahrhunderts hatte. Seitdem sind die meisten Mühlen verschwunden.

Die farbenfrohe Schnitger-Orgel in Abbehausen

Das Müllerhaus entstand um 1800 und wurde von 2012 bis 2014 umfassend saniert. Die Wohnung mit dem weitgehend erhaltenen Mobiliar versetzt Besucher in die 1960er Jahre zurück. Eine Einkehr ins Café mit seinen leckeren Kuchen ist unbedingt zu empfehlen, bei schönem Wetter sitzt man draußen, unmittelbar an der Mühle.

Einswarden

Im ehemaligen Flakleitstand Grebswarden ist das **Militärhistorische Museum Nordenham** untergebracht. Es thematisiert die Entwicklung der Flak und die Geschichte des Bombenkriegs mit all seinem Grauen. Dazu gibt es noch etwas deutsche Militärgeschichte zwischen etwa 1800 und 1980. Von der Turmplattform (26 Meter) eröffnet sich ein grandioser Blick auf Butjadingen, Nordenham, die Skyline von Bremerhaven und die Festungsinseln Langlütjen I und II (→ S. 360).

Blexen

Blexen ist ein Stadtteil Nordenhams, von diesem aber durch Felder und den industriell dominierten Ortsteil Einswarden getrennt. Er liegt etwa acht Kilometer nördlich des Nordenhamer Zentrums, von Bedeutung sind der Hafen, die Industrie und natürlich die Autofähre nach Bremerhaven.

Mit **St. Hippolyt** besitzt Blexen ein echtes Kleinod. Diese romanische Kirche wurde auf einer Wurt errichtet und war somit vor allen Sturmfluten geschützt. Sie gilt als älteste Kirche der Wesermarsch und als Ausgangspunkt, von dem sich der christliche Glaube in die Region verbreitete. Der Ort ist eng mit dem Missionar Willihad verbunden, der hier ab etwa 770 wirkte, später erster Bischof von Bremen wurde und auf einer Reise in Blexen starb.

Urkundlich erwähnt wurde Blexen, das zu dieser Zeit durch einen Weserarm noch eine Insellage besaß, bereits im Jahr 789. Die Kirche St. Hippolyt stammt aus dem 11./12. Jahrhundert, der Turm von 1754, seit 1566 hatte sie auch die Funktion eines Seezeichens. Im Inneren sind

Die Orgel in der Kirche St. Hippolyt

Schwerlastkräne am Blexener Hafen

noch einige wertvolle Holzschnitzereien von Ludwig Münstermann (→ S. 351) und seinem Sohn Johann aus den Jahren 1610 bis 1638 erhalten. Umgeben ist die Kirche von einem alten **Wurtenfriedhof** mit den für die Marsch so charakteristischen Grabkellern und dem 1875 entworfenen **Willehadus-Brunnen.**

Viel schöner als über den Wesertunnel und die Bundesstraße ist die Annäherung an Bremerhaven mit der **Autofähre** ab Blexen: Man fährt, umgeben von Möwengeschrei und durchgepustet von der steten Brise, direkt auf die Skyline mit Atlantic Sail City Hotel und Klimahaus zu, bemerkt, dass die Weser hier schon salzig riecht, und hat während der zwölf Minuten währenden Überfahrt auch noch die Gelegenheit, sich mit einer Bockwurst zu stärken.

■ Langlütjen I und Langlütjen II

Die beiden künstlichen Inseln Langlütjen I und Langlütjen II legen von der früheren militärstrategischen Bedeutung der Wesermündung Zeugnis ab. Bei **Langlütjen I** (1869/70) handelt es sich um eine Halbinsel, ein Fort am Ende einer aufgeschütteten Landzunge nördlich von Schockumerdeich. **Langlütjen II** liegt gut zwei Kilometer nordwestlich davon und wurde von 1872 bis 1876 angelegt. Auf beiden Inseln waren im Ersten Weltkrieg Kanonen installiert – sie wurden nie benutzt – und im Zweiten Weltkrieg Flakstellungen.

Beide Inseln liegen innerhalb des Nationalparkgebietes und dürfen nicht betreten werden, der Damm Richtung Langlütjen I eignet sich gut für Vogelbeobachtung.

■ Butjadingen

Blexen markiert die Nordostspitze des Butjadinger Landes. Das kleine **Fedderwardersiel** gilt als touristischer Hotspot an der Butjadinger Küste, die Dörfer ähneln sich aber sehr: Campingplatz, kleiner Hafen mit Fischbrötchenverkauf auch von Kuttern, Ferienwohnungen. Hier macht man klassischen Strand- oder Fahrradurlaub. Von Nordenham ist es nicht weit, man sollte aber nichts Spektakuläres erwarten.

i Brake und Nordenham

Brake Tourismus und Marketing, Kaje 9, 26919 Brake, Tel. 04401/1943; Mo–Fr 10–16, Sa 10–13 Uhr. www.brake-touristinfo.de

Nordenham Marketing & Touristik e.V., Marktplatz 7, 26954 Nordenham, Tel. 04731/93640; Mo–Fr 10–18, Sa 10–13 Uhr. www.nordenham.de

Fähre Guntsiet (Brake-Harriersand), Tel. 04401/19433; April–Anf. Okt 9 x tgl., Okt. Fr–So 4 x tgl. Nur Fußgänger/Fahrräder. www.guntsiet.de

Fähre Brake-Sandstedt; Mo–Fr 5–20, Sa, So 8–19.30 Uhr alle 20 Min. Auch Pkw. Mit Bockwurstverkauf an Bord. www.weser-faehre.de

▲ Karte S. 344

Fähre Blexen–Bremerhaven, Tel. 0471/3003600, ganzjährig tgl. 5–22 alle 20 Min., Sa 6–20, So 9–20 Uhr alle 40 Min. Auch Pkw, Motorräder, WoMos. www.weserfaehre.de

Café in der **Moorseer Mühle** (s. u.).

Hotel Ambiente, Hinrich-Schnitger-Str. 6, 26919 Brake, Tel. 04401/798020; DZ 99 Euro. Früheres Kapitänshaus, von einigen Zimmern, dem Frühstücksraum und der Außenterrasse schöne Blicke auf die Weser unmittelbar vorm Haus. www.hotel-ambiente-brake.de

Harrier Hof, Harrierstr. 12, 26919 Brake, Tel. 04401/798333; DZ ab 60 Euro. Südlich des Zentrums. Sky-Sportsbar, Restaurant (Mo–Sa 9–22.30, So 9–20 Uhr), Sommergarten. www.harrier-hof.de

Culinaria, Hafenstr. 8, 26919 Brake, Tel. 04401/7068700; Di–Fr 12–14, 18–22, Sa 18–22, So 17.30–21.30 Uhr. Weitgehend regional, ein wenig mediterran, mit Qualität; freundliches Interieur. Am Binnnenhafen. www.culinaria-brake.de

Melkhus Annegret Schildt, Hammelwarder Außendeich 2, 26939 Ovelgönne, Tel. 04401/5409. Ca. 4 km westlich von Brake.

Hotel am Markt, Marktstr. 12, 26954 Nordenham, Tel. 04731/93720; DZ ab 99 Euro. Mit Restaurant, Bar, Raucherlounge und Sauna.

Butjadinger Tor, Butjadinger Str. 67–71, 26954 Nordenham-Abbehausen, Tel. 04731/93880; DZ ab 105 Euro, Restaurant Di–Sa 17– 22, So 12–14 u. 18–22 Uhr. www.butjadinger-tor.de

Restaurant Seeteufel, Wilhelm-Böning-Str. 25, 26954 Nordenham, Tel. 04731/80325. Bestes Haus im Ort, v. a. für seine guten Fischgerichte bekannt. www.seeteufel-nordenham.de

Landhaus Tettens, Am Dorfbrunnen 17, 26954 Nordenham, Tel. 04731/39424. Regional und saisonal orientiert, überdurchschnittliche Qualität, in einem geschmackvollen reetgedeckten früheren Bauernhaus, schöner Garten. Etwas außerhalb, im Ortsteil Tettens. www.landhaus-tettens.de

Schifffahrtsmuseum Unterweser, Tel. 04401/6791; April–Okt. Di–So 10–17, Nov.–März Di–Sa 11–17, So 10–17 Uhr. www.schifffahrtsmuseum-unterweser.de Zwei Standorte in Brake: Telegraph, Kaje 8; Haus Borgstede & Becker, Breite Str. 9.

Bronzezeithaus Hartwarderwurp, Areal Karfreitag–Okt. So 11–17 Uhr zugänglich, Führungen außerhalb dieser Zeiten können bei der Bürger- und Touristikinformation Stadland gebucht werden (Tel. 04732/8989).

Museum Nordenham, Hansingstr. 18, 26954 Nordenham, Tel. 04731/88831; Mitte Juni–Mitte Sept. Di–Fr, So 10.30–17, Sa 14–17, April–Mitte Juni u. Mitte Sept.–Okt. Di–Sa 14–17, So 10.30–17, Nov.–März Sa 14–17, So 10.30–17 Uhr. Orts- und Kulturgeschichte Nordenhams von den Anfängen bis zur Gegenwart in einem historischen Schulgebäude. www.museum-nordenham.de

Militärhistorisches Museum Nordenham, Burhaver Str. 41, 26954 Nordenham, Tel. 04731/951680; März–Okt. Di–Do 15–18, Sa 9.30–12.30 Uhr, Führungen auf Anfrage. www.alterflakleitstand.de

Historisches Kaufhaus J. H. Büsing Sohn, Butjadinger Str. 101, 26954 Nordenham-Abbehausen; Fr 9–13 u. 15–18, Sa 9–13 Uhr, Führungen auf Anfrage. www.historisches-kaufhaus-abbehausen.de

Museum Moorseer Mühle, Butjadinger Str. 132, Tel. 04731/88938; April–Okt. Di–So 10–17, Nov.–März So 14–17 Uhr. www.museum-moorseer-muehle.de

St. Hippolyt, Blexen; als Radwegekirche April–Okt. tgl. 9–18 Uhr geöffnet, Führungen Mi, genaue Termine über das Kirchenbüro erfragen (Tel. 04731/31104). www.kirche-blexen.de

Gemeinde Schwanewede

Die Gemeinde Schwanewede besteht zu großen Teilen aus Marschland und Waldgebieten, landschaftlich gesehen ist sicherlich die Flussinsel Harriersand am attraktivsten. In der Gemeinde mit ihren zwölf Ortschaften leben rund 20 000 Einwohner, davon im namensgebenden Kernort ungefähr die Hälfte. Deutlich zu spüren ist die Nähe zu Bremen, die Orte haben den Charakter von Vororten. Schwanewede selbst besitzt kein klassisches Zentrum mit Verweilqualität, rund um den Markt konzentrieren sich Super- und Getränkemärkte, Tankstellen und kleinere Shopping-Center. Die einzige Sehenswürdigkeit befindet sich am nördlichen Ortsausgang unmittelbar an der Durchgangsstraße: **St. Johannes** entstand 1761/62 als Fachwerkkirche mit Sichtmauerwerk und backsteinernem Kirchturm.

Beckedorf

Ein kleiner Schlenker nach Beckedorf lohnt sich wegen des 1996 eröffneten **Schmiedemuseums.** Es thematisiert das Schmiedehandwerk im 19. Jahrhundert mit originalem Werkzeug, Schmiedeerzeugnissen und weiteren Dokumenten. Es beleuchtet darüber hinaus die Bedeutung des Schmiedehandwerks für den Walfang. Die 1812 gegründete Wildhacksche Waldschmiede wurde über mehrere Generationen von dieser Familie betrieben. Sie schloss, als sich standardisierte Massenprodukte durchsetzten. Bei Führungen dürfen Besucher an der voll funktionsfähigen Schmiede unter Anleitung ihr handwerkliches Können zeigen. Wer dabei Durst bekommen hat: In der Kneipe mit Biergarten Zur Waldschmiede direkt gegenüber sitzt es sich sehr angenehm.

Leuchtenburg

Schmuckstück in Leuchtenburg ist zweifellos das frühere **Landgut Albrecht** mit seinem großen Park in leichter Hanglage. Der Bremer Kaufmann Hermann Hegeler ließ 1868 ein Herrenhaus im englischen Stil errichten. Carl Albrecht, der Großvater des späteren niedersächsischen Ministerpräsidenten Ernst Albrecht, erwarb es 1905 und ließ den Park erweitern. Die Anlage wurde zuletzt als Hotel genutzt, steht derzeit aber leer – Zukunft ungewiss.

Schloss Hohehorst, von der Rückseite gesehen

▲ Karte S. 344

Löhnhorst

Ein weiteres Herrenhaus findet sich in Löhnhorst. Hier ließ sich die Industriellenfamilie Lahusen 1928/29 einen Bau errichten, der oft auch **Schloss Hohehorst** genannt wird - vielleicht wegen seiner Größe: Es weist mehr als 100 Zimmer auf. Zum Gutsbesitz gehörten auch noch mehr als 500 Hektar Land. Der von der Familie geführte Nordwelle-Konzern ging während der Weltwirtschaftskrise in die Insolvenz. Und weil die Lahusens mit ihrem Privatbesitz haften mussten, gelangte der Besitz über eine Versteigerung an den preußischen Staat und 1937 an die SS-Organisation »Lebensborn«, die die Villa bis zum Kriegsende als Mütter- und Entbindungsheim betrieb. Heute ist hier eine Therapieeinrichtung beheimatet.
Im Pförtnerhaus ist eine kleine Ausstellung zur Geschichte des Ortes und der Familie Lahusen untergebracht, der Gedenkort Baracke Wilhelmine in Neuenkirchen widmet sich der Geschichte des Hauses während der NS-Zeit. Die Geschichte der Unternehmerfamilie und ihres Konzerns wird hauptsächlich in Delmenhorst beleuchtet, dem früheren Stammsitz der Firma.
Das Herrenaus und der Park mit seinen mächtigen alten Bäumen stehen unter Denkmalschutz, sind aber leider seit einigen Jahren für die Öffentlichkeit gesperrt.

Neuenkirchen

Im Zentrum von Neuenkirchen erhebt sich die Kirche **St. Michael.** Der Bau geht auf das späte 12. Jahrhundert zurück und wurde 1768 bis auf die Grundmauern erneuert. Der eindrucksvolle quadratische Feldsteinturm mit seinen bis zu drei Meter dicken Wänden kündet noch davon, dass St. Michael einst als Wehrkirche entstand. In der ersten Etage des Turms befindet sich die Michaelskapelle

St. Michael in Neuenkirchen

mit ihrem für die Frühromanik charakteristischen Kreuzgewölbe. Nur sehr wenige Kapellen dieser Art sind in Deutschland erhalten.
Am Rand des Ortes befindet sich der **Gedenkort Baracke Wilhelmine.** In der Nähe ließ die Luftwaffe ab 1938 unterirdische Tanklager bauen, ab 1943 gehörte die Barackensiedlung zum Bau des U-Boot-Bunkers Valentin in Bremen-Farge (→ S. 324). Im ab 2008 aufgebauten Dokumentations- und Gedenkort wird die Rüstungslandschaft in dieser Region zur NS-Zeit und das untrennbar damit verbundene Zwangsarbeitersystem thematisiert. Daneben gibt die deutschlandweit einzige Ausstellung zum Thema »Lebensborn« Auskunft.
Die um 1870 errichtete **Wassermühle** in Neuenkirchen-Göspe wird in manchen Publikationen als interessantes Bauwerk hervorgehoben, lohnt aber keinen Umweg: schlecht zu erreichen, durch einen Zaun abgeschirmt, äußerlich unscheinbar.

Harriersand

Zwischen 1924 und 1934 fanden sieben Eilande durch Buhnen und Dämme allmählich zu einer Insel zusammen, heute gilt Harriersand als größte Weserinsel und größte Flussinsel Europas: elf Kilometer lang, sechs Quadratkilometer groß. Der Hauptstrom der Weser liegt westlich, der kleinere an der östlichen Seite. Man erreicht die Insel von Brake (→ S. 353) mit der Fähre »Guntsiet« und mit Fahrrad oder Auto von Osten vom Dörfchen Rade her (ab der Dorfmitte über die Inselstraße).

Die Insel mit dem Kinderspielplatz, den Sandstränden und Wäldern ist ein beliebtes Naherholungsgebiet der Bremer, Urlauber finden auf den Campingplätzen sowie den wenigen Ferienbauernhöfen und Ferienwohnungen Unterschlupf. Man kann hier fast ungestört von Autoverkehr durch Waldgebiete und an den Feldern entlang radfahren und wandern, sich einige alte Bauernhäuser auf Wurten, künstlich aufgeschütteten Hügeln, anschauen und dabei ganz fern der Welt fühlen. Wunderbar sitzt es sich im **Restaurant-Café** an der Fähre – die großen Pötte scheinen direkt vor den Fußspitzen dahinzugleiten.

Die Windmühle in Aschwarden

▲ Karte S. 344

Harriersand im Abendlicht

Aschwarden

Weithin sichtbares Wahrzeichen der Osterstader Marsch ist die rund 22 Meter hohe **Windmühle** in Aschwarden, direkt am Deich. Sie stammt von 1896, ersetzte einen durch Blitz und Feuer vernichteten Vorgänger von 1850 und war bis 1981 in Betrieb. Die voll funktionsfähige Technik kann man zwischen Mai und September immer sonntags von 13 bis 17 Uhr in Augenschein nehmen, dann gibt es hier auch Getränke und selbstgebackenen Kuchen; Führungen sind nach Absprache möglich (www.muehle-aschwarden.de).

Aschwarden-Bruch

Schon das Äußere der backsteinernen, einschiffigen **Nikolakirche** im sehr kleinen Aschwarden-Bruch wirkt trutzig. Die tiefen Löcher im Inneren, links und rechts des Portals, verraten dann deutlich, dass der Bau als Wehrkirche geplant wurde: Das Tor konnte bei Gefahr von innen mit Balken verbarrikadiert werden. Bei einer Restaurierung 1959/60 kamen unter einer Putzschicht Fresken zum Vorschein, deren Alter auf rund 800 Jahre geschätzt wird, die also noch aus der Bauzeit stammen müssen. Die Kirche umgibt ein stimmungsvoller Kirchhof mit vielen erhaltenen alten Grabsteinen. Ihn kann man betreten, das Gotteshaus selbst ist leider meist verschlossen.

Meyenburg

Geradezu als niedersächsisches Musterdorf zeigt sich Meyenburg. Entlang der kopfsteingepflasterten Straßen reihen sich die schmucken **Niedersachsenhäuser** mit ihren Außenmauern aus Fachwerk und Backstein und den Schmalseiten zur Straße. Komplettiert wird das Ortsbild durch Rittergut, Kirche und Wassermühle. Als Ensemble steht die »Hauptstraße« des Dorfes, der Meyenburger Damm, komplett unter Denkmalschutz.

Keimzelle dieses ausgesprochen hübschen Ortes war die Meyenburg, die im 14. Jahrhundert in einem sumpfigen Gebiet von den Rittern von Wersebe angelegt wurde. Der Nachfolgerbau aus Backstein mit seinen zwei Flügeln und dem im 18. Jahrhundert angebauten Fachwerkflügel ist noch heute im Besitz dieser Familie. Leider ist das Grundstück nicht öffentlich zugänglich, man kann nur außen herum schlendern und das zweistöckige Schloss und die hohen Bäume des weitläufigen Parks bewundern.

Ebenso am Meyenburger Damm, inmitten des Kirchhofs, befindet sich die Kirche **St. Luciae.** Der heutige backsteinerne Bau von 1857 ersetzte einen Vorgängerbau von 1415, Schmuckstück im Innern ist die barocke Orgel. Die Kirche steht Besuchern zwischen Ostern und Erntedankfest offen (tgl. 9–18 Uhr).

Das östliche Ortsende markieren **Mühlenteich** und **Wassermühle.** Eine erste Wassermühle entstand wohl im Zusammenhang mit dem Bau der Meyenburg, der jetzige Bau stammt von 1830. Bis 1970 wurde in der Fachwerkmühle Korn gemahlen, die Technik ist erhalten. Gäste, die sich etwa das Mühlrad etwas genauer anschauen, ziehen oft Schwäne und Enten vom Teich nebenan an. Das Café am Mühlenteich, nur wenige Schritte weiter, punktet mit idyllischer Lage und tollen selbstgebackenen Kuchen und besitzt daher seit Langem in der Region einen sehr guten Ruf.

Typisches Niedersachsenhaus in Meyenburg

Hagen im Bremischen und Umgebung

In der Gemeinde Hagen im Bremischen leben rund 10 000 Menschen, im Kernort selbst rund 3400. Er wird zwar bereits um 1100 erstmals in einer Urkunde erwähnt, besitzt aber kein ansprechendes historisches Ortsbild.

Und so führt der Weg fast automatisch zur Hauptattraktion, der **Burg zu Hagen.** Eine erste hölzerne Burg wurde auf dem sumpfigen rechtsseitigen Wesergebiet um 1200 angelegt, die heutige stammt aus der Zeit um 1500. Sie war der Dienstsitz der Amtmänner des Königreichs Hannover, die Anlage entwickelte sich in dieser Zeit zu einer Art Gutshof. Von 1846 bis 1978 wohnten in dem zweistöckigen rechteckigen Kasten nur noch Gerichtsbedienstete. Danach erfuhr das Backsteingebäude eine umfassende Renovierung, und seit 1988 nutzt es die Gemeinde als Ort der Kultur, im Park finden ab und an Feste statt. Vom Burgtor führt eine imposante Allee mit alten Eichen zum Hauptgebäude.

Die **Rittersche Windmühle** von 1778 etwas außerhalb ist leider nur in Teilen erhalten und auch nicht zugänglich.

Im stillen Wulsbüttel

▲ Karte S. 344

■ Wulsbüttel

Das stille Wulsbüttel besteht im Wesentlichen aus einer Straße, einigen Fachwerkgehöften und einer Kirche aus Feldsteinen aus der Zeit um 1240. Ihr Interieur stammt großteils aus dem 17. Jahrhundert. Unbedingt besuchenswert ist Wulsbüttel wegen der früheren **Wassermühle** am Bächlein Drepte. Dort ist ein reizendes Café mit kleinem Gastgarten unter hohen Bäumen eingerichtet, der frühere Mühlenteich dahinter wirkt wie ein Wassergarten.

■ Sandstedt

Sandstedt bietet sich als Ausgangspunkt für Erkundungen der Region zwischen Bremen und Bremerhaven an: Es liegt auf halber Strecke zwischen diesen beiden Städten, die Fähre auf die andere Weserseite verkehrt in dichter Taktfolge, es besitzt Campingplatz und Strand, und viele Sehenswürdigkeiten in der Umgebung sind mit dem Fahrrad leicht zu erreichen. Eine von 1887 bis 1895 durchgeführte Weserkorrektion zwischen Bremen und Bremerhaven machte die Anlage einer Leuchtfeuerkette notwendig, um den Schiffern sichere Orientierung bieten zu können. Auch in Sandstedt wurde ein **Leuchtfeuer** installiert. Dieses, das alte, ist ebenso erhalten wie das **Neue Leuchtfeuer,** das 1981 entstand, wiederum im Zug einer Weserkorrektion in diesem Abschnitt. Beide Bauwerke befinden sich in unmittelbarer Deichnähe. Den Ortsmittelpunkt markiert die **St.-Johannis-Kirche.** Sie stammt im Kern aus der Zeit um 1420, wurde aber von 1609 bis 1613 weitgehend neu errichtet. Im Inneren sind Fresken aus dem 15. Jahrhundert erhalten. Die erste Dorfkirche aus dem 11. Jahrhundert war wegen fortschreitender Landabbrüche in den Weserfluten versunken. Der Turm ist gut 33 Meter hoch, mit Spitze rund

Hermann Allmers vor seinem Anwesen

52 Meter. Dessen auffällige Drehung ist ungewollt: Die gefällten Eichenstämme wurden nach zu kurzer Ablagerungszeit verbaut und durch die Trocknung verdrehten sich die Sparren. Oft kann man lesen, die Kirche besitze eine Schnitger-Orgel. Das Instrument stammt zwar tatsächlich vom berühmten Orgelbauer (→ S. 351), ist aber seitdem mehrmals renoviert und erweitert worden, so dass es keineswegs mehr dem Originalzustand von 1680 entspricht. Die Kirche steht, anders als viele andere dieser Gegend, tagsüber meist offen.

■ Rechtenfleth

Zwar wird Rechtenfleth bereits 860 erstmals urkundlich erwähnt, es wäre aber keinen Schlenker wert, gäbe es hier neben der Campingklause am Fluss nicht auch das **Allmers-Haus,** eine von einem wunderbaren Park umspielte Mischung aus stattlichem Gutshof und historistischer Künstlervilla. Der Originalzustand von 1902 wurde fast komplett bewahrt, so dass es als eines der wenigen authentisch erhaltenen Künstlerhäuser in Deutschland gilt (→ S. 368). Hervorzuheben sind im Innern das römische Zimmer und der Marschensaal. Abgüsse antiker Plastiken dominieren den unteren Raum, im darüberliegenden beeindruckt der sechsteilige Marschenfries, der nach Hermann Allmers' Gedichtzyklus *Historische Marschenbilder* entstand und der die Regionalgeschichte in einen bildlichen Zusammenhang mit dem Werden der deutschen Nation setzt. Allmers konzipierte sein Haus als künstlerisch-historischen Bildungsort und machte ihn schon zu Lebzeiten jedermann zugänglich. Auch heute steht er Besuchern offen, die hier ansässige Hermann-Allmers-Gesellschaft kümmert sich um das Andenken und den Nachlass des Schriftstellers sowie die Nutzung des Hauses. Sie verwahrt auch 11 000 Briefe. Eine repräsentative Auswahl (1139) ist in einer vierbändigen Ausgabe mit ausführlichen Erläuterungen und Registern 2010 bis 2019 erschienen. Sie zeigt, dass Allmers einer der großen Briefschreiber seiner Zeit war, einen großen Brieffreundeskreis und weitgespannte Interessen hatte, wobei die künstlerischen überwiegen. Darin kommen, so Axel Behne, Vorsitzender der Hermann-Allmers-Gesellschaft, »Kunstsinn und Sprachkraft, Heimatliebe und Weltoffenheit« des Autors zum Ausdruck. Diesen Geist atmen auch Park und Haus.

Hermann Allmers – Dichter und Heimatforscher

Zu Lebzeiten war Hermann Allmers (1821–1902) ein weithin geachteter Schriftsteller und Heimatforscher, heute ist er kaum noch Spezialisten bekannt. Das liegt vermutlich daran, dass Literaturhistoriker ihn nicht recht einordnen können und ihm schon zu Lebzeiten etwas Altertümliches anhaftete. Als Schriftsteller erlangte er durch Prosa, Lyrik – zwei seiner Gedichte, *Feldeinsamkeit* und *Spätherbst*, vertonte Johannes Brahms – und vor allem als Chronist seiner nordwestdeutschen Heimat Bekanntheit. Daneben förderte er die Volksbildung und Heimatforschung und war Mitglied verschiedener Künstlervereinigungen. Allmers hat fast sein ganzes Leben, abgesehen von zahlreichen Reisen, in Rechtenfleth (→ S. 367) verbracht und von dort gewirkt.

Hermann Allmers wurde als einziges Kind begüterter großbäuerlicher Eltern geboren. Er wurde in seinem Denken sicherlich früh vom Vater beeinflusst, der den Ideen des Liberalismus anhing, und von seinem Hauslehrer, der ihn für die Antike und Geschichte allgemein begeisterte. Vom 17. bis zum 21. Lebensjahr erhielt Allmers Privatunterricht in Bremen. Ab 1845 konnte er dank des familiären Wohlstands längere Reisen unternehmen, worüber er in Bremer Zeitungen schrieb. Die erste Reise führte ihn über Bayern und Österreich nach Triest, wo er das Grab des Altertumsforschers Johann Joachim Winckelmann besuchte. Nach dem Tod des Vaters 1849 übernahm Allmers den elterlichen Hof und auch die mit dem Hof verbundenen Aufgaben als Vogt und Deichgraf. 1858 erschien *Marschenbuch. Land- und Volksbilder aus den Marschen der Weser und Elbe*, eine Darstellung seiner Heimat, die als erste Arbeit dieser Art im deutschsprachigen Raum gilt.

Längeren Aufenthalten in Ostpreußen, Berlin und München von 1855 bis 1857 folgte die wohl wichtigste und längste Reise, die ihn ab 1858 für 15 Monate nach Italien führte, über Ischia, Capri und den Vesuv bis nach Sizilien. Seine Erlebnisse und Eindrücke verarbeitete Allmers nach seiner Rückkehr in *Römische Schlendertage* (1869). Dieses Buch erlebte zwölf Auflagen und war nach Goethes *Italienischer Reise* das im 19. Jahrhundert meistgelesene Italienbuch.

Allmers richtete schon in jungen Jahren eine Volksbibliothek ein, ließ ab 1860 sein Haus zu einem öffentlich zugänglichen Bildungsort umgestalten, gründete 1882 den »Heimatbund der Männer vom Morgenstern«, eine heimatkundliche Vereinigung mit Sitz in Bremerhaven, und später den »Rüstringer Heimatbund«, einen Verein zur Pflege der Heimatkunde mit Sitz in Nordenham. Beide Vereine bestehen heute noch und gelten als wichtigste Einrichtungen ihrer Art rechts und links der Weser. Sie bemühen sich um die Pflege der heimischen Kultur. In späteren Jahren hatte Allmers regelmäßig Kontakt zur Künstlerkolonie Dötlingen bei Oldenburg und zur Künstlerkolonie Worpswede (→ S. 338) um Otto Modersohn und Heinrich Vogeler. Für seine Verdienste um die Förderung von Archäologie, Denkmalpflege und Heimatkunde an der Unterweser wurde er im Jahr 1901 von der Universität Heidelberg zum Dr. h. c. ernannt. Allmers starb am 9. März 1902 in seinem Haus. Er liegt im Familiengrab auf dem Friedhof gegenüber seinem Wohnhaus.

Weitere Informationen/Kontakt: Hermann-Allmers-Gesellschaft, Mittelstr. 1, 27628 Rechtenfleth. www.hermann-allmers.de

Gemeinde Loxstedt

Die Gemeinde Loxstedt besteht seit der letzten Eingemeindung aus 20 Ortsteilen mit insgesamt 16 000 Einwohnern, Hauptort ist Loxstedt selbst mit rund 5700 Bewohnern. Die Orte haben sich immer mehr zu reinen Wohnsiedlungen für Pendler ins nahegelegene Bremerhaven entwickelt, und vermutlich deshalb ist hier ausgesprochen wenig los. Früher prägten neben den erhaltenen Mooren vor allem Landwirtschaft und Pferdezucht die Region, in jüngerer Zeit nimmt die Bedeutung des Tourismus zu. Die Kirche **St. Marien** etwa in der Ortsmitte (Kirchenstraße) besitzt eine kleine Kostbarkeit, den *Loxstedter Totentanz*, der unter anderem den Sensenmann sowie Himmel und Hölle sehr eindrücklich zeigt. Er stammt von 1456, wurde aber erst 1910, bei Renovierungsarbeiten, wieder freigelegt. Man nimmt an, dass eine in dieser Zeit grassierende Pestepidemie seine Erstellung beförderte. Die Kirche wurde 1451 auf ihre heutige Größe erweitert, die Orgel aus der Schnitger-Schule stammt von 1768. Leider ist das Haus normalerweise nicht geöffnet, eine Besichtigung kann aber über die Kirchengemeinde Loxstedt erfragt werden (Tel. 04744/2319, www.kirchengemeinde-loxstedt.de).

■ Stotel und Büttel

Für Kirchenenthusiasten geben wir an dieser Stelle den Hinweis, dass sich mit der kleinen **Marienkirche** (vor 1506) in Büttel und der deutlich größeren **Margarethenkirche** in Stotel zwei weitere sehenswerte Bauten bei Loxstedt befinden. St. Margarethen geht im Kern auf das Jahr 1197 zurück, danach fanden immer wieder Um- und Anbauten statt; das Interieur stammt aus dem 16. bis 18. Jahrhundert. Interessant sind die rund zwei Dutzend historischen Grab-

Die Marienkirche in Büttel

steine und Grabplatten mit ihren teils noch gut lesbaren Inschriften rund um die Kirche, steinerne Zeugen des früheren Friedhofs. Auch diese beiden Kirchen sind in der Regel verschlossen, ihre Besichtigung lohnt aber auch weniger als die der Kirche in Loxstedt.

Von den Wegen und Straßen westlich von Büttel ergeben sich die besten Ausblicke auf die Kühltürme des **Kernkraftwerks Unterweser** (→ S. 356), das inmitten der Felder und vereinzelten Bäume seltsam surreal wirkt.

Zwischen Büttel und Dedesdorf kreuzt die B 437. Befährt man sie Richtung Westen, taucht man nach wenigen hundert Metern in den überhaupt einzigen **Wesertunnel** (→ S. 357) ein und landet auf der anderen Seite an der Straße Stadland–Nordenham. Der Tunnel ist mautfrei. Oberhalb der Einfahrt erläutert das »Denkmal Wesertunnel« mit breiten Schautafeln Technik und Geschichte des Bauwerks.

St. Laurentius in der Dorfmitte

Dedesdorf

Nähert man sich Dedesdorf von Süden, passiert man zunächst einen etwas von Bäumen verdeckten **Galerieholländer**. Die Mühle stammt von 1847, wurde 1998 grundlegend renoviert und ist allgemein als »Hochzeitsmühle« bekannt. Sie steht derzeit zum Verkauf.

Die Dedesdorfer Mühle

Viele der früheren Bauern- und Fischerhäuser in Dedesdorf werden mittlerweile von Bremern und Bremerhavenern als Zweitwohnsitz (Ferien- und Wochenendhäuser) genutzt. Das Dorf macht einen ruhigen und sympathischen Eindruck.

Das Aussehen der erhöht stehenden Dorfkirche **St. Laurentius** geht auf das 18. Jahrhundert zurück, im Kern stammt der Backsteinbau aber aus dem späten 13. Jahrhundert. Die Kirche besitzt eine ungewöhnlich originalgetreu erhaltene Schnitger-Orgel (→ S. 351) von 1698, die 1998 eine sorgsame Restaurierung erhielt. Um die Kirche erstreckt sich der parkähnliche Friedhof mit einigen historischen Grabplatten.

▶ Karte S. 344

Die eigentliche Attraktion des Dorfes liegt 300 Meter westwärts der Kirche, hinter dem Deich: Am früheren Fähranleger gibt es einen richtigen **Badestrand,** mehrere Imbissmöglichkeiten und einen tollen Blick auf die hier recht breite Weser. Man sieht die großen Frachter vorüberziehen und fühlt sich schon ein wenig dem Ozean nahe.

Luneplate

Die über 1400 Hektar große Luneplate war ursprünglich eine Weserinsel. Bis 1924 wurde sie vom Seitenarm an der südlichen Seite, der Alten Weser, abgeschnitten und eingedeicht; seitdem zählt sie zum Festland. Es gab immer wieder ambitionierte Pläne, dieses Gebiet für einen neuen Hafen oder Industrieansiedlungen zu nutzen – nichts davon wurde verwirklicht. 2010 kam die Luneplate im Rahmen eines Staatsvertrages von Niedersachsen zu Bremen.

Ab 2003 wurden die Flächen als Ausgleich für die Erweiterung des Containerterminals Bremerhaven durch Aufstauung von Gräben teils wiedervernässt. Eine Landwirtschaft findet nicht mehr statt. So ist sichergestellt, dass die vielen Vogelarten, die sich mittlerweile in dem neu geschaffenen Lebensraum angesiedelt haben, ungestört sind. Man zählt jedes Jahr mehrere hundert Brutpaare und eine große Anzahl von Zugvögeln, die hier eine Pause einlegen; Wasservögel dominieren. Seit 2015 ist die Luneplate komplett als Naturschutzgebiet ausgewiesen.

Die Flächen dürfen nicht mehr betreten werden, am Rand des Schutzgebietes gibt es aber einen **Aussichtsturm** und eine **Aussichtsstation,** wo Schautafeln nähere Erklärungen geben und die wichtigsten Vogelarten vorstellen. Man erreicht diese Punkte vom Dorf Lanhausen aus – einfach den kleinen, nicht immer gleich zu erkennenden Schildern ab der Hauptstraße folgen. Die ersten zwei Kilometer darf man fahren, die restlichen gut 500 Meter muss man zu Fuß gehen.

Schwanewede, Hagen und Loxstedt

Schwanewede: kein Tourismusbüro, keine für Touristen brauchbare Webseite.

Loxstedt: kein Tourismusbüro. Infos zu Sehenswürdigkeiten, Unterkünften, gastronomischen Einrichtungen, Aktivitäten etc.: www.tourilox.de

Gemeinde Hagen im Bremischen, Amtsplatz 3, 27628 Hagen i. Br., Tel. 04766/870; Mo–Fr 8–12, Do auch 14–18 Uhr. Infos, Prospekte etc. www.hagen-cux.de

Fähre Guntsiet (Harriersand–Brake), Tel. 04401/19433; April–Anf. Okt 9 x tgl., Okt. Fr–So 4 x tgl. Nur Fußgänger/Fahrräder. www.guntsiet.de

Fähre Sandstedt–Brake; Mo–Fr 5–20, Sa, So 8–19.30 Uhr alle 20 Min. Auch Pkw, Motorräder, WoMos. Mit Bockwurstverkauf an Bord. www.weser-faehre.de

Fast keine Hotels rechtsseitig der Weser zwischen Bremen und Bremerhaven, aber eine Reihe von FeWos. Buchungen für Loxstedt und Hagen i. Br. am einfachsten über www.das-suedliche-cuxland.de

Ferienwohnungen Harriersand, Familie Stührenberg, Inselstr. 12, 28790 Schwanewede, Tel. 0170/5345816; FeWo ab ca. 120 Euro. www.fewo-harriersand.de

Strandhalle Harriersand, Inselstr. 18, 28790 Schwanewede-Harriersand, Tel. 04296/419. Direkt an Strand und Fähre; Fisch, Fleisch, Vegetarisches, Süßes. www.strandhalle-harriersand.de

Landhaus Meyenburg, Meyenburger Damm 28, 28790 Schwanewede-Meyenburg, Tel. 04209/68896; Mi–Fr ab 18, Sa, So ab 12 Uhr. Restaurant und Café mit Sommergarten, Küche weitgehend gutbürgerlich. www.landhaus-meyenburg.de

Land & Stil, An der Bundesstr. 7, 27628 Hagen im Br.-Dorfhagen, Tel. 04746/727575; Zimmer und FeWos ab 90 Euro. Mit Biergarten und Café.
www.landundstil.de

Sandstedter Hof, Osterstader Str. 23, 27628 Hagen im Br.-Sandstedt, Tel. 04702/5217973; DZ 59 Euro. Hotel-Restaurant-Bar gegenüber der Kirche. Restaurant Mo–Fr 17–23, Sa, So 11.30–23 Uhr, in den Sommerferien tgl. ab 11 Uhr. Gute Burger und Flammkuchen, mit Biergarten, insgesamt rustikal.
www.sandstedter-hof.de

Campingklause Rechtenfleth, Unterm Deich 5, 27628 Sandstedt-Rechtenfleth. Das Essen ist deutlich besser, als der Name suggeriert. Tolle Lage direkt an der Weser.

Weserperle, Fährstr., 27612 Loxstedt-Dedesdorf, Tel. 0152/37383551. Café-Bar-Imbiss mit Strand am alten Fähranleger. Wunderbarer Blick auf die Weser, bei Bikern sehr beliebt. Leckere Fischbrötchen, Pommes etc. gibt es gleich nebenan.
www.weserperle-dedesdorf.de

Campingplatz WeserHenne, zwei Areale: Am Fähranleger, 27628 Sandstedt, Tel. 01575/1151998; Zum Weserblick 31, 27628 Sandstedt-Rechtenfleth, Tel. 0171/2695697.
www.komparking.de

Meyenburger Melkhus, Meyenburger Damm 13, 28790 Schwanewede-Meyenburg, Tel. 04209/1569; Sa–Do 11–17 Uhr. Nette Lage.

Café am Mühlenteich, Mühlendamm 4b, 28790 Schwanewede-Meyenburg, Tel. 04209/9314114; Di–Sa ab 14, So ab 13 Uhr; auch 1 FeWo. Man sitzt schön unter Bäumen.

Café Salon 1900, Hauptstr. 11, 27628 Hagen i. Br.-Offenwarden, Tel. 04702/2439804; April–Nov. Fr–So 14–18 Uhr. In der Villa Offenwarden, viel Mobiliar aus früheren Zeiten, Spielzugmuseum im Obergeschoss, überhaupt fühlt man sich wie in einem Antiquitätenladen.
www.cafe-salon-1900.de

Café zur Wassermühle, Hof Heesen 5, 27628 Hagen i. Br.-Wulsbüttel. Nach Pächterwechsel vorübergehend geschlossen, Wiedereröffnung bei Redaktionsschluss noch nicht bekannt.

Melkhus Tanja Kühne, Hagener Str. 1, Hagen i. Br.-Wulsbüttel/OT Heine, Tel. 04795/954514; Mai–Sept. tgl. 10–20 Uhr. Auf dem Bauernhof, vor allem das selbstgemachte Eis lohnt einen Umweg. Mit kleinem Hofladen.

Cafe An'n Diek, Wersaber Dorfstr. 1, 27628 Hagen i. Br.-Wersabe, Tel. 04702/435; Mo, Do, Fr 13–18, Sa, So 10–18 Uhr. Nomen est omen, direkt am Weser-Radweg. Kleiner Biergarten unter hohen Bäumen, ansprechende Kuchenauswahl.

Schmiedemuseum, An der Waldschmiede, 28790 Schwanewede-Beckedorf; Fr 15–18 Uhr, Führungen nach Anfrage unter Tel. 0421/6530574 (Jens Krössig).
www.beckedorfer-schmiedemuseum.de

Gedenkort Baracke Wilhelmine, An der Kaserne 122, 28790 Schwanewede-Neuenkirchen; keine festen Öffnungszeiten, Führungen über die Webseite oder direkt bei Harald Grote (Tel. 0162/9731338, haraldgrote@gmx.de) anfragen.
www.baracke-wilhelmine.de

Burg zu Hagen, Burgallee 1, 27628 Hagen i. Br., Tel. 04746/6043; Mai–Sept. Di–Fr 9–12 u. 15–18, Sa, So 10–18, Okt.–April Di–Fr 9–12 u. 15–17, Sa, So 10–18 Uhr. www.burg-zu-hagen.de

Allmers-Haus, Mittelstr. 1, 27628 Hagen i. Br./OT Rechtenfleth, Tel. 04702/810; Mai–Okt. Sa, So 13–17 Uhr, Führungen nach Absprache.
www.hermann-allmers.de

St. Marien, Wersabe; als Radwegekirche Ostern–Reformationstag frei zugänglich.

St. Johannis, Sandtsedt; als Radwegekirche Ostern–Reformationstag frei zugänglich.

▸ Karte S. 344

Bremerhaven

Bandförmig zieht sich Bremerhaven auf etwa 13 Kilometern dort an der Unterweser entlang, wo diese in die Außenweser übergeht. Das Werden der Stadt und auch ihre heutige Identität sind untrennbar mit dem Meer verbunden.

Lange beherrschten die Hochseefischerei, Werften und Auswandererkais das Bild der Stadt. Heute ist ihr Hafen nach Hamburg der zweitgrößte in Deutschland, die Nummer 4 in Europa, die Nummer 21 weltweit. Bremerhaven gilt als Exportzentrum Deutschlands, mehr als zwei Millionen Autos werden hier in Spitzenjahren umgeschlagen. Nach wie vor kommt fast jedes in Deutschland verzehrte Fischstäbchen aus Bremerhaven, befindet sich hier der größte Fischereihafen des europäischen Kontinents, aber mittlerweile sind auch mehr als 3000 Arbeitsplätze allein in der Offshore-Industrie (Windkraft) entstanden.

Die Abhängigkeit von Fischereiwirtschaft und der Strukturwandel in der Schifffahrt stürzten Bremerhaven ab den 1970er Jahren in eine tiefe Krise. Abwanderung, hohe Arbeitslosigkeit und Armut bestimmten lange Zeit die Politik, aber auch das Bild von Bremerhaven, das sich im Rest der Republik festsetzte. Diese Klischees sind hartnäckig, werden aber einer Stadt nicht mehr gerecht, die sich in den vergangenen 20 Jahren deutlich zu ihrem Vorteil verändert hat. Neben der Diversifizierung der Wirtschaft ist vor allem der Ausbau der Hochschul- und Wissenschaftslandschaft mit Hochschule und einer Reihe von Instituten zu nennen. Der Schwerpunkt liegt unter anderem auf erneuerbaren Energien, der Meeresforschung sowie maritimen Technologien – der Tradition verpflichtet und gleichzeitig der Zukunft zugewandt.

Bremerhaven, eine Gründung des 19. Jahrhunderts, weist kein klassisch anheimelndes Zentrum auf. Es besitzt aber nicht zuletzt in den Havenwelten rund um den Alten und Neuen Hafen eine einzigartige Abfolge von Einrichtungen, in denen seine Traditionen so eindrucksvoll erlebbar werden, dass auch ein mehrtägiger Aufenthalt keine Langeweile hervorruft.

Am Deich, Blick in die Wesermündung

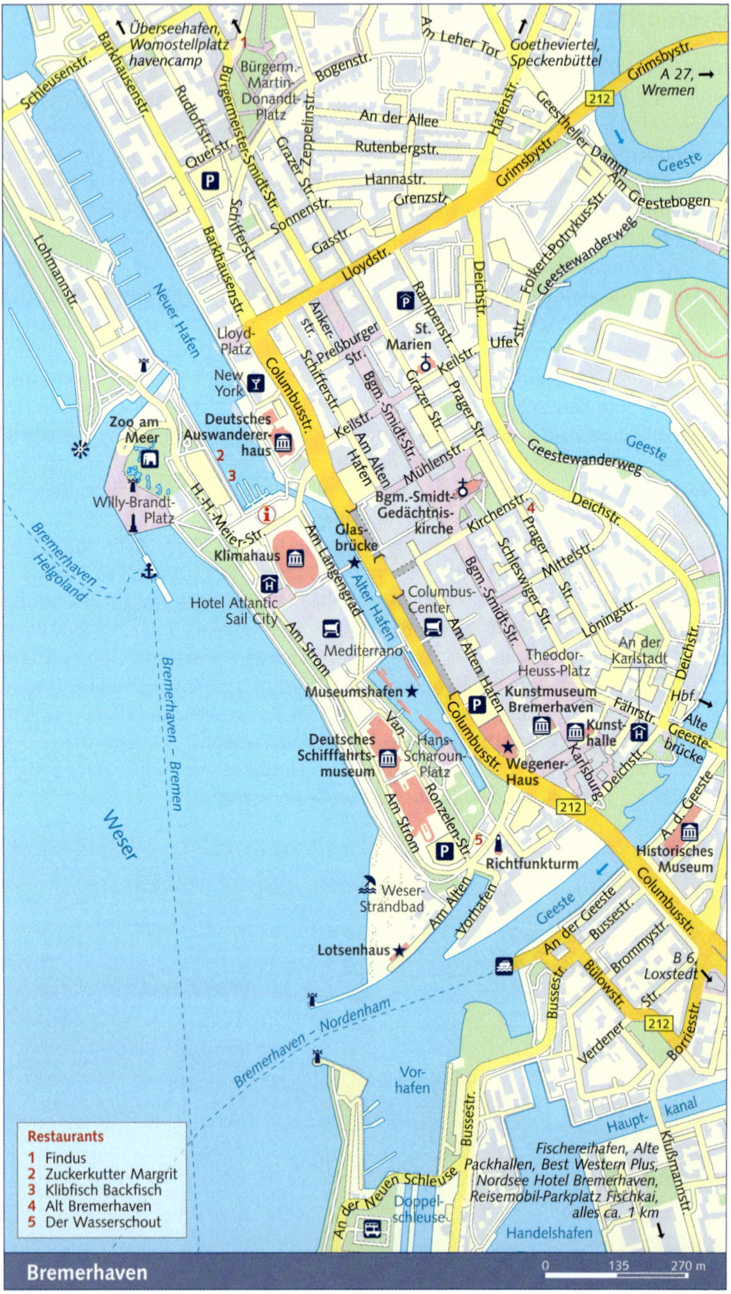
Restaurants
1 Findus
2 Zuckerkutter Margrit
3 Klibfisch Backfisch
4 Alt Bremerhaven
5 Der Wasserschout
Überseehafen, Womostellplatz havencamp
Goetheviertel, Speckenbüttel
A 27, Wremen
Hbf.
B 6, Loxstedt
Fischereihafen, Alte Packhallen, Best Western Plus, Nordsee Hotel Bremerhaven, Reisemobil-Parkplatz Fischkai, alles ca. 1 km
Schleusenstr.
Barkhausenstr.
Rudloffstr.
Querstr.
Bürgermeister-Smidt-Str.
Bürgerm.-Martin-Donandt-Platz
Bogenstr.
Zeppelinstr.
Am Leher Tor
An der Allee
Rutenbergstr.
Hannastr.
Grenzstr.
Grazer Str.
Sonnenstr.
Gasstr.
Schifferstr.
Lloydstr.
Hafenstr.
Grimsbystr.
Geestheller Damm
Am Geestebogen
Folkert-Potrykus-Str.
Geestewanderweg
Geeste
Lohmannstr.
Neuer Hafen
Lloyd-Platz
New York
Columbusstr.
Anker-str.
Preßburger Str.
St. Marien
Rampenstr.
Keilstr.
Deichstr.
Uferstr.
Bgm.-Smidt-Str.
Prager Str.
Zoo am Meer
Deutsches Auswanderer-haus
Am Alten Hafen
Mühlenstr.
Bgm.-Smidt-Gedächtnis-kirche
Kirchenstr.
Willy-Brandt-Platz
H.-H.-Meier-Str.
Glas-brücke
Klimahaus
Am Längengrad
Alter Hafen
Schleswiger Str.
Mittelstr.
Bremerhaven - Helgoland
Hotel Atlantic Sail City
Columbus-Center
Löningstr.
Am Strom
Mediterrano
An der Karlstadt
Theodor-Heuss-Platz
Deichstr.
Museumshafen
Kunstmuseum Bremerhaven
Fährstr.
Kunst-halle
Alte Geeste-brücke
Van-Ronzelen-Str.
Deutsches Schifffahrts-museum
Hans-Scharoun-Platz
Wegener-Haus
Karlsburg
Bremerhaven - Bremen
Weser
212
A. d. Geeste
Historisches Museum
Richtfunkturm
Weser-Strandbad
Am Alten Vorhafen
An der Geeste
Bussestr.
Brommystr.
Lotsenhaus
Bülowstr.
Verdener Str.
Borriesstr.
Bremerhaven - Nordenham
Vor-hafen
Haupt-kanal
Klußmannstr.
An der Neuen Schleuse
Doppel-schleuse
Handelshafen
Bremerhaven
0 135 270 m

Geschichte

Die zunehmende Versandung der Weser bedrohte Anfang des 19. Jahrhunderts Bremens Hauptgeschäftszweig, die Schifffahrt. Die Bremer, allen voran ihr tatkräftiger Bürgermeister Johann Smidt, kauften daher dem Königreich Hannover etwa 90 Hektar Land unmittelbar nördlich der Mündung der Geeste in die Weser ab. Ihrer Exklave gaben sie den Namen Bremer Haven. Bereits 1830 war der erste Hafen - der heutige Alte Hafen - betriebsbereit, 1847 schon der nächste, der Neue Hafen. Hinter den Häfen entstand nach Plänen von Johann Jacob von Ronzelen, einem niederländischen Wasserbauingenieur, die dazugehörige Stadt: eine streng schachbrettförmige Anlage mit dem Marktplatz, dem heutigen Theodor-Heuss-Platz, als Mittelpunkt. Im 19. Jahrhundert avancierte die neue Stadt zu einem wichtigen Hafen und vor allem zum wichtigsten Auswandererhafen auf deutschem Gebiet.

Das Königreich Hannover legte 1847 südlich der Geeste einen eigenen Hafen an, bewusst als Konkurrenz zum erfolgreichen nördlichen Nachbarn geplant. Um ihn herum entstand der Ort Geestemünde. Dessen Wirtschaft erhielt wie von Bremer Haven mit der Fertigstellung der Bahnlinie Bremen–Geestemünde–Bremerhaven starke Impulse.

Der 1896 in Betrieb genommene Fischereihafen in Geestemünde entwickelte sich rasch zum wichtigsten Zentrum der deutschen Hochseefischerei und wurde bald um einen zweiten, deutlich größeren Fischereihafen ergänzt. So prosperierte auch Geestemünde, 1913 erhielt es Stadtrechte.

Das Dorf Lehe nördlich von Bremerhaven wuchs ebenso rasch; hier wohnten viele der in Schiffbau und Schifffahrt Beschäftigten. Es erhielt 1920 ebenfalls Stadtrecht.

Am Vorabend des Ersten Weltkriegs lebten in den drei mittlerweile zusammengewachsenen Städten etwa 100 000 Einwohner, die Werften reihten sich beidseits der Geeste. Geestemünde und Lehe fusionierten 1924 zu Wesermünde, das Bremerhaven nun umschloss. 1939 erfolgte die Eingemeindung von Bremerhaven, das Überseehafengebiet aber wurde zu Bremen ausgegliedert. Alliierte Bombenangriffe zerstörten 1944 das Zentrum und die Stadtviertel südlich der Geestemündung zu 90 Prozent. Wesermünde war ab 1945 einer der wichtigsten Nachschubhäfen für die US-Armee und fusionierte 1947, nun in Bremerhaven umbenannt, mit Bremen als Zwei-Städte-Stadt zum Bundesland Bremen. Zunächst konnten die traditionellen Erwerbszweige an ihre Bedeutung in der Vorkriegszeit anknüpfen. Doch die Strukturkrise in der Hochseefischerei und der Niedergang der deutschen Hochseeflotte seit den 1960er Jahren sowie die zunehmende ausländische Konkurrenz im Schiffsbau trafen Bremerhaven schwer. Als symbolhaft für den Niedergang wurden der Konkurs der Rickmers-Werft 1986 und die Insolvenz der Lloyd-Werft 2004 angesehen. Zwischen 1970 und 2000 verringerte sich die Einwohnerzahl von rund 145 000 auf etwa 110 000, zeitweilig galt die Stadt als eines der Armenhäuser Deutschlands.

Andererseits suchte man schon seit den 1970er Jahren nach Lösungen für die Nachnutzung der früheren Hafenanlagen, baute Forschungseinrichtungen aus oder siedelte sie neu an. Man entwickelte Pläne, um die Stadt an die Weser anzubinden und dadurch die Lebensqualität zu erhöhen - jahrzehntelang hatten die ausgedehnten Hafenanlagen den Ort streng vom Fluss abgeschirmt. Nicht zuletzt erfolgte eine Hinwendung zum Tourismus, die einige spektakuläre Bauten

Dubai zum Vorbild? Das Hotel Atlantic Sail City

und mit dem Klimahaus und dem Auswanderermuseum zwei in Deutschland einzigartige Einrichtungen hervorbrachte. So zeigt sich Bremerhaven mit seinen rund 114 000 Einwohnern heute als eine besuchenswerte Stadt, deren äußere Erscheinung sich von allen anderen größeren Orten an der Weser deutlich unterscheidet und die als einzige dieses schwer zu bestimmende Gefühl vermittelt, sich am Tor zur weiten Welt zu befinden.

Havenwelten

Als Havenwelten bezeichnet und vermarktet die Stadt das Gebiet rund um den Alten und den Neuen Hafen. Der Alte Hafen war das erste künstliche Hafenbecken Bremerhavens, der Neue Hafen erlangte vor allem Bekanntheit, als von hier die großen Schiffe der Deutschen Lloyd Auswanderer in ihre neue Heimat brachten. Mit dem Wandel in der Schifffahrt verlagerte sich der Betrieb in die moderneren und vor allem größeren Häfen am Rand der Stadt. In den 1960er Jahren begann dann die schrittweise Umgestaltung der großen Areale, die erst jüngst einen vorläufigen Abschluss gefunden hat.

Entstanden ist eine Wohn-, Erlebnis- und Kulturlandschaft, die das historische Zentrum mit der Weser verbindet und in mehreren Häusern Besuchern die beherrschenden Themen der Stadtgeschichte vermittelt: Auswanderung, Schifffahrt, Handel. Dazu gesellt sich das einzigartige Klimahaus Bremerhaven 8° Ost. Einen fantastischen Überblick über die Größe der Havenwelten und die einzelnen Einrichtungen eröffnet die Aussichtsplattform des Hotels Atlantic Sail City, weshalb sie sich als Startpunkt für einen Rundgang anbietet.

Alter Hafen

Hingucker nicht nur wegen seiner 148 Meter Höhe ist das **Hotel Atlantic Sail City.** Der 2008 eröffnete Bau in Form eines geblähten Segels wirkt wie die Mini-Version des berühmten Burj Al Arab in Dubai und hat sich zum neuen Wahrzeichen Bremerhavens entwickelt. Es beherbergt neben dem Hotel auch Büros, ein Fahrstuhl an der Seite bringt Besucher zur Aussichtsplattform

Exponate im Museumshafen

▲ Karte S. 374

Das überdimensionierte Columbus-Center

in 86 Meter Höhe. Der Blick von hier über die Havenwelten weit in alle Richtungen ist phänomenal.

Das **Klimahaus Bremerhaven 8° Ost** (2009 eröffnet) erinnert an ein halb in der Erde versenktes UFO. Seine transparent-gläserne Außenhaut funkelt dank vieler Lichtpunkte in der Dunkelheit. Ein Besuch kommt einer Reise entlang des achten östlichen Breitengrades gleich, sie führt zu neun Stationen in acht Ländern auf fünf Kontinenten: Schweiz, Sardinien, Niger, Kamerun, Antarktis, Samoa, Alaska, Hallig Langeneß und eben Bremerhaven in Deutschland. Man wandelt bei Temperaturen von 6 Grad minus bis zu 35 Grad plus durch Wüsten, Tropen und Alpen, erlebt aufwendig gestaltete Landschaften mit Klima, Gerüchen und Klängen des jeweiligen Ortes, schwitzt, friert und staunt über die Vielfalt und Schönheit unseres Planeten. Hauptthemen sind das Wetter, der Klimawandel und seine Auswirkungen auf die Lebenswelten in den verschiedenen Klimazonen sowie die immensen Schäden und Verwüstungen, die er oder vielmehr die Menschheit anrichtet. Nicht wenige verlassen das Haus sehr nachdenklich, die hohen Eintrittspreise dieses ungewöhnlichen und faszinierenden Museums lohnen sich unbedingt.

Die Läden und Lokale im groß dimensionierten **Einkaufszentrum Mediterrano** sind zwar um eine Piazza gruppiert, aber letztlich ist dieses unterirdische Etwas genauso wenig mediterran und architektonisch gelungen wie sein Branchenmix originell. Eine gläserne Brücke verbindet das Mediterrano mit dem Columbus-Center (→ S. 378) auf der anderen Hafenseite.

Der neugestaltete **Weserdeich** schützt die Stadt vor Hochwasser. Die Schutzmauern und Wellenbrecher wurden bewusst als Sitzgelegenheiten gestaltet. Und gerade am Abend, wenn die untergehende Sonne geradezu märchenhaft hinter der Außenweser versinkt, findet sich hier viel Publikum zum Flanieren und Chillen ein.

Das **Deutsche Schifffahrtsmuseum** entstand nach Plänen des in Bremerhaven aufgewachsenen Hans Scharoun (1893–1972): »Die Aufgabe führt mich im hohen Alter zurück zum Ursprungsort eben jener gestalterischen Absichten, die mich ein Leben lang bewegt haben.« Scharoun, einer der bedeutendsten Vertreter der organischen Architektur, erlangte vor allem durch seine Bauten am Berliner Kulturforum weltweit Bekanntheit. Die Fertigstellung seines Museums, das architektonisch geschickt zwischen Altem Hafen und Außenweser vermittelt, im Jahr 1975 erlebte Scharoun nicht mehr. Es beleuchtet die Geschichte der deutschen Kriegs- und Handelsmarine und der Handelsschifffahrt seit der Antike sowie die Polar- und Meeresforschung. Kostbarstes Exponat ist eine originale Handelskogge aus der Zeit um 1380, die 1962 bei Ausbaggerungsarbeiten an der Weser gefunden wurde. Ihre Entdeckung hat die Idee zu einem Museumsbau maßgeblich vorangetrieben. Die drei Ebenen im Innern lassen Assoziationen zu Schiffsdecks zu. Zum Museum gehört der **Museumshafen** mit einigen historischen Schiffen. Nicht Bestandteil des Museums, aber für viele das interessanteste Objekt im Alten Hafen ist das **U-Boot Wilhelm Bauer.** Es wurde 1944/45 erbaut, war jedoch nie im Kampfeinsatz. Es ist das einzig erhaltene Exemplar des Typs XXI, das den U-Boot-Bau revolutionierte, lange Tauchzeiten und hohe Unterwassergeschwindigkeiten ermöglichte. Das Boot kann besichtigt werden; besonders eindrücklich wird dabei die Enge an Bord erfahrbar.

Direkt südlich vom Museum erhebt sich der **Richtfunkturm** (112 m) mit seiner Aussichtsplattform, und wenige Meter weiter stößt man auf das **Strandbad** – Baden in der Unterweser gilt als unbedenklich. Das vierstöckige **Lotsenhaus** am Rand des Strandes zitiert unübersehbar maritime Pfahlbauten. Es wurde 2007 anstelle eines Vorgängerbaus aus den 1920er Jahren errichtet. Nun ist auch schon die Geestemündung erreicht, die an den beiden markanten **Leuchtfeuern** an den Spitzen der vorgelagerten Molen deutlich auszumachen ist.

Möchte man auf der anderen Seite des Alten Hafens zurückschlendern, so fällt der Blick alsbald auf das **Wegener-Haus** an seiner Ostseite. Das Stammhaus des Alfred-Wegener-Instituts Helmholtz-Zentrum für Polar- und Meeresforschung entstand 1986 nach Plänen von Oswald Mathias Ungers, einem der renommiertesten deutschen Architekten der Nachkriegszeit. Ungers stand vor der Herausforderung, einen Verwaltungsbau zwischen Columbus-Center und Columbusstraße harmonisch einzupassen. Und es ist ihm geglückt: Durch die an einen Schiffsbug angelehnte abgerundete Form wirkt das Volumen des langgestreckten, sechsstöckigen Gebäudes nicht zu massig. Mag sein, dass das **Columbus-Center** nach seiner Fertigstellung 1982 zum neuen, aus mehreren Kilometern Entfernung auszumachenden Wahrzeichen der Stadt avancierte, doch städtebaulich stellt es ein Desaster dar. Es besteht aus drei Hochhausscheiben mit zusammen mehr als 500 Wohnungen, die durch ein Shoppingcenter und zwei Parkdecks darunter miteinander verbunden werden. In diesem Zusammenhang entstand als Umgehung der Innenstadt auch die sechsspurige Columbusstraße, für deren Bau der östliche Teil des Alten Hafens zugeschüttet wurde. Das Ganze ist völlig überdimensioniert, und trotz zweier Brücken über den Alten Hafen schirmt dieses Monstrum das Stadtzentrum gegen den Hafen und die Weser völlig ab. Die leicht bauchige Form der Hochhäuser soll bewusst Assoziationen an geblähte Segel erwecken.

▸ Karte S. 374

»Abschiedsszene« im Auswandererhaus

Neuer Hafen

Im **Deutschen Auswandererhaus Bremerhaven** bewegen sich die Besucher von der Gangway am Ausschiffungshafen bis zum Grand Central Terminal in New York auf den Spuren jener Menschen, die ihre Heimat verließen, um jenseits des Atlantiks ihr Glück zu suchen. Sie erleben in den nachgestellten Szenen die drangvolle Enge und die Funzelbeleuchtung in den Kabinen, den Wellengang, an Hörstationen die Klangkulisse an Bord eines Auswandererschiffes und können sich dem Test in der Einwanderungsstation Ellis Island unterziehen. Jeder Besucher erhält am Eingang einen Boarding Pass und kann eines von 33 Einzelschicksalen Schritt für Schritt nachvollziehen.

Ergänzt wird diese Reise durch eine umfassende Ausstellung, die rund 350 Jahre Migrationsgeschichte thematisiert. Beim Rundgang wird anhand von zahlreichen Dokumenten, Grafiken, Texten und Audioaufnahmen die Auswanderung vor allem ab Bremerhaven anschaulich gemacht. Ab 1830 traten mehr als sieben Millionen Menschen auf der Flucht vor Armut, Hunger, aber auch politischer Verfolgung von hier die Reise in die neue Heimat an; das letzte Schiff legte erst 1974 ab. Die meisten gingen in die USA, nach Kanada und Südamerika, manche auch nach Australien. Unter anderem in einer typischen westdeutschen Ladenpassage aus den 1970er Jahren wird in einem zweiten Rundgang thematisiert, warum in den vergangenen 300 Jahren Menschen nach Deutschland kamen: von den Hugenotten über die sogenannten Ruhrpolen bis zu somalischen Flüchtlingen.

Am Ende stehen für die Besucher Terminals bereit, an denen man auf Datenbanken zugreifen kann. Mittlerweile sind sämtliche Passagierlisten digitalisiert, und so kann man etwa nach den eigenen Vorfahren suchen.

Das private Museum eröffnete 2005 am historischen Ort – hier befand sich ein Teil der Auswandererhallen –, nicht zuletzt dank einer von vielen interessierten Bremerhavenern getragenen Initiative. Es wurde seitdem mehrmals ausgezeichnet und hat sich zum besucherstärksten Museum Bremens entwickelt – und das völlig zu Recht.

Die 2021 eröffnete Ausstellung im Erweiterungsbau beschäftigt sich mit Migrationskonflikten in Geschichte und Gegenwart, mit der Komplexität und Fragilität von Einwanderungsgesellschaften. Unter anderem werden exemplarisch die Geschichten einzelner Einwandererfamilien in Deutschland erzählt. Das frühere Seeamtsgebäude südlich des Hauses dient heute als Verwaltungstrakt des Auswandererhauses.

Lange lagen die Flächen rund um den Neuen Hafen brach. Ab dem Jahr 2000 wurden sie nach und nach bebaut, mittlerweile ist das **neue Stadtquartier** weitgehend fertiggestellt. Bei den Neubauten handelt es sich zumeist um würfelförmige Wohn- und Bürogebäude mit einheitlicher Höhe. Die an der Westseite erlauben teils einen Blick auf die Weser,

Um den Neuen Hafen entstanden ein neues Wohnquartier und eine Marina

die anderen auf den Neuen Hafen. Das Hotel direkt hinter dem Auswandererhaus heißt »Liberty«, eine Anspielung auf die Abfertigungshallen für die Auswanderer, die sich einst genau hier befanden. Zum Quartier gehört auch eine neu angelegte **Marina.**

Seit dem Sommer 2021 hat hier das **Schulschiff Deutschland** seine Heimat gefunden. Der Dreimaster lief 1927 in der Tecklenborg-Werft in Wesermünde vom Stapel und wurde nach grundlegender Restaurierung ab 2002 in Vegesack als Ausbildungsinternat, Seminarzentrum und auch Hotel genutzt. Seit 1995 ist es als schwimmendes Kulturdenkmal ausgewiesen. Weil ein wirtschaftlicher Betrieb in Bremen-Vegesack nicht mehr möglich schien und für Bremerhaven das größere touristische Potential erwartet wurde, kam es hierher. Die Stadt erhoffte sich vom prestigeträchtigen Publikumsmagneten eine Imageaufwertung, einige Anwohner aber protestierten, da sie durch das Schiff ihre Sicht beeinträchtigt sahen.

Wie in der Überseestadt in Bremen (→ S. 320) oder der HafenCity in Hamburg ging es auch hier in den Havenwelten darum, nicht mehr benötigte Hafenflächen einer neuen Nutzung zuzuführen und dabei die Stadtlandschaft mit dem Wasser zu verbinden. Im Ergebnis haben die Gebäude und Freiflächen eine große Ähnlichkeit mit denen in Bremen, und wie dort muss sich erst noch erweisen, ob die Bevölkerung in der recht kühlen Uniformität eine Einladung zum Flanieren und Verweilen sieht.

Das markante backsteinerne **Oberfeuer** in Neogotik an der Westseite des Neuen Hafens stammt von 1885. Er wird heute nach seinem Erbauer meist Simon-Loschen-Turm genannt.

In Bremerhaven ist selbst der **Zoo** leicht maritim orientiert: Neben Pumas, Affen und Keas leben hier Pinguine, Robben, Eisbären, Seepferdchen und Tintenfisch Otto. Insgesamt schwimmen in den Aquarien rund 50 Arten. Besonders die Schaufütterungen sind bei den Besuchern sehr beliebt, die tagesaktuellen Zeiten für Pinguine, Waschbären und Otter, Seelöwen, Seehunde und Seebären stehen auf der Tafel neben dem Eingang. Auf dem Gelände finden sich auch Shop, Kinderspielplatz und Restaurant.

Zwischen Zoo und Weserkaje liegt der **Willy-Brandt-Platz.** Seine eigenwillige Oberfläche stellt in leichter Verzerrung einen Fischschwarm dar. Die **Leuchtba-**

▲ Karte S. 374

ke am Platz wird wegen ihrer schlanken Form von den Einheimischen als Minarett bezeichnet. Einen genauen Blick ist das **Auswandererdenkmal** wert. Es zeigt eine vierköpfige Familie, die teils optimistisch, teils skeptisch Richtung Neue Welt blickt. In die Sockelrückseite sind bronzene Namenslisten von Auswanderern eingelassen.

Stadtzentrum

Vom alten Bremerhaven ist im Zentrum fast nichts geblieben. Der Wiederaufbau orientierte sich weitgehend an der vorhandenen Parzellierung, wodurch eine typische Nachkriegslandschaft auf historischem, streng rechtwinkligem Straßenraster entstand. Wichtigste Einkaufs- und Bummelmeile dieser Kombination ist die **Bürgermeister-Smidt-Straße,** die das Zentrum von Nord nach Süd komplett durchläuft. Etwa in der Mitte erinnert das **Denkmal Granatfrau** (1987) von Gerhard Olbrich an die Frauen, die bis in die 1970er Jahre in den Straßen aus Körben die fangfrischen Krabben (Granat) verkauften.

Die Bürgermeister-Smidt-Straße mit der gleichnamigen Kirche

Das Auswandererdenkmal

Blickfang mit ihrem 88 Meter hohen Turm ist die **Bürgermeister-Smidt-Gedächtniskirche.** Der Bau von 1855 steht auf 522 Holzpfählen. Außen ist die Kirche in ihren neogotischen Formen weitgehend original erhalten, das Innere ist nach erheblichen Kriegsschäden stark vereinfacht wieder aufgebaut worden. So gibt es jetzt statt eines Gewölbes eine stützenfreie Decke als Betonkonstruktion. Über dem Portal ist in der Mitte Jesus Christus eindeutig zu erkennen, ihn flankieren links und rechts Luther und Zwingli, Symbole für die damalige evangelisch-unierte Ausrichtung der Gemeinde.

Etwas südlich der Kirche stößt man auf den **Theodor-Heuss-Platz** mit dem **Denkmal für Bürgermeister Smidt** in seiner Mitte. Das **Stadttheater** an der westlichen Platzseite entstand 1911 nach Plänen von Oskar Kaufmann, der unter anderem das Neue Stadttheater in Wien und gleich vier Theaterbauten in Berlin entwarf. Es war als dreiflügelige Anlage geplant, von denen aber nur der mittlere und der nördliche verwirklicht worden sind. Außen besitzt der Bau deutliche Jugendstilanklänge, innen mehrere Aufführungsräume, der Große Saal fasst knapp 600 Besucher. Das Theater wurde nach

Durchblick ermöglicht das Historische Museum

erheblichen Kriegsschäden wiederhergestellt. Wo nach der Kaufmannschen Planung eigentlich sein Südflügel stehen sollte, befindet sich das 2007 eröffnete dreistöckige **Kunstmuseum Bremerhaven – Museum für moderne Kunst.** Schräg gegenüber komplettiert der zweistöckige Ziegelbau der **Kunsthalle** von 1964 den Reigen der Kultureinrichtungen rund um den Platz.

Das **Historische Museum** liegt etwas abseits der touristischen Hauptwege, lohnt jedoch unbedingt einen Besuch für alle, die sich etwas näher mit der Stadtgeschichte beschäftigen möchten. Der klinkerverkleidete Bau stammt von 1981, seine fünf Giebel sind eine Referenz an die früheren Fischhallen an dieser Stelle. Hier, an der Geeste, befanden sich die ersten großen Werften der Stadt, liegen die Anfänge der deutschen Hochseefischerei, entstand das erste große Trockendock Deutschlands.

Das Historische Museum thematisiert die Geschichte der Stadt Bremerhaven von den Anfängen bis heute, der Schwerpunkt liegt naturgemäß auf den Bereichen Hafen, Schifffahrt und das Leben an Fluss und Meer überhaupt. Hingucker im Untergeschoss ist das große Stadtmodell, das den Ort zu einer Zeit zeigt, als er noch halb bremisch, halb preußisch war. Ihm schließen sich die Abteilungen für Hafengeschichte und Fischindustrie an. Der Weg führt weiter in eine begehbare Werft, in der Besucher alle wichtigen Stationen vom Konstruktionsbüro bis zum Schiffsbauplatz mit Nietkolonne kennenlernen. Dazu gibt es funktionsfähige Dampf- und Kältemaschinen, eine Hafenkneipe und ein historisches Fischgeschäft, ein typisches Wohnhaus von Werftarbeitern, einen Luftschutzbunker aus dem Zweiten Weltkrieg und Erinnerungsstücke an die Zeit, als Bremerhaven der Versorgungshafen der US-Armee für Deutschland war, sowie Abteilungen zur Wirtschaftsgeschichte bis heute.

Die **Alte Geestebrücke** hinter dem Museum stammt von 1904, es gab an dieser Stelle Vorgängerbauten. Auf der nördlichen Seite sind noch die Stadtwappen von Bremen und Bremer Haven – so die damalige Schreibweise – erkennbar: Lange Zeit bildete die Geeste die Grenze zwischen Bremen und Preußen, und bis zum Wegfall der Zollgrenzen gab es sogar Zollhäuschen auf jeder Seite.

▸ Karte S. 374

Außerhalb des Zentrums

Für den Besuch der Quartiere außerhalb des Zentrums bieten sich Fahrrad oder Tageskarte für die Busse an, zu Fuß werden die Distanzen zu lang.

Goetheviertel

Bei dem Wohnviertel zwischen Pestalozzi-, Hafen- und Frenssenstraße handelt es sich um das einzige spätgründerzeitliche Wohnquartier in Bremerhaven, das den Krieg überstanden hat. Seine Zentralachse bildet die Goethestraße, nach der es allgemein Goetheviertel genannt wird. Es wurde Ende des 19., Anfang des 20. Jahrhunderts als Wohnviertel für die Hafenarbeiter errichtet, an den Rändern entstanden etwas großzügigere Bauten für das Bürgertum. Jahrzehntelang stand es für Verwahrlosung und soziale Probleme, wurde in der schwierigsten Zeit Bremerhavens mitunter sogar als »ärmster Stadtteil Deutschlands« bezeichnet. Seit fast 20 Jahren aber lässt sich dank städtischem Quartiersmanagement und Initiative der Anwohner ein Wandel zum Guten beobachten: Vieles wurde saniert, verfallene Bauten konnten gerettet werden, öffentliche Flächen sind Stück für Stück wiederhergerichtet worden, Kultur- und Gewerbetreibende haben die Erdgeschossflächen für sich entdeckt. Schlendert man mit etwas Muße durch die Straßen, so fallen nicht nur die vielen schönen Details an den zumeist drei- und viergeschossigen Häusern auf, sondern auch, dass einige von ihnen ganz leicht schief stehen: Das Goetheviertel wurde auf Sand gebaut. Die **Lili-Marleen-Laterne** an der Ecke Lütherstraße/Hafenstraße, am Rand des Goetheviertels, erinnert an Lale Andersen (1905–1972). Sie kam als Lise-Lotte Helene Berta Brunnenberg ganz in der Nähe zur Welt und erlangte in den Kriegsjahren als Interpretin des Schlagers *Lili Marleen* große Bekanntheit.

Schaufenster Fischereihafen

Ende der 1980er Jahre wurden die Flächen am Fischereihafen I infolge des Strukturwandels in der Fischwirtschaft nicht mehr genutzt. Die Stadt entschied sich, daraus das »Schaufenster Fischereihafen« zu formen, mit dem Ziel, »Touristen und Einheimischen einen Einblick in die Fischwirtschaft im Fischereihafen Bremerhaven zu ermöglichen«. Heute sind hier einige Geschäfte beheimatet – der Schwerpunkt liegt durchweg auf Maritimem –, ein Theater, ein Seefischkochstudio und das **Museumsschiff Gera,** das zum Historischen Museum (→ S. 382) gehört. Es gilt als das einzige schwimmende Hochseefischereimuseum in Deutschland. Hauptanziehungspunkt für die meisten Besucher aber sind die vielen gastronomischen Einrichtungen, die sich in der früheren Fischpackhalle IV konzentrieren.

Dass die sich einander schräg gegenüberliegenden **Hotels** (1994/95 und 2014) ähneln, ist kein Zufall: Beide wurden von der Architektin Iffi Wübbe entworfen. Vor dem einen, dem Nordsee Hotel, befindet sich die Anlegestelle der **Barkasse Dorsch,** die hier zu ihren etwa 90-minütigen Hafenrundfahrten startet.

Heute ist das Goetheviertel wieder ein beliebtes Wohnquartier

Alte Packhallen

Der 1928 eröffnete Fischereihafen II wurde nötig, weil der Fischereihafen I zu klein geworden war. Das neue Fischereizentrum war erheblich größer als das alte und erhielt leistungsfähige Gleisanlagen. Hier wurde der Fisch angelandet, verpackt und dann in das ganze Reich verschickt. Dafür entstanden bis zum Kriegsbeginn nach und nach insgesamt 15 bis zu 400 Meter lange Packhallen mit Verladerampen, Kontoren und sonstigen Gewerberäumen. Acht dieser zwei- und dreistöckigen Ziegelbauten sind erhalten, Packhalle X beeindruckt architektonisch sicherlich am meisten. Das Gelände ist frei begehbar, verschiedene Betriebe sind hier angesiedelt.

Eine Runde um die Industriehäfen

Die ausgedehnten Hafen- und Kaianlagen im Norden Bremerhavens – Kaiserhafen 1, 2 und 3 sowie das Wendebecken – bilden das wirtschaftliche Herz der Stadt. Hier wird Fisch angelandet und zu Tiefkühlkost verarbeitet, werden Containerschiffe beladen und gelöscht, verschwinden in staunenswertem Tempo Autos für den Export in riesigen Schiffen. Allein das Autoterminal umfasst 240 Hektar und besitzt 16 Gleisanschlüsse. Dazu gibt es ein Terminal für die Kreuzfahrtriesen.

Natürlich sind die Industriegelände selbst nicht zugänglich, aber bei einer Runde auf öffentlichen Straßen bieten sich viele freie Blick auf die Schiffe, Docks, Werften und endlosen Reihen von Containern. Und von zwei Aussichtspunkten lässt sich diese Welt noch besser in Augenschein nehmen: Der **Containeraussichtsturm** an der Steubenstraße ist zwölf Meter hoch, wurde aus Containern errichtet und steht Besuchern zwischen März und Oktober kostenfrei offen. Die Infotafeln auf der Plattform erläutern, worauf man schaut. Die **Zuschauer-Galerie** im Columbus Cruise Center eröffnet Blicke vor allem auf die Weser und Zugang zu einer Plakette. Ihre Inschrift: »Hier ist am 1. Oktober 1958 Elvis Presley, der König des Rock 'n' Roll, an Land gegangen.«

Mehrmals täglich fährt der **HafenBus** durch diese Welt. Man kann sich natürlich auch mit dem eigenen Fahrzeug auf die Rundtour begeben (rund sieben Kilo-

▲ Karte S. 374

Die Drehbrücke vor ihrem Kollaps (Aufnahme von 2020)

Ein Besuch Speckenbüttels kommt einer Zeitreise gleich

meter ab Schleusenstraße am Nordrand des Neuen Hafens). Leider führt sie nicht mehr über ein einzigartiges Denkmal: Die 1931 fertiggestellte **Drehbrücke,** die größte Deutschlands, erlitt im April 2021 einen Zusammenbruch aus Altersschwäche und musste komplett abgetragen werden. Sie verband Columbusinsel und Festland über zwei Kragarme, die zwei Eisenbahngleise, zwei Fahrspuren und einen Fußgängerweg aufnahmen. Bei Bedarf konnte sie gedreht werden, womit der Weg vom Wendebecken zu den Kaiserhäfen für große Schiffe frei war. An dieser Stelle ist eine leistungsfähige Verkehrsverbindung von großer Bedeutung, die Planungen für einen Neubau sind bereits angelaufen. Bis ein Nachfolger fertiggestellt ist, soll der Verkehr über eine Pontonbrücke abgewickelt werden. Für diejenigen, die auf eigene Faust eine Industriehafentour unternehmen, ist ein Stopp im **Treffpunkt Kaiserhafen** (Franziusstr. 4) ein Muss. Man betritt diese einzigartige Kultkneipe – sie bietet auch deftige Küche – durch ein originales Ruderhaus. Der Flachbau beherbergt mehr als 1000 Erinnerungsstücke an Besatzungen und Schiffe in Vitrinen, an den Wänden und an der Decke, darunter Galionsfiguren, Schiffsglocken, Ruder und Rettungsringe, aber auch Echolot, Radaranlage, Positionslampen und einen Maschinentelegraphen, aus dem das Bier fließt. Seit Jahrzehnten ist das Lokal Anlaufpunkt für Seefahrer und Hafenarbeiter, neuerdings auch für Nachtschwärmer und Touristen; Einheimische nennen es »Die letzte Kneipe vor New York«. Ab und an spielen Bands, Stimmungsmusik überwiegt.

Volkskundliches Freilichtmuseum Speckenbüttel

In die bäuerlichen Traditionen der Elbe-Weser-Region entführt das 1908 gegründete Volkskundliche Freilichtmuseum Speckenbüttel im Ortsteil Lehe. Die komplette Geesthofanlage mit insgesamt elf Haupt-, Neben- und Wirtschaftsgebäuden umfasst unter anderem ein Rauchhaus von 1625, Altenteilerhaus, Schafstall, Moorkate, Backhaus und Bockwindmühle. Das Marschenhaus, ein langgestreckter Fachwerkbau mit Reetdach, ist eine Kopie eines Hauses aus dem 17. Jahrhundert. Alle Gebäude wurden aus anderen Orten hierhergebracht, die meisten aus dem Landkreis Cuxhaven. Zwischen und in den Gebäuden finden sich landwirtschaftliche Geräte, Kutschen und sogar eine Feuerspritze sowie Alltags- und Haushaltsgegenstände, wie sie für die Landwirtschaft, die Fischerei und zum Weben benötigt wurden. Hin und wieder finden im Marschenhaus Veranstaltungen statt.

Bremerhaven

Tourist-Information Bremerhaven, www.bremerhaven.de. Zwei Standorte, beide mit Fahrradverleih:

Tourist-Info Hafeninsel, H.-H.-Meier-Str. 6, 27568 Bremerhaven, Tel. 0471/80936100; tgl. mindestens 10–17 Uhr.

Tourist-Info Schaufenster Fischereihafen, Am Schaufenster 5, 27572 Bremerhaven, Tel. 0471/80936127; tgl. mindestens 9.30–17 Uhr.

Hafenrundfahrten: div. Anbieter, Abfahrt fast durchweg am Neuen Hafen/Südkaje, direkt hinter dem Auswandererhaus.

Der **HafenBus** bietet eine zweistündige Rundfahrt durch die Häfen. Infos, Tickets und Einsteigemöglichkeiten bei den Tourist-Informationen; Erw. 13, Kinder 11 Euro. www.DerHafenBus.de

Gutes Hotelangebot, zahlreiche FeWos auch in den äußeren Stadtvierteln und umliegenden Dörfern. Buchung über www.bremerhaven.de oder telefonisch über die Tourist-Informationen möglich. Zentral gelegen und alle mit sehr gutem Frühstücksbuffet:

Atlantic Hotel Sail City, Am Strom 1, 27568 Bremerhaven, Tel. 0471/30990555; DZ ab 140 Euro. Zentraler geht nicht. Von fast allen Stockwerken phantastischer Blick auf die Wesermündung.
www.atlantic-hotels.de/bremerhaven

Best Western Plus, Fischkai 2, 27572 Bremerhaven, Tel. 0471/80935300; DZ ab 110 Euro. Elegante Architektur am historischen Fischereihafen, nur die Superior-Zimmer liegen zur Wasserseite.
www.best-western-bremerhaven.de

Nordsee Hotel Bremerhaven, Theodor-Heuss-Platz 14–18, 27568 Bremerhaven, Tel. 0471/90083600; DZ ab 99 Euro. Am Beginn der Fußgängerzone; seit über 60 Jahren an diesem Platz, 2015 komplett renoviert.
www.nordsee-hotel-bremerhaven.de

An der Karlstadt, An der Karlstadt 35, 27568 Bremerhaven, Tel. 0471/42021; DZ 90 Euro. Beim Historischen Museum.
www.hotel-an-der-karlstadt-bremerhaven.de

Reisemobil-Parkplatz Fischkai, Hoebelstr. 52, 27572 Bremerhaven, Tel. 0471/80936153. www.bremerhaven.de

Wohnmobilstellplatz havencamp, Bürgermeister-Smidt-Str. 209, 27568 Bremerhaven, Tel. 0471/3096690.
www.havencamp.de

▸ Die größte Dichte an guten (Fisch-)Lokalen findet sich derzeit im **Schaufenster Fischereihafen.** Für diejenigen, die nicht zu Fuß gehen, aber Alkohol trinken möchten: vom Zentrum fahren die Buslinien 505, 506 und HL (Hafenliner) dorthin, Haltestelle »Geestemünde-Süd«.

Natusch, Am Fischbahnhof 1, Tel. 0471/7102122; Di–So 11.45–15 u. 17.30–22 Uhr. Edel, hochpreisig, mit Sommerterrasse. www.natusch.de

Fisch 2000, An der Packhalle VI, 2, Tel. 0471/75062; Mo–Fr 8.30–18, Sa 8.30–15 Uhr. Kultimbiss mit Frischfisch zum Mitnehmen, im Sommer rustikales Mobiliar im Außenbereich.
www.fisch2000.de

Salondampfer »Hansa«, Klußmannstr. 3, Tel. 0471/931580; Di–So 12–15 u. 17–21 Uhr. Vier Salons und ein Sonnendeck.
www.salondampfer-hansa.de

▸ Karte S. 374

Dat Fischhus, An der Packhalle IV, 9, Tel. 0471/9313084; Do–Mo 11–19 Uhr Chic, mit Außenbereich. www.fischhus-bremerhaven.de

Fiedler, An der Packhalle IV, 7, Tel. 0471/9322350; tgl. ab 11.30 Uhr. Originelles Interieur. www.restaurant-fiedler.de

▸ Der nördliche Abschnitt der Bürgermeister-Smidt-Straße wird allgemein **Alte Bürger** genannt und ist die wohl bunteste Straße der Stadt. In den farbenfrohen Altbauten bilden Ateliers, Kunsthandwerksläden, Off-Bühnen, Gewerbe, Handel und eine Vielzahl von Kneipen, Imbissen und Restaurants eine anregende Mischung auf knapp einem Kilometer. Gerade die Gastroszene wandelt sich ständig. Einfach hingehen und sich überraschen lassen – oder Einheimische fragen.

▸ **Originelles:**

Restaurantschiff Klibfisch Backfisch, Neuer Hafen/Westseite, Tel. 0171/3818703; tgl. 11.30–18 Uhr. Restaurantkutter mit Imbisscharakter. www.klibfisch.de

Der Wasserschout, Van-Ronzelen-Str. 4, 27568 Bremerhaven, Tel. 0471/8004654; Di–Fr ab 15, Sa, So ab 12 Uhr. Im früheren Amtmanngebäude an der Neuen Schleuse, Kneipen-Restaurant mit Biergarten. www.wasserschout-bremerhaven.de

Findus, Bürgermeister-Smidt-Str. 212, 27568 Bremerhaven, Tel. 0471/41865030; Mi–Sa 10–20, So 10–18 Uhr. Gute vegetarische Küche. Für Sommer 2022 Umzug geplant. www.findusesskultur.de

Alt Bremerhaven, Prager St. 47–49, 27568 Bremerhaven, Tel. 0471/47146995; Mo–Sa. Älteste Kneipe der Stadt in zwei Häusern: Raucher und Nichtraucher getrennt; kleine Küche. www.alte-bremerhaven.de

Treffpunkt Kaiserhafen, Franziusstr. 92, 27568 Bremerhaven, Tel. 0471/42219; tgl. 11–24 Uhr. www.treffpunktkaiserhafen.de

Zuckerkutter Margrit, Neuer Hafen/Westseite; tgl. 11–18 Uhr. Eiscafé mit Kuchenangebot und selbstgemachten Waffeln.

New York, Columbusstr. 67, 27568 Bremerhaven, Tel. 0471/902240; tgl. 6–22 Uhr. Rooftop-Bar (5. OG) im Hotel Liberty, toller Blick auf Hafen und Weser. Bei schönem Wetter auch Plätze auf der Terrasse.

Deutsches Auswandererhaus, Columbusstr. 65, 27568 Bremerhaven, Tel. 0471/902200; März–Okt. tgl. 10–18, Nov.–Feb. tgl. 10–17 Uhr, Führungen auf Anfrage. www.dah-bremerhaven.de

Klimahaus Bremerhaven 8° Ost, Am Längengrad 8, 27568 Bremerhaven, Tel. 0471/9020300; tgl. mindestens 10–18 Uhr. www.klimahaus-bremerhaven.de

Deutsches Schifffahrtsmuseum, Hans-Scharoun-Platz 1, 27568 Bremerhaven, Tel. 0471/482070; Mitte März–Mitte Nov. tgl. 10–18, sonst Di–So 10–18 Uhr, Außengelände ganzjährig zugänglich, Museumsschiffe Mitte März–Mitte Nov. tgl. 10–17.45 Uhr. www.dsm.museum

U-Boot »Wilhelm Bauer«, im Museumshafen; im Sommer tgl. 10–19, sonst tgl. 10–18 Uhr.

Historisches Museum Bremerhaven, An der Geeste, 27570 Bremerhaven, Tel. 0471/308160; Di–So 10–17 Uhr. www.historisches-museum-bremerhaven.de

Museumschiff »Gera«, Fischereihafen I/Schaufenster Fischereihafen; April–Nov. tgl. 11–18 Uhr. Außenstelle des Historischen Museums.

Volkskunstliches Freilichtmuseum, Geesthofanlage, Parkstr. 9, 27580 Bremerhaven, Tel. 0471/81113; April–Okt. Di–So 14–18 Uhr. www.bauernhaus-bremerhaven.de

Zoo am Meer, H.-H.-Meier-Str. 7, 27568 Bremerhaven, Tel. 0471/3084141; April–Sept. tgl. 9–19, März u. Okt. tgl. 9–18, Nov.–Feb. tgl. 9–16.30 Uhr. www.zoo-am-meer-bremerhaven.de

Nationalpark Hamburgisches Wattenmeer
Neuwerk
S. 400
Duhner Watt
Elbe
Döse
Duhnen
Sticken-
büttel
Cuxhaven
Sahlenburg
Nordsee
Sahlenburger
Watt
Hamburg
Niedersachsen
Hoher
Knechtsand
Großer
Knechtsand
Holte-Spangen
73
Groden
Arensch
NSG
Küsten-
heide
Altenbruch,
Stade
Altenwalde
Berensch
Franzenburg
Gudendorf
Oxstedt
Nationalpark Niedersächsisches Wattenmeer
Wurster Watt
Spieka-
Neufeld
Nordholz
Aero-
nauticum
Nordeversand
Cappel-
Neufeld
Spieka
Wanhöden
Niedersachsen
Dorum-
Neufeld
Midlum
Cappel
Südeversand
Padingbüttel-
Altendeich
Oberhausen
Krempel
Knakenburg
A 27
Padingbüttel
Rott-
hausen
Dorum
Holßel
Neuenwalde
Misselwarden
Mulsum
Grauwallkanal
Wremen
Sievern
Hymendorf
Debstedt
Imsum
Langen
Wehden
Wedde-
warden
Leherheide
Specken-
büttel
Elmlohe
Langlütjensand
Bremen
Niedersachsen
Außenweser
Burhave
Marschkamp
Spaden
Bremer-
haven
Geeste
Bramel
Waddens
Geeste-
münde
Bremen
Schiffdorf
Schweewarden
Blexen
Wurster Nordseeküste
0
2,5
5 km

Wurster Nordseeküste

Nördlich von Bremerhaven erscheint das Land noch platter als zuvor, der Horizont noch weiter, und der Wind weht stetig die salzhaltige Luft ins Landesinnere. Bis Cuxhaven ziehen sich Wälder und Rapsfelder dahin, darin erstrecken sich vereinzelte Heidegebiete und Moore. Der besondere Charakter der Region zeigt sich aber direkt an der Außenweser, die hier in das offene Meer übergeht. Die Gezeiten haben das einzigartige Wattenmeer hervorgebracht, der Mensch schützt sich vor dem Meer mit hohen Deichen, den Übergang vom Meer zum Land bilden die Salzwiesen. Sie werden etliche Male im Jahr mehr oder weniger stark mit Salzwasser überflutet, wodurch sich eine eigene Tier- und Pflanzenwelt ausbilden konnte. Dieses besondere ökologischen System genießt seit 1986 als Teil des Nationalparks Niedersächsisches Wattenmeer besonderen Schutz. Seit 2014 steht das weltgrößte Wattenmeer von den Niederlanden über Deutschland bis nach Dänemark als einzigartiger Lebensraum auf der Welterbeliste der UNESCO. Zwischen Bremerhaven und Cuxhaven finden sich drei malerische Kutterhäfen, die bei Ebbe trockenfallen, begehbare Leuchttürme, dazu Strände, Wellen-, Hallen- und Freibäder, eine große Anzahl von Unterkünften, Campingplätzen und nicht zuletzt ausgezeichnete Fahrradwege, die teils auf der Deichkrone verlaufen und wunderbare Ausblicke bieten. Kein Wunder, dass die Wurster Nordseeküste seit vielen Jahren gerade bei Familien ein beliebtes Ferienziel ist. Der Name selbst ist ein Kunstprodukt und entstand 2015 beim Zusammenschluss der Ortschaften Cappel, Dorum/Dorum-Neufeld, Midlum, Kransberg, Misselwarden, Mulsum, Paddingbüttel, Wremen sowie Nordholz mit seinen Ortsteilen Cappel-Neufeld, Dechsende, Scharnstedt, Spieka, Spieka-Neufeld, Wanhöden und Wursterheide. Insgesamt rund 17 000 Menschen leben hier; Verwaltungssitze und Hauptorte sind Dorum (3600 Einwohner) und Nordholz (7200 Einwohner), alle anderen Orte sind kleiner.

Auffällig in den Orten sind die Wurten. Damit werden die aufgeschütteten Hügel bezeichnet, auf denen man seit dem 5. Jahrhundert bis ins Spätmittelalter die Gehöfte und Kirchen errichtete. Die Region war wohl seit dem ersten vorchristlichen Jahrhundert bewohnt, aber erst ab dem 10. Jahrhundert, als man durch Deichbauten einen gewissen Schutz vor den oft verheerenden Sturmfluten erreichte, fand eine stärkere Besiedlung und die Ausbildung von Dörfern statt. Da die Kirchen gleichzeitig Schutz bei kriegerischen Auseinandersetzungen bieten sollten, nennt man sie heute noch allgemein Wehrkirchen.

Trotz aller Versuche, das Meer mittels Deichen zu bändigen, kam es immer wieder zu schlimmen Sturmfluten, die zu Verwüstungen in den Dörfern führten. Die im Januar und Februar 1976 dicht aufeinanderfolgenden Sturmfluten richteten nur noch in einigen Gebieten größere Schäden an, da mittlerweile die Deiche erheblich verstärkt worden waren. Sie erheben sich heute rund neun Meter über dem umgebenden Niveau – im 16. Jahrhundert waren sie gerade einmal gute vier Meter hoch.

Natürlich kommt in den Lokalen dieser Gegend viel Fisch auf den Tisch. Bekannt ist die Gegend für ihren Reichtum an Krabben, die hier meist als »Granat« bezeichnet werden. Der Granat steht nahezu auf allen Speisekarten, es gibt ihn aber auch in vielen Imbissen, als Variation des Fischbrötchens.

Wremen

»Nordseebad« darf sich Wremen offiziell nennen, und in der Tat wird das Dorf vom Tourismus dominiert: Auf nicht einmal 2000 Einwohner kommen rund 100 000 Übernachtungen jährlich. Es gibt mehrere Strände und Campingplätze, für Surfer gute Bedingungen und eine Reihe von Lokalen, deren Karten maritim ausgerichtet sind; Krabben stehen besonders hoch im Kurs.

Das Bauern- und Fischerdorf wurde 1091 erstmals urkundlich erwähnt. Rund um die Kirche fand am 23. Dezember 1517 eine große Schlacht statt, in der die Wurster den Truppen des Bremer Erzbischofs Christoph unterlagen und zu Hunderten starben. Im Ergebnis dieser Schlacht verloren die Wurster ihre Unabhängigkeit, das Land kam zum Erzstift Bremen. Für Regionalhistoriker ist dies nach wie vor ein wichtiges Datum.

Rund um den Hafen

Der kleine **Sielhafen** zeigt sich wie aus dem Bilderbuch. Sechs Kutter haben neben einigen Jachten und Segelschiffen

Der Kleine Preuße

▸ Karte S. 388

hier ihre Heimat. Ihr Fang wird zum Teil gleich in den Imbissen verarbeitet, die sich um den Hafen gruppieren.

Wahrzeichen des Ortes ist der **Leuchtturm Kleiner Preuße.** Er trägt diesen ungewöhnlichen Namen, weil er mit zehn Metern für einen Leuchtturm in der Tat recht klein ist und weil er in Schwarz-Weiß daherkommt, den alten preußischen Farben. Es handelt sich um einen Nachbau von 2005, das Original tat an dieser Stelle von 1906 bis 1930 seinen Dienst. Im Innern wird man in die Zeit des Originals versetzt und über das Leben eines Leuchtturmwärters informiert, und heiraten kann man hier auch. Von der Galerie eröffnet sich ein schöner Blick aufs Wattenmeer und den Kutterhafen Wremen sowie das Landesinnere (www.kleiner-preusse.de).

Ortskern

Der weithin sichtbare Turm der Kirche St. Willehaldi markiert den Ortskern Wremens. Die anderen Sehenswürdigkeiten liegen in unmittelbarer Nähe.

St. Willehaldi mit dem hoch aufragenden Turm entstand um 1200 als romanische Wehrkirche am höchsten Punkt des Ortes. Sie gilt als größte und zugleich älteste Kirche im Wurster Land und ist dem Missionar und ersten Bremer Bischof geweiht. Der einschiffige Bau wurde auf einem Fundament aus Findlingen aus rheinischem Tuffstein errichtet – manchen Historikern zufolge im Tausch gegen heimische Gerste –, die Südseite später in Backstein erneuert. Im Innern fallen die Balkendecke von 1737 auf, die Reste spätromanischer Wandmalereien, das Taufbecken von 1738, das Gestühl, das teilweise noch aus der Zeit vor 1580 stammt, und die Kanzel von 1670. Schaut man sich die Kanzel genauer an, so entdeckt man vier Sanduhren. Man sagt im Dorf, damit könne

St. Willehaldi und das Museum für Wattenfischerei im Ortszentrum

kontrolliert werden, dass kein Pfarrer länger als eine halbe Stunde predige; es gebe von alters her eine Regelung, die den Pfarrern überlanges Predigen verbiete. Zudem besitzt der Bau eine für ihren ausgewogenen Klang gerühmte Orgel von 1864, die von 1988 bis 1991 gründlich generalüberholt wurde. Der Turm mit seiner barocken Haube stammt aus dem frühen 13. Jahrhundert. Er wurde 1914 bis auf die Dachhöhe des Langhauses abgetragen, um gegnerischen Schiffen keine Orientierung zu bieten. Erst 1930 hatte der Turm wieder seine alte Höhe. Er trägt aus statischen Gründen nur eine kleine Glocke, die eigentliche Kirchglocke befindet sich im separat auf dem Kirchhof stehenden backsteinernen Glockenturm.

An der Außenseite der Kirche fallen zwei ungewöhnlich große Grabplatten von 1595 und 1618 mit figürlichen Darstellungen ins Auge und auch an den Gräbern einige Grabplatten. Es heißt, manche Wremer Bürger hätten sich gefürchtet, von den Fluten aus ihren Gräbern gespült zu werden, und daher die Deckelung mit schweren Steinplatten veranlasst.

Gleich unterhalb der Kirche lädt das **Kuriose Muschel-Museum** zu einem Besuch ein. 3000 Muscheln sind hier zusammengetragen, die Erklärungen und künstlerischen Darstellungen teils mit einem humoristischen Augenzwinkern geschaffen – eine liebevoll eingerichtete Welt. Gleich daneben, in einem der ältesten Gebäude des Ortes, verrät das **Museum für Wattenfischerei** alles über die Anfänge der Wattenfischerei vom 19. Jahrhundert bis heute, erläutert beispielsweise Fangtechniken wie das Reusenfischen oder die Bauweise der Kutter. Außerdem wird das Leben der Fischer in früheren Zeiten beleuchtet und der Weg der Fische vom Netz bis zum Kochtopf beschrieben. Das Haus besitzt eine original eingerichtete Krabbenküche und Fischerstube, Schiffsmodelle und Fanggeräte sowie, quasi Beifang für die Besucher, einen kleinen Museumsshop.

Die Sammlung komplettiert die **MS Koralle** auf der gegenüberliegenden Straßenseite. Dieser Krabbenkutter, Baujahr 1962, war bis 1991 im Dienst und ziert aufgebockt seit einigen Jahren das Dorfzentrum.

Die auffällig große St.-Urbanus-Kirche in Dorum

Mulsum

Die **Marienkirche** in der Mitte des kleinen Dorfes Mulsum besitzt mit dem gotischen Flügelaltar und der gotischen Kanzel von 1524 zwei für diese Region ungewöhnliche Kostbarkeiten. Den massiven Feldsteinbau umgibt ein überraschend großer Friedhof. Besucher verirren sich so gut wie nie hierher, es ist ein stiller, fast mythischer Ort. Kirchenbesichtigungen sind nur nach Vereinbarung über das Pfarramt Wremen möglich (Tel. 04705/273).

Misselwarden

Die **Katharinenkirche** in Misselwarden, ein romanischer Backsteinbau, stammt wohl vom Ende des 13. Jahrhunderts. Sie steht, wie so viele Kirchen in dieser Region, auf einer Wurt. Die Fenster auf der Nordseite sind in ihrer ursprünglichen Größe erhalten, auf der Südseite wurden sie vergrößert. Der Turm, auch aus Backstein, wirkt etwas gedrungen. Gesellschaftlicher Mittelpunkt des Dorfes ist das alte **Pastorenhaus.** Es diente von seiner Errichtung 1709 bis in die 1950er Jahre als Wohnhaus für die örtlichen Pastoren. Seit 1994, nachdem die aufwendigen Renovierungsarbeiten abgeschlossen waren, wird es für Kulturveranstaltungen genutzt. Das Gebäude wurde 2010 durch ein Feuer erheblich beschädigt, konnte dank vieler Spenden aber schnell rekonstruiert werden. Ein tatkräftiger Bürgerverein unterhält das Gebäude (www.altes-pastorenhaus.de).

Dorum

Eichenstämme, die in Dorum als Fundamente der Häuser dienten, ließen sich auf das Jahr 927 datieren. Jahrhundertelang war Dorum der Hauptort des Wurster Landes, auch weil es nicht direkt an der Küste lag und somit besser vor Sturmfluten geschützt war. Ein verheerendes Feuer zerstörte 1757 fast den ganzen Ort. Er hat zwar Bahnanschluss und gehört zu den größeren Siedlungen der Region, wirkt aber nicht unbedingt hübsch. Die Größe der **St.-Urbanus-Kirche** in der Ortsmitte verweist auf die frühere Bedeutung Dorums und den Wohlstand seiner Bürger. Auch sie wurde auf einer

▶ Karte S. 388

Wurt errichtet. Im Kern geht sie auf das 13. Jahrhundert zurück, um 1510 erfolgte die Erweiterung zu einer dreischiffigen Hallenkirche. Die älteren Teile sind aus Granitfeldsteinen, die Erweiterungen in Backstein ausgeführt. Der Westturm von 1750/51 ist ebenfalls aus Feld- und Backsteinen errichtet. Der Altar stammt von 1670, die polygonale hölzerne Kanzel mit Bildreliefs von 1620, das Taufbecken sogar aus dem 13. Jahrhundert. Die sehenswerte spätgotische Malerei im Chorgewölbe zeigt das Jüngste Gericht. Regelmäßig finden in der Kirche Orgelkonzerte und andere Veranstaltungen statt, Besichtigungen außerhalb dieser Termine sind über das Pfarramt zu erfragen (Tel. 04742/2355).

Das Deichmuseum **Land Wursten** leistet in sieben Abteilungen eine detailfreudige Auseinandersetzung mit den Gezeiten und den Versuchen des Menschen, sich vor ihnen zu schützen. So wird etwa erklärt, wie man Deiche baute und baut und erhält; Fotos dokumentieren unter anderem Sturmfluten an der Nordsee und ihre verheerenden Auswirkungen. In den Worten der Museumsbetreiber: »Das Ganze, ein Spiegelbild der Küstengeschichte, lässt eindrucksvoll erkennen, dass Küstenschutz und Deichbau durch rund zehn Jahrhunderte ein dramatischer Kampf mit den Naturgewalten war.«

Bei Ebbe am Leuchtturm Obereversand

Dorum-Neufeld

Zweifellos ist Dorum-Neufeld das touristische Zentrum des Wurster Landes. Es besteht hauptsächlich aus unzähligen Ferienwohnungen und Pensionen, Campingplätzen und Stränden sowie einigen Kureinrichtungen.

■ Rund um den Hafen

Auch Dorum-Neufeld hat einen Sielhafen, und auch hier landen Krabbenkutter täglich ihren Fang an, der in den Lokalen der Gegend und auch in den Imbissen am Hafen verarbeitet wird. Er wirkt aber nicht ganz so romantisch wie der in Wremen (→ S. 390). Oft übersehen wird ein Denkmal direkt an der Straße: Das **Deichbauer-Denkmal** des Bildhauers Leo Wirth erinnert an die große Bedeutung, die Deiche für die Sicherheit dieses Landstrichs besitzen, und an die vielen Menschen, die an ihrem Bau beteiligt waren.

Entlang des 500 Meter langen Wegs vom Hafen bis zum Leuchtturm erstreckt sich die **Leuchtturmwiese,** ein Areal mit Sportgeräten und Drehliegen sowie seit 2013 auch einem Piratenspielplatz: Kletter- und Spielmöglichkeiten, unter anderem ein Wackelfloß.

Wahrzeichen Dorums ist zweifellos der schwarze **Leuchtturm Obereversand** mit seinen stattlichen 37,40 Metern Höhe – Leuchtturm plus Sockel – über Niedrigwasser. Interessanterweise steht er erst seit 2003 hier, an der Kante des Deichvorlands. Von 1887 bis 1923 fungierte er als Leuchtturm Eversand-Oberfeuer und stand der Küste vorgelagert in der Wesermündung. Durch die Verlegung der Fahrrinne in diesem Bereich der Außen-

St. Peter und Paul in Cappel

weser war er funktionslos geworden. So wurde der 112 Tonnen schwere Riese 2003 hierher, auf einen eigens dafür angefertigten Sockel versetzt und avancierte rasch zur Touristenattraktion. Daneben dient er als Hafenfeuer. Die Außentreppe führt über 84 Stufen zu einer Aussichtsplattform in 17 Meter Höhe. Hier liegt der Eingang zum Turm, der Aufgang zur zweiten Galerie erfolgt über Treppen im Innern. Von der Aussichtsplattform – hier sind auch Fernrohre installiert – hat man einen weiten Blick übers Meer, die Hafenanlagen von Bremerhaven sind gut auszumachen. Im Inneren beleuchtet eine kleine Ausstellung die Lebens- und Arbeitswelt eines Leuchtturmwärters im ausgehenden 19. Jahrhundert (nur mit Führung, www.obereversand.de). Die obere Galerie bietet an schönen Tagen einen einmaligen Blick weit über das Wattenmeer bis zur Insel Neuwerk (→ S. 410) in der Elbmündung.

Das **Nationalparkhaus Wurster Nordseeküste** wurde 2012 modernisiert und erweitert und informiert seitdem noch detaillierter über die Vogelarten – sesshafte und Zugvögel – an der Wattküste, zudem unter anderem mit Großaquarien über die sonstigen typischen Bewohner dieser Zwischenwelt, die Gezeiten sowie die Gefährdungen des Watts und über Naturschutzbemühungen. Es bietet auch Führungen in die Salzwiesen und in das Watt sowie vogelkundliche Führungen an. Das **Watt 'n Bad** gleich daneben ist vor allem bei Kindern sehr beliebt. Dieses Wellenbad wird mit Wasser aus einer nahegelegenen Schwefelsole-Heilquelle befüllt.

Cappel

Weil Cappel einige Kilometer landeinwärts liegt, kommen deutlich weniger Besucher hierher als in die Küstenorte. Ein Besuch lohnt aber besonders, wenn ein Orgelkonzert in der **St.-Peter-und-Paul-Kirche** abgehalten wird: Die Orgel gilt als die am besten erhaltene von Arp Schnitger (→ S. 351), Kenner rühmen ihren harmonischen Klang. Die Orgel fand ihren Weg erst 1816 hierher, zuvor hatte sie im Hamburger Johanniskloster ihren Dienst verrichtet. Sie erlangte durch die 1950 und 1952 hier eingespielten Platten mit Werken Johann Sebastians Bachs Weltberühmtheit. 2020/21 wurde sie grundlegend renoviert. Die Kirche selbst, im Inneren von schlichter Schönheit, ist ein Wiederaufbau von 1813, den Vorgänger hatte ein Brand zerstört.

Midlum

Eine der wenigen noch funktionsfähigen Mühlen im Landkreis Cuxhaven findet sich in Midlum. Der **Galerieholländer** direkt an der Hauptstraße wurde 1857 fertiggestellt, war bis 1955 in Betrieb und stand dann mehrere Jahrzehnte leer. Ein rühriger, eigens gegründeter Verein sorgte für die Restaurierung und veranstaltet heute regelmäßig Mühlen-Backtage, an denen der Bau besichtigt werden kann. Brot und Butterkuchen

▲ Karte S. 388

werden dann auch gebacken (www.midlumer-muehle.de).

Das **Heimathaus** präsentiert zahlreiche handwerkliche, hauswirtschaftliche und landwirtschaftliche Gegenstände, wie sie vor allem im 19. Jahrhundert gebräuchlich waren.

Die **St.-Pankratius-Kirche** wurde um 1150 aus Feldsteinen errichtet und Anfang/Mitte des 13. Jahrhunderts erweitert und umgestaltet. Die Nordseite hat sich noch weitgehend ihren romanischen Charakter bewahrt. Im Innern sind vor allem die Holzbalkendecke, der Altaraufsatz von 1696 und die Kanzel von 1623 einen Blick wert. Der Turm besitzt eine markante geschweifte Haube mit Bleidach, ursprünglich bestand sie aus Schieferplatten. Die Kirche ist nicht sehr groß, aber sehr harmonisch proportioniert, der alte Friedhof um die Kirche wirkt wie ein gepflegter öffentlicher Park.

Spieka

Aus nur wenigen Häusern und Gehöften besteht Spieka. Die Kirche **St. Georg** in der Ortsmitte wurde 1319 als Kapelle auf einer Wurt errichtet. Sie ist äußerlich recht schlicht, besitzt mit dem Altar aus dem 19. Jahrhundert und dem aus Sandstein gefertigten Taufstein aber zwei echte Hingucker. Auch sie ist außerhalb der Gottesdienstzeiten meist verschlossen, Kirchenbesichtigungen können bei Herrn Becker erfragt werden (reinhard.becker@evlka.de).

Cappel-Neufeld

Cappel-Neufeld kann mit Spielplatz, Campingplatz und Vogelbeobachtungsturm aufwarten. Alle diese für Touristen interessanten Einrichtungen liegen recht dicht beieinander und in unmittelbarer Nähe zum Badestrand. Der Ort ist der wohl ruhigste unter den Ferienorten an der Wurster Nordseeküste. Er weist nur wenige Häuser auf und wenige ständige Bewohner. Der bekannteste unter ihnen ist der Schriftsteller Wolf S. Dietrich, dessen Kriminalromane zum großen Teil in der Gegend spielen und mittlerweile überregionale Bekanntheit erlangt haben.

Spieka-Neufeld

Festgehalten durch ein Vakuum, angeschlitzt und mit Druckluft ausgeblasen – das ist das Prinzip der weltweit ersten funktionstüchtigen **Krabbenpulmaschine,** die Alwin Kocken zwischen 1972 und 1986 in mühevoller Tüftelarbeit entwickelte. Bis in die 1980er Jahre mussten Krabben aufwendig von Hand gepult werden, die Maschine brachte eine enorme Arbeitserleichterung und Effektivitätssteigerung. Besucher können sich mit den Details dieser Maschine vertraut machen und sich von ihrer Funktionsfähigkeit unmittelbar überzeugen: Ein Exemplar steht beim Stammsitz der Alwin & Siegfried Kocken Krabbenhandels-GmbH im Ort, und im Imbiss gleich daneben gibt es unter anderem leckere Krabbenbrötchen. Hinter dem Deich findet sich mit dem **Sielhafen** der kleinste und malerischte

Voll funktionsfähig: die Mühle in Midlum

der drei Kutterhäfen in der Region. Nur eine Handvoll Krabbenkutter schaukelt hier an der Mole, wenn sie nicht gerade draußen auf Fang sind.

Nordholz

Zwar besitzt Nordholz Bahn- und Autobahnanschluss, und rund 7000 Menschen leben im Ort und seinen eingemeindeten Dörfern, er besitzt aber weder Gesicht noch Zentrum. Einzige Sehenswürdigkeit in dieser Streusiedlung ist neben dem Aeronauticum die **Kirche Zum guten Hirten.** Ihre Besonderheit ist aber nicht ihr Alter – sie wurde 2013 geweiht –, sondern vor allem ihre Architektur: Sie weist keine rechten Winkel auf. Alles ist rund und soll Besuchern das Gefühl vermitteln, so die Intention der Bauherren, »mit offenen Armen empfangen zu werden«. Die Kirche an der Elbestraße 6 besitzt ein lichtdurchflutetes Inneres und auch eine klangstarke Orgel (www.kirche-nordholz.de).

■ Aeronauticum

Der Ort Nordholz verdankt sein Wachstum im 20. Jahrhundert ausschließlich den Marinefliegern, für die zahlreiche Wohnhäuser entstanden. Ihre Geschichte präsentiert das Aeronauticum, das einen deutlichen Kontrast zur Kutter- und Backsteinidylle in den anderen Orten bildet. Die Geschichte der Luftfahrt begann an diesem Ort im Jahr 1913, nicht zufällig: Das Areal war unbebaut, für Beschuss von See nicht erreichbar, und gleichzeitig war Großbritannien in Reichweite der Zeppeline, für die das Areal hergerichtet wurde. So entstanden mehrere riesige Hangars, die teils sogar um 360 Grad gedreht werden konnten. So war es möglich, die Zeppeline bei allen Windverhältnissen sicher aus den und in die Hallen zu ziehen. Gemäß den Bestimmungen des Versailler Vertrages

▲ Karte S. 388

Die Welt der Zeppeline im Aeronauticum

wurden die Einrichtungen ab 1919 demontiert. 1937 übernahm die Luftwaffe das Gelände und richtete hier einen Fliegerhorst ein, nach Ende des Zweiten Weltkrieges waren zunächst erst die Briten, dann die US-Amerikaner hier. Seit 1963 nutzt das Marinefliegergeschwader 3 »Graf Zeppelin« das Areal.
Ab 1990 entstand an seiner nordwestlichen Seite das Museum, sein vollständiger Name lautet **Deutsches Luftschiff- und Marinefliegermuseum Nordholz.** Es besteht aus dem rund 36 000 Quadratmeter großen Freigelände mit seinen 18 »Großexponaten« und etwa 2000 Quadratmetern Ausstellungsfläche in der Hans-Scharoun-Museumshalle und den angrenzenden Gebäuden. Die Flugzeuge und Hubschrauber auf dem Freigelände stehen für die Geschichte der deutschen Marineflieger in Ost und West seit 1956. Die Schau in der lichten Halle dokumentiert – nicht zuletzt mit zahlreichen Modellen, Nachbauten und Originalmotoren – umfassend die historische und technische Entwicklung der Marineluftschifffahrt und -fliegerei seit 1913 und legt einen Schwerpunkt auf die Entwicklung der Zeppeline. Bei aller Begeisterung für technische Details

werden auch die Schrecken der Kriege, das Leben der Zwangsarbeiter in der Rüstungswirtschaft und das Verhältnis der Kriegsmarine zum NS-Regime angemessen thematisiert.

Einige Exponate verdienen besondere Beachtung: Der »Verfahrenstrainer Breguet Atlantic« ist eine komplett ausgestattete Zelle des Seeaufklärers; jeden Dienstag zwischen 11 und 14 Uhr kann man ihn im Rahmen von Führungen besichtigen. Das Passagierflugzeug VFW 614 auf dem Außengelände gehörte zwischen 1977 und 1998 zur Flugbereitschaft der Bundeswehr und transportierte Regierungsmitglieder. Innenbesichtigungen sind je nach Wetterlage möglich, auch Trauungen. Das Bordflugzeug Arado 196, das ehemalige Bordflugzeug des schweren Kreuzers »Prinz Eugen«, wird gegenwärtig restauriert. Vom Hallenbereich aus ist eine Besichtigung nach Absprache möglich. In die Halle ist ein Museumscafé integriert; sinnvoll ist der Erwerb des ausführlichen, informativen und dabei günstigen Museumsführers.

Wurster Nordseeküste

Alle Orte postalisch: 27639 Wurster Nordseeküste. Alle touristischen Einrichtungen: www.wurster-nordseekueste.de

Tourist-Information Dorum-Neufeld, Am Kutterhafen 3, Dorum-Neufeld, Tel. 04741/9600; tgl. 10–18 Uhr.

Tourist-Information Spieka-Neufeld, am Strand von Spieka-Neufeld, Tel. 04741/1048; April–Sept. Mo–Fr 10–17, Sa, So 10–14 Uhr.

Gästezentrum Wremen, Rolf-Dircksen-Weg 33, Wremen, Tel. 04705/210; Mo–Fr 10–17, Sa, So 11–15 Uhr.

Hunderte von FeWos, Pensionen und Gästezimmern, dazu einige Hotels sowie WoMo- und Campingplätze. Wir geben angesichts dieser Fülle hier keine Tipps, Such- und Buchungsmöglichkeit am einfachsten über www.wurster-nordseekueste.de. In der Hochsaison ist eine rechtzeitige Buchung ratsam.

Die Imbisse an den kleinen **Häfen in Wremen und Dorum-Neufeld** bieten sich wegen der Kombination von Meeresblick sowie Fisch- und Krabbenvariationen an. Vegetarier haben es in dieser Region schwer.

▸ **Wremen:**

Landhaus Wremer Deel, In der Langen Str. 20, Tel. 04705/1049; Kaffee/Kuchen ab 14, warme Küche ab 17 Uhr. Fisch und Fleisch, auch Labskaus und Knipp. www.wremer-deel.de

Zur Börse, In der Langen Str. 22, Tel. 04705/1277; Do–Mo 11.30 u. 17.30–22 Uhr. Auch landestypisch, aber verfeinert, exklusiver, preislich gehobener. Ungewöhnlich gute Desserts! Der Eigentümer erhielt vor Jahren die Zertifizierung als »Nationalpark-Partner« und somit die Erlaubnis zum Stechen und zur gewerblichen Nutzung des schnittlauchartigen Röhrkohls. Er darf als bis heute einziger Gastwirt seine Gäste mit dieser regionalen Spezialität bekochen. www.zur-boerse.de

Wremer Fischerstube, Am Wremer Tief 4, Wremen, Tel. 04705/1249; Di–So 11.30–14 u. 17.30–20.30 Uhr. Solide. www.wremer-fischerstube.de

Siebhaus, Am Wremer Hafen, Tel. 0174/7542303; Mo–Fr 12–18, Sa, So 10–18 Uhr. Kleinigkeiten und leckerer Kuchen, guter Kaffee und nicht zuletzt eine breite Auswahl an alkoholischen Heißgetränken (Pharisäer etc.) in einem früheren Krabbensiebgebäude. Leicht erhöht, daher toller Blick aufs Meer. www.siebhaus.de

Eis-Café Dahl, In der Langen Str. 41, Wremen, Tel. 04705/9519917; Juni–Aug. Di–So 14.30–21 Uhr. Eis, Kuchen, Flammkuchen, schöner Gastgarten. www.cafedahl.de

▸ **Dorum:**

Wurster Hof, Speckenstr. 22, Tel. 04742/

Unterweser und Außenweser

2072; Di–Fr 11.30–14 u. ab 18, Sa ab 18, So 11.30–14 Uhr. Regionaltypisch, auch Knipp und Grünkohl.

Hölschers, Achtern Diek 2, Tel. 04741/39138; Do–Di 12–14 u. ab 17 Uhr. In einem reetgedeckten Backsteinhaus, klein, aber geschmackvoll. www.hoelschers-dorum.de

▸ **Dorum-Neufeld:**

Friesenhof Cornelius, Lührentrift 2, Tel. 04741/5000; Mi, Do ab 17, Fr–So ab 12 Uhr. Reetgedecktes Haus, innen maritim angehaucht. Fisch und Fleisch, je nach Jahreszeit auch Spargel, Wild, Grünkohl, Enten- und Gänsebraten. www.friesenhof-cornelius.de

Strandhalle, Am Kutterhafen 2, Tel. 04741/1227. Direkt am Nationalpark-Haus, schöner Blick aus den lichten Räumen auf Hafen und Meer. Gute Weinkarte.

De Koffiestuv, Sieltrift 2, Tel. 04741/2098; Café tgl. ab 12, Bäckerei tgl. ab 7 Uhr. Restaurant-Café in einem alten Bauernhaus direkt am Deich. Auch Fischbrötchen, Eis und Waffeln.

▸ **Spieka:**

Zum Wurster Krug, Wurster Str. 8, Tel. 04741/1202. Rustikales Interieur, liebenswürdig-familiäre Atmosphäre, bodenständige Küche, im Herbst z. B. auch Grünkohl.

▸ **Spieka-Neufeld:**

Zur gemütlichen Ecke, Deichweg 10, Tel. 04741/2858; Di–Fr ab 17, Sa, So ab 11 Uhr. Gleich hinter dem Deich, windgeschützter Sommergarten. Fischorientierte Karte, seit Neuestem auch Vegetarisches. www.zur-gemuetlichen-ecke.com

Krabbenhandel Kocken, Zum Kutterhafen 20, Tel. 04741/2592; Jan.–Mitte März Mo–Fr 9–13, Mitte März–Anf. Okt. Mo–Sa 8–18, So 9–18, Anf. Nov.–Dez. Mo–Fr 9–16, Sa 9–14 Uhr. Imbiss mit Krabbenbrötchen, Heringssalaten etc. www.kocken.de

Campingplatz Am Wremer Tief, Am Wremer Tief 11, Wremen, Tel. 04705/409. www.campingplatz-wremen.de

Campingplatz Kransburger See, Kransburger Str. 1, Midlum, Tel. 04742/92980. www.kransburger-see.de

Campingpark Dorum, Am Kutterhafen, Dorum-Neufeld, Tel. 04741/5020. www.knauskamp.de/dorum-nordsee

Campingplatz Grube, Kajediek 1, Dorum-Neufeld, Tel. 04741/3131. www.campingplatz-grube.de

Museum für Wattenfischerei, Wremer Str. 118, Wremen, Tel. 04705/810606; Mi–So 14–17 Uhr, Führungen nach Vereinbarung. www.museum-wremen.de

Kurioses Muschel-Museum, Zur Alten Schule 3, Wremen, Tel. 04705/242; Ostern–Okt. Mi–So 10–12 u. 14–16.30 Uhr, Führungen nach Vereinbarung. www.museum-wremen.de

Deichmuseum Land Wursten, Poststr. 16, Dorum, Tel. 04742/87203; Mai–Okt. Mi–So 14–17 Uhr, Führungen nach Absprache. www.deichmuseum-landwursten.de

Nationalpark-Haus Wurster Nordseeküste, Am Kutterhafen 3, Dorum-Neufeld, Tel. 04741/960290; April Di–So 11–17, Mai–Okt. tgl. 10–18, Nov.–März Mi–Fr 12–17, Sa, So 11–17 Uhr. www.nationalparkhaus-wursternordseekueste.de

Deutsches Luftschiff- und Marinefliegermuseum Nordholz, Peter-Strasser-Platz 3, Nordholz, Tel. 04741/18190; Mitte März–Okt. tgl. 10.30–17.30, Nov.–Mitte März tgl. 10.30–16 Uhr, Führungen auf Anfrage. www.aeronauticum.de

Watt 'n Bad, Am Kutterhafen 3, Wremen; tgl. 10–18, in den niedersächsischen Sommerferien 10–20 Uhr.

Wurster Webstube, Wremer Str. 140, Wremen, Tel. 04705/752; tgl. 10–18 Uhr. Handgewebtes, irische Strickwaren und Textilien, Regionales und Handwerkliches, weitgehend kitschfrei.

▸ Karte S. 388

Cuxhaven

Wie kaum eine andere Stadt lebt Cuxhaven am und vom Meer. Das Wasser begrenzt das Stadtgebiet auf einer Länge von fast 32 Kilometern. Und ohne den Tourismus und die Fischwirtschaft wäre es hier, an der nördlichsten Spitze Niedersachsens, wo die Elbe in die Nordsee übergeht, wohl nie zur Ausbildung einer größeren Siedlung gekommen.

Cuxhaven als Stadt ist recht jung und wuchs erst erheblich, als mit der Anbindung an das Schienennetz der Fisch in großen Mengen ins Hinterland gebracht werden konnte. Fischfang und -verarbeitung bildeten lange den wichtigsten Wirtschaftszweig. Der Kurtourismus, das andere und inzwischen bedeutsamste wirtschaftliche Standbein, ist gut 200 Jahre alt. Heute kommen auf die rund 48 000 Einwohner im Stadtgebiet über drei Millionen Übernachtungen jährlich. Die Gäste kommen wegen des heilsamen Seeklimas, der kilometerlangen Strände und erkunden die Wattlandschaft, die sich von den Deichen bis zu 20 Kilometer weit in die Nordsee hinaus zieht.

Das größte deutsche Seeheilbad erstreckt sich von West nach Ost auf rund 21 Kilometer, von Nord nach Süd auf etwa 14,5 Kilometer. Diese Fläche, etwa so groß wie das Stadtgebiet von Hannover, ist nur zu einem Zehntel bebaut. Der Rest besteht hauptsächlich aus Acker-, Garten- und Grünland, Wasserläufen, Forst, Moor und Heide und steht zu Teilen unter Naturschutz.

Die früheren selbständigen Dörfer und heutigen Ortsteile, aus denen Cuxhaven zusammengesetzt ist, lassen sich noch deutlich voneinander unterscheiden. Zwar gibt es mit Ritzebüttel und Alt-Cuxhaven Keimzellen der späteren Stadt, ein klassisches Zentrum mit Marktplatz und Kirchen, Rathaus und repräsentativen Handelshäusern wie etwa in Bremen oder Stralsund sollte man aber nicht erwarten.

Der Vollständigkeit halber seien die wichtigsten Kirchen kurz genannt: Die **Martinskirche** in der Nähe von Schloss Ritzebüttel entstand zwischen 1816 und 1819, der Turm von 1883 bis 1885. Der klassizistische Backsteinbau wurde auf 200 Pfählen errichtet. Die neogotische **Herz-Jesu-Kirche** in der Kernstadt wurde mitsamt ihrem 38 Meter hohen, markanten Turm im Jahr 1900 als Garnisonkirche St. Michael durch die Kaiserliche Marine erbaut. **St. Petri** in Döse, auch neogotisch, wurde ebenfalls als Garnisonkirche geweiht, und zwar 1911. **St. Gertrud** in Döse, 1886 ge-

Duhnen: Watt, Strand, Hotels

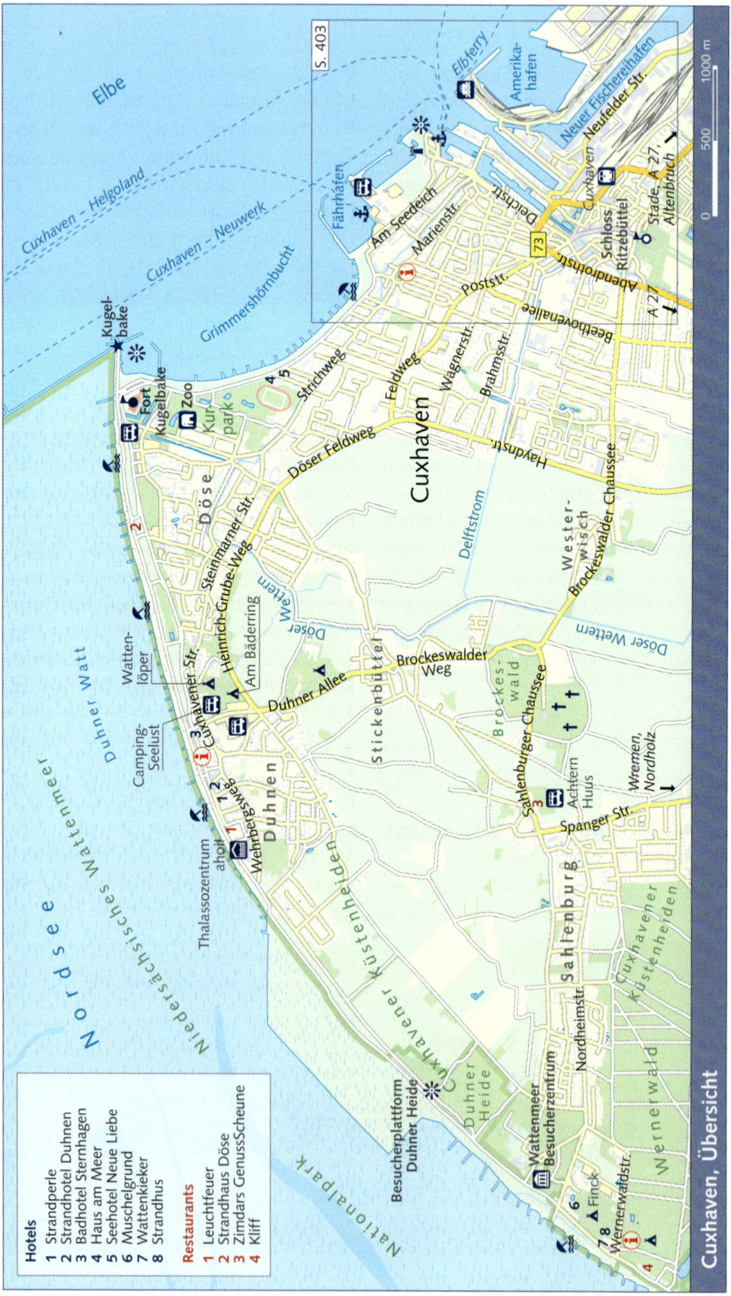
Cuxhaven, Übersicht
Hotels
1 Strandperle
2 Strandhotel Duhnen
3 Badhotel Sternhagen
4 Haus am Meer
5 Seehotel Neue Liebe
6 Muschelgrund
7 Wattenkieker
8 Strandhus
Restaurants
1 Leuchtfeuer
2 Strandhaus Döse
3 Zimdars GenussScheune
4 Kliff
Elbe
Cuxhaven - Helgoland
Cuxhaven - Neuwerk
Grimmershörnbucht
Nordsee
Niedersächsisches Wattenmeer
Duhner Watt
Nationalpark
Kugelbake
Fort Kugelbake
Zoo
Kurpark
Döse
Duhnen
Cuxhaven
Stickenbüttel
Brockeswald
Wester-wisch
Sahlenburg
Duhner Heide
Cuxhavener Küstenheiden
Wernerwald
Fährhafen
Amerikahafen
Neuer Fischereihafen
Elbferry
S. 403
Am Seedeich
Marienstr.
Deichstr.
Poststr.
Abendrothstr.
Beethovenallee
Schloss Ritzebüttel
Stade, A 27, Altenbruch
A 27
73
Neufelder Str.
Strichweg
Feldweg
Wagnerstr.
Brahmsstr.
Haydnstr.
Döser Feldweg
Steinmarner Str.
Heinrich-Grube-Weg
Am Bäderring
Döser Wettern
Delftstrom
Brockeswalder Chaussee
Brockeswalder Weg
Duhner Allee
Cuxhavener Str.
Wehrbergsweg
Wattenlöper
Camping-Seelust
Thalassozentrum ahoi
Sahlenburger Chaussee
Achtern Huus
Spanger Str.
Wremen, Nordholz
Nordheimstr.
Wattenmeer Besucherzentrum
Besucherplattform Duhner Heide
Finck
Wernerwaldstr.
0 500 1000 m

weiht, zeigt sich ebenso in Backstein: außen Neoromanik, innen Neogotik. Am sehenswertesten ist die **Kirche** im etwas außerhalb gelegenen Ortsteil **Altenbruch** (→ S. 412).

Die Hauptattraktionen aber sind nicht die Kirchen, sondern die Landschaft, die historischen Hafenanlagen und für manche Besucher die vielen Feste, die das ganze Jahr über stattfinden, oft mit maritimer Ausrichtung – etwa Shantyfestival, Hafentage, Fischmarkt, Cuxhavener Buttfest –, und teils eigens zur Bespaßung der Gäste ins Leben gerufen wurden.

Eine erste Orientierung: Der Tourismus findet westlich des Alten Hafens statt, die Industrie befindet sich östlich davon. Die schönsten Strände liegen in Duhnen und Döse, die größte Dichte an guten Fischrestaurants rund um den Alten Fischereihafen, mit den spektakulärsten Sonnenuntergängen kann Sahlenburg aufwarten.

Geschichte

Lange gab es entlang der durch Sturmfluten gefährdeten Küste nur kleinere Dörfer. Als Gründungsdatum Cuxhavens kann das Jahr 1394 angesehen werden, als die Stadt Hamburg Schloss Ritzebüttel in Besitz nahm. In den folgenden Jahrhunderten kam es zu ersten Eindeichungen in der Nähe des Schlosses; sie waren aber nicht bedeutend. Mit dem Bau des Bollwerks »Alte Liebe« entstand 1733 erstmals ein vor den Sturmfluten weitgehend geschützter Hafen an der Siedlung Cuxhaven. 1816 gründeten Hamburger Politiker und Kaufleute, einer damals populären Idee folgend, in Ritzebüttel ein Seebad nach englischem Vorbild, das lange exklusiv und aus heutiger Sicht recht klein blieb.

Der wirtschaftliche Fortschritt und die Reichsgründung beförderten ab den 1870er Jahren ein rasantes Wachstum des Ortes, der 1872 aus der Vereinigung Ritzebüttels mit der Hafensiedlung Cuxhaven entstanden war und seitdem offiziell Cuxhaven hieß. So ließ die Reichsregierung ein Fort errichten und stationierte Truppen im Ort. Am wichtigsten aber war sicherlich 1881 die Inbetriebnahme der Eisenbahnlinie in das zu dieser Zeit noch selbständige Harburg. Nun nahmen Fischfang und -verarbeitung eine stürmische Entwicklung. 1892 war der Fischereihafen fertiggestellt, wenige Jahre später die Cuxhavener Hochseefischerei AG gegründet, und in den kommenden Jahrzehnten wurden die Hafenflächen nach Osten immer wieder erweitert. Die Gründung des Cuxhavener Seefischmarktes erfolgte 1908; in diesen Jahren expandierte die deutsche Hochseefischerei enorm. Im gleichen Jahr wurde der Fischversandbahnhof eröffnet. Er befand sich an der heutigen Präsident-Herwig-Straße. Bereits 1913 mussten die Gleise für den stetig wachsenden Bedarf verlängert werden, nun konnten 40 Waggons gleichzeitig beladen werden. 1935 war der Bahnhof endgültig zu klein geworden, und der neue, größere Fischversandbahnhof an der Neufelder Straße nahm seinen Betrieb auf. Er schloss 1998 mit der Einweihung des Mehrzweckterminals am Amerikahafen.

Im Jahr 1905 wurde das Dorf Döse eingemeindet, Cuxhaven zwei Jahre später zur Stadt erhoben. Sie ist seit 1964 staatlich anerkanntes Seeheilbad. Bis 1977 war Cuxhaven kreisfreie Stadt, heute gehört sie zum Landkreis Cuxhaven. Ihre heutige Ausdehnung erhielt sie durch Eingemeindungen in den Jahren 1935, 1970, 1971 und 1972.

Heute arbeiten noch etwa 1000 Menschen in der Fischwirtschaft. Stark an Bedeutung gewonnen haben die Firmen, unter anderem Siemens, die hier Logistikzentren für die Offshore-Windanlagen in der Nordsee unterhalten.

Rund um den Alten Hafen

Der Geschichte und womöglich auch der Seele Cuxhavens kommt man am einfachsten bei einem Bummel rund um die alten Hafenanlagen nahe. Sie beginnen unmittelbar am nördlichen Ende der Deichstraße.

Am Alten Hafen, dem ersten Fischereihafen der Stadt, liegen heute keine Kutter mehr, sondern die vielen Ausflugsschiffe, die Gäste zu den Seehundbänken, nach Neuwerk (→ S. 410), Helgoland oder auf eine Hafenrundfahrt mitnehmen.

Unübersehbar: der Hamburger Leuchtturm

Denjenigen, die an den Schiffen, Imbiss- und Souvenirbuden entlangschlendern, fällt sofort das knallrot gestrichene Schiff gegenüber ins Auge, das **Feuerschiff Elbe 1.** Feuerschiffe waren immer dort im Einsatz, wo der Bau eines Leuchtturms nicht möglich war, eine Orientierung für die Schiffe aber nötig erschien. Die »Elbe 1« lag etwa 15 Seemeilen vor Cuxhaven in der Elbe, war Lichtzeichen, hatte Rettungsmannschaften an Bord und funkte Wetterberichte ans Festland. Sie wurde als letztes ihrer Art im April 1988 außer Dienst gestellt und ist seitdem Museumsschiff. »Elbe 1« ist nach wie vor voll funktionsfähig und klar zum Auslaufen. Man kann es besichtigen und wird über all die vielen Radar- und Funkeinrichtungen informiert, die nautischen, meteorologischen und technischen Geräte. In den Sommermonaten führt das Feuerschiff auch Tages- und Mehrtagesfahrten durch (www.feuerschiff-elbe1.de).

Zur anderen Seite reckt sich der backsteinrote **Hamburger Leuchtturm** in den Himmel. Er war zwischen 1805 und 2011 in Betrieb und befindet sich heute in Privatbesitz, eine Besichtigung ist nicht möglich. Wappen und Inschrift über dem Eingang verkünden, dass der Leuchtturm von der Stadt Hamburg gebaut wurde. Der nicht weit entfernte 34 Meter hohe **Radarturm** nahm 1960 seinen Dienst auf und tut dies bis heute. Deutlich unauffälliger ist das **Ehrenmal der Minensucherverbände.** Sein backsteinerner Sockel symbolisiert den Meeresgrund, auf der Spitze sitzt eine stachelige Mine. Zwischen 1905 und 1968 waren in Cuxhaven durchgängig Minensuchverbände stationiert; das Denkmal erinnert

▸ Karte S. 403

an jene Matrosen, die bei dieser gefährlichen Arbeit ihr Leben ließen.

Vielen Landratten gibt das metallene Gerät nur wenige Schritte weiter Rätsel auf. Es handelt sich um ein **Semaphor,** das vor der Einrichtung moderner Navigations- und Kommunikationstechniken über das Wetter informierte. Die beiden großen Buchstaben »B« und »H« stehen für Borkum und Helgoland, die Pfeile geben die Windrichtung, ausklappbare Winkel die Windstärke an diesen beiden Orten an. Die Daten wurden von den beiden Inseln telegraphisch übermittelt und am Semaphor mit Muskelkraft über Ketten justiert. So wussten die Schiffer, die elbabwärts unterwegs waren, in welche Wetter sie fuhren. Das

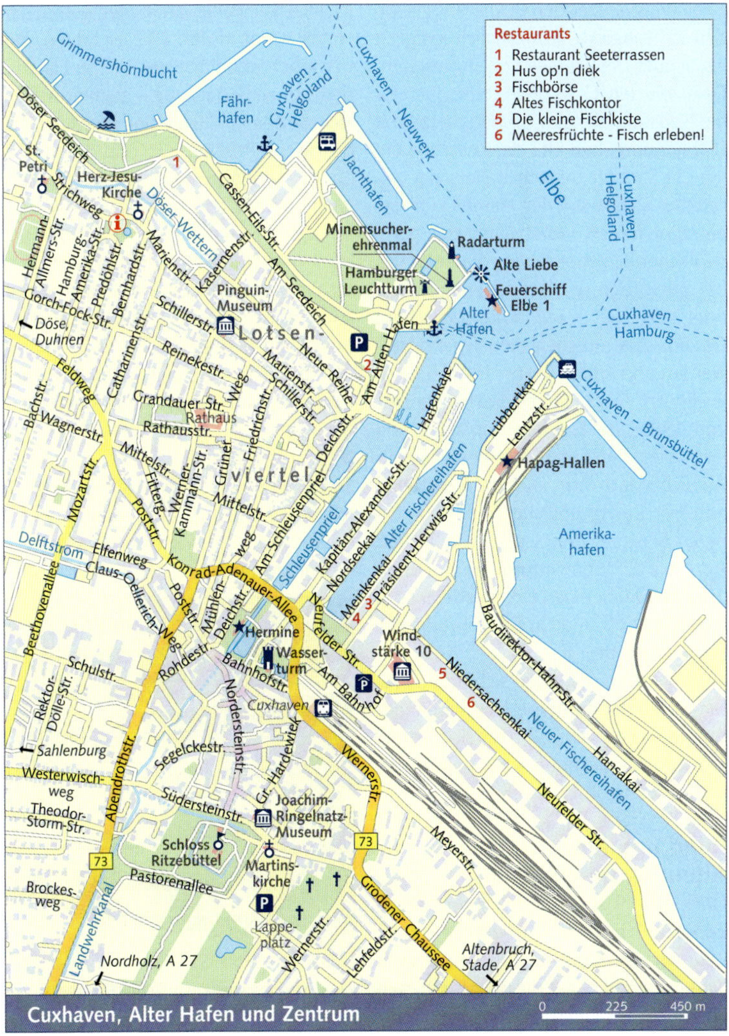

Cuxhaven, Alter Hafen und Zentrum

erste Semaphor wurde 1881 errichtet und fiel einem Sturm zum Opfer, das heutige stammt von 1901. Es wird nicht mehr benutzt, wenngleich seine Technik funktionstüchtig ist.
Gleich dahinter ist das zweistöckige weiße Bauwerk erreicht, das den romantischen Namen **Alte Liebe** trägt. Das, was heute vielfotografiertes Motiv und fast zu einem Wahrzeichen Cuxhavens geworden ist, fungierte ursprünglich lediglich als Schutz des Hafens vor Sturmfluten. Dazu wurden 1733 drei Schiffe quer vor die Hafeneinfahrt auf Grund gesetzt, mit Pfählen umgeben und die Zwischenräume mit Steinen ausgefüllt. Eines der versenkten Schiffe soll den Namen »Olivia« getragen haben, woraus über den plattdeutschen Umweg *Ol liev* die »Alte Liebe« geworden sein soll. Seemannsgarn oder Wahrheit – wer weiß das schon. Das Bollwerk musste regelmäßig erneuert werden und wurde lange als Anlegestelle genutzt. Das heutige Bauwerk stammt von 1982, steht auf Betonpfählen und dient allein den zahlreichen Besuchern als Aussichtsplattform. Man fühlt sich wie an einer Reling und hat einen wunderbaren Blick auf den Schiffsverkehr. Von April bis Oktober informiert zwischen 10 und 19 Uhr eine Lautsprecheransage über Herkunft und Größe der vorbeiziehenden Schiffe.
Nach Westen schließen sich an den Alten Hafen der moderne Jachthafen, der Fährhafen und schließlich die sichelförmige Grimmershörnbucht an, in der man gut baden kann.

Rund um den Alten Fischereihafen

Über die 19 Meter lange Klappbrücke von 1955 gelangt man zum Alten Fischereihafen. Von der Brücke hat man einen guten Blick auf die neuen, schicken und hochpreisigen Apartmenthäuser, die den Namen »City Marina« tragen, und zu deren Besitzern auch die Motor- und Segelboote davor gehören.
Der Alte Fischereihafen wurde errichtet, als die Kapazitäten des Alten Hafens nicht mehr ausreichten. Er ging 1892 in Betrieb, und seitdem landeten die Kutter hier ihren Fang an, der sodann in den Hallen entlang von Nordsee-, Duge- und Meinkenkai weiterverarbeitet wurde. Der Hafen verlor in den 1930er Jahren, mit der Inbetriebnahme des Neuen Hafens, deutlich an Bedeutung – auch er war zu klein geworden. Heute sind Büros, Schiffsausrüster, Restaurants und zahlreiche andere Läden in den mehrere hundert Meter langen und teilweise denkmalgeschützten Lagerhallen angesiedelt. Hier kann man Krabben fangfrisch vom Kutter kaufen, stößt auf Souvenirs, es gibt auch Fabrikverkäufe. Die Hallen dienten ursprünglich ausschließlich den täglich stattfindenden Fischauktionen sowie der Lagerung und Verarbeitung des Fangs.

■ Windstärke 10

Schlendert man an den Hallen bis zu ihrem Ende entlang, stößt man auf eines interessantesten Museen in Cuxhaven, das offiziell und vollständig »Windstär-

Der Seenotkreuzer vor dem Museum »Windstärke 10«

▲ Karte S. 403

Die HAPAG-Hallen, einst das Tor in die Neue Welt

ke 10 – Wrack- und Fischereimuseum« heißt. Der Untertitel verspricht nicht zu viel. In zwei historischen Fischpackhallen und einem modernen Ausstellungsgebäude erfährt man viel über die oftmals harte und gefährliche Arbeit der Nordseefischer sowie die dramatischen Schiffsuntergänge in der Nordsee. Auf den mehr als 2000 Quadratmetern gibt es zahlreiche interaktive Angebote, einen Kinderspielbereich und Museumsshop. Vor dem Eingang stimmt ein Seenotkreuzer auf das Thema ein.

Es heißt, der Grund der Nordsee sei ein riesiger Schiffsfriedhof. Wahrscheinlich liegen tausende Wracks auf dem Meeresboden, viele von ihnen in der Elbmündung: Orkane, Nebel, Kollisionen und wandernde Untiefen der Elbmündung brachten vielen Schiffen den Untergang. Im Museum sind Relikte versunkener Schiffe zu entdecken. Man erfährt, was heute alles getan wird, damit es nicht zu Schiffsunglücken kommt, und wie früher die Arbeit der Lotsen aussah. Darüber informiert ein Lotsenraum mit historischer Ausstattung der Cuxhavener Lotsenbrüderschaft.

Auch die heutige Hochseefischerei wird erlebbar. So staunt man beim Rundgang über die Enge der Kabinen, sieht die Funkerkabine und darf sogar verschlüsselte Fangmeldungen decodieren. Dazu ist in der Fischpackhalle die harte, mühselige Arbeit des Filetierens und Verpackens nachvollziehbar.

Die Ausstellung thematisiert zudem den Zustand der Meere, erläutert den Raubbau an der Natur, den der Mensch durch die Überfischung betreibt, fragt nach Maßnahmen zum Schutz der Meere und diskutiert die Vor- und Nachteile von Aquakulturen.

Es gibt Film-, Hör- und interaktive Stationen, Schiffsmodelle und sogar eine Kuschelkrake für die Jüngsten. Um die vielen Exponate und Ausprobierstationen in Ruhe auf sich wirken lassen zu können, sollte man für den Besuch mehrere Stunden einplanen. Sie lohnen sich sehr.

■ Hapag-Halle

Einige hundert Meter nördlich von der »Windstärke 10« erlaubt die frühere Hapag-Halle einen Blick in die Auswanderergeschichte Bremerhavens. Das Gebäudeensemble besteht aus Kuppelsaal, dem auffälligen Hapag-Turm, einer Zollhalle, einem gedeckten Gang und am Kopfende schließlich dem Steubenhöft. Heute betreten von hier die Passagiere ihre Kreuzfahrtschiffe, ab 1902 schifften sich Auswanderer gen USA ein.

Der Reederei HAPAG (Hamburger-Amerikanische Packetfahrt-Actien-Gesellschaft) wurde im späten 19. Jahrhundert ihr Stammhafen in Hamburg zu klein. Und so entschloss sich ihr tatkräftiger Leiter Albert Ballin zum Bau eines gänzlich neuen Auswandererhafens in Cuxhaven. Das Ensemble entstand von 1900 bis 1902, erhielt neben Warte- und Gepäckhallen sogar ein Postamt und einen eigenen Bahnhof mit Direktanschluss nach Harburg, heute südlicher Stadtteil von Hamburg. Die Auswanderer kamen mit dem Zug, warteten zunächst in den Sälen für die verschiedenen Klassen auf ihre Abfertigung und bestiegen sodann ihre Schiffe. Insgesamt 60 000 Menschen wanderten über diese Anlage in die USA aus. Die Ausstellung »Abschied nach Amerika« im früheren Kuppelsaal erinnert an die Menschen und die Geschichte dieser Hallen. Die denkmalgeschützten Gebäude gelten als einer der wenigen erhaltenen Orte der Auswanderergeschichte.

Zentrum

Eine Altstadt im klassischen Sinn besitzt Cuxhaven nicht. Als Zentrum wird allgemein der Bereich zwischen Altem Hafen und Schloss Ritzebüttel bezeichnet.

Das **Lotsenviertel** ganz in der Nähe des Alten Hafens besteht aus wenigen Straßen, seine Zentralachse ist die Schillerstraße. Früher wohnten tatsächlich die Lotsen hier, der Name aber ist eine Erfindung des Stadtmarketings. Im Viertel finden sich heute zahlreiche Lokale und Geschäfte und seit 2009 am westlichen Ende das kleine **Pinguin-Museum.**

▸ Karte S. 403

■ Rund um den Kaemmererplatz

Die Deichstraße begrenzt das Lotsenviertel nach Osten und führt zum Kaemmererplatz, der die beiden alten Stadtkerne Ritzebüttel und Alt-Cuxhaven verbindet. Seinen originellen, einem Butt nachempfundenen Umriss erhielt er in der Nachkriegszeit.

An den Platz schließt sich nach Norden und Osten der Stadtpark an. Das **Segelschiff Hermine** mag darin etwas deplaziert wirken, der rund 100 Jahre alte, hölzerne Gaffelschoner steht aber nicht ganz zufällig hier: Früher verband ein Kanal der Kaemmererplatz mit dem Hafen. Die restaurierte »Hermine« ist ein schönes Beispiel für den weit verbreiteten Typ Frachtschiff, der auf Elbe sowie Nord- und Ostsee bis in die Zwischenkriegszeit zum Einsatz kam.

Der 47 Meter hohe, unübersehbare **Wasserturm** wurde errichtet, nachdem 1892 in Hamburg eine schlimme Choleraepidemie gewütet hatte. Er war 1898 fertiggestellt und versorgte ganz Cuxhaven mit sauberem Wasser. 2004 außer Dienst genommen, ist er heute als technisches Denkmal geschützt.

Am Kaemmererplatz nimmt die als Fußgängerzone gestaltete Nordersteinstraße ihren Anfang. Sie besitzt keine besonders bemerkenswerten Bauten, aber als Zentrum eines Einkaufsviertels eine gewisse Bedeutung.

■ Joachim-Ringelnatz-Museum

Heute ist Joachim Ringelnatz (1883–1934, geboren als Hans Gustav Bötticher) vor allem als Dichter humoriger Verse nicht zuletzt für Kinder bekannt, weniger als Dichter ernster Texte; er verfasste auch Theaterstücke, Novellen und autobiografische Schriften. Die Nationalsozialisten erteilten Ringelnatz, in den 1920er Jahren vielbeschäftigter Kabarettist, Arbeits- und Auftrittsverbot.

Schloss Ritzebüttel, heute ein Ort der Kultur

Seine Bilder, die zuvor große Beachtung gefunden hatten, wurden aus den Galerien entfernt. Der Großteil dieser Werke gilt als verschollen, daher ist er auch als Maler fast gänzlich aus dem Bewusstsein verschwunden.

Das Joachim-Ringelnatz-Museum, einziges Ringelnatz-Museum in Deutschland überhaupt, widmet sich vor allem dem Maler. Ringelnatz führte ein unstetes, von zahlreichen Umzügen geprägtes Wanderleben, prägende Jahre verbrachte er aber bei der Kaiserlichen Marine in Cuxhaven, davor mehrere Jahre auf Handelsschiffen. Nach dem Ersten Weltkrieg nahm er den Namen »Ringelnatz« an und lebte als freier Künstler.

Rund 60 seiner Ölgemälde, Aquarelle und Zeichnungen sind in dem zweistöckigen Fachwerkhaus versammelt, von Landschaftsmotiv bis Portrait, von düster bis heiter – für einen Autodidakten eine erstaunlich breite Themen- und Stilvielfalt auf hohem künstlerischen Niveau. Die ständige Ausstellung wird durch Handschriften, Bücher, Fotografien und Zeugnisse ergänzt, die Ringelnatz' Leben und Wirken erschließen. Das Haus zeigt regelmäßig Sonderausstellungen, die spezielle Aspekte des Werkes des Dichters und seiner Zeit beleuchten. Die Sammlung ist nicht sehr umfangreich, aber geschickt und mit erkennbarer Empathie für ihr Sujet gestaltet und wirkt daher sehr einladend.

Das Haus ist auch Sitz von Joachim-Ringelnatz-Stiftung und Ringelnatz-Gesellschaft, die das Museum unterstützen, die Sammlung fördern und den Nachlass pflegen. Es gibt ein Archiv für wissenschaftliches Arbeiten und einen hübschen Innenhof mit Bänken und Stühlen für alle Besucher.

Schloss Ritzebüttel

Das älteste und auch historisch bedeutsamste Bauwerk Cuxhavens befindet sich dem Ringelnatz-Museum gegenüber: Schloss Ritzebüttel. Wer in dem Bau einen Turm mit angesetztem Vorbau erkennen will, liegt ziemlich richtig. Um 1340 errichteten regionale Herrscher hier einen Wohnturm, der 1394, nach einer militärischen Auseinandersetzung, in den Besitz Hamburgs überging. Dieser Turm ist im Zusammenhang mit dem auf Neuwerk (→ S. 410) zu sehen: Beide dienten dazu, die Unterelbe im Sinne der Hamburger zu kontrollieren. Im Wohnturm war eine Dienstwohnung für den Amtmann untergebracht, der die Interessen Hamburgs vertrat. Im 17. Jahrhundert entstand ein erster Anbau aus Fachwerk, der im 18. Jahrhundert dem Gebäudeteil weichen musste, den wir heute noch vor uns sehen. Diesen zweistöckigen Backsteinbau kann man wohl am ehesten als barocke Repräsentationsarchitektur beschreiben, in seiner Anmutung etwas unentschieden zwischen Rathaus, Schloss und Villa. Das Schloss insgesamt darf aber mit Fug und Recht als die Keimzelle Cuxhavens bezeichnet werden und zählt zu den eindrucksvollsten Profanbauten des Spätmittelalters in Norddeutschland.

Seit 1981 befindet es sich im Besitz der Stadt Cuxhaven, die es mit großem Aufwand restaurieren ließ und zu einem Ort der Kultur gemacht hat. Die Amtmannwohnung im ersten Stock im Stil des Biedermeier, heute Museum, gibt eine Vorstellung von der Bürgerlichkeit im 19. Jahrhundert. In den anderen Räumen finden ab und an Ausstellungen, Veranstaltungen und Trauungen statt. Das Schloss bildet eine hübsche Kulisse für den Weihnachtsmarkt, der jedes Jahr hier stattfindet. In einem Nebengebäude ist das **Schlossrestaurant** untergebracht, besonders lauschig sitzt es sich draußen, im Schatten des Schlosses und hoher Bäume.

Ein romantischer **Park,** mit Teehaus im Schweizerstil und sogar mit Wassergraben auf drei Seiten, umgibt das Schloss. Ganz in der Nähe befindet sich das frühere **Katasteramt,** heute Künstlerhaus mit Ateliers und Ausstellungsräumen.

Döse

Neben Duhnen ist Döse das andere touristische Zentrum in Cuxhaven. Es besteht vor allem aus Hotels und sonstigen Unterkünften sowie einem feinen breiten Strand.

■ Kugelbake

Hauptanziehungspunkt in Döse ist die 30 Meter hohe hölzerne Kugelbake, Wahrzeichen des Ortsteils und auch der Stadt überhaupt – seit 1907 ziert sie das Wappen von Cuxhaven. Sie steht an der Spitze eines rund 250 Meter lan-

Die Kugelbake ist das Wahrzeichen Cuxhavens

gen steinernen Wellenbrechers und markiert, geografisch gesehen, nicht nur das westliche Ende der Grimmeshörnerbucht, sondern auch den Übergang der hier etwa 15 Kilometer breiten Elbe in die Nordsee. Ein erstes Leuchtfeuer wurde an dieser Stelle wohl 1703 eingerichtet, die heutige Bake ist ein Werk von 1924. Sie ist nach wie vor eine wichtige Orientierungshilfe für die Seeleute, wenngleich kein offizielles Seefeuer mehr. Von hier lässt sich der Schiffsverkehr auf der Elbe wunderbar beobachten (Fernglas mitnehmen!).

Am Beginn des Wellenbrechers, dort wo Fuß- und Radweg fast im rechten Winkel abknicken, endet übrigens der **Weser-Radweg** und beginnt der **Elbe-Radweg.**

■ Fort Kugelbake

Direkt hinter dem Deich sind einige baumbewachsene Mauern auszumachen. Sie gehören zum Fort Kugelbake, einer im Auftrag der Reichsregierung zwischen 1869 und 1879 angelegten fünfeckigen

▶ Karte S. 400

Befestigungsanlage. Sie wurde mit weit schießenden Kanonen bestückt, in den Jahrzehnten danach noch verstärkt und sollte im Ernstfall den Schifffahrtsweg verteidigen. Nach 1945 wurde ein Teil der Anlagen gesprengt und abgetragen. Die restlichen Wälle, Kasematten und Laufgräben sind gut erhalten, im Innern steht noch etwas Kriegsgerät herum. Das etwa fünf Hektar große Areal dient heute ab und an für Open-Air-Konzerte und andere Events, man kann es auch besichtigen: Im Sommer finden meist zwei Führungen täglich statt, Anmeldung beim Veranstaltungszentrum (Strandstr. 80, Tel. 04721/404444).

■ Kurpark

Der kleine **Zoo** im kleinen Kurpark zieht naturgemäß vor allem Kinder an. Etwa 200 Tiere gibt es hier zu sehen, hauptsächlich diverse Vogelarten. Stark vertreten sind die für die Wattlandschaft typischen Arten, daneben einheimische wie Rebhuhn oder Eule, auch einige Sittiche leben hier. Neben den fotogenen Pelikanen stellen für viele Besucher die täglichen Pinguinfütterungen die Hauptattraktion dar.

Duhnen

Um Urlaub am Meer geht es in Duhnen und sonst um eigentlich nichts. Hauptsehenswürdigkeit ist der kilometerlange, sehr flache Strand. Die wie an einer Perlenschnur hinter dem Deich aufgereihten Hotels sind nicht durchweg Schönheiten. Mit der Einrichtung des Seebades 1902 wurde das ursprüngliche Fischerdorf immer unkenntlicher, mittlerweile ist es kaum mehr auszumachen. Heute ist Duhnen offiziell Nordseeheilbad und Ausgangspunkt der meisten Wattwanderungen und Wattwagenfahrten nach Neuwerk (→ S. 410). Das wichtigste sportliche und gesellschaftliche Ereignis seit Gründung des Seebades ist das **Duhner Wattrennen,** ein Pferderennen, das traditionell an einem Wochenende im Juli/August stattfindet.

Für Regentage bietet sich vor allem das **Thalassozentrum ahoi!** an, ein Meerwasserwellenbad. Es besitzt im weitläufigen Badebereich unter anderem Wasserfall und Riesenrutsche, daneben noch eine Kletterabteilung und Saunen sowie mehrere gastronomische Einrichtungen. Von drinnen kann man prima nach draußen über den Strand gucken.

Neuwerk als Ziel, Duhnen im Hintergrund

Sahlenburg

Zwar ist auch Sahlenburg, ursprünglich ein Straßendorf, heute vom Tourismus geprägt. Im hübsch zwischen Heide, Watt und Wald gelegenen Ortsteil geht es aber deutlich ruhiger zu als in Döse und Duhnen.

Das **Wattenmeer-Besucherzentrum** zeigt sich als architektonische Landmarke und dennoch harmonisch in die Umgebung eingepasster Bau aus Holz und Glas. Auf drei Etagen und insgesamt 450 Quadratmetern erfahren Besucher alles über die Welt des Wattenmeeres, mit Infowänden, Aquarien – darin sind die typischen Bewohner des Wattenmeeres zu Hause, darunter Krabben und Garnelen –, Tidemodell, Muschelkollektion und erstaunlich vielen ausgestopften Tieren. So wird deutlich, warum das Wattenmeer als einzigartige Landschaft zum UNESCO-Welterbe gehört und wie der Klimawandel diesen Lebensraum bedroht. In der Bibliothek kann man die Auseinandersetzung mit allen Aspekten vertiefen. Das Besucherzentrum bietet nach Absprache auch naturkundliche Führungen ins Watt, die Salzwiesen und die Küstenheiden an. Von der hölzernen **Besucherplattform Duhner Heide** etwa 500 Meter nordöstlich des Besucherzentrums, direkt am

Im Wattenmeer-Besucherzentrum

▲ Karte S. 400

Auf Neuwerk

Radweg gelegen, überschaut man das Zusammenspiel von Wald und Heide, Watt und Meer in seiner ganzen Schönheit.

Nach Süden schließt sich an Sahlenburg der **Wernerwald** an. Dieses rund 400 Hektar große Gebiet mit von Seerosen bewachsenem Moorteich in der Mitte reicht bis ans Meer und ist das einzige Waldgebiet Nordwestdeutschlands unmittelbar an der Küste. Es geht auf den Ritzebütteler Amtsverwalter Charly Anthony Werner zurück, der in seiner Amtszeit (1868–1891) hier als Schutz gegen die Sturmfluten auf ausgelaugten Sand- und Heideflächen einen Wald anlegen ließ. Der hieß anfangs offiziell Sahlenburger Revier, aber schon bald sprach der Volksmund vom Wernerwald. Heute ist es die offizielle Bezeichnung für das Gebiet, das seit 1939 unter Landschaftsschutz steht. Mehrere Wander- und Reitwege führen hindurch.

Neuwerk

Ein Besuch Neuwerks gehört zu jedem Cuxhaven-Urlaub einfach dazu. Man kommt bei Flut mit dem Schiff dorthin, bei Ebbe zu Fuß – am sichersten im Rahmen einer geführten Wattwanderung –, mit dem Pferd oder mit dem Pferdewagen

(Wattwagen). Diese Möglichkeit ist bei den Touristen besonders beliebt, und so fahren in der Saison jeden Tag die bunten, hochrädrigen Wagen in Kolonnen dorthin. Dann wird es geschäftig auf der drei Quadratkilometer großen Insel. Sind die Tagestouristen wieder weg und die rund 30 Bewohner allein mit sich und den wenigen Gästen in den wenigen Pensionen, den Gezeiten und dem steten Wind, fühlt man hier sich sehr weltenfern. Das 13 Kilometer nordwestlich von Cuxhaven gelegene Neuwerk gehört zu Hamburg, und diese Verbundenheit hat eine lange Tradition. Die Hamburger errichteten hier um 1370 einen Turm, um die Elbmündung und damit ihre Handelsaktivitäten vor Seeräubern zu schützen. Er wurde zwar immer wieder ausgebessert und erhielt 1814 mit einem Leuchtfeuer auch eine andere Haube, ist aber im Kern nicht groß verändert. Manche nennen ihn Neue Werk, andere Großer Turm, wieder andere ganz nüchtern **Leuchtturm Neuwerk.** Er gilt als ältestes erhaltenes Gebäude Hamburgs und steht seit 1824 unter Denkmalschutz. Das Bauwerk steht auf einer Wurt, damit es bei Hochwasser den Bewohnern des Eilands Zuflucht bieten konnte. Noch heute unterhält die Stadt Hamburg hier ein Amtszimmer, die Gaststätte ist seit Längerem leider geschlossen. 138 Treppenstufen führen bis zur Aussichtsplattform in gut 40 Meter Höhe, und diese Mühe lohnt unbedingt: Fantastisch ist der Blick über die Elbmündung, nach Scharhörn, zur Küste und bei gutem Wetter sogar bis nach Bremerhaven.

Die Dicke Berta direkt am Deich

Ganz im Süden Neuwerks liegt der **Friedhof der Namenlosen:** Einige Holzkreuze sind auszumachen, ein schlichtes Denkmal mit der Zahl 1319 gibt die Einrichtung des Friedhofs an, auf dem jahrhundertelang die angeschwemmten und nicht identifizierbaren Ertrunkenen beigesetzt wurden. Seit den 1920er Jahren werden sie auf dem Festland bestattet.

Scharhörn und Nigehörn

Auch die vier Kilometer nordwestlich von Neuwerk befindliche kleine Insel **Scharhörn** gehört zu Hamburg. Sie hat nur einen ständigen Bewohner, den Vogelwart. Nach vorheriger Anmeldung ist eine Wattwanderung von Neuwerk möglich – wegen der großen Anzahl an Vogelarten sicherlich vor allem für Hobby-Ornithologen interessant.

Die Insel befindet sich auf einer Sandbank im Wattenmeer, der Scharhörnplatte, und verändert sich stetig: An der westlichen Seite wird sie von den Fluten angeknabbert, an der anderen findet ständig Sandablagerung statt. Da sie sich dadurch aber Stück für Stück von ihrer Basis, der Scharhörnplatte, entfernt, wird sie wohl eines nicht zu fernen Tages verschwunden sein.

Die Küstenheiden stehen unter Naturschutz

Die Elbe bei Scharhörn war früher wegen der unberechenbaren Strömungen und der wandernden Sandbänke bei den Schiffern gefürchtet und galt als wahrer Schiffsfriedhof.

Südlich von Scharhörn liegt **Nigehörn.** Diese Insel ist nicht nur unbewohnt, sondern auch künstlich. Die Stadt Hamburg plante hier einen tidenunabhängigen Tiefenwasserhafen mit Bahnanbindung und ließ ab 1989 auf einem Teil der Scharhörnplatte die Insel aufspülen. Die Umsetzung der Pläne wurde gottlob nie begonnen, und nun verändert sich auch Nigehörn von Jahr zu Jahr ein wenig und wächst durch Sandablagerungen Stück für Stück mit Scharhörn zusammen.

Altenbruch

Hat man noch nicht genug von Aussichtsplattformen und -türmen, bietet sich ein Ausflug nach Altenbruch an, den etwa sechs Kilometer östlich vom Zentrum gelegenen Ortsteil. Denn hier kann man von Ostern bis September (Di 10–12, Sa 15–17 Uhr) von der umlaufenden Galerie der **Dicken Berta** den Blick auf die Außenelbe genießen. Das ist ein 14 Meter hoher, schwarz-weißer Turm, der als Leuchtfeuer von 1897 bis 1983 in Betrieb war. Heute übernimmt seine Aufgabe der 59 Meter hohe, schlanke neue Leuchtturm ganz in der Nähe.

Im früheren Dorf lohnt auch die **St.-Nicolai-Kirche** einen Blick. Dieser romanische Bau wurde im 13. Jahrhundert - das genaue Jahr ist unbekannt - auf einer Wurt errichtet. Um 1493 und nochmals 1727/28 wurde er erweitert und besitzt seitdem einen auffällig langgestreckten Chor, teils aus Feld-, teils aus Backsteinen. Man spricht mitunter von einem »Bauerndom«, dessen Größe den damaligen Wohlstand der Bauern ausdrücke. Sehenswert sind im Innern das Gestühl, das weitgehend noch aus dem 18. Jahrhundert stammt, die Votivgemälde aus dem 17. Jahrhundert, der geschnitzte Flügelaltar, die ausgestellten Grabplatten und vor allem die Kanzel, die mit ihren umlaufenden Chorschranken an eine Schiffsbrücke erinnert. Die Orgel stammt von Johann Hinrich Klapmayer, einem Schüler Arp Schnitgers (→ S. 351). Man sagt, dass die beiden auffälligen rechteckigen Kirchtürme, »Anna und Beate« genannt, früher den Schiffern als Orientierung gedient haben. Eine Besichtigung kann über das Kirchenbüro (Tel. 04722/2514) erfragt werden.

■ Cuxhavener Küstenheiden

Zwischen 1900 und 2003 wurde das Gebiet zwischen den Ortsteilen Altenwalde und Berensch weitgehend militärisch genutzt, seitdem hat sich hier eine ungewöhnlich vielfältige Tier- und Pflanzenwelt entfalten können. Ursprünglich stand hier ein Wald. Als er für den Schiffsbau abgeholzt wurde, entwickelte sich eine Heidelandschaft. Heute besteht die Cuxhavener Küstenheide zum kleineren Teil aus einigen sogenannten Eichen-Krattwäldern. Kratt ist die norddeutsche Bezeichnung für Wälder, in denen kleinere und verwachsene Bäume besonders

▶ Karte S. 400

häufig anzutreffen sind. Auf dem größeren Teil der insgesamt rund 1000 Hektar verhindern seit 2006 »große Pflanzenfresser« - Heckrinder, Wildpferde, Wisente - eine Verbuschung, so dass der Charakter als Heide erhalten bleibt. Dazwischen finden sich auch einige Dünen und kleine Moorbereiche. Die Biologen freuen sich, dass hier rund 200 gefährdete Tier- und Pflanzenarten heimisch geworden sind. Ein drei Kilometer langer Rundweg (Naturerlebnispfad) führt ab dem Parkplatz an der Kreisstraße 7 in Holte-Spangen durch diese geschützte Welt, Schautafeln am Wegesrand erläutern ihre Besonderheiten.

Cuxhaven

Cux-Tourismus, Cuxhavener Str. 92, 27476 Cuxhaven-Duhnen, Tel. 04721/404200; Mo–Sa 9.30–16, in den Sommerferien auch So 9.30–13 Uhr. Großes Infozentrum mit riesigem Sortiment an Broschüren und Karten, dazu Souvenirs und Kleidung; sehr hilfsbereites Personal. www.tourismus-cuxhaven.de

Außenstellen: Info-Point am Bahnhof Cuxhaven; Alter Weg 18 (Villa Gehben), Altenbruch; Heinrich-Grube-Weg 2, Döse; Nordheimstr. 35, Sahlenburg.

Wattenmeer-Besucherzentrum, Nordheimstr. 200, 27476 Cuxhaven-Sahlenburg, Tel. 04721/70070400; April–Okt. Mo–Fr 10–18, Sa, So 12–18, Nov.–März Mo–Fr 10–16, So 12–16 Uhr. www.cuxhaven.de

Mehrere Anbieter für **Hafenrundfahrten** und **Touren** nach Neuwerk und Helgoland, Sylt und Amrum, nach Brunsbüttel (Eingangsschleuse zum Nord-Ostsee-Kanal) sowie zu den Seehundbänken. Aktuelle Infos am Alten Hafen, wo alle Fahrten starten.

Mehrere hundert Übernachtungsmöglichkeiten, davon die Mehrzahl FeWos und Ferienhäuser, dazu Hostels, B & Bs sowie Hotels. Buchung am einfachsten über www.tourismus.cuxhaven.de. In der Hochsaison ist die Zimmersuche schwierig, das Preisniveau recht hoch. Die im Folgenden empfohlenen Hotels liegen durchweg in der ersten Reihe.

▸ **Döse:**

Haus am Meer, Emmastr. 7, 27476 Cuxhaven-Döse, Tel. 04721/47051; DZ um 100 Euro. Nur 6 Zimmer und 1 Suite in dem familiären Haus mit maritimem Charme, direkt am Elbe-Radweg. www.seedeich.de

Seehotel Neue Liebe, Prinzessinnentrift 12, 27476 Cuxhaven-Döse, Tel. 04721/79740; DZ ab 130 Euro. Haupthaus und Gästehaus, auch Apartments. Fahrradverleih. www.seehotel-neue-liebe.de

▸ **Duhnen:**

Badhotel Sternhagen, Cuxhavener Str. 86, 27476 Cuxhaven-Duhnen, Tel. 04721/4340; DZ um 300 Euro. Fünf-Sterne-Hotel mit Ein-Sterne-Restaurant Sterneck (Do–Sa 18–24, So 13–24 Uhr) und weiterem Restaurant direkt am Strand. Elegant, großer Wellnessbereich und »Beautyfarm«, Panoramacafé mit eigener Konditorei, Weinkeller auf drei Ebenen, ab und an Weinseminare. www.badhotel-sternhagen.de

Strandhotel Duhnen, Duhner Strandstr. 5–9, 27476 Cuxhaven-Duhnen, Tel. 04721/4030; DZ ab 125 Euro, auch Suiten und »Skysuiten« sowie Studios; HP möglich. Mit Restaurant und Bierpub, großer Wellnessbereich mit Kurangebot. www.kamp-hotels.de

Strandperle, Duhner Strandstr. 15, 27476 Cuxhaven-Duhnen, Tel. 04721/40060; DZ um 200 Euro, Suiten hier und im verpartnerten Seeschlösschen nebenan um 300 Euro. Gehobenes Restaurant. www.strandperle-hotels.de

▸ **Sahlenburg:**

Wattenkieker, Am Sahlenburger Strand 27, 27476 Cuxhaven-Sahlenburg, Tel. 04721/2000, DZ ab 89 Euro, große Preisunterschiede je nach Lage im Haus. Hotel-Restaurant-Café. 2020 umfassend modernisiert; architektonisch gewöhnungsbedürftig, aber innen hell und freundlich; herrliche ruhige Lage zwischen Wald und Strand, toller Blick auf die Außenweser, solide Karte. www.wattenkieker.de

Muschelgrund, Muschelgrund 1, 27476 Cuxhaven-Sahlenburg, Tel. 04721/2090; DZ ab 125 Euro. Familiengeführt, 20 Zimmer in einem modernen Haus, Wellnessbereich, Fahrradverleih, Mitbenutzung des Hallenbades im nahegelegenen Partnerhotel Strandhus. www.muschelgrund.de

Strandhus, Am Sahlenburger Strand 25, 27476 Cuxhaven-Sahlenburg, Tel. 04721/399940; DZ ab 100 Euro, auch Apartments. Familiär, mit Swimmingpool und Sauna. www.hotel-strandhus.de

Camping-Seelust, Cuxhavener Str. 65–67, 27476 Cuxhaven-Duhnen, Tel. 0472/1402504. www.camping-seelust.de

Campingplatz Wattenlöper, Cuxhavener Str. 57, 27476 Cuxhaven-Duhnen, Tel. 0472/1426051. www.wattenloeper.de

Campingplatz Am Bäderring, Duhner Allee 5, 27476 Cuxhaven-Duhnen, Tel. 0171/3164787. www.campingplatz-duhnen.de

Campingplatz Finck, Am Sahlenburger Strand 25, 27476 Cuxhaven-Sahlenburg, Tel. 0472/1399930.
www.camping-finck.de

Campingplatz Achtern Huus, Sahlenburger Chaussee 51, 27476 Cuxhaven-Sahlenburg, Tel. 0472/128662.
www.achtern-huus.de

▸ Hafen/Innenstadt:

Die kleine Fischkiste, Niedersachsenstr. Halle X, 27472 Cuxhaven, Tel. 04721/22715; tgl. 8–21 Uhr. Hinter Bahnhof und Windstärke 10. Verkauf und Restaurant, sehr guter frischer Fisch in allerlei Variationen. www.kleine-fischkiste.de

Meeresfrüchte – Fisch erleben!, Niedersachsenstr. Halle X/Abt. 91, 27472 Cuxhaven, Tel. 04721/72120. Verkauf von frischem und verarbeitetem Fisch (Mo–Fr 8–17, Sa 8–15 Uhr), Restaurant mit offener Küche (Mo–Sa 11–15.30 Uhr). Derzeit wohl das beste Fischlokal im Ort, hervorragende Qualität, dafür faire Preise. Gäste können sich den fangfrischen Fisch auch in der Auslage aussuchen.
www.meeresfruechte-cuxhaven.de

Fischbörse, Präsident-Herwig-Str. 54, 27472 Cuxhaven, Tel. 04721/26601; Küche tgl. 11–21 Uhr. Fischhandel, Räucherei und Restaurant mitten im Fischereihafen, hauptsächlich Fischgerichte im rustikal-maritimem Ambiente.

Altes Fischkontor, Präsident-Herwig-Str. 59–61, 27472 Cuxhaven, Tel. 04721/65123; Küche tgl. 11–15 Uhr. Fischhandel und Restaurant, Küche und Einrichtung noch etwas rustikaler als in der Fischbörse nebenan.

Hus op'n diek, Am Alten Hafen 1 (auf dem Deich), 27472 Cuxhaven, Tel. 04721/38008. Traditionslokal, Fischklassiker in vielen Variationen, auch Labskaus und Aalsuppe, in einem Backsteinhaus von 1850 und auf der Terrasse. www.husopndiek.de

Seeterrassen, Am Seedeich 38, 27472 Cuxhaven, Tel. 04721/37700; tgl. 11.30–21 Uhr. Am Fährhafen, wunderbarer Blick über den Deich auf Jacht- und Fährhafen sowie die Grimmeshörner Bucht. Neben Fisch und Fleisch auch Flammkuchen, Windbeutel und Apfelstrudel.
www.seeterrassen-cxuhaven.de

▸ Döse:

Strandhaus Döse, Strandhausallee (auf dem Seedeich), 27476 Cuxhaven-Döse, Tel. 04721/426131. Gutbürgerliche Küche, innen im 50er-Jahre-Stil. Direkt am Strand, man kommt v. a. wegen des wundervollen Blicks auf die Außenelbe.
www.strandhaus-doese.de

▸ Duhnen:

Leuchtfeuer, Duhner Strandstr. 35, 27476 Cuxhaven-Duhnen, Tel. 04721/393442; tgl. 12–22 Uhr. Neben Fisch u. a. auch Salate, Burger und klasse Pommes; interessante Bierkarte, leckere Kuchen. Die fan-

▸ Karte S. 400, 403

tastische Lage auf der Deichkrone und die tolle Sicht übers Meer haben ihren Preis – aber er lohnt sich. www.leuchtfeuer-cuxhaven.de

▸ **Sahlenburg:**

Zimdars GenussScheune, Sahlenburger Chaussee 51, 27476 Cuxhaven-Sahlenburg, Tel. 04721/5003344; Mi–Mo 12–21 Uhr. Abseits der ausgetretenen Pfade, weitgehend saisonal und regional, ausgezeichnete Qualität und sehr freundliche Atmosphäre. Die derzeit vielleicht interessanteste Gastroadresse in Cuxhaven. www.restaurant-zimdars.de

Kliff. Bar-Restaurant, Wernerwaldstr. 4, 27476 Cuxhaven-Sahlenburg, Tel. 04721/6651387; Di–So 12–22 Uhr. Im März 2020 eröffnet und schnell zu Recht sehr beliebt: direkt am Strand, qualitätsvolles Essen, auch gute Kuchen. Innen im Lounge-Stil eingerichtet, fantastischer Blick durch die bodentiefen Glasfenster oder von der Terrasse übers Meer bis nach Neuwerk, bei Sonnenuntergang nicht zu toppen. www.kliff-restaurant.de

Steubenhöft und Hapag-Halle, Albert-Ballin-Platz 1, 27472 Cuxhaven, Tel. 04721/3965460; Ausstellung tgl. 10–20 Uhr, Führungen auf Anfrage. www.hapaghalle-cuxhaven.de

Feuerschiff »Elbe 1«, an der Alten Liebe, Tel. 04721/4230798; April–Okt. Di–So 11–16 Uhr, Führungen auf telefon. Anfrage. www.feuerschiff.elbe1.de

Windstärke 10, Ohlroggestr. 1, 27472 Cuxhaven, Tel. 04721/70070850; April–Okt. tgl. 10–18, Nov.–März Di–So 10–17 Uhr. www.windstaerke10.net

Pinguin-Museum, Schillerstr. 64, 27472 Cuxhaven, Tel. 0175/3354113; im Sommer Fr–Mi 14–18, sonst Fr–Mo 14–18 Uhr (besser vorher nachfragen), Führungen nach Absprache. Großer Souvenirshop. https://pinguin-museum-cuxhaven.de.tl

Schloss Ritzebüttel, Schlossgarten 8, 27472 Cuxhaven, Tel. 04721/721812; Mo–Do 10–13, Di–Do auch 14–17, Sa, So 11–15 Uhr, Führungen nach Vereinbarung. www.cuxhaven.de

Joachim-Ringelnatz-Museum, Södersteinstr. 44, 27472 Cuxhaven, Tel. 04721/394411; Di–So 10–13 u. 14–17 Uhr, Führungen nach Vereinbarung. www.ringelnatz-museum.de

Mehrere Dutzend **Fahrradverleiher** vor Ort, in vielen Unterkünften können ebenso Räder gemietet werden.

In der Saison bis zu einem Dutzend geführter **Wattwanderungen** am Tag zu div. Themen und mit unterschiedlicher Länge, mehrere Startpunkte. Ein halbes Dutzend Anbieter von **Watt-Kutschfahrten,** Startpunkte über die Ortsteile verstreut.

Allgemeine Infos und Broschüren mit genauen Angaben zu allen Wanderungen und Fahrten in der Tourist-Info (s. o.).

Zoo im Kurpark, Strandstr. 80, 27476 Cuxhaven-Duhnen, Tel. 04721/666637; tgl. 10–18 Uhr.

Thalassozentrum ahoi!, Wehrbergsweg 32, 27476 Cuxhaven-Duhnen, Tel. 04721/04509. Wellenbad, Sauna, Kur- und Fitnesseinrichtungen. www.ahoi-cuxhaven.de

Haupteinkaufsgebiete sind das **Lotsenviertel** rund um die Schillerstraße und die **Nordersteinstraße** mit ihren Querstraßen zwischen Kaemmererplatz und Schloss Ritzebüttel. Souvenirs und (maritime) Kleidung findet man reichlich in den Läden in **Duhnen,** Hauptmeile hier Am Wattenweg. Verarbeiteten und frischen **Fisch** gibt es in großer Auswahl in zahlreichen Läden in den früheren Fischauktions- und Verarbeitungshallen entlang der **Präsident-Herwig-Straße** und der **Niedersachsenstraße.**

Reisetipps von A bis Z

Anreise

Nächstgelegene **Flughäfen** sind Hannover und Bremen, nächstgelegene **ICE-Bahnhöfe** Kassel, Göttingen, Hildesheim, Hannover und Bremen; nur der letztgenannte liegt direkt an der Weser.

Keine **Autobahn** parallel zum Fluss, je nach Wohnort dürfte für die meisten die Anreise über die A 1 (Dortmund–Hamburg), die A 7 (Hamburg–Kassel) bzw. die A 27 (Walsrode–Cuxhaven) erfolgen oder über die A 2 (Oberhausen–Berlin), die an der Porta Westfalica die Weser kreuzt.

Baden

Baden in der Weser ist unbedenklich, es gibt zahlreiche Strände und Strandbäder. Mancherorts wurden frühere Kiesseen zu Freizeitanlagen oder offiziellen Badestellen, diese Orte sind in diesem Reiseführer genannt.

Camping- und Wohnmobilstellplätze

Es gibt eine Vielzahl von offiziellen Campingplätzen und in dichter Abfolge teils verblüffend große Stellplätze für Wohnmobilisten, oft in fußläufiger Nähe zu einigen Altstädten.

Aktuelle Informationen hole man sich bei den entsprechenden Fachverbänden ein. Eine Auswahl an Camping- und Stellplätzen findet sich in den Infokästen der beschriebenen Orte.

Gastronomie

Die Weser ist kein Haute-Cuisine-Gebiet. Bodenständiges und Gutbürgerliches überwiegt, ab einer bestimmten Größe der Orte findet man klassische italienische, griechische der chinesische Lokale. Gerade in kleineren Orten dürften Biertrinker zufriedener als Weintrinker nach Hause gehen, die lokalen Biere sind durchweg einen Versuch wert. In vielen Orten gibt es gute Cafés, die originellen Melkhüser lohnen immer.

Ausgesprochene Versorgungslücken über eine längere Distanz sind nicht vorhanden.

Informationen vor Reisebeginn

→ Internethinweise, S. 422

Klima und Reisezeit

Für deutsche Verhältnisse kein ausgeprägtes Mikroklima. Zu bedenken ist, dass in vielen Orten zwischen Oktober und März/April Tourismusämter, Museen etc. eingeschränkte Öffnungszeiten haben, manche Fähren und Ausflugsschiffe nicht oder nur eingeschränkt verkehren. Möchte man das große Angebot an Biergärten, die vielen Parks und Kurorte nutzen, ohne zu frieren, so sind als beste Reisezeit die Monate von Mai bis September anzusehen.

Öffnungszeiten

Entlang der Weser liegen vor allem kleinere und kleine Orte. Hier ist oft noch die Mittagspause üblich, Lokale schließen zuweilen bereits um 22 Uhr. Manche Einrichtungen sind nur am Wochenende, manche Touristenbüros am Wochenende nur eingeschränkt oder gar nicht geöffnet. Auch manche Fähren unterscheiden zwischen Winter- und Sommerfahrplan. Im Zweifelsfall informiere man sich vorab, die wichtigsten Informationen dazu hier im Buch. In den vergangenen zwei Jahren gab es gerade in Museen, Schlössern, Höhlen etc.

Fachwerkvariationen in Hann. Münden

In ruhigem Schwung fließt die Weser zwischen Wahmbeck und Bad Karlshafen

wegen der Corona-Pandemie teils deutliche Abweichungen von den offiziellen Öffnungszeiten. Zur Sicherheit erkundige man sich vor einem geplanten Besuch über die aktuellen Regelungen.

Radfahren

Für Radfahrer sind die Bedingungen perfekt. Der offizielle **Weser-Radweg** ist in hervorragendem Zustand und verläuft oft direkt am Ufer entlang. Und in vielen Regionen sind in den letzten Jahren gerade für Touristen eine große Zahl von **sehr guten Fahrradwegen** fertiggestellt worden. So sind auch Ausflüge nach links und rechts durchweg abseits der großen Straßen oder zumindest auf separaten Fahrstreifen möglich.

Reiseveranstalter

Die Weser ist bislang kein Ziel für klassische Kultur- und Studienreisen, Flusskreuzfahrten finden auch nicht statt. Dagegen gibt es jedes Jahr eine ganze Reihe von organisierten Radtouren. Da sich das Angebot von Jahr zu Jahr ändert, immer wieder Veranstalter dazukommen, können wir hier keine verlässlichen Angaben machen.

Unterwegs mit öffentlichen Verkehrsmitteln

An der Weser treffen vier Bundesländer aufeinander, kleinere Orte überwiegen. Zudem gibt es in manchen Abschnitten keine Gleise, und die vorhandenen sind durchweg Regionalstrecken. Zwar gibt es auch Verkehrsverbünde und das Niedersachsenticket, die Reise mit Bus und Bahn stellt sich aber als umständlich und oft genug zeitraubend dar. Wir empfehlen daher die Reise mit dem eigenen Fahrzeug (Auto, Motorrad oder Fahrrad).

Unterkünfte

Es gibt fast überall eine große Auswahl an Unterkünften aller Art – Ferienwohnungen und -apartments, Pensionen und Hotels –, immer mehr davon haben sich auf die Bedürfnisse von Radfahrern eingestellt. Abgesehen von Bremen sind die Preise durchweg moderat.

Wandern

Insbesondere das **Weserbergland** inkl. **Solling-Vogler** ist seit Jahrzehnten als Wandergebiet bekannt, beliebt und gut erschlossen. Hier gibt es unzählige Verzweigungen zu anderen Fern- und Wanderwegen. In vielen Orten sind außerdem Rundwege, oft zu regionalen Themen, erschlossen worden. Diese schier unübersehbare Vielfalt kann hier nicht dargestellt werden. Möchte man an und in der Nähe der Weser wandern, empfehlen wir die kostenlose Broschüre des **Weserbergland-Wegs** und/oder die Wanderführer aus dem Bergverlag Rother (→ S. 420). Das Informationsangebot zu diesem Thema ist in allen Tourismusbüros durchweg sehr gut.

Glossar

Abtei Kloster, dem ein Abt oder eine Äbtissin vorsteht.

Apsis Halbkreisförmiger oder vieleckiger (polygonaler) Abschluss einer Kirche, meist im Osten (Chor).

Arkade Auf Stützen (Pfeiler oder Säule) ruhender Bogen.

Attika Mauerzone über dem Gesims einer Säulenreihe, in der Renaissance auch innerhalb eines Wandaufbaus.

Atlas/Atlasfigur Titan der griechischen Mythologie, der Erde und Himmel auseinanderstemmt. Atlasfiguren tragen – scheinbar – Teile eines Gebäudes wie Erker, Decken o.ä.

Auslucht → Utlucht.

Auskragung Vorspringen eines Bauteils vor die Mauerflucht.

Basilika Kirche in Form einer Säulenhalle mit einem erhöhen Mittelschiff und zwei niedrigeren Seitenschiffen. Das Mittelschiff wird durch eine Fensterzone in der Wand über den Seitenschiffdächern, den Obergaden, erhellt (→ Hallenkirche).

Benediktiner Orden, dessen Mitglieder nach den Regeln des hl. Benedikt leben und arbeiten.

Blendarkade Verzierung an Gebäuden, angedeutete Arkade ohne Durchbruch.

Bockwindmühle Mühlentyp, bei dem das Mühlenhaus auf einem einzigen dicken Pfahl in einem Stützgestell ruht und sich daher in den Wind drehen kann.

Bruchstein In seiner Rohform verbauter Stein.

Burgmannen Ministeriale, die mit der Hofhaltung bzw. Verwaltung landesherrlicher Güter beauftragt waren.

Burgmannenhof (Burgmannshof, Burgmannssitz) Wohnsitz eines Burgmannen oder einer Burgmannsfamilie nahe einer Burg oder eines Schlosses des Landesherren.

Dechanei Kirchliche Verwaltungseinheit, Amt oder Bezirk eines Dekans.

Domäne Gutshof, ländlicher Besitz eines Klosters, Landesfürsten oder des Staates.

Eklektizismus Künstlerische Ausdrucksweise, die sich bereits entwickelter und abgeschlossener Stile bedient. In der Architektur wird damit die Vermischung verschiedener Baustile bezeichnet (→ Historismus).

Epitaph Gedenktafel mit Inschrift für den Verstorbenen, seltener Grabinschrift.

Erdholländer Ebenerdig stehende Holländerwindmühle.

Evangeliar Liturgisches Buch mit dem vollständigen Text der vier Evangelien.

Fachwerk Hölzernes Baugefüge, das ein Gerüst bildet und dessen Gefache mit Holz, Lehm oder Steinen ausgefüllt werden.

Fayence Feinglasierte, bemalte Tonware.

Fortifikation Veraltete Bezeichnung für Festungs- oder Befestigungswerk.

Freskomalerei Wandmalerei, die abschnittsweise auf den noch feuchten Putz aufgetragen wird.

Galerieholländer Zumeist größere Holländerwindmühle mit einer umlaufenden Galerie, von der aus Flügel und Steert bedient werden.

Gebälk Gesamtheit von Balken und Kranzgesims.

Gesims Horizontales, vorspringendes Bauelement, das die Außenwand in Abschnitte gliedert. Man unterscheidet z. B. Gurt-, Stockwerk-, Sockel- oder Dachgesims.

Gierseilfähre Fähre, die zur Bewegung die Strömung des Flusses nutzt.

Gobelin Handgearbeiteter Wandteppich.

Göpe Antrieb für Maschinen, wo Kreis gehende Pferde eine Drehbewegung erzeugen.

Hallenhaus (Ernhaus) Bäuerliches Wohnstallhaus, v. a. in der Norddeutschen Tiefebene verbreitet und daher oft auch Niedersachsenhaus genannt.

Hallenkirche Mehrschiffiger Kirchenbau mit annähernd gleich hohen Schiffen (im Gegensatz zur → Basilika).

Historismus Stilphase zwischen der Mitte des 19. und dem frühen 20. Jahrhundert, die durch das Aufgreifen historischer Bau- und Kunststile gekennzeichnet ist.

Holländermühle Mühle mit drehbarer Kappe. Zuerst in den Niederlanden eingesetzt, daher die im Deutschen gebräuchliche Bezeichnung.

Hugenotten Protestanten im vorrevolutionären Frankreich.

Inkunabel (Wiegendruck) Die ältesten mit metallenen Einzellettern gedruckten Bücher und Einzelblattwerke (etwa aus der Zeit zwischen 1450 und 1500).

Kapitell Ausladendes Kopfstück einer Säule oder eines Pfeilers.

Karytiade In der Architektur Stütze, die als Frauengestalt mit langem Gewand ausgeformt ist.

Kassettendecke Deckenkonstruktion, die durch sich kreuzende Träger gebildet wird und dazwischen kastenförmige und vertiefte Felder aufweist.

Katakomben Unterirdische Begräbnisstätten, v. a. im Mittelmeerraum verbreitet.

Kirchenschiff Langbau einer Kirche. Einschiffige Kirchen werden auch als Saalkirchen bezeichnet. Bei mehrschiffigen Kirchen sind die verschiedenen Schiffe durch Säulen oder Pfeiler voneinander getrennt.

Konsole Aus einer Wand bzw. Pfeiler vorspringender Tragstein.

Kreuzrippengewölbe Eine Konstruktion von zwei Tonnengewölben, bei der die Grate durch Rippen verstärkt sind.

Krypta Unterirdischer Sakralraum in christlichen Kirchen.

Landschaftsgarten Englischer Park, der im Sinne eines »begehbaren Landschaftsgemäldes« der natürlichen Landschaft nachempfunden ist und auf strenge geometrische Elemente verzichtet.

Langhaus Hauptteil einer Kirche.

Lapidarium Sammlung von Steindenkmälern.

Lithographie Künstlerische Drucktechnik, Vervielfältigung von Graphiken unter Verwendung von Kalksteinplatten.

Loggerfischerei Hochseefischerei auf Heringe.

Maßwerk Ornamental ausgebildete, geometrische Fenstereinteilung.

Majolika → Fayence.

Mautrecht Zollrecht.

Merianstich Matthäus Merian d. Ä. (1593–1650) schuf ab 1624 eine Vielzahl von Stadtansichten, die heute allgemein als Merianstiche bezeichnet werden.

Monstranz In der katholischen Kirche das liturgische Gefäß für die Darbietung der Hostie zur eucharistischen Verehrung.

Neidkopf An Fassaden auf Holz oder Stein gearbeitete Fratze, die Hass, Neid und Zorn vom Haus und seinen Bewohnern fernhalten soll.

Niedersachsenhaus → Hallenhaus.

Palas Wohnbereich der mittelalterlichen Burg.

Palmette Architektonisches Schmuckmotiv seit der Antike, stellt in abstrakter Form das Blatt einer Fächerpalme dar.

Pietà In der bildenden Kunst Darstellung der trauernden Maria mit dem Leichnam Jesu auf dem Schoß.

Pilaster Wandpfeiler.

Portikus Säulenhalle als Vorbau an der Haupteingangsseite eines Gebäudes.

Presbyterium Altarraum in katholischen Kirchen.

Putte/Puttenfigur In Malerei und v. a. der Bildhauerei vom 15. bis zum 19. Jahrhundert beliebte Darstellungen kleiner und nackter, dabei nicht selten geflügelter Knaben.

Radierung Graphische Technik, dem Kupferstich ähnlich.

Relief In der Bildhauerkunst eine plastische, an einen festen Hintergrund gebundene Darstellung.

Reliquiar Behälter für Reliquien, meist kunstvoll gestaltet.

Risalit Über alle Geschosse vortretender Bauteil.

Rollwerkgiebel Giebel mit schneckenförmiger Verzierung, v. a. im Manierismus und Frühbarock.

Schlagd Befestigte Stelle eines Flusses aus Pfählen oder Mauerwerk, an der die Waren vom Schiff an Land umgeschlagen wurden. Der Begriff entstand vermutlich aus dem niederdeutschen *slait* und wurde v. a. an der Weser gebraucht. Heute noch vereinzelt als Straßenname anzutreffen.

Sgraffito (Kratzputz) Auf eine Putzschicht wird eine weitere dünnere aufgetragen, die nach dem Erhärten teilweise wieder abgeschabt wird. Dadurch ergeben sich Muster auf der Fassade.

Schute Schiff ohne eigenen Antrieb, wird gezogen oder geschoben, teils allein, teils im Verbund mit anderen Schuten. Sie finden nur in der Binnenschifffahrt Verwendung.

Stapelrecht Im Mittelalter örtliches Recht, das durchziehende oder passierende Kaufleute zwang, ihre Waren für einen bestimmten Zeitraum zum Verkauf anzubieten.

Ständermühle → Bockwindmühle.

Stich Graphisches Blatt (z. B. Kupferstich, Stahlstich).

Stukkatur Stuckarbeiten.

Tabernakel Behälter zur Aufbewahrung der wertvollsten liturgischen Gegenstände.

Treideln Schleppen eines Schiffes gegen die Strömungsrichtung durch Menschen- oder meist Pferdekraft.

Triptychon Dreiflügeliger Altar.

Türsturz Waagerechter oberer Abschluss einer Tür.

Utlucht Im Unterschied zum Erker schon am Erdboden ansetzender, zumeist mehrgeschossiger Vorbau an Fassaden, oft zur Straßenseite.

Wallholländermühle Auf einem künstlichen Hügel errichtete → Holländermühle.

Westwerk Turmartiger, über einem quadratischen Grundriss errichteter Teil vorromanischer und romanischer Kirchen, der einer Kloster- oder Bischofskirche im Westen vorgesetzt ist und als Königs- oder Kaiserkirche dient. Oft zugleich Sitz der weltlichen Rechtsprechung und/oder Schutzburg sowie Eingang zum dahinterliegenden geistlichen Bereich. Mindestens dreigeschossig und auf drei Seiten zumindest zweigeschossige Anbauten, die sich als durch Treppen miteinander verbundene Emporen zum mittleren Bauteil öffnen. Erhaltene Beispiele dieser Bauform befinden sich z.B. in Corvey (→ S. 119), Köln (Kirche St. Pantaleon) und Maurmünster (Elsass).
Doppelturmfassaden ohne diese Anbauten werden nicht als Westwerk bezeichnet.

Wiegendruck → Inkunabel.

Wurt/Warft Künstlich aufgeschütteter Hügel mit Einzelgehöften oder kleineren Siedlungen, der dem Schutz von Menschen und Tieren bei Sturmflut dient.

Zisterzienser Nonnen und Mönche, die nach den Regeln des 1098 gegründeten Klosters Citeaux leben und arbeiten.

Zwerchhäuser Über dem Dachgeschoss aufsteigender, nicht zurückgesetzter Aufbau mit eigenem Dach.

Zwillingsfenster Direkt nebeneinander und einander optisch zugeordnete Fenster.

Literaturhinweise

Allgemeines/Übergreifendes

Manfred Below, *Die Weser. Vom Thüringer Wald bis zur Nordsee,* 2., akt. Aufl. Bremen 2010. Below ist vielleicht *der* Weser-Experte schlechthin, sein Buch ist überreich an eigenständigen gedanklichen Querverbindungen, Erläuterungen zu historischen Ereignissen und Personen. Er hinterfragt Klischees, folgt nur bedingt üblichen Narrativen, zitiert aus Quellen, die oft wenig Beachtung finden, Vieles findet sich nur hier. In großen Teilen eher ein eigenwillig-kluger Essay als ein Reiseführer mit Schwerpunkt auf aktuellen praktischen Informationen und gerade deswegen noch immer ungemein lesenswert. Nach 2011 leider nicht in aktualisierten Auflagen erschienen.

Dorothee Fleischmann/Carolina Kalvelage, *111 Orte im Weserbergland, die man gesehen haben muss,* Dortmund 2018. Solider Vertreter der bekannten Reihe aus dem Emons Verlag, Mischung aus Altbekanntem und Überraschendem.

Joachim Garfs, *Das Weserbergland zwischen Münden und Minden,* 4. Aufl. Hameln 1997. Schon etwas älter, aber viele kluge Gedanken gerade zur Geschichte einzelner Regionen und Orte.

Architektur/Kunstgeschichte

Gabriele Brasse, *Straße der Weserrenaissance - ein Kunstreiseführer,* Hameln 1991. Das offizielle Buch zur Straße der Weserrenaissance. Umfassend und präzise, nach wie vor gültig. Dank der Genauigkeit und Ausführlichkeit mehr als ein erster guter Überblick, beschränkt sich in der Würdigung der Orte zudem nicht auf die Objekte aus der Renaissancezeit, sondern benennt auch (kurz) sehenswerte Bauten aus anderen Epochen.

G. Ulrich Großmann, *Renaissance entlang der Weser. Kunst und Kultur in Nordwestdeutschland zwischen Reformation und Dreißigjährigem Krieg,* Köln 1989. Nach wie vor ein Standardwerk.

Mühlen, Gartenbaukunst

Stefanie Hahn/Amtshof Eicklingen (Hg.), *Gartenhorizonte. Historische Gärten zwischen Aller, Elbe und Weser,* Berlin 2007. Zwar nicht mehr ganz aktuell, aber für Liebhaber historischer Gartenanlagen nach wie vor eine anregende Lektüre.

Manfred Below, *Mühlen an der Mittelweser,* Berlin/Wildeshausen 2009. Detail- und kenntnisreich, deckt sowohl die westfälische als auch die niedersächsische Mühlenstraße ab. Gut lesbar auch für Nicht-Mühlenexperten. Mit Adressen, aber leider ohne Angaben zu Öffnungszeiten. Einzige Darstellung dieser Art.

Bildbände

Toma Babovic/Georg Ulrich Großmann, *Die Weser und die Weserrenaissance,* 3. Aufl. Hamburg 2010. Guter Einstieg ins Thema, hervorragende Fotos.

Manfred Below, *Mittelweser,* Berlin/Wildeshausen 2009. Mit 80 Seiten zwar nicht umfangreich, aber doch treffende und aussagestarke Fotos, pointierte Texte (dt./engl./frz.).

Jörg Axel Fischer/Georg Ulrich Großmann, *Weserbergland,* München 1994. Bildband mit einem klugen einführenden Teil, der die Besonderheiten des Gebietes einfühlsam herausarbeitet.

Hans H. Krüger/Maria Weigl, *Reise durch das Weserbergland,* Würzburg 2017. Über 190 sehr gute, dabei aktuelle Fotos, knappe, aber präzise Texte. Derzeit der vielleicht beste Bildband.

Schifffahrt, Wasserwirtschaft

Martin Eckholdt (Hg.), *Flüsse und Kanäle. Die Geschichte der deutschen Wasserstraßen,* Hamburg 1998. Trotz ihres Alters die nach wie vor einzige derart umfassende Darstellung dieser Art.

Märchen, Sagen, Legenden

Eberhard Michael Iba, *Deutsche Märchenstraße. Ein Reise- und Lesebuch mit Märchen, Sagen und Legenden,* Hameln 2018. Historische und touristische Informationen zu allen Orten an der Märchenstraße, dazu Wiedergabe der wichtigsten Märchen. 536 Seiten, keine Frage zum Thema bleibt offen.

Für Wanderer und Radwanderer

Ulrich Tubbesing, *Weserbergland. Die schönsten Tal- und Höhenwanderungen. 50 Touren,* München 2018. Solider Vertreter der bewährten und bekannten Reihe aus dem Bergverlag Rother.

Der Weserbergland-Weg. Kostenlose Broschüre zum Fernwanderweg mit Wegbeschreibung von Hann. Münden bis zur Porta Westfalica, Erläuterung von Sehenswürdigkeiten sowie Hinweisen zu Einkehr- und Übernachtungshinweisen. Zu beziehen über den Weserbergland Tourismus e.V., Postfach 100399, 31753 Hameln, Tel. 05151/93000, www.weserberglandweg.de

Der Weser-Radweg. Kostenlose Broschüre mit Wegbeschreibung von Hann. Münden bis nach Cuxhaven, Erläuterung von Sehenswürdigkeiten sowie Hinweisen zu Einkehr- und Übernachtungshinweisen. Ebenfalls zu beziehen über den Weserbergland Tourismus e.V. (s. o.).

Weser-Radweg: Von Hann. Münden nach Cuxhaven, 20. Aufl. Rodingersdorf 2021. Derzeit neben der Publikation des Weserbergland Tourismus e.V. der einzige aktuelle Radwanderführer.

Karten

Mehrere Niedersachsen-Autokarten decken das gesamte in diesem Reiseführer behandelte Gebiet ab, z. B. *Marco Polo Straßenkarte 3, Niedersachsen, Bremen, Hamburg,* Maßstab 1:200 000.

Internethinweise

Touristenbüros

Übergreifende Informationen bieten:
Weserbergland Tourismus e.V., Deisterallee 1, 31785 Hameln, Tel. 05151/93000. www.weserbergland-tourismus.de
Touristikzentrum Westliches Weserbergland, Marktplatz 7, 31737 Rinteln, Tel. 05751/403980. www.westliches-weser bergland.de
Mittelweser-Touristik GmbH, Lange Str. 18, 31582 Nienburg/Weser, Tel. 05021/917630. www.mittelweser-tourismus.de

Aktivurlaub

www.weserradweg-info.de Die offizielle Seite zum Radweg. Umfassende aktuelle Infos, auch Prospektbestellung.
www.weserbergland-tourismus.de Die offizielle Seite zum Weserbergland-Weg. Umfassende aktuelle Infos, auch Prospektbestellung.
www.loccum-volkenroda.de Offizielle Seite zum Pilgerweg, aktuelle Infos, Karten etc.
www.radwegekirchen.de Aktuelle allgemeine Infos zu allen Radwegekirchen in Deutschland und der Schweiz.

Schifffahrt

www.weserstein-touristik.de Rundfahrten ab Hann. Münden auf Fulda und Weser.
www.flotte-weser.de Der Marktführer und Fast-Monopolist auf der Weser, Fahrten zwischen Bad Karlshafen und Bremen.
www.mifa.com Seite der Minder Fahrgastschifffahrt, Fahrten rund um Minden.
www.hal-oever.de Sitz in Bremen, Fahrten zwischen Verden und Bremerhaven.

Sonstiges

www.deutsche-maerchenstrasse.com Umfangreiche Infos, auch Buchungen von Führungen.
www.deutsche-fachwerkstrasse.de Umfangreiche Infos, u. a. Verstaltungskalender.
www.muehland-niedersachsen.de Infos zu allen Mühlen in Niedersachsen und zu Mühlen allgemein, Literaturhinweise u.v.m.
www.muehlenkreis.de Seite des Landkreises Minden-Lübbecke. Infos zu allen westfälischen Mühlen, die in diesem Reiseführer vorkommen.

Der Autor

Hinnerk Dreppenstedt, 1966 in Celle geboren, familiär in Nienburg/Weser verankert, in Südniedersachsen aufgewachsen. Germanistik- und Geschichtsstudium in Göttingen und Freiburg i. Br., lebt seit 1993 in Berlin und ist seit 1997 als Lektor sowie Herausgeber und Autor von Sachbüchern tätig.

Im Trescher Verlag sind von ihm erschienen: *Kreuzfahrten Donau* (7. Aufl. 2022) und *Weser* (1. Aufl. 2022).
Unter h.dreppenstedt@t-online.de freut er sich über Hinweise und Anregungen aller Art zu diesem Buch.

Danksagung

Mehrere touristische Einrichtungen unterstützten die Rechercheiase durch kostenlose Übernachtungen. Mein Dank geht an Dörte Behrmann (Erlebnis Bremerhaven), Jessica Dolle und Sina Scholz (Weserbergland Tourismus e.V.), Beate Krämer und Kristina Quest (Staatsbad Bad Oeynhausen GmbH) sowie Marie Witte (Mittelweser-Touristik GmbH).
Zahlreiche Einrichtungen gewährten mir freien Eintritt, die Möglichkeit zu fotografieren und stellten mir eigens Informationen zusammen. Herzlichen Dank dafür an Charlotte Altenmüller (Übersee-Museum

Bremen), Annette Beckert (Kloster Corvey), Bettina Berg (Gerhard-Marcks-Haus, Bremen), Anna Buschmann (Tourist-Information Thedinghausen), Simone Cordes, Birgit Dewenter (Porzellanmanufaktur Fürstenberg), Dr. Hanna Dose (Stadt Bad Oeynhausen), Linda Eggers (Schloss Bevern), Stefanie Gliedt (Kunsthalle Bremen), Stephan Guddat (Schloss Bückeburg), Dita Haddings (Focke-Museum, Bremen), Anke und Udo Hilfers (Storchenpflegestation Wesermarsch, Glüsing), Thomas Joppig (Deutsches Schifffahrtsmuseum, Bremerhaven), Christine von Klencke (Rittergut Hämelschenburg), Martina Krug (Stadt Hann. Münden), Anja Launspach-Luhede (Museen Böttcherstraße, Bremen), Dominik Laupichler (Deutsches Auswandererhaus, Bremerhaven), Kirsten Lüpke (Schifffahrtsmuseum Unterweser), Melanie Mehring (Museum im Schloss Bad Pyrmont), Gesche Neumann (Museum Moorseer Mühle), Svenja Peschke und Bastian Bullwinkel (Universum Bremen), Frauke Quurck (Wilhelm Busch Land Wiedensahl), Ina Rohlfing (Deutsches Pferdemuseum, Verden), Timothy Saunders (Museum Nordenham), Johannes Schweer (Schloss Ovelgönne, Bad Oeynhausen), Claudia Seidel (Hafenmuseum Speicher XI, Bremen), Heike Thormeyer (Deutsches Hugenotten-Museum, Bad Karlshafen) und Sabrina Zurlo (Wolfcenter, Dörverden).

Besonderer Dank an: Andrea Gerstenberger (Schlosshotel Münchhausen) nahm sich mehrere Stunden Zeit, mir die Geschichte und Gegenwart ihres Hauses zu erläutern, Brinja Weiglein (Tourist-Information Rinteln) gab mir eine Fülle von Insider-Informationen, Hardy Köhler (Ortsvorsteher Rechtenfleth) lud mich spontan zu einer Führung durch das Allmers-Anwesen ein, Vera Varlemann (Varenholz) nahm sich ebenso spontan Zeit für eine Privatführung durch Schloss und Kirche und stellte mir umfangreiches Material aus ihrem Archiv zusammen. Die Mitarbeiter vom Automuseum in Hameln gaben mir eine individuelle Führung und erläuterten mir geduldig technische Besonderheiten einzelner Modelle, die Mitarbeiterinnen des LWL-Industriemuseums Glashütte Gernheim stellten mir rasch und unkompliziert ein Konvolut an Fachartikeln zusammen.

Sebastian Pape (Bremen) stellte mir seine Wohnung zur Verfügung, wies mich auf wichtige Literatur hin, erläuterte mir das Lebensgefühl sowie aktuelle Veränderungen in Bremen und lotste mich an mehreren Abenden zusammen mit Milena Pape und Jeanette Eggers-Haase zielsicher durch die lokale Gastroszene. Nicht zuletzt las er Teile des Manuskripts und gab wertvolle Hinweise zu dessen Verbesserung. Stefano Turrano brachte mir kaum bekannte Einrichtungen und auch die Eigenheiten der Lokalpolitik rund um Bodenfelde näher. Jan Düker leistete über Monate in vielerlei Weise Beistand.

Katja Tegler (Lektorat), Dorit Hahnewald (Kartografie) und Ulla Nickl (Grafik) haben Kreativität, Energie und nicht zuletzt viel Geduld aufgebracht, um aus meinem Manuskript das bestmögliche Buch entstehen zu lassen – großer Dank!

Vor allem bedanke ich mich bei meinen Eltern, die mir ihre vielen Bücher zum Thema zur Verfügung stellten und aus ihrem jahrzehntelangen Wissensschatz schöpften. Sie konnten mir Einzelheiten zu Politik, Sehenswürdigkeiten und aktuellen Entwicklungen an der Oberweser, zur Güte einzelner, unter anderem gastronomischer Einrichtungen darlegen, die in der Literatur nicht zu finden sind. Ihnen verdanke ich die Anregung zur intensiven Beschäftigung mit der Weser, und sie unterstützten die Recherchereise in mannigfaltiger Weise. Ohne sie hätte dieses Buch nicht entstehen können.

Register

Kartenregister

Stadtpläne

Übersichtskarten

Bildnachweis

Alle Fotos von Hinnerk Dreppenstedt, außer:
Daniel Beckemeier/shutterstock (S. 20);;
Paavo Blafield/Deutsche Märchenstraße e.V. (S. 30);
Anita Beimert/wikimedia (S. 352);
Blumenfee57/wikimedia (S. 411);
Thorsten Bock/shutterstock (S. 161);
Darchy/shutterstock (S. 234);
Deutsche Märchenstraße e.V. (S. 35, 48, 79, 112);
Eduard47/wikimedia (S. 346);
Evangelische Kirche in Deutschland (EKD);/ Kirchenamt (S. 58);
Garitzko/wikimedia (S. 385);
Thomas Göbert (S. 146);
Oliver Hallmann/wikimedia (S. 52);
Axel Hindemith/wikimedia (S. 76, 127, 156, 412);
Ingo2802/wikimedia (S. 198);
I. Jansen/Kulturland Kreis Höxter (S. 56);
juerginho/shutterstock (S. 370u.);
Fabian Junge/shutterstock (S. 180);
Alfred Löhr/wikimedia (S. 356);
Magic Park Verden GmbH (S. 18l.);
maloff/shutterstock (S. 298/99);
Meles1/wikimedia (S. 96);
Nifoto/wikimedia (S. 51);
Amon Ott/wikimedia (S. 134);
Overstolz0815/wikimedia (S. 182);
Papageienhof Dreiländereck (S. 18r., 106););
Heide Pinkall/shutterstock (S. 226/27, 357, 364o.);
Pirone Villa Löwenherz GmbH & Co KG (S. 111);
Quarz/wikimedia (S. 328);
Rodelbahn Bodenwerder/Carolin Schwiete (S. 150);
Christian Schwier/shutterstock (Titel, S. 222);
Choochart Songsuk/shutterstock (S. 326);
Studio Blåfield/Deutsche Märchenstraße e.V. (S. 60);
Matthias Süßen/wikimedia (S. 355);
Traveller70/shutterstock (S. 233, 256);
Tsungam/wikimedia (S. 119, 224);
Marc Venema/shutterstock (S.22/23);
Verkehrsbetriebe Grafschaft Hoya (S. 280);
Stefan Wille/shutterstock (S. 189);
Janet Worg/shutterstock (S. 97o., 97u.);
Dennis Wubs/wikimedia (S. 359o., 359u.);
XenonX3/wikimedia (S. 362);
YvoBentele/wikimedia (S. 244).

TRESCHER VERLAG

Kartenlegende

- Aquarium
- Autofähre
- Bahnhof
- Bar
- Brunnen
- Burg/Festung
- Burgruine
- Busbahnhof
- Café
- Campingplatz
- Fahrradweg, -verleih
- Fährhafen
- Flughafen
- Freibad
- Hafen
- Hallenbad
- Höhle
- Hotel
- Jüdischer Friedhof
- Jugendherberge
- Kino
- Kloster
- Klosterruine
- Krankenhaus
- Leuchtturm
- Markt
- Moschee
- Museum
- Naturschutzgebiet
- Oper, Konzerthaus
- Parken
- Pension
- Post
- Restaurant
- Ruine/Ausgrabungen
- Segeln
- Seilbahn
- Strand
- Supermarkt
- Synagoge
- Theater
- Tor
- Weinbar, Weinladen
- Windsurfen
- Wildgehege
- Wohnmobilstellplatz
- Zoo
- Aussichtspunkt
- Berggipfel
- Burg
- Denkmal
- Friedhof
- Kirche
- Kirchenruine
- Kloster
- Sehenswürdigkeit
- Seilbahn
- Touristeninformation
- Turm
- Zeltplatz
- Personenfähre
- Hauptstadt
- Stadt/Ortschaft
- Grenzübergang
- E 65 Europastraße
- A 65 Autobahn
- 243 Bundesstraße
- Autobahn
- Schnellstraße
- Bundesstraße
- Hauptstraße
- sonstige Straßen
- Eisenbahn
- Staatsgrenze

Kartenregister → S. 428

Zeichenlegende

- Allgemeine Informationen, Tourismusämter
- Naturschutz-Einrichtungen
- Zugverbindungen
- Fährverbindungen
- Hotels und Pensionen
- Wohnmobilstellplätze
- Campingmöglichkeiten
- Restaurants
- Cafés
- Museen, Gedenkstätten
- Parks, botanische Gärten
- Schwimmbäder
- Reiterhof
- Sonstige Sportmöglichkeiten
- Fahrradverleih
- Festivals und Kulturveranstaltungen
- Erlebnisparks
- Sonstige Aktivitäten
- Einkaufsmöglichkeiten, Souvenirs